U0879449

常德市公安志

（1988—2012）

常德市地方志编纂委员会
常　德　市　公　安　局　编

方志出版社
Publishing House of Local Records

图书在版编目（CIP）数据

常德市公安志：1988—2012／常德市地方志编纂委员会，常德市公安局编．——北京：方志出版社，2017.2

ISBN 978－7－5144－2359－4

Ⅰ．①常… Ⅱ．①常…②常… Ⅲ．①公安工作－概况－常德－1988—2012 Ⅳ．①D631

中国版本图书馆CIP数据核字（2017）第036022号

常德市公安志（1988—2012）

编　　者：常德市地方志编纂委员会　常德市公安局
责任编辑：朱　姝

出 版 人：冀祥德
出 版 者：方志出版社
地址　北京市朝阳区潘家园东里9号（国家方志馆4层）
邮编　100021
网址　http：//www.fzph.org
发　　行：方志出版社发行中心
（010）67110500
经　　销：各地新华书店
印　　刷：湖南省常德市武陵区宏垣彩色印刷厂

开　　本：787×1092　1/16
印　　张：35
字　　数：758千字
版　　次：2017年2月第1版　2017年2月第1版印刷
印　　数：0001～1500册

ISBN　978－7－5144－2359－4　**定价：**498.00元

·版权所有　翻印必究·

常德市地方志编纂委员会

顾　　问：王　群　徐正宪　李爱国　沈习淼

主　　任：周德睿

副 主 任：朱水平　罗先东　曾艳阳　吉荣华

委　　员：周代惠　胡祖国　娄远军　向才焰　张运华

王兴钊　鲁晓凤　朱　明　任克勤　吴兴国

刘凡荣　唐汇诰　马　慧　唐子钧　李百艳

胡　文　龚美爱　曾　勇　杨天生　马业文

吴德新　呙滨辰　黄金陵　向美华　胡世满

关建锋　涂贤春　王　鳌　李长春　张克武

张国政　刘兴华　伍彩霞　陈爱喜　李红兵

郑家火　马麦秋　覃志云　程方山　向勇志

刘李波　刘湘宁　周　波

《常德市公安志（1988－2012）》编纂委员会

主　任： 胡丘陵　唐恒忠

副主任： 胡　文　李培桂　彭　进　王汉桃　冉黎明
彭晓林　戴海洲　王朝春　殷民立　丁为鸣

委　员：（以姓氏笔划为序）

马云中　毛世秋　王汝国　王继宗　龙　涛
任　立　刘向阳　刘阳春　何英岚　张才佳
张宏华　张辉祥　李　勇　李盈爱　杜卫雄
杨瑞东　肖　何　邱兵泉　邹冰剑　邹　欣
陈世杰　陈有万　林　琳　周常彩　易红平
易惠权　罗功才　罗永锋　洪振坤　郭建军
高红娟　戚德成　梁　滔　龚爱华　彭石柱
舒汉初　舒兆明　董　瑜　樊启斌　戴志刚
戴林忠

《常德市公安志（1988－2012）》编辑部

主　　编：胡　文
常务副主编：龚爱华
副 主 编：唐爱军　刘　华
编　　辑：沈长春　杨成业　杨启国　胡玉雄
采编人员：（以姓氏笔划为序）
马立振　文龙新　文毅君　文振新　王永康
王本金　王本洲　王培成　王琳娜　王　馨
车　微　邓先政　邓利民　邓慧文　石春富
石佳君　刘书琴　刘天放　刘　芳　成绍贵
吴林芳　张儒庆　李万军　李新龙　杜少波
杨小林　杨　帆　杨建明　汪　初　张　瑛
肖南海　陈军华　陈　彦　周应波　周青甫
岳　李　金浩庆　姚善银　胡海军　胡　萍
胡　辉　贺艳辉　钟仕平　唐纯利　徐绍红
梅昌明　谌建云　黄文材　黄显坤　黄　婷
曾祥文　董建勇　蔡慎康　戴纲林
校对人员：王晓微　付光林　何红星

《常德市公安志（1988－2012）》审核人员

刘李波　陈志明　周　波　周华辉
翦　甜　程　关　邢　祁　罗志秋

序　一

胡丘陵

1988年至2012年，正值常德撤区建市、改革深入推进、经济实力显著增强、社会发展明显加快、人民生活不断提高的重要历史时期。常德公安机关围绕打击敌人、保护人民、惩治犯罪、服务群众、维护国家安全和社会稳定，充分发挥职能作用，为全市经济社会发展创造了安定有序的社会环境、公平正义的法治环境、优质高效的服务环境。

常德公安25年的发展历程，让我们深切体会到：公安机关是人民民主专政的重要工具，是党和人民手中的“刀把子”，必须置于党的绝对领导，必须坚决服从命令、听从指挥，必须切实加强各级领导班子建设，打造政治坚定、敢于担当、团结协作、率先垂范、廉政勤政的领导集体，只有这样才能带出有凝聚力、战斗力、充满生机与活力的队伍。

常德公安25年的发展历程，让我们深切体会到：公安工作只有放在党委政府的中心工作中来谋划推进，坚决贯彻党委政府的决策部署，才能得到党委政府的高度重视、大力支持，才能有地位、有作为，才能让党委政府更加关心公安工作、关爱公安民警，才能体现公安工作的价值。

常德公安25年的发展历程，让我们深切体会到：公安机关作为具有武装性质的国家治安行政力量和刑事司法力量，只有忠实履行维护社会大局稳定、促进社会公平正义、保障人民安居乐业的职责使命，深入推进警务机制改革、不断提升社会治理能力和水平，才能真正成为党和人民的忠诚卫士、平安建设的坚强柱石。

常德公安25年的发展历程，让我们深切体会到：公安机关和公安民警只有把人民群众的利益摆在首位，一切为了群众，一切依靠群众，努力把公安工作深深扎根于人民群众之中，全力提升人民群众安全感和满意度，公安事业才有坚实的发展根基和强大的力量源泉，公安工作才能无往而不胜。

常德公安25年的发展历程，让我们深切体会到：公安机关只有始终不渝加强理想信念教育，铸就忠诚警魂，毫不动摇坚持从严治警，狠抓党风廉政建设和纪律作风建设，真心实意落实暖心惠警举措，增强人民警察的职业荣誉感、归属感和自豪感，才能真正打造一支信念坚定、立警为公、执法为民、作风过硬、纪律严明、清正廉洁的高素质队伍。

“明镜所以照形，古事所以知今”。公安工作迎来了一个新的发展时期，衷心希望全市公安民警深刻了解常德公安的厚重历史，认真把握公安工作的发展规律，继续秉承常德公安的优良传统，始终牢记公安民警的光荣使命，全面推动常德公安实现新的更大发展。

是为序。

2016年11月

（作者原系常德市人民政府副市长、公安局长，

现任中共常德市委常委、宣传部长）

序　二

唐恒忠

历史是最好的教科书，“欲知大道，必先为史”。编纂地方公安志，对于了解公安历史、把握公安规律、传承公安文化，更好服务和促进当前公安工作，都具有重要意义。市公安局历四年之久、集众人之力组织编纂的这部《常德市公安志（1988—2012）》，既是全市精神文明建设的一项重要成果，也是公安系统的一件大事喜事。

直笔著信史，彰善引风气。从1988年7月国务院批准撤销常德行署建省辖常德市以来的这20多年时间，是全市改革开放纵深推进、经济社会发展日新月异、人们生活不断改善的黄金时期，也是经济体制深刻变革、社会结构深刻变动、利益格局深刻调整的转型时期，公安工作面临前所未有的发展机遇和风险挑战。在这一历史时期，全市公安战线因势而谋、应势而动、顺势而为，始终坚持忠诚履职，突出强化责任担当，着力保障一方平安，谱写了一曲人民公安事业创新发展的英雄凯歌。这部《常德市公安志（1988—2012）》以翔实的史料，实事求是地记述了这一时期常德公安事业发展的历史进程，全面反映了全市公安工作重点、工作职能、工作方式及队伍建设与时俱进的方方面面、点点滴滴，可以说是几代常德公安人兢兢业业、拼搏奋战的战斗纪实，是警民携手、维护社会稳定的真实写照，是公安保卫队伍不断发展壮大、人民公安事业日新月异的客观展示。捧读这本由全市公安民警用忠诚、热血和生命撰写的公安史志，油然而生敬仰之情，既深受教育，也很有启迪。

习近平总书记在庆祝中国共产党成立95周年大会上强调，“走得再远、走到再光辉的未来，也不能忘记走过的过去，不能忘记为什么出发。面向未来，面对挑战，全党同志一定要不忘初心、继续前进。”通过《常德市公安志》的记述，我们既明白了常德公安从哪里来，更要搞清楚常德公安朝哪里去，为什么出发，切实做到不忘初心、继续前进。

公安战线不忘初心、继续前进，就是要不忘入警誓言，始终牢记对党忠诚是人民公安的红色基因、政治底色和警魂所系，时刻铭记入党誓词、入警誓词，切实增强政治意识、大局意识、核心意识、看齐意识，把绝对忠诚铸入灵魂、融入血脉，当好党的忠诚卫士。

公安战线不忘初心、继续前进，就是要不忘为民本色，永远保持对人民的赤子之心，自觉践行“人民公安为人民”的根本宗旨，心系人民、植根人民、服务人民，坚持秉公执法、履职为民，当好人民群众的贴心人。

公安战线不忘初心、继续前进，就是要不忘职责使命，始终把维护国家政治安全、政权安全和社会大局稳定作为基本任务，把促进社会公平正义作为价值追求，把保障人民安居乐业作为根本目标，肩扛公正天平，手持正义利剑，扎实做好打防管控各项工作，努力把常德建设成为最具安全感、最具正义感、最具幸福感的城市。

修志为用，鉴今启后。历史的接力棒已经交到了我们手上。我们一定要在前辈打下的基础上，卯足干劲，激扬精神，努力创造无愧于伟大时代、无愧于沅澧大地的崭新业绩，不断书写常德公安事业发展新的篇章。

是为序。

2017年2月

（作者系常德市人民政府副市长、公安局长）

凡　　例

一、本志以马克思列宁主义、毛泽东思想、邓小平理论、“三个代表”重要思想和科学发展观为指导，深入贯彻习近平总书记系列重要讲话，坚持辩证唯物主义和历史唯物主义的立场、观点和方法，客观真实记述常德市公安工作的历史与现状。

二、本志坚持详今略古、传承历史、反映现实、有益后世的原则，充分体现时代特点和公安工作特色。

三、本志记述时间范围，上限始于1988年1月，下限止于2012年12月，个别事项适度上溯或顺延。

四、本志采用述、记、志、传、图、表、录诸体构成篇、章、节、目。概述、大事记冠于全志之首。概述述议结合，大事记以编年体为主，辅以纪事本末体；各篇、章、节为本书主体，采用记述体；图片集于卷首；表格随文设置；附录单独设置。

五、本志编纂，以类系事，横排类目，纵写历史，以志为主，史在其中。个别章节根据需要，作适当增减，划分事类，不受部门隶属关系限制，事以类从。

六、本志采用公元纪年，历史纪年一律使用公历，正文一律使用汉字。

七、行政区划、机构、职位、地名等一般依当时名称，必要时夹注现名。需要简称者，首次出现时写明全称，括注简称。标题、文字标点、名称表述、时间表述、引文注释、图表照片、书写要求等，一律参照《湖南省志》编写行文通则和《常德市志书编纂工作细则》有关规定处理。

八、数字标点遵循国家标准出版规定，GB/T15384—2011《标点符号用法》，GB/T15835—2011《出版物上数字用法》。

九、计量单位采用国务院1984年2月发布的中华人民共和国法定计量单位。

十、本志内容经过保密审查，统计数字以存档统计数字为准。资料主要来自市公安局档案室，各区、县（市）公安（分）局档案室和市公安局下属各单位所藏档案提供，一般不注明出处。

图 像 史 料

本篇图像史料共分领导关怀、业务纪实、警营文化和装备设施及院落建设四个部分，以此作为对全文的补充和印证。以下图像虽不足以全景式反映1988—2012年常德公安工作的全貌，却能让人窥斑见豹，直观感受改革开放条件下公安工作发展的历史轨迹。

领导关怀

1999年11月，公安部长贾春旺（前排中）为安乡县公安局题词

1990年6月，省委常委、省公安厅厅长朱东阳（前排左起六）率全省警卫工作会议代表到常德市考察

1991年9月，公安部副部长俞雷（左二）、省公安厅厅长张树海（左三）在市委书记庞道沫（左一）、市长吴定宪（右一）陪同下检查常德公安工作

1992年3月，湖南省副省长陈斌藩（左一）、常德市市长蔡畅松（左二）、省武警总队副总队长刘诗信（左三）检查常德第一届桃花源游园会安保工作

2000年9月3日，省公安厅厅长李贻衡(右三)深入“8·15”案件现场，指导案件侦破

1991年9月11日，公安部原副部长俞雷（右一）考察常德市公安局，并为市公安局题词

2011年6月17日，省委常委、政法委书记、公安厅厅长李江（前排中）到市公安局检查指导工作

1995年7月28日，省公安厅纪委书记刘纲宇（前排左一）考察桃源木塘垸灾情

2006年5月25日，市委书记武吉海（左一）、市长陈君文（右三）、市委常委、政法委书记胡宗清（右二）视察交警支队指挥中心

2011年7月25日，市委书记卿渐伟（左一）慰问武陵区青阳阁执勤民警

2003年6月，市委副书记戴军勇（左一）慰问一线执勤民警

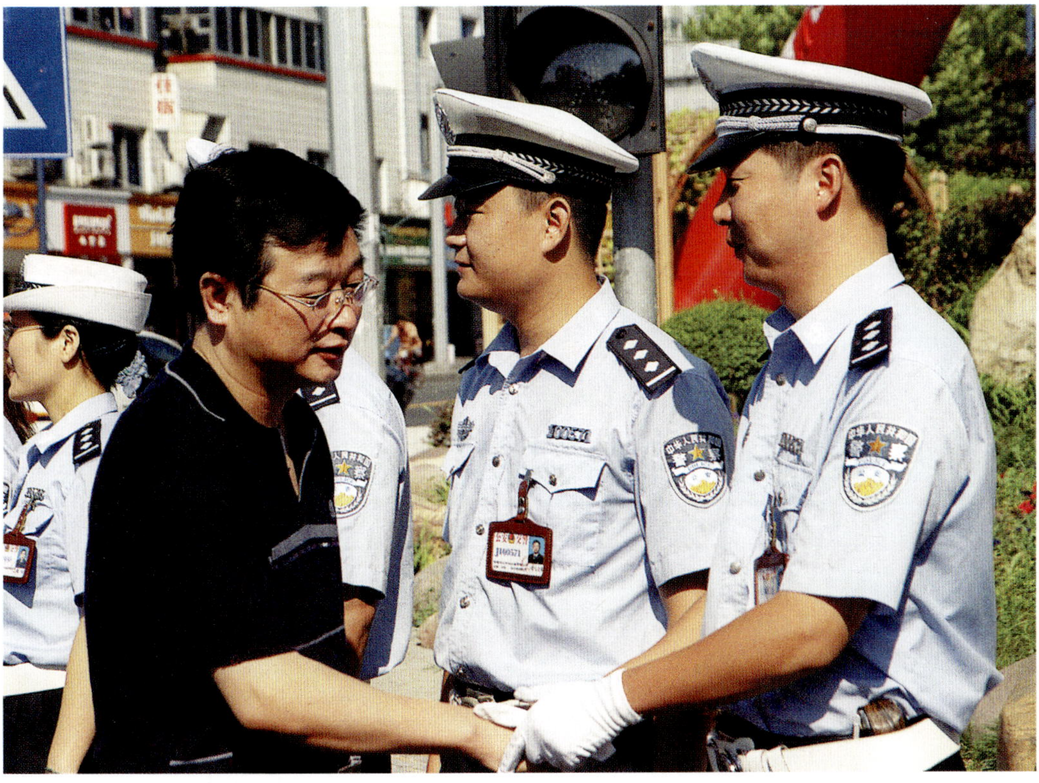

2004年7月11日，副市长李爱国（左一）慰问执勤民警

2010年12月26日，市委及市政法系统离退休老领导刘佳时（右二）、王大元（左三）、韩林安（左二）等亲临市局机关落成庆典

2011年10月10日，市委常委、政法委书记何英平（左）考察市公安机关局“110”指挥中心

2015年8月23日，副市长、公安局局长胡丘陵（中）到武陵区检查指导“四警合一”工作

2017年3月8日，市长周德睿（右一），副市长、公安局局长唐恒忠（前左一）考察市警官培训中心建设

业务纪实

2005年3月，市公安局领导与全市“十佳社区民警”及“破案能手”合影

1998年10月20日，全市公安系统抗洪抢险先进代表合影

1998年2月，常德市公安局派出所规范化建设骨干培训斑合影

2001年1月，常德市侦破“9·1”大案庆功表彰大会留影

2013年8月，副市长、公安局局长胡丘陵（中）现场检查指导道路交通管理工作

市公安局组织召开经侦工作暨打击发票犯罪和银行卡犯罪专项行动调度会

民警现场分析案情

2006年8月15日，市局组织进行全市公安机关派出所警务工作正规化指南知识竞赛

2012年5月13日，市局召开机关二层骨干竞争上岗民主推荐大会

2012年4月24日，市局政治部召开警民恳谈会

2010年8月25日，市局在警官培训中心举办民警微机技能培训班

2015年12月3日，副市长、公安局局长胡丘陵（左三）现场研究巡特警及警官培训中心院落建设

2009年9月1日，市局组织民警参加执法资格考试

全国优秀民警沈国初多年如一日维护校园周边交通安全

2008年1月30日，民警顶风冒雪上路执勤

1995年7月，民警在洪水中救援被困客车

2013年9月24日，鼎城区公安局民警在抗洪抢险中涉水转移受困群众

2014年7月16日，公安民警在鼎城区善卷垸参与抗洪抢险

2011年4月11日，巡特警支队民警在市第六中学训练场苦练防暴处突技能

民警对桃花源机场通航庆典会议现场进行安保检查

戒毒所组织禁毒宣传

武陵区民警罗彬获得联合国维和勋章

民警现场辑枪治爆

2005年12月，女子特警队员在城区街面巡逻

强制戒毒所组织戒毒人员学习生产技能

武警支队官兵奋力扑救鼎城区太阳山森林火灾

2007年2月12日，鼎城区公安局民警在桥南市场巡逻

武警支队召开抗洪抢险战前誓师动员大会

民警在侦破“9·1”大案中设卡盘查

2014年7月16日，武警支队官兵抗洪抢险

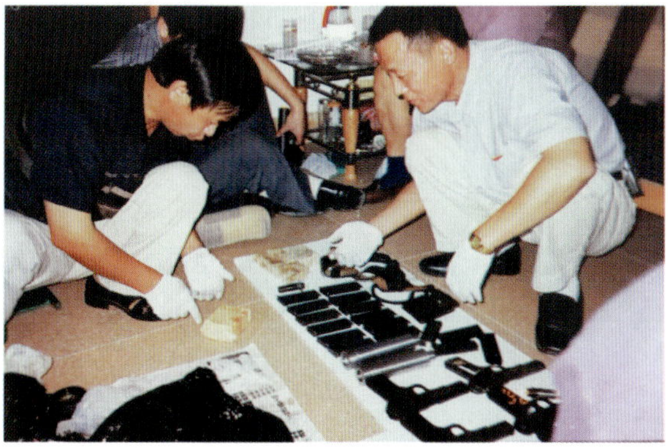

侦破“9·1”大案缴获的枪支弹药

2010年8月19日，
民警在市武警支队教导
大队靶场苦练射击技能

2010年11月1日，
巡特警支队民警接受
“三基一化”检阅

民警开展反恐防暴演练

2011年高考期间，民警担负高考考场保卫

交通民警向群众宣传交通法规

禁毒民警组织开展禁毒宣传教育

民警进校开展交通知识宣传

2012年6月26日，民警在市体育中心参与销毁毒品统一行动

民警上街进行公安法制宣传

民警上门为孤寡老人服务

民警为群众返还赃款赃物

民警走村串户开展社情调查

民警下乡发放《警民联系卡》

2015年1月12日，市局民警慰问汉寿县太子庙镇茶横村贫困群众

2013年3月8日，澧县群众为县局破获系列杀人案送匾致谢

2013年4月21日，澧县群众为县局抓获命案逃犯送匾致谢

武警官兵开展春运执勤

警营文化

1999年10月，市局举办常德民警艺术节文艺演出

2008年1月，石门县公安局第一届春晚献演

2011年6月30日，巡特警支队一大队与第四人民医院共庆建党90周年

2011年6月13日，民警参加“常德红歌王”比赛

2011年6月29日，市公安局合唱队参加全市庆祝建党90周年文艺演出

2011年6月19日，民警参加常德电视台文艺会演

2011年，武警官兵唱红歌

2012年12月17日，石门县公安局民警参加“廉洁石门你我共建”电视辩论赛获季军

2013年9月13日，澧县公安局举行“驻社联村”主题演讲

民警参加“作风 和谐发展”主题演讲比赛

2012年5月，汉寿县公安局组织迎“五四”拔河比赛

2011年5月29日，巡特警支队民警开展拔河比赛

2013年5月1日，石门县公安局组织“五一”登山比赛

2011年，市公安局代表队参加市直机关拔河比赛获第二名

市公安局参加全市青春红歌会，市局多队获奖

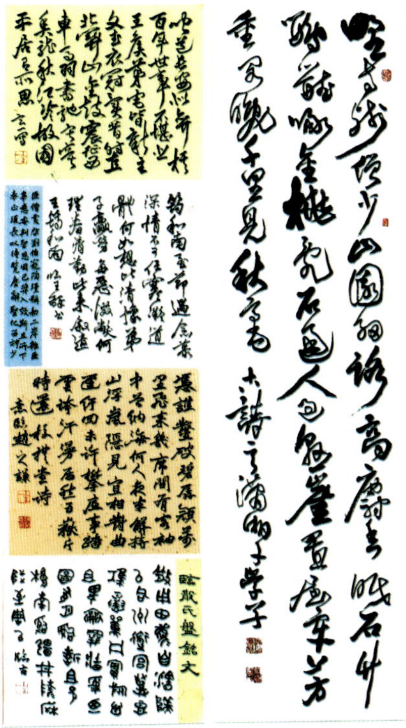

鼎城区公安局民警胡志勇的书法作品

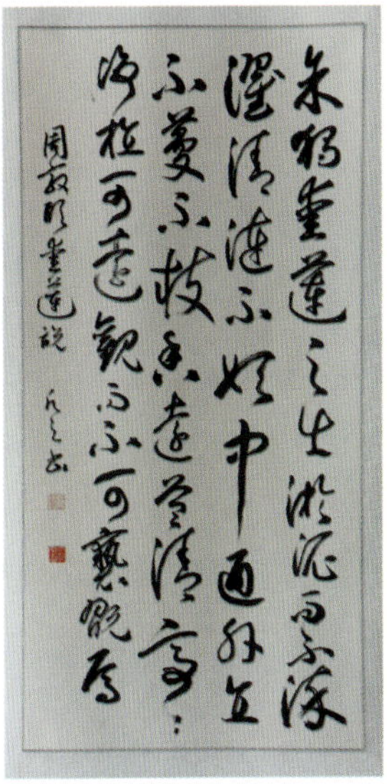

常德市公安局书法艺术参展作品

常德市公安局书法艺术参展作品

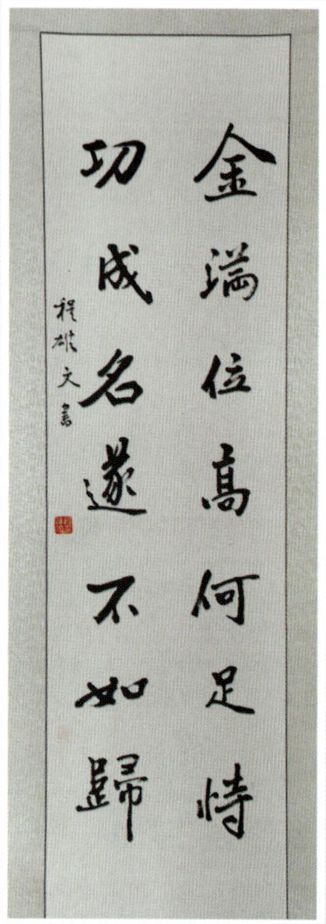

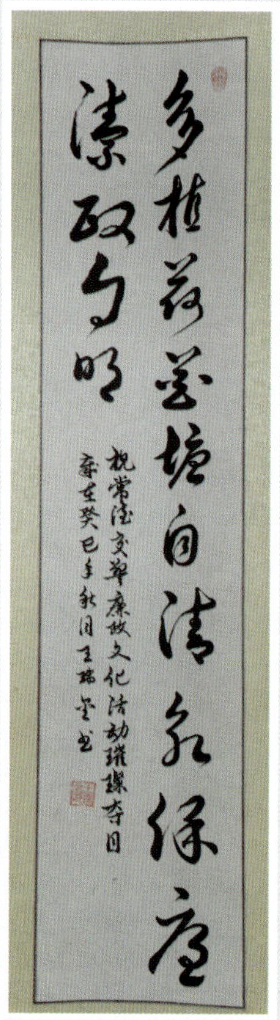

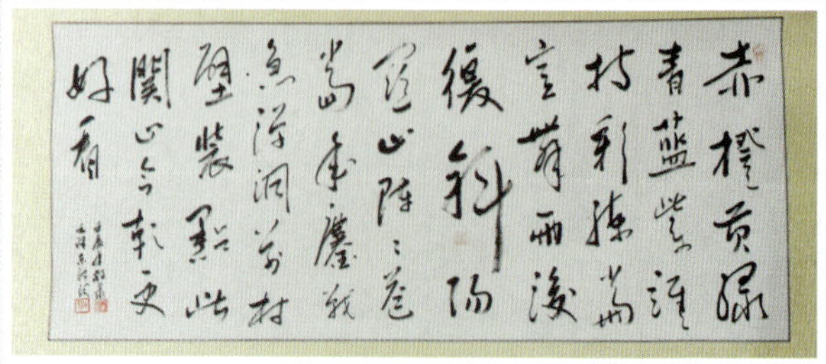

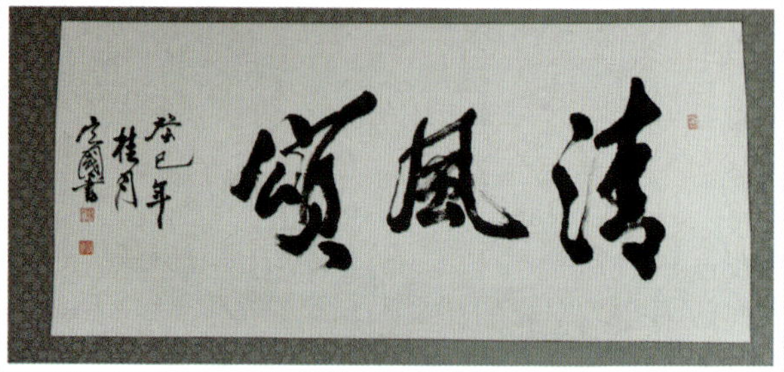

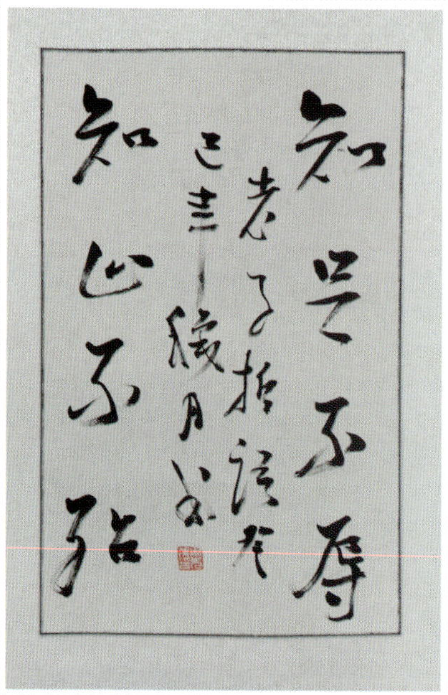

装备设施及院落建设

巡逻执勤车

反恐处突车

反恐处突车

车辆拦阻器

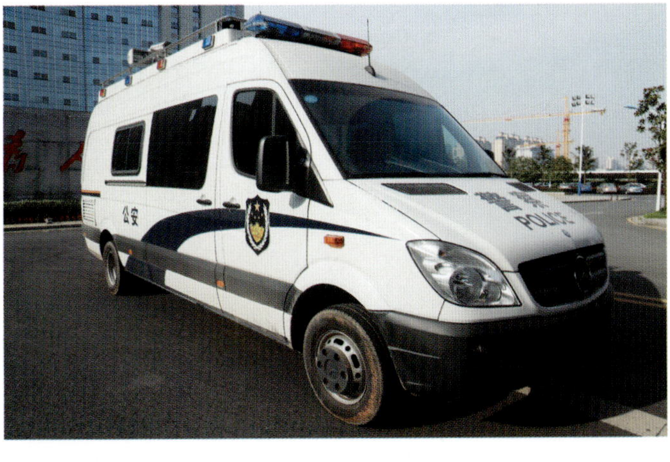

现场勘察车

化学救援消防车

巡逻执法车

消防照明车

消防云梯车

市公安局机关旧址

常德市公安局新址

市公安局指挥中心大厅

指挥中心接处警台

市公安局人口与出入境办证大厅

安乡县公安局

常德市看守所

常德市拘留所

拘留所拘留室

市公安局交警支队交通指挥大楼

市公安局交警支队指挥中心显示屏

武陵区公安分局新址

石门县公安局

德山公安分局办公大楼

汉寿县公安局太子庙派出所

临澧县公安局合口派出所

石门县蒙泉派出所

常德市公安消防支队

武警常德支队

石门消防大队

澧县交警大队指挥大楼

临澧消防大队

常德市公安局警官培训中心

市局刑科所理化实验室

目　　录

第二篇　案件侦查

第三篇 治安管理

第四篇　公安法治　信访控申

第五篇　公安科技　通信

第六篇　后勤保障

第七篇　道路交通管理

第八篇　公安消防

第九篇　武装警察

第十篇　区县（市）公安（分）局

先进人物和集体

概　述

1988年至2012年，伴随着改革开放的历史进程，社会经济形势发生巨大变化，公安工作也迎来了新的发展机遇和各种挑战。25年来，全市公安机关和广大公安民警在中共常德市委、市政府和省公安厅的正确领导下，始终坚持以马克思列宁主义、毛泽东思想、邓小平理论、“三个代表”重要思想和科学发展观为指导，紧紧围绕全市经济社会发展的大局，以维护稳定为中心，忠实履行公安工作职责。与时俱进、改进工作方式、创新管理机制，实现工作重点由“以阶级斗争为纲”转移到“以经济建设为中心”；工作职能由“打击犯罪、保护人民”拓展到“巩固中国共产党的执政地位、维护国家长治久安、保障人民安居乐业、服务经济社会发展”四大政治和社会责任；工作方式由“人海战术”、“粗放式发展”进步到“科技化、信息化”，“又好又快发展”；队伍建设由“灌输式教育管理”转变为“启发式教育、规范化管理”，使公安事业取得长足的进步。为打造“平安常德”、构建和谐社会、促进全市经济社会全面协调可持续发展作出了重要贡献。

一、维护政治安全，确保社会大局持续稳定

常德市位于湖南省西北部、洞庭湖西岸，历来政情、社情复杂，境内宗教活动活跃。同时，随着改革开放的不断深化，因经济转轨、社会转型、利益调整等引发的不安定因素增多，敌对势力和邪教组织的渗透、破坏活动频现。面对严峻形势，全市公安机关始终把维护政治安全、确保社会大局持续稳定作为首要任务，积极应对新形势、新变化，严厉打击敌对势力的破坏活动，依法取缔和打击邪教组织的违法犯罪活动，妥善处置群体性事件，积极化解闹事苗头，确保社会大局持续稳定。

*加强情报信息工作。*全市公安机关针对不同时期的社会热点、全方位开辟情报信息渠道，建立覆盖整体社会面的情报网络；制定严格的情报信息发现、收集、分析、报告制度，层层落实情报信息工作责任制，确保情报信息传输渠道畅通；强化情报信息的汇总研判，增强情报信息服务实战、辅助决策的功能；为党委、政府决策稳定工作提供准确信息，牢牢掌握工作主动权。

*加大专案侦查力度。*严厉打击境内外敌对势力、宗教极端势力、暴力恐怖势力和“法轮功”等邪教组织的渗透破坏活动，全力维护国家安全和社会政治稳定。强化敌情调查，在全市范围内开展对重点对象的调查摸底，掌握敌情动态，防止境内外敌对势力、窃取情报、插手人民内部矛盾、实施破坏活动；强化网上斗争，实行网上巡查制度，及时发现、

封堵和删除各种有害信息，防范和打击利用网络进行的反动宣传煽动等违法犯罪活动；依法制止、抵御非法宗教渗透活动，及时打击、取缔“门徒会”、“法轮功”等邪教组织。

加强反恐基础建设。按照“立足预防、主动出击、高效处置、加强合作”的国家反恐怖工作总要求，落实“党政领导、行业主导、单位主责、公安指导、群众参与”的工作机制，完善反恐情报战略支撑点建设。为预防、应对暴力恐怖活动，市、县两级公安机关建立反恐实战工作体制，设置专职反恐机构，配强精干的反恐队伍和先进的反恐装备，完善高效的反恐联动机制，为提升反恐实战能力打下坚实的基础。

开展矛盾纠纷化解。针对不安定因素和群体性事件增多的实际。全市公安机关立足于抓早、抓小，深入开展不安定因素的排查化解，及时预防和妥善处置企业改制、征地拆迁、移民等引发的群体事件。对非正常上访的重点疑难信访，采取层层分解任务、件件落实责任的办法，扎实做好结案息访工作，努力使信访问题控制在当地、解决在基层。健全完善矛盾源头预防化解体系，建立以日常走访排查、案件回访调查、网上信息巡查的矛盾排查机制。1988 年至 2012 年，共受理来信来访 21264 件，办结 21030 件，办结率 98.9%；受理信访案件 1626 件，办结 1603 件，办结率 98.6%。

二、惩治各类刑事犯罪活动，提升人民群众安全感

1988 年至 2012 年，全市公安机关始终坚持严打方针不动摇，针对不同时期的突出治安问题，持续不断地开展严打斗争及专项整治行动。

惩治严重暴力犯罪。20 世纪 90 年代初期，针对突发性、暴力性犯罪案件逐渐增加的实际，市、县两级公安机关制定应急预案，建立值班调度和应急机制，强化刑侦技术运用，努力提高现场勘查出勘率、取证率和利用率，对大要案件采取“三定一包一提前”（定人、定时、定案、包干负责和提前介入）；实行“四快一同步”，即调集力量快、赶赴现场快、查证线索快、采取措施快，各项工作同步进行的工作机制；对疑难的重特大恶性案件，采取“定领导、定专人、定时限”的破案责任制，加大攻坚克难力度，提高侦查破案能力。2000 年 9 月 1 日下午 6 时许，常德市城区发生一起特大恶性持枪抢劫杀人案件。公安部、省公安厅高度重视、现场督战，在重庆、武汉、长沙等地公安机关的协作配合下，全市参战民警吃苦耐劳、顽强拼搏，成功破获该特大持枪抢劫杀人案。彻底摧毁以张×为首的流窜渝湘鄂 3 省市、历时 6 年、作案 20 起、杀死杀伤 50 余人、抢劫财物价值 600 余万元的特大暴力犯罪集团，抓获犯罪嫌疑人 40 名，缴获各类枪支 35 支，子弹 4000 余发，手雷 1 枚。案件的成功破获受到了中央、省市有关领导及社会各界群众的高度赞扬。进入 21 世纪，集中开展以“打黑除恶”为重点的严打整治斗争，坚持“黑恶必除、除恶务尽”。通过异地用警、封闭办案等措施，彻底摧毁一批长期盘踞一方、作恶多端的黑社会组织和恶势力，维护了社会稳定，提升了人民群众的安全感。

惩治经济领域犯罪。围绕服务经济建设，认真履行职责，积极防范、严厉惩治诈骗、走私、涉税等各类经济犯罪活动，大力整顿和规范市场经济秩序，保障国家、集体和人民

群众财产安全。1998 年，按照新的《中华人民共和国刑法》（以下简称《刑法》）赋予的职责，不断加强与金融、海关、工商、外贸等部门的联系，健全完善市、县两级税侦、经侦机构和打击金融领域犯罪的部门协调联席机制。2006 年以来，狠抓案值高、损失大、影响恶劣的经济犯罪大要案件的侦破。成功侦破康强国际、欣彩国际、澳洲 AD 网络传销、凯特国际非法经营案等多起部督、省督经济大案，挽回经济损失数亿元。

*整治治安热点难点。*针对突出社会治安问题，加大打击力度，持续开展多种形式的专项整治行动。在全市范围内先后开展打击“两抢一盗”等多发性侵财犯罪，打击车匪路霸、打击拐卖妇女儿童、打击盗抢机动车、打击流氓犯罪、打团伙、破大案、禁毒品和集中追捕逃犯、扫黄禁毒等专项整治行动。1991 年至 1992 年，开展以打击车匪路霸为主要内容的“公路行动”，破获车匪路霸案件 249 起，端掉公路沿线卖淫嫖娼窝点 51 处。1996 年，开展“禁毒品、刹三风”统一行动，集中力量整治以石门县夹山寺、安乡县黄山头、澧县边贸城等一批群众反映强烈的旅游景点、公复场所的色情服务和电游赌博问题。2000 年，开展声势浩大的“打击拐卖妇女儿童犯罪”专项行动，破案 92 起，解救妇女、儿童 576 人，抓获犯罪嫌疑人 148 名，捣毁拐卖妇女、儿童团伙 9 个。2004 年，开展“破大案、打团伙、摧网络、抓毒枭、缴毒资”的打击毒品违法犯罪专项行动，破获各类毒品案件 2765 起，查处各类涉毒人员 1945 名，打掉吸贩毒团伙 39 个。针对人民群众反映强烈的地下“六合彩”赌博等问题，挂牌整治 11 个涉赌重点乡镇。同时，将禁赌工作提升到党委政府重要工作的议事日程，形成“党政齐抓，公安为主，全民共禁”的禁赌工作格局。2007 年开始，强化打击“两抢一盗”等多发性侵财犯罪，采取巡逻防控“压”、小型出击“打”等多种灵活机动措施。有效地治理了区域性、阶段性盗抢犯罪活动。

*构建治安防控体系。*坚持“预防为主、打防结合”的方针，大力推进治安工作社会化建设，强化社会防范机制，全面推行以单位主要领导为第一责任人的治安承包责任制，实行群防群治。从 1992 年开始，改革勤务制度，把警力摆到社会面，采取建立民警巡逻、设置治安岗亭，强化动态控制；建立派出所民警责任区，增大治安防范辐射面；全面推行“打防管控”一体化警务工作模式，形成交警、巡警管线，刑警管点，社区民警管面的多警种防控网络。同时，实行“186”治安责任包保机制，启动城区治安电子防控系统，采取专职巡逻队定时巡，便衣民警定段巡，派出所民警日常巡，巡特警、武警武装机动巡等方式，强化对案件多发重点地区、场所、部位和时段的防范控制，形成完整的社区治安防控网络。

三、改进公安行政管理，服务经济社会发展

1988 年至 2012 年，公安行政管理工作积极适应经济社会发展的新形势，对传统的行政管理模式进行了一系列改进和创新。

*规范治安行政管理。*1993 年，按照“谁主管、谁负责”的原则，改进旅店、娱乐场所以及其他特种行业的治安管理，打破经营限制，简化审批手续，建立行业管理协会，实

行跟踪服务，为第三产业的发展创造良好的治安环境。进入21世纪，针对互联网快速发展，公安机关会同文化、工商、电信等部门，对兴起的网吧行业落实实名制安全措施，实行24小时互联网信息监控。在危爆物品管理上，从生产、销售、储存、运输等环节实行信息系统管理，确保每个环节的绝对安全，万无一失。

推进户籍制度管理改革。全面建立市局、区（县）局、派出所三级户籍管理和人口管理信息网络。农村乡镇建立户政办公室，设置专职户政管理员，协管农村常住人口，施行“一人一档、一家一簿、一户一牌、一村一图”，对农村常住人口实行城市化管理。围绕“在合法固定住所登记户口，人户一致，城乡一体”的户籍改革目标，创新人口管理体制，对农村进城务工人员和其他流动人口实施暂住证制度，纳入全市“一中心五网络”进行统筹管理，逐步探索出“两级政府、三级管理、一支队伍、一个平台”的流动人口社会化管理模式，实现管理与服务的有机统一。

创新交通安全管理。1988年以来，推进道路交通安全社会化管理，不失时机地开展道路交通整治、创建“平安大道”、实施“畅安工程”等道路交通整治行动。同时，推行驾驶员异地考试、驾驶员微机管理、客运车辆户籍化管理等举措。以创建文明交通管理模范城市为目标，建设市城区智能化交通管理系统，完善交通事故人民调解机制，推出十二条便民利民措施，使常德跻身于全国交通文明城市的前列。

强化消防安全监督管理。积极探索新形势下消防管理工作机制，深入开展消防安全监督规范化建设。根据城市快速发展和城镇化建设的实际、全面落实消防安全责任制度，强化火灾隐患整治力度，同时加强消防特勤队伍建设，不断提升应对各种突发灾害事件的能力。

四、推进科技信息化和基层基础建设，增强发展后劲

全市公安机关按照“科技强警”的要求，加大科技投入、充实基层警力，不断提高公安机关的整体战斗力。

推进科技信息化建设。1999年，开通启用350兆警用集群通讯网络。从2001年开始，实施“金盾工程”建设，市局至省厅计算机2级网络带宽达40兆，市局至区县（市）网络带宽达到6兆和4兆，全市配备计算机1373台，民警上网注册率达到30%，先后建成16个管理应用系统。2004年，完成全市240个行政派出所与市局中心数据库的信息系统联网和信息共享。2008年，全市公安科技网络基础设施全面建成，三级网、四级网、局域网实现100%标准接入，无线集群全市覆盖。省、市、县三级漫游联网，三级电视电话会议系统、办公自动化系统、综合信息查询系统、涉密信息传输系统、治安报警视频监控系统以及身份认证系统等全部建成开通，并广泛、高效应用于治安防范和打击犯罪工作。

推进基层派出所建设。1988年，在31个城区和城镇派出所实行警区勤务模式，在农村派出所推行以片设岗的治安联勤模式。1991年，学习借鉴福建三明、广东深圳、上海等地先进经验，结合本地实际制定《全市公安基层派出所建设三年达标纲要》、《内部单位

保卫组织等级管理》和《公安基层基础建设考核验收标准》，推进派出所标准化建设，全面完成“一乡一所、一所一院”的建设目标。围绕贯彻实施公安部《派出所等级评定办法》，探索实行“警区管理、小区建设、社区服务”的城市警务模式和“以墟场划片建立警区、民警多责多能、深入社区服务”的农村警务模式，形成“以防促打、以打促防、打防结合”的“打防控管”一体化新格局。

推进“三基一化”建设。2006 年，全面启动以“抓基层、打基础，苦练基本功”和以正规化建设为重点的“三基一化”工作。共投入资金 5.4 亿元，硬件建设达到“4 个 100%”；即民警单警装备配备率 100%，公用经费保障到位率 100%，警力下沉达标率 100%，基层所队网络覆盖率 100%。以《警务工作正规化指南》为载体，把绩效考评、联带包创星级管理与省厅精细化管理要求有机对接，先后完善 21 项管理制度，形成具有常德特色的精细化管理模式。

五、加强队伍正规化建设，提升执法公信力

1988 年至 2012 年，坚持政治建警、从严治警、素质强警、从优待警，努力打造一支忠诚、为民、公正、廉洁的公安正规化队伍。

坚持政治思想建设。把坚持党的“四项基本原则”作为公安队伍政治建警的主线贯彻始终。在内容上，系统开展党风警风、职业道德、职业纪律和廉政勤政教育，使广大公安民警时刻不忘党的宗旨，不忘人民警察的责任，牢固树立全心全意为人民服务的思想。在方法上，坚持每年开展一次队伍纪律作风集中整训，采取自查、互查和开门评警等方式，查找问题，严肃查处违法违纪。在措施上，用制度管人，制定完善党风廉政建设、纪律作风建设、领导责任追究、办案责任追究等规章制度，确保公安队伍建设的健康发展。

加强素质强警建设。上世纪 80 年代末，针对公安民警整体文化素质不高、管理水平和办案效率偏低状况，对全市公安系统年龄在 45 岁以下，文化水平初中及以下的民警进行系统的公安中专函授教育。随着《中华人民共和国刑法》、《中华人民共和国刑事诉讼法》的颁布实施，采取轮训的方式，对公安民警进行“两法”学习培训。以市警官培训中心为平台，开展民警岗位培训，基层股、所、队长能力培训，新录用民警初任培训和全警执法资格培训。同时，分期分批选送区、县（市）局领导，科、股、所、队长和业务骨干到公安部属院校和省警察学院培训，全面提升公安队伍的整体素质。

提升规范执法水平。1990 年，公安法制建设开始起步，初步完成规范性文件的立、改、废工作，为《行政诉讼法》的实施做好充分准备。1992 年，加强法制机构建设，市局和 9 个区、县（市）公安（分）局成立法制办公室，配齐配强专职法制民警。加强对强制措施使用以及重大、复杂、疑难案件的审核工作。按照“谁办案、谁负责”、“谁审核、谁负责”、“谁签字、谁负责”的原则，全面推行执法责任、个案监督、错案追究、执法质量考核评议。行政、刑事案件的立案审批、执法审核、法律文书和涉案财物的管理统一划归法制部门，构建起大法制格局。推行警务平台执法办案系统，全市公安机关所有

行政、刑事案件实现网上流转。办案质量和整体管理水平上明显提高，公安机关公正执法的形象得以彰显。

推进公安事业发展的同时加强从优待警。全市公安机关抓住改革开放和经济建设的发展机遇，积极争取党委、政府支持，大力加强公安基础设施和装备建设，建立健全公安保障机制，不断改善工作环境。市、县（区）局机关及基层派出所办公用房、警用车辆、枪支械具、网络信息系统、通信工具和公安民警单警装备都取得快速发展。同时，理顺公安机关管理体制，建立起适应公安机关特点的干部职级待遇，民警人身意外伤害保险、执勤岗位津贴、先进模范人物休假疗养、民警因公负伤紧急救治“绿色通道”等一系列从优待警的制度措施，增强全市公安民警的责任心和荣誉感，推进了公安事业的健康发展。到2012年，全市公安机关有189个单位或个人受到公安部表彰。有3名民警被授予或追授“二级英雄模范”称号，有5名因公牺牲的民警被追认为“革命烈士”称号。有2名民警被国务院授予“全国先进工作者”，有3名民警被授予“全国特级优秀人民警察”，有30名民警被授予“全国优秀人民警察”或“全国公安机关爱民模范”，有11个单位荣立集体一等功，有48名民警荣立个人一等功，还有一大批单位和个人受到省、市记二等功、三等功以上的表彰奖励。

1988年至2012年，全市广大公安民警为捍卫法律尊严、维护社会安宁、保护人民利益，不怕牺牲、不辱使命，出色地完成守土安民的神圣职责，用汗水和鲜血谱写了一曲曲壮烈辉煌的乐章。实践证明，常德公安队伍是一支忠诚于党、忠诚于人民的队伍，是一支政治坚定、忠于职守、勇于奉献，有坚强战斗力的队伍。在未来的工作中，全市公安民警将在各级党委、政府和上级公安机关的领导下，坚定不移地为常德的改革开放与发展保驾护航，为实现全市经济社会跨越式发展，夺取全面建设小康社会的新胜利建功立业。

大 事 记

1988 年

1 月 31 日至 2 月 3 日，完成中共中央政治局常委乔石在常德考察的警卫工作任务。

6 月，常德地区消防大队更名为中国人民武警警察常德市消防支队。

6 月 7 日至 7 月 5 日，湖南省公安厅在常德县举办全省方言土语调查收集培训班。全省 115 名政保干部参加。

7 月 26 日，常德地区撤区建市，常德地区行政公署公安处更名为常德市公安局。原常德市公安局更名为常德市公安局武陵区分局，原常德县公安局更名为鼎城区公安局。

1989 年

3 月，常德市公安局交通警察支队由正科级机构升格为副处级机构。

4 月，姚世柏任常德市公安局局长，原局长刘诗信调任湖南省武警总队副总队长。

5 月 29 日，汉寿县发生特大翻船事故。该县周文庙乡芦苇场一艘机帆船因严重超载翻船，船上 89 人全部落水，55 人遇难。县公安局接警后，迅速组织民警赶赴现场，会同有关部门开展抢救及善后工作。

1990 年

3 月 8 日，常德市公安局侦破特大经济诈骗案。常德戏剧学校职工吴 × × 伙同潘 × ×、莫 × × 等人，假冒农工商贸易公司之名与他人签订假合同，诈骗金额达 400 多万元。

9 月 5 日至 31 日，针对长常公路突出治安问题，湖南省公安厅决定开展整顿沿线治安的“联合整治行动”。全市共抽调 127 名刑侦和交通民警参加，摧毁公路沿线的违法犯罪团伙 21 个，抓获团伙成员 62 人、其他各类犯罪嫌疑人 184 名，挽回经济损失 4.9 万元。

9 月 16 日，全省警卫基础工作现场会在常德召开。

10 月 2 日，临澧县物资局采购员蒋 × × 骗取其所在单位 1.7 万元后，在潜逃途中劫持厦门飞往广州的 2510 号客机。在广州白云机场紧急迫降时，造成 3 架客机撞毁、118 人死亡。蒋××亦当场死亡。

1991 年

2 月，常德市公安机关侦破特大撬盗保险柜系列案件。1990 年 4 月至 1991 年 2 月，犯罪嫌疑人陈×、任×在武陵区、鼎城区、桃源县、临澧县等地连续撬盗保险柜作案 13 起，涉案金额 20 余万元。

3 月下旬，湖南省公安厅在常德召开出入境管理工作会议，研究出国审批工作，并检查港澳地区定居审批工作。

12 月 12 日，完成中共中央政治局委员、国务委员李铁映在常德考察的警卫工作任务。

1992 年

4 月至 6 月，全市公安机关开展打击车匪路霸专项斗争。共破刑事案件 875 起。

7 月，《中华人民共和国人民警察警衔条例》颁布实施，市公安局按照《条例》规定，对全市公安机关在编在岗的人民警察进行警衔等级评定工作。

12 月，临澧县公安局被公安部授予“全国优秀公安局”荣誉称号。

1993 年

3 月，根据《中华人民共和国人民警察警衔条例》，全市公安机关 2338 名民警首次分别被授予三级警监、一级警督、二级警督、三级警督、一级警司、二级警司、三级警司警衔。

3 月，胡欣堂任常德市公安局局长、姚世柏仍任中共常德市公安局委员会书记。下年 4 月，姚世柏调任中共湖南省公安专科学校党委书记。

4 月 14 日至 16 日，完成中共中央政治局常委、国务院副总理朱镕基在常德考察的警卫工作任务。

5 月，设立常德市公安局德山分局。

10 月 1 日，设立常德市公安局巡警大队（正科级）。

11 月 5 日，常德警方侦破“11·5”全国特大制作、贩卖淫秽物品案。在长沙市黄泥街 68 号园晓书社查获大量淫秽书刊及非法出版物，查明犯罪嫌疑人彭××、万××等人从 1992 年 12 月至案发期间，先后非法制作、贩卖 28 种淫秽书刊，共计 326198 册，非法印刷出版物 46 种，共计 928553 册。

1994 年

7 月 8 日至 10 日，完成中共中央政治局常委、全国政协主席李瑞环在常德考察的警卫工作任务。

9 月，全市公安机关开展追捕在逃人员统一行动，共追回在逃人员 1001 名。

12 月 15 日，完成中共中央政治局常委、国务院总理李鹏在常德考察的警卫工作任务。

1995 年

3 月 24 日至 26 日，完成中共中央总书记、国家主席、中央军委主席江泽民在常德考察的警卫工作任务。

7 月，桃源县遭受特大洪涝灾害，县城被淹，县局民警在抢险救灾中，不畏艰险、不怕牺牲，被公安部荣记集体一等功。

10 月 10 日，在武陵分局召开市直公安系统人民警察基本素质考试考核工作动员大会，来自市局机关、交警支队及武陵、德山分局 600 多名公安民警参加。

12 月 9 日，历时 15 天的常德市直公安系统人民警察资格考试封闭训练测试在市委党校顺利结束。

1995 年 10 月，组建常德市公安局巡逻防暴警察支队，机构为副处级。

1996 年

3 月，临澧县公安局被公安部授予 1995 年度“全国优秀公安局”荣誉称号。

5 月，破获全省首例制贩冰毒案。抓获以我国台湾地区周 × × 为首的 8 名犯罪嫌疑人，摧毁设在汉寿县蒋家咀、武陵区护城乡、鼎城区周家店乡、武陵镇 4 处制毒窝点，缴获晶体状冰毒 40 公斤，液体状冰毒 100 公斤，半成品 750 公斤，并收缴大量制毒设备及化学试剂。

7 月 20 日，完成中共中央政治局常委、国务院总理李鹏，中共中央政治局委员、国务院副总理姜春云专程到常德调研洪涝灾情的警卫工作任务。

9 月，澧县公安局侦破犯罪嫌疑人韩 × × 系列杀人案，经查明，韩 × × 流窜全国 15 个省、市、自治区，共作案 22 起，杀死 21 人，杀伤 7 人。

9 月 28 日，市公安局建成开通“110”报警服务台。

10 月，占地近 500 亩，投资 3000 多万元建成全省最大的现代化机动车驾驶员教考中心。

12 月，傅少祥任常德市公安局局长，原局长胡欣堂调任张家界市公安局局长。

1997 年

1 月 1 日，常德市取消收容审查行政强制措施。

3 月，临澧县公安局被公安部授予 1996 年度“全国优秀公安局”荣誉称号。

9 月，常德万琦物业集团有限公司金融诈骗案告破。该犯罪团伙在 1994 年 9 月至 1997 年 5 月，先后诈骗 45 次，涉案金额 4. 337 亿元。

9 月，完成全国“八运会”皮划艇预赛的安全保卫工作任务。

1998 年

3 月，临澧县公安局被公安部授予 1997 年度“全国优秀公安局”荣誉称号。

7 月至 8 月，在抗击特大洪涝灾害的战斗中，全市公安民警经受严峻的考验，301 名民警带病坚守在抗洪抢险第一线，81 名民警负伤，27 名民警累倒在防洪大堤上。一大批基层单位和民警被记功嘉奖。安乡县公安局被公安部荣记一等功。

9 月 1 日至 2 日，完成中共中央政治局常委、国务院副总理李岚清在常德考察灾情的警卫工作任务。

9 月 3 日，完成中共中央总书记、国家主席、中央军委主席江泽民，中央政治局委员、书记处书记、国务院副总理温家宝，中央政治局候补委员、书记处书记、中央办公厅主任曾庆红，中央军委委员、总参谋长傅全有在安乡县考察灾情的警卫工作任务。

9 月，设立常德市公安局西湖分局。

1999 年

3 月 4 日中午 12 时 30 分，桃源县龙谭乡丁家坛村路段发生一起特大交通事故，造成 29 人死亡，23 人受伤。

7 月，全市各级公安机关开始取缔“法轮功”邪教组织。

9 月 5 日至 10 月 5 日，全市公安机关全力实施第八届亚洲皮划艇锦标赛暨国庆 50 周年安全保卫工作。

10 月 23 日，常德市公安局成功举办首届常德警察文化艺术节。

2000 年

2 月，公安部确定常德为全国公安机关开展“三项教育”的试点单位，在全市公安机关和民警中开展以全心全意为人民服务的宗旨教育，实事求是的思想路线教育和严格、公正、文明执法的三项教育活动。

2 月下旬，市公安局首次在机关实行骨干竞争上岗、民警双向选择的干部管理新机制。对全部科、室、队、所领导职位采取民主推荐竞岗，对所有民警岗位采取个人选择与单位挑选的聘用方式。

3 月 20 日至 8 月 25 日，安乡县杨××特大家族走私毒品集团案预审侦结。1998 年 11 月至 1999 年 7 月，犯罪嫌疑人杨××伙同犯罪嫌疑人马××（内蒙古包头市人），组织安乡籍及山西籍亲友 74 人，采取体内藏毒方式，作案 46 起，走私入境毒品海洛因 40000 余克。

10 月，常德公安机关在公安部、省公安厅的指导和重庆、武汉、长沙等地公安机关的通力协作下，成功侦破“9·1”案件暨渝湘鄂系列持枪抢劫杀人案。摧毁以张×为首横跨渝、湘、鄂 3 个省、市作案 20 起，打死 27 人、打伤 24 人、抢得财物价值达 600 余万元的特大武装犯罪团伙。

2001 年

1 月 13 日凌晨至 15 日 24 时，按照省公安厅统一部署，全市公安机关组织开展声势浩大的“打黑除恶”专项斗争。共摧毁犯罪团伙 98 个，其中黑社会犯罪团伙 8 个，恶势力犯罪团伙 29 个，侦破刑事案件 340 起，抓获违法犯罪嫌疑人 395 名，其中涉黑涉恶犯罪嫌疑人 135 名。

1 月 18 日，市委、市政府在工人文化宫隆重召开表彰大会，表彰成功侦破常德“9·1”大案有功单位和个人。全市共有 16 个单位、113 名公安民警受到省委、省政府和市委、市政府表彰。

3 月，临澧县公安局被公安部授予 2000 年度“全国优秀公安局”荣誉称号。

4 月 22 日至 25 日，按照省厅统一部署，在全市范围内开展集中统一搜捕行动，抓获一大批在册犯罪嫌疑人和违法人员。

4 月 28 日，召开全市城区“打防控管”一体化工作会议，决定在全市城市、城关镇全面推广城南派出所“打防控管”一体化警务模式。

6 月 1 日，全市组织开展集中销毁非法枪支统一行动，共销毁非法枪支 2213 支。

8 月 7 日至 11 日，完成全国中学生男子田径锦标赛在常德举行的安全保卫工作任务。

9 月 13 日至 15 日，完成中共中央政治局原常委、全国人大常委会原委员长乔石在常德考察的警卫工作任务。

2002 年

1 月 26 日至 2 月 25 日，全市公安机关开展以“打盗抢、打团伙、打流窜、追逃犯”为主要内容的“三打一追”专项行动。共抓获各类违法犯罪人员 478 名，摧毁团伙 50 多个，瓦解团伙成员 160 多名。

2 月 17 日，石门县一客车因严重超载，发生一起造成 25 人死亡、多人受伤的特大交通事故。

2 月，设立常德市公安局柳叶湖分局。

4 月至 5 月，全市公安机关连续两次组织实施“蓝箭行动”，共出动党政干部和公安民警、武警官兵 15000 多人次，出动车辆 2800 台次，设置卡点 268 个，收缴无牌无证车辆 2430 台，破获盗抢摩托车案件 90 多起，抓获犯罪嫌疑人 150 多名。

6 月 7 日，完成中共中央政治局常委、国务院总理朱镕基在常德考察的警卫工作任务。

11 月 11 日早晨 8 时许，常德市一中、鼎城区牛鼻滩镇中学三分校分别发生特大投毒案件，致使 224 名师生中毒。经过 28 个日夜的连续奋战，两起投毒案件成功侦破。

2003 年

1 月 18 日，临澧县合口鞭炮厂发生爆炸事故，造成 14 人死亡、9 人受伤。

3 月 21 日、3 月 26 日、4 月 9 日，常德市连续发生 3 起抢劫出租车杀人案件，市城区出租车司机欧××、聂××、姜××分别在津市涔澹农场、津市棠华乡、鼎城市区灌溪镇被杀。

5 月 15 日至 16 日，完成中共中央政治局常委、国家副主席曾庆红在常德考察的警卫工作任务。

5 月 24 日，常德市公安机关在武陵区“蓝宝石”娱乐城捣毁特大吸贩“摇头丸”犯罪团伙，抓获涉案人员 42 名。

6 月，设立常德市公安局西洞庭分局。

6 月 28 日，全市建成 350 兆警用集群通信网络。

8 月 10 日，正式启动运行市城区“186”治安防控体系，市公安局及武陵公安分局、鼎城区公安局、德山公安分局向一线下沉警力近 100 名。

9 月 29 日，以“9·1”暨渝、湘、鄂特大持枪抢劫杀人案为题材的电视连续剧《天不藏奸》在常德开机拍摄。

10 月 15 日，市公安局分 5 期对全市 600 名股、所、队长开展以“端正执法思想、转变执法观念”为主题的大轮训活动。

2004 年

4 月 15 日，公安部常务副部长田期玉到常德考察公安工作。

4 月 16 日，完成原中央政治局常委尉健行在常德考察的警卫工作任务。

4 月 3 日至 6 月 3 日，全市开展为期两个月的保障青少年权益，保护青少年安全的学校周边治安秩序集中整治专项行动。

6 月 17 日，破获一起涉及我国台湾地区人员故意杀人案。台北市万华区万达路居民叶××将武陵区东郊乡唐家溶村村民肖×杀死。

9 月，汤向荣任常德市公安局局长，原局长付少祥调任岳阳市公安局局长。

9 月 3 日，侦破特大地下“六合彩”案，涉案金额达 5000 万元。

12 月 21 日，鼎城区桥南大市场发生特大火灾事故，经市、区公安、消防部门组织全力扑救，大火于 12 月 22 日凌晨 2 时左右扑灭。

2005 年

2 月 17 日，采取异地用警、封闭办案等超常措施，摧毁桃源县漆河镇以李××为首的黑社会性质犯罪团伙，抓获团伙成员 31 名，提请逮捕 17 名，实施劳动教养 10 名。

2 月，市公安局部署开展集中打击赌博违法犯罪专项行动，共查处赌博案件 1553 起，抓获各类涉赌人员 6889 名。

4 月，全市部署开展禁毒人民战争，共破获涉毒案件 2643 起，查处涉毒人员 1702 名，全市登记在册吸毒人员 4877 人。

4 月，市公安局王汉桃荣获“全国先进工作者”称号，同年 8 月，赴北京参加全国公安保卫战线英雄模范立功集体代表大会。

5 月 18 日，市公安局启动公安大接访活动。全年共接待信访群众 2736 人次，办理信访案件 1359 起，办结 1344 起，办结率 98.9%，息访 1317 起，息访率 96.9%。

7 月，累计投入资金 4800 多万元的市城区智能交通管理系统建设竣工。是年 12 月 28 日，经公安部、交通部专家组验收确认，该系统达到国内先进水平。

8 月，调整交流 13 个区、县（市）公安局长、政委，并全部实行政委职级高配。

10 月 1 日，根据省厅的统一部署，全面启动常德市第二代居民身份证换发工作，截至是年年底，全市共换发二代证 106195 张。

12 月，常德市被公安部授予“全国交通管理模范城”荣誉称号。

12 月，完成“金盾工程”一期建设任务。全市公安局域网全部建成，全面开通三级网、接入网和 350 兆无线通信、视频会议系统，局机关办公自动化工作全面启动，并完成八大类资源库和 23 个一类应用系统的建设任务。

2006 年

3 月，桃源县看守所被公安部评定为一级看守所。至此，该看守所连续六年被公安部评定为一级看守所。

3 月至 10 月，全市组织开展治爆缉枪专项行动，共收缴各种枪支 886 支，子弹 2582 发，管制刀具 2932 件，雷管 18670 枚，炸药 1621 公斤，导火索 1938 米。

4 月 1 日，市局机关正式启动岗位目标绩效考评。

5 月 20 日，组织开展为期 4 个月的外籍人员“三非”专项整治行动，共查处涉外案（事）件 35 起。

5 月至 6 月，圆满完成第三届中国常德诗人节、全国龙舟争霸赛保卫工作。

6 月 27 日，常德市被公安部、科技部确定为全国第二批开展科技强警示范城市建设工作城市。

12 月，常德市公安局综合考评及执法质量考评均排名全省第一，社会治安状况和人民群众安全感测评名列全省第二，并荣获“全省综合考评先进单位”“全市综治工作先进单位”称号。

2007 年

4 月 11 日，侦破公安部督办的“TW07010”目标案件，共抓获黄 × ×、戴 × × 等 11 名贩毒团伙成员，缴获毒品海海因 878.2 克，毒资 11 万元。

4 月，常德市公安局被公安部评为“全国公安机关防范和处理邪教犯罪工作先进集体”。

5 月 12 日，圆满完成中共中央政治局常委李长春在常德考察的安全警卫工作任务。

5 月 25 日，全市部署开展集中扫黄禁赌专项行动。专项行动期间，全市共查处赌博案件 375 起，抓获涉黄涉赌违法犯罪嫌疑人 1157 名。

5 月 28 日，侦破全省首例利用癌症病人套购盐酸二氢埃托啡并贩卖获取暴利的精麻药品犯罪案件，先后在常德市、怀化市、河南省濮阳市抓获犯罪嫌疑人 7 名。

12 月，通过开展为期一年的打击传销专项整治行动，全市共查获传销案件 35 起，捣毁传销窝点 84 个，驱散遣返传销人员 3133 名，抓获传销违法人员 149 名，解救被骗涉传人员 350 余名。

2008 年

1 月，常德市公安消防支队武陵中队战士杜丘在灭火救援中英勇牺牲，被省公安厅追记一等功，被公安部评为革命烈士。

5 月，常德市顺利通过公安部、科技部科技强警示范城市考核验收。同年 9 月，被公安部、科技部授予“科技强警示范城市”称号。

6 月 30 日，市、区公安机关联合侦破武陵区一非法持有枪支团伙案。抓获犯罪嫌疑人 6 名，收缴仿冲锋枪式霰弹枪 6 支、仿 64 式手枪 6 支、子弹 19 发、自制霰弹枪子弹底火 112 个，收缴电焊机、打磨机、台钳等作案工具 200 余件。

7 月 25 日，市局调集刑警、技侦、武警、巡逻防暴等警种警力及相关区、县警力 180 余人，在汉寿蒋家嘴镇一举捣毁集涉枪、涉毒、涉赌、涉恶于一体的特大犯罪团伙。

8 月，侦破桃源“3・26”“法轮功”邪教组织专案，抓获涉案嫌疑人 32 名，捣毁邪教反动宣传资料地下制作窝点 7 处。

2009 年

2 月，武陵区公安分局民警张艳被全国妇联评为“巾帼建功”标兵。

3 月 30 日，完成首届中国常德桃花源旅游节开幕式暨“欢乐中国行—魅力常德”文艺演出安全保卫工作。

3 月，全国“两会”期间，中央电视台在《和谐社会话平安—与公安厅局长面对面》专栏节目中以《常德市公安局小事情大民生》为题，对常德市公安局执法为民、服务民生的做法先后在中央电视台一套、中央台新闻频道、中央台政法频道三个频道进行大篇幅报道。

5 月，常德市被公安部、司法部确定为全国交通事故民事损害赔偿人民调解试点的五个城市之一。

8 月，成立常德市禁毒协会。

8 月至 12 月，全市开展治理酒驾行动，共查处饮酒驾车 511 起，醉酒驾车 44 起。

9 月 18 日，成立常德市消防支队应急救援队。

9 月，市公安局交警支队直属大队民警沈国初获全国道德模范提名奖，同时被评为“全国特级优秀人民警察”。

12 月，常德市荣获“全国公安交警规范执法示范城市”称号。

12 月，市公安局王汉桃被评为“新中国 60 年湖南最具影响力的劳动模范”、全省第二届“我最喜爱的十佳人民警察”。

2010 年

2 月 1 日，破获澳洲 AD 网络媒体广告公司传销案，收缴房产 7 套、轿车 5 辆，追缴非法所得港币 180 万元、人民币 1400 多万元。

4 月，市公安局交警支队直属二大队民警沈国初被评为全国先进工作者。7 月，沈国初被公安部评为二级英模。

11 月 5 日，完成全市 20 个监所视频联网工作。

11 月 10 日，破获一起近年来最大的“六合彩”网络赌博案，捣毁地下“六合彩”赌博窝点 40 余个，抓获团伙网络骨干成员 50 余名，涉案金额高达两千多万元。

12 月 26 日，常德市公安局迁入白马湖新址。

2011 年

4 月 12 日至 4 月 14 日，“第七届湘桂黔渝接边地区公安技侦协作会议”在常德召开。

6 月 3 日，圆满完成中共中央政治局常委、国务院总理温家宝在常德考察的警卫工作任务。

8 月 8 日，破获部督国标烟草网络案。摧毁在石门县域内的销售伪劣卷烟团伙，查获各类假冒伪劣卷烟 15 个品牌，涉案价值 112 万余元。

9 月，澧县公安局杨道生自主研发的“网络神鹰”软件，被公安部评为全国公安基层科技革新一等奖。

10 月 28 日，圆满完成由中宣部、中央文明办主办，常德市与中央电视台承办的“桃花源里的歌声”“激情广场—爱国歌曲大家唱”大型文艺演出活动的安全保卫工作。

11 月 28 日至 30 日，全市公安机关基本级执法资格考试顺利结束，4000 余名民警参加考试并取得执法资格。

11 月，常德市公安局“三所合一”项目通过省、市专家组验收。

12 月 9 日，由省政府经济研究中心副主任杨志新教授担任组长的电子政务专家组，对常德市公安局指挥中心建设项目进行竣工验收。

12 月 18 日，建立市公安局“网上督察系统”，形成以公安机关内部视频、语音和执法办案信息为主要内容的督察监控平台。

2012 年

1 月 25 日，启动全市“持第一代居民身份证公民换发第二代居民身份证”工作。

2 月 7 日，鼎城区发生持枪劫持人质案。市、区公安机关在解救人质时，依法击毙劫匪谢×，成功解救人质。

3 月 9 日，常德市第一看守所、第二看守所 300 余名在押人员全部安全、顺利地转移至新建常德市看守所，标志着常德市“三所合一”正式完成。

3 月 28 日，国务委员、公安部部长孟建柱到常德调研公安工作，先后考察常德市公安局、武陵区城东派出所张艳警务室。

5 月，全市推行“五化一体”情报信息工作模式，并在 2012 年度荣获全省公安机关社会管理创新一等奖。

5 月 22 日，市委书记卿渐伟、市长陈文浩会见常德市出席全国公安系统英雄模范立功集体表彰大会代表。

7 月 5 日，由公安部统一指挥部署，组织湖北、湖南、山东、重庆、江西五省、九市的公安机关发起集群战役，在常德破获特大生产、销售有毒、有害食品（地沟油）案。

10 月，胡丘陵任常德市公安局局长，原局长汤向荣调省公安厅任职。

11 月 28 日，全省公安消防部队正规化建设现场会在常德市召开。

12 月 21 日，全市公安基层基础工作会议召开，重点部署公安机关开展“驻社联村”、“三打一整”工作。

12 月，常德市公安局荣获公安部“‘十一五’国家科技支撑计划全国警用地理信息基础平台示范单位”荣誉称号。

第一篇　机构队伍与指挥调度

第一章　机构沿革

1949 年 9 月，成立常德地区专员公署公安处，公安处名称一直沿袭到 1967 年年底。

1968 年 1 月"文化大革命"期间，中国人民解放军陆军第 47 军 6961 部队和常德军分区奉命对常德地区专员公署公安处实行军事管制；是年 4 月，成立地区革命委员会人保组；10 月，军管会与人保组合署办公。

1973 年 5 月，撤销地区公、检、法军事管制委员会和地区革命委员会人保组，成立常德地区公安局。

1980 年 9 月，常德地区公安局更名为常德地区行政公署公安处。

1988 年 7 月，常德地区撤区建市（以下简称撤区建市），建立地级常德市人民政府，原常德地区行政公署公安处更名为常德市公安局（以下简称市局）。市局的职能也由以业务指导为主向业务指导与实战相结合转变。内设机构有中共常德市公安局党组纪检组、政治处、办公室、政保科、治安科、刑事侦查科、技术科、预审科、保卫科、装备行政科、水上科、警卫科、技术侦查科、机动队、户政科、通讯科。直属机构有交通警察支队、常德市公安干部中等专业学校、收容审查所。另有常德市劳动教养委员会办公室（简称劳教办）的日常工作由市局承担。

第一节　机构设置

一、内设机构

随着社会经济发展和改革开放的深入，社会治安管理和稳定工作任务增大，市局的实战职能也随之加强。从 1988 年到 2012 年，市局内设机构和直属机构也根据形势发展需要经历多次调整规范，警力不断充实加强。

1988 年 11 月，撤销中共常德市公安局党组，设立中共常德市公安局委员会，原党组纪检组更名为中共常德市公安局纪委。

1990 年 9 月，设立市公安局法制办公室，与劳教办合署办公，为正科级机构。

1992 年 5 月，设立常德市公安局机关工会。

1994 年 7 月，设立常德市公安局出入境管理科，为正科级机构。

1995 年 5 月，刑侦科、技术科、机动队合并，组建刑侦支队，仍为正科级机构。

1996 年 3 月，设立常德市公安局指挥中心，为正科级机构，与办公室合署办公。政治处内设干部科、宣教科、警务科，为正科级机构，主任职级高配副处级。装备行政科更名为计划财务装备科。通信科更名为通信计算机管理科。设立中共常德市公安局机关党委，为正科级机构。治安科更名为治安支队（仍为正科级机构），内设一大队、二大队、三大队、四大队，为副科级机构。

1997 年，警卫科更名为警卫处，仍为正科级机构，设主任职位。

6 月，调整市公安局收容审查所职能，更名为常德市第二看守所。

1998 年 9 月，设立常德市公安局涉税案件侦查支队，为正科级机构；设立常德市公安局警务督察队，为正科级机构；技侦科更名为技术侦查支队（仍为正科级机构）；预审科更名为监所管理科，其预审职能划入刑侦支队。

2000 年 3 月，保卫科更名为经侦支队（仍为正科级机构），经侦职能从刑侦部门分离，归口经侦支队。设立禁毒支队（禁毒职能从刑侦部门分离），为正科级机构。刑侦支队内设犯罪对策研究室、重案侦查大队、技术大队、办案指导大队，为副科级机构。

2001 年 3 月，技侦支队更名为行动技术支队。政保科更名为国内安全保卫科。12 月，政治处更名为政治部，副主任高配正科级；内设机构调整为人事科、宣教科、警务科，仍为正科级机构。计划装备财务科更名为装备财务科。

2002 年，国内安全保卫科更名为国内安全保卫支队（仍为正科级机构），内设综合情报大队、宗教大队、邪教案件侦查大队，为副科级机构。

2003 年 3 月，设立市公安局公共信息网络安全监察支队，为正科级机构。

2005 年 9 月，设立信访科，为正科级机构；户政科更名为人口管理支队。

2007 年 8 月，办公室更名为警令部（加挂市公安局指挥中心、市反恐怖工作协调小组办公室牌子），主任高配为副处级，副主任高配为正科级；内设指挥调度室、综合科、情报研判科，为副科级机构。

装备财务科更名为后勤装备部，主任高配为副处级，副主任高配为正科级；内设财务科、装备科、后勤服务中心，为副科级机构。

合并通信计算机管理科与科技科，设立科技信息管理办公室，加挂市公安局安全技术防范管理办公室牌子；主任高配为副处级，副主任高配为正科级。

国内安全保卫警察支队更名为国内安全保卫支队，支队长、政委高配为副处级，副支队长高配为正科级。

治安警察支队更名为治安管理支队，支队长、政委高配为副处级，副支队长高配为正科级；内设基层基础大队、内保大队、特种行业及公共秩序管理大队，为副科级机构。

刑事警察支队更名为刑事侦查支队，支队长、政委高配为副处级，副支队长高配为正科级；内设机构调整为犯罪对策研究室、重案侦查大队、有组织犯罪侦查大队、刑事科学技术研究所、警犬驯导大队、侵财案件侦查大队，为副科级机构。

禁毒支队支队长、政委高配为副处级，副支队长高配为正科级；内设缉毒侦查大队、预防教育大队、情报信息大队，为副科级机构。

人口管理支队与出入境管理科合并设立人口与出入境管理支队，支队长、政委高配为副处级，副支队长高配为正科级；内设户政大队、出入境管理大队，为副科级机构。

行动技术支队和网监支队合并，设立网监与行动技术支队；内设一大队、二大队、三大队、四大队，为副科级机构。

2008 年 6 月，法制办公室更名为法制支队，内设执法监督大队，为副科级机构。9 月警务督察队更名为警务督察支队。

2009 年 8 月，经侦支队和税侦支队合并设立经济犯罪侦查支队，支队长、政委高配为副处级，副支队长高配为正科级；内设基础情报大队、金融商贸犯罪侦查大队、涉税犯罪侦查大队，为副科级机构。

2010 年，政治部内设机构调整为人事训练科、宣传科、离退休人员管理服务科，仍为正科级机构。

2011 年 6 月，禁毒支队内增设毒品流动查缉大队（对外称常德毒品流动查缉站），为副科级机构。9 月，设立市公安局行政许可办公室，为正科级机构。

2012 年 3 月，设立社会化禁毒工作办公室，为正科级机构。12 月，在人口与出入境管理支队内增设流动人口管理大队。

是年 12 月，根据公安部和省公安厅规范公安机构、按综合管理和执法勤务分类划分的要求，报经市编制委员会办公室批准，市公安局内设机构 18 个，其中综合管理机构 7 个，执法勤务机构 11 个，党群机构 2 个。

（一）综合管理机构

1. 警令部（指挥中心、市反恐怖工作协调小组办公室）。内设指挥调度室、综合科、情报研判科。

2. 政治部。内设人事训练科、宣传科、离退休人员管理服务科。

3. 后勤装备部。内设财务科、装备科、后勤服务中心。

4. 信访科。

5. 科技信息管理办公室。

6. 纪委。内设审计科。

7. 行政许可办公室。

（二）执法勤务机构：

1. 国内安全保卫支队。内设综合情报大队、现行案件侦查大队、邪教案件侦查大队。

2. 经济犯罪侦查支队。内设基础情报大队、金融商贸犯罪侦查大队、涉税犯罪侦查大队。

3. 治安管理支队。内设基层基础工作大队、内保大队、特种行业及公共秩序管理大队、危爆物品管理大队、案件查处大队。

4. 刑事侦查支队。内设犯罪对策研究室、重案侦查大队、有组织犯罪侦查大队、刑事科学技术研究所、警犬驯导大队、侵财案件侦查大队。

5. 禁毒支队（加挂市禁毒委员会办公室）。内设缉毒侦查大队、预防教育大队、情报信息大队、毒品流动查缉大队（常德毒品流动查缉站）、社会化禁毒工作办公室。

6. 网监与行动技术支队。内设一大队、二大队、三大队、四大队。

7. 监所管理支队。

8. 人口与出入境管理支队。内设户政大队、公民出入国（境）管理大队。2012 年 11 月，设立流动人口管理大队。

9. 法制支队。内设执法监督大队。

10. 警务督察支队。

11. 警卫处。

（三）党群机构

1. 机关党委。

2. 机关工会。

二、直属机构

（一）常德市公安局交通警察支队

1987 年 4 月，根据国务院《关于改革道路交通管理体制的通知》精神，常德地区所有交通监理成建制移交公安部门，设立常德市公安局交通警察支队（简称市交警支队），为市局直属正科级机构，主管全市城乡道路交通安全和交通秩序以及机动车辆、驾驶员工作。下辖直属大队和鼎城、汉寿、桃源、临澧、石门、澧县、津市、安乡 8 个县（区、市）公安局交警大队。至 1988 年年底，全市主干公路沿线先后组建 32 个交警中队。

1989 年 3 月，市交警支队由正科级升格为副处级，内设机构为正科级。

1995 年 3 月，市交警支队直属大队、县（区、市）交警大队由副科级机构升格为正科级机构。

至 2012 年 12 月，市交警支队有办公室、政治处、财务计划科、法制科、监察室、机动车检验管理科 6 个副科级内设机构；有交通秩序管理大队、事故预防与处理大队、车辆管理所、驾驶员管理所、科技应用管理大队、低建载货汽车、三轮汽车交通安全管理大队、特勤大队、常德市交通管理指挥中心、常德机动车驾驶员考场管理处和直属一大队、二大队、三大队、四大队 14 个正科级直属机构。下辖鼎城区、汉寿县、桃源县、临澧县、石门县、澧县、安乡县、津市市 8 个县（区、市）交警大队（均为正科级），西湖、西洞庭 2 个管理区交警大队（均为副科级）。

（二）常德市公安局巡特警支队

1993 年 10 月，设立常德市公安局巡警大队。

1995 年 12 月，设立常德市公安局巡逻防暴警察支队（简称市巡警支队），为市局直属副处级机构。内设办公室、政工科、警务督察科、装备行政科、一大队（“110”处警大队）、二大队（特警防暴大队）、三大队（巡逻大队）、四大队（巡逻大队）8 个正科级机构。2001 年 12 月，内设科室降为副科级机构，大队为正科级机构。

2002 年 10 月，常德市公安局巡逻防暴警察支队更名为常德市公安局巡特警支队。

2009 年，“110”处警大队成建制划转到市公安局武陵分局，更名为市公安局武陵分局“110”处警大队，为武陵分局直属机构。级别由正科级调整为副科级。是年，反恐防暴大队分设为防暴处突大队、特勤技术大队、巡逻防控大队，机构级别均为正科级，下设 6 个中队，中队长、指导员高配为副科级。

（三）常德市看守所

1993 年以前，市公安局未设置看守所。是年，原武陵区公安局看守所收归常德市公安局管辖，更名为常德市第一看守所，为常德市公安局直属正科级机构。

1997 年 6 月，原常德市公安局收容审查所更名为常德市第二看守所，仍为市局直属正科级机构。

2012 年 3 月，原常德市第一看守所、第二看守所合并组建新的常德市看守所（仍为正科级机构）。

（四）常德市拘留所

1990 年以前，市公安局未设置拘留所。是年 6 月，原常德市武陵区公安局治安拘留所更名为常德市公安局武陵区分局治安拘留所。2008 年 9 月，武陵分局治安拘留所在建制上收市公安局管理，更名为常德市拘留所，为市局直属正科级机构。

（五）常德市强制隔离戒毒所

1993 年，设立常德市公安局收容教育所。1995 年 3 月，设立常德市强制隔离戒毒所，与收容教育所合署办公。

（六）常德市公安局警官培训中心

1985 年 6 月，经省委干部教育领导小组、省委组织部批准，设立常德市公安干部中等专业学校，为常德公安处直属正科级机构。

1995 年 12 月，常德公安干部中等专业学校由正科级升格为副处级。

2002 年 1 月，常德公安干部中等专业学校更名为常德市公安局警官培训中心，级别从副处级调整为正科级，属市局直属机构。

（七）常德市公安局出租车治安管理办公室（原市公安局停车场）

常德市公安局停车场始建于 1978 年，地改市以后，随着市、区职能调整，停车场由新组建的市公安局直接管理，确定为正科级直属机构。

1993年10月，市编办以常编办直〔1993〕46号文批准设立常德市公安局自行车牌证管理所，为正科级机构，与停车场合署办公。

2000年5月，常德市公安局自行车牌证管理所改为常德市公安局出租车治安管理办公室，为市公安局直属正科级机构。

2009年，撤销出租车治安管理办公室机构。

三、县级公安机构

1968年1月，因处于“文化大革命”期间，由中国人民解放军派出军代表，先后对10个县（市）公安局实行军事管制。

1973年5月，撤销军事管制，恢复各县（市）公安局。

1987年，慈利县公安局划归张家界市管辖。

1988年，常德地区撤区建市，原常德市公安局更名为常德市公安局武陵区分局，原常德县公安局更名为鼎城公安局。

1993年5月，增设常德市公安局德山分局。

1998年9月，增设常德市公安局西湖分局。

2002年2月，增设常德市公安局柳叶湖分局。

2003年6月，增设常德市公安局西洞庭分局。

到2012年12月，常德市公安局共有武陵区、德山、柳叶湖、西湖、西洞庭5个直属分局和鼎城区、汉寿县、桃源县、临澧县、石门县、澧县、安乡县、津市市8个区、县（市）公安局。共13个县级公安机构。

四、军事警察机构

（一）常德市公安消防支队

军事机关在第八篇中单独记述。

（二）武警常德支队

军事机关在第九篇中单独记述。

五、其他机构

（一）劳教办

劳教办全称为常德市劳动教养管理委员会办公室，与市局法制支队合署办公。主要职能：负责全市劳动教养审批和所外执行的监督管理工作；承担市政府劳动教养委员会办公室的日常工作。

（二）禁毒协会

常德市禁毒协会成立于2009年8月，属于公益性社团组织，在市禁毒委、省禁毒协会和市公安局禁毒部门的指导下开展工作。其职责是团结一切热爱、关心禁毒工作的社会力量参与禁毒斗争，协助市禁毒委员会开展社会化禁毒宣传禁毒工作，开展禁毒理论研究和毒情调查，指导区、县（市）禁毒协会的工作。

附：1988—2012 年常德市公安局历届领导班子成员一览表

1988—2012 年常德市公安局内设机构主要负责人一览表

1988—2012 年常德市公安局直属机构主要负责人一览表

1988—2012 年常德市县级公安机关主要负责人一览表

1988—2012 年常德市公安消防支队主官一览表

1988—2012 年武警常德支队主官一览表

1988—2012 年常德市公安局历届领导班子成员一览表

表 1—1

任期	职务	姓名	任职时间	备注
1988 年 1 月至 1989 年 2 月	党委书记、局长	刘诗信	连任	—
	党委副书记、副局长	姚世柏	连任	—
	党委委员、副局长	杜飞舞	连任	—
	党委委员、副局长	彭梅桃	连任	—
	党委委员、副局长	胡欣堂	1989 年 2 月任	—
	党委委员、纪检组长	简可敬	连任	—
	党委委员	欧国保	1989 年 2 月任	—
1989 年 2 月至 1993 年 2 月	党委书记、局长	姚世柏	1989 年 2 月任	—
	党委副书记、副局长	杜飞舞	连任	—
	党委委员、副局长	彭梅桃	连任	—
	党委委员、副局长	胡欣堂	连任	—
	党委委员、副局长	张润洲	1989 年 7 月任	—
	党委委员、副局长	金月朗	1990 年 6 月任	—
	党委委员、纪检组长	简可敬	连任	—
	党委委员	欧国保	连任	—
1993 年 2 月至 1996 年 12 月	党委副书记、局长	胡欣堂	1993 年 2 月任 1994 年任党委书记	—
	党委书记	姚世柏	连任，1994 年免	—
	党委副书记、副局长	金月朗	连任	—
	党委委员、副局长	张润洲	连任	—
	党委委员、副局长	王永康	1993 年 2 日任 1995 年 5 月免	—
	党委委员、副局长	向　阳	1994 年 2 月任 1995 年 10 月免	—
	党委委员、副局长	焦贵年	1995 年 9 月任	—
	党委委员、副局长	张树明	1996 年 5 月任 1997 年 8 月任副书记	—

续表 1—1

任期	职务	姓名	任职时间	备注
1993 年 2 月至 1996 年 12 月	党委委员、纪委书记	孙逢信	1993 年 2 月任	—
	党委委员	欧国保	连任	—
	党委委员	殷宗德	1995 年 9 月任	—
1996 年 12 月至 2004 年 10 月	党委书记、局长	傅少祥	1996 年 12 月任	—
	党委副书记、副局长	金月朗	连任，1997 年 7 月免	—
	党委副书记、副局长	张树明	连任	—
	党委委员、副局长	张润洲	连任，1998 年 4 月免	—
	党委委员、副局长	欧国保	1998 年 4 月任 2002 年 7 月免	—
	党委委员、副局长	焦贵年	连任，2001 年 8 月免	—
	党委委员、副局长	殷宗德	1997 年 6 月任 1998 年 4 月任副书记 2004 年 9 月免	—
	党委委员、副局长	鄢梅初	1998 年 3 月任	—
	党委委员、副局长	廖建华	1998 年 3 月任	—
	党委委员、副局长	贾建华	1998 年 3 月任	—
	党委委员、副局长	彭　进	2000 年 10 月任	—
	党委委员、纪委书记	孙逢信	连任，1998 年 3 月免	—
	党委委员、纪委书记	张一迅	1998 年 5 月任	—
	党委委员、政治部主任	杨成业	1998 年 5 月任， 2001 年 8 月免	—
	党委委员	徐祥顺	2000 年 10 月任 2001 年 8 月免	—
	党委委员、政治部主任	郝诗康	2001 年 9 月任 2003 年 5 月免	—
	党委委员、工会主席	郝诗康	2003 年 6 月任	—
	党委委员、政治部主任	彭晓林	2003 年 6 月任	—
2004 年 10 月至 2012 年 10 月	党委书记、局长	汤向荣	2004 年 10 月任	市政府副市长兼

续表 1—1

任期	职务	姓名	任职时间	备注
2004 年 10 月至 2012 年 10 月	党委副书记、副局长	焦贵年	2004 年 9 月任	—
	党委副书记、副局长	张树明	连任，2006 年 7 月免	—
	党委副书记、副局长	李培桂	2006 年 8 月任	—
	党委委员、副局长	鄢梅初	连任，2007 年 8 月免	—
	党委委员、副局长	廖建华	连任	—
	党委委员、副局长	贾建华	连任	—
	党委委员、副局长	彭　进	连任	—
	党委委员、副局长	王汉桃	2005 年 8 月任	—
	党委委员、副局长	曾　勇	2011 年 6 月任	—
	党委委员、纪委书记	张一迅	连任，2007 年 2 月免	—
	党委委员、纪委书记	冉黎明	2007 年 8 月任	—
	党委委员、工会主席	郝诗康	连任，2011 年 6 月免	—
	党委委员、政治部主任	彭晓林	连任	—
	防范和处理邪教问题领导小组办公室副主任、副局长	戴海洲	2009 年 7 月任	—
2012 年 10 月至 2012 年 12 月	党委书记、局长	胡丘陵	2012 年 10 月任	市政府副市长兼
	党委副书记、副局长	焦贵年	连任	—
	党委副书记、副局长	李培桂	连任	—
	党委委员、副局长	廖建华	连任	—
	党委委员、副局长	贾建华	连任	—
	党委委员、副局长	彭　进	连任	—
	党委委员、副局长	王汉桃	连任	—
	党委委员、副局长	曾　勇	连任	—
	党委委员、纪委书记	冉黎明	连任	—
	党委委员、政治部主任	彭晓林	连任	—
	防范和处理邪教问题领导小组办公室副主任、副局长	戴海洲	连任	—

1988—2012 年常德市公安局内设机构主要负责人一览表

表 1—2

机构名称	职务	姓名	任职时间	备注
警令部（办公室）	主　任	沈长春	1988 年	—
	主　任	郭德海	1989—1993 年	—
	主　任	戴承杭	1993—1995 年	—
	主　任	沈长春	1995—1998 年	—
	主　任	周利凡	1998—2001 年	—
	主　任	刘元春	2002—2004 年	—
	主　任	陈建国	2005—2009 年	—
	主　任	王朝春	2010 年—	—
政治部（政治处）	主　任	胡俊甫	1988—1989 年	—
	主　任	金月朗	1989—1990 年	—
	主　任	杨成业	1992—1993 年	—
	主　任	郭德海	1993—1995 年	—
	主　任	杨成业	1995—1998 年	—
	副主任	戴承杭	1995—1998 年	—
	副主任	杨国钧	1996—2000 年	—
	副主任	翦定国	2000—2002 年	—
	副主任	周常彩	1999—2002 年	—
	副主任	彭晓林	2002—2003 年	—
	副主任	石政军	2005 年—	—
	副主任	郭建军	2010 年	—
	副主任	邹　欣	2010 年—	—
后勤装备部（装备科）	科　长	金月朗	1988—1989 年	—
	科　长	林明清	1990—1993 年	—
	科　长	吴谷桃	1993—1995 年	—
	科　长	李天喜	1995—1999 年	—

续表 1—2

机构名称	职务	姓名	任职时间	备注
后勤装备部（装备科）	科　长	莫祖军	2000—2005 年	—
	科　长	何英岚	2005—2009 年	—
	主　任	何英岚	2009 年—	—
信访科	科　长	王朝春	2005—2009 年	—
	科　长	刘林舫	2010 年—	—
科技信息管理办公室（通信科、科技科）	科　长	沈长春	1988—1990 年	—
	科　长	龙新前	1993—1997 年	—
	科　长	温石清	1997—2002 年	—
	科　长	龙新前	2002—2005 年	—
	科　长	江来寅	2005—2008 年	—
	科　长	高红娟	2002—2009 年	—
	主　任	高红娟	2009 年—	—
纪　委	副书记	李子玉	1988—1993 年	—
	副书记	胡　晖	1993—1998 年	—
	副书记	林明清	1994—1999 年	—
	副书记	石菊友	1996—1998 年	—
	副书记	傅长庚	1998—2010 年	—
	副书记	黄爱平	1999—2000 年	—
	副书记	杨国钧	2002—2010 年	—
	副书记	廖国贤	2005—2012 年	—
	副书记	舒兆明	2012 年—	—
	副书记	向文龙	2012 年—	—
机关党委（总支）	副书记	严清明	1988—1993 年	—
	副书记	赵义厚	1993—1995 年	—
	副书记	鲁全生	1997—2008 年	2002 年任书记
	副书记	杨弟秋	2008 年—	—

续表 1—2

机构名称	职务	姓名	任职时间	备注
机关党委（总支）	书　记	李培桂	2012 年—	市局党委副书记兼
	工会主席	阳忠夫	1992—1995 年	—
	工会主席	周朗德	1993—1998 年	—
行政许可办	主　任	文会云	2012 年—	—
国内安全保卫支队（政保科）	科　长	王永康	1988—1993 年	—
	科　长	曾繁荣	1993—1998 年	—
	科　长	戴海洲	1998—2002 年	—
	支队长	戴海洲	2002—2009 年	—
	支队长	刘向阳	2010 年—	—
	政　委	江来寅	2002—2005 年	—
	政　委	罗永锋	2009—2010 年	—
	政　委	肖　何	2010—2012 年	—
	政　委	戚德成	2012 年—	—
经济犯罪侦查支队（经文保科）	科　长	鄢梅初	1989—1990 年	—
	科　长	刘德华	1990—1998 年	—
	科　长	向乐跃	1998—2002 年	—
	支队长	彭　勇	2000	—
	支队长	卞兆平	2001—2002 年	—
	支队长	周利凡	2002—2004 年	—
	支队长	陈世杰	2005—2010 年	—
	支队长	赵　勇	2010 年—	—
	政　委	沙中玲	2000—2002 年	—
	政　委	郭丕顺	2002—2004 年	—
	政　委	刘体跃	2005—2010 年	—
	政　委	文　敏	2010 年—	—

续表 1—2

机构名称	职务	姓名	任职时间	备注
治安管理支队（治安科）	科　长	赵义后	1988—1994 年	—
	科　长	刘运礼	1994—1995 年	—
	科　长	尹友明	1995—1996 年	—
	支队长	尹友明	1996—2005 年	—
	支队长	蒋中秋	2005 年—	—
	政　委	杨弟秋	1996—2001 年	—
	政　委	陈有万	2002—2005 年	—
	政　委	易建国	2005 年—	—
刑事侦查支队（刑侦科）	科　长	胡欣堂	1988—1989 年	—
	科　长	鄢梅初	1989—1992 年	—
	科　长	向　阳	1992—1994 年	—
	科　长	张联盟	1994—1996 年	—
	支队长	邹建平	1996—1998 年	—
	支队长	卞兆平	1998—2001 年	—
	支队长	王汉桃	2001—2008 年	—
	支队长	王汝国	2008 年—	—
	政　委	李晓明	1998—2001 年	—
	政　委	杨弟秋	2002—2008 年	—
	政　委	张辉祥	2008 年—	—
禁毒支队	支队长	陈有万	2000—2002 年	—
	支队长	李　力	2002—2005 年	—
	支队长	刘向阳	2005—2010 年	—
	支队长	李　力	2010 年—	—
	政　委	谢主政	2000—2004 年	—
	政　委	杨　刚	2004—2009 年	—
	政　委	王朝春	2009—2010 年	—

续表 1—2

机构名称	职　务	姓　名	任职时间	备　注
禁毒支队	政　委	陈建国	2010 年—	—
网络安全保卫与技术侦察支队（技侦科）	科　长	刘兴国	1989—1995 年	—
	科　长	邹建平	1995—1996 年	—
	科　长	张联盟	1996—1998 年	—
	支队长	张联盟	1998—1999 年	—
	支队长	张晓新	2000—2005 年	—
	支队长	王汝国	2005—2008 年	—
	支队长	肖　何	2008 年—	—
	政　委	张晓新	1998—2000 年	—
	政　委	向文龙	2000—2002 年	—
	政　委	曾繁荣	2002 年	—
	政　委	黄爱平	2002—2005 年	—
	政　委	肖　何	2005—2008 年	—
	政　委	王琳娜	2005—2008 年	—
	政　委	王继宗	2008—2010 年	—
	政　委	梁　滔	2010 年—	—
监管支队（预审科、监管科）	科　长	孙逢信	1988—1991 年	预审科
	科　长	胡　辉	1992 年	预审科
	科　长	卞兆平	1993—1997 年	预审科
	科　长	戴承杭	1998—2000 年	—
	支队长	戴承杭	2000—2004 年	—
	支队长	鲁宜祖	2005 年—	—
	政　委	鲁宜祖	2000—2001 年	—
	政　委	向文龙	2002—2004 年	—
	政　委	黄爱平	2005—2011 年	—
	政　委	刘体跃	2011 年—	—

续表 1—2

机构名称	职务	姓名	任职时间	备注
人口与出入境管理支队（户政科、出入境科）	科　长	刘运礼	1988—1990 年	户政科
	科　长	沈长春	1990—1993 年	户政科
	科　长	杨成业	1993—1995 年	户政科
	科　长	周业和	1995—1998 年	户政科
	科　长	戴海洲	1994—1997 年	出入境科
	科　长	杜慎进	1998—2000 年	户政科
	科　长	易惠权	1999—2001 年	出入境科
	支队长	文国平	2000—2005 年	人口支队
	支队长	刘维忠	2005—2009 年	人口支队
	科　长	张才佳	2002—2003 年	出入境科
	科　长	郭丕顺	2005—2008 年	出入境科
	支队长	刘阳春	2009 年—	—
	政　委	刘维忠	2009 年—	—
法制支队（法制办、劳教办）	主　任	汪岳忠	1988—1989 年	—
	主　任	刘运礼	1990—1993 年	—
	主　任	沈长春	1993—1995 年	—
	主　任	郭德海	1995—1998 年	—
	主　任	刘元春	1998—2000 年	—
	主　任	赵　勇	2000—2005 年	—
	主　任	罗永锋	2005—2010 年	—
	支队长	郭建军	2010 年—	—
警务督察支队	队　长	黄爱平	1998—2000 年	—
	队　长	彭晓林	2000—2003 年	—
	队　长	刘维忠	2003—2005 年	—
	支队长	邹　欣	2005—2010 年	—
	支队长	王继宗	2010—2012 年	—

续表 1—2

机构名称	职务	姓名	任职时间	备注
警务督察支队	支队长	杨　刚	2012 年—	—
	政　委	徐文辉	2010—2012 年	—
	政　委	舒汉初	2012 年—	—
警卫处（警卫科）	科　长	詹席才	1988—1989 年	—
	科　长	尹友明	1994—1995 年	—
	科　长	严　伟	1995—1997 年	—
	主　任	黄　淳	1998—2003 年	—
	主　任	易惠权	2005—2012 年	—
	主　任	杨瑞东	2012 年—	—

1988—2012年常德市公安局直属机构主要负责人一览表

表1—3

机构名称	职务	姓名	任职时间	备注
交通警察支队	支队长	欧国保	1988—2001年	—
	支队长	焦贵年	2001—2004年	—
	支队长	廖建华	2004—2012年	—
	支队长	邱兵泉	2012年—	—
	政　委	王　佐	1987—1993年	—
	政　委	刘　诚	1993—2000年	—
	政　委	鲍虹宇	2003年—	—
巡逻防暴支队	支队长	徐祥顺	1995—2008年	—
	支队长	尚显波	2009—2011年	—
	支队长	易惠权	2012年—	—
	政　委	刘运礼	1995—2000年	—
	政　委	刘　诚	2000—2001年	—
	政　委	尚显波	2002—2009年	—
	政　委	唐振贵	2009年—	—
市第一看守所	所　长	吴跃春	1988—1989年	—
	所　长	何明清	1993—1998年	—
	所　长	陈常德	1998—2001年	—
	所　长	张才佳	2001—2002年	—
	所　长	鲁宜祖	2002—2005年	—
	所　长	欧阳文祥	2005—2012年	—
	教导员	刘福伯	1989—1993年	—
	教导员	刘大章	1993—1999年	—
	教导员	唐占成	1999—2002年	—
	教导员	刘维忠	2002—2002年	—
	教导员	舒汉初	2005—2012年	—

续表 1—3

机构名称	职务	姓名	任职时间	备注
市第一看守所	教导员	朱利群	2012—2012 年	—
市第二看守所（收容审查所）	所　长	罗国望	1988—1992 年	—
	所　长	华学文	1992—1993 年	—
	所　长	文国平	1994—1995 年	—
	所　长	张才佳	1997—2001 年	—
	所　长	陈常德	2001—2001 年	—
	所　长	欧阳文祥	2002—2005 年	—
	所　长	向文龙	2005—2007 年	—
	所　长	张才佳	2007—2012 年	—
	教导员	刘大章	1988—1993 年	—
	教导员	徐国强	1993—1995 年	—
	教导员	张才佳	1995—1997 年	—
	教导员	欧阳文祥	1997—2001 年	—
	教导员	舒汉初	2002—2005 年	—
	教导员	丁卫东	2005—2012 年	—
市看守所	所　长	欧阳文祥	2012 年—	—
	教导员	朱利群	2012 年—	—
市拘留所	所　长	张才佳	2012 年—	—
	教导员	李盈爱	2012 年—	—
强制隔离戒毒所	所　长	文国平	1997—2001 年	—
	所　长	罗功才	2001 年—	—
	教导员	杨云开	1995—1997 年	—
	教导员	罗功才	1997—2001 年	—
	教导员	唐振贵	2001—2005 年	—
	教导员	刘林舫	2005—2010 年	—
	教导员	甘晓波	2010 年—	—

续表 1—3

机构名称	职务	姓名	任职时间	备注
警官培训中心（公安干警中等专业学校）	校　长	胡　辉	1988—1990 年	—
	校　长	胡俊甫	1990—1993 年	—
	校　长	张　建	1993—2005 年	—
	主　任	刘元春	2005 年—	—

1988—2012年常德市县级公安机构主要负责人一览表

表1—4

机构名称	职务	姓名	任职时间	备注
武陵分局	局　长	龙海泉	1988—1992年	—
	局　长	殷宗德	1992—1997年	—
	局　长	焦贵年	1997—2001年	—
	局　长	蒋中秋	2001—2005年	—
	局　长	邹建平	2005—2012年	—
	局　长	陈有万	2012年—	—
	政　委	严兴华	1988—1989年	—
	政　委	张　建	1989—1993年	—
	政　委	尚显波	1993—1996年	—
	政　委	傅长庚	1996—1998年	—
	政　委	叶湘沅	1998—2005年	—
	政　委	金义平	2005年—	—
德山分局	局　长	鄢梅初	1993—1996年	德山分局于1993年5月正式成立
	局　长	尚显波	1996—1998年	
	局　长	周业和	1998—2005年	
	局　长	陈华胜	2005年—	
	政　委	李晓明	1993—2000年	
	政　委	彭孝宽	2000—2005年	
	政　委	叶湘沅	2005年—	
柳叶湖分局	局　长	文　敏	2002—2010年	柳叶湖公安分局于2002年2月正式成立
	局　长	陈世杰	2010年—	
	政　委	金　杰	2002—2005年	
	政　委	彭孝宽	2005—2012年	
	政　委	戴林忠	2012年—	

续表 1—4

机构名称	职务	姓名	任职时间	备注
西湖分局	局　长	李祝庚	1998—2001 年	西湖分局于 1998 年 9 月正式成立
	局　长	李晓明	2001—2007 年	
	局　长	樊启斌	2007—2012 年	
	局　长	彭德元	2012 年—	
	政　委	胡玉雄	1998—2007 年	
	政　委	杨瑞东	2007—2012 年	
	政　委	汪　云	2012 年—	
西洞庭分局	局　长	易建国	2003—2005 年	西洞庭公安分局于 2003 年 6 月正式成立
	局　长	刘　林	2005—2010 年	
	局　长	彭泽兰	2010 年—	
	政　委	刘　林	2003—2005 年	
	政　委	周国政	2005—2011 年	
	政　委	彭石柱	2012 年—	
鼎城区公安局	局　长	殷宗德	1988—1990 年	—
	局　长	蒋中秋	1990—1995 年	—
	局　长	文　敏	1995—2001 年	—
	局　长	黄爱平	2001—2002 年	—
	局　长	邹建平	2002—2005 年	—
	局　长	柴从林	2005—2012 年	—
	局　长	洪振坤	2012 年—	—
	政　委	蒋中秋	1988—1990 年	—
	政　委	陈善保	1990—1995 年	—
	政　委	高家凯	1995—1996 年	—
	政　委	易建国	1996—2001 年	—
	政　委	周国政	2002—2005 年	—
	政　委	刘凡之	2005 年—	—

续表 1—4

机构名称	职务	姓名	任职时间	备注
汉寿县公安局	局　长	曾庆嘉	1988—1995 年	—
	局　长	文　敏	1995—1995 年	—
	局　长	蒋中秋	1995—2002 年	—
	局　长	柴从林	2002—2005 年	—
	局　长	李　力	2005—2010 年	—
	局　长	罗永锋	2010 年—	—
	政　委	刘云福	1988—1992 年	—
	政　委	徐德富	1992—1997 年	—
	政　委	刘再道	1997—2005 年	—
	政　委	彭德元	2005—2012 年	—
	政　委	邹冰剑	2012 年—	—
桃源县公安局	局　长	曾少九	1988—1995 年	—
	局　长	石菊友	1995—1996 年	—
	局　长	鄢梅初	1996—1998 年	—
	局　长	尚显波	1998—2002 年	—
	局　长	洪振坤	2002—2010 年	—
	局　长	项文渊	2010—2013 年	—
	政　委	吴福伯	1988—1993 年	—
	政　委	刘新早	1993—1995 年	—
	政　委	陈华胜	1996—2005 年	—
	政　委	金　杰	2005—2012 年	—
	政　委	王继宗	2012 年—	—
临澧县公安局	局　长	赵传进	1988—2002 年	—
	局　长	周常彩	2002—2007 年	—
	局　长	李宏秋	2007—2011 年	—
	局　长	毛世秋	2012 年—	—

续表 1—4

机构名称	职务	姓名	任职时间	备注
临澧县公安局	政　委	黄显坤	1988—1993 年 （1990 年前称教导员）	—
	政　委	徐达海	1994—1997 年	—
	政　委	冉黎明	1997—2002 年	—
	政　委	彭德元	2002—2005 年	—
	政　委	刘再道	2005 年—	—
石门县公安局	局　长	张法舜	1988—1994 年	—
	局　长	张程发	1994—1997 年	—
	局　长	徐达海	1997—2003 年	—
	局　长	黄　淳	2003—2007 年	—
	局　长	陈有万	2007—2012 年	—
	局　长	柴从林	2012 年—	—
	政　委	文绍佳	1991—1994 年	—
	政　委	李志庆	1995—1997 年	—
	政　委	付仁齐	1998—2003 年	—
	政　委	刘凡之	2003—2005 年	—
	政　委	彭泽兰	2005—2010 年	—
	政　委	陈　林	2010 年—	—
澧县公安局	局　长	孙圣富	1988—1995 年	—
	局　长	廖建华	1995—1998 年	—
	局　长	邹建平	1998—2002 年	—
	局　长	冉黎明	2002—2007 年	—
	局　长	黄　淳	2007—2012 年	—
	局　长	周常彩	2012 年—	—
	教导员	王名福	1988—1990 年	—
	政　委	王本金	1990—1993 年	—

续表 1—4

机构名称	职务	姓名	任职时间	备注
澧县公安局	政　委	庹进训	1993—1998 年	—
	政　委	柴从林	1998—2002 年	—
	政　委	金义平	2002—2005 年	—
	政　委	文国平	2005—2010 年	—
	政　委	戴志刚	2012 年—	—
安乡县公安局	局　长	朱端云	1988—1990 年	—
	局　长	焦贵年	1990—1995 年	—
	局　长	李卫和	1995—2005 年	—
	局　长	项文渊	2005—2010 年	—
	局　长	文国平	2010—2012 年	—
	局　长	黄　淳	2012 年—	—
	教导员	李立人	1988—1990 年	—
	教导员	高泽龙	1990—1990 年	—
	政　委	高泽龙	1990—1996 年	—
	政　委	毛海波	1997—2001 年	—
	政　委	范海涛	2002—2012 年	—
津市市公安局	局　长	鲁礼堂	1988—1992 年	—
	局　长	傅祖长	1992—1995 年	—
	局　长	孙圣富	1995—1997 年	—
	局　长	黄兴茂	1997—2002 年	—
	局　长	刘阳春	2002—2007 年	—
	局　长	周常彩	2007—2012 年	—
	局　长	樊启斌	2012 年—	—
	教导员	杨明新	1988—1990 年	—
	政　委	傅祖长	1991—1992 年	—
	政　委	万长生	1992—1993 年	—

续表 1—4

机构名称	职务	姓名	任职时间	备注
津市市公安局	政　委	赵世富	1993—1996 年	—
	政　委	易学龙	1997—2000 年	—
	政　委	彭泽兰	2001—2004 年	—
	政　委	陈有万	2005—2006 年	—
	政　委	郭民忠	2010 年—	—

1988—2012 年常德市公安消防支队主官一览表

表 1—5

职务	姓名	任职时间	备注
大队长	张作琴	1988—1988 年	—
政　委	杨俊树	1988—1999 年	—
政　委	闻子军	1994—1996 年	—
政　委	万深涛	1996—1998 年	—
支队长	张虎南	1977—1998 年	—
政　委	王秋果	1999—2002 年	—
支队长	张胜祥	1999—2004 年	—
政委、支队长	李修柏	2003—2005 年	—
政　委	文湘辉	2004—2009 年	—
支队长	唐满贵	2006—2010 年	—
政　委	胡文辉	2009—2011 年	—
支队长	申文斌	2010—2012 年	—

1988—2012年武警常德支队主官一览表

表1—6

职务	姓名	任职时间	备注
支队长	单汝良	1988—1993年	—
支队长	刘道知	1994年	—
支队长	肖先谋	1995—1997年	—
支队长	周德生	1997—1998年	—
支队长	孙树生	1998—2000年	—
支队长	诸扬欢	2000—2005年	—
支队长	吴飞鹏	2005—2008年	—
支队长	李恒山	2008—2012年	—
支队长	殷民立	2012年—	—
政治委员	曹贻庆	1991—1995年	—
政治委员	李道顺	1995—1997年	—
政治委员	肖先谋	1997—2002年	—
政治委员	刘德清	2003—2010年	—
政治委员	龙祐宏	2010年—	—

第二节　主要职能

1988 年至 2012 年，伴随着改革开放的深入，社会经济的发展，全市公安工作的职能由“打击犯罪、保护人民”拓展到“巩固共产党执政地位、维护国家长治久安、保障人民安居乐业、服务经济社会发展”四大政治社会责任；工作方式由“人海战术”发展到“科技化、信息化”等。随着公安工作面临的形势发生巨大变化，公安机关被赋予新的职责任务。2010 年，中共常德市委、市政府以常政办发〔2010〕41 号文件对常德市公安局的职责作出具体明确规范，其主要职能如下：

（一）贯彻执行国家、省有关公安工作的方针、政策和法律、法规，指导、监督、检查全市公安工作。

（二）掌握影响稳定、危害国内安全和社会治安的情况，分析形势，制定对策；防范处置邪教、非法宗教组织的违法犯罪活动。

（三）组织、指导案件的侦查工作，协调处置重大刑事犯罪案件（事件）、危害国家安全犯罪案件；负责侦办证券、期货犯罪案件，协调县（市）公安机关侦办该类案件。

（四）指导、监督全市公安机关依法查处危害社会治安秩序的行为；依法管理户口、居民身份证、枪支弹药、危险爆炸物品、特种行业和公共场所等工作；协调处置治安事故和骚乱。

（五）依法管理国籍；组织指导出境、入境和外国人在境内居留、旅行的有关管理工作；指导、协调涉外案件的查处。

（六）指导、监督全市消防工作。

（七）指导、监督全市公安机关维护道路交通安全、交通秩序以及机动车辆、驾驶人管理工作；指导、参与重大交通事故的查处。

（八）指导、监督全市公安机关对国家机关、社会团体、企事业单位和重点建设工程的治安保卫工作以及群众性治安保卫组织的治安防范工作。

（九）指导、监督全市公安机关对网络的安全保卫工作。

（十）指导、监督全市公安机关依法承担的执行刑罚和监督、考察工作；指导、监督全市公安机关对看守所、拘留所、收容教育所、强制隔离戒毒所的管理工作。

（十一）组织、指导、监督全市公安机关收容教养审批工作，承担市人民政府劳动教养管理委员会办公室的日常工作。

（十二）组织实施对到常德的国家领导以及重要外宾、重要会议的安全警卫工作。

（十三）组织、指导、监督全市公安机关开展禁毒、缉毒工作；承担市禁毒委员会办公室的日常工作。

（十四）组织实施公安科学技术工作；规划公安信息技术、刑事技术、网络安全技术和行动技术、指挥系统等建设。

（十五）组织、指导全市公安机关装备、被装配备的计划、申报、分配、管理工作；负责申报公安业务经费和专项拨款的分配计划并监督、管理使用情况。

（十六）统一领导全市公安消防部队建设；对市武警支队执行公安任务及相关业务建设实施领导和指挥。

（十七）指导全市公安队伍建设和思想政治工作；指导和管理公安机关人员培训、教育、奖惩、优抚及公安宣传工作；负责全市公安民警的警衔和警察证件管理；按规定权限审核公安机构和管理干部。

（十八）制定全市公安队伍监督管理工作规章制度，组织、指导全市公安机关督察工作；按规定权限实施对干部的监督、指导、督促、检查全市公安机关的执法活动；协助有关部门查处或督办公安队伍重大违纪案件。

（十九）组织、指导、协调对恐怖活动的防范、侦查工作。

（二十）对森林公安工作实行业务领导；对铁路、民航公安工作实行业务指导。

（二十一）承办市委、市政府交办的其他事项。

第三节　编制人事管理

一、警力编制

1988 年，市局机关设置二层机构 22 个，核定编制 121 个（不含武警支队、消防支队、交警支队和巡警支队，下同）。

1996 年，市局机关核定编制 162 个，新增编制 41 个。

2001 年，市局机关核定编制数为 201 个，新增编制 39 个。

2007 年，实行警务体制改革，市局机关核定编制 247 个。其中，市局机关 7 个综合管理机构编制为 76 个。局领导职数 9 个，正副科级领导职数 30 个（其中警令部、后勤装备部、科技信息管理办公室主任均高配为副处级）；其他工作人员 37 个。市局 9 个执法勤务机构编制为 171 个。其中，支队正副科级领导职数为 34 个（国内安全保卫支队、经济犯罪侦查支队、治安管理支队、刑事侦查支队、禁毒支队、人口与出入境管理支队的支队长、政委均高配为副处级，警卫处主任高配为副处级）；正副大队长职数 26 个（均为副科级领导职数）；执法勤务编制 111 个。至 2012 年年底，市公安局机关编制为 406 个，其中，机关综合管理机构编制 104 名，执法勤务机构编制 229 个，市看守所编制 33 个，市拘留所编制 8 个，市强制隔离戒毒所（含收容教育所）编制 18 个，市公安局警官培训中心编制 14 名。

二、考试录用

1988 年，全市公安机关吸收录用人民警察的途径与来源是公安院校毕业生、部分非公安院校毕业生和军队转业干部以及从外单位调入专业技术人才。

1993 年 2 月，根据人事部《关于按照吸收录用干部程序录用人民警察的通知》和《录用以工代警人员为人民警察干部指标的通知》，全市公安系统从以工代警和聘用民警人员中录用人民警察 164 名。该项工作至 1994 年 7 月全面结束。

1995 年起，按照中共中央组织部和公安部、人事部下发的《关于从高等学校选拔部分优秀毕业生到基层公安机关锻炼培训的通知》，连续 7 年分别从应届高等院校毕业生中，按照“公开、平等、择优、自愿”的原则，选择优秀毕业生 129 人，在鼎城、桃源、汉寿、石门、澧县、临澧、安乡和武陵区 8 个县（区）公安局的基层所、队锻炼。每年由市、县、区公安局会同当地党委组织部门进行一次考察，并适当换岗交流。通过锻炼，先后有 32 人被公安部、省公安厅和市公安局机关选调，有 37 人提任区、县（市）局领导和科、所、队长。

至 1999 年，全市公安机关从大中专院校毕业中吸收录用 302 人；军队转业干部 359 人（其中团职 87 人）；从非公安机关有实践经验、专业特长的技术人员中选调 52 人（其中，法医、毒物检验 13 人，医务人员 7 人，英语 8 人，网络技术 10 人，通信技术 14 人）。

2000 年，国家公务员管理办法（试用）公布、实施，公安机关录用人民警察按照“凡进必考”的原则，实行省级统一招考。由市级组织、人事两个部门依照“公开、平等、竞争”的原则，具体制定实施招录计划、报考条件、比例要求、资格审查、考试考核和择优录用等细则，自觉接受社会监督。至 2012 年，全市共组织录用人民警察公开招考 12 次，新录用人民警察 757 人。

三、调配任用

1988 年至 1997 年，市局机关及直属机构、武陵分局、德山分局的干部管理使用，一直按照市委干部管理权限进行。在民警的晋升提拔上，依照年度考核评岗、民主推荐、组织考察、党委决定批准的程序进行。在民警交流使用上，每 2 至 3 年根据工作需要、综合个体能力做出适宜的岗位调整，既保持业务工作的连续性，又不断增强内部活力。至 1997 年，市公安局机关提拔使用正科级领导职务 42 人，副科级领导职务 73 人；主任科员 34 人，副主任科员 93 人。

1998 年 4 月，市局按照改革干部管理，引进“公开、竞争”的选人用人机制的要求，在市局机关、直属单位的正副科长、所长、队长中的空缺岗位试行竞争上岗，通过竞争，有 6 人走上正科实职领导岗位，9 人走上副科实职领导岗位。

2000 年 3 月，市局继续深化竞争上岗，大胆改革干部管理制度。在干部人事制度上，实行领导职位竞争上岗、一般岗位双向选择，打破论资排辈的藩篱，让干部人尽其才。对机关和直属单位的 44 个正科级领导岗位和 35 个副科级领导岗位全面实行竞争上岗；对全局民警实行竞聘上岗、双向选择。同时，对新提拔的正科、副科级领导职务人员实行试用期管理，试用期为一年。通过竞争、竞聘，有44人走上正科实职领导岗位，有35人走上副科实职领导岗位；对7人因年龄原因退出副科岗位竞争的民警解决正科级非领导职务；对3名因工作能力水平欠缺而落聘的民警，组织进行为期一个月的待岗培训和试岗工作。新的选人用人机制，推动各类人才公平竞争和优秀人才不断涌现的生动局面的产生，给机关干部队伍注入新的生机与活力。此后，在全市公安系统推行竞争上岗、双向选择，并作为干部选拔任用、岗位轮换的主要形式长期坚持。

2002年1月，按照干部轮岗交流、优化岗位结构的要求，对机关24个正科领导岗位和27个副科领导岗位实行竞争上岗，有效地调动干部队伍的积极性，形成风清气正的用人环境。

2005年，市局进一步完善竞争上岗的干部管理机制，改竞争岗位为竞争职位，通过竞争职位资格，扬长避短，合理用人，使竞争上岗这一干部晋升制度更加科学、更趋成熟。是年，有36人走上正科实职领导岗位，有36人走上副科实职领导岗位。同时，为32名副科级民警解决正科职级和35名民警解决副科职级待遇。

2010年1月，常德市编制委员会下发《常德市公安局主要职责内设机构和人员编制规定》，调整完善市局机关内设机构和领导职位。6月，市局机关对调整的19个正科领导职位和33个副科领导职位实行竞争上岗，使一大批青年民警脱颖而出，走上领导工作岗位。

2012年5月，市局机关对出缺的8个正科、7个副科领导职位实行竞争上岗，选拔15名优秀民警到中层领导岗位。同时，为31名副科级民警解决正科职级和38名民警解决副科职级待遇。

四、双重管理

在市、县（市）区两级公安机关领导班子成员的管理上。实行地方党委、政府和上级公安机关双重管理，以地方党委、政府领导为主的体制。对县级公安机关及以上领导班子实行“下管一级”的原则。市公安局领导班子成员的任免、调动应事先征求省公安厅的意见；县（市）区公安局领导班子成员的任免、调动应事先征求市公安局的意见。

1992年7月，《中华人民共和国人民警察警衔条例》颁布实施，各级公安机关的领导和民警的警衔授予、晋升由上级公安机关决定批准。从外单位调入市、县两级公安机关担任领导职务的，必须经省公安厅同意后方能授衔。1993年，对工作成绩突出的区、县（市）公安局长实行高配（提拔为副处级）。是年，有武陵区、汉寿县、桃源县、临澧县、安乡县公安局长高配为副处级。1995年9月，根据中共湖南省委关于政法部门领导干部异地交流任职的规定，全市除临澧以外的武陵、鼎城、汉寿、桃源、石门、澧县、安乡、津市8个区县（市）公安局长全部交流任职并高配副处级职级。此后，全市凡新提拔的区县（市）公安局长一律实行异地交流、高配副处级职级。

2005年，根据县级公安工作和队伍建设管理的需要，区县（市）公安局政委高配副处级职级，亦按照区县（市）公安局长交流高配的做法实行。是年8月，全市武陵、鼎城、汉寿、桃源、石门、临澧、澧县、安乡、津市、德山、西湖、西洞庭、柳叶湖13个区县（市）和开发区的公安局政委异地交流任职，并高配副处级职级。

五、警衔、职称评授

（一）警衔

1992年7月1日，为加强人民警察队伍的革命化、现代化、正规化建设，增强人民警察的责任心、荣誉感和组织纪律性，有利于人民警察的指挥、管理和执行职务，第七届全国人大常委会第二十六次会议通过《中华人民共和国人民警察警衔条例》（以下简称《条例》）。同年，公安部颁布《评定授予人民警察警衔实施办法》及《首次评定授予人民警察警衔的标准》，将人民警察警衔划分为五等、十三级：总警监、副总警监；一级警监、二级警监、三级警监；一级警督、二级警督、三级警督；一级警司、二级警司、三级警司；一级警员、二级警员。评定授予警衔的人员，必须是属于人民警察建制在编在职的人民警察。《条例》颁布施行后，全市公安机关严格按照实施办法，对照评定标准，经过申报、审定、集训、授衔四个阶段，历时八个月。1993年3月20日，按照授衔组织程序，在武陵分局礼堂举行隆重的授衔仪式，市公安局机关、武陵分局、市局交警支队全体授衔人员和各区、县（市）公安局、司法劳改系统的授衔代表共计600余人参加授衔仪式。是年4月，其他区、县（市）公安局以区、县（市）为单位，全部完成首次评授工作并举行授衔仪式。全市首次评授警衔的人民警察共计2338人。其中，三级警监2人，一级警督76人，二级警督418人，三级警督438人，一级警司426人，二级警司629人，三级警司349人。此后，按照《评定授予人民警察警衔实施办法》，依据个人工作年限、任职年限和职务职级晋升变化正常晋升警衔。至2012年12月，全市各级公安机关共授予人民警察警衔4346人。其中，三级警监21人，一级警督1178人，二级警督1538人，三级警督722人，一级警司502人，二级警司152人，三级警司233人。

（二）职称

1988年，公安机关的专业技术人员仅限于刑事技术和文检鉴定人员，面窄量少，且一直沿用行政人员的管理模式管理。造成专业技术人员缺乏职业发展空间；专业技术人员的学术水平、技术水平和能力得不到客观评价；专业技术人员的培养、使用得不到应有重视；专业技术人才选调难、队伍不稳定的问题比较突出。1996年4月，省人事厅、省公安厅决定在全省公安机关从事刑侦、技侦等专业技术人员中开展专业技术资格（职称）评审试点工作。是年，经全市各级职改办和职称评定委员会审核评定，公安机关从事技术工作的人员，有64人获得职称资格。其中，中级职称13人，初级职称51人。1998年4月开始，在县（含县）以上公安部门中从事刑事侦查、技术侦查、通信技术、计算机安全监察、交通事故现场勘查等专业岗位中开展专业技术职称评审工作。2004年8月，人事部、公安部联合发文，决定在全国公安机关全面实行专业技术职位任职制度。公安机关专业技术人员的管理逐步规范，培养、使用得到重视，技术职称与晋升职级职务挂钩，使专业技术人员队伍不断充实、稳定。至2012年12月，全市公安机关共有专业技术人员116人，其中高级职称13人，中级职称42人，初级职称61人。

六、离退休人员管理服务

1988年，市局机关的离退休人员不到20人，其管理服务工作由政治处负责，配备专职管理服务人员1名。1994年，离退休人员增至55人，配备专职管理服务人员2名。2010年，离退休人员增至91人；是年7月，经市编办批准设立离退休人员管理服务科，定编3人，专司离退休人员管理服务之责。至2012年12月，市局机关离退休人员达到112人。

（一）管理

离退休人员管理服务科的主要职责是按照相关政策规定，及时落实离退休人员应享受的政治待遇和生活待遇；组织离退休人员开展健身、休闲、文体等娱乐活动；组织实施离退休人员的健康体检和政策规定的就医、出行用车；配合市局机关党委抓好离退休人员党支部建设；协助离退休人员党支部开展政治学习和组织生活。从1992年开始，市局离退休人员管理服务坚持用制度管事，先后建立健全一系列离退休人员政治学习、用车管理、集中阅文、活动室管理使用等制度，使离退休人员管理服务有章可循。1994年，成立离退休人员党支部，在开展党员组织活动的同时，借助该平台进行自我管理。坚持做到每年离退休人员活动安排、活动开展、走访慰问，管理服务科与老干党支部共同研究、一同实施，得到上级老干管理部门的充分肯定。1996年，被省委组织部评为全省先进单位。到2012年，市局机关离退休管理服务工作9次被评为全市先进单位；3次被评为全市红旗单位。

（二）服务

离退休人员管理服务的主要工作是落实两项待遇（政治待遇、生活待遇），使离退休人员及时享受改革开放的成果。在政治待遇上，为每个离退休人员订阅一份《老年杂志》，定期开展中共党员学习和组织生活；定期组织集中阅文；每年年末，由局领导通报是年工作情况和下年工作计划；及时通报重大政策形势。在生活待遇上，凡政策规定有的，坚决贯彻执行、认真落实到位。逢年过节组织慰问；对是年年满70周岁、80周岁的，生日期间上门慰问；对生病住院的及时看望并协助办理相关医疗手续；对个别家庭特殊困难的，给予困难补助；离退休人员亡故，管理服务科全力以赴操办丧葬事宜，做到让逝者安心、亲属满意。每年集中组织一次身体检查；每两年组织外出参观旅游一次。先后11次组织到港、澳、台地区，我国北京、上海、广州等地观光旅游；18次组织在本市企业、农村和基层公安单位参观考察，见证常德的发展和公安工作的新变化。1990年，机关建起200平方米集健身、球类、棋牌于一体的离退休人员活动室，开展有益于老年人身心健康的文体活动。2010年12月，市局机关整体搬迁，在宿舍区新建3000平方米的活动中心，健身、娱乐设施更加完备。由专人负责管理，长期向老同志开放，每年举办一次各类棋牌比赛活动。同时，积极搭建老同志交友、联谊的平台，鼓励老同志到老年大学学习，先后有 11 人到老年大学学习乐器、书法、绘画、摄影知识。其中，1 人的绘画作品、2 人的根雕艺术品得到书画、根雕界同行的好评。每年还分批组织 1—2 次郊游钓鱼活动，丰富离退休人员的文化娱乐生活。

（三）老有所为

在做好离退休人员管理服务工作的同时，借助离退休人员经验丰富、热心公益的优势，使其为和谐社会建设增光发热。2009 年，以离退休人员为主体，先后成立市禁毒协会和市老科协公安分会。利用这两个公益性社会组织，开展调研，建言献策。老科协先后 4 次针对基层社会治安管理、城乡接合部难点治理和社区青少年教育管理等热点问题开展调研；禁毒协会配合禁毒部门、戒毒场所先后 20 余次深入城镇、乡村、学校、厂矿、社区开展毒情调研，并编发禁毒宣传资料 2 万余份，两个协会在 3 年中共提交调研汇报材料 12 份，为领导和职能部门科学决策提供有价值的第一手资料。

第二章　队伍建设

第一节　政治教育

1988 年至 2002 年，市局在队伍建设上始终坚持“政治建警、从严治警”的方针，坚持“两手抓”，一手抓业务工作，一手抓队伍建设，做到两手都要硬，并且在机构和力量上不断完善、加强。在市、县两级公安机关设置政工、纪检、督察和机关中共党务（党委、总支、支部）机构；区县（市）公安局、以队建制的基层单位和派出所设置政委、教导员、指导员岗位，专门负责思想政治教育。除按照中共党委政府和上级公安机关统一部署开展的经常性思想政治教育工作外，在不同时期，针对队伍中突出存在的问题，市局和区、县（市）局及时开展专题教育和集中整训教育，使广大民警坚持做到政治坚定、执法公正、纪律严明、作风廉洁，保障各项公安业务工作任务的完成。

1988 年 3 月，针对少数基层单位和民警个人存在的“门难进、脸难看、话难听、事难办”的四难现象和群众反映在办案中耍特权、抖威风，接受吃、请、办人情案时有发生的问题，全市公安机关开展为期半年的党风警风、群众观念和反腐败教育，活动分“学习动员、揭摆问题、整章建制、教育总结”四个阶段进行。从揭摆问题阶段开始，市、区县（市）两级公安机关抽调 165 名民警组成 43 个调查组，深入到全市 381 个基层科、股、所、队检查，召开群众座谈会 218 场，走访有关单位 513 个，征求各类意见 1673 条，共揭摆、检查各类问题线索353件。在整章建制阶段逐件进行调查处理，及时整改隐患漏洞161处，立案查处8起8人。专题教育期间，总结19个单位和个人先进事迹广为宣传，对4个典型违纪案例作为反面教材组织广大民警开展案例讨论剖析，极大地减少公安机关“四难”现象的发生。

1989年，春夏之交的政治风波时期。公安机关一方面全力做好维护社会政治大局稳定的工作；一方面切实加强全体民警的政治教育，及时组织民警认真学习是年4月26日《人民日报》社论、邓小平同志重要讲话和李鹏总理在首都党政军干部大会上的讲话，使广大民警充分认识维护稳定的重要性，以及公安民警在维护稳定中的重要作用。全市公安民警政治立场坚定，旗帜鲜明，经受住了考验。

1991年，针对苏联、东欧局势巨变的严峻形势，在全市公安系统重点开展“坚定社会主义信念，增强反和平演变能力”，坚持“四项基本原则”的专题教育。使广大民警在工作中自觉地捍卫中国共产党的领导地位和社会主义制度，维护国家安全和社会政治稳定。

1992年7月，《条例》颁布实施，全市公安机关组织开展适应新《条例》和加强人民警察职业道德、职业纪律、职业责任为内容的思想、作风、纪律整训。是年7月至8月，市局组织机关、直属单位和武陵分局的全体公安民警在市委党校分两批进行为期16天的封闭式整训。11月，对全市公安系统20名不称职、缓授警衔的人员在警官培训中心集中进行一个月的素质提高培训。各区、县（市）的整训工作都在9月前以区、县（市）公安局为单位集中进行。

1993年至1994年，主要是在全市公安民警中组织进行中共十四大报告和邓小平同志建设有中国特色社会主义理论的学习，加深对中国共产党的“一个中心、两个基本点”的理解，提高对公安工作服从、服务于经济建设的自觉性。

从1996年6月开始，用3个月时间以区、县（市）局为单位开展纪律作风整训。整训的重点是“三乱”（乱罚、乱没、乱收）、“四难”（门难进、脸难看、话难听、事难办）、“权、钱、酒、色”等问题。整训中，要求领导、人员、精力三集中和“自查自纠、互查互评、解决问题”。整训坚持“四不放过”，即问题不查清不放过、查清后处理不到位不放过、处理后没有吸取教训不放过、人民群众不满意不放过。以近几年发生的典型案例为反面教材，组织广大民警剖析原因，认清危害、吸取教训，并邀请市人大代表、政协委员和20名形象监督员进行座谈和监督。省厅和市委领导高度重视该次教育整训，在全市整训动员大会上分别作出重要指示。8月，时任省委常委、省委政法委书记、省公安厅长李贻衡专程到常德指导集中整训工作。他指出：只有看到问题的严重危害性，才能有效解决问题，要在找准问题上下功夫，防止一般化；在解决问题上见实效，防止走过场。他高度肯定：常德的整训抓住了重点，对下一步全省开展集中整训起到了良好的示范作用，值得全省公安机关效仿。该次集中整训，有效地遏制了公安机关和民警中存在的“冷、硬、横”“权、钱、色”六个方面的突出问题。

2000年2月，公安部确定常德为全国公安机关开展“三项教育”的试点单位，在全市公安机关和民警中进行“全心全意为人民服务的宗旨，实事求是的思想路线，严格、公正、文明执法”的三项教育。公安部要求通过试点，创造一些好的做法，使教育取得一定的实际效果，以此为下一步在全国公安机关开展“三项教育”提供有益经验。在常德市委的高度重视和省公安厅的具体指导下，市局严格按照“三项教育”的内容要求，从组织领导、步骤方法、时间安排等各个环节制定详尽的实施方案。编印《三项教育读本》4000多册，组织民警学习；全面开展“为谁执法、为谁服务”的大讨论；组织在思想作风建设、廉政执法建设中突出的优秀民警到各区、县（市）公安局作宣讲报告；组织民警观看警示教育片；每个民警对照“三项教育”的内容联系实际写出5000字以上的个人剖析材料。其间，公安部政治部主任祝春林，训练局长张美荣，省委常委、政法委书记、公安厅长李贻衡，省公安厅政治部主任张正元高度重视，分别多次到常德督促指导。“三项教育”后期，对全市公安系统121名近三年内在工作中受到违纪处分和年度评岗不称职的民警集中进行两个月的封闭式教育整训。该次教育活动，既对广大公安民警在思想、工作、纪律、作风上进行系统全面的教育，又探索建立教育制度化、规范化、经常化的长效机制，达到“打牢思想基础，解决突出问题，取得建设成果”的目的要求，为公安部部署下年在全国公安系统普遍开展“三项教育”提供有益的经验。

2004年，结合保持共产党员先进性教育，在全市公安机关开展“立警为公、执法为民”的行风主题教育。围绕法制理念、宗旨观念、敬业精神、执法能力、纪律作风五个方面，要求广大民警牢固树立正确的群众观念、政绩观念和权力观念。一切为了人民群众的利益，一切以人民群众满意为出发点和归宿。专题教育结束后，市公安局党委专门作出《关于进一步树立正确的群众观、政法观、权力观的意见》的报告。

2006年至2008年，在全市公安机关和民警中开展坚持依法治国、执法为民、公平正义、服务大局和中国共产党的领导为核心内容的社会主义法治理念的教育。汇编《公安民警社会主义法治理念教育读本》，组织撰写“牢固树立依法治国理念”“牢固树立执法为民理念”“牢固树立公平正义理念”“牢固树立服务大局理念”“牢固树立党的领导理念”五个专题辅导资料，在民警中展开大学习、大讨论。通过学习班、报告会、研讨会、民主生活会等多种形式把学习引向深入，使广大民警加深对社会主义法治理念的重要性的认识，践行社会主义法治理念的自觉性进一步增强。

2010年至2012年，针对近年公安队伍中出现的执法思想不够端正、群众观念树得不牢、纪律作风有所松弛的问题，在全市公安机关开展“我当公信人民警察”主题教育活动。教育民警从自身做起，从现在做起，进行“违规执法、违规用车、违规用钱、违禁参与娱乐场所经营”的自查自纠，通过整治，全市共有24名民警及其亲属退出娱乐场所经营活动。

第二节 素质培训

20 世纪 80 年代中期，随着改革开放的深入和社会经济的发展，公安法制建设不断完善，特别是《刑法》《刑事诉讼法》的颁布实施，对公安工作提出“有法必依、执法必严、违法必究”的必然要求。因此，对公安民警的文化业务素质和依法办事能力的要求也愈来愈高。该时期，公安机关的政治工作部门在抓政治教育、队伍管理的同时，也不断加强在职民警的业务、法律知识培训。1985 年 6 月，设立常德地区公安干部中等专业学校，专司在职人民警察的文化教育和业务培训。此后，在职民警的教育培训由政治处和公安干部中等专业学校共同组织实施。

一、学历培训

1987 年至 1989 年，针对全市公安系统在职民警中年龄 50 周岁以下、文化程度在初中以下的干部（以下简称“两下”干部）多，且文化、业务素质不适应的现状，按照省公安厅的统一部署，市局成立由政治处组织牵头，公安干部中等专业学校具体实施的“两下”干部学历教育专门班子，会同省人民警察学校在常德设立函授站，对全市在职民警中的“两下”干部进行中专函授学历教育。函授学习的主要内容是公安写作、治安管理、刑事侦查、刑法、刑事诉讼法等 9 门课程。教学管理办法采取的是各县（市）区设立函授辅导分站，归口由各县（市）区公安局政工室负责。每 3 个月由省人民警察学校派专业教师到各县（市）区函授站对参学民警进行集中授课辅导，每学期严格按照学生管理的办法，组织两次考试。历时 3 年，全市公安系统在职民警中的 446 名“两下”干部顺利完成学业，取得省人民警察学校的公安中专学历文凭。

1989 年以后，市公安局进一步重视民警的文化素质，采取文化学历知识与晋升职务、晋升工资挂钩的办法，鼓励在职民警自学考试。全市公安系统的民警学文化、学业务、学法律蔚成风气。至 2005 年，共有 183 名高中、中专学历民警参加大专自学考试并取得学历，共有 275 名大专学历民警参加本科自学考试取得本科学历。

二、业务培训

1988 年开始，每年集中组织对全市公安机关各警种岗位民警开展业务技能培训。培训涵盖刑侦技术员、户籍民警、治安民警、交通民警、防暴民警、社区民警、侦查专干、法制专干、网络专干各专业警种。每次培训时间不少于一个月。

1992 年起，公安部对新任县（市）区公安局长、政委作出统一调训两个月的规定，按照该要求，选送局长、政委到中国人民公安大学、中国人民警官大学、中国刑事警察学院、上海公安干部学院、武汉公安干部学院培训。选送刑侦、经侦、禁毒、治安、户政、外事、法制、政保骨干到人民公安大学、中国刑事警察学院和省公安专科学校和省人民警察学校培训。至2012年，共调训区、县（市）公安局长19人、政委24人，选送培训专业警种骨干1367人。

1996年，市局实施基层股（所、队）长三年培训计划。每年3月，分批集中对基层交警队长、刑侦队长、治安队长和派出所长进行短期培训，训练的主要内容是工作思想、管理水平、纪律作风和体能素质，培训采取封闭式的军事化管理，实行统一着装、统一出操、统一食宿，确保良好素质的养成。至1998年，分三批对全市249名基层所长、队长全部进行培训。

2001年11月，《公安机关人民警察训练条令》实施，公安民警教育训练走上规范化、法律化轨道。2002年，市局按照训练条例的要求，组织市直公安机关一千余名民警进行计算机操作培训。2006年5月，根据省公安厅推行“三基一化”，做到“三懂四会”的要求，集中组织基层237名派出所所长和社区民警进行封闭式培训。至2012年，按照训练条令的要求，共举办警种和专业技能培训30期，培训民警4335人。

三、晋升警衔和初任培训

1992年7月，《中华人民共和国人民警察警衔条例》实施，该《条例》明确规定：人民警察警衔的晋升，经培训合格后方可晋升。是年8月，为迎接首次警衔评授工作，市局在市委党校对市直公安机关、交警支队、巡特警支队和武陵区分局、德山分局的619名授衔民警分两批进行授衔前的封闭培训。2009年，公安部实行新录用人民警察人员、公安机关晋升警衔和职务晋升人员都必须经过培训的“三个必训”制度。此后，凡初任人民警察和由警司晋升警督的人民警察都经由市公安干部中等专业学校（警官培训中心）组织培训。至2012年，全市共举办新民警培训班31期，晋升警衔培训班83期，共培训11851人次。同时，按照省公安厅的安排，2001年至2002年，为张家界市公安局警衔晋升班代培3期156人。

四、其他培训

在加强在职民警教育培训的同时，还将培训延伸到企业民警、内部保卫干部、基层治保主任、经济民警和保安人员中。1988年至2012年，以市公安干部中等专业学校为基地，先后举办企业民警、市属以上企业保卫干部、经济民警和保安人员等培训班38期，受训人数4800多人。

第三节　立功创模

立功创模活动是公安机关加强队伍建设、提高战斗力的重要手段，也是公安机关区别于其他行政机关的一项特色工作，在推进队伍建设和业务工作开展中发挥着重要的激励作用。“文化大革命”期间，该种优良传统被中断。20世纪80年代初期，公安部发出《关于恢复立功创模活动的通知》，要求各级公安机关在开展业务工作中，大力弘扬先进，广泛开展立功创模活动。《人民警察奖惩条例（试行）》规定，公安民警个人根据功绩大小，分别授予一级、二级“英雄模范”称号，或记个人一、二、三等功及嘉奖；公安机关集体按功绩大小，或记集体一、二、三等功及嘉奖。对事迹特别突出的，可采取一事一议、单项奖励并及时召开庆功大会予以表彰。

1988年2月，常德地区公安处作出在全区公安机关组织开展“三长”（股长、所长、队长）、“三警”（治安民警、户籍民警、交通民警）和“十员”（侦查员、预审员、看守员、档案员、打字员、驾驶员、话务员、通信员、区<乡>公安员）评选活动。同时在市武警支队、消防支队和交警支队三个支队之间开展比思想、比工作、比作风的竞赛活动，在全区公安机关内部掀起一个“比、学、赶、超”，争当先进的热潮，涌现出一大批勤奋工作、无私奉献的先进集体和个人。如秉公执法、热情服务的常德市公安局（现武陵公安分局）城南派出所；爱岗敬业、默默奉献的汉寿县看守所所长杨化东、临澧县公安局刑侦队副队长蒋定贵、汉寿县公安局拘留所所长黄耕道、石门县公安局打字员熊双英等就是突出代表。是年12月，市局召开总结表彰大会，对汉寿县公安局看守所等16个先进集体，临澧县公安局刑侦队副队长蒋定贵等10名优秀股长、所长、队长和武陵公安分局城南派出所户籍民警朱德岩等20名优秀“十员”进行表彰奖励。

1990年开始，在全市公安机关系统开展以廉政执法、业绩一流为中心的争“两优”（优秀股<所、队>长，优秀警察）、创“四好”（班子队伍好、任务完成好、基本建设好、内务管理好）的活动，把立功创模活动继续引向深入。2月，市局和中共桃源县委、县政府在桃源大剧院召开庆功表彰大会，对及时侦破桃源县武装部特大枪支被盗案件的市、县两级参战有功人员进行及时表彰奖励。是年12月，石门县公安局年近50周岁、在打字员工作岗位上默默奉献30年的女民警熊双英被公安部授予“全国公安系统学雷锋标兵”的光荣称号，同时被评为全省十大优秀民警，并被记二等功；临澧县公安局刑侦队副队长蒋定贵被评为“全国公安战线优秀基层科（股、所、队）长”。

1992年，公安部作出在公安机关基层单位中开展“争先创优活动”的决定，激发全市公安机关争先创优的热忱。12月，在公安部组织开展的“争先创优活动”中，临澧县公安局被评为全国优秀公安局；武陵公安分局城南派出所被公安部评为全国公安系统基层先进单位；市交警支队直属大队岗亭民警刘海清被评为“省劳动模范”“全省十大杰出民警”；鼎城区公安局交警大队民警刘正利、彭永光被追授为革命烈士。1994年，市交警支队被省委、省政府评为“双文明建设先进单位”。是年，公安部首次开展年度“全国优秀人民警察”评选活动，全市有5名民警被公安部评为全国优秀人民警察。

1995年，市局注重加强先进典型的培养，在关心、爱护先进典型的同时，更加注重严格要求，使他们成为真正的旗帜、标杆。临澧县公安局创新公安工作不停步，再次被评为全国优秀公安局，此后，连续6年保持“全国优秀公安局”荣誉称号；武陵公安分局被评为全国“扫黄打非”先进集体。武陵公安分局城南派出所被公安部、人事部评为全国公安系统先进集体，并参加是年在北京举行的公安英模和先进集体、个人表彰大会，受到时任中共中央总书记江泽民、国务院总理李鹏等党和国家领导人的亲切接见。

1996年，立功创模、评先评优活动在全市公安机关蔚成风气，先进集体和优秀个人层出不穷。武陵公安分局刑侦大队大队长王汉桃被评为全国特级优秀人民警察；鼎城区公安局户政股长刘保清清正廉明的事迹、澧县公安局洪湖派出所长江定良秉公执法的事迹被公安部《公安系统廉政建设先进个人》丛书收录，作为全国公安系统学习的先进典型；桃源县公安局在抗洪抢险救灾中事迹突出被公安部记集体一等功；澧县公安局破获韩××特大系列杀人抢劫案专案组被公安部记集体一等功；市交警支队被评为全省学济南交警先进集体，并荣立集体二等功。是年，市交警支队还被省委、省政府评为双文明建设模范单位；武陵公安分局城南派出所被省委、省政府评为精神文明建设先进单位。

1998年6月，澧水发生历史罕见的特大洪灾，地处澧水流域的安乡县城防洪垸、澧县澧南垸、官垸大堤溃决，数十万名人民群众的生命财产安全受到威胁，两县公安机关的全体民警舍小家、为大家，义无反顾地投身到抗洪抢险救灾，为人民群众的生命财产安全、维护灾区社会治安的稳定做出突出贡献。安乡县公安局、澧县公安局被公安部荣记集体一等功；同时，安乡县公安局、石门县公安局被公安部评为全国公安系统抗洪抢险救灾先进集体；常德市公安局被省委、省政府评为抗洪救灾先进集体；澧县公安局刑侦大队副中队长陈志勇在澧南垸溃堤的危险时刻，用木船转移，救助被困群众100多人，被公安部授予“二级英模”称号，被省人民政府授予“抗洪功臣”称号。在该次抗洪斗争中，全市还有3个单位被省公安厅评为全省公安系统抗洪抢险先进集体，3个单位被记集体二等功；有2名民警被记个人一等功，21名民警被记个人二等功。

1999年，公安部开展创人民群众满意公安机关活动，全市各级公安机关积极投身“创建”活动，坚持严格执法、热情服务，一切以人民群众满意为出发点和落脚点开展工作。是年，市局被公安部评为全国公安系统创人民满意先进单位；武陵公安分局城南派出所被评为全国人民满意公安基层单位，并被公安部授为全国精神文明建设示范点；津市市公安局汪家桥派出所被评为全国人民满意派出所，并被记集体二等功；澧县公安局刑侦大队澧阳中队被评为“全国模范刑警中队”，并被记集体一等功。

2000年，常德“9·1”特大持枪抢劫杀人案暨渝、鄂、湘系列持枪抢劫杀人案件在常德告破，公安部和省委、省政府在常德隆重召开表彰大会，表彰奖励参战有功人员。公安部为常德市公安局“9·1”专案组记集体一等功；市局局长傅少祥等5人被省政府授予“忠诚卫士”荣誉称号；市局副局长鄢梅初等5人被荣记一等功，其他15名有功人员被记二等功。

2002年，在全市公安机关争先创优活动中，先进事迹继续出新。市局被公安部评为全国公安机关“三项教育”活动组织工作先进集体；武陵公安分局、石门县公安局交警大队白洋湖中队被评为全国青年文明号；临澧县公安局被评为全国公安科技先进集体；武陵公安分局城南派出所再次被公安部评为全国优秀公安基层单位；市局交警支队直属一大队被省委、省政府评为省级文明单位。2003 年，石门县公安局南北镇派出所所长田建平被评为全国特级优秀人民警察；市局刑侦支队副支队长王汝国被省政府授予“全省杰出青年卫士”称号。2004 年，武陵区分局城南派出所被团中央授予“全国青年文明号”称号；市交警支队被评为全国预防道路交通事故先进集体；鼎城区公安局户政股被全国妇联评为全国巾帼建功示范岗；桃源县公安局人口管理大队被评为全国巾帼文明岗；市局副局长王汉桃被评为全国先进工作者。2005 年，津市市公安局交警大队被团中央和省委、省政府评为“全国青年文明号”和“省级文明单位”；桃源县看守所被公安部、最高人民检察院授予“双加强、双保障”创建活动示范单位；鼎城区公安局交警大队副大队长曾照文在执勤中因公牺牲，被省政府追认为“革命烈士”，同时，被公安部追记“二级英模”称号；澧县公安局交警大队民警滕辛权在“反超速”执法中因公牺牲，被追记一等功。2006 年，澧县公安局被公安部授予“全国县级公安机关执法示范单位”称号；石门县公安局南北镇派出所和津市市公安局交警大队城北中队被团中央授予“全国青年文明号”称号。2007 年，汉寿县公安局刑侦大队被公安部评为全国优秀公安基层单位；市局国保支队被公安部评为全国公安机关防范和处理邪教犯罪先进单位。市局交警支队直属二大队路面执勤民警沈国初三十年如一日，爱民为民，忠于职守，继是年被评为“全国优秀人民警察”后，先后又被评为全国特级优秀人民警察、全国公安系统爱民模范、全国公安二级英模、全国先进工作者，两次荣获全国道德模范提名奖。2010 年，沈国初所在的中队被公安部命名为“沈国初文明执法中队”。2008 年，武陵公安分局城东派出所民警张艳工作成绩突出，其所在的社区警务室被省公安厅命名为“张艳警务室”。2009 年，市局科技信息办公室被评为全国科技强警示范城市建设工作先进集体；津市市公安局交警大队被公安部评为执法规范化建设示范交警队。2010 年，武陵公安分局城南派出所被评为全国公安机关执法示范单位。2012 年，石门县公安局被评为全国优秀公安局；武陵公安分局城东派出所民警张艳等 2 名民警被评为全国公安机关爱民模范。

开展立功创模活动，使广大公安民警的使命感、荣誉感增强，有力地推动和保障各项公安业务工作任务的完成。至 2012 年，一大批民警忠于职守，廉洁执法，为常德的社会治安稳定无私奉献，甚至献出生命。有刘正利、彭永光、覃正双、万海堂、滕辛权、曾照文等同志牺牲在执法第一线的岗位上。1988 年至 2012 年，全市公安机关有 189 个单位或个人受到公安部的表彰；2 名民警被国务院授予“全国先进工作者”称号；3 名民警被授予或被追授为“二级英雄模范”称号；5 名民警被追认为“革命烈士”；5 名民警被省政府授予“忠诚卫士”称号；3 名民警被授予“全国特级优秀人民警察”称号；30 名民警被授予“全国公安机关爱民模范”称号或“全国优秀人民警察”称号；11 个集体荣记集体一等功；53 个集体荣记集体二等功；48 名民警荣记个人一等功；327 名民警荣记个人二等功。

第四节　公安宣传

改革开放之初，公安机关的对外宣传工作处于停滞状态，内部的宣传主要是通过业务工作简报的形式进行。1988年，随着改革开放的深入，经济建设的发展对公安机关及公安民警的工作透明度提出新的要求，及时回应人民群众的呼声，宣扬公安机关和人民警察的良好形象，加强舆论引导，搞好正面宣传，成为公安机关面临的一项重要任务。是年，公安宣传工作被纳入重要议事日程，由市局政治处归口负责，各区、县（市）公安局明确一名通讯员，秘书股编制，负责本单位的宣传报道和上下工作动态传递沟通。

1990年，各区、县（市）公安局和市局交警支队、消防支队配齐宣传专干13人，基层科、股、所、队有兼职宣传干部（当时称通讯员）75人，在全市公安机关初步形成宣传通讯报道的网络。同时，市局对全市宣传专（兼）干提出“扩大公安工作社会效果、树立人民警察良好形象”的宣传工作目标；明确“电视有影（像）、广播有声（音），报刊有文（字）”的任务要求。年内，全市各级公安机关共撰写各类通讯1524篇，被全国性刊物采用194篇，被省级刊物、电台、电视台采用464篇，被区、县（市）广播、电视台采用44篇。

1991年8月，省公安厅在常德召开全省公安宣传工作现场会，肯定常德公安宣传工作“坚持正面宣传、唱响主旋律、打好主动战”的做法，赞扬常德对宣扬公安工作的社会效果，树立人民警察的良好形象提供有力的舆论支持。随后，组织全省14个地、州、市公安宣传科长和专干到常德市的石门、澧县、临澧三地公安机关采访考察、交流指导，并与全国公安系统学雷锋标兵、石门县公安局打字员熊双英，全国公安战线优秀基层科（股、所、队）长、临澧县公安局刑侦队副队长蒋定贵进行座谈。时值临澧县遭受历史上特大内涝灾害，省公安厅《当代公安报》和全省14个地、州、市的公安宣传专干，深入到战斗在抗涝救灾第一线的民警中跟踪采访。通过广播、电视和纸制媒体及时报道宣扬常德基层民警抗灾救灾的优秀事迹。

1992年2月开始，市局对新闻宣传撰稿实行奖励机制，与评先评优和职务、职级晋升挂钩，较好地调动广大宣传专干和通讯员的工作积极性，公安机关在新闻媒体上的上稿量逐年递增。是年，被各类报纸、杂志和电台、电视台采用稿件1656篇，其中，中央级125篇、省级315篇、市级1216篇。1993年，围绕“一打二查三整顿”和“金剑”行动等专项斗争，广泛宣传，大造声势，开辟宣传专栏2800处，出动宣传车、船400余次，并与常德日报社、常德电视台开展“321”行动专栏报道。全年被各类报纸、杂志和电台、电视台采用稿件1560篇，其中，中央级135篇、省级318篇、市级1123篇。

1995年，市局设立宣教科，专司公安宣传工作，并施行常德市公安局宣传工作岗位责任制，年内对各区、县（市）宣传专干和112名通讯员采取以会代训的方式，分2批普遍进行一次新闻职业道德、新闻纪律、公安保密规范和新闻采访写作的业务轮训。2月，围绕《中华人民共和国人民警察法》（以下简称《人民警察法》）的颁布实施，在市、县两级报刊、电视和电台进行为期一个月的宣传活动。同时，在市电台、电视台和常德日报开辟《警事热线》栏目，有重点地对公安机关开展的专项打击行动进行系列报道。8月，组织《湖南日报》、湖南电视台记者全面跟踪采访报道临澧县公安局争创全国县级优秀公安局的事迹。是年，临澧县公安局《用制度管人、激活队伍活力，促进业务工作开展》的先进经验，石门县公安局运用激励机制，打破“大锅饭”，在所、队之间、民警之间实行“双层双挂钩”的做法，被公安部总结并向全国推广。

1996年，全国“严打”斗争期间，市局组织省、市新闻单位记者30余次深入到严打一线采访，共发稿687篇，中央级上稿12篇，省级34篇，省公安厅政治部对此给予高度肯定。

1996年和1998年，沅、澧两水先后遭受历史罕见的特大洪涝灾害，全市3800多名公安民警直接投入抗洪抢险救灾战斗。该时期的公安宣传工作坚持随警作战，跟进到抗灾第一线，及时反映公安民警抗洪救灾的先进事迹，仅抗洪抢险救灾期间就在中央电视台、新华社、人民公安报、法制日报、《湖南日报》、湖南电视台、湖南广播电视台和《常德日报》、常德电视台、常德广播电台先后发稿126篇。

从1999年开始，注重把公安宣传工作和警营文化建设有机结合。与新闻媒体和影视文化中心配合，对公安机关的重大事件、破获的有影响的重大案件，进行总结提炼。与北京电影制片厂、武汉吉隆文化影视中心、省公安厅联合摄制《行动，以共和国名义》的系列侦破片；2000年，与湖南经视台、省公安厅摄制电视纪实片《融冰》《午夜惊魂》；2002年，与武汉新石文化传播有限公司影视中心、省公安厅摄制大型电视连续剧《天不藏奸》。该类电视剧的播出，宣扬了公安机关和人民警察的良好形象。

2003年，石门县公安局南北镇派出所三名民警“扎根山区、心系群众”的优秀事迹被《人民公安报》《党建》杂志和《中国警务报道》、湖南电视台、湖南日报作为“践行三个代表”的典型多次予以宣传报道。2004年，南北镇派出所所长、“草鞋民警”田建平先进事迹入选《常德年鉴（2014)》。

2005年，市局与市电视台签署互动协议书，做到电视台随时刊发公安工作要闻，进一步增强公安工作在宣传报道中的时效性。是年，围绕“天网”行动、打击地下六合彩专项斗争、常德“186”社会防控体系建设，配合中央电视台《新闻联播》《经济半小时》《法制在线》等栏目及时进行宣传报道。

2006年7月，市局建立新闻发言人制度，使公安宣传工作更趋规范。2006年至2008年，在市局先后组织的打黑除恶、破案追逃、春雷行动、秋季攻势、扫毒风暴、治暴缉枪等战役中，公安宣传工作紧跟中心，随警作战。采取新闻发布会、跟踪采访、开辟专栏等多渠道、多形式地开展宣传，及时向广大人民群众通报重大警讯、警情进展，举行新闻发布会33次，在各级新闻媒体刊发公安工作的新闻4000余篇，其中，中央级媒体刊发400余篇，省级媒体800余篇。

2007年，为适应信息时代的形势发展，拓展公安宣传阵地，在常德公安网开辟网络宣传窗口，抢占网络宣传新高地；建立网评员机制，加强涉警负面舆情的处置，及时批驳不实报道。2009年，与中央电视台合作拍摄全国两会专题节目《和谐社会话平安——与公安厅局长面对面》专题片，时任市公安局长汤向荣面对全国观众回答了维护社会治安稳定对和谐社会建设的重要性。

2011年，与常德电视台合作，对近年来涌现出的先进基层公安单位、优秀人民警察、“十佳”社区民警进行系列宣传报道，并推出《平安常德——和谐边界行》《平安常德——一切为了人民满意》两个专题栏目，宣扬公安民警严格执法、热情服务的时代精神，弘扬公安机关联系群众、依靠群众的优良传统。

第三章　综合指挥调度

常德市公安局警令部（以下简称警令部）原称办公室，是为领导决策指挥全市公安工作服务的重要指挥参谋、综合管理机构，主要职责是负责对全市公安工作情况收集、汇总和传递、反馈；负责对全市公安情报信息收集掌握、分析研判；负责综合调研、典型经验总结推广；负责文电起草及全局性会务工作；负责全市密码通信与密码文件流转工作；负责机要保密、档案管理、公安统计工作；负责市局机关政务公开，综合治理及日常事务协调督办；负责全市公安机关绩效综合考评；负责指挥中心、“110”报警服务台建设、管理、指导工作；承担市反恐怖工作协调小组办公室日常工作，指导、协调、参与全市反恐工作。

1989年，市局办公室增设值班调度室，协助处理重大事件和紧急勤务。1996年，成立指挥中心暨“110”报警服务台，其接处警事务与办公室分离。1999年，指挥中心与办公室合署办公，实行一个机构、两块牌子。2007年8月，办公室改称警令部，加挂市公安局指挥中心牌子。2010年12月，警令部加挂市公安局指挥中心、市反恐怖工作协调小组办公室牌子，下设综合科、指挥调度室、情报研判科。2011年3月，增设反恐科。至此，警令部下设科室增至4个。

第一节　综合调研

调研工作是公安机关决策、指导工作的前提和基础。1988年至2012年，全市公安调研工作始终紧紧围绕中国共产党的中心、围绕社会政治大局稳定、围绕常德经济发展进行，客观真实地掌握社会政治稳定和治安动态及规律，为领导决策提供可靠依据。

一、围绕公安中心工作开展调研

围绕全市公安中心工作加强调研，不断提高服务水平，提高参谋权威。1988 年到 1990 年，紧扣元旦、春节安全保卫、禁毒、打击流窜犯罪专项斗争，春季跟车反扒，四月、五月侦破攻势，夏季打击路贼路霸专项斗争和以打抢劫、反盗窃、治流氓为主要内容的秋风行动，超前预测，随警跟进，运用《公安简报》《情况反映》等刊物，及时、准确反映有价值的典型情况材料 184 份。1991 年，在“91 工程”、反盗斗争、抗洪救灾等专项行动中全面收集综合，及时撰写有价值的典型情况材料 193 份，被省公安厅、公安部采用 67 份，省公安厅采用率全省排名第一。1993 年，围绕桃花源游园会、“正风行动”、大市场、开发区、重点工程建设工地的安全保卫，总结有见地、有分量的典型材料 217 份，被省公安厅和公安部采用 71 份。1996 年到 1999 年，跟进“严打”斗争、“追逃专项行动”“打击地痞地霸”和“扫黑除恶”等专项斗争开展调研工作。特别是 1997 年，围绕香港回归和中共十五大召开两件盛事，在全市先后开展六大专项“严打”整治行动，组织 5 名民警全力投入抓情况综合、抓典型总结，共编发“严打”简报 25 期，总结典型经验材料 34 份，有 25 份被省委政法委、省严打办和省公安厅转发、推广。2001 年到 2002 年，主要围绕推进打防控管一体化警务机制改革开展综合调研，共组织撰写调研论文 98 篇，被省公安厅采用 11 篇，被中央级刊物采用 3 篇，向全省、全国成功推介常德市“管防控打”一体化警务模式、禁毒“126”工程、队伍执规带创以及临澧县公安队伍动态网管一体化长效机制等先进典型。2003 年，撰写的《侦破张 × 犯罪集团案引发的思考》在《中国刑事警察》2003 年第 1 期发表。2010 年，围绕“三基一化”工程开展综合调研工作，在全省“三基一化”工程建设优秀调研论文评选中，石门、鼎城分别获三等奖，武陵区获优秀奖。

二、围绕服务领导决策开展调研

围绕领导决策，着眼解决实际问题，开展调查研究，及时、准确提供各类预警性、深层次信息，充分发挥参谋作用。1988 年，密切掌握全市群体性事件，先后编撰《情况反映》《公安简报专刊》198 期，为领导决策和妥善处置提供可靠依据，其中有 44 份先后被市委、市政府和市政法委采用。1990 年，突出情报信息综合和专题调查，形成的各类综合材料和调查报告，先后被市委、市政府、市政法委采用 78 份，受到市委办、市政府办的充分肯定。“亚运”、“国庆”保卫、“严打”斗争和“两会”保卫情况专报，先后被省公安厅、市委、市政府和市政法委转发。1991 年 3 月，针对全市抢劫及团伙犯罪持续高发的实际，迅速深入基层，全面综合分析，找准了该类犯罪高发的特点及深层原因，并提出工作对策。5 月，省委政法委、省公安厅总结推广常德开展“打抢劫、治流氓、捣团伙”专项斗争的做法。1991年，拟定《公安派出所建设三年达标纲要》《全市县级公安机关队伍建设和业务工作目标考评双百分制试行办法》，在全市公安机关全面开展“两手抓”“两手都要硬”的“比、学、赶、超”活动。是年，撰写的《临澧县婚姻纠纷导致的死伤案件不断增多》等三篇公安论文被评为全省优秀公文，撰写的《常德市千余名公安干警积极投入抗洪救灾战斗》《津市市公安局为企业单位灾后恢复生产保驾护航》《常德市灾后社会治安情况调查》《澧县公安局采取四条措施全力维护灾区社会治安》等典型材料均被省公安厅及时转发。1993年年初，配合全省统一部署，针对地痞地霸、车匪路霸及团伙抢劫犯罪案件一度多发的情况，深入德山、汉寿等地，全面分析研判，为全市开展“金剑行动”等打击整治行动提出合理化建议。是年6月，省公安厅、省政法委全面推介常德开展打击车匪路霸、地痞地霸专项斗争的成功经验。是年，撰写的《常德灾后影响社会稳定的四种表现》《常德市成功破获“3·15”系列抢劫案》《临澧县在国道沿线广布情报信息网店，突出打击车匪路霸》《澧县公安局以严打促安定》《常德市公安局集中打击地痞地霸》等经验材料被省厅转发。1996年，及时编发邪教“门徒会”的专题信息，得到时任省委书记王茂林的亲自批示，随即在全市范围内开展查禁取缔邪教“门徒会”的专项斗争。1996年，编发《部分区、县小学收费过重引发不安定因素》专题材料，引起省、市领导高度重视，市委、市政府派出专门工作组进行调查处置，及时消除该类群众反响强烈的社会热点问题。在“严打”斗争和专项整治行动中，调研工作的意见和建议先后17次被市局党委认可并以文件形式下发各地执行。1997年，针对治安联防队参与执法，违法违纪案件不断发生的情况，撰写调研材料《关于联防队伍去与留、利与害的思考》，得到市委、市政府的充分肯定。6月，临澧县公安局率先在全市取消专职联防队；9月，全市全面取缔联防队。1999年，针对鼎城区草坪乡“6·9”停尸事件、桥南“7·7”事件情报信息失控的原因开展专题调查，以专题调查报告的形式，分析原因、总结教训、提出对策，引起市委、市政府的高度重视。2002年，市局撰写的《关于基层刑侦队伍建设的调查与思考》在《湖南公安高等专科学校学报》2002年第6期发表。2005年，市局撰写的《常德盗抢机动车犯罪分析》在《中国刑事警察》2005年第1期发表。2012年，总结编撰的《情报信息“五化一体”工作模式》及成功处置“2·7”持枪劫持人质案的做法，分别在全省公安局长会议上作典型发言。

三、围绕典型经验推介开展调研

围绕业务工作抓典型、树标杆，增强对公安工作指导的针对性，推动各项工作健康有序发展。1988年，总结推广全市公安基层基础工作、侦查破案、治安管理、队伍建设及公安工作改革方面的典型经验材料58篇，主办《公安简报》123期，被公安部采用2篇，被《人民日报》采用1篇，有效地配合公安工作整体效益的发挥。1990年，总结推广全市公安的典型经验材料107份，撰写的《石门县太平街区实行社会治安“四长”责任制的调查》和《澧县梦溪区对危害社会治安人员实行公开管教》等典型经验，得到中共中央政法委员会和省委、市委的充分肯定。1991年，在经验推广上，做到“新、强、快、短、活、实”六个字，把立足点放在基层，及时挖掘总结推广基层工作经验，特别是推广的《武陵区深化基础排查，扩大打击治理效果》《澧县以基础调查为重点，加强农村治安整顿》等5个经验材料，有效促进重点人口排查工作的深入进行；总结推广的《津市市公安局抓好达标竞赛活动，推进基层基础建设》等9个经验材料，并在12月召开的全市公安基层基础工作会议上作典型发言。围绕反盗斗争，先后撰写《关于围绕反盗斗争，在全市开展重点治理的工作意见》《汉寿县直内部单位加强自行车防盗有成效》《鼎城区公安局突出斗争重点，集中打击盗窃犯罪团伙》等8个经验材料，有力地指导和推动全市反盗斗争。1993年，结合桃花源游园会保卫，为确保全市重点地区治理整顿成效，先后推广《株木山派出所治理319国道治安见成效》、鼎城区《整顿交通秩序，确保游园会安全》等5个经验材料。为促进全市公安派出所基层基础工作平衡开展，推广武陵区城南派出所《深入开展管段民警“一、二、三活动”，促进基础工作向纵深发展》、桃源县城郊派出所《维护稳定抓打击，为警一方保平安》等10多份经验材料。围绕“正风行动”，推广武陵区《结合城市特点，强化查禁措施，打击卖淫嫖娼成效显著》《党委政府高度重视，我市正风行动全面开展》等5个经验材料，被中央人民广播电台《法制园地》采用，以《话公安》为题讴歌常德公安工作。1997年，紧扣公安改革的主题，总结推广石门楚江镇创建安全文明小区、临澧县农村公安工作模式、临澧城关、武陵城西派出所警务制度改革、汉寿太子庙派出所规范管理、澧县鼎城治安防控网络建设等一大批典型，先后被公安部和省厅采用推广。围绕基层派出所开展创安工程，成功推出桃源县“党员联户带创”、安乡县“十户联防联创”、津市市“民安为本，百姓至上”创人民满意活动和鼎城区警署运作模式的典型经验，并逐一在全市公安基层所、队推广。1999年，编发典型经验材料50余篇，总结推广的临澧县公安局派出所“四四六”工作、津市公安局创满工作、安乡县公安局民警户访制、澧县刑侦工作改革等重大典型得到省公安厅和公安部的肯定，在全省、全国范围内进行推广。2000年，撰写的常德三项教育典型经验被编入公安部《三项教育资料汇编读本》。2001年，围绕严打整治斗争所撰写的《农村宗族势力急聚膨胀情况分析》《基层严打要走出四个误区》被《人民日报》刊发。《湖南公安简报》专题介绍推广市局办公室充分发挥职能作用，服务“严打”整治斗争的经验。2002年，撰写的《整合警力创新机制 着力推进城区“管防控打”一体化建设》被公安部的《公安调研》刊载。桃源县撰写的《浅论加入WTO后刑侦工作面临的挑战和对策》被《人民公安报》刊载。2004年，共编发《常德公安简报》14期，被省公安厅简报转发6期，撰写的常德《立足大治安，推行“186”，着力强化城市治安防控社会化体系建设》一文，在全省“十五公”会议上被作为典型经验推广。2009年3月，协助公安部、省公安厅完成中央电视台《和谐社会话平安——与公安厅局长面对面》常德专题访谈节目。2010年，全市警令部系统综合调研及典型推介工作名列全省第四名，澧县的《坚持科学发展、开创信息警务新格局》

一文，荣获公安部优秀成果特等奖。桃源的《浅议网络意见领袖为我所用可能性》《对桃源县茶庵铺镇实行社会矛盾纠纷“大调解”工作机制的调查与思考》两篇文章分别被《公安内参》和《湖南警学》采用，鼎城区的《以宗教保卫为核心突出主业多措并举积极推进战略支撑点建设》被公安部《国保工作简报》采用。

四、围绕公安理论建设开展调研

1988年7月，常德地改市后，市局党委十分重视公安调研工作和理论建设，在调研力量上明确要求区、县（市）公安（分）局配备专干2人以上、市局配备专干3人以上专司理论研讨和综合调研。在阵地建设上，开办《常德公安工作简报》《常德公安信息》等刊物，并开辟思想理论调研专栏刊发调研论文。是年，建立起全市各区、县（市）公安局简报信息交流和市局与省内13个地州市公安局简报交换的新格局，对及时沟通信息、相互借鉴经验、扩大调研视野、提高理论水平发挥积极作用。1991年，针对全市开展的“91工程”和反盗斗争，在市局简报上开辟专刊，通报情况，指导工作。情报信息和典型经验材料继1989年、1990年两年后，又一次被评为市委、市政府、省公安厅办公室系统的先进单位。1996年，抓住省厅成立全市警察学会和召开全市第二届公安理论研讨会的有利时机，向省厅报送8篇优秀论文参评，获奖2篇，其中1篇获一等奖。1997年以后，市、县两级公安机关领导将综合调研和理论研讨摆在重要位置，形成领导垂范，办公室为主，各部门、各警种积极参与的工作格局。1998年，围绕公安改革的主题，从办好《常德公安工作简报》入手，先后开辟《派出所风采》《刑侦改革实录》《要案分析》《创满论坛》等专栏，深入开展理论研讨，及时总结推广经验。1999年，围绕查禁取缔“法轮功”邪教组织、“亚划赛”、国庆50周年大庆、澳门回归等事件开展调查研究，在市局《公安工作简报》开辟专栏刊发调研文章30余篇，被省公安厅转发5篇。2001年，围绕社会治安防控开展调研形成的优秀论文，在湖南省第五届公安理论研讨会上获得多个奖项，其中有2篇获一等奖，1篇获二等奖。桃源县公安局积极推行五种巡逻模式构建安全防范网络的经验，被省厅、公安部向全省、全国推广。2003年，市局撰写的《论亲杀案的特点、诱因及侦查对策》在中国人民公安大学主编的《侦查学论丛（第四卷）》发表。2004年，办公室先后组织以“立警为公、执法为民”为主题的专题调研活动，全市共撰写调研论文78篇，编发常德公安简报调研专刊13期，有4篇调研文章在省厅第七届公安理论研讨会上获奖，有7篇被省厅《湖南公安简报》调研专刊、《湖南警学》等上级刊物转发。2006年，市局撰写的《如何界定单位犯罪的主体》在《公安研究》2006年第9期发表。2007年，市局撰写的《浅谈网络犯罪的特点及治理对策》在《公安研究》2007年第10期发表，并荣获第八届湖南省公安系统金盾文化工程一等奖。2011年，在全市公安机关重点课题调研评选暨社会管理创新理论研讨优秀论文评选中，市局荣获组织奖，市局、柳叶湖分局、石门县局的论文分别被评为二等奖、三等奖和优秀奖。是年，采取市局到区、县，区、县到市局交叉跟班学习的方式，开展随岗训练，使调研人员取长补短，拓宽视野，收到明显效果。是年，常德市公安局被评为省级随岗训练示范点建设先进单位。2012 年，先后组织开展“法治常德建设”“政法干警下基层”等重点课题调研，编发公安简报 40 多篇，有 10 多篇调研论文、经验材料被《中国刑事警察》《湖南警学》《湖南公安简报》等刊物采用。

第二节　指挥调度

一、机构设施建设

1988 年至 1989 年，市局办公室内设值班室开展指挥调度工作，负责重要指示的上传下达，重要警情的上报和全市各类突发性事件的调度处置。1989 年，市局成立值班调度室，归口由办公室管理，配备 4 名民警，负责值班调度和信息收集、综合、传递等工作。1996 年 9 月，市局指挥中心暨“110”报警服务台正式成立，配备工作人员 20 名。具体实施重大突发事件和重要情况的调度处置；负责“110”报警服务台、GPS 卫星监控报警台的接警和处警；接受各类指令的汇报传递；受理人民群众的举报、投诉；负责督导、检查区、县（市）公安局指挥中心的建设和业务指导。“110”报警服务台通过“110”报警电话实行 24 小时全天候面向全社会服务，并向社会承诺：“有警必接、有难必帮、有险必救、有求必应、严格执法、文明服务”。“110”处警工作由巡警支队一大队担任，受指挥中心与巡警支队双重领导。

1998 年 5 月，建成启动常德“110”社会联动报警服务体系。市委、市政府成立“110”社会服务联合行动工作协调领导小组，市公安局、民政局、财政局、劳动局、电力局、邮电局、工商局、文化局、交通局等 13 个单位为联动服务成员单位，确定联络员 13 名。领导小组下设办公室，办公地点设在市局指挥中心。13 个成员单位的具体服务内容、服务质量标准及其服务热线电话，均在《常德日报》和常德电视台以“向人民承诺，为人民服务，请人民监督”为标题，向全市公布。与此同时，各单位按照任务要求，建立专门应急队伍，对群众求助的相关事项进行应急处置。2003 年 11 月，根据公安部《关于大力推进县市公安机关 110、119、122“三台合一”工作的通知》精神，常德市“三台合一”接处警指挥系统在市局交警支队大楼正式动工建设，占地面积 400 平方米，累计投入资金达 200 万元。“三台合一”接处警平台由数字指挥调度系统、自动报警中心系统、GPS 卫星定位系统等五大模块组成，具备主叫号码显示、用户资料和报警地点信息实时显示、报警录音、多方通话、自动接受报警及处警、有线无线智能调度、计算机辅助指挥 CAD、实时显示 GPS 定位等现代化功能。“三台合一”后，公安机关对外公布的报警求助特服号码统一为“110”（继续保留“119”“122”特服号码），对社会统称“常德市公安局“110”报警服务台”。群众拨打“110”“119”“122”，均由“110”报警服务台集中受理。按照属地、分类管辖的原则，报警服务台根据不同警情，分别指挥调度巡警、消防、交警等单位处警队伍落实处置。2008年5月，市局投入资金150万元，对“三台合一”接处警系统再度进行升级改造。2010年12月，市局机关大院搬迁至白马湖新址，指挥中心建设得到飞速发展，共投入2800万元资金，建成功能完备、设施齐全的指挥大厅、决策室等，总面积达700平方米。报警服务平台集现代化计算机技术、通信技术、信息控制技术于一体，基本实现接处警方式微机化、指挥系统网络化、指挥调度集群化。

二、警情处置

指挥中心是集中处理重大紧急信息、协调处置紧急警务活动、及时接受群众报警求助的中心枢纽，是实现和强化统一指挥、快速反应、多警种协同作战的首要环节，代表市局党委指挥调度各区、县（市）公安机关、局属各警种部门处置重大紧急突发事件；直接调度警务大队和城区派出所等单位的处警工作。

为树立指挥中心的权威，市局党委专门下发《关于进一步加强和改进指挥调度工作的意见》的文件，在指挥中心实行局领导带班、值班长坐班制度，坚持24小时民警值班制度。市局机关正科实职（含）以上骨干实行坐班制度，值班期间24小时在指挥中心协助值班局长指挥调度。重大紧急、群体性（案）事件值班局领导必须到指挥中心直接指挥调度；全天候保持值班电话和350兆无线通信畅通。

自2007年8月指挥调度室成立后，始终坚持全面、及时、准确地掌握各类警情动态，积极为各级领导决策和公安实战提供优质服务，形成每日警情研判专报，按月、季、年度进行警情信息分析制度。指挥调度室为规范情报信息有序管理，具体明确市局指挥中心为警情信息汇接处理中心和归口管理部门。2011年，指挥调度室专门印发《常德市公安局警令部接收各区县公安机关报送信息的主要范围和时限》的通知，规定必须报送的5大类、59项情报信息。2012年5月以前，各区县（市）公安机关和相关警种通过公安内网办公自动化系统报送信息。从2012年5月开始，全市公安机关均采用湖南省公安指挥中心警情信息管理系统报送信息，全市公安警情动态信息报送更加系统化、标准化和规范化，信息报送的数量和质量逐年得到提升。2011年，市公安局共向市委、市政府和省厅报送信息180余条。2012年，共向市委、市政府和省厅报送信息280余条，信息报送量居全市第一位，被市委办评为全市信息工作先进单位，且在市公安局召开信息工作现场会。

2010年以来，指挥中心以提高快速反应能力、提升指挥调度水平为目标，依托遍布城区的“平安城市”监控摄像头，将实时传输到指挥中心24块67英寸大屏幕上的视频信息，安排专人筛选监控并实时进行指挥调度。通过加强对市委、市政府、城区步行街、重要交通枢纽等重要部位的监控，先后成功抓获部督在逃人员孟×，及时妥善处置“2·8”常吉高速特大交通事故、非正常上访等群体性事件2000余起，得到市委、市政府及市局党委的充分肯定，指挥中心连续多年被市委、市政府评为应急值守、值班先进单位，特别是在公安部部长孟建柱同志考察市局指挥中心期间，对指挥中心的各项工作给予高度评价。

三、“110”接处警

“110”报警服务台成立后，市局采取多种方式，坚持不间断开展“110”报警服务宣传活动，使公民的报警意识逐步增强。1996 年至 2012 年，共受理各类报警 1295528 条，平均每天接警量达 222 条。2010 年，接警量达最高峰 156633 条，日接警量达 429 条；其次是 2003 年 143603 条，日接警量达 393 条；接警量较低的是 1997 年、1998 年、2008 年，平均每日接警量最低仅 44 条。从警情类别看，以违法犯罪案件类警情居多，占 44%，其次是纠纷类警情，占 18%，交通违章警情占 14%，其他警情占 12%。

1988—2012 年常德市指挥中心“110”警情一览表

表 1－7

年份	报警（条）	处警（条）	违法犯罪案件（件）	治安事件（件）	火灾事故（件）	交通事故（件）	交通违章（件）	治安灾害事故（件）	自杀（件）	纠纷（件）	公民求助（件）	警务监督（件）	其他（件）
1996—1997	15933	15880	2508	5767	86	1458	—	—	—	4386	613	—	823
1998	36750	36750	11978	1131	196	2623	458	8	24	11457	3895	4	4456
1999	72390	72004	47409	77	166	1271	2577	12	38	12361	4448	146	3631
2000	89327	88619	32019	982	233	1793	35683	11	53	11092	4932	55	2301
2001	81747	81464	31030	2061	177	1605	26338	4	41	11006	6759	182	2409
2002	74004	71123	27370	1964	188	1401	27113	4	57	9864	3462	192	2303
2003	143603	135146	31160	1973	120	1624	89688	6	61	12848	3642	67	2084
2004	130102	123305	36966	1606	184	2247	—	37	19	14356	6232	15	3207
2005	64981	58310	39012	6700	320	1868	—	78	40	11005	2792	99	2687
2006	51138	43859	33523	1058	249	1192	—	10	28	9899	1864	7	3056
2007	62315	51533	31366	582	253	1163	—	1	39	10398	2741	14	15470
2008	42927	41842	24274	64	316	1081	—	1	28	9743	2181	5	5011
2009	112801	111778	23144	986	180	1123	—	—	20	54648	17010	45	15436
2010	156633	130113	73893	353	182	1860	—	2	22	28782	9083	46	42068
2011	121573	118169	68082	49	172	7613	—	156	10	13379	8002	274	23470
2012	104175	96141	50505	24	232	12160	—	1	46	9891	7093	169	23714

四、密码通信

2010年之前，常德市公安局密码通信工作由市公安局科技信息管理办公室负责。2010年8月2日，整体移交警令部指挥中心管理。密码通信具有四种通信手段：普通密码传输系统、绝密传真系统、明传电报系统以及明传电报的网上签收。主要职责为担负全市对省厅、对区县（市）和全国兄弟单位的密码文件的传递工作。

一是保密意识到位。指挥中心牢固树立“保密工作无小事”意识，始终把密码通信工作摆在公安工作的重要位置，不断强化和规范密码通讯工作，完善机要机房配置，建立健全各项密码管理规章制度，增强机要人员教育培训，保证密码通信工作安全、稳定、有序开展。

二是机构人员到位。市公安局严格坚持党管密码的工作原则，成立密码工作领导小组，形成市局“一把手”总负责，分管局领导带头抓，警令部领导配合抓，科室负责人具体抓的工作模式。在全市遴选4名民警从事密码通信工作，并指定1名民警为密码通信专干，确保工作有专人抓、有专人管、有专人落实。

三是加强机要机房配置和密码设备维护。严格按照市级等级机要室建设要求，在公安业务经费不足的情况下给予政策倾斜，保证经费及时到位。为达到上级部门的标准，市公安局对机要室软硬件设施进行改造。2010年至2012年，市公安局按照公安部的标准要求，对市局和各区、县（市）局机要机房进行改建改造，全部达到三级机要室标准，单独建设警种加密网专用机房，确保机要核心设备安全。此外，在机房内安装门禁、监控、红外报警等系统，加密网核心密码设备全部进屏蔽机柜，加密网终端设备和传真密码设备全部进密码设备安全防护桌，确保密码设备的绝对安全。进一步推进办公自动化建设，加强密码通信专网建设与维护管理，对密码通信微机实行严格的物理隔离，使用同步干扰设备，安装最新杀毒软件，认真做好病毒检测工作，检修通信线路，消除故障隐患，实现密码通信的安全畅通。

四是强化密码电报涉密文件的管理。对涉密文件、密码电报等均严格执行专人接收、分类登记、归口管理、签字清退的办理程序，做到收文“细”，发文“快”，传阅回收“严”。2010年，共收密传1435份，发463份；2011年，收825份，发283份；2012年，收969份，发354份。每年明传电报收发300多份，每年网上公文流转1500多份。

从2010年以来，没有发生一起失泄密事件。2012年，荣获“全省党政密码工作先进单位”称号，密码专干田大平荣获“全省党政密码工作先进个人”称号。

第三节 情报研判

2010年4月，常德市公安局组建警令部情报中心。全面启动“DQB”系统建设与应用工作，突出实战化、扁平化特点，开展本地“七类重点人员”动态管控和“四类重大事件”预警工作，落实和接受部、省级情报平台下发的各类预警指令，得以快速处置。

一、情报平台机制建设

常德市情报信息综合应用平台搭建工作于2010年年初启动，4月试运行，12月制定《常德市公安机关重要事件预警研判机制（试行）》。2011年4月，制定《常德市公安局情报信息安全保密管理规定》。5月，制定《常德市公安局重点人员积分预警动态管控实施细则（试行）》；12月9日验收。2012年8月，制定《常德市公安局关于推行情报信息“五化一体”模式的决定》。至此，常德市情报平台机制建设得以顺利完成。

二、基础信息采集

2011年8月，犯罪嫌疑人相关信息采集系统建成并投入使用，对所有进入执法办案系统的犯罪嫌疑人的相关信息都进行采集。

2011年1月26日，为实现政府部门、社会服务行业信息资源整合共享，推进信息化条件下的社会管理创新，公安部与中央14个部委共同制定并印发《关于建立实名制信息快速查询协作执法机制的实施意见》。经过相关部门的共同努力，常德市建立起实名制信息快速查询协作机制。

为提升“DQB”系统应用成效，推动跨区域情报协作工作，满足公安机关情报信息共享协作的现实需要，2011年9月，湖南省与福建、江西、广东、广西、海南、四川、贵州、云南、湖北9个省（区）签订《“泛珠9+1”省级公安情报平台信息资源共享协议》，互授省级情报平台查阅类最高权限，实现十省（区）情报信息资源共享。2011年10月，湖南省各市州公安局情报平台互授查询类最高权限。

2012年4月，全面启动全省警综平台重点人员落地管控系统，按照新版上线的重点人员现实表现系统采集维护更新重点人员信息。

三、情报平台应用

2010年，常德“DQB”系统建成使用以来，在破案追逃及敏感期、特护期维稳等方面发挥重大作用。先后协助抓获网上在逃犯罪嫌疑人166名。在2011年公安部部署的全国“清网”行动中，情报研判部门协助抓获在逃犯罪嫌疑人74名，其中命案在逃犯罪嫌疑人10名。协助破获各类刑事案件323起。其中，利用“DQB”系统破获一批影响较大的重特大刑事案件，如临澧侦办的“2012·1·23”故意杀人案、市局侦办的“12·21”特大贩卖毒品案、桃源侦办的“3·22”王××涉恶团伙案等。同时，顺利完成2011年深圳“大运会”、2012年中共十八大及每年的“两会一节”等重要节点的安全保卫工作。

第四节　反恐指挥协调

一、机构设置

2008年，根据国家及省反恐怖工作协调小组的指示精神，针对“反恐”斗争的严峻形势，市委、市政府决定成立“反恐”工作机构。5月13日，常德市反恐怖工作协调小组成立，市直和中央、省驻常德有关单位为成员单位，下设常德市反恐怖工作协调小组办公室（简称市“反恐办”），办公地点设在市公安局。2011年年底，经市委编委批准，市局警令部增设反恐科，并确定相应工作职责。2012年，市局成立反恐专案指挥部，由分管反恐工作的副局长担任指挥长，局属相关警种、部门任指挥部成员单位，并确立指挥部启动程序、工作范围及各自的工作职责。

二、基层基础防范

2008年至2011年，按照上级关于加强反恐基层基础建设的工作要求，先后完成“重点人员”“重点目标”和“重点危险物品”等反恐基础工程建设工作。

2008年7月4日，市反恐怖工作协调小组召开全市反恐怖工作会议，专题部署“北京奥运会”安保反恐工作，在全市组织打响“六打五防”奥运安保总体战，即打击黑恶势力犯罪、打击盗抢犯罪、打击涉枪涉爆犯罪、打击毒品犯罪、打击赌博犯罪、打击传销犯罪、防治恐怖、防治渗透、防治破坏、防治安全事故、防治流动人口犯罪。同时，将工作责任分解到各级党委、政府及职能部门，从而使全市形成奥运大安保工作格局。

2009年9月前后，在全市部署开展以“国庆60周年”为主题的安保反恐工作。市反恐办深入开展反恐宣传教育活动，面向重点目标单位和重点部位，免费为群众发放《公民防范恐怖袭击手册》2万余册。

2010年，在全市开展以“平安世博、平安亚运”为主题的安保反恐工作，围绕市委、市政府明确提出“十个决不允许发生”工作目标，专题部署世博会、亚运会安保工作。

2011年，在全市开展以“建党90周年，深圳大运会”为主题的安保反恐怖工作。是年，市反恐办被省反恐怖工作协调小组评为“2011年度全省反恐怖工作先进单位”。

2012年，市反恐办成立“中共十八大”安保反恐怖工作领导小组，在全市部署“中共十八大”安保反恐怖工作任务。6月，市反恐办按照上级要求，开展银行网点反恐防范试点及标准的制定工作。是年，市反恐办被省反恐工作协调小组评为“2012年度全省反恐怖工作先进单位”。

三、应急处置演练

2008年8月7日，由市反恐办协调指挥，在城区体育中心组织开展处置公交车爆炸恐怖袭击紧急演练，市局各警种、武陵、鼎城、德山、柳叶湖四地公安机关以及卫生、环保等部门共400余人参与演练。2010年2月18日，市反恐办协调刑警、巡特警、消防、武警以及铁路公安机关等单位成功处置常德火车站匿名电话恐吓爆炸案，抓获涉案犯罪嫌疑人1名。是年6月13日，市反恐办在桃花源机场组织开展航空反恐应急救援综合演练。市政府应急办、市安监局、市卫生局、市公安消防支队、巡特警支队以及机场等相关成员单位，共投入150多人参加实战演练。2011年8月16日，市局组织开展处置城区涉恐重特大恶性暴力事件综合演练。市局各警种，武陵、鼎城、德山、柳叶湖公安（分）局及武警、消防等部门共投入1000余名警力参加演练。2012年10月31日，市反恐办组织公安、武警、消防以及卫生等反恐专业力量，在市城区体育中心、柳叶湖等多个点开展反暴力劫持人质的实战演练。通过综合演练，极大地提高公安民警应对突发事件和反恐防暴的处置能力。

第五节 绩效考评 机要保密 档案管理 公安统计

一、绩效考评

根据公安部和省公安厅在公安机关推行绩效管理综合考评的总体部署，市局于2002年年初全面启动绩效考评体系建设，成立以局长为组长的全市公安机关绩效综合考评领导小组，抽调业务骨干组成专门考评班子，制定考评细则，规范考评内容，定期检查考核。

1. 综合考评（绩效评估）。围绕省厅各项重点工作、围绕市局党委着力推动的工作，围绕各部门工作职责，在年初经过多次征求区县公安机关、局属各单位意见建议，结合省厅《考评办法》制定下发是年的考评细则。一是重点业务工作。综合考评（绩效评估）将是年需要推进的重点工作、任务细化，建立考核标准，通过加扣分考核、达标考核，推动各项工作的全面落实。二是公众测评。公众测评按民意调查、警务调查占比2：3的权重计算得分。其中，民意调查中社会治安、公安队伍占比为3：1，上半年、下半年评价占比为2：3；警务调查每季度评价占比为1：1。通过通知督导、暗访督导、检查督导等形式，督促各区、县（市）公安机关发现、分析问题，解决问题，营造各区、县（市）公安机关争先创优的浓厚氛围，从而为争创全省优秀公安局（先进单位）打下良好基础。2006年至2010年，市局连续5年被评为全省公安机关综合考评先进单位。

2. 精细化管理考评。为解决“干多干少一个样、干好干坏一个样”的难题，挖掘民警潜力，促进规范管理，增强工作实效，按照省厅精细化管理的要求，结合市委政法委联带包创星级管理，在2006年开展岗位目标绩效考评的基础上，市局推行机关的精细化管理。依据近三年各警种的工作数量和质量，把省厅精细化管理要求和联带包创星级管理有机对接，制定《精细化管理考评实施办法》。一是公共考核部分。从班子建设、学习教育、业务训练、办公秩序、装财管理、日常制度、争先创优、考评管理八个方面，规范民警的工作行为，由考评成员单位分别依照职责督检考核。二是业务部分考评。分警种分单位确定工作目标，按岗位确定工作任务，依岗责具体量化到每个民警，真正做到人人有事干、事事有人做。考评结果与评先评优、晋职晋级、表彰奖励直接挂钩，所有年终评先评优必须从全局得分排名前50%的民警中产生，年终排名前10名的民警直接评为优岗或记功，并从中推荐1~2名为全省或全市优秀民警。通过精细化管理，增强广大民警的工作积极性，形成一种自加压力、争先创优的良好风气。2007年，市局机关精细化管理工作受到省公安厅的充分肯定并在全省公安机关中推广。

3. 综治考评。在实施综合考评、精细化管理的同时，根据《湖南省社会治安综合治理条例》，坚持系统治理、依法治理、综合治理、源头治理的精神，市局把综治工作纳入综合考评统一管理，与考评办合署办公，主要职能是对上联系省厅、市综治办，对下督导区县达到综治考评标准。每年根据省厅《综治考评细则》结合市委市政府关于社会治安综合治理的目标，制定下发对区县的《综治考评细则》和对市直部门的考核标准，达到夯实基层基础，加强社会治安防控体系建设，提升群众安全感和满意度。

二、机要保密

1998年至2012年，全市公安机关严格遵循“积极防范、突出重点、依法管理”的方针，本着“既确保国家秘密安全，又便利信息资源合理利用”的要求，始终对机要保密工作坚持统一领导，层级管理，分工负责的原则，把机要保密工作责任细化到领导、部门、民警，从而确保国家秘密和警务工作秘密的安全，使机要保密工作达到有效为现实斗争服务。

1. 健全组织领导。1988年9月，国家颁布《中华人民共和国保守国家秘密法》，市局以此为契机，成立以局长刘诗信为组长的常德市公安局保密委员会，确定由相关局领导、办公室和政保部门7名主要负责人为成员，负责指导、管理全市公安机要保密工作。同时，明确由办公室主任分管日常工作。办公室独立设置机要室，安排专人从事保密工作以及机要文件管理。2007年4月，市局以常公通〔2007〕26号文件下发《关于调整保密工作领导小组成员和保密办成员的通知》，再次确立机构，明确成员，进一步细化和明确保密工作职责。2012年7月，根据信息化条件下机要保密工作面临的新情况、新特点，市局党委专题研究机要保密工作，并以常公通〔2012〕73号文件下发《通知》，在调整班子、落实力量、明确任务的同时，将各二层单位内勤确定为保密兼职管理员。

2. 完善机要保密制度。市局在认真落实国家机要保密法律法规的同时，结合公安工作的特点，相继制定《常德市公安局机要保密制度》《常德市公安局领导阅文制度》《常德市公安局文件管理制度》《常德市公安局关于加强对公安内部计算机使用管理的规定》《计算机及移动存储介质保密使用管理规定》《常德市公安局涉密计算机保密管理规定》等一系列规章制度。1990年，在省公安厅开通机要传真之际，市局专门下发常公通〔1990〕26号文件，对机要传真管理作出具体规定，从涉密文件资料签收、传送、阅处、存档等方面进行规范化管理。1995年，市局针对计算机网络安全管理面临的严峻挑战，以常公办〔1995〕02 号文件下发《专网升级改造、开通县级公安机关密码通信的通知》，对全市公安密码管理及保密工作作出进一步部署。2003 年至 2008 年，结合保密工作形势发展和任务需求，市局相继对《机要保密制度》进行全面修订，规范和完善计算机、存储介质、涉密文件及内部文件资料的制作打印、发放、保存、销毁等制度。特别作出对公安专网计算机不得随意处理、不得存储国家秘密、不得“一机两用”等强制性规定，使新形势下的机要保密工作做到有规可依、有章可循。

3. 强化责任，落实跟踪管理。1988 年至 2012 年，始终坚持把机要保密作为重要内容，与公安业务工作同研究、同安排部署、同检查督导、同考评考核。尤其是从 2006 年开始，市局创新管理模式，探索出将机要保密工作与岗位绩效挂钩的模式，与各二层单位的主要领导专门签订《保密责任状》，将机要保密工作纳入民警岗位职责考核考评。为增强民警保密观念，全方位推进保密工作，市局把保密宣传教育、业务培训和检查考核，坚持做到常态化。每年召开全局性大会，组织民警学习有关保密工作的政策规定，并结合外地重大失泄密案例，对民警进行保密宣传教育。1998 年，市局组织全体民警开展保密知识大竞赛。为落实跟踪管理，每年集中时间，结合重大节庆等重点时段，组织开展保密大检查。2012 年，全市统一部署，在对市局机关进行保密检查外，抽调 10 名骨干，集中一个星期时间，对全市 13 个区县（市）公安（分）局的机要保密工作进行检查，在总结经验，发现典型的同时，对发现的问题发出通报责令整改。

4. 完善硬件建设。1988 年，市局独立设立机要室，配套添置文件柜等相应设施，政保、通信等重点涉密要害部门和单位按要求配置相关设施。2010 年 12 月，机关整体搬迁，市局统筹安排，进一步完善机要保密硬件建设。在新落成的办公大楼所有楼层安装摄像监控系统；国保部门设置独立的涉密打字文印室；网技部门、科信办机房、指挥中心均设置门禁系统；保密室、密码办机房“三铁一器”（即铁门、铁柜、报警器）全部配备到位。2009 年，市局投入 5 万元资金，由办公室牵头，在全市公安机关建成公安网计算机移动存储介质管理系统。2011 年，为加强公安专网计算机管理，耗资近 5 万元，购置用于移动存储介质管理的服务器。2012 年，投入经费 3 万多元，添置现代化的保密检查工具。在办公自动化、网络信息化推动下，至 2012 年，全市公安机关民警公安网计算机配备率达到 100%。

通过上述措施的落实，机要保密工作取得显著成效。1988 年至 2012 年，全市公安机关没有发生任何失泄密事件和不安全事故。2003 年，市局被省人事厅、省保密局评为湖南省保密工作先进集体；2004 年，被省公安厅评为全省公安保密工作先进集体；2009 年至 2012 年，连续 4 年被市委、市政府评为全市保密工作“先进单位”“红旗单位”；2009 年，市保密委在市局召开全市保密工作现场会，专门推介市局做好保密工作的经验；2011 年，市局被市保密委确定为全市保密工作示范点。

三、档案管理

1988年至2012年，市局认真贯彻中共中央1980年第16号关于加强档案工作的文件精神，按照中央、省市有关加强公安档案工作的部署，采取切实措施，狠抓档案工作的建设与管理。特别是从档案硬件建设上重点切入，从财力物力上，对档案设施建设给予重点关注和倾斜，使公安档案库房及其他硬件配套设施逐步得到质的提升。1988年至1992年，市局档案室仅有1间不足10平方米的简陋板房，档案架全部由木板制成。1993年，在机关办公用房极其紧缺的情况下，为档案室增设1间办公室，3间库房，总面积增至45平方米。档案柜、架等设施也相继配套。1996年，局党委专题研究，投入15万元经费，建成两层面积达95平方米的档案专用办公楼。2010年12月，随着市局办公大楼落成，档案室库房面积达200平方米，标准化档案箱柜及密集架增至20组，其他档案设施进一步完善。2012年，以档案室达标建设为契机，全市公安档案室添置计算机21台、去湿机14台、空调机21台、复印机14台。通过升级达标管理，全市有237个档案管理单位达标。其中，44个单位达到一级，117个单位达到二级，76个单位达到三级。在突出硬件建设的同时，市局对档案管理力量的配备、规章制度的建立健全及管理制度的落实，采取多项举措。在管理人员配备上，截至2012年年底，全市共配备专职、兼职档案管理人员16人（其中专职7人，兼职9名），其学历均达到大学本科以上。为提高政治业务素质，市局采取定期和不定期方式，多次组织档案管理人员进行业务培训，并切实解决档管人员的职级待遇和保健津贴等，从而保持公安档案管理队伍的稳定。在档案规范化管理上，对库房合理设置，消防设施、去湿、防霉、防蛀，安全检查，借阅等多个环节，都逐一制定工作细则，并坚持定期组织安全检查，发现隐患，限期整改。2005年，市局按照《湖南省各级公安机关档案室工作细则》，结合本地实际，下发《关于公安业务文件材料立卷、归档管理暂行办法》《关于加强公安机关档案管理工作的通知》，使档案规范化管理做到有章可循。截至2012年，全市公安机关归档保存案卷687963卷，其中，市局机关档案室44458卷，区县市公安（分）局档案室477388卷，基层派出所档案室166117卷。通过全面落实规范化管理，使档案工作有效达到为公安工作服务的目标。1988年以来，共接待查阅档案人员5992人（次），摘抄复印档案资料6210份，协助办案单位破获各类案件1021起。市局档案室先后6次被评为全市档案工作先进单位。2007年9月，市局档案室被省公安厅授予“湖南省公安机关档案工作规范管理一级单位”称号。

四、公安统计

1988年至2012年，市局把公安统计工作作为研判治安形势、决策指导工作的重要依据，始终做到高度重视。市局在警令部（原办公室）配有一名民警兼职从事统计工作，各区、县（市）公安局指挥中心，各科、所、队、室都配有一名兼职统计员。2012年年底，全市共有兼职统计人员268人，派出所等基层单位有兼职统计员240人。为确保提高公安统计数据准确度，市局在认真执行统计法规的同时，制定出台一系列统计工作制度。1988年，根据省厅要求，制定出全市公安统计原始登记制度、统计台账制度、年报会审制度、立破案审批制度、统计资料审核、报送及整卷归档制度。从1994年开始，按照省公安厅制定的统计考核标准，对全市公安统计工作开始实行目标管理和岗位考评。定期组织对新上任的区、县统计员，到省厅学习培训。结合科技强警，不断改进和更新统计手段，先后在全市公安系统建成统计数据对比分析、公安统计快报、治安评估、县级公安机关综合考评等微机应用系统。极大地提高全市公安统计工作质量和效率。2000年1月，全市县级以上公安机关统计数据，全部实现计算机处理和网络传输。1995年，市局按照《湖南省社会治安评估方案》，从违法犯罪、公安保障和群众安全感等方面对社会治安进行综合评估。1996年以后，每年对全市13个区、县（市）的社会治安进行评估，并将评估结果，报请市政府列为考核区、县社会治安工作的关键指标，从而扭转单纯以案件升降判断社会治安好坏的局面，为纠正立案统计不实扫除一大障碍。1997年，根据公安部统一部署，市局组织开展公安业务数据统计执法大检查，发现和纠正违反统计法规的偏差。1998年至1999年，根据中共中央办公厅、国务院办公厅联合下发的《关于坚决反对和制止在统计上弄虚作假的通知》精神，在全市组织开展公安统计治虚反假专项治理，把纠正统计不实作为开展“三讲”教育和“三项”教育的一项重要内容，引导统计人员及广大民警，端正思想，改进作风，坚持实事求是，从根本上扭转数据统计不实之风。

第四章　纪检　监察　审计　督察

1988年至2012年，市局纪检、监察、审计、督察部门始终以制度建设、教育整训、案件查处为重点，开展思想观念、警风行风、党纪警规、反腐倡廉等专题教育，加强内部审计、警务督察，针对突出问题进行专项治理，并逐步完善社会监督，建立警风警纪监督员、政务警务办事信息公开和“行风热线”在线评议等社会监督工作机制，有效地推进全市公安机关党风廉政建设和反腐倡廉工作。

第一节　党风廉政制度建设

针对不同时期党风廉政建设和公安机关纪律作风建设的要求，结合队伍实际，制定纪律规定和完善党风廉政制度建设。

1989年，逐步建立和完善警务公开制度，接受社会监督。明确规定户口管理、出入境管理和车辆管理等重要环节实行“两公开一监督”，即办事公开、办事结果公开、接受群众监督，出台《“五公开一监督”挂牌办公制度》。

1994 年，为落实中共中央、国务院《关于实行党风廉政建设责任制的规定》，市局先后制定《关于加强廉政建设的规定》《常德市公安局党内民主生活会制度》《全市公安系统党风廉政建设责任实施细则》《中共常德市公安局党委班子成员廉洁自律若干规定》《中共常德市公安局委员会领导班子成员廉政建设责任制分解》等制度规定。

1995 年至 1998 年，市局先后制定《全市公安机关执法过错责任追究制度》《审查嫌疑人员伤情检查、报告、审核制度》《办案内部影响制度》《案件倒查制度》《关于对办理“黑案”的公安民警实行追究的特别规定》等一批制度。（“黑案”指应在公安网上办案系统流转而绕开此系统所办案件。）

1999 年至 2005 年，为防止利益驱动、刑讯逼供及涉酒、涉枪、涉车违纪违法问题发生，市局先后制定《常德市公安机关为警清廉六个不准》《常德市公安局关于深化廉政建设纠正行业之风暂行规定》《常德市公安局关于进一步整顿与改进作风的十条规定》《常德市“警牌”、“湘 O”专段号牌车辆管理使用规定》《常德市公安局违规使用枪支处罚暂行规定》《常德市公安局枪支管理使用工作制度》等一批规章制度。

从 2006 年起，行政效能建设及优化经济发展环境被列为纪委牵头中心工作，市局制定《常德市公安局机关绩效考评办法》《常德市公安局优化经济发展环境若干制度》《常德市公安局行政责任制工作效果评估实施细则》《常德市公安局优化企业生产经营和项目建设周边环境工作责任制》等一批工作制度。

第二节 突出问题专项治理

一、治理利益驱动、以权谋私问题

1989 年，全市公安机关在经济、财物方面开展“四查四看”，即查业务经费来源是否合理，看有无乱摊派现象；查赃款赃物是否按月清理，看有无截留贪污挪用现象；查建私房的经济来源是否合理，看有无以权谋私；查是否有经商活动，看有无经济问题。通过深入开展活动，有效地增强全市公安民警清廉为警的自觉性。是年，全市民警拒礼贿 2108 人次，礼物折款 13 万余元，1421 人主动退交受礼受贿钱物，折款 6.08 万余元。

二、开展行业不正之风整治

1990 年，对违规收费、超标准收费等利益驱动，以权谋私问题进行重点整治。整训期间，市局治安科自查 15 种违规收费、13 种超标准收费和 4 次收取破案费 9000 元的问题；保卫科清查出年内摊派收取 8 个单位 6000 元的问题；石门县公安局 12 名民警主动清退受礼财物及现金共计折款 5400 元；武陵区公安分局在纠风整训期间，发现 3 人的城镇户口系弄虚作假“农转非”，予以注销。根据整训揭摆和群众举报线索，全市立违纪案件 22

起，并抽调专门力量逐一进行查处。是年，市局纪检监察牵头，对全市公安机关营业性据点、赃款赃物管理和民警营建私房进行全面清理。经过清理，118953元私欠公款得到偿还，248名民警营建私房得到清理，偿还补齐各种款项156780元，所占公房全部清退。

三、治理耍特权、刑讯逼供问题

1991年，全市公安机关开展以刑讯逼供、滥用强制措施为重点的队伍集中整顿。之后组织专人对自查和揭摆问题进行调查核实，立案查处一批案件。1992年5月至7月，全市公安系统继续开展严禁刑讯逼供专项整治活动。全市公安系统针对查出的问题，制定整改措施，开展长效机制建设。临澧、桃源、汉寿县公安局民警与各股、所、队第一责任人，股、所、室负责人与局长签订《坚决制止刑讯逼供责任状》。

四、开展“三乱”（乱收费、乱罚款、乱摊派）治理

1993年，全市公安系统共查出“三乱”经费714784元，其中乱罚款金额计72850元，乱收费金额计641934元，按规定退还给当事人132100元，其余全部上缴国家财政。清查后，取消自立收费项目21项，代外单位收费11项，代外单位销售项目5项。1994年至2004年，全市公安机关治理公路、水上“三乱”（乱设卡、乱收费、乱罚款），明确公路水上执法执勤权力主体和工作程序，规定交通管理部门负责公路执勤执法工作，其他警种和个人不准擅自上路拦车、检查、扣留和处罚车辆和驾驶员。确因工作需要，须县级以上公安局长批准，与交通管理部门配合执行。规定交警上路执勤必须着装，佩戴警用标志，不得拦车检查无明显违规车辆，对确需处罚的，要开具《当场处罚决定书》或《交通违章罚款通知书》。严禁上路下河乱扣乱罚；严禁利益驱动，下达罚款指标；严格执行“收支两条线”规定。仅1994年，全市立案查处“三乱”案件14起，党纪政纪处分17人，取消违规设置站卡23个，检查发现“三乱”问题233起，清出“三乱”违纪资金43.77万元。2003年，组织部分市人大代表、政协委员和优化经济环境、警风警纪监督员分3组到各区、县（市）对公路、水路“三乱”进行明查暗访。2004年，组织明查暗访9次，参与人员达51人次，行程3900多公里，发问卷调查表1006份，走访乡（镇）办事处、居（村）委会、学校、企事业单位61个，走访群众670余人，召开座谈会21次。

五、开展行风评议工作

1994年，市局被市委、市政府列为市直首批行风评议工作试点单位。全市公安机关积极做好作风应评工作，清理排查利益驱动、“三乱”反弹、办人情案、徇私枉法、索拿卡要、贪污受贿、耍特权、刑讯逼供等方面的突出问题，开展“三子”（车子、房子、票子）清查。市局抽调10名骨干，组成5个工作组，对以罚代刑、降格处理、滥施处罚、乱罚乱没等重点问题进行检查。共抽查24个派出所、15个看守所、拘留所、收容所，查阅治安拘留、收审、劳教案卷60余卷；召开内部监督部门和法院干部、检察院干部、人大代表、政协委员等外部监督部门座谈会41场次；收集执法问题390条，改进意见265

条；上门征求人大、政协对公安工作意见315条。对检查所发现问题通报全市，限期整改。1995年，市局被评为全市首批行风评议合格单位，并在全市首批行风评议总结评估大会暨第二批行风评议动员大会上介绍经验。

六、治理涉车问题

1999年1月至3月，全市公安系统开展“警牌”“湘O”公安专段号牌车辆和警灯、警报器清理整顿工作，对公安队伍内部存在的违规申领使用警车、“湘O”公安专段号牌、“一牌两用”或挪用号牌等8个方面涉车涉驾问题进行整顿。通过整顿，澄清“警车”、“湘O”公安专段号牌和符合安装警灯、警报器的各类特种车辆的底数，收缴所有非公安部门车辆以公安部门名义上报批准核发使用的“湘警”、“湘O”牌证；收缴所有未经公安车辆管理机关批准并核发使用证而安装的警灯、警报器，封存挪用车牌及执法单位正在使用的查扣车辆；查扣非法定标准代替车辆号牌和无牌无证行驶的车辆，并按规定办理牌证。2006年，全市公安机关开展公务用车和民警私驾无牌套牌的专项治理，清理整顿无牌、套牌公务车辆107台、民警私驾车40台。

七、治理“红色礼金”、清理规范公款配置移动电话、安装住宅电话、电脑和报销费用

2000年，纪检、监察牵头，政工、装备行政部门和机关党委参与，对市局机关和直属单位自1997年以来所批公费报销的40台移动电话进行清理登记，规范公费报销范围。经过清理规范，全局没有一名领导干部或民警违规使用公款配置移动电话、安装住宅电话、电脑和报销相关费用。清理规范之前，有2名领导干部将所收“红色礼金”主动上交局纪委。

八、开展“枪、酒、车”和非警务人员执法的专项治理

2002年年初，派出4个专项整治工作督导检查组，到各区、县（市）公安（分）局开展督导检查。是年6月，公安部出台“五条禁令”，市局组织10个工作组，到各区、县（市）公安（分）局检查贯彻执行“五条禁令”和值班备勤、内部管理的情况。严格实行公务用枪集中管理制度；对警车驾驶员实行统一管理；凡基层单位聘请非警务人员参与执法的，该单位主要负责人就地免职。

开展“两个违规”（违反法律法规、部门规章及规范性文件规定）专项治理。2004年7月至8月，全市公安机关共排查出涉及“两个违规”的各类问题46672个，查证核实涉违案件33起，涉违问题18个，涉违金额162.9872万元，并迅速作出处理。退还现金125.3372万元；退还物品196件，折款35.3425万元；销毁各类报废车辆27台，拍卖无主摩托车15台；查处违纪民警3人。

九、对监管部门执法安全隐患进行专项治理

2006年至2010年，对全市监管场所超期羁押、私许会见、滥收费用等进行全面清查、

集中整顿。特别是2010年，开展涉案人员非正常死亡专项整治，投入1700万元建设和改造执法办案区域；投入100多万元整改安全隐患，强化安全防范硬件设施。

第三节　违法违纪案件查处

1988年至2012年，全市公安机关纪检监察部门立案查处民警违法违纪案件506起、609人，移送司法机关处理29人。为纯洁公安队伍，清调、辞退不适合做公安工作人员101人，辞退合同民警14人。其中，1990年至1994年，清调、辞退不适合做公安工作人员达91人。其中，突出的典型案例如下：

非法实施处罚案。1993年，查处桃源县公安局水溪派出所副所长黄×利用出差办案机会，在广东东莞越权办案、罚款不开收据。2006年，查处澧县公安局澧阳派出所个别民警乱罚乱抓违纪。同年，查处汉寿县公安局朱家铺派出所罚款不开收据。

非法经营案。1995年，查处桃源县公安局××公司贩卖猎枪。

徇私枉法案。2000年，查处交警支队民警违规办理赃车上牌。

违规收受财物礼金案。2008年，查处交警支队个别民警担任异地驾考考官收受礼金。同年，查处汉寿县公安局治安大队长充当赌博场所保护伞收受经营场所老板钱物。

违反“禁令”案。1995年，查处鼎城区公安局交警大队2名骨干违反公安部“两道自禁令”接受吃请嫖娼。2001年，查处鼎城区公安局民警酒后驾车发生交通事故。2002年，查处汉寿县公安局民警酒后滋事。

贪污挪用公款案。1994年，查处澧县公安局户政股长万××贪污巨额公款。同年，查处石门县公安局班子主要成员为戴××实施经济诈骗提供条件、挪用公款。

第四节　建立社会监督机制

从1990年开始，采取聘请群众代表监督、设置举报箱、公布举报电话等，不断完善和拓展社会监督渠道和方式。是年，全市公安机关聘请党风警风监督员、信息员622人，设立警民联系、举报箱114个，设置举报监督电话58部。此后，一直延续全市公安机关警风警纪特邀监督员的工作机制。

1995年，市局出台《警风警纪监督员管理办法》，强化警风警纪监督员管理，保障警风警纪监督员依法依纪履责。明确警风警纪监督员权利义务，特别赋予现场监督、批评建议权。同时，明确警风警纪监督员实行换届制，每届聘用期限2年至3年。每年召开1次警风警纪监督员情况通报和意见反馈会，责令有关单位和部门落实工作整改。

1998年至2001年，在开展公安机关创人民群众满意活动中，邀请部分警风警纪监督员先后多次深入执法办案单位进行现场督查督办；分组视察被公安部、省厅确定的“窗口示范单位”“国省优秀公安局”等单位；考核检查全市50个拟创“人民满意派出所”。

2002年5月，组织部分警风警纪监督员分成2个工作组，围绕人民群众对公安队伍在公正执法、依法办事、便民利民、服务态度和遵纪守法、纪律作风3个方面的满意度，实地暗访桃源、武陵、鼎城、汉寿、德山5个县、区内11个基层派出所，走访7个村、6个居委会、3个企业单位、1个集贸市场、600余名社会各界群众，发放调查问卷500份，收回443份。

2003年6月，组织部分人大代表、政协委员、市优化经济环境监督员和市局警风警纪监督员开展联合暗访督查，重点了解各区、县（市）公安机关贯彻落实公安部“五条禁令”情况。

2004年6月下旬至7月初，组织部分人大代表、政协委员和警风警纪监督员对公路水上“三乱”、优化经济环境、队伍建设等5个方面的情况进行全市性明查暗访。暗访组行程2800余公里，发问卷调查表1000多份，走访群众、干部280余人，召开座谈会18场次。

2006年4月和11月，市局局长汤向荣率治安、人口等部门负责人，走进市纪委与市广播电台联办“行风热线”栏目直播间，现场听取在线群众意见和建议，了解群众对公安工作的新要求和新期待。针对群众反映的8个问题，市局及时召开“行风热线”情况通报会，责令相关责任单位及时整改，办理群众回复。此后，该项工作常态开展，市局主要领导及相关部门负责人每年上“行风热线”1次至2次。

2008年，市局在市政府门户网站单位主页面，增设政务公开栏目，建立《常德市公安局政府信息公开指南》，首次将公安部门职责、领导分工、科室职能、办事流程、法律依据、21项行政许可及执法监督等项目在网上进行公开。

到2010年，形成一套比较完善的社会监督机制。其中，有群众代表警风警纪监督员工作机制；政务警务办事信息公开全民监督工作机制；“行风热线”群众在线监督工作机制。监督主体由群众代表扩大到社会全体民众、监督范围从有限工作扩大到执法服务全领域，监督信息反馈在信件举报、电话投诉、会议听取、函询征集的基础上，增加现代网络通信反馈方式。

第五节 内部审计

20世纪80年代末期至90年代中期，公安机关受困于经费保障不力。为弥补经费的不足，市、县两级公安机关先后也办起一些公司、企业，但经费收入管理不规范，比较混乱。为规范经费管理，特别是规范财物单列二层机构经费管理，加强对所属公司、企业的监督，1996年4月，根据公安部《公安内部审计工作规定》，全市公安机关开始内部审计机构建设，并组织开展一系列内部审计工作。

1998年，对全市公安各项收费和缉私罚没收入进行专项审计；对局属停车场“出租车管理办公室”进行财经法纪审计。

1999年，对局属政保科据点“德安实业发展有限公司”的资产负债情况和局属停车场“稳安实业有限公司”的经营性收支情况进行审计。

2000年，市局审计科对桃源县看守所国家立项“基本建设”100万元专项经费使用情况进行跟踪审计；对市局出入境科、刑侦支队、治安支队违规收支情况进行审计并限期整改。至2001年年底，对全市100个内部单位进行内部审计，审计金额6000余万元，审计发现违规金额400余万元，提出整改建议150余条。

2001年，进一步加强全市公安内部审计队伍，各区、县（市）公安局各明确1名兼职审计人员。至此，全市专、兼职审计人员达14人（其中，1人具有中级审计资格）。6月，市局组织全市公安系统审计人员开展专业培训。以后，逐年开展对行政经费、公安事业费、财务收支的常规审计、“收支两条线”专项审计和重点项目、重点费用专项审计。12月，对第一看守所、第二看守所、戒毒所等财物单列局属单位的财务支出情况以及对办理张××非法集资大案中追缴赃款和办案经费进行审计。

2002年至2003年，对出租车治安管理办公室资产负债进行清理审计；对禁毒专项经费和技侦装备专项补助经费使用情况进行清理审计；对柳叶湖分局财物收支情况和警官培训中心债务进行清理审计。

2004年至2005年，组织开展全市办案扣押款物和保证金专项审计；对市局经侦支队、治安支队已列开支进行审计。

2006年，局属企业、公司、据点全部被撤销，所有二层单位财物纳入统一管理，至此，审计工作重点转移到旨在规范执法行为的涉案财物审计和落实《国家党政机关厉行节约反对铺张浪费条例》的“三公经费”审计。

第六节 警务督察

1998年4月，设立常德市公安局警务督察队，2008年9月，警务督察队更名为警务督察支队，并由内设综合管理机构调整为执法勤务机构。其主要职责是对市局所属单位和各区、县（市）公安（分）局及全市公安民警依法履行职责，行使职权和遵守纪律的情况进行监督，对省公安厅警务督察总队和市公安局行政首长负责。同时，担负维护全市公安民警合法权益的任务。

一、督察

1998年6月，督察队对城区19个派出所和交警、巡警窗口部门在严格执法、热情服务、警容风纪、枪支管理、办公秩序、环境卫生、快速反应能力等方面的情况进行综合督察。9月，组成3个督察组，深入到10个区、县（市）公安（分）局对队伍集中教育整顿、公安工作两项改革和警用车牌的清理整顿情况进行专项督察。全年检查警车539台次

(收回超范围发放的警用车牌27副，撤除违规安装的警灯警报器23具)，查纠警容风纪103人次，下发督察通知书12份。

1999年，对39个基层股、所、队设窗口单位的执法活动、快速反应能力、办事公开等方面的情况开展综合督察。同时，各基层单位自行清理整顿警用车牌和警灯警报器行动、清理整顿非法着装行动、治理滥用枪支行动进行专项督察。全年共收缴违规申领使用的警用车牌102副、警灯警报器67具，纠正违规着装93人次，收缴假警服3套，查获假冒人民警察13起，纠正违规保管、使用的枪支13件(次)。

2000年2月，公安部将常德市局列为全国公安机关开展“三项教育”试点单位，根据“三项教育”不同阶段的工作和要求，先后对全市65个派出所、18个交警中队、22个刑警中队开展专项督察。年内，还对执行“收支两条线”的情况进行全面专项督察，对14名违反财经纪律的负责人和直接经手人采取停职和禁闭措施，对其中5人移交纪律监察部门予以纪律处分。

2001年，对“三个代表”重要思想学习教育活动的情况及全国中学生田径运动会的安全保卫工作进行专项督察，年内，对省厅部署的清理整顿“两无”车辆行动、治理非警务人员执法活动、学习贯彻《公安机关人民警察内务条令》和《人民警察着装管理规定》的情况以及治理“三乱”问题的情况开展专项督察。

2003年2月，为监督落实公安部“五条禁令”的执行情况，全年共开展12次专项督察。2月19日，督察队在桃源县进行落实“五条禁令”专项督察时，现场查获该县公安局治安大队民警赵××工作期间饮酒问题，桃源县公安局依照“五条禁令”的要求对赵××给予纪律处分。11月28日晚，市公安局警务督察队接群众举报后，在市城区某宾馆现场查获武陵区公安分局民警田××参与赌博问题，武陵区公安分局按“五条禁令”的规定对该民警予以辞退。

2005年5月，公安部部署全国公安机关“大接访”活动。为落实“人人受到局长接待，件件得到依法处理”的要求，督察队对市局本部及10个区、县(市)公安(分)局“大接访”工作的开展情况进行专项督察。5月19日“大接访”局长接待日，武陵区信用社职工李××到市局反映：鼎城区公安局某派出所不依法办理其被敲诈勒索一案，将案件降格处理。在了解案件事实后，督察队全程跟踪督办，责令鼎城区公安局依法立案侦查。同时通过责任倒查，依法追究该派出所所长罗×等4人的执法过错。

2007年，省公安厅部署“千案督察”专项行动，要求各级公安机关深入基层，随案跟踪督察，旨在发现执法环节中不作为、乱作为问题，并及时督促整改。市局督察部门集中警力，全面落实省公安厅部署，全方位开展专项督察，完成“千案督察”任务。在年末全省公安机关“千案督察”总结评比中，常德市有1人被评为全省“千案督察”能手，两个案件被评为全省“千案督察”优秀案卷。

2010年，公安部部署全国公安机关警车和涉案车辆专项治理行动，督察支队迅速行动，开展专项督察，第一时间收回全市公安机关外借警牌 30 副；对正在使用的 1004 辆警车在外观标识、年审年检、购买交强险三个方面规范，要求进行督察。同时，对各地涉案车辆底数不清、超期扣押扣留、违反规定程序处置、未实行统一保管和保管不善等问题进行督察，在是年年底公安部“两车”治理验收中，取得 99. 94 分的好成绩。

2011 年，省公安厅下发《湖南省公安厅关于网上督察系统建设工作的指导意见》，要求各级公安机关建立“网上督察系统”，实现对公安机关及其人民警察执法执勤、服务群众和内部管理情况的网上实时、同步、动态监督，确保执法权力运行到哪里，督察监督就跟进到哪里。按照省厅要求，市局设立网上督察中心，并投入大量资金进行网上督察五大子系统建设。一是语音督察子系统建设。要求实时记录“110”报警服务台和窗口服务单位的报警、求助、咨询、投诉等电话的通知情况，实现通话录音集中管理。二是视频督察子系统建设。要求依托公安网，利用社会全面监控、值班室候问室审讯室监控、枪支管理监控、接待服务场所监控等系统，实现民警执法执勤行为视频图像网络传输存储，实时在线查询回放。三是执法业务信息督察子系统建设。要求依托业务部门的执法业务信息平台，将接处、受立案、强制措施审批、涉案财物管理及行政审批等重点环节置于督察部门的监督之下。四是卫星定位督察子系统建设。要求利用警用地理信息系统和卫星定位系统，对警车出警情况，运行轨迹和使用停放等情况进行跟踪督察。五是警务督察信息管理子系统建设。实现与省厅及各区、县（市）公安（分）局的对接，至 2012 年 12 月，网上督察中心共开展视频巡查 1 万余次，检查基层所队 6000 余次，办公场所 3000 余次，监管场所 1000 余次，发现各类问题 300 余件，并及时督促整改。

2012 年 4 月，市局下发《常德市公安局实施派出督察制度的工作方案》。实行对武陵、德山、柳叶湖、西湖、西洞庭没有专职警务督察大队的 5 个直属分局进行派驻督察，并明确 4 名督察民警组成派驻督察队开展派驻督察工作。对鼎城、汉寿、桃源、石门、澧县、临澧、津市、安乡 8 个设有专职警务督察大队的公安局实行派出巡回督察，且将 8 个区、县（市）分成两个片区，一个片区为鼎城、桃源、汉寿、安乡；另一个片区为石门、临澧、澧县、津市。并从 6 个区、县（市）公安（分）局各抽调一名民警，每个片区安排派出督察民警 4 名，其中督察支队指派一名督察民警，在本片区开展巡回督察。6 月，派出督察队赴各自片区开展工作。两个片区派驻督察队在督察支队的统一指挥调度下，在各自的片区采取单独和与区、县（市）公安（分）局联合的方式，积极开展综合督察和专项督察，较好地突破同级督察工作的瓶颈。是年 7 月 5 日，派出督察二队现场督察发现，澧县公安局两个派出所在办理羿××赌博案件中存在违规罚款问题，立即发出督察通知书，责令整改，并对该两个所的所长停止执行职务 15 天，对直接责任民警杨××采取禁闭措施后移交纪委处理，在基层所队民警中起到了很大的警示作用。

二、核查投诉

受理检举控告是警务督察部门的一项重要督察职责。与公安信访、纪检监察等部门不同的是，警务督察部门侧重于受理人民群众对已发生的公安机关及其人民警察违法违纪行为的检举、控告，同时也受理上级党政领导机关和上级警务督察机构及其负责人的批示件，其他执法监督部门移送的信访件，并听取人民群众对公安机关特别是警务督察机构提出的意见和建议，答复、解释群众来信来访中有关警务督察职责方面的询问。

2004 年 11 月 23 日，市局警务督察队收悉省公安厅督察队转来的省厅领导在“关于常德临澧执法受阻情况汇报”上的批示投诉件，投诉件反映省交警总队特勤支队民警在临澧扣留一涉嫌盗抢车辆时受阻，当地公安机关不积极协助。接该投诉后，督察队随即派专人进行核查。在核查过程中，发现“情况汇报”中提及的临澧人邵××的一辆无牌帕萨特轿车来历不明，在临澧县公安局的配合下，及时将邵××及帕萨特轿车扣留审查。经对该车进行技术鉴定，确认该车车架号码有凿改痕迹，并复原了车架号码。经在车辆经销店查询，该车是在浙江瑞安销售，车主胡××。经与车主胡××联系，确认该车于 2004 年 4 月 8 日在瑞安市被三名持刀歹徒抢走。经与浙江瑞安警方联系，瑞安警方反映该车正是已被立案的四起系列抢劫案中的一辆，遂马上派民警到常德。督察队在了解案情后，决定从销赃环节打开突破口，全力协助瑞安警方侦破该案，通过两地警方的努力，于 12 月 3 日上午将销赃人蒋××抓获，随后扩大战果，将抢劫案的主要犯罪嫌疑人郭××、文××抓获，在常德境内追回被抢劫的两台帕萨特轿车、一台广州本田轿车。

2008 年 11 月 20 日下午，督察队接到安乡人黄××的投诉称：11 月 15 日下午，市城区某派出所民警在一网吧将正在上网的儿子易××（15 岁）以涉毒为由抓到该所，须交保证金 3000 元后放人。黄××认为其子受了冤枉，没有涉毒违法犯罪。要求上级公安机关给个说法，退还 3000 元现金，为其子易××恢复名誉。督察队受理该投诉后，及时进行认真核查，找当事民警万××、唐××及其他当事人调查取证，调取易××上网时的网吧监控录像，对收缴的毒品进行鉴定，最后认定，该案侦办过程中，民警万××受利益驱动，运用非警务人员参与执法，是一起典型的执法过错案件。调查结束后，督察队按规定发出督察通知书，建议对民警万××的行为先移送检察机关和纪检检察部门作出处理，对分管副所长李××予以免职。并及时向投诉人黄××沟通道歉，告知其处理结果，退还其乱收的 3000 元现金，得到黄××的谅解。该投诉的受理、调查、处理、整改被省厅评为“千案督察”优秀案卷。

1998 年至 2012 年，市局警务督察支队共受理各类投诉 1510 起，查结率达 99% 以上，其中上级公安机关、各级领导批（交）办投诉件 503 起，查结回复率达 100%。投诉反映的问题集中在公安机关及其民警执法不作为、执法乱作为两个方面，督察支队对每起投诉都安排专人认真组织核查，实事求是的还原案情真相，积极与投诉人进行沟通，对公安机关及其民警确有过错的，不隐瞒、不袒护，做到定性准确，建议处理有依据。

三、维护民警合法权益

公安民警工作在维护社会治安稳定、打击违法犯罪的第一线，其执法权威和合法权益必须得到保障。对此，在警务督察工作中，督察部门也切实担负起维护公安机关执法权威和民警合法权益的职责。

2006年5月，市局交警支队直属四大队民警在执勤执法过程中遭到严重暴力袭警，督察支队接报后迅速赶赴现场进行处置，责成辖区派出所出动警力控制袭警违法犯罪嫌疑人，并全程跟踪调查取证，在了解事实真相后，建议办案部门对两名严重妨碍交警执法执勤活动的犯罪嫌疑人先予以刑事拘留，再依法处理，对四名情节较轻的违法嫌疑人依法给予治安拘留。

2007年5月中旬，市局交警支队直属一大队民警熊×在勘查事故现场过程中，被事故当事人的同事、武陵区政法委“186”巡逻队员打伤。然而该起恶性暴力阻碍执行公务的案件，迟迟未得到处理，受害民警感到非常失望。督察支队获悉后与案件辖区派出所民警一道排除干扰，收集固定证据，最终证实犯罪嫌疑人的犯罪事实，使犯罪嫌疑人得到应有的刑事处罚。

2009年10月，鼎城区王×投诉鼎城某派出所所长充当黑社会保护伞，开设赌场、占干股经营其他场所等问题。督察支队组织力量通过近20天的明查暗访，证实其投诉反映的问题均查无实据，属捕风捉影、道听途说，且有为达到个人目的中伤诬陷的嫌疑。调查结束后，对投诉人给予严厉批评，并进行警告性谈话，为该所长正名。

2010年6月，武陵区公安分局某派出所副所长在处警过程中，遭吴××无故用铁棒殴打，该副所长依法开枪还击，将吴××左小腿击伤，吴××不对自己暴力袭警行为进行反思，反而投诉民警乱开枪。督察支队介入调查后，确认民警使用武器符合法律规定，吴××的行为构成妨害公务罪，责成武陵区公安分局立案侦查。在提请逮捕时，由于武陵区检察院对该案认识不统一不予批捕，督察支队认为事实清楚、证据确凿，建议武陵区政法委组织公、检、法三家协调研究，最终达成共识，吴××因妨害公务被法院依法判决。

第二篇　案件侦查

第一章　刑事犯罪案件侦查

1988 年，随着常德撤区建市，原常德地区行署公安处刑侦科更名为常德市公安局刑侦科。1995 年 5 月，为适应斗争需要，增强实战功能，市、县两级刑侦科、股实行以队建制，市局刑侦科、技术科、机动队合并组建刑事警察支队（以下简称刑侦支队）。各县（市）局刑侦股统一更名为刑侦大队。2000 年 3 月，禁毒职能从刑侦支队分离归口禁毒支队。2001 年，刑侦支队下设犯罪对策研究室、重案侦查大队、技术大队、办案指导大队。2007 年 8 月，下设机构调整为犯罪对策研究室、重案侦查大队、有组织犯罪侦查大队、刑事科学技术研究所、警犬驯导大队、侵财案件侦查大队。

刑侦支队主要职责：负责掌握全市刑事犯罪动态，收集、通报、交流刑事犯罪信息，拟订预防、打击对策；组织、指导全市刑侦工作的开展；参与突发性事件的处置及重大政治经济活动的安全保卫工作；负责管理、指导全市刑事科学技术工作及刑事科学技术的推广应用，为全市重特大、疑难案件提供技术支持；承担全市重大疑难案件痕迹物证的检验、鉴定及复核工作；负责警犬训练，指导全市警犬技术工作；指导、协调重大复杂疑难案件；督查上级交办的大要案件；组织指挥现行重特大案件侦破工作；组织协调刑事案件管辖分工，跨区域案件协调工作。

第一节　刑事犯罪状况

一、市刑事案件发案总量

1988 年至 1990 年，全市刑事发案呈上升趋势。1990 年，全市刑事案件立案 12679 起，较 1989 年上升 7.6%，较 1988 年上升 120%。主要表现：严重暴力案件和几类重大恶性案件增多；侵财类的盗窃、诈骗案件持续上升。

1992 年，全市刑事案件立案 6665 起，较 1990 年、1991 年分别下降 6014 起、3822 起，是历年发案的较低点。

1995 年至 1997 年，全市刑事案件分别立案 8646 起、8938 起、8450 起，总体看来，刑事发案较平稳。

1998 年至 2003 年，全市刑事发案呈上升趋势。2003 年，全市刑事案件立案 14782 起。主要表现：盗窃案件增多，暴力案件上升，“两抢”犯罪案件突出。

2004 年，刑事发案回落，为 12790 起，较 2003 年下降 13.48%。

2005 年至 2006 年，刑事案件呈高发态势，全市刑事案件分别立案 16218 起、16142 起。主要是侵财类案件增多，入室盗窃类案件迅猛上升，诈骗案件增加。

2007 年至 2009 年，全市刑事发案有所下降，三年分别为 13527 起、11672 起、11607 起，前期案件高发态势得到缓和。

2010 年至 2012 年，全市刑事案件呈上升势态。2012 年，刑事案件是历年发案的最高点，从案件上升的情况看，多发性侵财案件上升明显，盗窃类案件增多，诈骗案件上升。

1988—2012 年刑事案件立案、破案数据一览表

表 2－1

年份	立案数（起）	破案数（起）
1988	5701	4823
1989	11775	9424
1990	12679	10403
1991	10487	9102
1992	6665	5653
1993	7541	6597
1994	7159	6444
1995	8646	7939
1996	8938	8414
1997	8450	7931
1998	7045	6594
1999	9900	8564
2000	11460	9278
2001	12040	10408
2002	14299	11940
2003	14782	10977
2004	12790	8839
2005	16218	8898
2006	16142	9445
2007	13527	7213
2008	11672	7388
2009	11607	6989
2010	14100	4801
2011	15045	3744
2012	16195	4418

二、重大刑事案件发案

1988 年至 1990 年，三年全市重大案件分别立案 344 起、553 起、629 起。从案件性质看，放火、杀人、伤害、强奸案件高发。1991 年，全市杀人案件立案 115 起，为历年来最多。主要表现：因民间纠纷引起的杀人案件 80 起，占案件总数的 69.6%；一次杀死杀伤数人的恶性案件，全市立案 13 起；流氓捅刀杀人案件，全年发生 17 起。

1996 年，全市重大刑事案件立案 739 起。

2000 年，全市重大刑事案件立案 710 起。突出表现：有组织犯罪的比例越来越大；犯罪低龄化程度越来越明显；犯罪智能化、暴力化程度越来越高。

2004 年，全市重大刑事案件立案 574 起，较 2003 年减少 120 起，同比下降 17.29%。

2006 年至 2010 年，全市重大刑事案件总体继续呈下降趋势。

三、多发性侵财案件

1988 年至 1990 年，全市侵财类案件多发。1990 年，全市侵财类刑事案件立案 11736 起。

1991 年至 1993 年，全市侵财类案件发案呈下降趋势，其中，盗窃、诈骗案件下降幅度较大，而抢劫、抢夺案件仍然多发。

1996 年至 1998 年，全市侵财类案件总体发案有所下降，较为明显的是盗窃案件。1998 年盗窃案件立案 4001 起，为历年最低点。

2000 年至 2002 年，全市侵财类案件有上升趋势。2002 年侵财类案件立案 9555 起，较 2000 年上升 21.35%。主要特征：①盗窃犯罪活动猖獗。盗窃机动车、城镇入室盗窃、农村盗割电线和电缆案件增多；“两抢”（抢劫、抢夺）犯罪频繁发生。②抢劫犯罪日趋团伙化、智能化、暴力化。抢劫前经过精心组织策划，作案时持刀、枪、铁棍等凶器，多以司机、行人、外地商人为目标，潜伏在特定地点伺机作案，案发之后利用便捷的交通工具逃离现场；抢夺案件犯罪主体以社会闲散人员为主，多为团伙作案，驾驶无牌摩托车乘行人不备抢夺提包或其他物品，侵害对象一般为夜间或清晨单身行走的青年女子，大多选择在城区僻静的街道或城郊接合部作案。③诈骗犯罪不断攀升。涉案金额呈上升趋势，作案人员低龄化，诈骗手段多样化，多为共同犯罪，有组织有预谋的进行活动，并呈专业化趋势。

2004 年至 2006 年，全市侵财类案件持续上升。2006 年，全年侵财类案件立案 12316 起，较 2004 年上升 38.72%。主要表现：①盗窃案件占主导地位。全年盗窃案件立案 9902 起，占侵财类案件总量的 80.4%。入室盗窃案件、盗窃汽车案件、盗窃电排和机埠等电力设备及通信设施案件日益增多。②“两抢”案件突出。全年立“两抢”案件 1733 起。抢劫案件暴力化、公开化程度加剧，作案以团伙为主，成员以青少年为主，且女性参与抢劫案件呈上升趋势；抢夺案件中流窜作案占相当大的比例，以城区、城郊接合部发案较突出，特别是银行储蓄所附近，侵害对象以女性居多，仍以飞车抢夺为主。③诈骗犯罪手段翻新，呈现规律性。全年诈骗案件立案681起。诈骗案件多以银行周边、车站码头、广场街道以及居民住宅点为主，侵害对象主要是老人、妇女，犯罪嫌疑人利用侵害对象贪图便宜、破财消灾的心理，采取兑换外币、“丢包分钱”、卖药盈利、收购古董或利用迷信帮人破财消灾等手法，直接骗取现金或金银首饰。该类犯罪还呈现团伙跨区域流窜作案的特点。

2008年至2012年，全市侵财类案件总量继续上升，仅抢劫案件呈下降趋势。2008年全市侵财案件立案9109起，为2006年以来发案最低点。2012年，全市侵财案件上升，主要特点：①入室盗窃案件为主，占全部盗窃案件的31.26%。盗窃犯罪职业化趋势明显，作案成员多为惯犯、累犯，大多具有犯罪前科劣迹。②盗窃机动车及车内财物案件越来越多，占全部盗窃案件的近1/3。③诈骗案件上升，占侵财案件总量的9.1%。其中，以传统的手法进行诈骗较为突出。诈骗犯利用人们贪便宜、破财消灾、帮忙介绍工作的心理，直接骗取现金或金银首饰。电信诈骗以假冒公、检、法机关公务人员的身份谎称受害人涉嫌洗钱或有法院传票，要求对其银行存储卡进行密码保护重置或从受害人涉嫌其他犯罪为由需对其采取强制措施相要挟，要其缴纳保证金等。该类诈骗涉案金额巨大，且大多采用网络电话与受害者联系，作案手法科技含量高，团伙组织分工明确，人员分布在我国香港、台湾地区甚至国外，打击难度相当大。金融诈骗主要以信用卡诈骗居多。

第二节　一般刑事犯罪案件侦查

1988年，常德市的刑事侦查工作一直实行的是以区、县（市）公安刑侦部门为主体，基层派出所参与的侦查破案体制。其间，也采取过以区域建刑侦中队或派出所内设刑侦组的形式组织开展刑事案件侦查。1996年，湖南省实行公安侦审工作改革，把预审职能与监管职能分离，实行预审工作与刑侦工作合并，强化公安机关打击刑事犯罪的能力。

1997年5月，根据全省公安侦审工作改革的要求，市局下发《关于切实加强刑侦工作的决定》，实行侦审一体化，将预审科有关职能归口刑侦支队，构建刑侦工作的攻、防体系，更新和改善刑侦装备，建立多警种、全方位配合的大侦查格局。

2001年，针对涉黑、涉恶势力猖獗的问题，全市部署“打黑除恶”专项斗争。3月，在安乡县召开“打黑除恶”专项斗争现场会，成立公安刑侦专家咨询组，由12名侦审业务专家组成，在市公安局统一指挥调度下，参加区域内各类刑事案件的侦审工作。

2004年9月，针对国庆节将至，扒窃犯罪活动猖獗的问题，抽调警力20人，组织开展“国庆”安全防护期反扒工作，对市城区步行街、火车站和家润多、大润发大型购物超市等重点场所、重点公共汽车线路集中整治。反扒民警采取重点守候，跟车反扒等灵活有效的方法，扒窃案件得到有效遏制。

2005 年 3 月，针对办案卷宗质量不高的问题，在全市组织开展“案卷评比”活动。制定严格的评比方案，明确评比的范围、内容、步骤、标准、要求。在该项活动中，评出桃源、武陵、鼎城 3 个案卷好的单位。6 月，针对一批刑事案件负案在逃人员的情况，组织全市开展“两禁两打夏季会战”集中搜捕行动。

2006 年，针对刑事案件高发、多发的突出问题，组织开展打黑除恶和治理城区“两抢一盗”专项行动；在人、财、物上重点倾斜，在行动中主动跟进，使破案打击效能得到有效提升。

2008 年 5 月，开展迎奥运保平安“百日‘严打’整治专项行动”。

2009 年 2 月，针对假币违法犯罪频发的严峻形势，组织全市刑侦部门开展惩治假币犯罪“09 行动”。

2010 年 7 月，全市组织开展为期 7 个月的“严打”整治行动。将黑恶势力、涉枪涉爆、“两抢一盗”、电信诈骗、拐卖妇女儿童 5 类犯罪作为惩治的重点，共破获刑事案件 3177 起，有效地遏制刑事案件上升的势头。

2011 年，开展“清网行动”。发布《关于敦促在逃人员投案自首的通告》；会请市检、法、司三家联合在数据支持、追逃业务、技术保障等方面为专项行动提供服务。对本地网上在逃人员信息进行全面清理，对错误信息予以修改，对缺项信息及时补充，不符合网上追逃条件的信息予以删除。是年，全市共抓获网上在逃犯罪嫌疑人 1644 人，为历年最多。

第三节　严重暴力犯罪案件侦查

20 世纪 80 年代末期开始，随着改革开放的深入和经济发展，带来人、财、物的大量流动，以及社会巨变带来各种社会矛盾日益突出，全市刑事案件急剧上升。特别是以前没有或很少发生的涉枪、抢劫杀人、杀人焚尸、绑架人质等恶性暴力性案件相继出现和增多，严重危害全市社会治安稳定和人民生命财产安全。

1987 年 11 月 19 日，汉寿县沧港镇金龙村二组田间草堆边发现一具被焚烧的女尸，市县两级公安机关迅速组织专案班子，经过 4 个月的侦查，破获该案。查明犯罪嫌疑人彭 × 以恋爱为名，将被害人张 × 诱骗同居后，又欲弃张另娶他人为妻，将张掐死并焚尸灭迹。

1990 年 2 月 20 日，石门县河口乡太青村向家组向 × × 家发生火灾，一家三口被烧死，经勘查与尸检，确定为一起恶性杀人纵火焚尸案件，刑侦部门迅速开展侦查。于 2 月 24 日，将犯罪嫌疑人邓 × × 抓获。是年 6 月 10 日上午，常德市中药厂加工车间工人张 × ×，因工作表现差未能得到调资而报复行凶，杀死厂长徐 × × 的妻子，该案件在厂区及周边造成恶劣影响。案发后，公安民警连续奋战 24 小时迅速将张 × × 抓获。针对全市重大恶性案件上升的势头，6 月至 8 月，在全市开展严厉打击严重刑事犯罪专项斗争。采取集中力量、专案专办、上下联动、部门协调、整体作战、速战速决的措施，共侦破重大案件 266

起，破案率78.2%，特大案件、暴力犯罪案件破案率100%。抓获“三逃”人员398人（其中负案在逃人员262人、劳改劳教脱逃16人、批捕在逃120人）。通过该次专项斗争，对违法犯罪起到极大的震慑作用。年内，全市共有583人违法犯罪人员主动到公安机关投案自首。

1996年，根据中共中央政法委关于在全国范围内开展声势浩大的严厉打击重大刑事犯罪斗争的统一部署，在开展专项行动的同时，对恶性案件采取以刑侦为主体、其他警种参与协作、责任落实到人的破案措施，强化恶性暴力案件的侦破。是年3月，澧县公安局在侦破该县大坪乡太平村发生的抢劫摩托车案件中，抓获流窜犯罪分子韩××（男，23岁，河南镇平县人）。审查中，发现其有其他重大犯罪嫌疑，刑侦部门立即组织专案组，历时3个月先后辗转14个省、市的20多个县、区侦查取证，实地勘查30多个案发现场，走访200多名证人，取得证据材料上千份。查证核实韩××自1995年在当地服刑期间被假释后，流窜湖北、湖南、浙江等省14个市、县抢劫杀人作案27起，杀死23人、杀伤8人的犯罪事实。破案后，公安部部长陶驷驹签署命令，为澧县公安局“韩××特大系列抢劫杀人案专案组”记集体一等功。

1997年，市政法委在全市范围内部署春夏“严打”整治专项行动，市县两级公安机关高度重视，成功侦破一批大要案件。如武陵“3·11”绑架儿童勒索巨款案、汉寿“5·21”绑架儿童勒索巨款案、鼎城区“5·15”抢车杀人案、安乡县“4·13”强奸杀人案。

1999年7月，珠海、澳门警方请求常德协查是年1月25日发生在澳门的勒索现金400万元的持枪抢劫绑架案，刑侦支队依据线索随即开展侦查，很快就掌握鼎城区廖×、刘×、廖××3人有重大作案嫌疑，在最短的时间内迅速将犯罪嫌疑人抓获，经审讯3人供出作案的犯罪事实。

进入21世纪，暴力犯罪案件日趋严重，犯罪分子手段残忍，作案动机复杂，侵害目标不仅指向特定对象，对人民群众生命财产安全造成极大危害。为此，市局采取应对暴力案件“露头就打、速战速决”的措施，并为及时侦破案件提供有力的警力、技术和后勤装备保障支持。2000年9月1日下午5时许，一伙武装歹徒在武陵区农业银行江北支行北站分理处门前抢劫运钞车，开枪打死押运保安员和在场群众7人、打伤5人，抢走79式冲锋枪2支。案发后，常德市全警动员，迅速采取侦查、堵截、追捕措施。公安部、省委、省政府领导高度重视，公安部派出专案组现场指导，省委常委、政法委书记、公安厅长李贻衡挂帅坐镇指挥。根据对近两年来发生在重庆、武汉、长沙等地的多起作案手段、侵害目标、犯罪对象等类似未破案件的并案研究，决定串案侦查。经过湖南、重庆、湖北等相关省、市公安机关的通力侦查，于10月一举摧毁以张×（男，34岁，湖南安乡县人）为首，横跨渝、湘、鄂三省抢劫作案20起，打死27人，打伤24人，抢得钱、物价值600万元的特大武装犯罪团伙。至此，“9·1”暨渝、湘、鄂系列持枪抢劫杀人案全部告破。

2002年11月11日清晨，常德市一中、鼎城区牛鼻滩镇三分校同时发生投毒案件，致使224名师生中毒。案发后，公安部、省、市领导高度重视，立即成立“11·11”专案指挥部，市、区两级200多名民警赶赴现场开展工作。经过28天的缜密侦查，抓获市一中投毒案件的犯罪嫌疑人何×、唐×，牛鼻滩镇三分校投毒案犯罪嫌疑人史×，两起特大投毒案件先后告破。

2003年7月15日，在常德经商的买买提·×××报案称，其在市城区步行街所摆的烤肉摊被一伙不明身份的人砸烂，且4名同伴不知去向，极有可能被绑架。接到报案后，市局立即组织武陵分局、鼎城区局展开调查，发现租住在鼎城区武陵镇的一伙人作案嫌疑极大，在查实被绑架的4人藏匿点后，市局调集150名警力展开营救和缉捕，及时将21名犯罪嫌疑人抓获，4名人质被安全解救。

2003年7月17日，犯罪嫌疑人陈×身背10公斤炸药，闯入汉寿县岩汪湖中学曾××家，将曾××及其妻挟持，索要2万元现金。接警后，公安机关迅速赶赴现场开展解救工作。在现场公安民警开展政策攻心及其亲友的劝说下，犯罪嫌疑人得到有效控制，被挟持的人质及时获得解救。

2006年10月23日，3名歹徒持枪闯入石门县新铺乡信用社燕子山分社，开枪将当班工作人员李×打成重伤（后经抢救无效死亡）后逃亡。市、县两级刑侦部门立即成立专案组开展侦查追捕，在常德市鼎城区、武陵区和广东省潮州市将3名嫌疑人犯抓获，同时缴获仿64式手枪2支，子弹7发。

2007年2月1日，澧县复兴厂镇谭家村10组谢×、胡×在自家商店内被杀，家中8300元现金被抢走。经过现场勘查和摸底排查，迅速确定犯罪嫌疑人，仅用4天时间将犯罪嫌疑人彭×抓获归案。彭×对犯罪事实供认不讳，并交代出5年前（2002年2月1日）在复兴厂抢劫、杀害3人的犯罪事实。是年10月20日，市公安局接报案：城区某中学高二学生于10月19日下午5时放学回家路上被人绑架，当晚绑匪打电话向其家人索要50万元赎金。市、区两级刑侦部门迅速成立专案组展开侦查工作，经过9个小时缜密侦查，成功解救出人质，并将高×等9名犯罪嫌疑人全部抓获。高×还交代出10月15日绑架市区某小学学生，勒索100万元未遂的犯罪事实。

2008年4月6日，石门县城某大型超市收到一封勒索信，称“在该超市的大米中投入了有毒物质，要求超市限期把4万元存入指定的银行账户，否则将在不告知的情况下继续在该超市投入有毒物质。”同时，在桃源、长沙、怀化、张家界等地的一些超市也相继收到了类似的勒索信。市局刑侦、技侦两部门抽调力量组成专案班子全力开展侦破工作。经鉴定，投放物为剧毒农药，通过23天的调查、侦查，在津市市新州镇将犯罪嫌疑人鲁×抓获。

2009年1月20日，汉寿县太子庙镇天心村彭×家被人纵火，3人被当场烧死。汉寿县局立即展开侦查，确定戴×犯罪嫌疑极大，通过设关堵卡等多种手段，仅4个小时，将犯罪嫌疑人戴×和2名涉嫌窝藏、协助嫌犯逃跑的犯罪嫌疑人抓获。2月2日，安乡县安全乡高杨村村民叶×被人杀死在家中。公安机关在侦查中发现该案的作案手段、作案时间和侵害对象，与近年发生在该县的6起抢劫、强奸案件有许多相似点，进而对上述案件串案侦查。民警在经过大量调查摸排和辨认工作后，锁定犯罪嫌疑人易×。7月10日，在安乡县黄山头镇理兴垱码头将犯罪嫌疑人易×抓获。经审讯，易×交代了自2007年10月以来，在安乡深柳镇及周边乡镇，抢劫作案6起，杀死3人的犯罪事实。12月15日，武陵区某小学六年级一女生被绑架，歹徒索要50万现金赎人。市、区两级公安机关立即展开专案侦查，发现一辆牌照为湘JC25××的黑色奇瑞小汽车有重大作案嫌疑，专案组以车找人，迅速开展工作。16日晚，在吉首市将犯罪嫌疑人朱×等2名犯罪嫌疑人抓获，并成功解救被绑架人质。

2010年6月7日，鼎城区武陵镇沅江外滩发现一具用编织袋装裹的肢解男尸，公安机关迅速开展侦查。7月5日，安徽省六安市金安区警方到常德市，请求协查六安市“6·11”命案。经分析，该案与鼎城“6·7”肢解男尸案关系极大，两地民警立即协同展开并案侦查。7月8日，在常德将犯罪嫌疑人张××抓获。张××交代其在6月3日、6月10日分别在湖南常德、安徽六安杀死堂弟及堂弟妻子的犯罪事实。11月2日，一男子被杀害后被丢弃在汉寿县罐头嘴镇某荒野地。公安机关立即开展侦查，通过现场访问发现该案与长沙“2010·10·29”抢劫杀人案协查的3名犯罪嫌疑人体貌衣着特征、作案手段、动机相似，两地警方决定并案侦查。经过缜密侦查，专案民警在安乡县安福镇锁定3名犯罪嫌疑人，11月3日凌晨将3人抓获。三名嫌犯对安乡、长沙两起抢劫杀人案供认不讳。

2012年2月7日下午4时许，鼎城区金霞路某宾馆内发生一起持枪劫持人质案，一名吸毒人员持枪将该宾馆老板劫持，索要赎金10万元。接警后，公安机关迅速调集民警赶赴现场展开解救工作。在与绑匪对峙4个小时后，其抗拒并向民警开枪射击，现场民警依法将绑匪谢×当场击毙，成功解救出人质。2012年3月23日，澧县如东乡枫林村村民胡某夫妇被人杀害。接警后，民警立即赶赴案发现场。经现场勘查，发现该案作案手段、方法与发生在2009年12月7日晚湖北省公安县南坪镇、2009年12月25日晚湖北省公安县孟家溪镇、2010年9月23日晚澧县小渡口镇、2010年4月24日晚公安县甘厂镇、2012年2月23日晚澧县如东乡高崇村的5起入室盗窃、杀人案件类似。随后，常德、荆州两地公安机关迅速启动湘鄂边界刑侦协作侦破机制，实行并案侦查。以两省交界的澧县如东乡为中心，将周边的澧县小渡口镇和公安县章庄铺镇、甘厂镇、孟家溪镇、南坪镇等乡镇纳入重点摸排范围。4月5日，专案民警很快锁定犯罪嫌疑人袁×。是日下午，将袁×抓获，破获该起跨湘、鄂两省边界的8起入室抢劫、杀人系列案。

第四节　有组织犯罪案件侦查

20世纪90年代初期，全市还没有真正意义上的有组织犯罪集团。当时，少数没有改造好的“两劳”人员（劳改释放、解除劳教）、社会上的一些无业违法人员纠合在一起，进行盗窃、抢夺、流氓滋事等成团结伙的违法犯罪活动。他们作案的手段主要是盗、抢，侵害的目标主要是财物，或对女青年耍流氓。社会影响极坏，群众反映强烈。对此，公安机关顺应人民群众的呼声，针对不同地区发生的不同类型的团伙犯罪案件，结合整顿社会治安秩序，及时开展专项治理，有效遏制团伙犯罪的蔓延。

1990 年，针对在 319 国道桃花源路段沿线两侧和周边集镇成团结伙盗窃、抢夺和抢劫案件突出的问题，公安机关组成专门班子进驻该地区，集中力量、集中时间开展整治工作。通过侦查访问、蹲点守候、抓现行、破积案和发动群众举报等多种措施，一举挖出以张×、邱××、向××为首的 34 人抢劫、盗窃、轮奸犯罪团伙。是年，全市各地在不同重点乡镇开展打击团伙犯罪的专项整治，共摧毁各类犯罪团伙 419 个，抓获处理作案成员 2177 人。

1995 年，一些团伙势力出现新的变化，他们采取敲诈勒索、收取保护费、坐地分赃等手段，逐步形成黑恶势力，严重危害经济秩序和社会安定。对此，全市公安机关连续 5 年持续开展以打黑除恶为重点的专项治理行动。是年，在城市、城镇开展“打击团伙抢夺及枪械犯罪”的专项行动。1996 年，开展“打团伙、禁毒品”的专项行动。1997 年 3 月，开展春夏“严打”整治行动。1998 年 3 月，开展夏季“严打”整治行动。1999 年，继续开展春夏“严打”整治行动。1995 年至 1999 年中，共摧毁各类犯罪团伙 2018 个，抓获犯罪团伙成员 9367 人，惩治犯罪团伙和黑恶势力。该时期，群众的安全感也明显增强。

随着社会经济转型节奏的加快，刑事犯罪也随之发生变化，一些犯罪团伙向黑恶势力转化的同时，犯罪活动更具隐蔽性、破坏性、残忍性。面对严峻形势，全市公安机关贯彻“有恶必打、除恶务尽”的方针，对萌芽状态和发展中的黑恶势力，坚持露头就打，打早打小；对已形成气候的黑恶势力，坚持惩治，全案全清。

2000 年 11 月至 2001 年 10 月，全市开展为期一年的“打黑除恶”专项斗争。2001 年 2 月，武陵分局打掉以王×为首的涉嫌黑社会性质组织犯罪团伙，抓获首犯王×及团伙成员 4 人。经查实，该团伙自 1994 年起，先后纠集社会上无业人员和“两劳”释放人员 20 多人，以经商为幌子，多次持械敲诈勒索、故意伤害他人。同时期武陵分局还打掉以廖××为首的涉嫌黑社会性质组织犯罪团伙，抓获团伙成员 5 人。经查实，廖××自 1996 年起纠集社会无业人员 30 多人，持刀、枪在公共场所、娱乐场所强行收取保护费，寻衅滋事、故意伤害、砍伤多人。6 月，临澧县公安局打掉以甘××为首的涉嫌黑社会性质组织犯罪团伙。涉及寻衅滋事罪、敲诈勒索罪、贩卖毒品罪、非法持有枪支罪等罪名。抓获首犯甘××及团伙成员 9 人，破获案件 10 起。经查实，甘××自 2000 年起，在县城开办“乐乐宾馆”，并以此为据点，网罗一批“两劳”释放人员大肆进行寻衅滋事、敲诈勒索、故意伤害、贩卖毒品、招摇撞骗等各类犯罪活动。7 月，桃源县公安局打掉以林×为首涉嫌黑社会性质组织犯罪团伙。涉及故意杀人罪、寻衅滋事、故意伤害罪、诈骗罪、敲诈勒索罪、妨害公务罪、强奸罪等罪名。抓获首犯林×及团伙成员29人，破获案件27起。经查实，林×自1993年6月，先后纠集20余人在湖南、湖北、安徽、贵州、四川、云南、福建、广东等省大肆进行诈骗敲诈勒索等犯罪活动，诈骗价值千万元，其间，在常德桃源一带携带管制刀具、雷管、火枪等凶器大肆进行暴力违法犯罪活动，杀死1人，打伤24人，敲诈、诈骗金额105万元。专项斗争中，全市共摧毁黑社会性质组织犯罪团伙4个，抓获团伙成员55人；摧毁恶势力团伙98个，抓获团伙成员372人。

2004年，全市持续开展“打黑除恶”专项行动。破获涉恶案件72起，捣毁涉恶犯罪团伙11个，抓获涉恶犯罪嫌疑人60名，促进全市社会治安大局的稳定。

2005年，全市开展以打击涉黑、涉恶、涉毒为重点的“三涉”犯罪专项整治。2月，破获公安部挂牌督办的桃源李××涉嫌黑社会性质组织案。该团伙涉及组织和领导黑社会性质组织罪、参加黑社会性质组织罪、寻衅滋事罪、绑架罪、故意伤害罪、抢劫罪、强奸罪、诈骗罪、妨害公务罪、敲诈勒索罪、非法拘禁罪、贩卖毒品罪12个罪名。抓获首犯李××及团伙成员12人，破获刑事案件59起。经查实，该团伙自2000年10月起，以合伙承包桃源县漆河镇停车场客运站长途客运配载业务为名，擅自提高客运代理收费标准，随意设定台班费、发车费、跟车费、人头费等收费项目，对不按其要求交费和站外上客的车主采取随意拦车检查、扣线路牌、殴打车主等暴力威胁手段霸占客运线路和市场，非法获利190余万元。8月，侦破“8·22”特大贩卖枪支案。捣毁以皮××为首的常德市有史以来最大贩卖枪支团伙，抓获犯罪嫌疑人16人，收缴仿“64”手枪26支、子弹17发，彻底摧毁自贵州、湘西到常德的非法贩卖枪支的跨省犯罪团伙。“三涉”专项行动中，全市共摧毁黑恶势力犯罪团伙68个，破获抢劫、敲诈、伤害、绑架等各类案件258起。其中涉黑案件1起、涉恶案件197起，共收缴各类手枪、来福枪等枪支34支，管杀刀、砍刀等凶器215把，抓获成员347人。

2006年，市公安局对全市21起重大涉恶团伙案件实行挂牌攻坚。打掉被省厅认定的恶势力犯罪团伙15个，涉案的77名作案成员被依法追究刑事责任。

2007年，破获桃源县龚××涉嫌黑社会性质组织案。涉及组织和领导黑社会性质组织罪、参加黑社会性质组织罪、寻衅滋事罪、敲诈勒索罪、强迫交易罪、窝藏罪、非法买卖枪支罪、故意伤害罪、抢劫罪、诈骗罪10个罪名。抓获首犯龚××及团伙成员13人，破获案件39起。经查实，从2001年起，龚××为强势控制该县创元公司周边地区的建材供应市场，先后纠集13名社会无业人员实施敲诈勒索、强迫交易、寻衅滋事等违法犯罪行动，逐步垄断创元公司及其周边地区的建材供应市场，并渗透到废品收购、土建工程、运输业务等领域，非法获利230余万元。

2008年6月，市局以常公通〔2008〕38号文件制定《关于严厉打击雇请黑恶势力从事违法犯罪活动的通知》，对雇请黑恶势力，策划、组织、参与群体性寻衅滋事、聚众斗殴等违法犯罪活动的人员，按“五个一律”处理：①对涉嫌犯罪的，一律先刑事拘留，再依法追究刑事责任；②对不够追究刑事责任的，一律送劳动教养；③对其他一般参与人员，一律顶格治安拘留；④对决定劳动教养的人员，一律不得以任何理由采取所外执行；⑤对被治安拘留的人员，一律不准请假或以其他的任何理由提前出所。7 月，破获汉寿刘 × ×涉嫌黑社会性质组织案。涉及组织和领导黑社会性质组织罪、参加黑社会性质罪、非法买卖枪支罪、非法持有枪支罪、寻衅滋事罪、开设赌场罪、故意伤害罪 7 个罪名。抓获首犯刘 × ×及团伙成员 15 人，破获案件 22 起。经查实，从 1999 年起，刘 × ×等人倚仗其在该县蒋家嘴镇一带形成的所谓“名气”，打着替娱乐场所维护秩序的幌子收保护费、代收屠宰税、稽查黑市肉及替人讨债获取报酬。并从 2006 年年初开始开设地下赌场，非法聚敛钱财 100 多万元。是年，全市共打掉涉恶团伙 31 个，黑社会性质有组织犯罪团伙 2 个，抓获涉案成员 317 人，收缴各类枪支 15 支，管制刀具 400 余把。

2009 年 1 月，破获鼎城区陈 × ×涉嫌黑社会性质组织案。涉及组织和领导黑社会性质组织罪、参加黑社会性质组织罪、寻衅滋事罪、故意伤害罪、敲诈勒索罪、聚众扰乱社会秩序罪、组织卖淫罪、非法持有枪支罪、非法储存枪支罪、窝藏罪 10 个罪名。抓获首犯陈 × ×及团伙成员 37 人，破获刑事案件 35 起。经查实，从 2002 年起，陈 × ×伙同他人在鼎城区武陵镇一带“混社会”，建势力范围，网罗刘 ×、谈 × ×、罗 ×等人形成具有一定规模的犯罪组织，通过在电游室、赌场收取保护费、插手各种纠纷收取了难费，控制扒手、组织卖淫等违法手段获取经济利益。7 月，破获临澧县王 × ×涉嫌黑社会性质组织案。涉及组织和领导黑社会性质组织罪、参加黑社会性质组织罪、寻衅滋事罪、聚众斗殴罪、故意伤害罪、敲诈勒索罪、强迫交易罪 7 个罪名。抓获首犯王 × ×及团伙成员 24 人，破获刑事案件 10 起，经查实，从 1997 年起，王 × ×伙同他人在临澧县城一带敲诈勒索，实施违法犯罪活动并逐步形成以其为首的黑社会组织。对经济适用房附属工程及居住户沙石供应、夜市扎啤销售等进行非法控制，严重破坏当地经济和社会治安秩序。是年，共打掉涉黑团伙 2 个，抓获涉黑成员 61 人；打掉涉恶团伙 17 个，抓获涉恶成员 112 人。

2010 年，由市局牵头，商请中共常德市委办公室、常德市人民政府办公室出台《常德市打黑除恶工作责任制规定》，规定对相关责任单位和责任人明确“打黑除恶”工作职责及责任追究。全市从严从快打击黑社会性质组织犯罪形成合力，共摧毁涉黑团伙 4 个，铲除恶势力团伙 17 个，抓获涉黑涉恶犯罪人员 165 人，破获各类案件 190 起，扣押非法资产 30 多万元，缴获各类枪支 19 支。是年 7 月，破获武陵熊 × ×涉嫌黑社会性质组织案。涉及组织和领导黑社会性质组织罪、参加黑社会性质组织罪、寻衅滋事罪、故意伤害罪、聚众斗殴罪、故意毁坏财物罪、强迫交易罪、非法持有枪支罪 8 个罪名。抓获首犯熊 × ×及团伙成员 12 人，破获案件 30 起。经查实，熊 × ×自 2005 年刑满释放后，纠集 10 余人暴力介入民间纠纷，帮人了难，在护城乡高车社区一带为非作歹，对小区沙砾、水泥等建材和粉馆进行垄断控制，强买强卖，牟取非法利益。在侦破该案中，当地基层组织和相关部门配合参与，发挥积极作用。

2011 年，市局制定《涉嫌黑恶违法犯罪高危人员信息工作办法》，对全市涉嫌黑恶违法犯罪高危人员进行动态管控，共列管涉嫌黑恶违法犯罪高危人员 246 人。经过民警的追踪查访，全市共摧毁涉黑犯罪组织 3 个，打掉涉恶犯罪团伙 25 个，侦破一批有影响的恶势力案件。武陵区成功打掉以杨 × 为首的地下出警队，抓获违法犯罪人员 20 人；汉寿县打掉以宋 × × 为首的号称“斧头帮”的地下出警队，抓获违法犯罪人员 19 人；鼎城区端掉姜 ×、雷 × 恶势力犯罪团伙和以陈 × × 为首的抢劫恶势力团伙；石门县打掉以郑 × 为首的恶势力犯罪团伙，抓获违法犯罪人员 20 余人。是年，在公安部部署的清网行动中，市局刑侦支队将外逃 8 年之久的涉黑在逃人员罗 × × 抓获。

2012 年 6 月，桃源县公安局破获李 × × 涉嫌黑社会性质组织案，涉及组织和领导黑社会性质组织罪、参加黑社会性质组织罪、寻衅滋事罪、故意伤害罪、敲诈勒索罪、妨害公务罪、非法占用农地罪、强迫交易罪、抢劫罪 8 个罪名。抓获团伙成员 16 人，破获案件 21 起，经查实，从 2005 年起，李 × × 纠集无业人员 16 人，形成带黑社会性质的犯罪团伙，以暴力、威胁等手段对桃源陬市镇及周边地区的土方供应行业形成非法控制，并实施敲诈勒索、妨害公务等犯罪活动，此外，还多次插手民间纠纷、阻止施工等违法活动。是年，打掉黑社会性质组织犯罪团伙 30 个，刑事拘留 161 人。

第五节　侵财犯罪案件侦查

刑事犯罪案件中相当一部分是以窃取财物为主要目的，其主要作案手段和类型是盗窃、扒窃、抢夺、抢劫国家、集体和个人的财物。20 世纪 90 年代末期，随着社会主义商品经济的活跃，进城经商、务工的人员剧增，使犯罪分子有可乘之机，侵财案件数量大幅度上升。1988 年，全市共发生以盗窃为主的侵财案件 5214 起。而 1990 年，全市共发生以盗窃为主的侵财案件 11736 起，较 1988 年上升一倍多。该类案件与人民群众切身利益相关，发案量大、危害面广，严重影响社会治安秩序，危害人民群众财产安全。全市公安机关根据侵财犯罪案件种类多、发案多的特点，采取重点打击、专项整治的工作措施，持续不断开展打击车匪路霸、盗抢摩托车、飞车抢夺和打抢劫、反扒窃等专项治理行动。

1988 年 6 月至 8 月，市局在全市组织开展打击“路贼”专项斗争。查破“路贼”案件 400 起，其中，大要案件 25 起；抓获“路贼”337 人，其中，摧毁“路贼”团伙 29 个，瓦解成员 146 人。9 月，开展打抢劫、反盗窃、治流氓的专项斗争。全市共破获上述三类案件 1025 起，其中，抢劫案件 83 起，盗窃案件 643 起，流氓犯罪案件 299 起；挖掘犯罪团伙 357 个，其中，盗窃团伙 246 个，抢劫团伙 42 个，流氓团伙 69 个，瓦解成员 1788 人。

1989 年，根据中央政法委部署的在全国范围内开展打击流窜犯集中统一行动，全市公安机关结合实际，集中开展以“抓流窜、打现行、破积案、追逃犯”为主要内容的打流破案战役行动。在城市、城镇、城郊接合部、工矿区、交通沿线集镇和常德市境内西洞庭湖水网水域进行全面清查，并将打流窜与反盗窃结合起来，形成打击与整治相结合的高压态势。行动中共抓获各类违法犯罪人员851人，其中，提请批捕在逃人员7人，负案在逃人员89人，劳教收审在逃人员16人，流窜犯罪人员98人，其他违法人员694人；破获刑事案件131起，其中重特大刑事案件18起；破获治安案件131起，缴获价值9.7万余元的赃款赃物。同时，全市在公路沿线、交通道口设立明哨暗卡583个，成立秘密追捕小组173个，采取外堵内查的方式，不放过对重点目标和对象的追捕。共抓获各类违法犯罪人员224人，其中"三逃"犯45人，流窜犯罪人员46人。武陵、鼎城、汉寿、澧县、桃源等区县根据犯罪分子隐藏地点的变化，加强对居民家庭、私房出租户的清查工作，五地共查获"三逃"人员37人，流窜犯罪人员21人。在清查中，对商业供销、财贸、金融单位和厂矿企业机关、居民住宅群加强巡逻夜查，抓获现行盗窃作案成员127人，当场缴获的物资折款2.2万多元。

1990年1月，全市开展打抢劫、反扒窃、清流窜、除"六害"统一行动。采取铁路、公路、水路三线出击，整体作战，共抓获各类违法犯罪人员1357人，其中，抢劫犯罪人员47人，盗扒犯罪人员295人，流氓滋事犯罪人员85人，负案在逃、被批捕被批教在逃人员6人，流窜犯罪和流窜嫌疑人员96人，卖淫嫖娼违法人员184人；捣毁犯罪团伙52个，成员184人，破获各类案件925起。

1991年4月，全市开展"打抢劫、治流氓、毁团伙"专项斗争。该次专项斗争，共破获各类刑事案件1306起。其中大案184起，抓获犯罪人员1561人，捣毁犯罪团伙83个，抓获团伙成员362人。9月，全市开展反盗窃战役专项斗争，经过3个月的专项行动，共破获盗窃案件6487起，其中大案659起，抓获违法犯罪人员3879人，摧毁盗窃团伙188个，为群众挽回损失123万元。石门县针对城关镇发案多、积案居高不下的难题，在城关镇摆开战场，先后开展3次反盗专项斗争，共破获各类案件251起，其中大案32起，仅11月在反高层楼房插片盗窃案行动中，就破获盗窃案件100多起，其中大案18起。

1992年，全市开展以反盗自行车为主要内容的反内盗专项斗争。在机关事业单位、企业、居民小区、学校周边等自行车集中停放地，采取蹲点守候、联防巡逻等措施，共破获盗窃自行车案件1385起，抓获违法犯罪人员1128人，缴获被盗自行车2000多辆，挽回经济损失190万元。

1993年，全市开展以打击车匪路霸、抢劫和重大盗窃，整顿交通秩序和重点地区治安秩序，查禁卖淫嫖娼为主要内容的"三打两整一查禁"专项斗争。共破获案件1641起，捣毁各类犯罪团伙243个，其中摧毁卖淫嫖娼团伙48个，地痞地霸团伙31个，抓获各类违法犯罪人员4643人。

1994年，抓住全省整顿城乡社会治安和追捕逃犯统一行动有利时机，全市有针对性地组织开展"打击盗抢摩托车、打击车匪路霸、打抢反扒"专项行动，共破获刑案1700多起，其中大案30多起。是年2月至3月，一伙歹徒在319国道鼎城区斗姆湖路段设障拦车，专门抢劫货车司机、货主，连作6起大案，鼎城区公安局集中力量快速侦破，将这伙歹徒一网打尽。此外，各地结合本地实际情况，有针对性地开展一些专项斗争。比如武陵区在8月组织的“打抢劫、反盗窃、治乱源”专项斗争，破获抢劫出租汽车司机等案件68起，打掉团伙11个，抓获作案成员48人。

1996年至1997年，连续两年开展打击“车匪路霸“专项行动。市局统一组织在319国道、207国道及主要省道的客运站点实施小分队跟车反扒行动，破获盗窃抢夺案件67起，其中大案23起，捣毁犯罪团伙11个，抓获违法犯罪人员48人。1996年1月16日，犯罪嫌疑人刘×、高×等人窜上一辆常德至长沙的大客车，当车开到汉寿太子庙地段，5名歹徒持刀抢劫乘客现金3000余元，被跟车的3名便衣民警当场抓获。1997年1月4日，以彭×等为首的8名歹徒，窜上津市开往广东的大客车，当车行至汉寿军山铺地段时，他们以玩红蓝铅笔为名在车上敲诈勒索，被跟车的5名便衣民警现场抓获。经审查，该团伙自1995年12月起，在319国道线的客车上采取敲、骗、抢等手段作案6起。是年，汉寿县公安局破获省厅重点挂牌督办的319国道太子庙路边店抢劫旅客的特大抢劫案；石门县公安局侦破4起重大在册的车匪路霸积案。

1998年，根据全市各地不同情况，结合季节性案件发生的特点和全市防汛抗洪救灾中显现出的突出治安问题，先后开展“侦防双百会战”“打击盗抢机动车犯罪”“灾区社会治安整治”等专项行动。汉寿县在整治行动中，紧紧抓住破大案、打团伙、反盗窃、追逃犯这根主线，精心组织，攻坚克难，取得较好成果。先后破获各类刑事案件69起，其中大案17起，捣毁团伙7个，抓获违法犯罪人员114人，挽回经济损失67.2万元。武陵区在打击盗抢机动车专项行动中，摧毁一个由8人组成的集盗、改、销一条龙的特大盗窃机动车团伙，破获盗窃机动车案件17起，挽回经济损失150万元。是年7月，安乡县安造垸遭遇洪灾，堤垸溃决，不法之徒趁火打劫，在水上抢夺财物，入室盗窃作案多起，市、县两级公安机关组织民警深入灾区与当地派出所一道开展区域性整治，严厉打击水匪水霸，以打促防，共侦破刑事案件47起，其中重大案件7起，捣毁盗窃团伙8个，抓获违法犯罪人员63人，追回物资折款47.8万元。

2001年，针对城区公共场所、公交车站点扒窃案件突出，城乡接合部侵害群众财物案件上升的问题，先后在4月至5月和8月至9月两次在全市范围内组织开展“反盗窃、反抢夺（抢劫）、反扒窃、打流窜”（简称“三反一打”）为主要内容的打击多发性侵财犯罪专项斗争。

2003年，在市城区组织一支由20名民警组成的跨防控区的专业反扒队伍，主要负责市城区37条公交线路的公共汽车上的反扒防控工作。反扒干警根据扒窃案件高发的公交线路，重点防控其中17条线路，按两人一组的警力配置，开展跟车反扒工作，使人民群众乘坐公交车辆出行的安全感增强。

2004年，在扒窃案件高发的重点路段和部位，有针对性地开展跟车反扒专项斗争。“五一”期间，根据市城区公交车辆扒窃案件多发的特点，抽调警力30余人，组织武陵、鼎城、德山、柳叶、桃源四区一县，开展公交车上反扒统一行动，共破获扒窃的案件71起，扒窃团伙8个，抓获扒窃违法犯罪人员48人，挽回经济损失36万余元。12月，组织武陵、鼎城两区继续开展反扒突击行动，重点打击步行街、火车站、公交车站点的扒窃犯罪活动。行动期间，共破获扒窃案件35起，抓获扒窃犯罪人员14人。

2005年至2009年，全市持续5年组织开展打击“两抢一盗”犯罪专项斗争。2005年，破获各类案件3866起，其中破盗抢案件2315起，刑事拘留1820人。是年8月，全市在组织开展的打击盗抢机动车行动中，破获盗抢汽车案件36起，打掉团伙5个，抓获违法犯罪人员52人，追缴赃车28部；破获盗抢摩托车案件155起，打掉团伙37个，抓获违法犯罪人员147人，追缴赃车192部。澧县公安局在统一行动中捣毁一个盗窃摩托车的犯罪团伙，抓获违法犯罪人员4人，追缴被盗摩托车20部。2006年6月，武陵城区连续发生5起女性参与抢劫出租车案件，刑侦部门通过作案手段特点、作案人特征、作案工具特征等案件信息分析，认定系同一团伙所为，即开展并案侦查。于6月9日在东郊乡甘露寺一民房内将冯×等4名犯罪嫌疑人抓获。是年，武陵分局还通过秘密巡守的办法抓获“两抢一盗”犯罪人员79人，破获“两抢一盗”案件57起，带破其他案件19起，打掉团伙4个。2007年，全市共侦破“两抢一盗”系列串案206例。临澧县公安局成功侦破发生在石门、临澧、澧县等地的系列飞车抢劫、抢夺案件，破案100多起，抓获作案成员14人；澧县公安局成功侦破发生在澧县、津市、临澧、鼎城等地涉电盗窃案件30多起，抓获团伙作案成员13人。在是年公安部打击“两抢一盗”多发性侵财犯罪平台信息发布排名中，常德在全国市级公安机关中排名第12位。2008年3月，石门县城关至临澧县新安镇一带连续发生盗窃、抢夺、持刀抢劫等案件，市局及时派员组织指导侦破工作。由市局刑侦部门牵头，以石门县公安局为主体，周边区、县（市）公安局配合，形成统一协调的破案班子。根据作案特点、手段、基本特征等情况采取定点守候、巡逻巡防、财物布控等多种措施，于3月26日在临澧县新安镇抓获违法犯罪人员王×等4人，破获发生在当地的全部系列案件，缴获现金3万余元。2009年12月29日，武陵区公安分局及时破获持枪蒙面抢劫宾馆案件，一举将以淳×为首的3名流窜抢劫犯罪人员抓获，缴获仿真手枪2支、砍刀3把和头套等犯罪作案工具，破获系列抢劫案件17起。

2010年起，全市开展区、县（市）协同，串并侦办，打击五类侵财犯罪的专项行动。市局刑侦支队牵头组织各区、县（市）对有影响、跨区域的重特大侵财案件进行串并侦办。先后组织侦破临澧县系列抢劫的士案，汉寿县系列盗窃变压器案和系列蒙面入室抢劫案、鼎城区“5·26”特大持刀抢劫案、桃源县盗窃礼金系列案等案件。

2011年，继续采取串案侦办、打击侵财犯罪专项行动。是年，破获武陵城区掳人上车系列抢劫案、石门攀爬高层楼房入室盗窃系列案、澧县飞车抢夺系列案、汉寿持刀抢劫的士司机系列案、鼎城盗窃摩托车系列案等一大批重特大侵财案件。是年 10 月，根据群众反映武陵城区街头聋哑人扒窃犯罪严重的问题，组织武陵、鼎城两区开展市城区专项反扒行动，市局、区局、派出所三级联动抽调警力 30 余人，采取街面巡逻、大型超市便衣巡查、跟车反扒、监控录像等方法，破获各类案件 63 起，摧毁犯罪团伙 11 个，抓获聋哑扒窃人员 106 人，教育处置未成年聋哑违法犯罪人员 67 人。

2012 年，开展“打击侵财犯罪”百日行动、“打击两抢一盗、反扒、侦查破案”蓝剑行动两个专项行动，破获各类侵财案件 2148 起，打掉犯罪团伙 120 个。专项行动中，破获涉案金额达 50 余万元的武陵城区盗窃汽车系列案，作案 60 余起的桃源城区砸车窗盗窃系列案，流窜湘、鄂两地作案涉案财物达 20 余万元的聋哑人扒窃系列案，流窜湘、粤、赣高速公路盗得财物 216 万元的系列盗窃案。

第六节　刑事技术建设

一、技术设施与队伍

1988 年，市公安局的刑事技术工作由技术科管理。刑事技术工作用房 240 平方米，有专门的物化检验室、痕迹检验室、照相处理室和技术鉴定室；设置刑事照相、痕迹检验、尸体检验、物证检验及化验、现场录像等专业项目；各种出勘、检验设施、器材基本完备；配备法医、化验、痕迹照相、指纹比对和警犬驯导等专业技术人员 9 人。在当时全省地、市级刑事技术工作中居领先地位，是公安部确定的刑事技术工作地、市级技术基地（简称二级基点）。主要担负全市刑事大要案件现场勘查、尸体检验鉴定、痕迹检验鉴定、物证检验鉴定；指导区、县（市）公安刑侦技术工作；同时，参与省厅组织的跨地、市特大案件、疑难案件的现场勘查，痕迹、物证、尸体检验鉴定工作。

1991 年，市公安局技术通信大楼建成，刑事技术用房面积达到 760 余平方米。设置有法医检验室、毒物检验室、气相色谱室、发射光谱室、紫外光谱室、文件检验室、痕迹检验室、照相室、黑白彩色暗室、指纹识别室、情报资料室、技术资料室 12 个检验室，配有专业技术人员和警犬训练员 12 人。由于“二级技术点”建设成效显著，11 月，在公安部举办的“科技成果展览”中，常德市公安局技术科成果被作为全国先进“刑事技术二级点”展出。

1995 年，技术科与刑侦科合并，组建常德市公安局刑侦支队，技术科更名为刑侦支队技术大队。

2000 年 7 月，刑事技术建设投入资金 70 余万元建立全市“指纹自动识别系统”，库容量达到犯罪十指纹 10 万份、现场指纹 5 万份。

2002 年 4 月，根据公安部作出的刑事技术部门实行“归口管理、集中建设、共同使用”的决定。市公安局将原设置在国保支队的文检专业归口刑事技术大队，做到人员集中、设备集中、资源共享。

2003 年，根据公安部确定在全国开展刑事技术室等级达标评定工作的要求，全市加大对刑事技术工作的力量和设备投入。6 个区、县、市公安局刑事科学技术室通过达标评定：武陵区被评定为“一级刑事科学技术室”；临澧县、澧县被评定为“二级刑事科学技术室”；石门县、汉寿县、桃源县被评定为“三级刑事科学技术室”。

2005 年，公安部颁布《公安机关鉴定机构登记管理办法》《公安机关鉴定人登记管理办法》。2006 年，按照公安部要求，经过摸底、审查及材料申报，常德市公安刑事技术系统 10 个鉴定机构、99 名技术人员获得湖南省公安厅颁发的专业技术资格证书。

2007 年 8 月，设立常德市公安局刑事科学技术研究所，与刑侦支队技术大队合署办公，主要开展刑事技术的试验、应用与推广。

2010 年，刑事科学技术研究所实验室（1755. 55 平方米）建成投入使用。按专业分别设立：物证鉴定受理室、DNA 检验室、法医病理检验室、理化物证检验室、气相色谱检验室、气质联用检验室、紫外光谱检验室、发射光谱检验室、文件物证检验室、痕迹物证检验室、痕迹检验仪器室、声像物证检验室、犯罪指纹自动识别系统 13 个实验室。同时，在柳叶湖管理区建有 300 平方米的“白鹤山实验区”，设立毒物检验室、枪弹检验室、生物物证检验室。

2012 年，全市刑事科学技术室等级达标、技术队伍建设取得阶段性成果，全市收集各类信息资料 90000 余份。经验收，全市有 9 个区、县、市刑事科学技术室通过达标评定。其中，武陵区、桃源县、临澧县、石门县被评定为“一级刑事科学技术室”；鼎城区、汉寿县、澧县、安乡县被评定为“二级刑事科学技术室”；津市市被评定为“三级刑事科学技术室”。全市刑事技术人员共有 119 人获得技术职称，其中，高级职称 14 人，中级职称 65 人，初级职称 40 人。是年 12 月，全市技术力量配置有法医检验 30 人，痕迹检验 46 人，理化检验 5 人，文件检验 3 人，声像检验 3 人，DNA 检验 2 人。

1988—2012 年刑事案件现场勘查、检验鉴定数据一览表

表 2-2

项目 / 数量 / 年份	现场勘查（起）	检验鉴定（起）	备注
1988	2159	2862	—
1989	2712	3892	—
1990	3071	3392	—
1991	3420	4181	—
1992	2959	5101	—
1993	4058	5377	—
1994	3580	5521	—
1995	3158	5825	—
1996	3019	6730	—
1997	4721	9621	—
1998	5350	9976	—
1999	2350	8890	—
2000	2540	8215	—
2001	2490	8325	—
2002	2610	7353	—
2003	2483	7518	—
2004	2585	7666	—
2005	3546	8086	—
2006	4155	8513	—
2007	4267	8149	—
2008	4300	8200	—
2009	5285	8863	—
2010	5185	8051	—
2011	2879	7895	—
2012	3151	9447	—
合　计	86033	177649	—

二、运用技术手段破获的典型案例

2000年以后，市局刑事技术建设随着科学技术的发展和财政部门不断加大投入，分别建立指纹信息自动识别比对系统、DNA信息系统、现场勘查信息系统、足迹花纹自动识别系统。并运用建立的四大信息系统为侦查破案服务，共串并破获各类刑案2634起，充分发挥刑事科学信息系统在打击犯罪中的作用。

一是运用DNA信息系统破获杀人案件。2006年7月3日，武陵区城北丝瓜井居委会建设西路亲子园孕婴用品店店主被犯罪分子杀害在店内，抢走白金项链一根，现金若干。该案性质恶劣，社会影响极大。在该案的侦破过程中，刑事技术人员充分运用科技手段，细致勘查现场，收集痕迹物证，运用DNA信息检验手段，直接认定犯罪嫌疑人。是年11月24日，将犯罪嫌疑人姚×从浙江省永嘉县瓯北镇一出租屋内抓获归案。至2012年，DNA检验案件647起，通过DNA发挥作用认定及串并案件11例、35起，DNA直接认定嫌疑人31人。

二是运用指纹信息系统破获盗窃铝合金门窗系列案件。2006年8月31日，石门县二都乡高桥村15组一村民家被盗价值2000余元的铝合金窗户。技术人员及时出警，仔细勘查现场，在发案现场提取犯罪嫌疑人留下的指纹。2007年10月，运用市局指纹信息系统数据库比中犯罪嫌疑人杨×的指纹，认定破案，抓获犯罪嫌疑人杨×。经审查，杨×交代了在石门县城及周边作案7起盗窃铝合金门窗的系列案件。

三是运用足迹信息系统破获盗窃机关电脑系列案。2011年至2012年3月，全市盗窃机关电脑的案件共计个案45起，涉及7个区县。2013年3月13日，武陵区抓获胡×等3名违法犯罪人员。办案人员将胡×等3人的鞋印足迹样本上传到市局刑科所，经足迹花纹自动系统查询比对，发现胡×所穿鞋子与2012年3月跨区县盗窃机关单位电脑系列案的现场嫌疑足迹花纹种类一致。其中，“2012·03·12”临澧杨板财政所被盗案现场嫌疑足迹与胡×样本足迹特征相同，从而使案件侦查取得重大突破。胡×犯罪团伙交代2011年10月至2012年7月期间疯狂作案的全部事实。

四是运用被盗抢汽车信息系统破获特大团伙系列盗车案件。2009年5月，市局刑侦支队运用该系统成功组织破获临澧特大团伙系列盗车案，抓获以肖×为首的团伙成员10名，先后从临澧、石门、澧县、鼎城、武陵和张家界等地追回被盗桑塔纳、丰田皮卡、佳宝、昌河、长安之星等汽车30辆和摩托车4台，为受害群众挽回经济损失100多万元。

五是从2008年起，运用公安部全国跨区域办案协作平台，为侦查破获及时传递信息，发布跨省案件信息910起（条），回复跨省信息11019条，其中案件核查1371条，户籍查前科犯罪8327条。

至2012年，运用刑事技术手段破获各类案件10833起，其中，破获重特大案件3671起，充分发挥刑事技术工作在侦查破案中的作用。

三、警犬训练及应用

1988 年，市局有警犬 2 条，配备警犬驯导员 2 人。2007 年 8 月，随着刑事侦查工作的需要，设立常德市公安局刑侦支队警犬驯导大队。2012 年 3 月，常德市公安局警犬基地在白鹤山建成，占地 10 亩，设有备勤室，储物间 10 间，犬舍 48 间，有警犬 30 条，从事警犬驯导技术人员 6 人（其中，在职民警 3 人，聘请专业警犬驯导员 3 人）。

2008 年开始，警犬工作由过去单一的追踪、鉴别功能，向搜捕、血迹搜索、搜毒、搜爆、防暴、押解等多功能强化训练和实战。在刑事侦查、治安防范、大型活动安全保卫等方面广泛应用，发挥独特的作用。

2009 年 9 月 18 日，临澧县陈二乡发生一起蒙面入室抢劫案，犯罪嫌疑人持木棍击打被害人至昏迷后实施抢劫，带犬民警指挥警犬“安妮”通过追踪找到嫌疑人作案的木棍，为案件侦破工作发挥重要作用。

2011 年 2 月 21 日，武陵区护城乡发现一具无名尸体，由于现场已遭到严重破坏，警犬驯导队到达现场后，带犬民警指挥警犬“安妮”进行追踪，搜索到死者的裤子，并从中找到死者的身份证，确认死者身份，为后续破案工作指明了侦查方向。是年 6 月 30 日晚，安乡县官垱镇发生一起杀人案，带犬民警携警犬“安妮”追踪，搜索到犯罪嫌疑人王 × 畏罪自杀的农药瓶，并找到王 × 的尸体，为此案侦破发挥重要作用。

2012 年 8 月 22 日，桃源县漆河镇发生一起爆炸事件，1 人当场被炸死，带犬民警携搜爆犬“虎子”出动，在现场搜出黑火药等爆炸物，为确定案情性质提供重要依据。至是年 12 月，警犬共使用 357 次、发挥作用 128 次，在全省地、市级警犬工作综合考评中常德市连续 4 年位居全省前 3 名。

第二章　经济犯罪案件侦查

20 世纪 80 年代，随着改革开放的深化和市场经济的发展，经济领域内走私、破坏金融管理秩序、金融诈骗、生产销售假冒伪劣商品、扰乱市场秩序等犯罪活动逐渐增多。为适应打击经济犯罪形势的需要，全市公安机关按照《刑法》赋予的职责，不断整合警力资源，逐步完善税侦、经侦等打击金融领域犯罪的专门工作机制。1988 年至 1998 年，经济案件侦查由市局内保科负责。1998 年 4 月，市局刑事侦查支队增设经济案件侦查大队，负责指导和督促全市经济案件的侦破。同时市局设立税侦案件侦查支队，按照修改后的《刑事诉讼法》的规定，接管检察机关对涉税案件的管辖权，负责全市涉税犯罪案件的指导、协调与侦办。2000 年 1 月，依据常编办〔2000〕11 号文件精神，撤销经济文化保卫科和刑侦支队经济案件侦查大队，设立市公安局经济犯罪侦查支队（加挂市公安局经济民警管理办公室牌子)，为正科级机构。其主要职责：掌握全市经济犯罪动态，分析、研究经济犯罪情况，拟定预防、打击对策；组织、指导和监督基层公安机关对经济犯罪案件的侦查工作；负责全市经济民警队伍的建设和管理；承办上级交办的案件等。2004 年 8 月，根据省公安厅〔2004〕10 号和常编办〔2004〕50 号文件精神，对经侦支队部分职能进行调整，将经济文化保卫工作从经侦支队剥离，划归治安、国保、人口等相关部门管理。2009 年 8 月，经侦支队与税侦支队合并为常德市公安局经济犯罪侦查支队，下设基础情报、金融商贸犯罪案件侦查、涉税案件侦查、商业贿赂犯罪案件侦查四个大队，配备经侦民警 22 名。全市 9 个区县（市）公安（分）局，均建立经侦大队，共配备经侦民警 115 人。经侦支队成立后，以进一步规范经侦队伍、提升队伍的整体素质和执法水平为核心，建立健全经济案件侦查的预警机制、防控机制和协作机制，狠抓大要案的侦破工作，使全市经济案件侦查工作不断取得突破。至 2012 年年底，全市经侦部门共侦破经济领域犯罪案件 2432 起，为国家集体和人民群众挽回经济损失 2.1 亿元。

第一节 商贸犯罪案件侦查

一、惩治商贸领域犯罪

1997 年，新《刑法》规定妨害对公司、企业的管理秩序罪、侵犯知识产权罪、市场秩序罪和侵犯财产罪。其中虚报注册资金、假冒注册商标、损害商业信誉和商品声誉、职务侵占案等 31 种犯罪案件，归属公安经侦部门管辖。全市公安机关打击商贸犯罪的工作，随着斗争形势的发展不断得到加强。

1999 年，为优化经济环境，维护市场秩序，全市公安机关不断加大打击制假、贩假等经济犯罪的力度。共侦办制假、贩假等经济案件 147 起，挽回经济损失 1000 多万元，是年 5 月，经侦支队会同刑侦部门侦破特大制贩假烟案，缴获假芙蓉王烟 289 箱，涉案金额达 300 多万元。2000 年，安乡县经侦大队全面铺开对农资市场的“打假”战役，查处制、售假农药案件 5 起，收缴假杀虫脒等假农药 504 件，抓获犯罪嫌疑人 7 人，刑事拘留 4 人。

2001 年上半年，根据省公安厅整顿和规范市场秩序、严厉打击经济犯罪的统一部署，集中警力，狠抓专项整治和侦查破案工作。在全市组织开展对农资、食品、烟草、医药等市场的集中整治行动，仅在烟草市场整顿中，全市就查处违法犯罪案件 310 起，查处收缴违法经营的卷烟 6200 件、走私卷烟 860 条、假烟 430 条，收缴制假烟机 6 台，扣缴烟丝 10 吨、烟叶 392.5 吨。是年 5 月 2 日，在接到公安部转来“4·17”江西南昌特大非法拼装烟机案线索后，迅速成立“4·17”烟机专案组，组织民警全面开展侦查取证工作，抓获张××、陈××等 12 名犯罪嫌疑人，成功摧毁这一跨省作案的特大经济犯罪团伙。

2002 年，在省厅业务部门的指导下，市、区经侦部门拓展办案渠道，组织打击虚假注册、虚假出资、抽逃出资的专项整治行动，共立案 11 起，抓获犯罪嫌疑人 18 人。

2003 年 4 月，根据省厅统一安排，全市开展打击涉盐经济犯罪专项活动，相继在武陵区城西和鼎城桥南市场破获翟××船运 125 吨湖北私盐大案和胡×销售 5.15 吨假冒仿小包食盐案，端掉黑窝点 2 个，收缴各类违法、假冒食盐 90.9 吨。

2005 年 3 月，经侦部门与市商务局、知识产权局配合开展保护知识产权的“山鹰行动”专项斗争，重点打击、查处侵犯知识产权、非法经营、生产销售伪劣产品等犯罪案件。7 月，与市质监局联合行动，捣毁一假冒国家名牌、生产劣质洗衣粉的地下黑工厂，查获假立白、雕牌洗衣粉达 600 多件，案值达 5 万余元。同时，各区、县（市）公安机关先后出动警力 135 人次，配合盐业部门打击非法经营私盐犯罪活动，共收缴违法经营的食盐 103 吨。

2006 年，全市商贸领域经济案件侦办取得显著成效。鼎城区经侦大队破获瞿×、黄××非法购买和销售假盐案，津市经侦大队破获杨××等人非法经营食盐特大案，从而有力地惩治危及人民身体健康的经济犯罪活动，确保人民群众的生命安全。是年，市局经侦支队在治理商业贿赂专项行动中，成功破获林××等人涉嫌对公司、企业人员行贿案，查清其行贿总额达 105 万元的犯罪事实。桃源经侦大队办理的该县西安镇欧阳××挪用 50 万元资金“买码”（即地下“六合彩”赌博）的案件，由于事发后涉案人员全部畏罪潜逃，公安机关迅速组织警力，终将犯罪嫌疑人黄××、杜××和谢××等人全部抓获归案，并顺利将案件移送审查起诉。

2012 年，市局经侦支队成立专案组，经过近两个月的缜密侦查，于 7 月 5 日破获“4·25”桃源县陬市镇吴××等生产、销售“地沟油”一案，抓获吴××、黄××等 24 名犯罪嫌疑人，捣毁地沟油生产线 2 条，查处生产、销售地沟油黑窝点 42 处，现场查扣地沟油 500 多吨、扣缴油罐车 2 台及大批作案工具及设备，冻结涉案资金 100 余万元。8 月 28 日，涉案的 20 名犯罪嫌疑人全部被移送审查起诉。是年，经侦支队还协调桃源、石门经侦大队，历经艰苦调查取证，成功破获一起涉案金额达 200 余万元的生产、销售伪劣假酒案件，捣毁制假黑工厂 1 处，售假窝点 1 处，抓获汪××、曹××等三名犯罪嫌疑人，查扣假酒 20 余种，总量近 4000 件，以及各类白酒外包装 1000 余件（套）。

二、惩治涉众型经济犯罪

随着社会经济的快速发展，经济领域内以非法吸收公众存款、集资诈骗、传销、合同诈骗为表现形式的涉众型经济犯罪呈现高发态势，直接损害广大群众切身利益，严重扰乱市场经济秩序。对此，全市经侦部门从维护社会稳定和经济秩序的高度，把惩治涉众型经济犯罪摆在重中之重的位置。

2005 年，桃源县公安局经侦大队破获黄××非法吸收公众存款案，案情错综复杂，涉案人员众多，涉案金额巨大。经侦大队历经两个多月的调查取证，终于查清黄××自 1994 年至 2005 年间，采用欺诈等非法手段，吸收社会公众存款达 1259 万多元的犯罪事实。

2006 年，桃源县热市镇刘××伙同曾××等人合伙诈骗群众 1000 余人，金额高达

1000多万元，经侦支队受理案件后，集中警力，快速行动，及时抓获犯罪嫌疑人，为受骗群众追回损失，避免一起可能引发群体性事件的发生。石门县胡××以种植中草药材为名，与大量农户签订《栽培技术服务合同》，并以此设置虚假条款，骗取农户种植款项达350多万元，受骗村民多达992人，在当地造成恶劣影响。案发后，经侦部门集中力量，快侦快办，及时追回大部分被骗款，使受骗农户的损失减少到最低。

2007年，经侦支队在全市范围组织开展惩治传销专项行动，违法传销案件共立案35起，破案35起，涉案金额达467万元，抓获犯罪嫌疑人25人，刑事拘留25人，提请批准逮捕7人，移送审查起诉7人，"直诉"1人，3人被法院判刑，为国家、集体和人民群众挽回经济损失41.5万元。是年，石门县公安局经侦大队破获常德市首起特大利用网络非法经营案。犯罪嫌疑人杨××等人利用美国LOB远程教育网进行网络传销活动，发展下线1675人，涉案金额达169万元。该案侦结后，共刑事拘留犯罪嫌疑人8人，其中3人被判刑。

2008年，为维护金融秩序，遏制非法集资案件的发生和蔓延，全市经侦部门组织开展惩治非法集资专项行动，共受理非法集资类案件线索13条，立案6起，破案6起，抓获犯罪嫌疑人9人，刑事拘留6人，提请逮捕2人，移交审查起诉2人，"直诉"2人。涉案金额近2.4亿元。津市市公安局经侦大队以非法吸收公众存款罪立案侦查首例高利转贷案件，犯罪嫌疑人严××、郑××、龚××等7人非法攫取现金和财物，共计180余万元。案件办结后，涉案7人被依法提请逮捕。

2009年经侦、税侦合并后，进一步加大打击传销违法犯罪的力度，全市公安经侦部门与工商行政管理机关紧密配合，出动警力3000余人次，先后联合开展清查行动108次，突击清查传销窝点132处，打掉传销团伙35个，教育遣返传销人员6000余人次，查获传销违法犯罪人员974人，行政拘留涉传违法人员174人，刑事拘留117人，送劳动教养6人，提请批准逮捕49人，解救被骗涉传人员600余人。

2010年2月，市局经侦支队成功破获以赵×、何××为首组织的澳洲AD网络媒体广告公司传销案，抓获该团伙在常德网点链上的全部骨干成员。刑事拘留犯罪嫌疑人13名，其中提请逮捕11人，收缴电脑等作案工具16台（件），银行卡80多张，假身份证60多个，追缴非法所得港币180万元，人民币1400多万元，房产7套，轿车5辆（折合人民币700多万元）。是年8月，市局经侦支队接到群众举报：欣彩国际（香港）实业集团有限公司打着"合投购彩（体彩、福彩）"的幌子，在常德及长沙、深圳等地组织传销活动，涉案金额达2亿多元。经侦支队受理案件后，迅即抽调30名民警组成专案组，兵分三路，在常德、长沙、深圳等地，同时开展破案抓捕行动，抓获李×、彭××等13名犯罪嫌疑人。是年年底，武陵区公安分局经侦大队连续破获刘××和冯××两起特大非法吸收公众存款案，涉案金额高达1127万元。安乡县公安局经侦大队、澧县公安局经侦大队分别破获滕××非法集资案和邱××高利转贷案，涉案金额分别达到1000万元和141万元，犯罪嫌疑人均被依法处理。

2011 年 5 月 19 日，破获刘××等人为首组织的“康强国际”网络传销案，抓获犯罪嫌疑人 12 名，提请逮捕 8 人，追缴、暂扣、冻结涉案资金 2000 余万元，依法查封、扣押犯罪嫌疑人房产、车辆等涉案物资价值 2000 多万元，从而彻底捣毁该传销网络。为此，公安部于 6 月 3 日向市局专门发来贺电，对成功侦破该案给予高度肯定。2012 年 5 月，汉寿县公安局经侦部门经过一个多月的侦查，于 6 月 28 日远赴南昌，捣毁以销售螺旋藻产品为名在汉寿等地进行传销活动的“江西新洋生物科技有限公司”总部，抓获其董事长兼总经理林××、副总经理王××等 12 名犯罪嫌疑人，冻结涉案资金 4000 多万元，彻底捣毁了这一涉及全国 20 多个省、市有会员 70000 余人，涉案金额达 2.5 亿元的传销违法犯罪团伙。

第二节　涉税犯罪案件侦查

1998 年市局税侦支队成立后，针对偷税、抗税、虚开增值税发票、制售假发票等犯罪活动猖獗、严重扰乱国家财政税收征管秩序的实际，市局税侦支队认真履行职责，对涉税犯罪案件进行了全力侦破和惩治。至 1999 年，全市税侦部门瞄准暴力抗税、虚开增值税发票、偷税 10 万元以上重大涉税案件重点出击。全市抗税案件共立案 4 起，虚开增值税发票案件立案 2 起，10 万元至 30 万元偷税案件立案 9 起，30 万元至 50 万元偷税案件立案 6 起，依法立案处理 12 人，其中提请逮捕 4 人。

2000 年 8 月，税侦部门接到市国税稽查局移送的“常德市对外贸易潇湘实业总公司涉嫌虚开增值税专用发票”一案后，及时成立专案组，组织警力，及时查清该公司为他人代开发票 95 份，涉税金额 8560 多万元，并接受他人虚开的增值税专用发票 803 份，涉税金额达 8410 多万元的犯罪事实。对构成犯罪的该公司总经理张××、副总经理常××依法提请逮捕。

2003 年年初，以查处惩治严重危害征管秩序的抗税、偷税等重特大案件为重点，侦结公安部、最高人民检察院挂牌督办的“8·13”特大虚开增值税专用发票案，查清涉案公司虚开电脑发票 8600 多万元，给国家造成 2000 多万元损失的犯罪事实。

2004 年，汉寿县公安局税侦大队侦办公安部“夏都专案”协调小组督办的“4·27”虚开增值税专用发票案，通过 6 个月的侦查，该案成功办结，共查清虚开农副产品专用发票和增值税专用发票 463 份，涉案金额达 3897.6 万元、税额达 5384.3 万元。11 月 5 日，涉案犯罪嫌疑人被依法移送起诉。

2005 年，全市税侦部门配合税务机关，对家装、建材和房地产行业偷税、漏税问题展开深入整顿。市局税侦支队一举侦破常德鸿杨家装公司自 2002 年起，隐瞒经营收入 700 余万元，偷税 100 余万元的违法犯罪事实；桃源税侦大队侦破高××在承建桃源县安置房期间偷税 40 余万元的案件。

2007 年，市局税侦支队组织力量，对常德现代物贸有限公司、江苏天地钢结构工程集团武汉分公司、武陵区农贸大市场、碧水山庄休闲广场等七个单位及项目涉嫌偷税的情况进行查处，为国家挽回经济损失 1000 万余元。

2008 年，在打击制售假发票和非法代开发票专项整治行动中，市局税侦支队破获涉案金额达 4000 多万元的“2·22”常德首起农机管理所特大制售假发票团伙案，通过一个多月的深入调查取证，摧毁以彭××、宋××为首的特大制作、出售假发票的特大犯罪团伙。是年 3 月，税侦支队破获中移腾讯常德分公司涉嫌偷税案。查清该公司自成立以来，在公司负责人胡××的授意组织下，向税务部门虚假申报、隐瞒收入 4000 多万元，偷税 600 多万元的犯罪事实。胡××被依法刑事拘留。

2009 年，为贯彻国务院办公厅《关于印发全国打击发票违法犯罪活动工作方案的通知》精神，全市开展整治发票犯罪专项行动，破获以方××、陈××、林××等人为首的非法制造、出售假发票特大团伙案，捣毁制假、售假窝点 5 个，抓获团伙骨干成员 3 名，现场缴获制票设备 2 套，假发票 1 万余份。该案被省厅列为督办案件，中央电视台、湖南都市频道、《法制日报》等多家媒体予以专题报道。

2010 年 1 月至 10 月，为进一步巩固专项行动成果，遏制假发票印制窝点和犯罪网络的反弹，全市经侦部门按照公安部和省公安厅统一部署，在全市范围内开展深入打击整治发票犯罪的专项行动。市局经侦支队与市国税、地税等部门协同配合，组织 70 名警力，兵分 3 路在长沙、常德等地同时开展抓捕行动，成功破获黄××、方××等人家族式非法制造、出售假发票的特大团伙犯罪案件，抓获犯罪嫌疑人 22 人，捣毁假发票加工制作窝点 4 个、藏票窝点 2 个，缴获制假工具电脑 4 台，各类假发票 345 万份，假税务机关、企事业单位公章 600 余枚。2011 年 9 月，经侦支队组织警力，经过一个多月的细致侦查，抓获陈××、李××等 10 名制售假发票犯罪嫌疑人，捣毁制售假发票窝点 5 个，缴获作案电脑、打印机、发票模拓等作案工具 23 台（件），收缴各类国税、地税假发票 28 种、83 万余份。

第三节 金融犯罪案件侦查

进入 21 世纪后，经侦部门针对金融犯罪案件日益增多的实际，锲而不舍，把惩治金融犯罪摆在突出位置。2000 年 4 月，全市经侦部门配合全国打击制贩假币专项行动，不断摸索创新侦破打击机制，“打团伙、端窝点、查源头”，共缴获假币 37000 余元，抓获犯罪嫌疑人 7 人，刑事拘留 4 人。

从 2001 年 6 月开始，全市组织开展以惩治金融领域严重经济犯罪和追捕金融系统携款潜逃人员为重点的专项斗争，共破获职务侵占案 32 起，挪用资金案 30 起，抓获犯罪嫌疑人 57 人，抓捕携款潜逃人员 6 人，为国家挽回经济损失 280 余万元。

2005 年在开展“反假币工作年”的专项行动中，与中国人民银行常德市分行、市银监局三次召开反假币工作联席会议，强化措施，加大反假币工作力度。同时针对农村信用系统职务侵占和挪用资金案件高发的特点，加大对农村信用系统职务犯罪的查处力度。汉寿县公安局经侦大队侦破吴 × 职务侵占案，查清其侵吞水泥 510 吨，获取赃款 10 多万元的犯罪事实。桃源县公安局经侦大队破获县农村信用社营业员燕 × × 利用职务之便挪用资金 48 万余元的犯罪事实。

2008 年，在公安部组织开展的整治银行卡违法犯罪专项行动中，全市经侦部门共受理银行卡违法犯罪案件 134 起，其中刑事案件立案 11 起，涉案金额达 3 亿多元。通过破案，抓获违法犯罪成员 66 人，刑事拘留 8 人，行政拘留 13 人，其他行政处罚 11 人。2009 年 5 月，经过立案后经侦部门三个月的缜密侦查，破获杨 × × 特大购买假币案，查获 DP 版面额 50 元假人民币 1005 张，缴获高纯度海洛因 60 克，麻古 100 粒，冰毒 1.5 克。2010 年全市经侦部门继续推进打击银行卡犯罪专项行动，银行卡犯罪案件共立案 24 起，破案 12 起，抓获犯罪嫌疑人 11 人，收缴涉案卡 12 张，涉案金额 178 余万元，为集体和个人挽回经济损失近 10 万元。

第四节　基础业务建设

一、注重队伍管理和业务培训

全市经侦队伍实行严格的准入、交流机制，使警力配置得到优化。为适应惩治经济犯罪的需要，全市经侦系统将民警教育培训工作常态化，每年都针对新的法律法规和涉及经侦工作的有关专业知识进行全面培训。组织全市经侦民警系统学习《刑法》《刑事诉讼法》、新《中华人民共和国税收征收管理法》《经济犯罪立案标准》《关于经济犯罪案件追诉标准的规定》等法律法规，指导民警依法办案。同时注重总结办案经验，对每一类案件将相应法律法规、精品案件、调研文章汇编成册，指导民警系统学习。同时，通过远程教育、案例分析讲评、庭审旁听等，使经侦民警政治业务素质显著提高。

二、积极推进情报信息网络建设

全市经侦民警牢固树立科技强警和信息侦查意识，在情报信息网络建设上加大投入，不断改善装备，建立并使用经济犯罪情报信息系统，实现对经济犯罪案件、在逃犯罪嫌疑人等基础信息的计算机管理和联网查询。尤其针对全面提高经济犯罪案件信息质量的要求，坚持狠抓经济犯罪案件信息录入工作，实现经济犯罪案件信息从数量到质量的转型。同时，充分利用情报导侦和科技护航，发挥警务平台查询优势，通过实行“网上作战”和“网下巡查”相结合的立体作战模式，建立起完善协作机制，形成打击合力。在经济案件侦办，尤其在网络传销等案件侦办上，取得显著成效。全市经侦部门与执纪、执法和司法等机关理顺关系、沟通案件移送渠道，对相关单位、部门发现、移送的涉嫌经济犯罪的案件和嫌疑人，按照程序及时受理，规范处理。主动与财政、税务、工商、质监、银监、审计等部门加强协作配合，建立起联席会议、情况通报、案件移送、线索协查等方面的协作制度，规范操作程序，做到信息共享、沟通便捷、控制有力，有效提高预防和惩治经济犯罪的能力。与此同时，结合侦查破案，全市经侦部门注重隐蔽力量建设，为惩治各类经济犯罪发挥重要作用。在侦查破案的实践中，为集中精力办大案、创品牌，全市经侦部门全力推行上下联动的“大经侦”格局，着力强化市县两级经侦部门的协调配合，采取大要案件提升管辖、指定管辖、案件督办等方式，优化警力配置，提高整体效能。为适应办案需要，市局多次从区县（市）公安（分）局抽调警力，统一组织办大案、攻难案。安乡、桃源、汉寿等区县经侦大队也先后将重大经济犯罪线索提升管辖，由经侦支队组织办理，取得重大成果。2008 年至 2009 年，经侦支队提请逮捕、“直诉”和实施劳动教养人数达到 95 人，追缴赃款现金 1.2 亿元，扣缴车辆等各类财务总价值达 1.4 亿元；2011 年 6 月，经侦支队时任支队长赴公安部向全国经侦民警传授“惩治网络传销犯罪”的经验，由此，常德公安机关打击网络传销犯罪的工作获得公安部的充分肯定。是年 9 月 20 日，省公安厅专门在常德召开全省打击经济犯罪工作现场会，重点推介常德惩治经济犯罪的经验。

第三章　国内安全保卫

国内安全保卫是公安机关为维护社会政治稳定和国家安全、维护国家统一和民族团结、维护宪法确定的基本政治原则，依照宪法和法律，运用专门力量和专门手段隐蔽开展的侦查、情报、保卫专门工作。

1998 年 9 月，为适应维护社会政治稳定和国家安全工作新形势、新任务，将政治保卫更名为国内安全保卫，将原经济保卫、文化保卫部门所担负的政治保卫工作任务调整到国内安全保卫部门。市公安局政保科更名为国内安全保卫科，为正科级机构。2002 年，更名为国内安全保卫警察支队（简称国保支队），仍为正科级机构。其主要职能：维护国家安全和社会政治稳定。主要从事情报信息的搜集、分析、研判，预防和协助处置各种影响社会政治稳定的闹事事件和苗头；案件侦查，对危害国家安全和社会政治稳定的案件开展侦查；防范保卫职能是为维护国家安全和社会政治稳定，在重点时期，对重点领域、重点部位、重点对象进行调查研究，实施安全防范和安全保卫工作。

第一节　维护社会政治稳定

一、围绕重大事件开展维稳工作

政治保卫工作重心转移后，维护社会政治稳定成为政治保卫工作的重中之重。从1988年至2012年，中国共产党先后召开五次党的全国代表大会，这是全党的重大事件，作为国保（原政保）部门，为确保党代会的顺利召开做了大量的工作，每届党代会召开之前，市局国保支队均制定保卫方案和情报搜集提纲并下发，广泛搜集情报信息，密切注视社会动态，果断化解各种群体性事件苗头。

（一）确保体育赛事顺利进行

1999年9月17日至9月21日，亚洲第八届运动会皮划艇锦标赛在常德柳叶湖举行。为确保这期间社会稳定，市局政保部门全力投入该赛事的保卫工作，搜集情报信息，排查不稳定的苗头。通过工作，全市政保部门共搜集情报信息1600余条，向市委、市政府、省厅政保处编报《常德政治保卫》149期，情报工作为“亚划赛”的安全保卫发挥很好的作用。是年8月中旬，赛场地原常德渔场150多名退休职工因1至8月退休工资未发，准备在赛期集体非正常上访，政保部门获此情报后，及时报告市委、市政府，经市、区有关部门积极工作，及时化解了该事件，确保赛事的顺利进行。

（二）消除可能影响北京奥运会顺利举行的重大安全隐患

2008年8月8日至8月24日，第29届奥运会在北京举行。各级党委、政府和公安部门对北京“奥运会”的安保工作高度重视，以“三个确保”和“五个严防”为总目标，落实以情报信息为中心的安全保卫工作措施。为此，市公安局国保支队先后下发9个紧急通知，部署各区、县（市）公安国保部门对可能影响奥运会顺利进行的不安定因素、重点人、群体性闹事苗头开展专项调查摸底。经工作，共搜集各类情报信息3600余条，向市委、市政府和省公安厅国保总队编报《常德公安要情》1053期。及时消除可能影响北京“奥运会”顺利举行的安全隐患。

二、利益诉求群体稳定工作

随着改革开放的进一步深入，利益格局进一步调整，各类社会矛盾凸显，致使利益诉求群体频繁非法集访，严重影响各级党委和政府的正常工作秩序。对此，市局国保部门按“四个防止”的工作要求，全力开展维护稳定工作。1988年至2012年，全市公安国保部门广辟情报信息搜集渠道，不断完善情报信息收集、反馈制度，收集掌握大量的情报信息，为市委、市政府维稳决策发挥有效参谋作用，完成维护全市的社会政治稳定工作任务。

（一）移民、征地拆迁群体维稳

近年来，国家相继出台有关移民政策和加强新农村建设的政策，在政策落实过程中，因利益诉求问题引发的群体性事件时有发生。

2011年9月15日，皂市水库移民群体性事件被有效化解。湖南澧水皂市水利枢纽工程系省重点工程，涉及移民共计1万多户4万多人，从2003年开始，七年时间内完成移民工作。9月15日，部分移民群众以资金未完全落实到位为由，聚集堵路、集访政府，市公安局迅速成立处置突发事件指挥部，市县公安机关调集数百名警力，到现场开展处置工作，对移民采取宣传教育、交通远程分流等措施，有效地化解了该事件。

（二）改制企业职工、离退人员群体维稳

随着改革的深入，常德市部分国有企业率先实施破产改制。由于企业员工身份的置换和利益关系的调整，引发群体性事件。1999年1月18日，原常德棉纺厂改制退休职工200余人，因养老金待遇到政府集访、堵塞交通，市局迅速开展工作并报告省公安厅，省厅高度重视，派员到常德指导，及时化解该事件。

三、反邪教工作

1999年10月8日，最高人民法院和最高人民检察院出台《关于办理组织和利用邪教组织犯罪案件具体应用法律若干问题的解释》（简称“两高”司法解释）。在反邪教工作中，将有害气功组织纳入广义邪教组织，一并开展防范和处理工作。是年，我国共认定和明确的邪教组织有21种，有害气功组织14种。常德自1995年到2012年，相继存在7种邪教组织和6种有害气功组织。邪教组织有“呼喊派”邪教组织、“观音法门”邪教组织、“血水圣灵”邪教组织、“门徒会”邪教组织、“全能神”邪教组织、“主神教”邪教组织、“法轮功”邪教组织。其中，裹胁信众较多且现实危害较大的有“法轮功”邪教组织、“门徒会”邪教组织、“全能神”邪教组织。有害气功组织有“中功”邪教组织、“香功”邪教组织、“菩提功”邪教组织、“元极功”邪教组织、“中华昆仑女神功”邪教组织、“三三九乘元功”邪教组织。自开展防范和处理邪教工作以来，常德公安机关首次大规模打击处理邪教工作起于1995年，主要是对“门徒会”邪教组织开展专项整治。自1999年以来，公安机关同“法轮功”邪教组织进行长期斗争，并逐步掌握了斗争主动权。

按照中国共产党和国家对公安反邪教工作的要求，常德公安机关主要从“严密监控、打防结合、有效处置、维护稳定”四个方面开展反邪教工作。即动员全社会力量，综合运用政治、经济、文化、法律等手段教育转化一般信徒，依法打击为首者和骨干顽固分子，震慑邪教组织违法犯罪活动，达到政治效果、社会效果与法律效果的有机统一。通过以上措施，及时发现掌握常德范围内各类邪教组织和有害气功组织活动，澄清其组织体系和人员底数，并依法予以坚决取缔，绝大部分一般信徒得到教育转化，为首者和骨干顽固分子依法受到打击处理。如2005年，全市组织统一行动，抓获邪教“门徒会”小会以上骨干4名，均被依法追究刑事责任。2011年5月，常德临澧县组织专项行动，抓获“法轮功”邪教组织顽固分子26名，刑事拘留8人，送劳动教养3人。

四、惩治犯罪

依法查处涉宗教领域违法犯罪行为。2000年，因从事“法轮功”邪教活动被劳动教养、2002年又因聚众淫乱被判刑的胡××，带领6名弟子，窜至四川、湖北和湖南株洲、常德等地，收纳弟子、敛财骗钱。2008年10月中旬，胡××率众弟子流窜至常德某寺，企图将该地建成“有害功法组织”的全国性培训基地。10月31日，常德公安机关主动出击，依法收缴其从事非法活动的工具，教育劝散所有参与成员，遣散胡××等主要骨干。2010年12月，市公安局在宗教堂点安全检查中发现，德山乾明寺法号“释××”的和尚来历可疑。国保部门民警深入寺内开展排查，经过公安信息库核查，进而确认该“释××”系2006年10月6日在江西省余干县大溪乡老家杀害情妇后潜逃至常德、伪造假身份证混入乾明寺受戒当和尚的在逃人员吴××。2012年12月9日，吴××被常德公安机关抓获。

第二节　专案侦查

为了有效发挥专案侦查在维护国家安全和社会政治稳定中的攻坚作用，市公安局国保支队在对敌情进行全面分析的基础上，重点围绕涉稳活动、邪教组织活动、境外渗透等方面加强专案侦查工作。1988年至2012年，共立各类专案962起，破案585起。其中，公安部督办的重特大案件11起，省厅督办的重大案件15起。

一、公安部督办专案

（一）伪造人民币专案

1991年1月6日，市公安局政保科经工作获悉，海南省海口市邱××等人伙同常德县经济贸易开发公司业务员陈×在原常德县河洑乡岩桥寺村一组一租住房内制造假人民币。对此，市公安局迅速成立由政保科牵头，抽调有关警种警力组成专案组，经过8天的深入侦查取证，一举掌握陈×、邱×等5人在河洑乡一租住屋内企图伪造大量人民币的犯罪证据。1月14日下午5时许，当他们正在为伪造出了第一批假钞而聚餐庆祝时，专案组果断出击，一举将案犯悉数抓获，现场缴获首批伪造的成品假钞9300元，拾元币半成品3560张，以及制造假钞的工具、药水等，刑事拘留5人。该案的侦破，得到公安部一局的肯定，中央电视一台新闻频道对该案予以了报道。

（二）“法轮功”邪教组织专案

2007年8月，在市公安局主要领导的指挥下，专案组在郴州将出逃多年的全省“法轮功”邪教组织地下组织主要骨干、公安部督办的专案逃犯袁×抓获，并将袁×等人在郴州设立的两个大型“法轮功”邪教组织反动宣传资料制作“工厂”摧毁。

该专案系公安部督办的“法轮功”邪教组织人头专案，主要任务是抓获已破专案逃犯袁×（武陵区人，化名小洁、小薇、杨薇），查清袁×的违法犯罪事实。袁×于2000年年底外出“弘法”，成为脱管“法轮功”邪教组织人员，长期在省内各市（州）参与“法轮功”违法犯罪活动。2005年，市公安局在侦查一起“法轮功”邪教组织地下组织活动专案过程中，发现袁×遥控指挥常德市“法轮功”邪教组织人员从事反动宣传活动，还派人到常德进行“技术指导”。市公安局从此开始将袁×纳入侦查视线，并建立专门的人头专案。经侦查，掌握到袁×长期以郴州为基地组织全省“法轮功”邪教组织的违法犯罪活动，还将刘×（其丈夫）等人拉入其中，从2007年年初开始，袁×指挥刘×在长沙、常德等地充当“技术员”，帮助“法轮功”邪教组织安装接收境外“法轮功”邪教组织节目的卫星接收器。

是年，市公安局根据上级指示，成立以袁×为主要侦查对象的专案组，开展专案侦查工作。专案组先后6次到郴州、4次到株洲和湘潭、11次到长沙开展外调，专案组先后8次组织召开专案研究会。7月，专案组经艰苦工作，发现掌握袁×在郴州的一活动据点和一名重要同伙罗×，为该专案取得突破性进展打下良好基础。7月25日，专案组赴郴州开展调查，查明罗×的基本情况，同时侦查发现掌握罗×伙同袁×从事“法轮功”邪教组织违法犯罪活动的部分证据。8月11日，布控民警将袁×抓获。并对罗×、袁×2人住处依法进行搜查，在其房内查获用于制作“法轮功”邪教组织反动宣传品的笔记本电脑1台，日本产大型印刷机1台，打印机5台，光盘刻录机3台，扫描仪1台，碳粉15盒，墨水10箱，512兆优盘2个，卫星接收机1台及高频头等设备零件若干，并查获反动宣传资料若干，从而彻底摧毁这一大型“法轮功”邪教组织反动宣传资料制作“工厂”。

专案组被公安部荣记集体二等功。

（三）“门徒会”邪教组织专案

以程×、杨×、潘×等为主要侦查对象的该专案，是一起跨省市发展“门徒会”邪教组织，制作邪教宣传资料的部督专案。按省公安厅对该专案侦查工作的统一部署，常德市公安局于2005年6月1日立案，成立强有力的专案班子。针对这一犯罪团伙狡诈、隐蔽，获取证据难的情况，在相关单位和部门的大力配合协作下，专案组通过为期6个月的侦查、调查，获取了邪教组织主要骨干程×、杨×、潘×从事非法活动的证据，查清“门徒会”邪教组织的组织体系。2005年11月23日，专案组果断出击，抓获全部涉案人员。程×、杨×、潘×分别被判处有期徒刑8年、7年、3年。

二、省公安厅督办专案

（一）苏×为首的“法轮功”邪教地下组织专案

2003年11月至2004年春节前后，鼎城区武陵镇、牛鼻滩镇和武陵区、德山开发区等地相继发生多起悬挂、张贴、散发“法轮功”邪教反动宣传品案件。经现场勘查、技术鉴定和调查分析，认为这一系列案件应为同一伙人所为的可能性极大，决定并案侦查。2004年2月26日，市公安局指定鼎城区公安局为主侦单位，组成专案组对上述系列反动宣传案件进行立案侦查。省公安厅对此案高度重视，挂牌督办。

侦查掌握，涉案人员系“法轮功”邪教组织顽固分子，作案手段多样、狡诈，反侦查能力强，反动宣传资料印制点隐蔽，反动宣传资料的传递实行严格的单线联系，反动宣传资料分头散发。针对以上特点，专案组认真分析研究后决定：采取“稳步推进、步步为营、摸清内幕、一网打尽”的原则。鼎城区公安局国保大队运用侦查谋略，采用多种侦查手段，历时9个月，一举推毁以原常德“法轮功”邪教组织辅导站站长苏×为首、刘×等为骨干、涉案人员43人的“法轮功”地下组织，破获散发“法轮功”反动宣传品案件41起，依法提请逮捕犯罪嫌疑人7名、实施劳动教养4名，收缴“法轮功”邪教组织反动宣传品110种、2037份。

（二）彭×为首的“法轮功”邪教地下组织专案

2006年12月至2007年3月，桃源县漳江镇、翦市镇、凌津滩镇、漆河镇、架桥乡、太平桥乡等农村乡镇先后发生散发反动宣传资料案件56起，现场提取的反动宣传资料907种、18726份（册、张）。省公安厅高度重视，并挂牌督办。

桃源县公安局专案组经过近一年半时间的侦查、调查，一是获取专案首要分子彭×（桃源县人，曾因从事“法轮功”邪教违法活动两次劳教）出资建立6个反动宣传资料印制点，网上下载反动宣传资料印制分发，指挥骨干成员文××等人搜集所谓迫害“法功轮”邪教组织的资料上传境外××网，分发反动宣传资料并安排散发线路，组织非法聚会、集体弘法，还亲自散发或邀集同伙散发反动宣传资料的犯罪证据；二是获取了以彭×为首，以刘×、何×、翦×为骨干的桃源县“法轮功”邪教地下组织体系及其团伙成员36人，分南、北、中路三片进行反动宣传煽动活动的犯罪证据。

大量证据的获取，为侦破该地下组织专案打下坚实的基础。2008年7月14日，桃源县公安局组织300多名民警开展统一搜捕行动，共传唤审查30人，依法提请逮捕13人，送劳动教养6人，其他处理11人，收缴用于印制反宣资料的电脑、印刷机、装订机、切纸机等设备30台（套），耗材40余件，反动宣传资料1300余种、42万余份（册），彻底摧毁了桃源县“法轮功”邪教地下组织网络。

专案组被省公安厅荣记集体二等功。

第三节　情报信息

情报信息工作是国内安全保卫部门的一项专门工作，也是国内安全保卫部门的主要职能，贯穿于国内安全保卫工作的始终，市局国保支队在情报信息的收集上狠下功夫，取得较好的成绩。1988年5月，公安部政保局在常德召开全国政保工作座谈会。常德市公安局在会上作根据对敌斗争发展新变化、大力加强情报信息和基础建设的经验介绍，受到会议的高度重视与肯定。会议确定政保工作的重心要逐步转移到强化情报信息和基础建设上来。1988年至2012年，市公安局国保部门共搜集各类情报信息65300余条，分析研判编印上报市委、市政府及省公安厅的情报专刊9000多期，被公安部采用1000多期（条），省公安厅采用2669期。通过强有力的信息工作，基本上掌握境外敌对势力、敌对分子的渗透破坏动向，发现并预防各类闹事苗头7700余起。

一、拓宽渠道搜集情况信息

打破隐蔽斗争神秘化、孤立化的禁锢，相信群众，依靠有关单位和部门，广辟情报信息来源，加大情报信息的搜集力度。①通过派出所、保卫部门及其他基层组织获取；②通过公安机关公开管理工作获取；③通过调查研究获取；④通过文化、教育、统战、民族、宗教、外事等其他党政机关和团体组织获取；⑤通过计算机互联网获取；⑥通过电台、电视、报刊及其他公开资料获取；⑦通过职能手段获取。为把情报信息搜集工作向基层延伸，在公安基层派出所设国保专（兼）干，引导社区民警物建信息员、联络员，形成公安情报信息搜集网络。全市共设国保专（兼）干235名，专（兼）干和社区民警围绕重点领域、重点单位选建信息员、联络员5872名。据统计，通过基层民警和保卫干部共搜集情报信息29697条，占整个搜集数的45%左右。工作中，国保部门始终将情报信息工作贯穿于专案侦查、线索查证和基础调查中，坚持挖深挖潜，发现有重要价值的深层次情报信息。如桃源县政保股（国保大队）在基础调查中就发现8起反动组织线索。鼎城区国保部门在“三资企业”调查中，发现西方国家间谍针对常德的情报活动、境外渗透活动和情报窃取活动线索。

二、围绕中心任务搜集情报信息

围绕敏感期，国庆、春节等重要节日和全国、省、市“两会”等重大事件重点搜集情报信息。如1989年春夏之交的政治风波，全市公安国保部门共搜集情报信息3935条，并及时编报专刊157期上报市委、市政府和省公安厅，为维护全市社会政治稳定发挥了重要作用。

三、围绕重大事件搜集情报信息

1988年至2012年，中国共产党先后召开中共第十四次至第十八次全国代表大会，北京、上海成功举办第29届世界奥运会和第41届世博会。为做好以上国家重大事件的安全保卫工作，全市公安国保部门充分发挥职能作用，大力开展情报信息的搜集工作，共搜集情报信息22846余条，编报专刊4090期。上述情报信息为市委市政府和省公安厅决策提供高效服务，及时化解各类群体性问题苗头3600余起。

四、围绕突出问题搜集情报信息

围绕非正常上访等问题，以及危及稳定的突发事件，有针对性地组织情报信息的专题搜集，并及时反馈，为化解矛盾、平息事态发挥重要作用。

第四节　宗教保卫

历史上，常德宗教基础雄厚，天主教、基督教、伊斯兰教、佛教、道教五大教种齐全。新中国成立后，宗教活动的管理逐步规范；“文化大革命”期间，常德市宗教活动完全停止；1978 年中国共产党的十一届三中全会召开后，逐步落实宗教政策，常德成立相应的宗教团体，批准开放宗教活动场所。据统计，截至 2012 年年底，全市共有开放的宗教活动场所 468 处，其中，天主教活动场所 11 处、基督教活动场所 109 处、伊斯兰教活动场所 30 处、佛教活动场所 203 处、道教活动场所 115 处。此外，还有民间信仰活动场所 8 处；有市级宗教团体 5 个，县级宗教团体 23 个。全市共有宗教教职人员 317 人，其中，天主教教职人员 8 名、基督教教职人员 90 名、伊斯兰教教职人员 19 名、佛教教职人员 159 名、道教教职人员 41 名；全市共有信教群众 40 万人，占全市总人口的 7% 左右。公安机关按照宗教保卫工作方针，坚持阵地控制、长期打算、防止危害的思想，有效保卫宗教领导权及正常宗教活动的开展。

一、保护合法

主要体现在公安机关依法维护正常宗教活动秩序，保卫宗教活动安全。据不完全统计，1988 年至 2012 年，全市公安机关针对正常宗教活动组织开展安全保卫工作近 1000 场（次），调动警力 10000 多人（次）；建立堂点治保组织 400 多个，培训堂点治安保卫力量 2000 多人（次），对寺庙宫观堂点常年坚持消防隐患检查整改和治安巡逻防范，确保全市宗教领域未发生大的消防和治安问题。

二、制止非法

主要是配合宗教主管部门，查禁取缔滥建庙宇 50 多座，制止各类非法宗教活动 800 多起，办理境外宗教渗透案件 10 起，依法处理涉及该领域内违法犯罪人员 20 多人。在遏制“常德温州教会”非法活动方面发挥了较好的职能作用。20 世纪 90 年代，到常德经商的温州人赵 × 在武陵、鼎城等地实施非法活动。对此，公安机关适时开展工作，及时指出其违法行为，教育劝导参与群众，有力地制止了其非法活动，有效防止了其蔓延成势。

三、抵制渗透

境外宗教组织不断派员到常德寻旧访友，培植新的代理人，插手内地堂点建设和教牧人员的选拔，干预内地堂点的宗教事务。由于发现及时，处置措施有力，其阴谋未得逞。

第五节　基层基础建设

1988 年以来，常德公安政（国）保部门充分发挥基层基础工作在整个职能工作中的源头性作用，常抓不懈。特别是 1998 年第一次全国国内安全保卫工作会议以来，全市公安机关及其国保部门认真贯彻落实公安部关于加强国内安全保卫工作的决定，以强化基础调查、业务建设、国保工作落实到派出所为手段，突出情报信息工作的中心地位，有效地维护社会政治稳定。2006 年，公安部召开的全国公安厅局长会议提出公安机关要“抓基层，打基础，苦练基本功”的要求。3 月 21 日，公安部一局在北京召开全国公安国保基层基础工作会议，对国保系统的基层基础工作进行部署。为了贯彻落实公安部和一局的部署，国保部门将基层基础工作作为国保工作的重中之重，狠抓落实。

一、国保基础工作落实到派出所

国保部门充分发挥派出所的纽带和桥梁作用，将国保基础工作落实到派出所，并使之规范化、专业化、机制化、常态化。为此 ，2000 年，市公安局作出加强派出所国保工作的决定，要求各区、县（市）公安（分）局将国保工作纳入派出所整个公安业务工作之中，对派出所的国保工作实行一票否决制和末位淘汰制。各级国保部门采取培养典型、以点带面，促进平衡发展等措施，全面强化派出所国保工作。全市公安派出所均形成所长负总责，分管所领导具体抓，社区民警共同落实的局面。

为强化派出所民警的业务培训，市公安局国保支队每年举办情报信息搜集、宗教保卫、反邪教工作短期培训班，派业务骨干赴区、县（市）进行授课培训。

二、国内安全保卫队伍建设

根据中央领导和公安部领导指示精神：“各级公安国内安全保卫部门要切实担负起维护国家安全和社会政治稳定的工作，采取有效措施，建设一支与斗争形势和任务相适应的、高素质的、能够经得起各种风险考验的、特别能战斗的国内安全保卫队伍。”“国内安全保卫工作性质的特殊性要求必须建立一支政治可靠、业务过硬、掌握和运用高新科学技术，在关键岗位和关键时刻能发挥重要作用的专家型队伍。”国保支队以贯彻落实上级指示精神为契机，积极探索国保队伍建设新途径。

确保国保警力。根据隐蔽斗争工作的需要和公安部规定，国保警力不能低于全部警力的 3%。为此，各区、县（市）国保大队基本实现该警力配备标准。

加强民警思想教育。鉴于国保工作的特殊性，按照公安部和省公安厅的统一部署，市局加强对国保民警的忠诚教育工作。2006 年 7 月 28 日，市公安局国保支队制定全市公安国保民警开展正义忠诚教育活动的方案。同年 8 月 15 日，市公安局召开各区、县（市）公安局长和国保大队长会议进行部署。是年，国保支队集中一个月时间组织学习教育活动，并请市公安局主要领导给支队民警讲形象课，请老专家讲正义忠诚课，请先进典型人物介绍经验等。2008 年，第三次全国国内安全保卫工作会议明确公安国保队伍建设的核心是“特别讲政治，特别讲奉献，特别讲能力，特别讲纪律，特别讲保密”的“五个特别讲”。为此，市公安局国保支队围绕“五个特别讲”，坚持每年开展为期一周的集中式正义忠诚教育和日常式正义忠诚教育活动。2010 年至 2012 年，组织全市国保民警收听、收看公安部一局举办的“国保大讲堂”共 46 场，并组织民警撰写观后感。

组织业务培训。根据公安部部署“三基一化”苦练基本功的要求，2005 年 4 月 13 日，市公安局国保支队深入开展大练兵活动，并先后 5 次召开会议进行部署。工作中，采取强化培训的方式，3 次派员参加公安部、省公安厅国保总队举办的业务培训班；5 次召开业务工作会议进行业务培训；同时，国保支队还选派业务熟练的民警下到区、县（市）进行业务辅导，重点传授情报信息搜集方法、专案侦查谋略、侦查技术知识，以此提高国保民警业务水平，促进全市公安国保工作的开展。

组建专业队伍。随着隐蔽斗争形势的变化发展，根据全国第三次国保工作会议精神，报经公安部、省公安厅同意，于 2009 年 6 月 16 日在市公安局国保支队内部新组建一支专门从事维稳工作的专业侦查队伍，主要承担维稳专案的侦查。随着信息化的发展，利用网络危害国家安全和社会政治稳定的案件与日俱增，网上危害国家安全和社会政治稳定的违法犯罪凸显。据此，市、县两级国保部门明确专人，加大设备投入，主动开展网上工作，取得重大成绩，得到公安部、省公安厅的充分肯定。

三、物证建设和文件检验工作

1988 年 3 月 25 日，常德地区行政公署公安处根据省政府有关文件规定，部署各县（市）公安局开展印刷业管理工作，将常德地区的印刷业作为特种行业归口政保部门统一管理。为此，各县（市）政保部门明确一名专（兼）干负责，加强行业管理，严禁印刷内容反动、淫秽、封建迷信等刊物、图片、挂历及其违禁品和非法出版物。2005 年 2 月 7 日，根据省公安厅的统一部署，公安政保部门对经营性打字、复印行业开展专项调查，摸清其底数，加强管理，从源头上杜绝非法印刷。1988 年至 2012 年，共搜集物证样品 74762 种 149524 份，同时加强对收集物证的管理。

全市的文件检验工作主要由政保部门承担，1988 年至 2012 年，共受理文件检验案件 1221 起，出具鉴定书 1043 份。文件检验技术水平在全国名列前茅。

四、文保工作

2000 年以来，根据有关文件精神，将全市 4 所大、中专院校、各区、县（市）中学的文保工作和全市国考保卫工作职责从原公安经文保部门和治安部门调整到国保部门。对此，国保部门成立专门保卫组，全力开展文保工作。一是认真做好国考保卫工作。历次高考前，市公安局和各区、县（市）局成立“专门保卫组”，制定高考安全保卫工作方案，严防试卷泄密，加强考场周边巡查和考场内秩序的维护。全市历次高考未出现任何安全事故。二是在 4 所高校开展“平安高校”创建活动。在“专门保卫组”组织下，围绕“平安高校”创建活动，建立健全高校安保工作机构，充实保卫队伍，制定高校安保工作制度，提高高校内部安全防控能力。同时指导各学校成立保卫组织，明确创建任务。加强学校周边环境的整治，完善校园技防措施，强化学生的安防意识，做好自身的防范，加强情报信息工作，排查化解学校内存在的不稳定因素。2012 年 3 月 26 日，市公安局专门部署“平安高校年”建设活动，进一步强化高校的平安创建活动。仅 2012 年，通过与学校的共同努力，关闭校门口的电子游戏室 6 处，清除校门口的书摊 22 个，撤除乱搭乱建店棚、摊点18个，对侵害学生人身和财产安全的12名违法犯罪人员进行处理，为学校师生挽回经济损失62万余元。为建设好高校科技防范系统，4所高校共投入经费523万元，安装和整改安全监控设施。

第四章　禁毒缉毒

1988年以前，常德没有设置专门缉毒侦查机构，毒品犯罪案件由刑侦部门负责侦办。进入20世纪90年代后，随着国内毒品犯罪问题的回升，涉毒犯罪的打击侦查工作随之步入新阶段。1996年，市局刑事侦查支队增设禁毒大队，专司毒品犯罪案件侦查。2000年1月，市局设立禁毒支队（正科级），配备禁毒民警7人。2001年以来，相继建立各区县（市）公安（分）局禁毒大队，共配备禁毒民警63人。2010年7月，市禁毒支队加挂“常德市禁毒委员会办公室”（简称“禁毒办”）牌子，负责“禁毒办”日常工作。2011年4月，禁毒支队增设毒品流动查缉站。2012年3月，禁毒支队增设社会化禁毒办公室。至2012年年底，全市共配备禁毒民警95人。禁毒支队主要职责：负责掌握全市毒品违法犯罪活动情况，拟定预防、打击对策；组织、指导全市禁毒部门隐蔽力量建设；组织、指导并参与毒品犯罪案件的侦查工作；组织开展对毒品违法犯罪的预防教育；组织、指导禁吸戒毒、禁种铲毒；负责麻醉药品、精神药品安全管理和易制毒化学品管制。

第一节　毒品犯罪案件侦查

1988年以来，毒品违法犯罪活动开始在常德市发展蔓延；1994年，全市登记在册吸毒人员16名，查处涉毒案件5起；1998年，全市登记在册吸毒人员2143人，查处涉毒案件927起；2012年，全市登记在册吸毒人员11518人，查处涉毒案件2647起。面临毒品违法犯罪的严峻形势，禁毒部门准确掌握毒品发展脉络，充分履行职能作用，重拳出击，严厉打击毒品走私、贩毒团伙、窝点制毒等重特大涉毒犯罪案件，取得显著成效，有效遏制全市毒情蔓延。

一、专案侦查

1988年至1999年，全市共打掉毒品走私团伙44个，捣毁制造冰毒等窝点5处，抓获涉毒犯罪嫌疑人3757名，缴获鸦片5855克、海洛因1535克、冰毒40000克、其他毒品11克。2000年禁毒支队成立后，着力强化专案侦查打击，至2012年年底，全市共打掉毒品走私团伙446个，抓获涉毒犯罪嫌疑人20384名，缴获海洛因126304克、摇头丸352619粒、氯胺酮31499克、麻古495056克、冰毒27279.3克、其他毒品3939克。

1996 年 5 月，我国台湾地区居民周××与鼎城区数名犯罪嫌疑人在武陵区护城乡高东村建立地下窝点，秘密制造冰毒。市局禁毒支队获取信息后，立即开展专案侦查，于 5 月 7 日下午，在长沙市将正在交接毒品的周××、屠××、柳×等 4 人抓获，现场缴获冰毒 40 公斤。随后，根据线索顺藤摸瓜，先后捣毁汉寿县蒋家嘴镇、市滨湖制药厂制造冰毒一道、二道工序的加工窝点、武陵区护城乡高车村冰毒精加工的窝点、鼎城区善卷垸及周家店镇 2 个藏匿、存放制毒原料及成品冰毒的窝点，抓获同案犯陈××、周××，缴获冰毒半成品 100 公斤，收缴大批制毒设备及制毒原材料。至此，新中国成立以来全省最大的制贩冰毒案得以成功告破。

1999 年 8 月，在公安部禁毒局指导协调和贵州、山西两省公安机关协作下，市局禁毒支队破获安乡县以杨××为首的特大家族走私贩毒案。经查证，该团伙在一年多时间内，利用人体藏毒方式，从境外走私、运输、贩卖海洛因 40 多公斤。通过缜密办案，共抓获同案犯罪嫌疑人 69 名，杨××等 13 名主犯被判处死刑。

2008 年 7 月 2 日，武陵分局禁毒大队经过侦查，证实家住武陵区的张×及家人有涉毒犯罪嫌疑。经报省公安厅批准，将该案列为省级目标案件。市、区禁毒部门随即成立专案组，对以张××、毛××等为首的家族走私毒品案件立案侦查。经侦查证实，自 2007 年 7 月以来，张×邀集亲友毛××、郑××、黄××，先后组织 40 余人，采取人体藏毒方式，从缅甸走私运输毒品入境，经昆明、长沙等地中转，然后分销贩卖至武汉、常德等地，涉案人员达 75 人次，走私、运输、贩卖毒品数量达 30 余公斤。破案后，抓获该团伙主要犯罪成员 26 名，缴获毒品麻古 5 万余粒（合 4.5 公斤）。案发后，张×畏罪潜逃至缅甸，2011 年 12 月 13 日，在缅甸及云南警方的密切配合下，终将张×抓获归案。

2011 年 5 月 26 日，禁毒部门接到群众举报：一名张姓男子纠集一批“马仔”从缅甸走私毒品，即将从缅甸返回常德。获该信息后，禁毒民警迅即组织开展专案侦查。5 月 29 日下午，在黄花机场公安局刑警支队民警的协助下，从昆明至长沙的 CA1468 航班上将运输毒品的朱××、周××、游××、田××、廖×抓获，缴获从 5 人体内排出的毒品海洛因 302 坨，共计 1550.9 克，并在机场出口将接应毒品的犯罪嫌疑人张×抓获。

2011 年 11 月上旬，汉寿县公安局禁毒大队根据群众举报获悉：一个犯罪团伙从广东惠州运输毒品拟到安乡等地贩卖。禁毒支队会同县局迅即展开侦查，在对线索全面甄别核查并及时掌握该团伙运毒路线及运抵时间等基本情况后，迅速调集优势警力组织拦截。12 月 21 日，在长常高速公路德山收费站，将搭乘从惠州至常德客运班车运贩毒品的犯罪嫌疑人抓获，当场缴获毒品氯胺酮 6 公斤。经审查深挖，扩大线索，该案件被公安部确定为部督案件。此后，市局禁毒支队组织相关区县公安机关开展专案侦查。经查，2011 年 4 月至 2012 年 5 月，犯罪嫌疑人李×分六次从广东省惠州市张××、李×处购进毒品氯胺酮 10.5 公斤、含毒“奶茶”51 包、摇头丸 100 粒，然后指派同案人刘×运往湖南，先后销往长沙、安乡等地。是年 7 月 6 日，专案组在惠州警方的配合下，依据侦查掌握的线索，相继将同案犯罪嫌疑人胡××、蔡××抓获，现场缴获氯胺酮1公斤。至此，该案共缴获毒品7千克，抓获犯罪嫌疑人10名，扣缴涉毒作案车辆3台。

二、专项行动

针对全市吸食传统毒品海洛因人员增多，新型毒品氯胺酮、冰毒、摇头丸等在公共娱乐场所蔓延，严重危害社会的实际，市、区、县（市）禁毒部门坚持主动出击，周密部署，精心组织，适时开展一系列惩治毒品犯罪的专项行动。

1997年5月23日晚，市禁毒工作领导小组首次开展全市禁毒专项行动，破获涉毒案件150起，查获各类涉毒犯罪嫌疑人164名，捣毁吸食、贩卖等涉毒违法犯罪团伙及窝点35个，缴获海洛因27克，哌替啶143支，罂粟壳16500克，毒资6000余元。

2000年9月，市禁毒办部署开展代号为"融冰行动"的打击制毒犯罪专项行动，破获制贩冰毒等涉毒案件5起，抓获涉毒人员18名，缴获摇头丸15粒，仿制手枪2支。

2001年5月1日至6月30日，市禁毒办根据省禁毒委总体部署，在全市开展代号为"扫毒风暴"的统一行动。全市共出动公安民警、党政干部及治安力量2万余人次，破获涉毒案件673起，捣毁涉毒犯罪团伙147个，抓获涉毒犯罪嫌疑人1045人，缴获海洛因533.4克，铲除罂粟4130株。在该次专项行动中，汉寿县公安局禁毒大队与市禁毒支队协同作战，侦破陈××、李××特大贩毒案，现场缴获海洛因202.9克，毒资2.6万元。

2005年4月，按照公安部为期三年，在全国开展一场"禁毒人民战争"的统一部署，常德市成立"禁毒人民战争领导小组"，下设考评组、督导组和办公室，副市长、禁毒委主任李爱国任领导小组组长。4月21日，李爱国发表题为《全党动员、全民动手，打一场深入持久禁毒人民战争》的电视讲话。5月29日，市委、市政府召开专题会议，对为期三年的禁毒专项行动进行全面部署。至此，声势浩大的禁毒人民战争在全市拉开序幕。历经三年艰苦奋战，截至2008年4月，全市共破获各类涉毒案件6641起，其中重特大案件107起，抓获各类涉毒违法犯罪人员5898人，刑事拘留570人，提请逮捕719人，实施劳动教养1008人，强制戒毒3899人，20人被判处死刑，缴获毒品海洛因21575.5克，麻古72979粒，摇头丸1093粒，氯胺酮1344.3克，冰毒307克，易制毒化学品15吨，铲毒12946株，打掉涉毒犯罪团伙54个。

2010年9月1日至9月30日，市禁毒办开展"集中整治特殊人群吸贩毒专项行动"，共破获特殊人群吸贩毒案件52起，抓获特殊人群吸贩毒犯罪人员61人，有效遏制常德市特殊人群吸贩毒一度突出的问题。

2012年4月至8月，市禁毒办在全市范围组织开展缉毒破案"雷霆行动"，破获涉毒案件203起，抓获涉毒人员221人，缴获海洛因1239.9克，冰毒5190.9克，麻古2639.6克，氯胺酮2345.6克，强制戒毒719人。

三、重点整治

根据全市毒情，禁毒支队针对毒品蔓延的主要场所，针对特殊药品、易制毒化学品的生产、运输、储存企业及场所，不间断进行系统整治，有效根除毒品生存环境。

1. 娱乐场所的整治

1999 年 3 月 26 日，按照国务院颁布的《娱乐场所管理条例》，将娱乐场所毒品查禁管理，纳入治理整顿的范畴。

2001 年 10 月，市局会同市监察局、文化局、工商局联合下发《常德市整顿和规范歌舞娱乐服务场所秩序专项行动方案》，对在歌舞娱乐服务场所内吸食、贩卖毒品的违法犯罪行动，作出由禁毒部门介入，坚决依法严厉打击的决定。

2002 年 3 月，市禁毒办下发《常德市整治歌舞娱乐场所吸贩冰毒、“摇头丸”统一行动方案》的通知，确定三大治理重点：①严厉整治迪厅、歌舞厅、夜总会等娱乐场所吸食冰毒、摇头丸等兴奋剂问题；②对娱乐场所经营业主及从业人员进行深入禁毒宣传和法治教育，并举办一次业主禁毒学习班；③歌舞娱乐场所与主管部门签订禁毒责任书，落实禁毒责任制，并实行保安禁毒巡查制度。4 月，各区县（市）公安局与所辖歌舞娱乐场所、宾馆、茶楼、酒店全面签订禁毒工作责任状，形成一级抓一级，层层抓落实的工作格局。

2004 年 9 月至 12 月，市禁毒办统一组织，在全市范围内对歌舞娱乐场所吸贩毒问题实施集中整治：以区县（市）为单位，采取以会代训的形式，对全市娱乐场所近 300 名业主和全体从业人员进行法制培训，深入学习《湖南省禁毒条例》；建立完善歌舞娱乐场所禁毒管理考核考评机制，有序引导娱乐场所依法经营。

2006 年 3 月 1 日，国务院颁布新的《娱乐场所管理条例》。市禁毒支队以此为契机，会同治安部门，举办一期有 31 家大型娱乐场所法人参加的培训班。同月，市禁毒支队组织民警对城区大型娱乐场所进行 6 次暗访，并对检查发现的问题，依法进行严厉查处。7 月，根据《娱乐场所管理条例》《湖南省禁毒条例》等相关规定，全市进一步规范禁毒管理责任。明确规定娱乐场所及其从业人员不得贩卖、提供毒品，或者组织、强迫、引诱、欺骗、容留他人吸食、注射毒品；在营业场所大厅、包厢、包间的显著位置，悬挂禁毒警告标志；在方便顾客自取的位置放置禁毒宣传资料；在点歌电脑主机中安装禁毒标语软件，插放禁毒公益广告。

2007 年 1 月至 4 月，市禁毒办部署在全市开展“两治两查”禁毒专项行动。即治理毒情严重地区，治理涉毒娱乐场所，查缉毒品犯罪，查处吸毒人员。通过整治，进一步强化了对娱乐场所禁毒、缉毒监管力度，有效打击公共娱乐场所吸食新型毒品的违法犯罪活动，遏制摇头丸、氯胺酮粉等新型毒品在公共娱乐场所蔓延的势头。5 月 1 日至 6 月 30 日，市局组织集中整治娱乐场所吸贩毒“蓝天行动”。禁毒支队和警务督查队先后派出 20 批次行动督导组，深入各区县（市）实施督导。全市共出动警力 1000 余人次，联合治安部门对涉毒娱乐场所开展清查行动 32 次。共计查处各类涉毒违法犯罪人员 396 人，其中强制戒毒 119 人，行政处罚 250 人，送劳动教养 13 人。对全市 125 家娱乐场所中有涉毒行为的 12 家，分别给予吊销营业执照和停业整顿的处罚。

2012年8月，按照市局统一部署，市禁毒支队对武陵城区公共娱乐场所集中开展清查行动。支队领导带领民警兵分三路，深入城区30家歌厅、迪厅、酒吧等娱乐场所，实地督查禁毒宣传等工作，并对多个包厢进行突击检查，及时发现问题，整改漏洞，推动娱乐场所禁毒常态化管理。

2. 易制毒化学品、特殊药品的整治

2001年3月，市经委、市公安局、市工商局联文转发省经委、省公安厅、省工商局《关于加强易制毒化学品生产经营管理的通知》，要求全市各有关单位，切实加强对易制毒化学品的生产、运输、经营管制工作。5月，市禁毒支队与市卫生局、市药监局等有关部门密切配合，对全市生产易制毒化学品的相关企业、特殊药品的经销行业，进行一次联合突击检查，针对检查发现的问题，依法取消津市市3家药店二类精神药品的经销权。

2005年11月，国务院颁布实施《易制毒化学品管理条例》后，全市禁毒部门认真调研，深入研究，协同有关单位规范完善易制毒化学品的生产、经营、购买、运输和进出口行为。

2006年8月，市禁毒办开展为期25天的“三品”清理整治专项行动，对麻醉药品、精神药品、易制毒化学品的生产、运输、使用、销售经营单位及流通渠道进行全面摸底排查，在摸清情况的基础上，有针对性开展宣传教育、集中整治和整章建制。8月31日，市禁毒办召开工商、药监、安监、卫生、海关等相关职能部门联席会议，具体商讨管理对策，并举办一届易制毒化学品管理培训班。10月，市局根据公安部颁布的《易制毒化学品购销和运输管理办法》精神，专门下发《常德市易制毒化学品管理制度》，具体规定对23种易制毒化学品分类管理及对购买、运输、销售实施监督检查以及责任追究的制度。

2009年6月，依据公安部《关于进一步加强易制毒化学品管制工作的指导意见》，由禁毒支队牵头，组织全市相关单位，把强化非药品类易制毒化学品的监管，严把企业入口关，完善生产、经营环节非药品类易制毒化学品流向、数量的监管，建立日常监督检查制度，摆在重中之重的位置。

2010年2月，常德市设立易制毒化学品管理工作领导小组并制定易制毒化学品安全管理工作规划，同时明确各区县（市）易制毒化学品安全管理工作责任人。3月18日至4月30日，根据国家、省禁毒委《关于切实做好上海世博会期间高锰酸钾等四种涉爆易制毒化学品管控工作的紧急通知》精神，市禁毒办召开有安监、药监、工商、公安等7部门负责人出席的涉爆易制毒化学品专项整治行动部署会，并形成专项检查整治方案下发至各区县（市）。通过该次专项行动，摸清全市易制毒化学品企业的基本情况，发现并查处3起非法买卖易制毒化学品案件，现场查获硫酸18吨，丙酮1.36吨，盐酸0.8吨。7月15日至10月20日，根据公安部、工商总局、安监总局联合下发的《关于印发羟亚胺专项检查行动方案》及省禁毒委的要求，市禁毒办在全市范围内开展一次对羟亚胺化学品暨含麻类制剂的专项整治行动。通过专项整治，及时纠正部分化工企业购买使用列管化工产品手续不齐全、台账不完整，使用不规范等问题。

2012 年 8 月，根据国家《易制毒化学品的专项整治行动实施方案》和省厅禁毒总队的通知精神，市禁毒办部署在全市进一步开展易制毒化学品专项整治行动。通过为期三个月的全面整治，使全市进入全国易制毒化学品监管网络系统的 185 家易制毒化学品企业，进一步规范易制毒化学品生产、经营、使用秩序，最大限度地减少易制毒化学品流失，有效地遏制制造毒品犯罪活动的蔓延。

3. 禁种铲毒

常德历史上曾有种植毒品原植物罂粟的记录，新中国成立后，罂粟种植一度绝迹。但随着毒情的蔓延发展，部分区县种植毒品原植物罂粟又开始死灰复燃。从 20 世纪 80 年代开始，全市公安机关始终保持高度警觉，根据《中华人民共和国禁毒法》（以下简称《禁毒法》）规定，对种植毒品原植物罂粟一经发现，立即予以铲除，情节严重者，依法给予严惩。1995 年，全市破获种植毒品原植物罂粟案件 5 起，铲除罂粟 1682 株，缴获罂粟壳 40.5 公斤。鼎城区查获冲天湖乡代××、范××等人为首种植、加工、贩卖毒品团伙，铲除罂粟 1425 株，缴获加工的成品鸦片 80 余克。2000 年，全市铲除罂粟 8900 株，依法处理犯罪嫌疑人 12 名。2006 年，澧县、津市、安乡共铲除罂粟 10080 株。至 2012 年，全市共铲除罂粟 72913 株，依法处理犯罪嫌疑人 15 人，有效地遏制毒品原植物罂粟种植禁而不绝的势头。

第二节　禁毒管理与宣传

1988 年以来，全市禁毒管理部门在惩治毒品走私、贩卖、加工和非法种植的同时，坚持开拓进取，积极探索，从组织机构、管理制度、宣传教育、无毒害区县建设、社区康复戒毒等方面，摸索出一整套行之有效的工作程序和制度。

一、禁毒管理

1995 年 4 月，市局下发《关于切实加强禁毒工作的意见》，对涉毒案件管理、立案、查处的程序作出具体规定。同时，统一印制一套 6 种禁毒法律文书，首次系统完整地将禁毒工作纳入法制轨道。是年 5 月，市禁毒工作领导小组下发《关于进一步加强禁毒工作的意见》，从组织领导、涉毒案件管理、打击处理、戒毒机构管理、精神麻醉易制毒化学品管理等方面提出具体的指导意见。根据《全国人大常委会关于禁毒的决定》及《公安机关办理刑事案件程序规定》等法律、法规，结合本市实际，市局制定常德市《关于侦办毒品案件的管理规定》，使毒品案件的侦缉、办理及赃款赃物管理做到有章可循。

1. 创建无毒害区县（市）、社区

2001 年 1 月 12 日，市委、市政府召开全市禁毒暨创建“无毒社区”工作会议，在对全市禁毒工作认真总结回顾的基础上，全面部署“无毒社区”创建工作，并研究制定

《常德市创建无毒社区考评办法》，对创建标准给予量化和细化。

2002 年 4 月，为建立全市禁毒工作的长效管理机制，推动和促进全市禁毒及无毒社区创建工作的平衡发展，市禁毒委制定《常德市禁毒委员会工作条例（试行）》。同月，全市铺开禁毒工作“一二六”工程，即各级党委、政府为禁毒工作第一责任体，禁毒工作纳入“一票否决制”；强化禁毒领导机构和禁毒专业队伍两大组织体系建设；普遍开展禁毒大宣传，涉毒大排查，寻毒大联网，缉毒大扫荡，戒毒大到位，无毒社区大创建六大活动。10 月，市禁毒委结合常德实际，摸索出创建无毒社区的“五三六一”创建机制。①明确“五长”责任制，从上而下建立区、县（市）长、乡（镇）长、村组长、家长责任制，层层签订责任状。②推行“三三创建法”，即创建活动“三纳入”，纳入各级党委政府的重要议事日程、纳入公安社区警务战略、纳入综合治理目标考评。创建主体“三依托”：以村（居委会）为依托抓创建、以派出所为依托抓帮控、以学校为依托抓宣教。③开展“六创活动”。即创无毒害家庭、无毒害单位、无毒害社区、无毒害乡镇、无毒害区县和无毒害旅游区活动。④实施一年一度评奖授牌。每年年底对创建工作开展检查验收，评比授牌。通过“五三六一”活动的深入开展，有效地推动全市无毒社区的创建。其成功经验，被省禁毒委在全省推广。

2003 年 3 月，根据国家、省禁毒委关于学校禁毒预防教育的总体要求和本地实际，经市禁毒委组织在全市开展学校毒品预防教育“三一六”活动。①落实三个 100%：全市大中小学校开展禁毒宣传教育活动面达 100%、大中小学生接受禁毒知识教育面达 100%、在校学生无涉毒行为面达 100%；②完善一个机构：每个学校要建好一个专门负责毒品预防教育的工作机构，有专人负责；③健全六项硬件措施：建立一个高标准毒品预防教育基地、制作一个高标准永久性禁毒公益广告牌、每学期开辟一个高标准的禁毒专栏橱窗、每学期举办一次禁毒征文演讲和知识竞赛、每学期每名学生在家里开展一次“不让毒品进我家”宣传活动、每月开展一次涉毒违法犯罪检举活动。

2006 年 5 月，市禁毒办发布《常德市禁毒委员会禁毒工作奖励办法》，对无毒社区创建和禁毒工作涌现的先进单位和个人，制定奖励办法。同时，对无毒社区创建工作组织不力、效果欠佳的单位提出挂牌整治的措施。是年 6 月，市禁毒办将涉毒违法犯罪较为严重的桃源县及武陵区丹州乡、鼎城区黑山嘴镇、韩公渡镇、汉寿县西港镇、安乡县城关镇，被列为挂牌整治单位，实施为期 6 个月的挂牌整治，限期改变面貌。

2007 年 2 月，市委、市政府下发《常德市禁毒工作领导责任追责暂行办法》，进一步明确各级党委、政府和相关部门的责任和任务。市、区、县禁毒委与各区县（市）乡镇（街道）和禁毒委成员单位，分别签订禁毒工作责任状。对禁毒工作年度考核不合格的单位，分别实行社会治安综合治理一票否决、挂牌整治和对有关责任人实行责任追究。是年 4 月，市禁毒办下发《挂牌整治单位整治工作检查验收考评细则及验收评定标准》的通知，对挂牌整治单位的考评验收提出量化标准。2009 年 3 月，市禁毒办经过实地考核，根据《禁毒工作考评细则》有关规定验收合格，摘掉桃源、武陵、鼎城、汉寿、安乡挂牌重点整治的牌子。

2011 年 2 月 5 日，市禁毒办结合常德市禁毒工作实际，发布《2011 年度常德市禁毒工作综合考评办法》，主要从禁毒工作体制建设、预防教育、禁吸戒毒、禁毒执法、禁毒管理、专业队伍建设六个方面进行完善。

2012 年 2 月 15 日，市禁毒办发布《挂牌整治乡镇验收考评主要内容及细则》。细则主要从党委政府决策部署、禁毒宣传教育、专项整治整顿、吸毒人员管控等方面评比记分，全面系统规范全市农村乡镇禁毒工作。9 月 21 日，市公安局、市财政局、市禁毒办根据《中华人民共和国禁毒法》《公安机关人民警察奖励条例》以及禁毒经费管理等有关规定，联合下放《常德市禁毒工作奖励办法》，充分调动专业机构和社会力量参与禁毒工作的积极性。

2. 康复戒毒

2010 年 6 月，市禁毒办依据国家颁布的《禁毒法》，研究制定《关于全面推进社区戒毒和社区康复工作的意见》，就社区戒毒康复工作的重要意义、工作体系、工作对象、工作职责、设施建设、考核评估等方面进行具体规范，为社区戒毒康复工作有序开展打下坚实基础。

2011 年 8 月，根据国家是年颁布的《戒毒条例》，市禁毒办编撰发行《常德社区戒毒指南》一书。以“法规政策篇”“组织机构篇”“操作规程篇”“管理制度篇”等五大篇章，对社区戒毒康复工作进行系统阐述，确立社区戒毒康复工作的程序和制度。

2012 年 5 月，为贯彻落实省政府办公厅《关于禁毒工作有关问题的会议纪要》和市禁毒委《关于全面推动社区戒毒康复工作的意见》的要求，市禁毒办结合全市社区禁毒工作实际，下发《关于下达社区戒毒康复任务指标的通知》，尤其针对各地上报数据，对全市传统毒品吸食人员社区戒毒和社区康复任务，下达任务指标。随之，全市社区戒毒和社区康复工作全面铺开。各级禁毒办迅速成立戒毒、康复工作班子，明确专门责任人。70%以上的社区都配齐了专干，80%以上的禁毒工作站都完善硬件实施，对 90%以上的社区戒毒（康复）人员都建立了台账档卡。是年，全市社区共组织康复戒毒 852 人，帮助社区戒毒（康复）人员就业 233 人。是年 6 月 26 日，市禁毒委通过总结评选，确定张友富、姚厚先、蒋跃等 10 人为常德市“十佳”禁毒爱心人士。全市共评选出“禁毒妈妈”246 人，优秀禁毒志愿者 903 人。

二、禁毒宣传

1. 常规宣传

1995 年 6 月，市禁毒办组织拍摄三集禁毒专题教育片，与国家禁毒委拍摄的禁毒教育片《恶之渊》一道在市电视台播放。同时利用电视、广播、报刊，深入宣讲全国人大常委会颁布的《关于禁毒的决定》和《强制戒毒办法》，收到良好的社会效果。

1997 年 5 月，市禁毒工作领导小组依据中发〔1997〕5 号文件精神，集中时间，组织全市各大中院校，利用思想品德教育和团队活动时间，扎扎实实地开展禁毒法律法规及禁毒知识的普及教育。

1999 年 3 月至 11 月，市禁毒工作领导小组根据国家禁毒委在全国组织禁毒挂图巡展的要求，先后调集警力 100 余人次，组织巡展车辆 53 台（次），上街道、下农村、进学校，进社区巡回展览，时间长达 8 个月，受教育群众达 300 万人次。

2001 年 5 月，市禁毒办根据国家、省禁毒委关于建立禁毒教育阵地的部署，在报刊、电台、电视台开设禁毒专题教育栏目。是年，全市建成 2 个高规格禁毒教育基地，并在全市范围建立永久性禁毒公益广告牌 20 余块。

2002 年 3 月，根据国家、省禁毒委的要求，市禁毒办报请市委市政府，将禁毒教育纳入中小学思想品德教学计划，每期开展一次“禁毒知识一堂课”活动。

2006 年 2 月，市禁毒办调整禁毒宣传方向，强化农村禁毒宣传教育，以报刊、电视、电台为平台，以墙报、宣传牌、宣传册等为辅助，建立起覆盖全市城镇和农村的禁毒宣传体系，使禁毒宣传教育由城镇推向农村，形成全市全覆盖。

2008 年 4 月，全市以“依法禁毒，构建和谐”为主题，以《禁毒法》颁布实施为契机，开展禁毒宣传进学校、进社区、进农村、进家庭的“五进”活动，在全市营造出全民禁毒的浓厚氛围。

2012 年 1 月至 3 月，针对青少年、外出务工人员两类“高危”群体，为建立学校毒品预防教育常态机制，加大对外出务工人员涉毒的预防教育力度，根据上级统一部署，市禁毒办组织相关单位，组成禁毒宣传小分队，在全市各火车站、汽车站开展禁毒“流动课堂”宣传教育活动，使受教育的外出务工人员及其他群众达到 100 万人次。

2. 集中宣传

1995 年“国际禁毒日”当天，市禁毒工作领导小组在市城区汉寿街举行“6·26 国际禁毒日宣传一条街”活动，拉出 5 条横幅，设立 10 个禁毒法律咨询站，出动 4 台宣传车，宣传禁毒法律法规，受教育群众达 5 万余人。

1996 年 6 月，市局制定《常德市禁毒宣传活动方案》，于 26 日在市城区下南门广场召开“常德市禁毒公开处理暨焚烧毒品大会”，同时开展“武陵区宣传一条街活动”，是日晚，市、县（市、区）两级政府领导，均在黄金时段发表禁毒工作的专题电视演讲；各区县（市）除在报刊开设禁毒宣传专栏，开展宣传外，还在电视台播出禁毒专题片；此外，市禁毒领导小组、市公安局、司法局还联合发出《致全市吸毒人员及其家属的公开信》9800 份。

1998 年 6 月，市禁毒领导小组在市博物馆举办主题为“拒绝毒品，珍爱生命”的常德市首届禁毒成果展览。市委副书记李少甫、副市长杨万柱、军分区司令员李家金等领导出席活动，并就禁毒工作答记者问。

1999年国际禁毒日当天，市禁毒工作领导小组部署在全市各区县（市）同时开展声势浩大的“珍爱生命，拒绝毒品”万人签名活动，参加活动的群众达8万余人，签名者多达13000人。为确保该次活动顺利进行，全市共出动警力2357人，保卫干部、治安人员及民兵2415人，车辆273台。是日晚，市、县新闻媒体对此进行宣传报道。市电视台专题播放大型缉毒纪实片《融冰》。与此同时，市局组织缉毒民警参与湖南《当代警察》举办的“警民禁毒座谈会”，针对禁绝毒品这一主题，从不同角度、不同层面展开热烈讨论。

2004年5月，国家禁毒委发文将每年6月定为禁毒集中宣传月。据此部署，市禁毒办认真研究，提出是年开展禁毒宣传的“十件大事”。相继会同团市委、市教育局、市精神文明办联合举办了全市“九芝堂杯”中小学生禁毒知识竞赛；由市局、市电视台联合举办大型《关注——禁毒》访谈节目；由常德广播电台在走向法治栏目中录播“拷问金三角”等节目，收到良好的社会效果。

2005年6月26日上午，市禁毒办、市妇联在武陵区紫桥社区联合举办“百万妇女手拉手，不让毒品进我家”活动启动仪式。市委、市政府、政协、人大主要领导、禁毒委成员单位负责人及社区居民群众、禁毒志愿者3000余人参加活动。

2008年《禁毒法》颁布之日，市禁毒委、团市委、市妇联等单位联合举办声势浩大的《禁毒法》宣传活动。市禁毒办组织在全市开展禁毒知识竞赛，全市共有18000人参加，观看禁毒知识大赛的群众达到20多万人。6月26日，市禁毒办在工人文化宫举办大型文艺会演暨禁毒知识竞赛总决赛。

2011年6月，市禁毒办以国家禁毒委《全民禁毒教育实施意见》为指导，以未成年人思想道德建设和防范毒品危害青少年为主要内容，制定《关于在全市开展青少年禁毒预防教育的活动方案》，活动时间从6月1日持续至下年6月1日。其主要内容：①全市各大中小学校每周落实一个课时的防范合成毒品专题教育，每个学生开展“三个一”活动，即每周写一篇心得体会，抄一份手抄报，与家长进行一次禁毒心得交流。②组织大专院校禁毒志愿者开展暑期“三下乡”活动，宣传中国共产党的禁毒政策、毒品知识、毒品的危害。

2012年5月9日，市禁毒办召开有10家社团组织参加的“禁毒宣传教育工作社会化座谈会”，并形成会议纪要，下发各区县（市）和各社团组织落实执行。是年，全市各级社团组织积极配合，先后组织禁毒志愿者宣传小分队68个，深入乡镇社区，开展宣传教育137场次，受教育群众达到55万人（次）。

第三节 常德市强制隔离戒毒所

1995年以前，常德市未设立专门的强制隔离戒毒场所，吸毒人员的戒毒工作由市局收教所承担。1995年3月，成立常德市强制隔离戒毒所（以下简称戒毒所），为市局直属正科级机构。戒毒所位于武陵城区西郊，占地 23.7 亩。按照分步实施、逐步完善的建设思路，先后投入资金 1000 多万元，建成面积 7800 平方米的办公、戒毒人员住宿、康复用房。建有戒毒室 38 间，床位 450 张，治疗室、娱乐室、健身房、食堂和康复劳动场地等配套设施一应俱全。经过 17 年的建设发展，硬件设施、电子监控、电视教学等方面设施逐步完善。2012 年年末，全所有编制民警 19 人，在编和聘用医务人员 7 人，协警和后勤工作人员 15 人。按照《公安机关强制隔离戒毒所管理办法》的规定，依法承担对全市所辖 9 个区、县（市）和西湖、西洞庭 2 个管理区及德山经济开发区、柳叶湖旅游度假区域内的吸毒成瘾人员进行脱毒治疗、心理矫正和身体康复工作。1995 年至 2012 年，在戒毒教育管理和民警队伍建设上，坚持严格管理、规范执法，使全所各项工作取得显著成效。2002 年，被公安部评为“三级戒毒所”；2009 年，又被公安部评定为“二级强制隔离戒毒所”。

一、入所安全管理

1993 年至 1994 年，市局收教所开始收治吸毒人员，配备管教民警 6 人、协勤人员 5 人。两年间，共收治强制与自愿戒毒人员 31 名（强制戒毒人员 10 名，自愿戒毒人员 21 名），在隔离治疗期间，通过心理矫正和脱毒治疗，31 名戒毒人员基本脱瘾康复。

1995 年强制隔离戒毒所成立后，根据国务院《强制戒毒办法》及相关禁毒法律法规，在规范化管理上做文章，在脱毒康复上下功夫。一方面加强教育疏导和安全管理；一方面不断增加和更新医疗资源，确保戒毒人员的身体康复和场所安全。采取戒毒人员入所一律凭《强制隔离戒毒决定书》收戒。对新入所人员进行健康检查，内容包括常规化验、体表检查、既往病史、家庭病史及药物过敏史；以及对女性戒毒人员进行妊娠和有无怀孕情况检查；对检查发现不适应在强制戒毒场所戒毒的传染性疾病或危重病情人员依法变更戒毒措施。对戒毒人员随身物品进行安全检查，清除违禁物品，防止危险物品带入戒毒室。对新入所戒毒人员在 24 小时内进行谈话询问，及时掌握和了解其全面情况。同时告之戒毒人员在强戒期间依法享有的合法权利，组织学习《戒毒人员行为规范》，督促和引导戒毒人员融入集体生活。

2003 年 9 月，管教民警对新入所戒毒人员陈××谈话中，发现其除了本人吸食毒品外，还帮助他人零星贩卖毒品，“以贩养吸”。民警及时对其进行政策、法律教育，讲清危害，促其交代了贩毒的上家，及时将藏匿在武陵城区的以“南站”为首的家人班子吸毒贩毒团伙摧毁。

2005 年，汉寿县戒毒人员刘××入所检查时，神情高度紧张，自称腹痛难忍，值班医生与管教民警迅即将其送医院治疗，经诊治刘××是为逃避强制戒毒而吞食异物所致。由于发现及时，从而避免了一起重大安全事故的发生。

2011 年 11 月，戒毒所为加强执法规范化建设、规范管教民警的执法行为，确保戒毒学员依法戒毒，把历年来国家制定的禁毒、戒毒法律和公安部、省公安厅制定的禁毒戒毒法规以及对民警文明执法、公正执法的规定汇编成《常德市公安强制戒毒所执法手册》，组织入所戒毒学员系统学习，要求全所民警严格遵照执行。

至2012年《公安机关强制隔离戒毒所管理办法》执行以来，对入所检查发现的31名患有传染性疾病和其他危重病情的人员变更强制隔离戒毒措施；对15名已怀孕的女性戒毒人员办理退拒手续，交由当地公安机关和社区共同管理；对361名在入所前为逃避强制戒毒吞食异物的人员及时送医治疗，消除安全隐患。

二、在所康复治疗

戒毒人员在强制隔离戒毒期间，戒毒所民警主要对其进行心理疏导和身体康复治疗。针对吸毒人员既是违法者，又是毒品受害者的特殊身份，戒毒所按照人性化管理模式，积极开展“教育、感化、治疗、挽救”工作，有效提高戒毒人员的心理和身体素质。

1. 心理矫正

1995年至1996年，对戒毒人员进行心理矫正的主要做法是坚持思想教育，组织戒毒人员系统学习《刑法》《强制戒毒办法》及毒品常识、艾滋病防治、所纪所规等相关法规、规定和防病、防毒知识，使其认清毒品危害，树立正确的人生观；对重点对象，管教民警则注重了解和掌握其思想状况，开展个别谈心，及时化解矛盾，杜绝安全事故的发生。两年间，共组织戒毒人员学习禁毒、戒毒法律及相关健康教育知识9场次，参加学习人员达1080人（次）。

从1997年开始，探索开展亲情感化教育新模式。每年都邀请戒毒人员家属到所参观，了解戒毒人员的学习和生活情况，让戒毒人员零距离接触自己的亲人。对思想出现反复的戒毒人员，及时组织其家属子女进行规劝。是年9月，武陵区新入所戒毒人员张××入所后，一度对生活失去信心，对前途悲观失望，管教民警一方面对其耐心疏导，一方面联系其家人来所劝慰，在民警的帮助和家人的关怀下，使其消除轻生念头，自觉配合完成脱毒康复治疗。

从2003年起，组织社会力量帮教并在每年“6·26”国际禁毒日期间，举办戒毒所开放日活动，邀请市妇联、共青团等群团组织、在校学生、社会各界人士和戒毒人员家属参与，对戒毒人员面对面进行疏导教育。是年6月中旬，配合“国际禁毒日”宣传，邀请市妇联和戒毒人员家属代表，举办“母唤儿归”及戒毒人员宣誓大会，请家属代表介绍其帮助子女戒毒的成功经验，结束时，戒毒人员纷纷上台表态发言要痛下决心戒除毒瘾，重新做人。

2004年“国际禁毒日”前夕，戒毒所邀请市电视台到所录制《关注——面对面谈话》节目，报道戒毒所开展人性化管理教育的一系列举措，呼吁社会各界对在所戒毒和脱毒康复出所人员给予关爱和帮助。

2005年6月，组织戒毒人员自编自导自演常德丝弦《特别的一天》、舞蹈《思念》、同声小品《回归》等文艺节目，讲自己的故事，讲身边的故事，通过寓教于乐，警醒自己。《特别的一天》还被选送参加全省戒毒人员演出并获得二等奖。

2007年“国际禁毒日”期间，举办专场戒毒人员家属开放日活动，有57名戒毒人员家属到所参加，年龄最大的74周岁，最小的12周岁，老迈父母和年幼儿女用亲情感化，呼唤戒毒人员戒除毒瘾，重获新生。

2008年7月，配合《中华人民共和国禁毒法》实施的宣传，戒毒所和市禁毒协会、武陵区北正街社区组织辖区内40名中小学生来所进行暑期禁毒宣传教育活动，并联名发出《致戒毒人员的一封信》，向误入歧途的戒毒人员发出“记住昨天走错的路，走好今天悔过的路，奔向明天光明的路”的深情呼唤，在戒毒人员中产生强烈反响。

2009年5月，邀请鼎城区戒毒成功者刘××所现身说法，论毒品的危害、讲脱毒的信心、畅谈创业的感想。20世纪90年代初，刘××南下深圳创业，身价高达数百万元，其后10多年因吸食毒品耗尽家财，曾三次进戒毒所戒毒，脱毒康复出所时，戒毒所主动与当地社区和其家人联系，鼓励他重新做人，家人的不离不弃和社会的帮助，使他重拾信心，通过两年的艰苦再创业，他不仅取得了较好的经济收益，脱离了毒品和“毒友”，还建立戒毒网络平台，致力组织戒毒者同盟，帮助更多的吸毒者戒毒，为社区禁毒宣传教育做了大量公益性的工作。

2010年，邀请市第四人民医院两名心理咨询师对30名重点戒毒人员开展心理疏导，帮助他们分析吸食毒品的原因，存在的心理障碍和对心理、身体造成的伤害，鼓励他们树立信心，积极戒毒。

2011年，与团市委联合开展“同心远离毒品、共创阳光人生”的禁毒志愿者帮教活动，采取个别谈心的方法帮助戒毒人员认清毒品的危害，分析吸毒的主要原因，找准人生的价值取向，给予他们精神激励，鼓励他们安心戒毒，迎接新生活。每次活动都对戒毒人员的思想产生很大触动。其中76%的戒毒人员用心写出自己真诚的忏悔。在戒毒所的教育感化下，戒毒人员主动坦白、检举、揭发违法犯罪线索，戒毒所民警利用获取的线索，深挖犯罪，共查获吸毒、贩毒案件571起，捣毁吸毒窝点26个，抓获吸毒人员580人，缴获海洛因62克、麻古370粒。同时还破获其他刑事犯罪案件215起，查获网上追逃人员8名。是年11月，戒毒人员杨××在管教民警的规劝下，提供涉嫌故意杀人潜逃8年之久的岳父陈××的踪迹，根据该线索，公安机关迅速将其抓获归案。

2. 脱毒康复

1997年6月，根据省政府禁毒办公室和省公安厅关于在戒毒所内成立卫生所的精神，经市卫生局批复，戒毒所内专门设立脱毒治疗卫生所，配备专职医务人员7名，建立完善值班、查房和巡诊制度，对戒毒人员进行脱毒治疗，开展卫生常识宣传和疾病预防工作。戒毒人员在康复阶段，医务人员每天对戒毒室进行查房巡诊，并实行24小时值班检查，了解戒毒人员的身体健康状况，及时治疗和处理各种病情，针对性进行脱毒治疗，发放并监督戒毒人员服用戒毒药物，同时开展卫生常识和疾病预防教育。每年会同市疾控中心对戒毒人员开展一次身体健康检查，重点进行艾滋病、丙肝、梅毒等疾病的检测，对 15 名被感染艾滋病毒的戒毒人员会同有关部门做出妥善处置。

从 2002 年开始，戒毒所进一步加强和完善康复劳动场所建设，每天保证戒毒人员不少于两个小时的户外活动。组织戒毒人员开展跑步、队列训练、拔河、乒乓球、羽毛球等文体活动，并开辟从事编织凉席、组装彩灯、绘制线图、插花、磨纸等康复性劳动项目。在康复治疗中，按照规定的膳食标准保障戒毒人员吃饱、吃热、吃卫生。对戒毒人员的生活物质，实行专人负责，定点采购，确保生活物质质量、数量和安全。在康复劳动车间安装柜式空调 10 台，在 40 间戒毒室全部安装挂式空调和电视机，为戒毒康复人员正常的休息娱乐和康复劳动提供良好的保障。针对戒毒所医疗资源薄弱的情况，2006 年，与市第二中医院建立戒毒人员合作医疗关系，使戒毒人员患病得到及时治疗，重病得到有效治疗。2008 年 6 月 18 日晚，戒毒人员胡 × × 腹部突然绞痛，值班医生对其检查发现病情危重，迅速送往合作医院复查。经诊断为急性化脓性阑尾炎，医院立即进行手术治疗，使其转危为安。2009 年 8 月，戒毒所遭受流感袭击，在所 285 名戒毒人员中，有 70 名出现重度感冒，有的甚至高烧不退。针对这一情况，戒毒所及时与市疾控中心和合作医院联系，迅速采取治疗措施，有效控制疫情蔓延，严重患者也在短期内获得康复。至 2012 年年底，有 313 名戒毒患病人员到合作医院及时治疗，75 名重病患者住院治愈。

三、出所诊断评估

戒毒人员出所分按期出所和依法提前解除出所，从 2000 年开始，公安部颁布《戒毒所管理办法》规定，强制戒毒期限为 3 至 6 个月，戒毒人员戒毒期满后，按期解除强制隔离戒毒。2008 年《中华人民共和国禁毒法》规定，强制隔离戒毒期限为两年，并规定执行强制隔离戒毒一年后，都必须参加回归社会教育和诊断评估。经诊断评估，对于戒毒情况良好的戒毒人员，强制隔离戒毒场所可以提出提前解除强制隔离戒毒的意见，报强制隔离戒毒的决定机关批准执行。2009 年，依据上述规定和《公安机关强制隔离戒毒所执法细则》要求，戒毒所制定《诊断评估办法》《强制隔离戒毒人员行为考核扣分细则》《强制隔离戒毒人员日常考核办法》，明确规定诊断评估内容和标准。诊断评估内容为生理脱毒、心理康复、行为表现、社会环境和适应能力，对评估内容制定相应的评估标准。评估结果分为“良好”“一般”“较差”三种，建立诊断评估手册记载，作为诊断评估的依据。对评估内容分解量化，采取日记载、月考评、年总测计分形式进行动态考核，每天 10 分，全年总分为 3600 分。日常考核总分低于 3600 分不得提出诊断评估，须继续接受隔离戒毒，当考核总分达到 3600 分后，按照《诊断评估办法》，由所领导、管教民警及医生组成评估班子进行诊断评估，评估结果报市局法制部门审核。对于戒毒情况良好的人员，执行强制隔离戒毒一年后，经诊断评估，可以提出提前解除强戒的意见，报强制戒毒的决定机关批准后出所，并由戒毒所配合当地政府、社区和戒毒出所人员家属开展回归社会教育和诊断评估工作。回归社会教育是开展以“拒绝毒品、远离毒友”为主题的教育活动，出所前，组织出所人员认识毒品知识及危害，掌握毒品的预防方法，巩固戒毒成果。管教民警分别与即将出所人员进行一次全面谈话，了解其思想情况、稳定状况以及社会适应能力。重点帮助出所人员减少“复吸率”和“回头率”。是年，在854名出所人员中开展评先争优活动，经综合考评10名期满出所人员被评为戒毒脱瘾先进个人，在所内形成主动积极脱毒康复的浓厚氛围。此后，将戒毒人员评先争优活动形成常态。实行评先争优活动的4年中，有870人戒毒人员被评为“良好”，依法提前解除强制隔离戒毒，有2411人被评为“一般”，依法按期解除强制戒毒回归社会。

至2012年，强制隔离戒毒所共收治吸毒、戒毒人员21361人，自愿戒毒人员1174人，经戒毒治疗基本脱瘾康复按期出所13915人（其中强制隔离戒毒12741人、自愿戒毒1174人），实施劳动教养并继续强制隔离戒毒的1565人。在管理上，没有发生一起重大安全事故或重大责任事故。

1988—2012 年戒毒所收治人员一览表

表 2－3

年　份	强制戒毒（人）	自愿戒毒（人）	脱瘾康复（人）	行政拘留（人）
1988	—	—	—	—
1989	—	—	—	—
1990	—	—	—	—
1991	—	—	—	—
1992	—	—	—	—
1993	—	—	—	—
1994	—	6	6	97
1995	10	15	25	169
1996	104	19	123	115
1997	529	21	550	52
1998	713	39	752	34
1999	847	47	894	27
2000	1133	58	1191	9
2001	1164	75	1239	15
2002	1276	101	1377	7
2003	1348	73	1421	12
2004	1305	79	1384	5
2005	1355	85	1440	9
2006	1309	97	1406	15
2007	1324	110	1434	6
2008	1508	126	1634	24
2009	1459	115	1574	54
2010	1517	108	1625	112
2011	1570	—	1570	251
2012	1698	—	1698	408
合　计	20169	1174	21343	1321

第五章　网络犯罪案件侦查

1999 年 12 月，市公安局设立公共信息网络安全监察科，与科技科一个机构、两块牌子，承担网上侦查、监察和信息网络安全管理任务。2005 年 4 月，市公安局公共信息网络安全监察科与科技科分设，设立市公安局公共信息网络安全监察支队（以下简称网监支队）。年内，相继建成各区、县（市）公安（分）局公共信息网络安全监察大队。网监支队的主要职责：监督、检查、指导计算机信息系统使用单位的安全保护工作；组织实施计算机信息系统安全评估、审验；查处计算机信息网络违法犯罪案件；处置重大计算机信息系统安全事故和事件；负责计算机病毒和其他有害数据防治管理；负责计算机信息网络国际联网的互联单位、接入单位及有关用户建立健全安全管理制度；对计算机信息系统安全服务和安全专用产品实施管理；负责对全市“网吧”等国际互联网上网服务营业场所的安全审核和安全管理。

第一节　涉网犯罪案件侦查

网络犯罪是一种不同于传统犯罪的高科技、高智能犯罪形式。从 2000 年开始，信息安全工作进入以网络安全为主的全新阶段。全市开始加强网络侦查的培训工作，分批次组织干警到专门机构学习计算机安全知识，并邀请计算机安全专家对公安民警进行系统业务培训，使其系统掌握计算机违法犯罪案件的取证、破译、解密等侦查技术。同时，全面落实信息安全政策和技术规范，确保公共信息网络和互联网的运行安全和网上信息的安全，提高公安机关在高科技领域的技术管理和打击犯罪的能力。

2004 年 5 月，常德籍人肖 × 在“传奇”网络游戏中以虚假销售传奇装备进行诈骗，受害者遍及全国 20 多个省市，涉案金额高达 30 余万元。网监支队迅速对全国多名受害人提供的线索进行分析，并辗转各地取证，调取上万条网络数据，逐一比对，呈现出犯罪嫌疑人的真实身份后，立即部署开展网上追逃，于 2004 年 8 月，将藏身海南三亚“天涯海角”酒店的肖 × 抓获。常德首起网上诈骗案告破，赃款悉数追回，为日后多起类似网络案件的侦破奠定坚实基础。是年 5 月，破获“彭 × 网上诈骗案”；7 月，破获“李 × 网上传播淫秽物品案”。是年，全市受理、查处涉网违法案件 35 起，协助刑侦部门办理协查案件 16 起。

2005 年 4 月 30 日，支队接到受害人黄 × 报案称：其银行卡在自己身上，而卡内存款 4 万元被盗刷。网监支队民警经过缜密侦查发现，犯罪嫌疑人刘 × 趁受害人在柜台办理业务时，窃取其卡号和身份证信息，然后复制新的银行卡，由犯罪嫌疑人郭 × 在异地将卡内现金全部盗取。这是一起团伙成员异地配合作案的典型案件，在相关省、市公安机关的配合协作下，仅10天时间，便成功侦破该案，2名犯罪嫌疑人落网就擒。是年10月1日，上海市公安局网监支队向常德警方通报：上海金茂大厦收到匿名电子邮件恐吓，称大厦内已安装爆炸装备，如不按期汇款至指定账户，将引爆爆炸物品。从掌握的信息和线索分析，案犯极有可能藏匿在常德。为此，网监支队民警迅速会同上海警方，对获取的上千条电子数据进行比对分析，最终锁定犯罪嫌疑人为鼎城一中高二学生曾×，遂将其抓获，及时解除了警报。2005年，全市共依法查处网络犯罪案件48起，抓获逃犯64名，在“天剑”专项行动中，抓获涉网在逃人员28名。

2006年是全市网监“手段”建设年，网监支队全力投入“手段”建设，打破传统的侦查破案模式，向高精尖的电子化数据侦控模式转变。为准确定位、快速打击网上违法犯罪活动，建立全市IP地址数据库，率先在全省建成完整的网络侦技手段，使全市网络侦查工作力度加大。全年共办理协查案件64起，抓获在逃人员131名，其中刑事犯罪案件23起，协破命案15起。成功侦破“1·14”鼎城交通局会计携款潜逃案，追回赃款300万余元。在惩治网络赌博违法犯罪专项活动中，抓获两名犯罪嫌疑人，缴获赌资70多万元。

2007年，按照全省统一部署，由公安机关牵头，政府新闻办、教育、通信管理、文化、工商、安全、保密、新闻出版、广电等有关部门参与，开展互联网有害信息专项清理整治行动65次，发现清除有害信息2000多条，依法关闭违法违规信息服务和联网单位、网吧80多家，责令整改247家，停业整顿132家。同时，深入开展打击网络淫秽色情专项行动，查办鼎城“小珠传奇”网站传播淫秽物品案等6起案件，抓获犯罪嫌疑人4人。是年7月，破获一起破坏计算机信息系统安全案，抓获犯罪嫌疑人2人，行政拘留15人，行政警告相关责任人6人。全年，全市网监部门共办理协查案件78起，抓获在逃人员143人，其中协破命案15起，抓获重大刑事犯罪嫌疑人12人。

2008年4月，在深入开展打击网络淫秽色情专项行动中，立案查办“4·9网上开设赌场案”，破获全市特大网上赌场，抓获赖×等7名主要犯罪嫌疑人，涉案金额高达900多万元。

2009年3月至8月，在集中开展惩治网络淫秽色情“09亮剑”专项行动中，收缴淫秽物品2000余件。6月15日，办理彭×等人网上制办假证案，捣毁制作并贩卖假证窝点4个，抓获犯罪嫌疑人3人，收缴各类假证件410本。8月，侦办“蝴蝶夫人”网上传销案，抓获犯罪嫌疑人6人。10月，经过长达两个月的缜密侦查，破获以杨××为首的网上传销案，抓获犯罪嫌疑人18人，追缴违法所得3000余万元。

2010年，继续开展打击网络犯罪专项行动。5月，破获顾×等人组织的网络赌博案，抓获犯罪嫌疑人5人。7月，破获两起特大网络传销案，追缴违法所得6000余万元。9月，破获“呱呱51网上传播淫秽物品案”和“田×网上传播淫秽物品案”，抓获犯罪嫌疑人 3 人，中共中央对外宣传办公室、公安部、新华社对此高度重视，组织新闻部门到常德对“呱呱 51 网上传播淫秽物品案”进行专题采访，对该案中主要犯罪嫌疑人的犯罪心理及动机进行全面科学分析，剖析其犯罪成因并提出预防对策。

第二节 互联网公开监督管理

1996 年以后，随着互联网的发展，网吧等上网服务营业场所应运而生，部分业主由于法制观念淡薄，加之利益驱动，不履行安全职责，甚至为招揽顾客不惜违法违规经营，致使制作、浏览、传播反动、黄色有害信息等安全问题增多，对社会稳定，特别是对青少年的身心健康造成极坏影响。为引导、规范网吧安全健康发展，市局全面落实省厅有关互联网服务营业场所建立用户备案制度，纳入管理的要求，制定一系列管理措施，强化了全市网吧的规范管理。1997 年 12 月，公安部《计算机信息网络国际联网安全保护管理办法》发布实施后，省公安厅、省邮电管理局、省文化厅、省工商局联合发出《关于规范网吧经营行为，加强安全管理》的通知，对网吧开办条件、申请审批程序等作出明确规定。市局网监支队根据部、厅相关规定，结合常德实际及时与工商、文化、电信等部门协调，及时制定网吧管理具体细则，联合下发《关于进一步加强“网吧”安全管理的通知》，进一步明确和细化网吧申办程序、管理要求，使网吧安全管理纳入规范化轨道。

2003 年，网监支队创新管理，开始对市城区网吧进行全面摸排，在建立健全城区互联网安全管理台账的基础上，针对加强网吧行业安全自律大胆探索，使城区网吧的安全管理更趋完善、有序和规范。

2004 年，结合全省网吧专项清理整治行动，全市狠抓网络安全突出问题整治，查处 120 多家违法违规网吧，取缔 114 家黑网吧。是年 5 月，为加强计算机安全人员的管理，提高其安全意识和法制意识，对计算机安全员开展培训，共培训安全员 579 名。对网吧采取 IC 卡实名系统管理措施，引导 200 多家网吧配置安装安全管理软件。对全市网站、网页、网吧及重点联网单位全面摸底调查，建立起全市互联网基础业务数据库，使全市网吧安全管理秩序明显好转。

2005 年，全面落实网吧“IC”卡实名登记系统的安装，强化网吧安全管理监控措施，将网吧上网人员纳入管理视线。年内，全市 700 家网吧全部安装完毕，并对所有网吧全部完成年度审验、变更、换发新证和网吧的清理建档。

2006 年 5 月，开展为期一个月的网吧专项安全清理整治工作，严格落实网吧系统“运行日志留存 60 天”，完成 IC 卡实名登记系统的升级安装工作，按照公安部规定每 30 台电脑配备 2 名安全管理员，并对全市互联网服务单位、联网单位和上网服务营业场所安全管理员进行为期 7 天的专业培训。清理整治中共查处违法违规网吧 152 家。

2007 年，开展城区网吧及学校周边网吧专项清理整治和重要信息系统安全等级保护专项行动。全面收集各单位信息系统资料，摸底造册、建档备案。清理整治行动中查处违规经营网吧 105 家，查封违法网站 18 家，取缔无证互联网经营场所 20 家。

2008 年，实施网吧实名登记系统及视频监控系统工程，网吧取消 IC 卡上网，全市城区网吧安装身份证识别仪，一律实行凭身份证上网，对上网人员做到身份明确、图像清晰。

2010 年 5 月，结合常德市城市文明创建工作，开展网吧文明建设活动，确保向市民提供网吧上网的文明环境。是年，共查处不文明网吧 32 家，处罚 20 家，批评教育 12 家。

第三节　互联网有害信息监控和舆情管理

2001 年，美国发生“9・11”恐怖袭击事件后，境内外敌对势力在网上造谣生事，严重危害国家安全和社会稳定。为此，网监部门及时调整部署，将工作中心向侦查情报转移，确立以网上侦查情报为主线，充分发挥安全监督管理和网络技术手段两大优势，及时发现、严密侦控、有效防范、依法打击利用网络进行的煽动、渗透和破坏活动。从 2003 年起，全市网监部门建立互联网信息监控点，落实每天 24 小时巡查，及时发现、删除传播谣言、民运组织活动和“法轮功”邪教组织等有害信息。建立信息管控系统，网监支队确定 2 名民警专门负责，对全市互联网网站交互式栏目进行不间断的全面搜索；各区、县（市）均配备 1 名懂计算机的侦查员负责信息监控，将全市 315 个网站按属地原则进行管理，明确监控重点及境外重点网站的监控职责。

2005 年开始，建立定期网上巡查制度和重大情况上报制度，各区、县（市）在国庆等重要节日防护期，实行 24 小时值班监控，发现有害信息立即删除，同时做好调查取证工作。是年 6 月，全市开展“点对点”网络和视频聊天室有害信息专项整治工作，清除反动和淫秽色情等有害信息，及时破获“联一网吧”系列传播淫秽物品案。全年及时发现、删除有关影响社会政治稳定的有害信息 200 多条。2006 年 7 月，开展打击“法轮功”等邪教组织网上活动专项工作。共查获有害信息 113 条，发现并上报境外有害信息网站 34 个，外省有害网站 43 个。2007 年，采取人工搜索与系统搜索相结合的方式，共上报有价值的情报信息 1693 条，发现并上报境外有害信息网站 123 个，外省有害网站 92 个，上报公安部《互联网信息》783 条，删除各类淫秽色情信息 2861 条。及时处理政府网站“市民留言”反馈的不良信息 338 条，避免网上恶性炒作事件的发生。2008 年 8 月，第 29 届奥运会期间，全市网监部门保持高度政治敏感，制定互联网重大突发事件应急处置预案，成立应急处置工作小组并开展实战演练，加强值班备勤和情况报告；严格网上重点阵地控制，施行 24 小时网上监控。共及时发现、删除和封堵有害网站 35 个，依法关闭安全隐患严重的网站和栏目 59 个，发现并通报异地有害信息 932 条，处置异地有害信息 230 条，上报互联网信息 74 篇，上报情报信息 15 篇。2009 年，发现并通报异地有害信息 1232 条，处置异地有害信息 269 条，上报互联网信息 81 篇，上报情报信息 3 篇，确定网上重点人口 8 名。2010 年，围绕互联网有害信息专项清理工作，全市发现并通报异地有害信息 1452 条，处置异地有害信息 305 条，上报互联网信息 90 篇，被省厅采用 38 篇，公安部采用 2 篇，上报情报信息 16 篇，确定网上重点人口 15 名。

第四节　基础业务建设

2005 年 4 月，全市网监部门自上而下实行队建制。市局在网监基础业务建设上狠下功夫，完善制度规章，规范办案程序。是年，率先在全省编制《网络安全监察业务手册》，用于指导和规范各区、县（市）网监大队侦破案件和互联网上网服务营业场所的管理，《手册》受到省厅高度肯定，将其作为范本下发到各地、州（市），供网监部门学习借鉴。同时，网侦手段建设基本完成，为开展网络侦查和网上监察，从队伍、制度、技术上打下坚实基础。

2006 年，《中华人民共和国行政许可法》施行，根据《公安机关行政许可办理指南》的规定，全市网监部门严格实施网吧年审、变更、延续等行政许可项目的审批程序，并逐一建档，健全资料，是年 12 月，在年度省公安厅对行政许可档案抽查中无一扣分。

2007 年，在手段建设和互联网报警处置平台实行搭建，以高科技手段制服高智能犯罪。利用网监手段追逃，率先在全省完成追逃指标，被评为全省公共信息网络安全监察先进集体。

2010 年 5 月，手段建设进行全面升级。投入资金 370 万元，对全市电信 8 路 10GB 出口进行网络行为审计升级。

在加强基础业务和制度建设的同时，注重提升网监民警依法打击网络犯罪的实战能力。从 2004 年开始，以深入开展大练兵活动为契机，结合网监管理和网监侦查工作实际，采取岗位练兵、市局集中培训和送部、省调训的形式，全方位提高网监民警素质。每年都组织一次以上对网监民警进行网络监控、网络侦查、IP 认证查询等专业知识和技能的培训、演练。2010 年，市局三次组织区、县（市）公安网监民警开展技能培训，在是年参加全省网监民警大比武活动中，取得优异成绩。

第六章　监所管理

1988 年 7 月，常德撤区建市，原常德地区公安处预审科更名为常德市公安局预审科。1998 年 5 月，预审工作职能并入刑事侦查部门，监所管理实行单列，设置常德市公安局监所管理科（以下简称监管科）。2000 年，监管科更名为监所管理支队（以下简称监管支队）。2001 年 5 月，根据公安部《关于调整公安监管职能有关问题的通知》精神，对全市看守所、治安拘留所、强制戒毒所归口监管支队统一管理。其主要职责：指导、监督全市公安机关依法执行刑罚；研究拟定公安监管工作计划；监督监管工作有关政策、法律、法规和制度的贯彻执行；掌握羁押场所情况，开展对策研究；检查、指导收押场所安全防范工作；指导、协调和组织监所深挖犯罪工作；规划和指导羁押场所的基础设施建设。

第一节　监所设置

1988 年年底，全市所辖 10 个县（市）区设有看守所、行政拘留所各 1 个，市本级设收审所 1 个。其中，县（市）区的 10 个看守所归口预审部门管理，区、县（市）的 10 个治安拘留所和收审所归口治安部门管理。

1989 年 7 月，因撤地建市，原常德行署公安处收容审查所更名常德市公安局收容审查所，原常德市公安局的监所分别更名为武陵区公安局看守所和武陵区公安局治安拘留所，常德县公安局的监所分别更名为鼎城区公安局看守所和鼎城区公安局治安拘留所。是年 7 月，慈利县划归张家界管辖，常德公安监所减至 19 个。

1993 年，武陵区公安局看守所收归市局管辖，更名为常德市第一看守所。

1995 年 3 月，设立常德市公安局收教（隔离戒毒）所。1997 年 6 月，市局收审所撤销，设立常德市第二看守所。

1999 年 5 月，德山公安分局设立治安拘留所。

2003 年 4 月，西湖公安分局设立治安拘留所。

2005 年 8 月，鼎城区第二看守所更名为鼎城区治安拘留所。是年 12 月，根据公安部公通字〔2005〕89 号文件精神，治安拘留所更名为拘留所。

2007 年 9 月，德山开发区拘留所、西湖管理区拘留所撤销。

至 2012 年年底，全市共有看守所 9 个，拘留所 9 个，收教（强制戒毒）所 1 个。

第二节　安全管理

1988 年，常德地区 10 个看守所、1 个收审所共关押各类在押人员 6091 人，月均关押 1220 人，最高时达 1783 人。根据在押人员严重超负荷和超期羁押的情况，地区公安处于 4 月 25 日组织召开全区 10 个县市分管副局长、看守所所长、预审股长会议，重点研究解决全区“两所”超负荷羁押问题，缓解监所压力，部署开展“清案”行动，并作出硬性规定：凡余刑一年以上的每所除最多留用 3 ~ 5 名外，其余一律送劳改，不得擅自留用；对超期关押的收审人员，其生活费由县市自己负责，经过“清案”行动，全区共取保候审、监视居住、释放羁押人员 54 名，投送劳改 191 名，送劳动教养 48 名，解除收审 234 名。

1990 年 3 月 17 日，《中华人民共和国看守所条例》（以下简称《条例》）颁布施行，看守所工作正式被纳入法制化轨道。全市预审监管部门和监管场所以此为契机，狠抓《条例》的贯彻学习和落实执行。4 月，市局预审监管部门采取以会代训的形式，举办全市看守工作骨干培训班，宣讲《条例》，组织座谈讨论。之后三次下发传真通知，对《条例》的学习贯彻提出具体要求。汉寿县公安局及时翻印《条例》300 余册，发至全局民警学习，并在看守所开展《条例》宣传月活动，运用宣传栏、《学习与改造》小报、广播等阵地宣传《条例》。临澧、汉寿、鼎城等区县看守所采取主管领导动员、老看守员做辅导，联系实际进行讨论，加深对《条例》的理解。石门县政法委书记徐家荣、鼎城区政法委书记周明权，分别带领公、检、法、司“四长”深入监所，亲自宣讲《条例》，向在押人员进行法制教育。市第一看守所三次组织开展打击牢头狱霸，整顿监所秩序的专项行动，使监所秩序明显好转，受到省公安厅通报表彰。《条例》的颁布实施，引起各级党委政府对看守工作的重视，是年，全市共为看守所增加警力 16 名，其中安乡、市第一看守所、津市市、桃源县、汉寿县看守所配齐狱医及女民警。鼎城区、澧县、津市市、汉寿县看守所购置囚车，安装监控设备。

1997 年 4 月 7 日，公安部制定《看守所等级评定办法》（以下简称《办法》），决定在全国看守所实行等级化管理，将看守所分为一、二、三级和未达标级等级。一级看守所为全国先进看守所，二级看守所为省级先进看守所，三级看守所为达标级看守所。市局监管部门与看守所以《办法》为准则，按照《办法》标准和要求，积极开展争创活动。是年，临澧县看守所被评定为全省 7 个二级达标所之一，桃源县、澧县、安乡县看守所被评定为三级看守所。

1998 年，全市 11 个看守所共收押在押人员 6142 名，看守交付执行死刑 28 名。组织抗洪抢险，长途转移在押人员 350 名。是年 6 月至 7 月，常德沅水、澧水流域持续普降暴雨，山洪爆发，河水猛涨，不少堤垸相继漫溃，澧县、安乡、鼎城区看守所和市第一看守所的安全面临严重威胁。为确保监所安全，市局监管部门全力投入抗洪抢险。从 6 月 15 日开始，先后 6 次下到汉寿、安乡、澧县等重点地域看守所摸底调查，制定全市在押人员紧急转移和接纳受灾转移在押人员方案，并指导汉寿、澧县、安乡、鼎城区看守所、市第一看守所制定紧急转移的详尽方案。6 月 24 日，市第一看守所、鼎城区第二看守所、澧县看守所因洪涝渍水，监内在押人员安全受到严重威胁。灾情发生后，市委主管政法的副书记李少甫率市委政法委、公安、检察、武警支队等单位负责人 3 次到现场察看灾情，组织指挥抢险。25 日中午，经全力排险，市第一看守所安全威胁解除。7 月 22 日，澧水洪水猛涨，澧县看守所 201 名在押人员的生命安全和看守所的财产面临严重威胁，市公安局副局长贾建华带领监管科民警速速赶赴现场，与澧县防汛指挥部联系，紧急调集警力 30 名、大客车5辆进驻看守所待令，同时通知市第二看守所做好接纳澧县看守所在押人员的准备。7月23日下午4时30分，看守所按方案组织安全大转移。201名在押人员分乘6辆大型客车，由武警和公安民警押解，冒雨行进，历经2个多小时安全抵达市第二看守所。7月24日，地处低洼地的安乡县看守所洪涝灾情告急，监管科民警不顾多日连续奋战的疲劳，在贾建华副局长的带领下，连夜急赴安乡。25日零时，安乡县棉纺厂堤段决口，与看守所相邻的书垸洲瞬间被洪水淹没，看守所在押人员安全面临严重威胁。针对这一严峻形势，监管部门迅速向上级提出向武陵监狱求助的建议，经联系批准后，紧急督促安乡县局抽调警力和车辆，于25日4时38分将149名在押人员安全转移到武陵监狱。

2001年5月1日起，全市看守所、治安拘留所、强制戒毒（收教）所统一归口监管支队管理。市局监管支队对全市10个治安拘留所和1个强制戒毒所进行调查摸底，以公安部《强制戒毒所等级评定办法》《治安拘留所达标办法》为指导，按照等级评定办法，指导和督促其建立健全规章制度，落实规范化管理。借鉴看守所等级达标的成功经验，深入开展监所等级达标活动，年内，市强制戒毒（收教）所被评定为三级强制戒毒所，桃源县、安乡县、石门县治安拘留所被评为达标拘留所。

2003年第二季度，全国“非典”期间，为防止监所疫情传播，监管支队制定出台监所防治非典8条工作措施。做到每天对监区和办公区消毒2次，每天对民警和在押人员检测体温3次，每天送服预防中药、西药1次至2次。在预防“非典”期间，全市监管场所先后投入3万余元，用于购买预防药品、消毒器材。市第一看守所、桃源、鼎城、石门、澧县看守所在预防非典方面，坚持严把9道关，即收押关、会见关、衣物食品进监关、消毒防疫关、热点排查关、宣传教育关、跟踪管理关、责任追究关、信息反馈关，为全市监所抗击“非典”提供宝贵的经验。抗击“非典”期间，省政协副主席李贻衡等领导到桃源县看守所检查预防非典工作后，非常满意，当即拍板为他们解决经费15万元，用于抗击“非典”和购置囚车。

2004年，鼎城区看守所发生“3·21”留所服刑罪犯粟×脱逃和“7·11”在押人员邓××被殴致死事故后，省公安厅在常德召开事故现场分析会，严肃追究相关单位和人员的责任。全市公安机关和监管场所举一反三，深刻吸取教训。根据省厅工作部署，从7月下旬起，组织全市监管场所开展打击牢头狱霸专项行动，在监内开展政治攻势，号召在押人员检举揭发监所牢头狱霸行为和违法犯罪线索，对发现的牢头狱霸从严处理，对检举揭发有功的在押人员给予奖励，从而震慑犯罪，促进监所管理秩序的明显好转。

2006年上半年，监所系统连续发生3起责任事故。事故发生后，市局党委高度重视。于4月下旬在临澧县局专门召开事故分析会，剖析事故原因，从中吸取深刻教训。随之，监管部门组织在全市监所铺开勤务模式改革。一是实行“二岗合一”，即将值班巡视和电视监控合二为一，从而解决巡视和监控两岗脱节的问题。二是实行主协管制度，即由原来一名监管民警管理1个或几个监室改由相互协管。三是实行监所民警“七包到位”，即包安全管理、包规范养成、包情况熟知、包内务卫生、包教育转化、包问题查处、包深挖犯罪。四是改进岗位设置，设立领导带班、收（换）押、提讯提审、会见、值班巡视、安全检查、深挖犯罪、突发事件处置、后勤保障等11个岗位，并针对岗位工作任务制定详细的工作职责和绩效考评办法。五是典型引路，先后推介澧县看守所连续15年无安全事故的经验、市第一看守所确保死刑犯看押绝对安全的经验、石门县看守所构建和谐监所的经验。是年，全市监管系统，以全国公安机关“三基一化”建设工作为契机，切实加大监所科技应用和基础设施建设投入，累计投资400多万元，为9个看守所监区安装智能电网、6个监所安装视频监控、7个监所装备车辆，所有看守所都建成开通计算机局域网。此外，市直“三所合一”（第一、第二看守所，武陵区拘留所）建设工程，石门、临澧看守所改扩建等工程均正式启动。同时，全市监所按照公安部统一制定的监所标识标样，对监所大门、办公室、被监管人员活动区、监所食堂、监所仓库等内外的标示、标牌、标语进行统一规范。11月，按照公安部“山东会议”要求完成4个二级以上看守所武警监哨设置。

2008年，全市监管工作以北京奥运会安全保卫为中心，落实国家安保部门布置的背景审查工作，完善违法犯罪人员数据信息库，确保背景审查真实准确。全市监管部门共审查关联对象656批、1340人，比对出重点对象2名，按时按质完成对相关违法犯罪人员信息的及时录入和上传。妥善处理一批涉及监管场所的信访案件，未发生一起非正常赴京上访或群体性事件。全面启动监所新建、翻建和改扩建。是年，全市看守所“四无”（无囚车、无监控、无智能电网、无受虐报告系统）问题全部解决，被监管人员伙食全部达标。在专用网络建设上，全市20个监所除鼎城区拘留所因临时搬迁未接通公安专网外，其余19个监所全部开通，其中所有看守所（共10个）全部完成局域网和网站建设。投资40余万元，完成全部看守所监区门哨建设，建成武警备勤室8个，改造进监区AB门6个。

2009年，全市监管部门把防范非正常死亡工作作为重中之重。市局监管支队先后印发有关防范在押人员非正常死亡的工作方案、通知、通报等35份。桃源县一次性投资40万元，为看守所改造监控设备、拆除、改造挡住武警哨位观察视线的建筑物、修缮监门、加高加固围墙等。澧县投资15万元，对看守所监控进行升级改造、放风场所加装双层防护网、在监区安装手机屏蔽器，购置14部对讲机。临澧县投资10余万元，改造看守所提审室、加装监控探头、安装手机屏蔽器，并更换囚车。在此基础上，各监所切实加强对在押人员健康状况检查和患病人员的巡诊力度，特别是对患重病的被监管人员，做到及时发现、及时治疗。为强化管理，监管支队还专门下发《关于在押人员出所就医有关规定》八条，及时全面规范出所就医程序和工作措施。临澧县看守所相应制定《重病在押人员医疗救治措施》《传染病处置措施》《甲型流感预防措施》等。与此同时，各监所普遍修订和完善包括预防非正常死亡在内的多种应急预案。

2012年3月9日，市第一、第二看守所合并更名为常德市看守所，并分别从武陵区东郊乡、鼎城区武陵镇整体搬迁至万金障新落成的大型看守所。常德市拘留所同时从武陵区东郊乡搬迁到新建拘留所。在该次两所搬迁中，市局巡特警支队、市局交警支队、武警支队及监管部门，共出动300余名民警，参与被监管人员的转移护卫、押解和警戒工作，在多方共同努力下，将300余名被监管人员安全顺利转迁至新监所。是年3月起，根据市局党委的工作部署，在全市监所开展“大走访”、开门评警活动，所有监所班子成员均分别联系1个至2个村组或社区居委会，上门走访群众，征求意见，广泛听取群众对民警的评议。同时，联系人大代表、政协委员和社会团体等单位，全面实行监管场所对社会开放日活动。是年5月22日，全市19个监管场所全部组织开展社会开放日活动。共接待人大代表、政协委员120余人，接待党政机关、社会团体等单位人员150余人，接待其他群众80余人，并邀请新闻媒体进行采访报道。

第三节 教育矫治

1988年，汉寿、临澧两县看守所下大力抓好在押人员教育改造的典型经验被媒体推介后，澧县、安乡等地看守所结合实际，分别组织开展文明治监大讨论等各具特色的教育活动，加强对在押人员的教育矫治。各监所先后组织开展政策、法律教育481场次，监管民警加大提询力度，年人均提询300余人次，通过教育，有效促进被监管人员的思想稳定与好转，使监内安全管理秩序明显好转。

1990年3月，《中华人民共和国看守所条例》颁布实施，全市监管部门按照《条例》要求，采取多种形式，运用多种手段，对在押人员进行法制、道德教育，实施教育矫治，从而增强在押人员认罪服法和遵守监规的自觉性。

1993年，全市监管部门立足扩大教育转化效果，坚持积极探索，对在押人员的教育转化实行“三改”，即改注入式教育为启发式教育；改单纯地看守为密切配合审讯、起诉、审判等活动开展综合治理；改注重在押人员所内教育为同时注重社会延伸教育，教育在押人员认罪服法，重新做人。汉寿县看守所留所服刑罪犯罗××因积极改造被提前释放回家后，利用在看守所学到的糕点制作技能，办起食品加工厂，产品达100多种，销售到3个县的200多个单位，成为全县有名的富裕户，多次被邀请到看守所现身说法，在看守所在押人员中引起强烈反响。

1995年，全市监管场所把法制、道德、理想、前途教育贯穿在整个监管工作中，系统对在押人员进行《刑法》《刑事诉讼法》《治安管理处罚条例》等常用法律法规的学习辅导，促使在押人员认罪服法，悔过自新，增强其重塑自我的信心和决心。

2000年，全市看守所关押的重刑犯人数众多，仅市第一看守所就多达40余名，其中，“9·1”案件主犯达8名。为促使其对自己的罪行有深刻反省，安心接受改造，管教民警对他们开展个别教育，取得良好效果。在追捕“9·1”案首犯张×期间，市第一看守所民警通过对有关涉案人员开展政治攻势和实行感化教育，终于使同伙李××供出张×藏身重庆涪陵其情妇家的重要线索，为后续抓获张×起到关键性作用。通过教育感化，“9·1”案件6名主犯在执行死刑前，都留下“感谢管教干部关心照顾，来世再报恩”之类的感人话语。

2001年，全市监所共收押“法轮功”邪教组织成员384名。为争取教育转化最佳效果，监管场所共组织上法制课268场次，成立帮教小组18个，举办帮教工作骨干培训班3期，参训民警达160人次，开展有针对性个别谈话教育上万次。通过深入细致的思想教育，有212名“法轮功”邪教组织人员如梦初醒，悔恨交加，表示要与“法轮功”邪教组织彻底决裂。监所民警循循善诱，坚持开展耐心细致的思想教育，通过教育感化，使入所在押的“法轮功”邪教组织成员都深受教育，他们出所后纷纷写去感谢信，表达对民警帮教的感激之情。

2006年至2010年，全市监管场所在抓好普遍教育的同时，根据《中华人民共和国未成年人保护法》第38条规定，对违法犯罪的未成年人，遵循教育、感化、挽救的方针，坚持以教育为主，惩罚为辅的原则，重点对被监管的未成年人进行教育转化工作。桃源县看守所一名因抢劫入所的未成年人占×（男，16周岁，团伙成员）在听了法制教育课后悔恨交加，并深有感触地说：“早知道抢别人的东西是犯罪，打死我也不会去做。”因抢劫入所的14周岁少年鲁×，在送少管所前写下了自己的心里话：“通过入所后的教育学习，对自己的犯罪行为追悔莫及，我一定好好改造，争取重新做人。”该所因抢劫杀人入所的朱×（男，16周岁），向管教民警反映经常头痛难忍，想起作案时的情景就难以入睡。为此，管教干部经常找他谈心，并及时安排到医院检查身体，同时邀请心理咨询专家参加会诊，最后确诊为心理疾病，经过身心调治，朱×终于走出阴影，做到直面现实，主动认罪服法。该所15周岁的苏×因抢劫入所后始终沉默寡言，管教民警经多次谈话教育发现，其主要是担心出所后怕被同学笑话，自卑心理特别严重。于是，管教民警通过与学校领导及班主任联系，并邀请与其关系密切且表现好的同学到所教育规劝，促其思想转变，终于使他摆脱心理阴影。之后他向管教民警表示：“一定好好学习、接受改造，争取早日回归社会。”石门县看守所未成年在押人员覃×（男，16周岁），因抢劫入所后，缺乏生活自理能力，同监人员对他冷眼相看，致其整天躲着啼哭。管教民警发现后，多次找他谈话，手把手为他传授基本生活常识，并联系其亲人会见规劝，逐步使其学会生活自理。汉寿县看守所未成年在押人员杨×（男，17周岁），2010年2月25日因涉嫌放火被刑事拘留，其自幼父母离异，由年迈的奶奶抚养，因缺少家庭温暖导致性格孤僻。刑事拘留期间，杨×在看守所一直情绪不稳，先后三次吞食异物，企图自残以逃避打击。看守所教导员陈明不厌其烦对其进行思想教育，在生活上给予关心帮助，并先后5次带其到县人民医院检查身体。同时，联系其亲属到所探视，配合管教民警做好思想教育工作，终于使杨×转变思想稳定了情绪。他在深刻认识自己所犯罪行的同时，于3月10日主动向管监民警供认2009年伙同全××盗窃作案的犯罪事实。

2012 年，在全市每个看守所设立心理咨询室，建立心理干预机制，聘请心理咨询师对在押人员实行心理干预和心理疏导，缓解对立情绪。桃源县看守所因涉嫌故意伤害致人死亡的黄×入所后抵触情绪极大，并一度咬腕自杀。管教民警与狱医多次对其进行心理疏导，终使黄×转变态度，稳定了情绪。鼎城区看守所因故意伤害罪入所的刘×，入所时神情恍惚，经常在监内拍门撞墙。对此，管教民警并未一味指责或惩罚，而是通过侧面了解情况，组织班子对其进行心理辅导与教育谈话，并会同办案单位为其进行精神病史鉴定和开展药物治疗，使其情绪逐步稳定。是年，全市监所管理部门进一步加强监管执法力度，在全面实行阳光作业的基础上，及时转发公安部监管局印发的《看守所告知在押人员权利和义务的规定》，并深入检查，督导贯彻执行。全市 10 个看守所均按规定制作告知书一式两份，发给在押人员学习和保存。在监（拘）室内统一张贴作息时间、食谱、代购商品价格、在押人员一日生活制度等，以增加监所执法的透明度。对监所区内外带有歧视性色彩的标语、口号进行清理。统一悬挂、张贴积极向上、陶冶情操的名言警句和书画作品，营造监所文化氛围，减少在押人员的抗拒心理。为落实人性化管理、保障在押人员的合法权益，各监管场所不仅在政治上，而且在生活、管理等多方面予以落实。诸如被监管人员生病要及时检查诊治，违反监（所）规的，做到不打骂、不体罚、不侮辱人格、不虐待。为照顾少数民族被监管人员生活习惯，单独为他们做饭菜。夏季气候炎热，为他们安装空调或电风扇、发放防暑降温药品，冬天定期送热水，有的监所还专门在监内安装太阳能热水器。每当在押人员过生日，则为其送上一份贺岁食品。每逢重大节假日，监管场所都组织开展多种健康有益的文体活动。

第四节　深挖犯罪

1988 年，通过开展政治攻势和召开宽严典型兑现大会，在全市 10 个看守所和 1 个收审所中，先后有 130 名在押人员主动交代自己的余罪，有 450 人主动检举他人的问题，检举揭发犯罪线索 1730 条，涉案金额 5 万余元，通过线索查证，抓获在逃人员 35 名，缴获赃款赃物折款 2 万余元。临澧县看守所在押人员蒋××（涉嫌贪污）逮捕入所后，经看守所三次在监内开展政治攻势和三次召开宽严处理兑现大会，不仅主动坦白交代自己贪污犯罪的事实，而且检举揭发他人犯罪线索 41 条，涉案贪污人员 12 名，金额达 14.2 万余元。县人民检察院根据蒋××的积极表现，依法对其作出免于起诉的从宽处理。

1991 年至 1994 年，全市预审监管部门组织“两所”开展深挖犯罪工作竞赛，配合审讯，运用狱侦手段，共获取犯罪线索 1653 条，捣毁犯罪团伙 5 个，破获各类案件 569 起，其中特大案件 3 起，追赃折款 17.4 万元。1992 年 3 月，武陵区看守所民警通过对在押人员刘××（刘犯因强奸并杀害 13 岁幼女，于 1991 年 8 月 25 日被捕入狱）审查深挖，一举破获刘××于 1990 年 6 月 28 日强奸并杀害同村 6 岁幼女徐××的另一起特大案件。

1994 年，澧县看守所通过审查深挖，破获以唐 × × 为首的 4 人轮奸团伙，抓获在逃人员 3 名。

1995 年，全市监管场所配合“春季严打攻势”“331 行动”“秋风行动”和年底的“农村社会治安整治”等专项行动，充分发挥监所信息资料库作用，动员在押人员主动交代余罪，大胆检举揭发他人违法犯罪。其间，鼎城区看守所获取犯罪线索 100 余条。市第一看守所在押人员赵 × 在民警的教育下，检举揭发林 × × 抢劫出租车一辆、传呼机一个、西铁城手表一块及现金 10 多万元的犯罪事实。

2001 年 3 月，津市市看守所通过加强对“法轮功”邪教组织顽固人员的思想教育转化，成功破获一起省级督办的“法轮功”邪教组织案，挖出“法轮功”邪教组织痴迷者 48 人，其中提请逮捕 3 人，实施劳动教养 20 人。该案例被公安部监管局收录汇编为全国公安监管场所深挖犯罪 20 个典型案例之一，并获得省厅 3 万元奖金。

2002 年 6 月 10 日，公安部以公监管〔2002〕63 号文件发布《公安机关深挖犯罪工作规则》，全市监管部门认真贯彻执行，组织开展监内深挖犯罪工作。7 月 23 日，澧县看守所经对在押人员杜 × × 谈话教育，在强大的政策攻势和教育感召下，检举一起重大抢劫、强奸案线索。经查，该案系持刀入室抢劫、强奸案。该案共抢走被害人胡 ×（女）金首饰 2 件，现金 800 元。8 月 11 日，将涉案犯罪嫌疑人戴 × × 抓获归案。是年 8 月 19 日，鼎城区看守所经对涉嫌抢劫的在押人员龚 × × 审查深挖，查获刘 × ×、姚 × 等 5 人持刀实施抢劫的重大团伙犯罪案件。9 月 6 日，鼎城区公安局根据线索，出动警力将作案成员全部抓获。经查证该团伙窜至华容县、武陵区、鼎城区、汉寿县等地持刀抢劫作案 10 多起，砍伤 1 人，抢走现金、手机等财物折款 2 万余元。

2003 年至 2006 年，为配合“严打”斗争，在监所内广泛开展了深挖犯罪的专项行动。全市共成立攻坚小组 25 个，挑选培训骨干 55 名。以死刑、重刑和多次作案、连续作案、流窜作案以及团伙作案对象为工作重点，注重省、市挂牌和通缉在逃人员线索开展工作。4 年中，全市共获取线索 2919 条，根据线索破获各类刑事、治安案件 1357 起，其中大案要案 151 起。抓获作案成员 668 人，其中在逃人员 13 人，挽回损失 173 万元。2003 年 3 月，在全市开展的为期 50 天狱侦竞赛活动中，全市 233 名监管民警共获取有价值线索 457 条，破案 237 起，抓获作案人员 130 人，其中抓捕在逃人员 2 人，打击处理 66 人。桃源县看守所狱侦组经对在押人员实施感化教育，获取以陈 × ×、冯 × 为首的特大抢劫、盗窃团伙案漏网成员杨 × ×、彭 × ×、李 ×、易 × × 活动及藏身地点的线索，专案组果断出击，一举将漏网案犯全部抓获。市强制戒毒所在竞赛活动中，成功破获武陵区一重大吸毒、贩毒团伙案，抓获团伙成员 11 人。2004 年 5 月，澧县看守所获取钟 × × 雇请凶手报复他人重大伤害案线索；桃源县看守所获取梅 × ×、翦 × ×、陈 × × 特大摩托车盗窃团伙案线索；鼎城区看守所获取庞 × × 抢劫杀人案线索。经对线索查证，使该类重大积案得以及时破获。2005 年 9 月，市第一看守所获取以皮 × × 为首的重大贩卖枪支团伙案件线索，经线索传递，办案单位及时将此案破获。缴获自制枪支26支，子弹17发，皮××、石××、金××、吴××等14名团伙成员落入法网。

2008年1月25日，市第一看守所对在押人员黄××开展政策攻心，鼓励其戴罪立功，检举揭发他人犯罪线索。经耐心教育开导，黄××主动检举周×利用职务之便盗窃广东顺德某厂价值5万余元首饰的犯罪案件。武陵区三叉路派出所获取线索后，调派警力迅速出击，将负案潜逃的犯罪嫌疑人周×抓获。经审讯，周×对犯罪事实供认不讳。4月上旬，桃源县看守所通过开展深挖，协助检察机关破获邓××、冯×、宋××利用职务之便，多次贪污受贿总金额达28万元的重大案件。4月17日，鼎城区看守所通过深挖犯罪获取一重大涉毒案件重要线索，于5月20日出动警力，在武陵镇将涉案人员徐×、左××、左×等5人抓获，当场缴获自制手枪1支，子弹600发，海洛因17.6克、麻古2000多粒。

2009年，按照《湖南省深挖犯罪工作细则》的具体要求，各监所建立完善专门工作机制，规范运作程序。由监所主管领导负主责，明确工作措施、工作要求，对监管民警规定深挖任务，对线索转递、查证，信息反馈、建立专档等项工作都作出统一规定。是年，桃源、临澧、鼎城等地公安机关将监所深挖犯罪工作纳入年度综合考评和精细化管理。各监所在强化传统深挖犯罪手段的同时，还完善信息导侦、阵地配侦、科技强侦、网上作战等深挖犯罪及破案追逃的新手段。

2010年4月，桃源县看守所启用配侦深挖工作，协助广东警方破获王××于2008年6月22日在广东抢劫、强奸、杀人焚尸的重大积案。全市监管场所运用违法犯罪人员信息系统与CCIC的比对工作获取线索，发现网上通缉在逃人员6名。桃源县看守所因深挖犯罪工作成绩突出，被省公安厅评为“全省公安监所深挖犯罪工作先进集体”，民警刘均林被评为“全省公安监所深挖犯罪先进个人”。

2011年，全市监管部门充分发挥监所阵地作用，以“清网行动”为载体，持续深入开展配侦深挖工作，通过线索转递，共破获各类案件853起，其中大案要案12起。逮捕犯罪嫌疑人31人，协助抓获网上在逃人员9人，追缴赃款赃物折款30余万元。

2012年，全市监所根据《湖南省公安机关教育感化深挖犯罪工作规定》，积极开展深挖犯罪工作。1月至12月，全市19个监所共获取有价值线索1295条，破案85起，其中大案要案12起。打击处理59人，其中提请逮捕38人。发现在逃人员12人，协助抓获网上在逃人员5人，追缴赃款赃物折款近30万元。是年4月，市看守所通过对在押人员进行启发式教育，获取一特大运输、非法持有毒品的犯罪线索。武陵区局禁毒大队根据线索，于5月2日在常长高速常德出口处抓获犯罪嫌疑人朱××、张××，现场缴获海洛因603克，毒资7000元，其后，在朱×的家中查获毒品435.3克，毒资37500元。该案例被省公安厅评选为2012年度全省公安监管部门开展教育感化深挖犯罪“十大精品案例”之一。

第五节　常德市看守所

1988 年 7 月，常德撤区建市，原常德地区收容审查所更名为常德市收容审查所。1997 年 6 月 24 日，更名为常德市第二看守所。1993 年 4 月，武陵区公安分局看守所成建制上收常德市公安局管理，更名为常德市第一看守所。2012 年 3 月，市第一、第二看守所合并，更名为常德市看守所，为正科级机构。核定专项编制 33 人，实有监管民警职工 24 人，其中设所领导 5 人（2 正 3 副），民警 17 人，职工 2 人。其主要职能：依据国家法律对被羁押的在押人员实行武装警戒和看守，保障安全；对在押人员进行教育；管理在押人员的生活和卫生；保障侦查、起诉和审判等工作的顺利进行。

一、安全管理

1988 年 4 月 11 日，常德市公安局看守所发生毛 × × 等 3 名在押人员越狱脱逃事故。事故发生后，看守所及时整顿监内秩序，严肃看守民警工作纪律，严格监管安全制度，制定重点对象监管方案，采取“三定”（定岗位、定职责、定考核），“三包”（包监室、包教育、包处理），“三交清”（交清本班在押人数和变动情况、交清重点人员思想动态、交清当日出现的问题及处理情况）责任制，全面规范监所安全管理。

1990 年，围绕监所安全管理，在组织开展对监所秩序全面整顿和加强安防设施建设的基础上，制定完善教育管理、安全看守、人犯收押、余刑犯管理和在押人员合法权利保护等 18 项制度规定，使监所各项管理制度日臻完善。

1994 年 4 月，市第一、第二看守所按照湖南省公安厅下发的《看守所在押人员行为规范》，结合自身实际，对在押人员的教育学习、文明礼貌、生活卫生、会见通信、生产劳动 5 个方面的行为进行统一规范，从而强化在押人员思想改造，稳定监内安全管理秩序。

1998 年 6 月至 7 月，常德沅、澧水流域持续普降暴雨，河水猛涨，不少堤垸相继溃决，市第一看守所监室内渍进水深达 80 厘米，244 名在押人员床铺被淹，监内安全遭受严重威胁。针对这一危急情况，市局分管领导带领监管部门民警火速赶赴现场，开展抗洪抢险。全所民警一律取消休假，重新调整警力布局，实行 24 小时不间断监内秩序维护和安全防范。为转移在押人员，购买救生等器械 250 套（件），购置大功率抽水机 2 台向外排水，抢修挡水设施 100 余米。经过三个昼夜的全力奋战，终于排除险情，确保监内安全。

2000 年，以杨 × × 为首的家族式走私贩卖毒品案件侦办终结，该团伙先后作案 46 次，走私贩卖海洛因 4 万余克，主犯羁押在市第一看守所。同年，“9 · 1”特大持枪抢劫杀人案告破后，涉案的李 × × 、陈 × × 、赵 × × 、严 × × 、许 × 、李 × × 、王 × 、陈 × 等多名犯罪嫌疑人也关押在市第一、第二看守所。为确保安全看守和案件顺利侦办，市局根据公安部和省厅要求，对案犯看押提出“四不一确保”的明确要求：不死、不伤、不残、不跑，确保诉讼活动顺利进行。围绕上述任务的完成，两所民警取消休假，调整值班力量和班次，签订安全看守责任状，重新研究制定严格的看守和安全管理制度。同时，建立案犯看守日志。监管民警每天对所管对象进行一次谈话教育，及时掌握思想动向，每天召开一次管教民警碰头会，收集案犯表现情况，坚持逐日向市局领导和专案组汇报。对“9·1”案犯的会见、管理、教育、保密及民警的执勤行为等都作出严格规定。在此基础上，加强技防建设，完善全方位全天候的视频监控。驻所武警哨位，由原来的2个增加至5个。其间，调配3只警犬参与看守与巡逻。一线民警历经9个多月的顽强拼搏，“9·1”特大持枪抢劫杀人案和杨××走私贩卖毒品案特别看押任务圆满完成。

2009年，市第一看守所实现连续10年监所无事故，其经验被市局推介至全市监管系统。

2010年，市第一、第二看守所主要落实五个方面的管理工作：监管民警对在押人员实行面对面直接管理；看守所每月至少召开一次以上狱情分析会并组织两次以上安全检查；对重刑在押人员实行严管重教；设立过渡监室和未成年人监室，进行过渡教育管理和跟踪管理；严格留所服刑罪犯管理，杜绝“自由犯”“关系犯”“特殊犯”情况发生。在监管中注入人性化管理理念，维护在押人员的合法权益。除此之外，加大投入，不断完善安防设施和设备，将人防、物防、技防融于一体。

2012年3月9日，市第一、第二看守所合并更名为常德市看守所，分别从武陵区东郊皇经阁五组、鼎城区武陵镇整体搬迁至白鹤山乡万金障新修的大型看守所，并安全将300余名在押人员安全顺利转迁至新监所。

二、教育改造

1990年《中华人民共和国看守所条例》颁布后，市第一、第二看守所依据《条例》对在押人员的教育改造工作进行全面改进，改“重管理、轻教育”为“管教并重”，实行“教育、感化、改造、挽救”的方针，力求把看守所办成教育人犯改邪归正的特殊学校。为实现这一目标，看守所把教育改造在押人员作为一个极为重要的工作环节，积极为在押人员创造必要的改造条件。给在押人员订阅报纸杂志32份，收集和购买法律、科技书籍等学习资料1000余本，在每个监内安装广播电视，组织收听、收看新闻，开展时事政治、法律知识和文化科技教育。先后四次请政法各部门的法律专家到所对在押人员进行形势教育、法律教育和前途教育，请工、青、妇等群团社会组织进行帮教、心理疏导20余次，请家属到所规劝疏导89人次，组织开展现身说法4次，使看守所教育改造工作取得明显效果。

1995年，市第一看守所以《普法必读》为教材，自编辅导资料，系统地对在押人员进行《刑法》《刑事诉讼法》《治安管理处罚条例》等常用法规辅导，并进行4次考试，先后有76人次取得100分的好成绩。结合全市开展的春季“严打”攻势和“6·26世界禁毒日”活动，在押人员中进行禁毒教育，撰写《毒——社会的一大公害》等文章，刊载在该所《育新简报》上，组织在押人员进行讨论，在在押人员中引起强烈震动。在押人员唐×通过学习教育，主动交出私藏的海洛因毒品4包（重4克）。是年，常德市遭受洪灾，市第一看守所组织在押人员开展“身在牢房、心系灾区”向灾区人民献爱心活动，全所273名在押人员捐款659.40元。

2000年，“9·1”案李××等8名主犯关押于市第一、第二看守所，时间长达9个月。看守所对该批在押人员实行人性化管理，切实加大法制教育、道德教育的力度，使其遵守监规，接受改造，监内没有发生任何违反监规的问题。8名主犯执行死刑和投送劳改前，都留下感谢管教民警关心帮助的话语。

从2012年3月起，市看守所开始全面落实公安部关于《看守所告知在押人员权利和义务的规定》，将《规定》全部内容印制成告知书，对在押人员入所时实行口头和书面告知，书面告知书一式二份，一份发给在押人员学习保存，一份由在押人员签字后存入档案。同时，根据市看守所搬迁至新所时间不久的情况，投资2万余元资金，统一制作监室内在押人员作息时间、一日生活制度、食谱、代购商品价格等标识标牌并悬挂张贴，以增强监所执法透明度和公平度。此外，在监区走道和办公、办案等区域，悬挂张贴积极向上、陶冶情操的名言警句，使监所营造出浓厚的文化氛围和教育改造的良好环境。

三、基础设施建设

1989年，市第一看守所投资近5万元资金，对18个放风场门、监门进行加固改造，新建18个监室内的蹲式厕所和容量12.4吨的蓄水池。

1990年，市第一看守所对该所基础设施进行改造，铺设硬化看守所道路60多米，安装生活用水管道400余米，维修提审室墙面900平方米，添置办公桌椅16套。

1991年，市第一看守所争取电业部门支持，完成供电专线的架设。完成院内206米水泥公路的硬化，并建成一栋4层16套民警职工宿舍。

2000年，市第一看守所争取60万元资金，安装全方位全天候彩色监控设施，并于是年投入使用。

2007年，由国家发改委和市政府投资近9000万元，开始修建市看守所。2012年3月，坐落于武陵区白鹤山乡的新所竣工落成。新所为大型看守所，占地76亩，建筑面积达14500平方米，设计监房77间，关押容量为1000人。所内安全、网络、通信、办公、医疗等设施一应俱全。

1988—2012年常德市看守所收押、处理出所统计一览表

表2—4

年份	收押（名）	处理出所（名）	投劳（含送劳教）	备　注
1988	607	253	152	—
1989	2514	560	134	—
1990	3104	1152	159	—
1991	2763	585	225	—
1992	911	449	113	—
1993	421	413	72	—
1994	1204	919	318	—
1995	1413	1193	385	—
1996	1765	1481	319	—
1997	1242	413	349	—
1998	1342	1078	369	—
1999	1282	998	324	—
2000	1127	938	148	—
2001	1109	822	185	—
2002	1030	773	291	—
2003	953	757	132	—
2004	777	530	134	—
2005	823	567	157	—
2006	943	650	144	—
2007	940	630	109	—
2008	991	680	126	—
2009	847	565	112	—
2010	709	479	87	—
2011	870	638	90	—
2012	1140	759	98	—
合计	30827	18282	4732	—

说明：收押、出所处理数包括收容审查人员。

第六节 常德市拘留所

1988年，常德地区公安处没有设置治安拘留所，市城区（含武陵区、德山）执行治安拘留的工作由原常德市公安局（现武陵公安分局）治安拘留所负责，地点设在武陵区城东盐关，仅有拘留室6间120平方米和简陋的办公设施。是年7月，随常德撤区建市，更名为常德市公安局拘留所，担负武陵、德山城区被治安拘留人员的收押、管理、教育任务。配备管教民警4人，是年，共收拘治安拘留人员655人。

1990年，公安部《治安拘留管理办法（试行）》颁布施行后，为适应新的要求，拘留所警力进一步充实，管教民警由4人增加至5人。并争取地方财政支持，维修拘押室、询问室，对出入所长达600米的道路进行加固硬化。

1991年至2004年，拘留所共收拘治安拘留人员10060人。遵循学习和劳动相结合的两大改造精神，拘留所抓住安全管理和教育转化两个重点，严把收拘、会见、归号三关，并明确管教民警分工负责，实行包保责任制。在所内开展入所、出所教育、法制教育和个别谈心教育，辅之以适当生产劳动，促其思想转化，增强身心健康。

2005年6月，为严格执法，加强对被拘人员的严格安全管理，杜绝被拘人员随意出入所。根据公安部《治安拘留管理办法（试行）》和湖南省公安机关执法质量考核评审办法及常公办〔2005〕6号文件精神，武陵分局制定《关于严格行政拘留人员出入所的管理规定》。对增强拘留所干警的工作责任心，保障被拘人员的人身安全，提出六个方面的硬性要求。一是被决定予以行政拘留的人员，由办案单位负责送拘留所执行，负责送拘的民警要协助拘留所履行相关法律手续，当面交接签字。二是被拘留人员入所时，拘留所工作人员应对其进行身体健康检查，并做好谈话笔录，并由被拘留人员签字按印。三是严格对被拘留人员的入所法律凭证、入所登记审查和对被拘留人员随身携带物品进行检查。四是被行政拘留人员出所应严格履行如下法律手续：①期满出所；②暂缓执行；③变更强制措施；④提前解除拘留；⑤因事或因病请假离所。五是拘留所要完善拘留人员出入所登记台账、值班台账。六是对违反规定的直接责任人和审批负责人，要按照《中华人民共和国人民警察法》和有关规定，严肃追究责任。

2006年，共收拘治安拘留人员1306人。为适应管理任务的需要，管教民警由原来的7人增加至10人。拘留所坚持对被拘人员“教育为主、惩办为辅、治病救人”的方针，按照人性化管理的要求，在关心、感化、教育上下功夫，在强化管理和服务上做文章，不断改进教育管理方法。通过采取因人施教的措施，开展法律、道德等教育，使被拘人员普遍受到教育，得到提高。

2008年，根据常德市委编制办〔2008〕144号文件决定，将武陵区拘留所上收，成立常德市拘留所，并于是年在武陵区白鹤山乡征地46.8亩，开工建设新的常德市拘留所。

新所单独成院，建筑面积4300平方米，建拘留室30间、900平方米，内设食堂、电教室、会议室、医务室、图书室、律师会见室。同时还配套修建备勤室、询问室、心理矫治室、档案室等完备的附属设施。2012年3月9日，常德市拘留所建成搬迁，武陵分局拘留所人、财、物整体移交市公安局。新组建的常德市拘留所，升格为市公安局正科级直属机构。配置民警9名，协警4名，工勤人员7名；设所长、政治教导员、副所长各1名。并明确其职能是对市局下属武陵、德山、柳叶湖、西洞庭四个分局和市国家安全局、市森林公安局、常德海关缉私局等单位依法行政拘留人员以及市中级人民法院、武陵区人民法院依法决定予以司法拘留人员的收拘、教育、管理；组织被拘留人员参加适当的生产劳动；负责所内安全、生活管理和卫生防疫等工作。是年，公安部颁布《拘留所条例实施办法》，拘留所按照规范化管理和人性化管理的要求，从收拘、教育管理、生活卫生、会见、询问、请假出所、解除拘留等方面全面落实民警岗位责任制，健全完善规章制度，从而，确保拘留所安全，圆满完成收拘、教育管理任务。是年，市拘留所关押行政拘留和司法拘留的人员1038人，其中司法拘留102人，转刑事拘留38人，转送劳动教养53人。至2012年，拘留所历年共收拘治安拘留人员21448人，没有发生一起自杀、逃跑、行凶和严重违反所规的重大安全事故。

1988—2012年常德市治安拘留人数一览表

表2－5

年　份	拘留人数（人）
1988	655
1989	700
1990	516
1991	509
1992	396
1993	348
1994	384
1995	417
1996	655
1997	875
1998	935

续表

年 份	拘留人数（人）
1999	1100
2000	1326
2001	1043
2002	872
2003	520
2004	1064
2005	1489
2006	1306
2007	1050
2008	1546
2009	1441
2010	1053
2011	865
2012	1038
合计	22103

第三篇　治安管理

第一章　治安管理

1988 年 7 月，常德地改市，常德地区行署公安处治安科更名为常德市公安局治安科。1996 年 3 月，治安科更名为治安警察支队，下设四个大队。2007 年 8 月，治安警察支队更名为治安管理支队，下设基层基础工作、内保、特种行业及公共秩序管理、危爆物品管理、案件查处 5 个大队。2012 年，增设食品安全侦查大队。

治安支队工作职能：负责掌握全市治安管理工作情况，提出工作对策；依法查处危害社会治安秩序的行为；组织、指导治安案件的查处、裁决及治安管理部门管辖的刑事案件侦破；指导和管理枪支弹药、危爆物品、特种行业和公共场所的治安工作；指导派出所建设和管理工作；指导群众性治安保卫组织的治安防范工作；指导、参与大型活动的治安保卫工作；指导保安队伍的培训、管理。负责协调、指导区县（市）处置群体性治安事件；负责全市跨区域集会、游行、示威的审批；指导市直经济系统内部单位的安全保卫工作；指导、实施对国家机关、社会团体、企事业单位、重点建设工程的安全保卫工作。

第一节　特种行业管理

一、旅店业管理

1988 年，根据省公安厅统一部署，全市公安机关对旅馆业进行清理整顿。成立领导小组，下设办公室，并抽调专干，对全市旅馆业治安工作进行摸底调查，举办治安管理骨干培训班、建立健全和完善治保组织、增设保卫干部，制定旅馆业治安管理标准，并针对存在的问题进行专项整治。通过整顿，全市 88% 的旅馆业达到治安管理标准。

从 1990 年起，按照“谁主管，谁负责”的原则，由派出所与辖区旅馆业负责人逐年签订治安合同，明确责任和奖惩办法，并建立“特种行业治安管理协会”进行行业自治，对从业人员进行法制教育和治安业务培训。

1991 年，治安部门对全市特种行业、公共场所、危爆物品开展第一次年检年审工作。对年审合格的 2013 家旅店颁发合格证书，使治安管理责任进一步落到实处。

1992 年，治安管理部门组织对全市旅店等特业场所进行调查，会同有关部门集中进行治理整顿。在此基础上，建立16个行业管理协会，按照市局统一制定的标准，对2612家旅店、收购点颁发安全许可证。

1998年7月，市局下文，确定由治安支队对武陵城区星级宾馆和对城区经济发展有影响的宾馆直接实施管理。至此，治安支队的部分工作职能由指导、监督逐步转向实体。

2002年，省公安厅将常德列为全国第一批实施“金盾工程”联网地级市，并要求全市到2002年年底前，建成并开通旅馆业治安管理信息系统联网工程。治安管理部门采取培训旅馆业前台登录员、系统后台管理员，加强督导检查等多种措施，使全市联网旅馆达到606家，占全市旅馆业总数的51%。录入旅客信息159万条，运用旅馆业信息系统成功抓获各类犯罪嫌疑人272人。

2004年，治安支队着手健全对直管宾馆的考核机制，完善《常德市公安局直管宾馆安全防范考核标准》，得到省公安厅治安总队充分肯定，并在全省治安系统予以推广。

2005年4月，治安支队推行旅馆业、娱乐服务场所星级管理模式，共评出五星级单位52家，三星、四星级单位787家。

2006年，治安管理部门实施旅馆业、印章业、保安服务业、枪支弹药、民爆物品五大管理的“信息系统”建设，年底，全面完成五大信息系统建设。此外，治安支队还探索行业等级管理新模式，运用评估公示、动态升降等方法，对行业、场所按“五星级”“四星级”和“三星级”标准严格考评，有效促进行业、场所的治安管理。

2008年9月，省公安厅在石门县召开小旅馆治安管理现场会，全面推广该县“联合装机、分别登记、统一录入、集中上传”抓好旅店业治安信息管理的工作经验。

2009年，全市旅馆业增至2082家。为认真贯彻《湖南省旅馆业治安管理办法》，治安部门对全市旅馆业信息系统建设应用工作，采取分片检查的方法，实施全面督导。是年年底，全市旅馆业全部纳入信息系统联网，系统覆盖率达到100%。全市利用旅馆业信息系统协助破获各类案件100余起，抓获在逃人员175人，全省排名第三。

2011年，在全市旅馆业（包括家庭式小旅馆）全面推行石门小旅馆管理工作经验，有效解决出租屋、家庭式旅店安全管理的盲区。

2012年，按照省厅治安总队全面应用“旅馆业信息系统”统一部署，重点狠抓落实旅馆业住宿实名登记制度。并在全市同步开展“基础信息采集大会战”。

二、印铸刻制业管理

1988年，常德县公安局制定《关于印刷业十不准》，以此加强对全县印刷业的管理，收到良好效果。市局及时推广他们的成功做法，促进全市印刷业安全管理工作的平衡开展。

1991年，市、县两级公安机关组织对印刷业从业人员进行培训，并建立健全《安全保密制度》《打字员岗位责任制》《油印员岗位责任制》等制度。

1992年，对全市部分特种行业的治安管理实行改革，取消不必要的限制。是年年底，全市印铸刻制业达855家。

1998年至1999年，根据公安部、新闻出版署、国家工商管理局通知精神，组织开展对印刷行业的清理整顿。共查破走私、制作、传播淫秽物品案件94起，抓获违法犯罪人员482人，收缴淫秽音像带234盒、书刊1426本、图片2752张，非法出版书刊1241本，摧毁走私传播淫秽物品团伙9个，抓获作案成员43人，捣毁贩黄、制黄窝点16个。

2001年，治安支队在市城区设立防伪印章刻制点，对所有刻制的防伪印章实行电脑联网管理，设置专门密码，并实行信息共享，有效遏制和打击印章刻制业的违法犯罪。

2003年，全市完成《印章刻制业信息系统》前台硬件建设。

2009年，着重解决印章编码混乱、不向后台传输信息、印章信息查询、真伪鉴别比对服务不落实等问题。

2010年至2012年，治安管理部门进一步加大对印铸刻制业管理信息系统的建设力度，增加管理科技含量，为预防、打击铸刻制业违法犯罪活动奠定坚实基础。

三、旧货收购业管理

1988年，全市旧货收购业为72家；至1989年，发展到1150家。针对从业单位违章收购、无证经营、少数从业人员与盗窃分子相互勾结等问题，由治安部门牵头，组织工商、供销、物资等单位成立专门班子，抽调334名专干，对1150家收购店进行调查摸底，发现无证无照经营单位462家，掌握违法犯罪线索388条，破获刑事和治安案件323起，其中大案20起，摧毁团伙21个，瓦解团伙成员74名，抓获违法犯罪人员782人，分层次打击处理161人。同时，配合有关部门取缔非法收购店57家，停业整顿93家。举办从业人员培训班85期，培训从业人员799人。

1993年，根据市局《关于改革和强化治安管理为社会主义市场经济提供安全保障和服务的意见》，对特种行业经营许可审批权限下放到区、县，并简化办事程序。

1994年9月，根据公安部16号令及市政府〔1994〕3号通告精神，治安管理部门进一步对废旧收购业进行清理整顿。共收缴非法收购的生产性废旧金属210吨，依法取缔非法收购店（点）68家。通过整顿，为国家挽回经济损失500多万元。

1995年5月8日，市公安局、中国人民银行常德分行、市工商行政管理局三家联合下发《关于加强典当行管理的通知》，首次明确典当机构建立与经营许可办理的程序和办法。

1997年，全市共取缔生产性废旧金属收购点246个，查处违法犯罪嫌疑人员262名，为侦查破案提供线索721条，破获刑事案件413起，收缴生产性废旧金属800多吨。

1998年至1999年，省公安厅发文将典当业、拍卖业、寄卖业和机动车修理业、报废机动车回收业纳入公安机关发证管理范围。

2000年至2001年，全市组织对报废汽车市场进行清理整顿，规范报废汽车的拆解回收，打击非法收购。通过清理整顿，全市共取缔非法收购网点26个，协助行业成立常德东方金属回收公司和报废汽车回收拆解中心，并建立报废汽车收购点10个，至此，全市报废汽车拆解回收市场纳入规范管理轨道。

2002 年，在废旧收购业、金银首饰业、典当业等行业物建了一批隐秘力量，形成全方位情报信息网络体系。全市共获取深层次预警情报信息 1030 条，超前化解和处理各种不安定因素及苗头 116 起。

2007 年，部署开展全市专项整治行动，对收购行业开展突击清查，共清查旧货收购点（店）754 家，机动车修理厂（店）708 家。对其中 25 家违规经营的单位给予警告，并责令停业整改，对 5 家违法经营的收购店依法给予经济处罚。

2009 年，集中 6 个月时间，对全市 962 家旧货收购、寄卖、典当等行业经营单位开展清理整治专项行动。共查处违法违规经营单位 76 家，治安处罚 51 家，依法取缔 20 家。破获刑事案件 3 起，打掉盗窃团伙 2 个，打击处理犯罪嫌疑人 12 人。

2012 年，全市有旧货业经营单位 763 家。是年，全市治安部门进一步建立健全各项规章制度，全面推行信息科技化，加大阵地控制力度，开展清理整顿，建立群防群治组织，组织从业人员培训，建立完善治安制约机制，从而有效遏制旧货业违法犯罪问题的发生。

第二节　枪支弹药及危爆物品管理

1988 年，治安部门对全市公安系统、司法机关、保卫部门的枪支弹药进行全面清理整顿，严格落实配枪范围，做到枪、证、卡三相符，并建立健全多项安全管理制度。为加强对鞭炮生产的安全管理，会同企业、物资、劳动等部门，对全市 179 家鞭炮生产企业，重新核发营业证照。对全市 4568 名爆破员技术资格重新进行审查，并集中进行严格培训。

1989 年至 1990 年，为确保“亚运会”和“国庆节”安全，市局先后四次下发有关加强危爆物品安全管理的通知，并开展专项清查治理行动。共收缴民用枪支 738 支、子弹 500 余发，雷管 15005 枚、炸药 12777 公斤、导火索 6656 米、管制刀具 1400 把。

1991 年至 1993 年，治安管理部门对 598 个内保单位、137 个集贸市场、50 个车站、19 个码头、55 个商场进行集中清查和整治。

1995 年，为吸取邵阳“1·31”特大事故教训，从 4 月份开始，在全市部署开展清理整顿爆炸物品、管制刀具、枪支弹药统一行动。共抓获各类违法犯罪人员 405 名，取缔非法生产鞭炮、炸药厂（点）183 个，非法销售点 279 个，捣毁非法制造枪支弹药地下窝点 7 个。

1998 年，全市所有枪支实行由公安机关治安管理部门归口管理，公务用枪全部实行集中保管，建立规范枪支管理台账。

2000 年，治安管理部门根据《枪支管理法》和《公务用枪配备办法》，集中开展违规枪支收缴专项行动。通过摸底排查，收缴各类民间枪支 575 支。其中火枪 508 支、气枪 41 支、小口径步枪 4 支、来福枪 2 支及其他仿制手枪 20 支。桃源县在清理行动中，一次性收缴违规枪支 101 支。查处涉枪违法犯罪案件 5 起，处理违法犯罪人员 13 人。

2001 年，全市开展“涉爆缉枪”严打整治行动，共收缴枪支 6624 支，其中德山开发区对国有企业民兵训练军用枪支进行重点收缴，共清缴高射机枪 21 铤、子弹 2187 发。鼎城区侦破赵××非法制造枪支案，收缴非法制造的火药枪支 100 支。武陵区侦破彭××、吴××非法制造火药枪支案，案犯被依法刑事拘留。

2002 年 1 月 10 日，治安部门严密组织，在鼎城区灌溪镇白石村，将全市历年收缴的 253 件各类遗留爆炸物进行集中销毁。

2003 年 1 月 18 日，临澧县合口鞭炮厂发生爆炸，14 人死亡，9 人受伤。市县治安部门认真总结教训，对危爆物品进行全面清理整顿，先后取缔烟花鞭炮非法生产作坊 287 家，取缔销售烟花爆竹原材料窝点 2 个，收缴氯酸钾等原材料 13.8 吨，烟花鞭炮 120 多万响。整顿期间，下发整改通知书 91 份，治安处罚 134 人，刑事拘留 6 人，治安拘留 23 人。举办安全技术培训班 11 期，参训人员达 12300 人次。随之，全面健全完善安全、监督、检查等长效管理机制，遏制爆炸事故多发势头。

2003 年，为贯彻落实全国安全生产月活动要求，治安部门对全市所有生产、销售、储存、运输、使用危爆物品单位实行严格管控。共审批炸药 2860 吨、雷管 650 万枚、导火索 310 万米、剧毒化学品 1600 多吨，签发准购、准运证 260 多份。

2005 年 9 月，全市民爆物品信息化管理工作正式启动，民爆物品的生产、经营、购买、运输、储存、使用等环节全部纳入民爆信息系统管理。

2006 年 1 月 11 日，国务院新颁布的《烟花爆竹安全管理条例》开始施行。按照规定，烟花爆竹生产、销售等管理职能移交安全生产监督部门。

2007 年上半年，按照 2006 年颁布的《民爆物品安全管理条例》精神，在全市深入开展民用爆破器材安全专项整治行动。共检查仓库和储存点 186 处，查出隐患漏洞 177 处，下达整改意见书 177 份。针对安全管理需要，重点落实三大整顿措施：（1）凡是有危爆物品管理任务的乡镇，均应建立一个样板仓库；（2）推行民爆物品封闭式管理，实行民爆物品专业公司配送制，送货上门，全程监管使用、回收；（3）对经营、生产、销售、使用危爆物品的单位全面实行许可证制度，并责令定期进行检查，减少各类涉爆案件事故的发生。

2007 年 5 月至 7 月，鼎城区局经过连续 45 天奋战，捣毁一非法贩卖枪支团伙，查获自制火枪 28 支，8 名犯罪嫌疑人被依法判刑。

2008 年，为配合北京奥运会安全保卫工作。治安部门对全市 356 家涉爆、75 家涉枪、37 家涉危单位进行清理排查，共查出各种安全隐患 189 处，当即全部整改到位。4 月 21 日，治安支队在桃源县局及常张高速公路支队协助下，破获一起特大跨省非法买卖、运输爆炸物品案，抓获犯罪嫌疑人 5 人，现场收缴电雷管 5 万发，查扣现金 12 万元、非法运输车辆 2 台。犯罪嫌疑人李××、张××等因犯非法买卖爆炸物罪被依法判刑。6 月 30

日，武陵区局民警在南坪乡沙港村6组捣毁一私造枪支的窝点，抓获犯罪嫌疑人郝××等9人，收缴仿造的冲锋枪式霰弹枪5支，仿64式手枪4支，子弹13发和一批枪支弹药零部件及制造、加工工具。郝××等9人被依法处理。

2009年3月，为深入缉枪治爆，治安支队召开专门会议，全面部署惩治非法制贩枪支、爆炸物品专项行动。其后，全市分三次开展集中整治行动。共计投入警力3000余人次，车辆1200台次，对700多个涉爆、涉危、涉枪单位和作业点进行检查和整治。同时，加大民爆物品存放场所建设力度，投入300余万元资金，对137个民爆物品储存仓库全部安装视频监控及红外线报警等技术设施。截至是年年底，全市共查破涉爆、涉危涉枪案件22起，抓获各类涉爆、涉危涉枪违法嫌疑人员47名，其中，移送起诉6人，刑事拘留9人，治安拘留21人，其他处罚11人。此外，市县治安部门还采取切实措施，督促民爆物品从业单位全面落实《民用爆炸物品储存库治安防范要求》《小型民用爆炸物品储存安全规范》的相关规定，从而使全市民爆物品的安全管理水平得到全面提升。

2010年7月，治安支队增设危爆物品安全管理大队，定编4人，将危爆物品安全管理职能从特种行业管理大队分离，进一步强化危爆物品的管理工作。

2011年，针对市城区及周边区域不法人员非法贩卖管制刀（器）具的突出问题，治安支队组织专项打击行动，共依法处理违法人员60余人，收缴各种管制刀（器）具1780余件。

2012年，为加速对涉枪、涉爆、涉危单位科技化管理进程，对全市66个涉枪、310个涉爆、89个涉危单位的安全管理情况进行调查摸底，并有针对性开展工作督导，使全市所有涉枪、涉爆、涉危企业全部完成信息化管理。

第三节　公共秩序管理

一、娱乐、休闲场所治安管理

1988年，治安管理部门制定《场所安全鉴定书》《场所治安责任书》，在全地区娱乐、休闲与公共复杂场所首创推行治安责任管理。对全区866个相关单位按照《场所安全鉴定书》《场所治安责任书》相关内容，逐项进行安全鉴定与评估，由主管部门与公安机关签订治安责任书2148份。

1989年至1991年，立足于强化娱乐、休闲等公共场所的有效管理，重点狠抓群防群治组织的建立健全。截至1991年年底，全市978个娱乐休闲及公共场所，共建立执勤室512个配备治安管理力量1670人。按照“谁主管，谁负责”的原则，全面落实治安管理责任。

1992年，为加强公共场所治安管理，新建市场派出所1个、分驻所1个、执勤室51个，新增治安保卫力量212人。通过强化治理，公共场所所发治安案件发案率同比上年度下降32%。

1993年，市局以常公（治）〔1993〕82号文件下发《关于改革和强化治安管理，为社会主义市场经济安全提供保障和服务的意见》，大幅度简化办事程序，将公共场所审批管理权限下放到区、县。

1994年，全市娱乐、休闲及按摩行业迅猛发展，一部分按摩院（店）疏于治安管理，致使卖淫嫖娼活动盛行。对此，治安管理部门两次召开全市分管局长、治安股（队）长会议，部署开展专项整顿。并组织工作组深入区、县实施督导，通过专项整治，全市不符合规定的按摩院（店）全部关闭，遣返按摩小姐600多人。

1998年2月，依据省公安厅《关于改革和加强全省公共娱乐休闲服务场所、特种行业治安管理工作意见》，市局结合本地实际，先后制定出台多种治安管理措施，明确职责，界定权限，划定区限，从而扭转过往多头执法、越权执法、越地执法、非警务人员执法等不良倾向。

1999年6月，为贯彻落实《中华人民共和国娱乐场所管理条例》，公安、文化、卫生、工商等部门联合下发《关于宣传、贯彻〈娱乐场所条例〉实施意见的通知》，进一步明确管理职责和执法权限，并确立联合办公机制。

2000年，以全省部署娱乐场所专项整治行动为契机，对全市娱乐场所进行集中整治，共清理娱乐场所2668家（次），依法取缔违规经营点（店）1050家，查封469家，查获黄赌案件1616起，治安拘留979人，治安罚款2198人，送劳动教养14人，收容教育546人。

2006年，为深入治理“黄、赌、毒”违法行为，促进娱乐休闲场所健康有序发展，全市开展专项治理行动，共出动宣传车80台次，悬挂宣传横幅300余条，印发宣传资料12000余份，电视专题报道2次，召开业主会议43场次。通过广泛宣传发动，从业单位主动配合专项行动，开展自查自纠，整改隐患漏洞346处。武陵区7次召开经营业主及从业人员会议，并对987人进行培训，从而规范业主的经营行为。

2009年7月28日至8月12日，市局从区、县公安局治安部门抽调力量，组成7个工作组，采取明察暗访等形式，对全市娱乐场所、特种行业进行交叉检查。共查访电子游艺场所27家、歌舞娱乐等休闲场所39家、旅馆58家、其他公共场所61家。针对检查发现的涉赌、涉黄等问题，全部落实整改。

2011年至2012年，全市统一部署，对娱乐休闲场所安全设施开展清理检查专项行动。按照透视窗一律整改到位，反锁装置一律整改到位，房中房、隔断一律整改到位的统一要求，全面规范娱乐休闲场所的安全设施及经营管理行为。此外，组织从业人员学习培训，层层签订责任状，并推行严格问责、民警定期巡查等制度，从而收到遏制黄、赌、毒的良好效果。

二、铁路运输及机场治安管理

1988年，常德境内仅有枝柳铁路一条，全长60公里，经过石门、临澧和澧县三个县。

其铁路运输线路保卫工作主要是由三县治安管理部门和铁路沿线的公安机构负责管理、协调。1994 年，贯穿常德汉寿、德山、武陵、临澧、澧县、石门等区县的石长铁路动工建设。为加强安全保卫工作，市局专门成立保卫组，负责协调处理施工建设中的治安问题。根据治安实际，及时组织开展打击盗窃铁路器材设备等违法犯罪活动，调处和化解当地群众阻工等矛盾纠纷，确保石长铁路建设顺利进行。1998 年 10 月 1 日，石长铁路全线开通运营。至此，常德市境内的铁路总长达到 210 公里。2000 年 7 月，针对石长铁路提速运行，市局专门召开会议，部署加大护路联防整治力度、严厉惩治涉铁路犯罪、构建路地群防群治网络等工作。2001 年，针对常德火车站部分客运车辆乱停、乱靠，影响旅客通行的情况，治安部门会同交警、运管等部门开展集中整治行动。鼎城、临澧、石门等区、县加大对铁路沿线烟花炮竹等危爆物品生产储存的专项整治，确保铁路运输的安全。2005 年至 2007 年，治安管理部门为配合全省开展打击盗窃破坏电力、电信、广播电视与铁路设施违法犯罪专项行动，共取缔无证经营、违法经营废旧收购点 49 家，打掉犯罪团伙 11 个，破获盗窃、破坏铁路设施等案件 235 起，查处违法犯罪人员 159 人。2007 年以后，铁路运输安全保卫工作由铁路公安部门负责，当地公安机关配合协调。

1988 年，常德建有斗姆湖机场，1992 年 6 月，斗姆湖机场军改民扩建后成为 4E 级民用小型机场，并成立行业派出所，属省市民航公安管辖，当地公安机关进行指导。1996 年 7 月，斗姆湖机场进行第二次扩建，成为 4C 级民用中型机场。1999 年 5 月，更名为常德桃花源机场。截至 2012 年年底，共开通常德至北京、上海、昆明、广州、深圳等 7 条航线，每周 30 多个航班，进出港客流量 30 余万人次。机场设有行业公安机构 2 个，其中，机场派出所 1 个、机场交警大队 1 个。自机场建设营运以来，治安管理部门按照《中华人民共和国民用航空安全保卫条例》规定以及上级有关文件精神，认真履行职责，不断加强对机场安全保卫工作指导力度，强化责任意识，加强与机场内外相关部门的协调配合，改善治安环境，始终确保机场周边治安稳定和机场营运安全。

三、大型活动安全保卫

1988 年 10 月 14 日至 18 日，卫生部和省政府联合组织的卫生政策与卫生发展研讨会代表团一行 140 多人，先后到鼎城区丁家港、临澧县新安、修梅等地卫生院参观考察，其主要官员有国际卫生组织总干事、卫生部长陈敏章以及省市主管卫生工作的领导等。治安部门周密部署，精心组织，调用警力对代表团和参观现场实施安全保卫，确保代表团参观考察活动的顺利进行。

1992 年，治安部门先后组织安保力量对市党代会、人代会及桃花源游园会等活动现场进行安全保卫。

1996 年，全省第八届体育运动会在常德举行。为确保“八运会”成功举办，治安部门在下大力开展治安整顿的同时，组织有接待任务的武陵、鼎城、桃源、澧县、石门等区县，重点对旅馆业及娱乐场所等行业进行清理整顿，消除一批安全隐患。同时针对开幕式、闭幕式及全程赛事制定详尽的安全保卫方案，通过环环紧扣狠抓落实，从而使“八运会”的安全保卫工作做到万无一失。

1998 年，先后完成常德市首届“3·28 桃花源游园会”“湖南金健米业股票上市”“全国甲 B 蓝球赛”等大型活动的安全保卫。与警卫部门配合，完成中共中央总书记江泽民等到常德视察一级警卫任务 2 次，二级警卫任务 3 次，三级警卫任务 4 次。

1999 年至 2000 年，治安部门全力以赴落实新中国 50 周年大庆、第八届亚洲皮划艇锦标赛、奥地利轻音乐团到常德参观演出、全市大型龙舟赛等安全保卫工作。因完成任务出色，治安支队受到市局记功及市政法委通报嘉奖。

2005 年，先后完成汉寿西洞庭湿地文化旅游节、石门柑橘节、张柏芝及吴碧霞演唱会等大型活动安全保卫任务 30 多次。

2008 年 6 月，由市局领导带队，治安支队协调，从全市调派 700 多名民警，先后赴岳阳、湘潭，支援两地奥运圣火传递安全保卫工作。同时，还调派警力参与“奥运有我，魅力常德”演唱会以及迎奥运万人长跑等大型活动的安全保卫工作。

2009 年，全市共举办大型活动 17 场次，参加活动总人数达 40 余万人。治安部门协调相关单位出动警力 10000 余人次，圆满完成市城区元宵焰火晚会、首届中国·常德桃花源旅游节、“欢乐中国行——魅力常德”文艺演出等大型活动的安全保卫工作。

2010 年，出动警力 3000 多人次，保安力量 2000 多人次，完成“中国常德杯世界超级围棋争霸赛”“元宵焰火晚会”“中国——常德诗人节”等 25 场重大活动的现场安全保卫。

2011 年至 2012 年，由治安部门协调，出动警力和安保力量 4290 人次，先后完成“第二届中国常德桃花源旅游节”“第十八届上海国际茶文化节”“2011 生态·重庆啤酒节”“大学生运动会”“激情广场——爱国歌曲大家唱”“全国汽车越野争霸赛”等 53 场各类大型活动的安全保卫。

第四节　水上治安管理

1988 年至 1993 年，水上治安管理工作由市局水上科负责。

1988 年，全市建有水上派出所 35 个，其中公安行政派出所 18 个，企业派出所 17 个，配备民警 210 人。全市有各类水上船只 7532 艘，有水上常住人口 33364 人，流动人口 12181 人。有客货运渡口码头 823 个，货运码头 224 个。

1989 年，按照省、市统一部署，在全市水上开展“清查打击流窜犯统一行动”。共清查港口、码头、民间渡口 39 处，工副业场所 40 处，水上重点部位 476 处，检查各类船只 2193 艘。抓获外地流窜犯罪人员 18 人，抓获批捕在逃、负案在逃人员 5 人。破获刑事案件 33 起，其中大案 4 起，查处治安案件 40 起，追回自行车 15 部，缴获赃款赃物折款 11

万余元。

1990 年，市公安局水上科与警卫科合并为水上科。是年，立足加强基层基础建设，全市 18 个水上派出所，有 5 个单独建成院落，19 个企业水上所，基本解决民警办公和居住用房。建立起治保会 163 个，充实成员 315 人，物建隐蔽力量 417 人，为水上治安管理打下坚实基础。

1991 年，学习江苏和福建三明等地水上治安管理经验，在加大水上派出所基层基础建设力度的同时，集中三个月时间，深入开展打击江盗水贼专项行动，共摧毁各类犯罪团伙 14 个，抓获违法犯罪人员 69 人，破获刑事案件 57 起，查处治安案件 69 起，为群众挽回经济损失 6.3 万元。津市港口派出所先后派出 11 名民警跟船反扒，抓获盗扒作案犯罪嫌疑人 4 人，通过审查深挖，破获刑事案件 24 起，提请逮捕犯罪嫌疑人 14 人。常德港口派出所在专项行动中，将长期盘踞港口码头实施水上盗窃销赃的“江河大盗”彭××、汪××抓获，查获该团伙先后在常德港作案 30 多起，盗窃三轮车、慢慢游人力车 20 多辆、自行车 19 部、彩电 1 台的犯罪事实。

1992 年 4 月 30 日，依据省公安厅《关于对船舶实行户牌管理的通知》精神，全市开展统一行动，对所有水上船只开展清理整顿，逐船办理户牌证书和船泊户牌。全市共登记水上船只 11948 艘，发证 8700 艘。汉寿县在清理登记船只的过程中，查出黑船 28 艘，抓获违法犯罪人员 45 人，查处治安案件 42 起，破获重特大刑事案件 11 起。

1994 年，市公安局进行机构调整，水上科撤销，其工作职能移交治安支队负责。

2002 年，按照全省水域“严打”整治专项行动精神，从 3 月起，全市部署“水域严打”专项行动。全市共出动警力 1060 人次，出动船只 85 艘，对江河水域、芦州苇荡开展全面清查和“严打”整治。共端掉专门从事水上盗窃、抢劫、敲诈犯罪的团伙 23 个，破获刑事案件 118 起，查处治安案件 175 起，依法打击处理 35 人，治安处罚 168 人。

第五节　治安（刑事）案件查处

一、禁赌扫黄

1988 年 1 月至 2 月，全市部署开展“禁赌”专项行动，共排查赌博活动突出的单位和部位 3168 处，端掉赌博窝点 231 个，抓获参赌人员 8434 人，缴获赌资 15.86 万元。武陵区城南派出所在专项行动中，查获赌博活动 28 场，抓获参赌人员 37 人，缴获赌资 5000 多元。对抓获的参赌人员依法依规处理，共治安处罚 1721 人，对参赌的 66 名党政干部给予党、政纪处分。

1989 年至 1992 年，常德市委先后 4 次召开常委扩大会议，研究部署“禁赌扫黄”工作。全市先后动员组织 2300 多名民警和 14000 多名治保力量开展摸底排查，搜集线索。共查获涉赌、涉黄、涉毒等违法犯罪人员 8519 人，捣毁涉赌、涉毒、涉黄犯罪窝点 459

处。收缴赃款赃物折款35万余元。

1996年3月，针对石门夹山寺、安乡黄山头、澧县边贸城等地色情活动和电游赌博突出的实际，治安部门重拳出击，对卖淫嫖娼、制贩毒品和聚众赌博的违法犯罪活动实施重点整治和打击。全市共破获“黄赌毒”案件7185起，查处违法犯罪成员15534人，其中依法提请逮捕、被判58人，送劳动教养166人，强制戒毒179人，治安处罚13528人，对28家聚众赌博的电游场所，依法吊销证照，给予坚决取缔。

1998年5月，针对“黄赌毒”屡禁不绝的实际，在全市范围组织开展夏季“严打”整治行动。共查处黄赌案件411起，抓获违法犯罪人员864人，其中刑事拘留10人，治安拘留370人，捣毁赌博窝点49个，卖淫窝点30个，收缴淫秽物品761件，收缴赌博机195台。鼎城区公安局通过三次集中查禁，共查获黄色音像制品167盒（盘），查处卖淫嫖娼案件11起，现场抓获卖淫嫖娼人员27人。

2002年5月至11月，市区民警联手出击，现场抓获“金桃林”利用电游机赌博、鼎城区“大众澡堂”跳“脱衣舞”、武陵江源小区以美容美发作掩护，实施赌博和卖淫嫖娼的违法人员98人。是年12月，群众举报武陵区南坪乡休闲城卖淫嫖娼问题突出，市局治安部门迅即组织暗访，在获取证据的基础上，采取异地用警方式，调集安乡、汉寿、桃源等地公安机关30名民警出击。经对49家美发美容、休闲按摩场所突击清查，抓获卖淫嫖娼人员53人，对5名容留卖淫嫖娼的业主给予治安处罚，对违法经营的4家休闲城给予坚决取缔。

2003年，全市开展“扫黄打非”专项行动，全市共出动警力1500人次，检查涉黄、涉非场所797家，取缔关闭38家，行政处罚125家，收缴各类非法出版物23820册（盘），共破获涉黄、涉非案件130起，抓获犯罪嫌疑人145人，其中刑事拘留17人。

2005年，治安部门先后查获芙蓉大酒店“7·1”聚众赌博、桃源、汉寿地下“六合彩”、“8.17”吴×传播淫秽音像制品等一大批有影响的件案。是年，治安支队被评为全市打击地下“六合彩”先进单位、全市“扫黄打非”工作先进集体，被市局荣记集体三等功，有11人分别荣立三等功和受到市政府嘉奖。

2006年至2008年，连续三年开展扫除“黄赌毒”社会丑恶现象、惩治非法出版物等专项行动，共查处“三涉”案件565起，查获涉案成员1468人。2006年7月，澧县公安局治安大队查获东方娱乐城艳舞案，7名违法人员被依法治安拘留。2007年5月，治安支队与市版权局联手行动，查获收缴鼎城区桥南鑫鑫书屋各类非法出版物共1137册，犯罪嫌疑人曾××被依法刑事拘留。2008年5月，鼎城区公安局成功查获谈××、聂×、杨×等7人利用网络传播淫秽色情案。

2010年，为配合上海世博会和广州亚运会安全保卫，在全市开展以查禁取缔地下“六合彩”为重点的“春雷行动”。市区县共组织3000余名警力，深入80多个乡镇及街道办事处，进行暗访调查，全面澄清情况，然后有的放矢开展整治和查禁。对“六合彩”赌博活动频发的31个乡镇（街道、办事处）挂牌进行重点整治，限期整改。通过整治，共查处赌博案件989起，捣毁赌博窝点112个，抓获涉赌人员1348人，罚没赌资537万余元，销毁电游赌博机587台。

2011年，瞄准出租屋“黄赌毒”管理盲区，组织开展专项整治。先后查获武陵区“水星楼”聚众赌博案、李××容留介绍妇女卖淫案等大要案件25起，刑事拘留11人，提请逮捕12人，移送起诉15人。

2012年8月至12月，全市开展惩治以电游赌博为重点的集中统一行动，共捣毁电游赌博窝点20处，收缴电游赌博机132台，刑事拘留4人，治安拘留7人，教育警示111人。

二、烟草打假

2005年，根据最高人民法院、最高人民检察院、公安部、国家烟草专卖局关于建立烟草制品打假协作机制的部署，治安管理部门加大对涉烟案件的查处力度。8月，治安支队成功侦破“8·19”生产、销售伪劣烟草专用机械案。该案涉及全国13个省、市，涉案价值达300多万元，共依法提请逮捕11人，刑事拘留14人，移送起诉11人。

2006年，全市共捣毁地下卷烟制假、销假窝点21个，缴获大型制假烟机设备5台，查获假冒卷烟1420万支，收缴假烟叶、烟丝10.5吨，抓获作案成员98人，依法被判刑21人，送劳动教养4人。

2007年4月，为加强烟草制品打假协作，市公安局、市烟草专卖局、常德卷烟厂、常德烟草机械有限责任公司通过共同协商，专门在市局治安支队设立烟草制品打假办公室，并制定具体工作方案，各区、县（市）局也建立相应机构，为烟草制假案件查处和烟草市场的治理整顿打下坚实基础。

2010年，依托省公安厅的警务综合平台，建立起涉烟违法犯罪人员信息库。通过对卷烟制假、售假案件线索汇总和串并案分析，成功破获杨××、熊××等人制售假烟案，案值达140万元。是年，鼎城区局治安大队成功侦破“11·26”制售假烟网络案，涉案价值达101万元，抓获作案成员14人，依法提请逮捕3人。

2011年，成功侦破公安部督办的“4·7”特大生产、销售假烟案，查获假冒白沙、七匹狼、红河、哈德门、芙蓉王等15个品牌假卷烟302件，涉案价值1700多万元，抓获制售、贩运、窝藏假烟制品的违法犯罪人员近90人。

2012年3月15日，市局治安支队会同市烟草专卖局、市工商管理局，在西湖管理区将近年破案收缴的价值3000余万元的假烟制品集中进行焚毁。由于烟草打假工作成绩突出，治安支队被省烟草专卖局、省公安厅授予“全省卷烟打假工作特殊贡献奖”，并多次被评为“全省烟草打假先进集体”。

三、食品、药品安全监管与案件查处

1988年至2012年，治安部门配合农业、卫生、工商、质检、食药品监管等部门，对食品、药品、农资等关系国计民生的行业进行联合执法，成功查获一批典型案件，打击处理一批涉案违法犯罪人员。2006年，与工商、卫生、质监、酒管办、屠管办等部门紧密配合，出动警力1620余人次，在全市范围开展食品安全专项整治行动336次。针对966处食品加工点、32所学校、27处建筑工地、49处蔬菜、牲猪养殖基地、48家食堂和67家街面饭店检查发现的问题，下发整改通知书230份。查处典型案件4起，治安拘留16人，刑事拘留2人。是年10月，鼎城区局治安大队协助鼎城区工商局查获商贸城鼎鑫冷冻加工厂病猪肉2.97吨，案值逾万元，冻库经营业主李××、候×、肖××被给予治安处罚，病猪肉集中焚烧。10月27日，市局和市酒管办联合行动，在武陵区公正综合加工厂、宏源彩色印刷厂查获假“德山酒”商标、“川沱大曲”商标4万多枚，涉案人员卢××、邵××被依法刑事拘留。

2007年8月，治安支队通过对全市牲猪产品市场、酒类销售市场所重点检查，共查获违规销售未经检疫的白板肉案件2起，假洋酒案1起，假棉种案1起，涉案金额达33万元。4名违规经营业主及阻碍执法的违法人员被治安拘留。

2008年7月，治安支队受理市酒管办移送的假酒案件，将涉嫌销售假酒的犯罪嫌疑人王×、高×等4人抓获，收缴假邵阳老酒1200余件，案值9万余元，4名犯罪嫌疑人被依法提请逮捕并移送审查起诉。

2009年，先后侦破薛××、彭××、张×等人制售假酒等食品、药品刑事案件18起。

2012年，全市治安部门共侦办有毒、有害食品、涉药、涉酒、涉农等犯罪案件20起，打击处理59人。是年7月，成功侦破生产、销售地沟油案件。抓获吴××、梁××等19名犯罪嫌疑人，捣毁地沟油生产线2条，查处生产、销售地沟油黑窝点42处，现场查扣成品地沟油500多吨，查扣冻结涉案资金100余万元，扣缴油罐车2台及大批炼油设备。此外，治安支队会同桃源县局成功查破公安部督办的汪××生产、销售假酒案，抓获犯罪嫌疑人3名，查扣假酒20余种共4000余件，价值达200万元。会同津市市局查获公安部督办的雷××生产、销售有毒食品案，捣毁生产窝点4个，抓获犯罪嫌疑人9名，查扣“地沟油”20余吨。会同安乡县局查获王××涉嫌生产、销售伪劣化肥案，查扣“渔夫乐”牌制假鱼用饲料35吨。

四、刑事案件侦办

1998年，公安部将95种刑事案件划归治安部门管辖。为适应办理治安案件的需要，市、县两级公安机关治安部门及时组建专职队伍，增加办案设施和办案经费，举办刑事案件骨干培训班，建立和完善各种相关制度，至2003年，全面完成接管办理刑事案件的准备工作。

2003年，全市治安部门共受理刑事案件104起，抓获犯罪嫌疑人49人，刑事拘留38人，提请逮捕19人，送劳动教养16人，治安拘留19人，涉案价值达228.5万元。是年1月，犯罪嫌疑人杨××从郴州市购进1.6万公斤“培杂茂三”水稻种子，伪制标签，擅自改换为“培优288”商标内卡后，销往武陵、鼎城和汉寿2000余农户，造成11000亩再生稻大面积减产，直接经济损失达114万元。治安支队受理该案件后，集中力量，快查快办，取证200多份，终将犯罪嫌疑人杨××抓获归案。

2004年，为切实维护学校及周边治安秩序，严厉惩治侵害师生人身安全的违法犯罪活动，治安部门按照省市统一部署，集中4月、5月，开展集中整治专项行动。共查处影响学校及周边治安秩序的刑事案件75起，抓获各类违法犯罪人员256人，其中提请逮捕33人，刑事拘留35人，送劳动教养8人，摧毁长期在学校周边对学生实施抢劫、敲诈的犯罪团伙8个。

2007年，全市开展打击传销专项整治行动，共受理传销案件35起，捣毁传销窝点84个，遣返传销人员3133人，刑事拘留25人，提请逮捕7人，实施劳动教养6人。

2008年4月，治安支队成功侦破省厅督办的特大网上开设赌场案，抓获涉案人员7人，查扣涉案资金50余万元，收缴作案车辆1台、电脑7台。是年4月，桃源县局治安部门破获特大非法买卖民爆物品案。抓获犯罪嫌疑人李××、张××等3人，当场缴获电雷管近5万枚，扣缴涉案现金12万元。

2009年，治安支队破获钱××、杨××特大销售卷烟网络案，刑事拘留犯罪嫌疑人12人，提请逮捕5人，移送起诉7人，扣缴涉案资金90多万元。查处“11·18”凯悦宾馆特大电游赌博案，现场抓获涉赌人员20人，收缴赌资近20万元，收缴百赌博机32台，刑事拘留8人，送劳动教养4人，行政处罚15人。此外，治安部门还联合行政执法部门，对食品、农资、烟草、盐业、药品等行业制假、售假违法犯罪活动穷追猛打，共捣毁窝点和网络15个，侦破刑事案件58起，打掉犯罪团伙10个，刑事拘留犯罪嫌疑人154人，为国家挽回经济损失2000万余元。

2010年，治安支队组织110名警力，经过三个月缜密侦查，破获一起横跨湖南、广东两省的特大“六合彩”网络赌博案，捣毁地下“六合彩”赌博窝点40个，涉案成员多达250人，涉案金额达5000万元。犯罪嫌疑人李×等19名团伙骨干成员被依法刑事拘留，13人被依法提请逮捕，60余名网络下线被分别给予治安处罚。依法扣缴涉案轿车1台，缴获电脑、传真机、复印机等作案工具40余台（套）及“六合彩”宣传资料6万份。

2012年，经对常德城区金悦、托斯卡纳、常德国际三个宾馆的涉黄场所进行查处，现场抓获涉黄犯罪嫌疑人50人，其中刑事处罚20人，治安拘留35人，追缴违法所得160多万元。

第六节　内部单位安全保卫

2004年8月，随着内部二层机构的调整，市公安局将原经济犯罪侦查支队承担的内部单位安全保卫、经济民警队伍管理等职能划归治安支队管辖，其具体工作由治安支队内保工作指导大队负责组织实施。

一、校园及其周边的治理

2006年，全市共有大专院校5所、中学（含初高级中学、中专、职业技校）305所、小学1210所、幼儿园367所。针对学校及周边存在的侵害学生人身财产安全、不法人员寻衅滋事、电游网吧等非法经营、学校周边占道摆摊设点、交通秩序混乱及学校内部安全隐患突出等问题。市局依据公安部、教育部关于《维护学校和幼儿园及周边治安秩序的八条措施》，结合本地实际，制定出台《常德市公安局维护校园安全的十项措施》。全市治安管理部门充分发挥职能作用，坚持“以打促防、打防并举”的工作方针，精心组织，周密部署，狠抓学校及其周边社会治安的治理与整顿。每所校园落实一名以上责任民警，定期开展巡查与检查；在全市校园周边新增治安岗亭53个，派驻保安员144名，在校园建立警务巡防站、安装报警装置，开展巡逻守护；对涉校案件优先立案，限期侦破，严厉打击违法犯罪活动；加大校园安全防舆论范宣传，在学校深入开展“安全教育月活动”；强力整顿校园周边交通秩序，添置交通标志及交通设施119处，并对接送学生的车辆开展专项整治，悉数取缔所有黑车；先后取缔非法经营游商摊点1047个，取缔非法出租屋89家，拆除违章建筑74处，扣缴有害音像制品及非法出版物46017张（册）。德山公安分局采取建制度、抓落实，建队伍、抓管理，建设施、抓防范，建网络、抓情报的“四建四抓”措施，确保辖区37所学校及周边无盗窃、无敲诈、无中毒、无火灾、无交通事故。是年，全市共优先查破涉校、涉生案件78起。捣毁长期危害学校周边治安的涉恶团伙13个，依法处理违法犯罪成员29人。

2007年，全市共查处影响学校周边治安秩序的刑事案件132起，治安案件195起，抓获违法犯罪嫌疑人226名。安乡县局抓获流窜于学校周边实施抢劫的犯罪嫌疑人张×、刘×等4人，破获系列抢劫案件8起。鼎城区局针对武陵镇中小学自行车盗抢案频发的情况，抽调警力成立专案组开展专案侦查，抓获团伙成员6人，破获盗抢自行车系列案件21起。是年，全市选派1162名民警担任学校法制副校长，深入校园对学生进行法制辅导。调派50多名民警在复杂路段和人流高峰期维护交通秩序。全年先后在学校周边增设交通标志和交通安全设施230块，增画人行横道线401处，开展消防检查747次，整改隐患351处，查扣取缔接送幼儿的不合格校车21台。治安支队由于工作成绩突出，被省综治委评为“全省学校及周边治安综合治理工作先进集体”。

2008年，汉寿县局治安大队抓获抢劫罐头嘴中学学生财物的犯罪嫌疑人杨×等2人，破获系列抢劫案3起。鼎城破获省公安厅挂牌督办的系列盗窃学校电脑案件5起，3名犯罪嫌疑人受到法律惩处。是年10月，武陵区护城派出所在当地治保组织配合下，打掉一个在常德职业技术学院寻衅滋事的犯罪团伙，依法提请逮捕3人。

2009年，及时查破一批抢劫、伤害、敲诈、盗窃等涉校犯罪案件。是年年初，常德市第二中学周边多次发生学生被抢劫、敲诈的案件 。德山分局抽调警力，经过两个多月周密侦查，终将案件破获，10名犯罪嫌疑人被绳之以法。是年5月，常德市第五、第六、第七、第十三中学周边连续发生多起抢劫学生财物案件，武陵分局派出民警蹬点守候，一举将涉案成员徐××、陈×等11人抓获，破获系列抢劫、伤害学生案件60余起，追回被抢手机21台，自行车26辆。

2010年，围绕全面加强校园安全保卫工作，市局专门制定下发《常德市公安局关于集中整治学校周边治安秩序专项行动方案》，并就加强校园硬件设施建设下发专门通知。

2011年至2012年，全市公安机关先后出动警力800多人次，对学校及其周边的治安秩序进一步开展专项整治，依法取缔学校周边涉黄、涉赌、涉毒场所13家。会同工商、文化、卫生等职能部门对校园周边的网吧、报刊、书店、夜市摊点进行清查，取缔违法经营摊点18家，责令整改32家。破获涉校刑事案件12起，治安案件33起，抓获犯罪嫌疑人15人，其中提请逮捕、移送起诉13人，送劳动教养2人。

二、“三电”的治安管理

2007年7月，市政府召开各成员单位联席会议，正式启动常德市打击盗窃破坏电力、电信、广播电视的专项斗争。治安部门与“三电”企事业单位的保卫科股协同作战，使专项斗争取得重大战果。全市共破获盗窃破坏“三电”设施案件235起，打掉犯罪团伙14个，抓获犯罪嫌疑人159人。

2008年4月至6月，全市开展为期3个月的惩治处理盗窃破坏电力、电信、广播电视设施违法犯罪侦破战役。共破获“三电”设施盗窃破坏案件299起，其中，省公安厅挂牌督办案件2起，市督办案件9起，打击处理275人。西洞庭分局集中警力重拳出击，一举侦破以郭××、王××等人为首盗窃破坏电力设施的系列案件，4名案犯被依法提请逮捕，缴获赃款赃物折款60余万元。

2010年至2012年，全市内保部门共组织召开“三电”单位联席会4次，“三电”侦破工作调度会3次，通过进一步规范和加强废旧金属收购站点的监管工作，有效封堵被盗“三电”设施的销赃渠道。

三、输油气管道

2007年，根据公安部、省公安厅统一部署，在全市组织开展整治输油气管道生产治安秩序专项行动，并建立健全常德市输油气管道安全保护工作联席会议制度。治安部门协调相关单位，结合“打击盗抢”专项斗争，重点对收购等行业进行突击清查，共处罚违法违规经营的收购站（点）30家。

2008年，治安部门在进一步加强油气生产运输安全保卫工作、严厉惩治涉油涉气违法犯罪活动的同时，召开各成员单位联席会议，与涉油、涉气企事业单位法人代表签订治安责任状，并派出警力加强重点要害部位的检查巡逻，督导涉油、涉气单位完善技防设备，从而杜绝涉油、涉气案件和事故的发生。

2010 年 10 月 1 日，《中华人民共和国石油天然气管道保护法》（以下简称《石油天然气管道保护法》）正式实施。随之，全市组织开展大规模宣传活动。共出动流动宣传车 14 辆，共张贴《通告》3000 余份，印制《石油天然气管道保护法》读本共 3500 余册，所有成员单位悬挂横幅、标语。《常德日报》《常德晚报》、市电视台、市广播电台等媒体进行系列报道。

2012 年，按照“单位负责、政府监管”工作原则，进一步建立健全油气设施安全保护长效工作机制。各涉油、涉气企业将安全保卫工作与企业经营管理有机结合，进一步落实人防、物防、技防措施，完善预警处置体系和联动工作机制，提升应对突发性事故的应急处置能力。

四、保安服务

1988 年至 2008 年，全市的保安工作由治安支队的保安监管大队负责。从 2009 年起，归口治安支队内保大队负责。

1988 年 7 月，国务院批准公安部《关于组建保安服务公司的报告》，同意在全国推广创办保安服务公司。津市市作为湖南省首批保安服务公司试办单位，开始创办保安服务公司，隶属于津市市公安局管理，为企事业单位承担保安服务工作。

1990 年，全市推开保安服务工作，共有保安公司 12 家，保安从业人员 3300 人。其中人力保安服务公司 10 家、2800 人，专业武装守押保安服务公司 2 家、500 人（含省保安服务公司常德分公司），担负全市机关、团体、企事业单位的安全保卫及武装押运工作。

1993 年，以区县为单位，举办保安联防人员封闭式业务培训班 167 期，参训人员达 7800 多人。保安联防队伍经过培训，政治业务素质明显提高。是年，协助公安机关破获各类刑事案件 348 起，其中大案 82 起，查处治安案件 1647 起，抓获各类违法犯罪人员 2856 人，缴获赃款、赃物折款 38 万余元。

1995 年，全市集中部署，围绕健全组织、纯洁队伍、规范服务，对保安服务公司进行全面清理整顿。通过清理整顿，进一步明确工作职责，端正指导思想，理顺工作关系，推动保安服务市场的规范化运作，常德的做法得到省公安厅充分肯定，并在全省给予推广。

1998 年 7 月，市局以常公办〔1998〕53 号文件下发通知，对保安服务公司工作管理范围、业务经营、保安人员招聘、培训、管理及使用等有关问题，进行具体规范。

2001 年，经省公安厅批准，常德市新成立保安服务公司 8 家，分别是武陵、鼎城、德山、桃源、安乡、澧县、津市、石门保安服务公司，配备保安从业人员 900 余名，常年受保单位 587 家，主要开展保安服务、技防服务和工程爆破等业务。另经市公安局审批，并报省公安厅同意，市局治安支队直管的 10 家旅馆业单位，均各自建成保安组织，配备保安从业人员 226 人，并经过公安机关培训取得“保安从业人员资格证书”。

2003 年至 2004 年，按照省厅关于对保安队伍进行清理整顿的统一安排，全市共清理非法保安组织 41 家，清退人员 219 人，同时对全市保安服务人员服装、标示进行清理整顿。

2005 年 6 月，按照公安部、省公安厅有关文件要求，对全市 8 家保安服务公司保安执业资格进行首次评审，经评审全部合格。

2012 年，全市有 16 家人力保安公司，2 家保安培训学校，2 家武装守押公司，按公安部要求，除武装守押公司暂不改制外，由公安机关负责的 10 家保安公司全部改制到位。是年，对全市保安服务业实行“保安监管信息系统”管理。对 95 家备案单位 4000 名保安员的基本信息，全部录入省公安厅保安监管信息系统。

五、护卫力量管理

常德市公安局经济民警直属大队始建于 1993 年 8 月，下设 3 个中队，配备队员 122 名。护卫重要目标 38 处。2003 年 5 月，更名为常德市公安局治安支队护卫直属大队，大队下设中队，原则上以区、县（市）及战线为单位组建，小队以列管厂矿企事业为单位组建，根据单位规模大小和效益情况设立，一般一个单位设立 1 个小队。按照“条块结合，以条为主”的原则进行管理，其人员、经费由所在单位负责，并与厂矿企事业单位保卫科（处）合署办公，业务上接受公安机关指导、监督，市局治安支队护卫直属大队具有调配指挥权。其主要任务是维护全市厂矿企事业单位、重要机关团体的政治稳定和治安秩序，为经济建设保驾护航。

护卫大队自 1993 年成立至 2011 年，除担负企事业内部单位巡逻、守护、押运等任务外，还参与协助公安机关处置群体性闹事、大型活动保卫、抢险救灾及其他紧急事件的处置。年平均守护重点要害目标近 500 处，押运贵重危险物品 6587 车次，价值 2000 亿元。参与大型活动保卫 25 次，参加抢险救灾 8 次，参加市公安局统一行动 113 次，协助公安机关破获各类案件 2110 起，抓获违法犯罪人员 2000 余人，挽回直接经济损失 1000 万余元。1998 年 4 月 27 日，市桥南市场发生大规模群体械斗，100 名护卫队员受命前往现场协助处置，共抓获违法犯罪人员 11 人，缴获自制土枪 15 支及其他械斗器具 137 件，得到市委、市政府领导的高度评价。2002 年 9 月 1 日，常德市江北农业银行运钞车被抢案件发生后，当班护卫队员王建明在身中数枪的情况下，仍咬紧牙关，死死抓住运钞车密码钥匙，用年轻的生命保护国家财产。

第七节　基层基础（社区警务）建设

1988 年，全市共建派出所 394 个，其中行政所 324 个（城镇所 13 个、集镇所 73 个、农村所 221 个、水上所 15 个、金矿所 2 个），企业派出所 70 个（公路所 8 个、航运轮运所 7 个、厂矿所 11 个、农场所 6 个、车站所 13 个、林业所 9 个、水上所 4 个、渔业所 6 个、芦苇所 1 个、水利水电站所 5 个），并在全市 31 个城镇派出所开展勤务制度改革。其中，分片设警区的有 12 个，分块设警区的有 19 个。在农村派出所推行以片设治安岗的联勤制度。

1990 年，针对多数派出所住房、通信、交通设施等与现实斗争极不适应的实际，市局党委在充分调研，澄清情况，摸清底数的基础上，提出加强派出所建设的对策。引起市委、市政府高度重视。是年 3 月，市政府批转市公安局《关于加强公安派出所建设的意见》。按照市委、市政府的安排部署，市局制定《派出所建设三年达标纲要》。至此，全市公安派出所基础建设出现重大转机。从 1990 年起，每年召开一次全市派出所工作会议，总结工作，表彰先进，培训业务，以此强化和推进派出所建设。尤其是通过连续三年开展派出所建设达标竞赛活动，使派出所住房、通信、交通设施得到明显改善。

1993 年，按照公安部“精简上层、充实基层”的精神，公安机关抓住党政干部分流的机遇，实行以乡镇建立派出所，是年，恢复和新建派出所 28 个。使派出所警力由上年的 1449 名上升到 1590 名。添置汽车 182 台，摩托车 235 辆，公安快艇 10 艘，车载台、基地台 103 台（套），对讲机 714 部。是年，在经济开发区、大中型集贸市场和重点工程建设工地设置公安分局 2 个，公安行政派出所 4 个，治安执勤站和治安管理办公室 98 个，增配警力 153 人，配备治安联防队员 372 名。是年，常德强化基层基础建设的经验，被省厅在全省推介。武陵区公安分局城南派出所、鼎城区桥南派出所被省厅评为全省规范化建设先进派出所。

1995 年，全市开展创建安全小区活动，共建成安全小区 459 个，其中高标准安全小区 43 个。创建中，全市共投入创建经费 480 万元，新建自行车棚、防盗门、围墙等各类安防设施 9091 处，组建帮教、调解小组和义务巡逻队等群防群治组织 2004 个。

1996 年，为贯彻落实省厅《关于全省先进派出所评比办法》和市局《关于派出所工作目标管理的意见》，治安部门统一部署，督导全市基层派出所强化基础业务建设，普遍建立起“一图”“七档”“十一簿册”，设立夜间便民服务窗，建立健全留置室管理等制度，从而使派出所基础业务建设得到重大提升。其后，全市基层派出所涌现出武陵区城南、桃源漆河、汉寿城关镇等一大批规范化管理的先进派出所。是年，武陵区城南派出所被公安部评为湖南省唯一窗口示范单位。

1998 年 9 月，市局在津市市召开全市公安机关创“人民满意派出所”现场经验交流会，重点推介津市市公安局创“人民满意派出所”的做法。是年年底，市局组织考核组，对全市 10 个区、县（市）的“创满”工作进行考核验收，评选出武陵区城南派出所等 21 个人民满意派出所。津市市汪家桥派出所还跃入全省、全国“创满”优秀派出所行列。常德“创满”活动的成功做法，先后被《人民公安报》《法制日报》《湖南日报》《湖南经视台》等多家新闻媒体推介。

2000 年，治安支队为贯彻落实省厅“双十双百千工程”工作部署，制定相应实施细则，对安全防范、破案打击、执法管理、队伍建设等方面的工作进行规范。治安支队派出工作组，通过选定武陵区城西派出所先行试点，以点带面，在全市统一规范执法的“六项”工作目标，即实行全方位警务公开模式；建立稳定健全的信息队伍；健全一套行之有效的内部执法监督机制；落实执法倒查考核标准；强化执法过错追究责任；建立规范执法档案。

2001年，在全市城（镇）推行“打防控管”一体化。即以派出所为基础，在派出所设立社区警务、治安和刑侦三个中队，另外，由巡警部门派驻一个巡警中队，交警部门派驻一个交警中队充实辖区警力，明确社区警务中队“以防促打”、巡警中队“以控促打”、刑警中队“以打促防”、治安中队“打防并举”、交警中队“以管协控”的工作职责。

2002年至2006年，按照公安部出台的《公安派出所等级评定办法》及省厅相关通知要求。全市严密组织，每年对基层派出所工作按四个等级进行评定。2006年，全市坚持动态评定模式，共评出一级公安派出所13个，二级公安派出所35个，三级公安派出所86个，四级公安派出所98个。

2008年，市局相继下发《关于进一步加强社区和农村警务建设的实施意见》和《关于印发2008年社区和农村警务建设年任务规划的通知》，全面部署推进社区和农村警务建设的工作。是年，全市建成社区警务室161个，建成率100%，社区全部实行一区一警、一区双警机制，配备社区民警476人，配备率达100%，建成农村警务室324个，超额完成42个，完成率达114%，配备驻村民警361人，配备率达到105%，农村警务室建设全省排名第一。津市市社区民警沈宏玖被评为全国“实施社区服务和农村警务战略”先进个人。安乡县公安局深柳派出所被省厅评为全省四个《社区服务和农村警务建设示范派出所》之一。是年，治安部门对新建的武陵区城北派出所、安乡县深柳派出所进行现场指导，将其树立为全市内外观标识规范统一的样板派出所，并组织参观学习。随后，全市先后建成一批高标准的规范化派出所。其中，临澧县公安局安福派出所、武陵城南派出所被评为全省示范派出所，安乡县深柳派出所、鼎城区桥南派出所、石门县楚江派出所被评定为一级派出所，武陵区城北等10个派出所被评定为二级派出所。一级、二级派出所评选比例位列全省第三。

2011年，市局出台《关于实施“三化五创”工程，全面实现公安派出所警务战略跨越式发展的意见》，决定在全市进一步实行派出所等级评定升降管理制度，全面落实城市社区和农村乡镇民警工作职责。是年，全市投入500余万元资金，对派出所硬件设施进行升级改造，先后建成派出所候问室20个共48间。全市所有派出所均建成高标准的执法办案区域，为规范执法办案创造有利条件。

2012年，全市共有公安派出所233个，配备民警1458名，所均警力6.26人。其中，城镇派出所22个、505人，建制镇派出所73个、506人，建制乡派出所138个、447人，社区（驻村民警）456人。新评出一级至三级派出所18个。

第二章　人口与出入境管理

1988 年以前，常德地区人口管理工作一直由行署公安处治安科承担。1988 年 7 月常德地改市后，市公安局专门设立户政科，人口管理从此与治安科剥离，由户政科主管。2003 年 5 月，户政科更名为人口管理支队。20 世纪 90 年代以前，常德市一直没有单独设立出入境管理机构，出入境管理工作由政保部门兼管。为顺应改革开放和经济发展的新形势，1994 年 8 月，市局组建成立出入境管理科。2009 年 5 月，出入境管理科并入人口管理支队，人口管理支队更名为人口与出入境管理支队，下设户政管理大队、出国境管理大队，配置在编民警 21 人。其主要职责：负责制定户籍管理和居民身份证管理制度，指导全市常住人口和居民身份证管理；指导重点人口、流动人口和人口信息工作；负责全市公安外事工作；负责办理因私出国和往来香港、澳门特别行政区及台湾地区的有关事务；组织指导和监督外国人及港、澳、台居民出入境、居留、旅行等行政管理工作；负责全市人口与出入境业务信息工作平台、公民信息系统的建设、管理工作。

1988—2012 年，人口与出入境管理部门与时俱进，开拓进取，结合社会转型、经济飞速发展的新情况、新特点，认真履行职责，不断创新管理机制，使人口与出入境管理工作，达到为现实斗争优质服务、为社会经济发展保驾护航的目的。

第一节　常住人口管理

一、应对人口管理重点，探索户籍管理改革

1988 年，依据国务院《关于制止一些市、县公开出售城镇户口的通知》及湖南省《关于制止和纠正一些地方出售城镇户口违法行为的决定》精神，在深入调查剖析的基础上，对个别区县违规擅自办理“农转非”问题，进行严肃查处，并依法对所转 18 户、54 人“农转非”户口进行注销。1989 年，根据省政府批转省公安厅《关于严格控制农业人口转为非农业人口的报告》精神，市公安局以常公发（89）第 19 号文件，对农业人口转为非农业人口作出由区县呈报，由市局审批的明确规定。并严格执行相关政策，按照省厅下达的城镇人口 3‰的“农转非”指标，对全市落实政策、小投靠、老投靠、无地少地等 15 类“农转非”户口，实施严格审批。是年，全市共审批办理 15 类“农转非”户口 89 户、256 人。1990 年起，为全面规范户口管理，全市各乡（镇）启用乡（镇）人民政府户口专用章，完成由《常住人口登记表》取代《户口登记簿》的工作。同时，以颁发居民身份证工作为契机，在全市建立健全居民身份证底卡管理制度，严格执行居民身份证编号登记管理，着手全面完善迁移证换证手续，严格执行《临时身份证管理暂行规定》。

1992年起，全市启用新版“中华人民共和国边境管理区通行证”，是年12月1日，全市启用常德市卫生局统一监制的“婴儿出生证”，从此，新生婴儿上户纳入凭出生证申报登记户口的规范化管理轨道。1995年起，全市开始启用新的“户口迁移证”“户口准迁证”，凡迁往外区县（市）及省外的居民一律使用新证。是年，对人口出生、死亡，开始全面实行“出生医学证明书”“死亡医学证明书”登记管理制度。2002年，根据省厅通知精神，为加强公安基层基础工作，市局以常公通〔2002〕13号文件下发《关于将派出所工作指导职能移交户政部门的通知》。是年3月1日起，全市基层派出所工作指导职能由治安移交给户政管理部门。面对重大改革调整和全新的工作任务，户政科以扎入基层，深入调研为先导，及时摸清情况，明确任务，迅速进入角色，担起对全市233个公安派出所基层基础工作的指导管理任务。2004年4月，省委、省政府将常德市确定为全省户籍改革试点城市。市局党委高度重视，报请市委政府专题研究，下发《常德市深化户籍制度改革方案》，落实经费，召开会议，进行试点，于6月30日前，在全省率先实行“户籍管理一元制，城乡户口一体化”的户籍管理模式。从而为促进全市人口合理有序流动，推动城市化建设奠定了坚实基础。仅是年下半年，市城区就新增城镇人口28500人。2005年，是国际人口抽样调查年，按照上级统一部署，户政管理部门会同统计、计生等相关部门一道，在全市开展抽样调查统计，共完成150个抽样点、68000多人的抽样调查统计，为上级制定“十一五”规划，提供准确的人口依据。同年，市局会同各区、县（市）人口管理部门按照皂市水库移民搬迁工程的总体安排和工程进度，按时按质完成了一期、二期建设工程30000多移民的户口迁移任务。为提高户政窗口服务质量和管理水平，规范民警的执法行为，树立文明窗口形象，全面提升人民群众对公安机关的满意度，从2006年开始，在全市户政窗口实行“八个统一”的规范化建设，即统一实行低台式敞开办公；统一警务公开内容；统一便民利民服务设施；统一设置警民联系栏；统一开展行风评议活动；统一制定各项管理制度；统一规范窗口民警形象；统一开展窗口评选活动。2010年，市局依据户政窗口规范化建设的实际，进一步研究部署，在全市提出《关于开展公安派出所示范户籍室创建工作的实施意见》。从实际出发，对全市公安派出所示范户籍室创建工作，提出分三年完成的阶段性目标。确定2010年以市城区派出所、城关镇派出所和条件较好的乡镇派出所为重点，按照不少于所辖公安派出所数量15%的比例确定创建单位，确保全市完成30个示范户籍室创建任务。2011年，以城郊派出所和乡镇派出所为重点，按照不少于所辖派出所数量50%的比例完成示范户籍室创建任务。2012年，示范户籍室创建工作在全市公安派出所全面推开。为深化创建活动，市局还专门下发《常德市公安局开展“四创一评”活动实施方案》，在全市公安机关广泛开展“四创一评”活动。即创新建设水平、创新管理水平、创新服务水平、创新满意水平，评选一批“四创”活动先进单位、示范服务窗口、示范户籍室、窗口服务标兵、户籍管理标兵。至2012年，全市有122个公安派出所完成了示范户籍室创建任务，先后涌现“四创”先进单位10个，窗口服务标兵20名，户籍管理标兵20名。通过深入开展“示范户籍室创建”工作及“四创一评”活动，极大推进全市户政规范化管理，使新形势下户政工作出现历史性跨越。其成功的经验及做法得到省公安厅的高度肯定和推介。

二、以全国人口普查为契机，全面规范常住人口管理

1990年，按照全国第四次人口普查要求，全市开展为期6个月的户口清理整顿工作，争取市、区、县（市）党政领导重视支持，解决人口普查经费1013659元，培训户口整顿和户口管理人员14325人，召开相关会议20364场，接受户口法规教育的群众达413万多人。通过抽调专门力量与户籍民警一道，按照“户不漏人，人不漏项”登录人口信息的要求开展工作，共发现和掌握出生未登、迁入未登、超计划生育未登等漏登人口259214人，查清死亡未销、迁出未销等应销未销人口146252人，纠正户口登记项目差错184498处。通过深入扎实的户口整顿，各区、县（市）主动瞄准短板，在户政管理机构、人员力量等方面落实了整改措施。全市有8个区、县（市）公安局正式成立户政股，配齐户籍民警49人。此外，市局积极争取省厅支持，解决补贴经费6万元，使7个户政股购置业务用车。为切实搞好城乡户口管理，全市共增配乡镇专职户口管理人员165名，石门、澧县、桃源等县政府还专门发文，由户政部门考察，选配乡镇一级专职户口管理员，并妥善解决其报酬待遇，使户口管理工作走上规范化轨道。通过户口清查整顿，全市共查获违法犯罪人员1019人，破获刑事案件155起，查处治安案件565起，挽回经济损失115.6万元，打击处理案犯196人。其中收审96人，提请逮捕86人，实施劳动教养14人。通过全市户口整顿检查验收，石门、武陵、澧县被评为全市先进单位，省厅组织地、州、市户口整顿交叉验收，常德市被评为全省户口整顿先进单位。截至第四次全国人口普查标准时点1990年7月1日零时，全市九个区、县（市）共有居民1538051户，总人数为5690247人，其中，男性2941054人，女性2749193人，市、镇非农业人口749780人。与此同时，结合人口普查，全市还对水上户口、开发区户口、地方城镇居民户口（即“蓝印户口”）进行全面清理核对，纠正身份证重号、错号、同名同号等人口错误信息1320余项。1990年至1993年，按照全省统一安排，全市首开先河，对各类水上营运船舶在清理排查、澄清底数的基础上，全面实行户牌管理制度，落实安全管理。

2000年，为确保全国第五次人口普查的准确性，按照公安部、省公安厅的统一部署，全市户政系统开展为期四个月的户口整顿，先后核对常住人口151万户共4952564人，进一步解决无户口人员上户、人户分离等户口管理问题，纠正户口登记项目差错136387处，进一步强化公安户政管理的基础工作，推进完善人口信息计算机管理系统，全市人口信息计算机录入人数达到5732648人，占常住人口总数的96.31%，全面解决居民身份号码的编制赋码和微机管理系统的升位问题，并通过户口整顿入户核对，将全市人口信息全部过录到《常住人口登记表》和《居民户口簿》，达到计算机管理系统、居民户口簿、居民身份号码顺序码、常住人口登记表和居民身份证的“五统一”。进一步提高16周岁以上居民

相片收集率和图像扫描率、居民住宅电话号码、手机号码、传呼机、办公电话等通信联络信息的收集率，进一步完善各类户籍档案资料的管理，全市共更换常住人口登记表150余万份，换发新居民户口簿20余万本，进一步完善城乡门（栋）牌号码管理系统，全市共安装门牌（栋牌）2508605块，乡村路碑、路牌25080块。截至第五次全国人口普查的标准时点2000年11月1日零时，全市有居民1692934户，总人数5740875人，其中男性2964217人，女性2776668人。

2010年，为顺利开展第六次全国人口普查工作，全市充分利用电视、电台、报刊、召开会议等多种形式，广泛宣传相关政策，市局在电视台开辟人口普查、户口整顿工作专栏，进行为期三个月的滚动宣传，使政策规定深入人心，营造良好的人口普查及户口整顿工作氛围。在第六次人口普查的户口清理整顿工作中，全市共抽调工作条人员10315人，动用民警818人。通过户口整顿，提供破案线索36起，破获刑事案件170起，查处治安案件386起，抓获逃犯32人；纠正公民身份证号码重号、错号1391个；装订门（楼）牌13521个；清理废弃地址3159个；清查出户口待定人员39811人，解决常住户口待定人员入户10352人；变更户口项目253460项；对违反计划生育政策出生未上户的12786人，依照相关政策解决上户4032人。截至第六次人口普查的标准时点2010年11月1日零时，全市总户数为1701408户，总人数5717218人，其中男性2882090人，女性2835128人。在重点完成三次全国人口普查的基础上，全市户政管理部门还坚持认真负责的求实精神，精心组织，周密部署，高标准、高质量完成每年一度的人口统计工作，为市委、政府领导科学决策提供准确依据。1988年至2012年，全市人口统计工作曾先后5次被评为全省人口统计工作先进单位。

1988—2012 年常德市人口及其变动情况一览表

表 3—1

年份	年末数						变动数					
	总户数	总人口			总人口中		出生			死亡		
		合计	男	女	非农业人口	未落常住户口人员	合计	男	女	合计	男	女
1988	1687858	6165057	3203499	2961558	855582	14757	86415	45958	40457	43419	23914	19505
1989	1554373	5567962	2893680	2674282	842732	12515	80606	42778	37828	38204	21190	17014
1990	1582437	5691437	2947678	2743936	847269	20807	92220	46286	45934	41163	23788	17375
1991	1624094	5716018	2964186	2751832	861797	9235	69955	36246	33709	40548	22649	17899
1992	1654059	5741506	2975042	2766464	896923	7955	63876	33443	30433	41503	23038	18465
1993	1659234	5778230	2992361	2785869	944534	5906	57039	29701	27338	38621	21491	17130
1994	1681795	5821364	3010412	2810952	986339	9969	55457	28852	26605	37970	21108	16862
1995	1703340	5858503	3027507	2830996	1024562	10186	54685	28523	26162	37730	21081	16649
1996	1743087	5898332	3050262	2848070	1066707	18985	54608	28277	26331	35887	20130	15757
1997	1735730	5933225	3062877	2870348	1116884	17531	52224	27086	25138	34112	18832	15280
1998	1750280	5950337	3074217	2876120	1141564	18629	48066	24926	23140	36477	20152	16325
1999	1752510	5965561	3076289	2889272	1190640	14426	45210	23382	21828	32942	18401	14541
2000	1797547	5952929	3067904	2885025	1222048	10213	45695	24166	21529	34958	19391	15567
2001	1851931	5960308	3063519	2896789	1255269	13802	45132	23698	21434	30304	16884	13420
2002	1876084	5981866	3080981	2900885	1293744	7605	49036	25441	23595	31024	17404	13620
2003	1922135	6001295	3084807	2916488	1360675	6403	44114	23059	21055	27989	15602	12387
2004	2037000	6010523	3087832	2922691	1309565	952	48231	25319	22912	27380	15101	12279
2005	2072342	6024157	3097547	2926610	1377164	7107	45636	23881	21755	29944	16510	13434
2006	2088481	6077457	3118539	2958918	1421786	14899	48768	25425	23343	29614	16216	13398
2007	2187380	6119945	3136137	2983808	1440328	13941	51699	27089	24610	31296	17296	14000
2008	2234345	6141627	3142388	2999239	1432567	15367	55455	29325	26130	48145	26782	21363
2009	2126619	6166870	3142929	3023941	1452049	11221	60840	31672	29168	52564	29404	23160
2010	2139172	6159393	3132957	3026436	1455824	59764	62350	32597	29753	72769	40992	31777
2011	2154433	6213805	3157532	3056273	1459146	14352	55174	28922	26252	29224	17329	11895
2012	2107186	6148450	3129650	3018800	1435351	7717	61920	31947	29973	54489	29660	24829

第二节　流动（暂住）人口管理

1988 年前后，在城市、集镇暂住人口的管理上，一直沿用 1958 年 1 月 9 日颁布的《中华人民共和国户口登记条例》及 1985 年 7 月 13 日公安部《关于城镇暂住人口管理的暂行规定》进行管理。对离开常住地进城务工、经商等年满 16 周岁以上、暂住时间拟超过 3 个月的人员，由其本人向暂住地户口登记机关申报，由户口登记机关登记为暂住户口，发放“暂住证”。公安派出所民警履行宣传、监督、检查等管理职责，使外来人口自觉遵守人来申报，人走注销的制度。通过日常管理，摸索积累暂住人口管理的初步经验。进入 21 世纪后，随着改革开放的深入和社会经济的飞速发展，进城务工经商、开厂办店、从事服务行业的人员日渐增加，作为经济发达、环境条件优越的常德所辖区、县、（市）成为流动（暂住）人口的首选目的地。2000 年以后，常德市流动人口进入飞速增长时期。2004 年，常德市流动人口为 6.5 万人，市城区流动人口约 3.5 万人；2006 年，全市流动人口总数为 11 万人，市城区流动人口约 7.5 万人。2008 年，全市流动人口总数增长到 14 万人，市城区流动人口在册数增加到 9.2 万人。2000 年至 2008 年，全市户政管理部门在主动履行职责、承担流动人口管理工作的实践中，坚持探索进取，逐步摸索出一套成功的流动人口管理新模式。市局人口管理支队将流动人口的管理，作为公安基层基础工作的一项重要内容，纳入派出所工作职责，由社区户籍、治安民警负责进行管理。流动人口管理工作作为人口管理工作的重要内容，纳入公安机关综合业务考评。社区民警对离开户口常住地到常德暂住的人员，严格履行管理流程，进行流动人口报备、登记及发证管理。为使广大人民群众积极配合公安机关对暂住人口的管理，市、区、县（市）公安机关动用多种宣传手段，持续不断抓宣传，组织辖区群众及暂住人员学习公安部《暂住证申领办法》和《租赁房屋治安管理规定》等法律法规。社区民警深入辖区，对暂住人口上门登记、核查，对出租房屋户主定期实施管理、深入考察，及时掌握暂住人口法纪动态及房屋租赁管理情况。社区民警对登记发证的暂住人口及出租房屋形成完备的表册档卡，并随时录入电脑系统，及时核查比对，以发现可疑对象和网上在逃人员。将调查掌握有违法犯罪活动嫌疑的暂住人口纳入重点对象进行管理。

从 2008 年起，针对流动人口迅猛增加的实际，报请市委、市政府重视支持，将流动人口服务管理工作纳入社会民生工程范畴。逐步转变工作思路和模式，将重点解决广大流动人口切身利益问题和进一步规范流动人口管理摆在重要位置。是年上半年，市委、市政府创新流动人口服务管理机制，由市政法委综治办牵头，实行政府统一领导，全面整合社会资源，实行综合治理。专门成立流动人口与出租房屋专项工作领导小组，由市政法委综治办主任任组长，市公安局分管副局长任副组长，吸纳市人口与计划生育委员会、市建设局、市劳动与社会保障局、市工商局等 13 家单位负责人为领导小组成员。市流动人口与出租房屋专项工作领导小组办公室设市公安局人口支队，由人口管理支队支队长兼任办公室主任。市公安局、市人口与计生委、市房管局各抽调一人集中办公，具体负责协调日常工作。

2009 年 4 月至 7 月，相继出台《湖南省流动人口服务和管理规定》和《湖南省流动人口暂住登记与居住证发放办法》。依据省政府文件精神，结合全市流动人口管理实际，经市委专题会议研究，进一步成立常德市人口管理工作领导小组和领导小组办公室，由市政府常务副市长任组长，市政府副秘书长任办公室主任，并从市政法委综治、房管、公安、计生抽调 4 名专干集中合署办公。此后，市委、市政府于 2011 年 4 月以“两办”名义下发《关于成立常德市社会人口管理工作领导小组的通知》，市人民政府也相继以常政发〔2011〕第 12 号文件发布《常德市流动人口服务和管理办法》。随着组织机构的日臻完善和法律法规的不断健全，全市流动人口的服务管理也随之出现跨越式腾飞。市、区、县（市）党委政府高度重视，创新管理理念，采取超常措施，强力推进全市流动人口服务管理工作。在全市范围内迅速建立起“两级政府、三级管理、一支队伍、一个平台”的流动人口服务管理新格局，全市 13 个区、县（市），均成立社会人口管理办公室，具体负责流动人口服务管理日常工作。乡镇（街道）设立流动人口服务管理中心，社区建立流动人口服务管理站，各中心（站）点按照有办公用房、有工作人员、有工作制度、有办公设施、切实开展工作的具体要求，普遍进行完善，把社区流动人口服务管理中心（站）建成对辖区流动人口与出租房屋实行“一站式”服务、管理的前沿阵地。通过管理队伍的扎实工作，流动人口和出租房屋基础信息的有效数据采集大幅度上升，基础阵地建设显著改善，服务管理水平大幅度增强。至 2010 年前后，全市流动人口基础信息数据采集峰值一度高达 321184 人。

2011 年，全市以大力开展流动人口基础信息录入大会战和实施流动人口“四个一”工程建设为抓手，强组织、明责任、定目标、严措施、重奖惩，掀起流动人口服务管理工作热潮。是年 7 月 15 日，召开全市流动人口服务管理工作会议；10 月，市局户政管理部门协同市社会人口管理办公室，举办全市有 280 余人参加的流动人口与出租房屋协管员培训班。通过业务培训，使其领会精神，熟知相关政策规定。同时，在“两会”“两节”期间，全市先后开展 3 次大规模流动人口与出租房屋清查专项行动。到 2012 年，市、县、乡（街道）三级管理机构全面建立并投入常态化运作。各、区、县（市）基层流动人口协管员队伍建设初具规模。全市共招聘专（兼）职流动人口协管员队伍 502 名，为切实加强管理，充分发挥作用，市局制定出台《常德市流动人口与出租房屋协管员指导意见》，针对协管员职责，制定多项规范性管理制度，对工作内容、工作流程等都作出明确规定。与此同时，还制定《县（市）、区流动人口服务管理工作考核办法》和《流动人口服务管理工作成员单位考核办法》，并将两大考评同时纳入综合治理年度考评内容。至 2012 年，全市共先后评选出流动人口服务管理先进单位 9 个，评出流动人口服务管理先进个人

30 人。

第三节 居民身份证管理

1985 年 9 月 6 日，国务院颁布《中华人民共和国居民身份证条例》，并部署在全国范围内实施居民身份证制度。按照公安部及省公安厅的统一部署，全区公安机关在地委、行署领导下，精心组织，周密部署，于 1988 年上半年，全面完成颁发居民身份证的各项准备工作。常德地区成立以行署副专员曾繁友为组长，公安、计生、财政等各战线、各部门主要负责人为成员的颁证工作领导小组，并以公安机关为主要成员单位成立颁证工作领导小组办公室。各区、县（市）也相应成立领导小组和办事机构，并配齐、配强颁证工作力量。据统计，全区共成立颁证领导小组 11 个，配备领导小组成员 228 人，设立办事机构 48 个，配备颁证专干 934 人，兼干 5845 人。为保证颁证工作的需要，全区地、县（市）两级政府共首期拨付颁证经费 125 万元。1988 年，是全市颁证工作具有决定性的一年。是年 4 月，常德地区召开由 50 余人参加的全区颁证工作会议，会议要求各级政府从落实人口管理制度重大改革的高度，把颁证工作列入重要议事日程，切实解决人、财、物等具体困难。会后，各地迅速部署，广泛动员，展开试点，至 1988 年年底，保质保量地完成省厅下达的常德的发证 180 万份指令性任务，受到省委、省政府的表彰。1988 年 7 月，常德完成地改市。此后，从 1989 年至 1990 年，全市颁证工作进入全面铺开的决战阶段。各级户政管理部门会同颁证力量，在深入细致开展户口核对、准确采集人口信息的基础上，采用人工检验和电脑技术相结合，处理人口资料信息以及编码打印底证，至 1990 年年底，共向省厅制证中心输送底证 385 万份，底证合格率达到 98.8%。按照省厅下达给常德的基础制证计划，超额 110.5% 完成任务，发证人数占应发证数的 85.7 %。1991 年，全市颁证工作再次跃入全省先进行列，桃源县被评为全省颁证工作先进单位。是年 12 月，在全国召开的颁发居民身份证表彰会议上，桃源县被评为全国颁证工作先进单位，全市有刘远平、胡明清 2 人被评为全国颁证工作先进个人。

1988 年 7 月，按照省政府办公厅《关于先期发证的县市实施查验居民身份证制度的通知》精神，在全市政法机关、商业、税务、劳动、人事、教育、交通、邮电、银行、保险等系统广泛深入开展居民身份证使用、查验工作。通过使用、查验居民身份证，堵塞社会管理工作上的许多漏洞，及时发现和处理一批违法犯罪分子。至 1993 年年底，全市通过居民身份证使用、查验，共抓获违法犯罪人员 325 人，破获刑事案件 615 起，查获治安案件 1048 起，依法打击处理涉案人员 309 人，其中提请逮捕 153 人，刑事拘留 86 人，行政拘留 54 人。

1994 年，按照公安部《关于加强和改进居民身份证管理工作的通知》要求，全市对临时身份证的签发有效期进行调整，即对申领和因丢失、损坏、尚待补领人员的临时身份证有效期限由2年缩短为1年。是年7月，全市按照公安部《关于居民身份证启用新标准相片的通知规定》，从7月1日起，制作居民身份证启用新的标准相片即大头像。

1996年1月1日起，全市开始制发和使用新的防伪居民身份证。1998年，为切实帮助洪灾灾区群众解决实际困难，为其外出务工、经商提供方便，经请示省厅户政主管部门批准，免费为安乡、澧县、石门、临澧、汉寿、津市等重灾区的3580名群众制作临时身份证。1999年10月起，根据国务院《关于实行公民身份号码制度的决定》精神，在全市开展建立和实施公民身份号码制度，即给每个公民编制一个唯一终身不变的号码，公民身份号码按照国家标准编制GB11643—1999《公民身份号码》。由18位数字组成，前6位为行政区划代码，第7位至第14位为出生日期码，第15位到第17位为顺序码，第18位为校验码。原居民身份证编号数字由15位升至18位，即公民出生日期代码数字由2位改为4位，在分配顺序码后加编1位计算机校验码。至2000年10月，全市居民身份号码编制工作全面顺利完成。共核对常住人口1168万户，共568.7万人，使用计算机编码595万人，公民身份号码编制工作完成率达到100%。2001年，全市全面推广无底卡制证，通过户政部门的艰苦努力，居民身份证底卡制作质量，经省厅制证中心评定位居全省第一名。

2002年，按照省厅关于做好换发第二代居民身份证准备工作的要求，全市开展常住人口管理、全面完善公民身份号码编制、提高人口信息数据质量、建立健全户籍管理制度的“户政基础工程”工作，从2005年起，全市全面启动为期四年的换发第二代居民身份证工作。其间，各区、县（市）公安（分）局人口管理大队以深入广泛的宣传发动开路，克服人员不足和经费短缺等困难，增设流动办证站、点，取消节假日休息，主动深入街道社区、农村村组、学校、厂矿，为群众上门服务，至2008年年底，全市共换发二代居民身份证453万张，按时按质全面完成换发任务。

2009年2月，按照全省统一部署，开始对现役军人和人民武装警察居民身份证的申领发放工作，截至5月13日，全市共受理261张，其进度、质量排名居全省先进行列。

2010年至2011年，再次全面启动公民身份号码纠错工作，对全市公民身份证重证、重号、错号及“同名同号”开展专项清理工作，先后清理纠正重证、错证、多证号1381个，收缴重证、错证351张。2012年，全市完成居民身份证受理制证350786张，同时开展“为持一代证人员换发二代证”专项工作，完成身份证受理制证307645张。

第四节　人口信息化建设

1988年以前，全市人口信息化建设处于初始运作状态，一直沿用20世纪50年代全国户籍管理模式，对18周岁以上居民实行常住人口信息卡片制，除现役军人外，不分性别、民族和有无政治权利，一律建立人口卡片，实行一人一卡、人动卡动的管理格局。1988年以后，随着户籍管理制度的改革，特别是居民身份证制度的全面推进，全市人口信息化建设迎来全新的发展机遇。1989 年，市局及全市 10 个区、县（市）相继购置 PC 微机 18 台。1990 年 2 月，市局户政科选调配备 1 名具有中级职称的微机专干，专门负责全市人口基本信息微机系统的管理、维护与指导，10 个区、县（市）也按照市里统一要求，选调配备微机专干，并由市局组织短期业务培训。此后，各区、县（市）均建立起微机工作房，购置相应的配套设施，开始实施人口信息的微机录入。1991 年，省厅户政处在常德举办人口信息“湘 1 版”软件培训班，并为全市 10 个区、县（市）建立起“湘 1 版”人口信息系统，年内完成 1 版、2 版数据转换和系统升级。是年年底，全市运用微机录入人口信息 271.15 万人，占全市总人口的 65%，运用微机打印底卡 208.3 万人（证）。1992 年，根据公安部《关于积极抓好人口信息计算机管理系统建设的通知》精神，全市加大投入，进一步加快派出所人口信息管理系统的建设步伐。公安派出所户政窗口日常管理业务工作逐步升级换代，办理户口、身份证等项工作，由以往手工操作逐步进入到微机操作的信息化时代。

1993 年，鼎城区建成光盘人像联机管理。1994 年，城区 13 个派出所（武陵区 9 所、德山开发区 2 所、武陵镇 2 所）和市局户政科建成和升级人口信息微机管理系统。1995 年，市局制定《常德市公安局微机管理网络系统总体方案》及《关于派出所人口信息微机管理网络系统建设近期目标责任制》，同时举办派出所微机管理系统操作员培训班，筹资 38 万元建起市局微机控制中心。1997 年，全市派出所人口信息微机建设全面展开，武陵、津市、安乡、德山、临澧等派出所人口信息微机建设率先全部完成。全市共建派出所人口信息系统 135 个，占计划数的 70.3%，市局选派各区、县（市）微机操作员到外地培训，确保系统建设正常高效运转。是年，全市新录入常住人口信息 202 万人，完成图像扫描 67 万人，变更、更正户口差错 27 万人（次）。2000 年，进一步完善人口信息计算机管理系统，全市人口信息计算机录入人数达到 5732648 人，占常住人口总数的 96.31%，全面解决居民身份号码的编制赋码和微机管理系统的升位问题，并在户口整顿入户核对过程中全部过录到《常住人口登记表》和《居民户口簿》，达到计算机管理系统、居民户口簿、居民身份号码顺序码、常住人口登记表和居民身份证的“五统一”，进一步提高 16 周岁以上居民相片的收集率和图像扫描率，提高居民住宅电话号码、手机号码、传呼机、办公电话等通信联络号码的收集率。2001 年，全市各区、县（市）公安局与市局人口信息网络管理系统联网，建立完整的区域性人口信息网络管理系统，基本实现省、市、县、所四级公安户政实时联网。全市为各基层派出所配齐数码相机、微机及其他辅助设备。对全市现有人口信息进行更新、维护、完善，特别是对迁入、迁出、出生、死亡“四项变动”、辖区内人口异动和因行政区划调整等原因产生的人口变动等人口信息的更新和完善，全面开展常住人口信息的查漏补缺，全年共补录常住人口信息 10 万余人。采取切实有力的措施，全面开展 16 周岁以上居民图像扫描工作，全年共采集、录入 16 周岁以上公民图像 160 万张，特别是武陵区、石门县、津市等地分别达到 91.2%、85%、86%，临澧县公安局户政股被评为全省先进单位，桃源县公安局户政窗口建设的经验被省厅向全省推广。2002 年下半年，为完善公民身份号码编制工作，以微机技术为主要验收手段，分批次对全市各县、市（区）换发“二代证”准备工作，进行全面检查。2009 年 9 月起，全市全面启用省级人口信息管理系统办理户口业务，采用数字证书加指纹登录，不再支持用户名和密码方式登录。2012 年 5 月，按照全省统一安排，全市实有人口信息系统执行基础测试版。10 月，全功能版信息系统试运行成功。至此，全市实有人口信息管理平台包含“常住人口管理信息系统”“居民身份证管理信息系统”“流动人口管理信息系统”“工作对象管理信息系统”“境外人员临时住宿登记管理信息系统”“实有人口管理信息系统”六大人口信息系统，做到与全省联网，从而，使全市人口信息化建设出现历史性跨越。

第五节 出入境管理

一、中国公民出入境管理

出入境管理科成立以前，常德市公民申请出国的证件由益阳市公安局承办，出境通行证由省公安厅签发。1994 年 8 月，出入境管理科成立后，陆续取得本地居民护照、往来港澳通行证、往来台湾通行证审批权。为适应改革开放形势，满足人民群众日益增长的办证需要，提升服务质量，出入境管理科多次装修改造接待大厅，并深入开展争创省级文明示范窗口活动。2010 年 12 月 26 日，按照公安部《公安机关出入境管理部门文明窗口建设标准》要求，经多次升级改造，市局出入境新接待大厅正式投入使用。新接待大厅建筑面积达 380 平方米，布局合理，功能完善，设施齐备，通过实行开放式办公平台，“一站式”服务，与群众面对面进行交流，极大地满足人民群众出入境办证需求。至 2012 年，全市 10 个区、县（市）公安（分）局的出入境接待窗口，均被评为省级文明示范窗口。1998 年 9 月，根据省公安厅、高法、高检等单位联合下发的《关于对法定不准出境人员实行通报备案制度的规定》精神，对常德市法定不准出境人员全面落实通报备案制度。2000 年 12 月，在常德市全面启用 97 版护照。2006 年 6 月，经与市委组织部干部监督科专题会商，全面建立起国家工作人员因私出境工作联系机制，全市出入境接待窗口，在受理党员领导干部、国家工作人员出国境证件时，落实严格审批程序。2005 年 10 月，全市取消组团社代办赴港澳团队旅游证件的做法，实行申请人持相关材料向户口所在地出入境管理部门申请，由区县（市）公安（分）局受理、市公安局审批，省公安厅集中制证、发证的三级管理模式。2008 年 7 月，立足于国情及与国际通行做法接轨，启动护照申领新型审批机制，将原有按条件申领护照模式，改变为按需申请模式，即公民凭户口簿、身份证即可申领护照。2012 年 5 月 15 日，常德市全面启用新版电子护照。至 2012 年，共受理出境 429434 人次，其中出国 168566 人次，赴我国港、澳、台地区 260868 人次。

二、境外人员出入境管理

在日常的涉外受理审批工作中，出入境管理科为外国人办理各类签证和居留许可，为台胞办理各类签注和回内地定居证等各类证件。1995 年 3 月，根据湘公境〔1995〕25 号《关于湖南省涉外宾馆饭店实施微机联网的通知》精神，市局开始对全市所有涉外宾馆、饭店和涉外接待单位与市、区、县（市）公安（分）局实现外管计算机联网，1996 年 6 月，网络覆盖达 100%。1999 年 7 月，全市公安机关取消外事警官证，确立人民警察经出示相应证件就有权利和责任对涉嫌或涉案的境外人员实施相应的管理措施，从而把对境外人员的管理工作延伸到更大范围和领域。2001 年，全市取消涉外定点住宿的规定，凡经批准的营业性旅店均可接待境外人员住宿，酒店宾馆等接待场所可向公安机关申请安装境外人员临时住宿登记系统，使全市出入境外管部门和涉外宾馆之间建立起完善的管理制度。

三、出入境案事件查处

出入境科成立后，不断强化措施，从维护国家安全的高度，加强对涉外案事件的查处。对属于出入境管理部门办理的涉外案件，主动介入，积极配合相关职能部门进行查处；对境内外人员违反出入境管理法规，非法入境、非法居留、非法就业等各类违法犯罪案件，及时调查，依法严肃处理。2010 年 11 月 16 日，刘××到市局人口与出入境管理支队申请办理港澳通行证时，办证窗口前台民警通过人像比对和询问，发现有偷越国边境重大嫌疑。经过支队近一年的经营和艰苦努力，终于查清刘××等人结成团伙，套取户口、骗领身份证、骗取护照、偷越国边境的重大案情，将刘××等 6 人依法刑事拘留，并相继将周××、王××等 3 名畏罪潜逃的犯罪嫌疑人抓获。2011 年 10 月，该案办结并移送武陵区检察院审查起诉。2011 年 11 月，武陵区人民法院依法对涉案犯罪嫌疑人作出有罪判决。2011 年 7 月至 8 月，常德共和大酒店因数次未如实登记境外人员住宿信息，被市局依照《湖南省旅馆业治安管理办法》的规定先后两次分别处以 3000 元罚款。并针对该酒店不如实登记境外人员住宿信息的违法行为，对其发出《责令限期整改通知书》。2011 年 4 月，鼎城区公安局人口与出入境管理大队会同许家桥派出所调查掌握了 1 起 3 名越南籍妇女非法入境案。越南籍妇女陈××、吴××等三人从广西东兴非法入境后，窜至鼎城区许家桥乡以结婚为由非法居留。获该案件的线索后，市、县两级人口与出入境部门上下联动，及时化解多方矛盾，成功将 3 名越南籍妇女遣送出境。

1988—2012年常德市出入境管理工作一览表

表3—2

<table>
<tr><th rowspan="2">年份</th><th rowspan="2">入境人数
(人)</th><th rowspan="2">外国签证
(人次)</th><th rowspan="2">台胞办理
(人次)</th><th colspan="3">出国(境)证照办理人数</th><th rowspan="2">出入境案
事件办理数
(件)</th></tr>
<tr><th>出国
(人)</th><th>赴港澳
(人)</th><th>赴台
(人)</th></tr>
<tr><td>1988</td><td>11288</td><td>16</td><td>95</td><td>51</td><td>69</td><td>41</td><td>1</td></tr>
<tr><td>1989</td><td>4005</td><td>21</td><td>88</td><td>60</td><td>77</td><td>49</td><td>4</td></tr>
<tr><td>1990</td><td>3900</td><td>28</td><td>76</td><td>54</td><td>91</td><td>33</td><td>2</td></tr>
<tr><td>1991</td><td>7744</td><td>17</td><td>110</td><td>188</td><td>55</td><td>48</td><td>7</td></tr>
<tr><td>1992</td><td>8785</td><td>21</td><td>96</td><td>112</td><td>67</td><td>39</td><td>5</td></tr>
<tr><td>1993</td><td>8586</td><td>23</td><td>103</td><td>87</td><td>99</td><td>49</td><td>5</td></tr>
<tr><td>1994</td><td>4095</td><td colspan="2">共计342</td><td>67</td><td colspan="2">共计213</td><td>3</td></tr>
<tr><td>1995</td><td>2193</td><td>53</td><td>161</td><td>152</td><td colspan="2">共计343</td><td>13</td></tr>
<tr><td>1996</td><td>2528</td><td>59</td><td>155</td><td>204</td><td>336</td><td>75</td><td>7</td></tr>
<tr><td>1997</td><td>2988</td><td>53</td><td>142</td><td>363</td><td>421</td><td>110</td><td>11</td></tr>
<tr><td>1998</td><td>2609</td><td>62</td><td>138</td><td>459</td><td>523</td><td>330</td><td>6</td></tr>
<tr><td>1999</td><td>3872</td><td>71</td><td>187</td><td>1103</td><td>887</td><td>478</td><td>37</td></tr>
<tr><td>2000</td><td>5708</td><td>53</td><td>215</td><td>1934</td><td>1201</td><td>620</td><td>19</td></tr>
<tr><td>2001</td><td>4343</td><td>43</td><td>202</td><td>2889</td><td>1643</td><td>724</td><td>18</td></tr>
<tr><td>2002</td><td>5932</td><td>79</td><td>239</td><td>4994</td><td>1845</td><td>929</td><td>26</td></tr>
<tr><td>2003</td><td>3165</td><td>38</td><td>234</td><td>6963</td><td>2284</td><td>702</td><td>10</td></tr>
<tr><td>2004</td><td>4165</td><td>71</td><td>232</td><td>5122</td><td>3366</td><td>802</td><td>8</td></tr>
<tr><td>2005</td><td>6162</td><td>79</td><td>123</td><td>6358</td><td>6039</td><td>799</td><td>18</td></tr>
<tr><td>2006</td><td>19650</td><td>64</td><td>169</td><td>7618</td><td>8946</td><td>621</td><td>4</td></tr>
<tr><td>2007</td><td>47163</td><td>75</td><td>171</td><td>14549</td><td>11587</td><td>807</td><td>33</td></tr>
<tr><td>2008</td><td>18823</td><td>72</td><td>110</td><td>15947</td><td>10442</td><td>685</td><td>44</td></tr>
<tr><td>2009</td><td>21242</td><td>77</td><td>123</td><td>18856</td><td>21600</td><td>1406</td><td>10</td></tr>
<tr><td>2010</td><td>24189</td><td>266</td><td>146</td><td>23469</td><td>36856</td><td>4755</td><td>8</td></tr>
<tr><td>2011</td><td>42354</td><td>173</td><td>142</td><td>29846</td><td>53976</td><td>4302</td><td>11</td></tr>
<tr><td>2012</td><td>55361</td><td>220</td><td>173</td><td>27121</td><td>72699</td><td>6799</td><td>51</td></tr>
<tr><td>合计</td><td>320850</td><td colspan="2">共计5706</td><td>168566</td><td colspan="2">共计260868</td><td>361</td></tr>
</table>

第三章　警　卫

1988年以前，常德公安系统没有专门警卫机构，其警卫职能由治安管理部门行使。1988年1月，常德行署公安处设立警卫科。是年7月，常德地改市后，改称常德市公安局警卫科。2000年1月13日，警卫科更名为警卫处，机构级别仍为正科级，编制警力4人。2002年8月，警卫处主任高配为副处级。警卫工作的主要职责：负责警卫工作方案的研究制定；负责警卫任务的组织实施和警卫场现指挥协调；负责警卫期间相关敌社政情的调查掌握；确保警卫对象、警卫目标和重大活动的绝对安全，预防和制止治安责任事故的发生。

1988—2012年，警卫工作坚持在实践中不断探索、总结，使各项警卫业务基础工作逐步健全、完善。1995年7月，根据中共中央办公厅、国务院办公厅印发的《警卫工作规定》和省警卫局制定的《警卫工作规定细则》，警卫处下发《关于切实做好警卫基础工作的通知》，要求各区、县（市）公安机关深入调查研究，全面准确掌握辖区敌情、社情、政情，并结合实际制定好警卫工作方案。警卫处则结合本地实际，研究制定和完善各项警卫工作制度，并在实际工作中严格执行，使警卫工作走上规范化和制度化管理轨道。进入21世纪后，针对改革开放新形势下出现的新情况、新特点及警卫工作任务的实际，按照中央及省市有关规定，警卫工作坚持从实际出发，因情制宜，采取自然缓和的警卫形式，依法执勤、文明执勤，做到既方便警卫对象深入基层联系群众，又确保警卫活动的绝对安全。1988年至2012年，全市共完成警卫任务106次，外宾警卫16次，各种保卫任务468次。

第一节　党和国家领导人警卫

改革开放后，中国共产党和国家领导人调研及考察活动明显增多。1988年以来，先后有江泽民、李鹏、朱镕基、李瑞环、温家宝、乔石、尉健行、廖汉生、李长春、曾庆红、李岚清、李铁映、邹家华等中国共产党和国家领导人到常德视察工作。对此，警卫部门精心研究，周密部署，使所有警卫任务得以圆满完成。

1988年1月31日至2月3日，中共中央政治局常委乔石在省委书记毛致用、省纪委书记石新山陪同下，到常德地区考察工作。

1991年12月17日，中共中央政治局委员、国务委员兼国家教委主任李铁映到常德，专程考察市妇幼保健院、市血防院、血防办、常德师专、蒿子港血防院及鼎城区血吸虫疫区灭螺现场。

1993年4月14日下午，中共中央政治局常委、国务院副总理朱镕基在省委书记熊清泉、省长陈邦柱等陪同下，抵达安乡藕池及丁家港考察。4月15日，朱镕基一行考察澧县羊湖口电排站工程和临澧太平村。16日，朱镕基总理在常德召开农业问题座谈会，专门听取常德市委、市政府的工作汇报。

1994年7月8日至10日，中共中央政治局常委、全国政协主席李瑞环在省委书记王茂林、省长陈邦柱、省政协主席刘正、省委秘书长胡彪等陪同下，先后前往临澧县太平化纤厂、澧县洋湖口电排站、澧水津市段和安乡县丁家渡等地视察。

1994年12月15日，中共中央政治局常委、国务院总理李鹏在省委书记王茂林、省长陈邦柱、省委常委兼省委秘书长胡彪陪同下，到常德市考察。在临澧县修梅镇太平村听取县政府和太平集团公司情况汇报后，又赶赴汉寿县蒋家嘴镇，实地考察洞庭湖湿地生态保护工作。

1994年12月25日至26日，中共中央政治局委员、国务院副总理邹家华在省委副书记、省长陈邦柱陪同下到常德考察，并出席五强溪水电站一号机组发电剪彩仪式，听取常德市重点工程建设的情况汇报。

1995年3月24日至26日，中共中央总书记、国家主席、中央军委主席江泽民一行在省、市党政军主要负责人的陪同下，视察桃源、临澧、澧县、石门等县的丘岗地、养殖业开发以及水利设施建设。24日，江泽民登上桃源县龙虎乡金盘山，考察油菜生产。25日，江泽民前往临澧县太平村考察温室养鳖，并到澧县张公庙青龙村慰问当地群众，考察澧水防洪大堤及电排设施。26日，江泽民到临澧县合口镇考察，听取当地政府有关情况汇报。

1995年5月23日，中共中央政治局委员、国务院副总理邹家华到常德，考察鼎城区善卷垸防洪大堤和挖泥船吹填堤坝工程。

1995年7月4日，中共中央政治局委员、国务院副总理姜春云在省委副书记、省长杨正午，省军区政委乔新柱，省委常委、省委秘书长胡彪等领导陪同下，专程到常德市考察灾情。姜春云登上沅水大桥，询问市区防汛情况，并在芷园宾馆召开防汛抗洪工作会议，听取有关情况汇报。

1996年4月6日至8日，中共中央政治局委员、国务院副总理邹家华前往石门、澧县、津市、桃源考察。视察澧县张公庙油厂、常德达门船舶有限公司、凌津滩水电工程、桃源县护城垸工程等。

1996年6月9日至11日，中共中央政治局委员、国务委员兼国家体改委主任李铁映在省委副书记储波的陪同下，考察汉寿县崔家桥镇马家冲村和汉寿县名贵水产开发总公司的甲鱼养殖。考察桃源县龙虎乡丘岗地开发以及石门电厂、常德体育运动中心、常德诗墙等建设情况。

1996年7月20日，中共中央政治局常委、国务院总理李鹏和中共中央政治局委员、国务院副总理姜春云在省委书记王茂林、省长杨正午等陪同下，专程到常德视察洪灾灾情。在全面了解抗洪救灾情况、看望受灾群众的同时，还接见慰问了常德抗洪抢险的解放军指战员、武警官兵和公安民警。

1998 年 7 月 28 日，国务院副总理温家宝受江泽民总书记、朱镕基总理委托，乘专机从武汉飞抵常德，听取湖南省委、省政府及常德市委、市政府有关抗洪救灾情况汇报，并专程赶往安乡重灾区勘灾查险，慰问受灾群众。

1998 年 9 月 1 日至 2 日，中共中央政治局常委、国务院副总理李岚清在教育部部长陈至立、国务院副秘书长徐荣凯、财政部副部长张佑才、卫生部副部长殷大奎等陪同下，到澧县官垸乡灾民点视察灾情、慰问受灾群众。

1998 年 9 月 3 日，中共中央总书记、国家主席、中央军委主席江泽民在中共中央政治局委员、书记处书记、国务院副总理温家宝，中共中央政治局候补委员、书记处书记、中央办公厅主任曾庆红，中央军委委员、解放军总参谋长傅全有陪同下，到安乡县书院洲大堤抗洪堵口现场，看望和慰问堵口复堤的解放军官兵和公安民警。江泽民接见抗洪功臣李建国的妻子王池香。随后，江泽民一行乘船北上到安造大垸，先后考察安障乡沙湖口村的帐篷小学、村党支部活动室、医疗点、帐篷派出所和灾民安置点，询问灾后治安秩序、学校教学、基层党组织工作和灾民衣食住行情况。并在常德芷园宾馆听取省委关于抗洪救灾工作的情况汇报。

2001 年 9 月 13 日至 15 日，中共中央原政治局常委、全国人大常委会原委员长乔石在省委副书记胡彪、原省委书记熊清泉、省人大常委会副主任郭俊秀陪同下，到常德视察平垸行洪、退田还湖及移民建镇工作。

2001 年 9 月 12 日，中共中央政治局委员李铁映前往汉寿县出席帅孟奇生平事迹陈列室开展仪式。

2002 年 6 月 7 日，中共中央政治局常委、国务院总理朱镕基到常德考察。首先考察常德市防洪墙大堤，考察常德诗墙，随后前往汉寿县大杨镇考察防汛抗洪工作。

2003 年 5 月 15 日至 16 日，中共中央政治局常委、国家副主席曾庆红，先后到鼎城区白鹤山乡桃树岗村、武陵城区、桃源县桃花源镇中心卫生院等地，考察常德市农村保持共产党员先进性教育、抗击“非典”和防汛工作。。

2004 年 3 月 26 日，中共中央政治局委员、书记处书记、中组部部长贺国强到常德市考察农村党员现代远程教育试点工作。贺国强一行先后深入到汉寿县围堤湖乡中学四楼远程教育学习室，询问农村党员的家庭生活、生产和学习情况，与农村党员一道观看远程教学资料，并走访慰问鼎城区白鹤山乡桃树岗村第一任党支部书记。

2004 年 4 月 16 日至 23 日，中共中央政治局常委、中央原纪委书记尉健行乘专列进入常德石门境内，先后考察石门、临澧、鼎城、武陵、桃源、德山、汉寿等区县。

2004 年 7 月 22 日下午，中共中央政治局委员、国务院副总理、国家防汛总指挥部总指挥回良玉先后前往桃源县陬市镇酒铺岗村、鼎城区武陵镇善卷垸沅水大堤、市城区沅水防洪大堤西段，听取市水利局负责人关于江北城区防洪圈建设情况的汇报。

2007 年 5 月 25 日，中共中央政治局委员、国务院副总理回良玉在省市领导的陪同下，到市江北防洪圈西大堤听取江北城区防洪圈建设及沅水、澧水防汛工作情况汇报。考察汉寿县围堤湖蓄洪垸分洪闸，并全面听取围堤湖防蓄洪情况。围堤湖蓄洪垸建于 1975 年，有一线临洪大堤 15.13 公里，保安间堤 9 公里。1984 年被省政府列为洞庭湖区 24 个蓄洪垸之一，承担起 237 亿立方米的蓄洪及 2740 立方米/秒行洪任务。1998 年，国家投入 6874 万元对该垸实施“移民建镇、空垸待蓄”工程。

2007 年 5 月 12 日，中共中央政治局常委李长春到常德市考察。李长春一行在省市领导的陪同下，到武陵区芦荻山芦山村，考察村图书室、卫生室、计划生育服务站、远程教学室，并前往鼎城区灌溪镇富贵坪村考察社会主义新农村建设。随后驱车到汉寿县聂家桥乡武峰村考察农村教学电影和中小学爱国主义教育影片放映试点工作。

2010 年 6 月 9 日下午，中共中央政治局委员、国务院副总理、国家防汛抗旱总指挥部总指挥长回良玉飞抵常德桃花源机场，在省委书记周强，省委副书记、代省长徐守盛等陪同下，直接赶赴湘西察看灾情。10 日中午，回良玉折返常德，在芷园宾馆听取省委、省政府防汛抗灾情况汇报和常德市抗洪救灾工作情况介绍。

第二节　外宾和其他重要对象警卫

1988 年至 2012 年，全市共有 16 批次外宾及其他重要警卫对象到常德参观考察或过境常德。

2006 年 1 月 12 日，朝鲜劳动党中央总书记金正日从焦柳铁路乘车在石门转乘石长铁路，途经石门、临澧、桃源、鼎城、武陵、柳叶湖、德山、汉寿 8 个区县、32 个乡镇。为确保外宾安全，市局专门成立警卫领导小组，并制定周密的警卫工作方案，实行全线部署，重点控制，分段实施。在切实加强社会面控制的基础上，对枪支弹药、危爆物品落实全面检查和清理。对沿线重点路段定点、定责，落实专人值守。对专列始发、停靠站点和宿营地，落实道路交通和社会面严格管控。参战民警和保卫人员尽心尽责地开展工作，保证了警卫对象的绝对安全。

2009 年 7 月 16 日，中国台湾地区国民党主席吴伯雄一行从湘西凤凰到常德，参观常德诗墙，然后前往长沙。

2009 年 11 月 17 日，中国台湾地区亲民党主席宋楚瑜一行从吉首到常德参观访问，参观桃花源风景区、城区防洪纪念碑和常德诗墙。18 日，离开常德前往长沙。

第三节　重要会议和重大活动保卫

重要会议和重大活动的安全保卫工作，由公安机关统一组织和指挥，警卫部门负责具体实施，有关部门按照职责分工予以协作。1988—2012 年，警卫部门采取有效工作措施，确保在常德市举办的所有重要会议、重大活动的安全。

1992 年 3 月 26 日，中国湖南常德经贸洽谈会暨桃花源游园会在常德市及桃花源风景名胜区举行。“两会”期间，举办 11 项重要活动，共邀请中外来宾 5000 余人，其中外宾 500 余人，参加“两会”活动的总人数达 20 万人。为确保“两会”成功举办，市委、市政府就安全保卫工作提出“八无”要求，即无爆炸、无投毒、无火灾、无重大恶性案件、无重大治安灾害事故、无重大交通事故和大的交通堵塞、无重大责任事故、无伤亡事故。对此，市局按照“谁主管、谁负责”“谁主办、谁负责”的原则，坚持统一领导、精心组织、严密部署。结合“两会”活动安排和景点分布特点，采取“以块为主、条块结合、突出重点、分段落实”的方法，重点主抓“两区”、4 线、17 个场点的安全保卫工作。先后动用开道车、巡逻车 40 台，调集公安民警 1260 人，抽调安保人员 1430 人，共同负责“两会”安全保卫。由于公安民警和保卫人员恪尽职守，使安全保卫达到万无一失，确保“两会”的顺利成功举办。

1996 年 8 月 12 日至 9 月 7 日，湖南省第八届运动会在我市举行。国际奥委会执委、中国奥委会名誉主席、全国政协常委何振梁，省党政军领导王茂林、杨正午、刘正、乔新柱，中央有关部门、省、市领导及来宾、港澳台同胞、外国友人、体育界知名人士共 10000 余人出席省八运会及期间举办的各项活动。该次运动会的安全工作面临五大特点：①大型活动多。先后举办“迎八运”1996 年金秋大型灯展；举办经贸洽淡会和科技成果展览会；举行常德复航剪彩仪式等大型活动。②赛场分散。省八运会是综合性运动会，比赛项目多且赛场分散，除城区设有 9 个主赛场外，在鼎城、桃源、石门、澧县还设有分赛场。③住地分散。活动期间，中央、省、市 7000 余名来宾及 3500 余名运动员、教练员分别住在城区 28 家宾馆、酒店、招待所和 4 个区、县的 8 家宾馆。④交通线路长。涉及城区和 4 个区、县之间往返。⑤所处治安形势严峻。省八运会正值常德遭受百年未遇的特大洪灾之后，各种矛盾突出，社会治安形势复杂，给八运会安全保卫工作增加难度。针对上述情况，市局以确保安全、万无一失为目标，超前运作，周密部署，公安民警战高温斗酷暑，顽强拼搏，连续奋战，从而出色地完成八运会安全保卫工作，受到中央、省市领导高度肯定和社会广泛赞誉。

1999 年 9 月 17 日至 10 月 5 日，第八届亚洲皮划艇锦标赛暨第二届亚洲青年皮划艇锦标赛在常德柳叶湖举行。该次活动以亚划赛为龙头，组织农机展销、地方名优产品展销等 10 多项大型活动。市局党委及警卫部门根据活动的具体情况，按照保卫工作要求，对“亚划赛”安全保卫工作做到抓早、抓细、抓实。年初，市局把“亚划赛”安全保卫作为是年 10 件大事之一提到重要议事日程，先后 5 次召开全市公安局长会议研究部署。从 6 月开始，在全市范围内组织开展六大活动：道路交通秩序整顿；防火、防盗、防事故安全大检查；黄、赌、毒专项整治；不稳定因素大排查、纠纷大调处；开展追逃打流统一行动；开展危爆物品、枪支弹药清理整顿。从而为“亚划赛”成功举办创造良好的社会环境。根据赛事安排，警卫部门先后制定亚划赛安全保卫工作总体方案2个以及道路交通、开幕式、餐宿地、赛场、闭幕晚会等子方案8个，使各项安全保卫工作达到无一疏漏。在警力安排上，科学布局，合理分工，采取定领导、定岗位、定职责，做到警力部署落实到位，督查督导落实到位，参战民警纪律作风落实到位。从而使“亚划赛”安全保卫工作做到有条不紊。开赛期间，尽管参观人员多达数十万人次，涉及亚洲18个国家和地区，但自始至终没有发生任何安全问题，确保“亚划赛”圆满成功举办。

1988—2010年常德市公安执行警卫任务一览表

表3—3

姓名	职务	时间	考察地点
钱正英	全国政协副主席	1988.10.21—10.27	常德
王丙乾	国务委员	1988.10.21—10.29	常德
宋健	国务委员	1988.11.19—11.27	常德
胡启立	中共中央政治局常委	1988.11.28—12.6	常德
司马义·艾买提	全国政协副主席	1989.1.8—1.14	常德
肖克	全国政协副主席	1990.10.07	常德
华国锋	原中共中央主席	1990.11.6—11.14	常德
康世恩	原中顾委常委	1991.4.24—5.21	常德
田纪云	中共中央政治局委员、国务院副总理	1991.7.18—7.19	常德
陈俊生	国务委员	1991.7.18—7.19	常德
王光荣	全国政协副主席	1991.10.30—11.2	常德
陈慕华	全国人大常委会副委员长	1991.11.21—11.24	常德
李铁映	中共中央政治局委员	1991.12.15—12.22	常德
李锡铭	中共中央政治局委员	1992.4.13—4.19	常德
温家宝	中共中央政治局候补委员、书记处书记	1992.11.9—11.18	常德
廖汉生	全国人大副委员长	1993.3.24—4.19	常德
朱镕基	中共中央政治局常委、国务院副总理	1993.4.12—4.21	常德
陈俊生	国务委员	1993.4.12—4.18	常德

续表3—3

姓名	职务	时间	考察地点
张思卿	最高人民检察院检察长	1993. 12. 4—12. 8	常　德
李瑞环	中共中央政治局常委、全国政协主席	1994. 7. 6—7. 12	常　德
杨汝岱	全国政协副主席	1994. 10. 22—10. 28	常　德
李　鹏	中央中共政治局常委、国务院总理	1994. 12. 15—12. 17	常　德
邹家华	中共中央政治局委员、国务院副总理	1994. 12. 24—12. 26	常　德
江泽民	中共中央总书记、国家主席、 中央军委主席	1995. 3. 24—3. 26	常　德
邹家华	中共中央政治局委员、国务院副总理	1995. 5. 21—5. 25	常　德
汪东兴	中共中央原副主席	1995. 9. 19—10. 16	常　德
邹家华	中共中央政治局委员、国务院副总理	1996. 4. 5—4. 10	常　德
李铁映	中共中央政治局委员、国务委员	1996. 6. 3—6. 14	常　德
李　鹏	中共中央政治局常委、国务院总理	1996. 7. 19	常　德
姜春云	中共中央政治局委员、国务院副总理	1996. 7. 19	常　德
铁正荣	全国政协副主席	1996. 10. 17—10. 26	常　德
王丙乾	全国人大常委会副委员长	1997. 10. 6—10. 18	常　德
温家宝	中共中央政治局委员、国务院副总理	1998. 7. 28	常　德
李岚清	中共中央政治局常委、国务院副总理	1998. 9. 1—9. 2	常　德
江泽民	中共中央总书记、国家主席、 中央常委主席	1998. 9. 3	常　德
曾庆红	中共中央政治局候补委员、书记处书记、 中央办公厅主任	1998. 9. 3	常　德
傅全有	中央军委委员、总参谋长	1998. 9. 3	常　德
毛致用	全国政协副主席	1998. 11. 17—12. 3	常　德
韩杼滨	最高人民检察院检察长	1998. 11. 29—12. 3	常　德
谷　牧	国务院原副总理	1998. 12. 21—12. 28	常　德
李贵鲜	原国务委员、全国政协副主席	2000. 5. 12	常　德
铁木尔· 达瓦买提	全国人大常委会副委员长	2000. 9. 8—9. 13	常　德

续表 3—3

姓　名	职　　务	时　间	考察地点
张思卿	全国政协副主席	2001. 4. 18—4. 30	常　德
李铁映	中共中央政治局委员	2001. 9. 10—9. 13	常　德
乔　石	全国人大常委会原委员长	2001. 9. 9—9. 18	常　德
任建新	全国政协副主席、中央书记处原书记	2002. 5. 13—5. 24	常　德
周铁农	全国政协副主席	2002. 5. 12—5. 18	常　德
朱镕基	中共中央政治局常委、国务院总理	2002. 6. 7—6. 9	常　德
曾庆红	中共中央政治局常委、国家副主席	2003. 5. 15—16	常　德
陈至立	国务委员	2003. 10. 18	常　德
毛致用	全国政协原副主席	2003. 10. 29	常　德
贺国强	中共中央组织部部长	2004. 3. 26	常　德
回良玉	国务院副总理	2004. 4. 22	常　德
尉健行	中共中央政治局常委、原纪委书记	2004. 4. 16—23	常　德
张　震	中央军委原副主席	2004. 10—5. 12	常　德
韩启德	全国人大常委会副委员长	2005. 5. 13	常　德
毛致用	全国政协原副主席	2005. 6. 20	常　德
李铁映	全国人大副委员长	2006. 3. 15	常　德
毛致用	全国政协原副主席	2006. 3. 18	常　德
何鲁丽	全国人大常委会副委员长、民革中央主席	2006. 5. 9	常　德
毛致用	全国政协原副主席	2006. 8. 2	常　德
李长春	中共中央政治局常委	2007. 5. 12	常　德
回良玉	中共中央政治局委员、国务院副总理	2007. 5. 22	常　德
李建国	全国人大常委会副委员长	2009. 7. 3	常　德
瞿华仁	全国人大原副委员长	2009. 10. 29	常　德
回良玉	国务院副总理	2010. 6. 9—10	常　德
黄孟复	全国政协副主席、工商联主席	2010. 9. 30	常　德

第四章　反恐防暴

1993 年 10 月，市公安局成立城市巡逻警察直属大队，主要担负常德市城区治安巡逻任务。

1994 年 11 月，市公安局武陵区分局成立巡逻警察大队，隶属于武陵分局领导，主要负责武陵区范围的治安巡逻任务。是年 12 月，常德市人民政府召开专题会议决定：组建常德市公安局城市巡逻警察支队，隶属于市公安局领导。其职责任务：维护市城区的社会治安、交通、经济秩序；维护市容市貌的整洁；为群众扰忧解难；参加抢险救灾和处置突发事件等。

1995 年 10 月，常德市编制委员会决定：原武陵区分局巡逻警察大队收归市巡警支队领导，市巡警支队更名为巡逻防暴警察支队，机构级别为副处级，隶属关系为市公安局直属机构。

1996 年 9 月 28 日，常德市公安局“110”报警服务台开通，设立“110”处警中队。

1996 年 12 月，常德市编委下发《关于印发常德市公安局巡逻防暴警察支队职能配置、内设机构和人员编制方案的通知》。《方案》正式规定巡特警支队的职能。（1）及时处置暴乱、动乱、非法游行以及严重扰乱社会治安的突发事件，担负“110”报警服务台的出警任务。（2）依照《人民警察法》《治安管理处罚条例》《湖南省城市人民警察巡逻条例》所赋予的各项职责，对城区实施治安行政管理。（3）承办市委、市政府和上级公安机关交办的其他执法任务。内设机构有办公室，政工科（含纪检监察），警务督察科，装备行政科，一大队（“110”处警大队），二大队、三大队、四大队（巡逻大队）。

2003 年 3 月，市编办下达批复，对巡警支队内设机构作出如下调整：“110”处警大队不再保留一大队牌子；特警防暴大队更名为反恐防暴大队，不再保留二大队牌子；撤销三大队、四大队（巡逻大队），将人员编制划转给武陵公安分局。

2008 年 3 月，常德市机构编制委员会下达《关于市公安局巡逻防暴警察支队更名的批复（常编发〔2008〕2 号），将市公安局巡逻防暴警察支队更名为市公安局巡警特警支队（以下简称市巡特警支队）。其机构性质、机构级别、隶属关系等均维系不变。至 2012 年，市巡特警支队内设机构有办公室、政工（纪检监察）科、警务督察科、装备行政科和防暴处突大队、特勤技术大队、巡逻防控大队。

第一节　“110”接处警

1996 年 9 月 28 日，常德市公安局指挥中心和“110”报警服务台正式开启接警、处警工作。巡特警支队担负市城区范围内的“110”处警，受理群众的报警求助和先期处置突发性群体事件等职责任务。

一、“110”接处警机制

按照公安部对巡警“110”接处警工作提出的“有警必接、有难必帮、有险必救、有救必应”的要求，市局“110”报警服务台负责受理群众报警，求助和投诉；巡警支队“110”处警大队负责出警处置。

1996 年至 2005 年，“110”处警大队实施静态候警处警模式。大队实行 24 小时值班制度，分三个中队轮流值班。接到市局“110”报警台处警指令后，按照城区 5 分钟、城郊 15 分钟要求赶往报警点先期处置警情，然后按照案件管辖范围移送有管辖权的公安机关和警种处理。

2005 年至 2009 年，“110”处警大队实施动静结合处警模式。2005 年 8 月，巡特警支队制定《关于实施“110”流动处警的具体方案》，改革“110”处警模式，将武陵城区划分为东区、中区、西区三个区域，实施 8 点至 24 点机动巡逻处警防控，零点至 8 点静态候警。“110”处警大队按照“有警处警、无警巡逻”“就近处警、快速反应”工作原则开展处警工作。

二、重大警情处置

作为公安机关维护社会稳定的排头兵，“110”处警大队先期处置警情，以快速出警惩治现行违法犯罪，控制违法犯罪损害。

1997 年 2 月 12 日晚 10 时许，鼎城区城市信用联社经警徐××酒后约朋友到金秋舞厅玩耍时，与他人发生纠纷而打斗。舞厅老板汪××前来制止，徐××用随身携带的“54”式手枪开枪将汪××击成重伤。接到报警，“110”民警 3 分钟驱车赶到现场，迅速冲上前去，夺下徐××的枪支，将其制服，并组织人员将汪××送往医院急救。由于“110”民警及时控制事态，避免恶性案件的发生。

1997 年 5 月 19 日凌晨 1 时 50 分，出租车司机华××在城区朗州路丹阳楼附近被 4 个年轻人以“打的”为由骗至城郊七里桥后。4 人拔出匕首和菜刀架在华××的脖子上，将其身上的 100 多元现金和一部“大哥大”、BP 机等近万元钱物洗劫一空，然后潜逃。“110”民警接到报警后，迅速赶往现场，按照被害人提供的线索，搜捕犯罪嫌疑人。当追至武陵大道市体育中心路段时，发现有 4 名特征相仿、形迹可疑的年轻人钻进另一出租车内，民警果断采取措施，将正准备逃窜的杨××、黄××、刘×、周×4 名犯罪嫌疑人抓获，追回被抢劫的全部钱物，缴获作案使用的匕首、菜刀等凶器。

2000 年 6 月 11 日 9 时 15 分，接到群众报警，朝阳路菜场附近，一居民区有人用炸药炸伤邻居。“110”处警大队民警火速赶往现场，并迅速查明：犯罪嫌疑人贾××因与邻居吵嘴为争一口气，用自制的炸药将邻居朱×炸伤，还扬言“谁来抓我就引爆炸药与他同归于尽”。现场知情群众还反映，贾××有严重的暴力犯罪倾向，家中可能还有炸药。针对该情况，处警民警及时向市局指挥中心报告，请求调集相关警种支援。由于贾××潜身在家里，并用各种杂物堵死房门，很难知晓其动向，一时难以强攻，虽通过喊话，但效果甚微。双方在相持4个多小时后，现场处置民警果断决定实施强攻。6名“110”民警身穿防弹衣，头戴防弹头盔，打穿墙洞，向屋里发射摧泪弹，同时破门冲进屋内。在摧泪弹的作用下，贾××在屋内无处安身，挣扎着爬出屋顶，被当场制伏。

2000年9月1日下午6时06分，“110”处警大队接到市公安局指挥中心指令，“市农业银行江北分理处运钞车遭4名蒙面歹徒持枪抢劫打死打伤多人……”。处警民警火速出警，仅用2分钟赶到发案现场。到达现场摸清案情后迅速采取三条处置措施：①追捕抢劫犯罪嫌疑人。据群众反映，犯罪嫌疑人抢劫杀人后，又抢劫一辆出租车，将司机枪杀，驾车向老干所旁的巷子里逃窜。两组现场处警民警采取分兵合击的方法对犯罪分子实行追堵。②组织抢救伤员。犯罪分子作案时，当场开枪打死打伤5名农行员工，1名出租车司机和1名无辜群众，“110”民警组织到场群众及时把受害者送往医院抢救，尽可能赢得抢救时间。③保护现场，疏导交通。惨案发生后，围观的群众蜂拥而至，造成交通严重堵塞。“110”民警迅速实施现场保护和交通管制，确保现场秩序的有序，并为刑侦技术人员的取证提供有力的保障。

2006年9月3日上午10时许，群众报警称富丽煌大酒店三楼有人自焚。处警民警赶到现场后了解到，一刘姓男子因在该酒店遭人抢夺，与酒店协商时发生矛盾，遂嫁恨酒店，把10公斤汽油一半洒在自己身上，一半撒在酒店三楼走道地毯上，手持打火机准备自焚，情况万分紧急。处警民警当即采取措施，一边与该男子谈判，稳定其情绪，一边紧急调集消防车与警力。瞅准该男子松懈机会，民警不顾自身安危奋力冲上前去，将该男子推倒制伏，并夺下其手中的打火机，避免一起恶性纵火案的发生。

三、爱民创满

在处警工作中，以“爱民高于一切、为民大于一切、帮民舍得一切、救民豁出一切”为服务宗旨，常年坚持开展爱民创满活动。2000年5月，实施“123”工程：大队争创全省、全市公安一流股所队；严格落实两个目标管理考评评分细则、中队目标管理考核评分细则、民警岗位责任目标管理考核评分细则；达到三个满意（让党委政府满意、让社会各界满意、让人民群众满意）。1996年至2009年，“110”处警大队为民排忧解难做好事53500件，其中救助群众120人，抢险救灾80次。

1999年6月13日上午9时许，武陵区东郊乡唐家溶村黄氏食品加工厂发生特大中毒事故，厂主陈××等6人在清洗2号酸菜池时因硫化氰相继中毒，昏倒在池中，情况危急。接到报警后，“110”处警大队徐一钧等8名民警迅速出警，仅5分钟就赶到出事现场。在没有防毒面具的情况下，民警徐一钧、周保民置生死于度外，先后几次下池救人，在拼死救上来两名群众后，徐、周二人也被毒气熏倒在池中；此时，负责在池口搭救群众的民警刘晶始终站在池口承担将池中中毒群众拉上池的任务，因长时间吸入毒气，在将最后一名中毒群众抢救上来后，也昏倒在地。三名中毒民警经医院近一个月的全力抢救后才脱离危险。民警舍生忘死，勇救中毒群众的事迹，在社会上引起强烈反响，受到群众的广泛称赞和新闻媒体的高度关注，《湖南日报》、湖南电视台、《当代政法报》《常德日报》、常德电视台等新闻媒体先后予以报道。为表彰三名公安民警忠于职守、舍己救人的先进事迹，省公安厅给予徐一钧记个人一等功一次，给周保民、刘晶各记个人二等功一次。

2000 年 1 月 15 日，武陵区西园小区 46 栋居民周××家，其妻临出门，忘带钥匙，却将门关紧，此时家中液化气正在烧水，床上还睡着仅三个月大的婴儿。情急之下，周妻打“110”求助。民警赶到现场，迅速攀墙上四楼打开房窗，关闭液化气。及时避免一起可能导致液化气燃爆事故的发生。

2000 年 2 月 26 日晚，武陵区三闾小区姚××家，由于热水器故障，液化气泄漏，其一家五口不同程度中毒，姚××艰难地爬到电话机旁拨通“110”求助后昏迷过去。接警后，民警在 4 分钟内赶到现场，踹开房门，打开门窗，并立即将中毒昏迷的姚××一家五口送“120”急救中心抢救，5 人均转危为安。

2005 年 3 月 30 日，邻居们已经六七天未见居住在糖酒公司宿舍的 80 岁孤寡老人尹××，群众担心她出事，于是报警。民警到场后发现两道房门均已反锁，敲门无人应答，但能隐约听到屋内有敲击地板的声音，断定屋内有人，随即联系“119”消防云梯车和“120”急救车到场救援。在施救中发现，老人因年迈体弱、已数日未进食起床，气息奄奄。民警立即配合“120”将老人送医院救治。

2005 年 5 月 18 日晚，一名 19 周岁的男青年因失恋，在城区某旅社吞服安眠药后割腕自杀。民警接到报警后火速赶往现场，并迅速协助“120”将青年送往医院急救。由于抢救及时，挽救了他年轻的生命。事后，民警又配合其家人对其进行耐心开导，使其认识到对生命的珍惜和对生活的乐观信心。

1996 年至 2009 年，共处置各类警情 208000 多起，出动警力 416000 多人次；先期处置各类刑事案件、治安案件 56000 多起，抓获各类违法犯罪嫌疑人 6500 多人；为群众排忧解难做好事 53500 多件，调解各类纠纷 52000 多件；为人民群众挽回经济损失 500 余万元。1996 年 11 月，省委副书记郑培民、省委常委、政法委书记、公安厅长李贻衡同志亲临该队考察，对常德市城区“110”处警工作给予充分肯定。中旬，全省“110”接处警现场经验交流会在常德召开，常德“110”接处警工作的典型经验在全省推广。“110”处警大队于 1996 年获“全省公安优秀股所队”称号；1997 年，获“全省公安机关学济南交警先进集体”称号；1998 年，获“省级青年文明号”和省公安厅“人民满意单位”称号；2002 年，获全省“优秀公安基层单位”称号；2006 年，获全省“优秀公安基层单位”称号。

2009 年 10 月，城区“110”处警工作调整，“110”处警大队人、财、物成建制移交武陵区分局管理。

第二节　巡逻防控

一、巡逻管辖模式

1993年10月至1995年10月，市城区的治安巡逻由市公安局巡警大队和武陵分局巡警大队共同承担。

1995年10月，在市城区建立4个巡逻警察岗亭，接受群众的报警求助。并配备打气筒、自行车简易修理工具、外伤急救包、指路牌、公用电话等便民项目为群众服务。

1997年，实行“徒步与机动相结合，守点与流动相结合，人流高峰期密控与复杂地段重点管控相结合”的巡逻防控机制，实施巡逻路段目标责任量化管理。是年，购置30辆制式自行车用于巡逻。

2000年，在广泛征求社会各界意见的基础上，加大城区主要街道治安巡逻力度，对巡逻区域及路段进行调整。调整后，主要在人民路、建设路、朗州路、武陵大道共12公里长的重点路段巡逻。

2001年，全市推行“打防控管”一体化警务工作模式，实行多警种互相配合，组建多层次覆盖的治安防控体制。5月，支队50名巡警组成5个巡警中队，担负市区城东、城北、城南、城西、三岔路5个派出所辖区范围内的治安巡逻任务。巡特警支队负责对各巡警中队巡逻执法的指导、监督和检查。

2003年，巡特警支队40名民警连人带编划拨到武陵分局，作为市城区“186”治安防控（市城区社会化、立体化治安防控模式）机动巡逻力量配置。

2005年9月，配置15台铃木王两轮警用摩托车，用于市城区人民路、建设路、洞庭大道、武陵大道、朗州路5条主干道实施机动武装巡逻。

2006年至2010年，探索建立“武装巡控、夜间查控、便衣打控”相结合的治安防控警务机制，发挥巡特警在治安防控工作中的特殊作用。

二、巡逻执法

1993年10月至1995年10月，在履行市城区街面治安防控职责期间，抓获各类违法犯罪人员647名，处理各类交通违章9万余（人）次，为危困群众提供救助5000余（人）次。

1996年，配合全市“严打”斗争，在开展巡逻、治安防控中，查破刑事案件27起，查处治安案件670起，抓获各类违法犯罪人员856名，捣毁赌博、卖淫嫖娼、吸毒贩毒、传播淫秽录像窝点115个。是年5月30日，在街面巡逻执勤中，抓获在桃源县涉嫌杀人、绑架、敲诈等犯罪的在逃犯罪嫌疑人4名。

1997年，配合全市春夏“严打”斗争、秋季“严打”攻势，组织警力惩治街面现行违法犯罪。查破刑事案件54起，查处治安案件1120起，抓获现行违法犯罪人员970名，捣毁赌博、卖淫、吸毒等窝点175个。

1998年至2000年，参与在全市开展的“扫黄打非”“反扒”“打击‘两抢一盗’”等专项整治行动中，查办刑事案件82起，查处治安案件2284起。

2002年，参与市城区“清查无牌无证摩托车，遏制飞车抢夺发案”的“严打”整治行动，收缴无牌无证摩托车50辆、管制刀具215把。

2003年，参与市城区打击“两抢一盗”专项行动，抓获违法犯罪人员38名，收缴无牌无证摩托车18辆，取缔非法营运摩托车32辆。

2005年，参与市城区设卡清查盗抢机动车、反扒窃等专项整治行动。9月1日，一男子在中国银行门口抢劫被巡逻防暴民警当场抓获。10月24日，市某中专学校4名学生携带管制刀具，在市体育中心准备实施抢劫，被巡逻防暴队员现场查获。

2006年，参与市委政法委统一部署的“四打三建”和“两抢一盗”百日“严打”行动，抓获现行违法犯罪嫌疑人31名，打掉抢劫团伙1个。4月7日，2名犯罪分子持木棒在常德诗墙公园实施抢劫，得手后仓皇逃窜。巡逻防暴民警闻警围追堵截将其抓获。

2007年，开展打击街面“两抢一盗”行动，抓获各类违法犯罪人员73名。

2008年，参与全市公安机关打击“两抢一盗”专项整治行动，巡逻中抓获违法犯罪人员76名。4月2日凌晨1点，一单身女子行经市城区某宾馆路段时，犯罪分子胡×对其实施暴力抢劫，被夜间巡逻至此的民警现场抓获。

2009年，在开展进站跟车反扒、零点夜间查控、区域路段整治等打击街面侵财性违法犯罪行动中，抓获各类违法犯罪嫌疑人67名。12月28日，巡逻民警在常蒿路地段盘查3名可疑人员，发现其携带钢珠枪、砍刀等作案工具，经深挖，打掉一个流窜福建、湖南两省，连续实施多起持枪抢劫、诈骗、寻衅滋事等犯罪的5人团伙。

2010年，参与全市公安机关“冬季行动”“夏季严打”专项行动，抓获各类违法犯罪人员91名，抓获在逃人员29名，打掉犯罪团伙7个。是年，开展警民共建结对子、携手联防护平安活动、巡特警支队各大队、各中队与126家单位结成对子，通过举办法制安全讲座，治安防患大排查、大走访化解矛盾纠纷，治安问题专项整治以及文体活动交流等措施共创平安。其中，“警校共建”成效受到公安部肯定。

三、市容管理

1996年，在全市“城市创建工作中，市政府决定：人民路、建设路、朗州路3条主要街道城市综合执法管理工作由巡特警支队负责。支队按市政府决定的要求实施抓重点、攻难点，逐步解决问题，逐步到位的工作思路。着力治理“六乱”（乱吐、乱扔、乱倒、乱贴乱画、乱停乱放、乱穿）、整顿“马路市场”、取缔临时摊担、整治交通秩序。印发宣传资料近万份，取缔违章占道经营摊点3900余个，撤除违章遮阳（雨）棚523个，取缔5处“马路市场”，处理非法营运三轮车232辆，取缔违章广告牌3000余块，纠正出店经营3500余（处）次，疏导交通1920余次。经过一年的执法管理，3条街道市容市貌大改观，城市综合执法管理初见成效。是年，各执法部门市容管理综合考评中，巡特警支队总分排名第一。

1997 年，在市政府组织的城市管理联合执法行动中，与城管、交通、交警、工商等执法部门协同，严厉查处各类非法营运车辆、车辆乱停乱靠、占道经营等违法违章行为。纠正和处罚交通违章 3 万余起，疏导交通 500 余次，收缴无牌无证车 300 余辆，取缔 30 余处“马路市场”，查处占道摊点 8700 余个。

1998 年，围绕市委市政府“创建全国卫生城市”目标，对巡逻管辖的 6 条主要街道按“国检”标准进行整治，参与联合执法行动。整治甘露寺菜市场、大桥市场、北站商场、滨湖小区、紫桥小区等乱设摊点、乱搭乱建、占道经营等违法违章重点区域。制止街面行人道上打牌赌博 739 起，遣送精神病患者、乞丐 18 人，收缴非法营运人力三轮车 81 辆、疏导交通 270 起，纠正和处罚交通违章 8510（人）次。在全市组织的 2 次“国检”模拟检查中，巡特警支队在 157 个市直单位中均被评为第一名。

1999 年，参与全市“百日文明服务”活动，配合有关部门整治两轮摩托营运、交通秩序、乱扔乱挂、街边打牌赌博、车辆违章鸣叫等问题，印发 2500 余封《给市民的一封信》，纠正市容、交通违章 21723（人）次，制止街面打牌赌博 259 起，遣送精神病人、乞讨人员 32 名。

2000 年，开展治理临街打牌赌博、车辆乱停乱靠专项行动，处罚违规违章行为 3000（人）次。年内，还配合交通、规划、城管、工商、卫生等政府职能部门开展打击非法营运、清理整顿货运市场、取缔露天饮食摊担、烧烤点、整顿北站瓜果市场、旧城改选、拆违等专项行动 26 次。

2001 年，参与市城区优化城市交通环境整治行动，规范管理责任路段内板车、人力三轮车的行驶、停放行为。共教育处罚违章违规车主 120 余人。

2002 年起，市政府决定巡特警支队不再担任城市创建目标责任单位。此后，根据市政府统一安排，支队在历年创建活动中，在特定时段履行责任路段城管创建职责。

第三节 维稳处突

维稳处突是巡特警支队的基本职能。支队自组建以来，始终把维稳处突作为压倒一切的主要任务，制定出《应急处突快速反应方案》和 18 个应急处突预案。形成较为完备的应急处突机制，并不断提高应急反应能力和现场处置能力。

一、化解群体性事件

1. 疏导化解

群体性事件成因复杂，政策性强，处置难度大，易演变升级。巡特警支队严格遵循稳妥处置的基本原则，坚持教育疏导为主，力求化解矛盾，平息事态。

1997年，樟木桥收费站发生群体性事件，导致200多辆车滞留，起哄闹事及围观者达数百人。巡特警到达现场后，及时展开法律宣传，并派出工作组深入到人群中进行教育疏导。约30分钟后，人群逐步离散，交通恢复正常。

2001年3月29日至4月5日，德山××厂因改制引发群体性事件。民警始终坚持教育疏导，以平和、理性的心态说服劝阻，始终坚持稳妥化解，直至事态平息。

2003年11月，沅水二桥发生群体性事件，50名巡特警奉命赶赴现场后，一方面利用多功能指挥车进行法律宣传，一方面对死者亲属进行面对面的教育疏导。经教育劝导，约10分钟后，交通秩序恢复正常。

2009年8月4日，常德灯泡厂发生群体性事件，现场维护秩序的9名女巡特警对现场群众逐一进行耐心劝说，并为她们送水解渴、撑伞遮阳，用女性特有的人性关爱感化她们。

2. 依法处置。

依法处置，是巡特警处理群体性事件的重要手段。当事件严重威胁公共安全时，必须采取断然措施，坚决依法处置。

〔依法处置“10·23”武陵区“的士”司机罢运事件〕2003年10月23日，市城区部分“的士”司机因对市政府增加110辆“的士”营运车不满，以要求打击“黑的”“黑摩”为由，停营罢运，最后发展到砸车掀车、围墙市政府。巡特警迅速组成人墙维持秩序使事态迅速得到控制。

〔依法处置“12·21”桥南火灾引发的群体性事件〕2004年12月21日7时，桥南大市场突发特大火灾。烧至当日20时才基本扑灭，整个桥南综合大市场基本全部烧毁。巡特警奉命于是日7时50分赶赴现场，首先参与对主火场的安全警戒，并组织巡特警维护火场周边的社会治安。随后，转入处置灾后引发的群体性事件。50名巡特警迅速赶往现场，一方面严阵以待、强制阻隔，一方面宣传法规，并耐心劝阻。不久，聚访人群陆续自动撤离。

〔参与处置湘西非法集资引发的大规模群体性事件〕2008年9月，湘西土家族苗族自治州因非法集资引发大规模群体性事件，常德市巡特警奉命赴湘西吉首参与化解事件，出动警力180人（次），累计62天完成守卫湘西州委、州政府、维护吉首市城区治安、保障区域兑付秩序的任务。

二、处置暴力恐怖事件

处置暴力恐怖事件，是巡特警支队应急处突的重要任务。自1996年组建以来，多次完成抓捕、反劫持和搜（排）爆等任务。

〔“9·1”大案抓捕行动〕2000年9月1日18时许，市城区建设西路农业银行发生震惊全国的特大持枪抢劫杀人案。作案后，犯罪分子劫持一辆“的士”车逃窜。巡特警奉命紧急出动，展开搜捕。4日，在鼎城区蒿子港将案犯主要成员的情妇陈×抓获，经突审，陈×交代犯罪团伙在陈×位于市城区住所还存放有物品，巡特警迅及赶赴城区对陈×住所进行搜查，现场搜出枪支、手雷等作案凶器，同时发现掌握案犯潜逃重庆的线索，为此后抓捕首犯发挥了重大作用。

〔**依法处置“7·17”武陵镇劫持绑架人质案**〕2003年7月17日，在鼎城武陵镇从事经商务工的人员因利益之争发生冲突，其中一方将另一方4人劫持绑架在桥南城建招待所，并向对方索要保护费。巡特警到达现场，经多次喊话劝说无效，现场巡特警实施强行突入解救人质措施。两组巡特警同时出击，强行破门，及时将劫持者制服，4名人质被安全解救。

〔**抓捕“11·11”持枪杀人流窜犯行动**〕2003年11月11日，广东警方通报，两名持枪杀人流窜犯已于是日凌晨潜入常德。受领任务后，巡特警秘密隐蔽进至目标所在餐馆外围，利用门窗对餐馆内实施秘密隐蔽观察，根据通报的嫌疑人特征，初步确认抓捕目标。第一突击组抓捕一号目标（大个子），第二突击组抓捕2号目标。17时25分，两组同时突入，迅速将一号、二号目标对象抓获。

〔**依法处置“9·4”武陵区劫持人质事件**〕2007年9月4日凌晨4时许，武陵区无业人员陈×因妻子打牌一夜未归，加之平时关系紧张，酒后持自制散弹枪闯入岳父家中，将年近古稀的岳母劫持，声称如不将其女儿叫回家就大开杀戒，并开枪击碎岳父家玻璃门窗。6时许，巡特警赶到现场。5名特警配合陈×亲属、朋友对其进行一个多小时的劝说，但遭到拒绝。在此情形下，巡特警果断采取措施，破门进入迅速将陈×制服，人质被安全解救。

〔**依法处置“2·7”西洞庭爆炸事件**〕2009年2月7日，西洞庭涂家铺村周×怀疑妻子有外遇，实施报复，先后在3处地点设置自制爆炸物，其中两处已爆炸，造成人员受伤。巡特警到达现场后，根据当地派出所和知情村民提供的线索，开展排爆搜索，在一农户门前的农用车下发现爆炸装置。经过仪器检测和目视辨认，排爆手决定现场排爆，经过30分钟缜密工作，将该爆炸装置安全拆除。

〔**“2·7”反劫持战斗行动**〕2012年2月7日，武陵区无业人员谢××因向武陵镇陈×索要10万元遭拒，持仿“54”手枪在桥南汽车总站对面一旅馆将陈×劫持。17时30分接警后，20名巡特警奉命到达现场，根据现场情况，迅速开展解救工作。到21时，喊话劝阻、谈判未果。此时谢××毒瘾发作，狂躁不安，并将子弹上膛，情况十分危急。对此，指挥部决定武力解救。21时10分，突击特警秘密隐蔽进至目标门口，强力将人质解救，此时，谢××欲向解救巡特警开枪，被巡特警狙击手当场击毙。

三、打黑除恶

打黑除恶是新时期赋予巡特警的一项重要任务。自2005年参与打黑除恶行动以来，共抓获各类涉黑涉恶犯罪嫌疑人58人，并独立侦办西洞庭“5·15”涉黑专案。

〔**抓捕李××涉黑犯罪团伙**〕2005年2月17日，20名巡特警奉命前往桃源漆河镇抓捕李××涉黑犯罪团伙。到达现场后，巡特警编为5个抓捕行动小组，进入预定位置实施抓捕，从是日22时至下日8时，涉黑头目李××及其12名团伙成员全部被抓获。

〔**抓捕龚××涉恶犯罪团伙**〕2007年1月12日21时40分，22名巡特警奉命赴桃源县盘塘镇抓捕龚××涉恶团伙。到达现场后，特警和当地派出所民警分为6个抓捕组。抓捕行动至下日凌晨2时40分结束，共抓捕以龚××为首涉恶团伙成员12名。

〔**侦办"5·15"涉黑专案**〕2009年5月5日，市局指派巡特警支队办理西洞庭詹×为首的涉黑团伙案。6月3日晚，30名巡特警前往西洞庭，对詹×涉黑团伙成员实施抓捕行动，是日晚共抓获犯罪嫌疑人16人。抓捕工作结束后，支队抽调16人组成专案组，进驻西洞庭办案。专案组进驻西洞庭后，全力展开侦查和调查取证，对詹×犯罪团伙进行深挖，经过3个多月的侦查取证，"5·15"专案全面告破。共抓获涉案人员17名（其中提请逮捕14名、实施劳动教养2名、取保候审1名）。

第四节　专业训练

加强专业训练，是巡特警提质强能的基本途径。巡特警支队始终把训练作为经常性的基础工作，通过日常岗位练兵、短期业务培训、集中强化训练、外派学习受训、模拟实战演练等多种形式，不断提高巡特警的综合素质和整体战斗力。

一、基础训练

1994年5月，以直属巡逻防暴大队为主体，在警官培训中心进行为期3个月的集中强化训练。主要进行基本体技能的训练和相关法律法规的学习。

1996年，将"强化业务培训，尽快实现一警多能、一警多用"作为年度工作要点，组织民警全面开展应知应会的业务学习和基本体技能训练，年内，先后安排两次业务技能训练，举办7期业务培训班，开办4次法律讲座。

1997年，以轮训的方式强化基础业务培训，共举办5期法律培训班和防暴业务培训班，受训率达到100%。

2000年6月，在警官培训中心组织防暴业务培训，全市共52名防暴队员参加，历时20天。

2002年10月至2003年11月，集中组织50名特警在警官培训中心进行封闭式强化训练，训练分三个阶段实施：第一阶段为2002年10月至2003年2月，主要进行体能和基本技能训练。第二阶段为2003年5月至8月，主要进行体能、射击、攀爬以及战技综合演练。第三阶段为2003年9月至11月，主要对基本体技能进行复习巩固，并对处突战术进行了重点研练。

2004年至2006年，以大练兵活动为契机，组织民警大力开展岗位练兵，围绕"跑得动、追得上、拿得下"，大力强化体能技能训练；围绕"用得上、放得心、打得赢"，重点加强处突战术研究和演练。

2008 年 10 月，对新招录的 35 名巡特警在警官培训中心进行为期三个月的封闭式基础强化训练。

2010 年，按照公安部《特警训练大纲》的要求，支队巡特警训练制度化、经常化工作，规定每周二、周四为训练日，使特警训练步入常态化轨道。

二、外派培训

2004 年 4 月，选派 5 名巡特警到岳阳参加应用射击、擒敌技术、查处辑战术等科目的防暴民警培训。11 月，选派 9 名巡特警到岳阳参加查辑战术和 PPC 射击训练的巡警防暴警业务培训。

2005 年 10 月，选派 1 名特警到省公安专科学校参加全省首届反恐防暴谈判培训。

2006 年，先后三次组织巡特警到大连、厦门和长沙进行反恐防暴谈判、战术指挥的业务培训。

2008 年 8 月，选派 6 名巡特警到长沙参加全省首届特警战术训练。

2009 年 6 月，选派 2 名巡特警到长沙参加搜排爆业务培训。

2010 年 6 月，选派 3 名巡特警到长沙参加谈判手专业培训。

三、综合演练

综合演练是提高巡特警指挥协同和整体作战能力的有效途径。支队结合实战，多次围绕各种处突预案进行快速反应、协同配合、单课题实战和多课题综合演练。

2002 年 10 月至 2003 年 11 月，结合巡特警集中强化训练，先后组织反劫持、处置阻塞交通事件、处置冲击党政机关、追击围捕等课题的模拟实战演练。

2004 年，支队在市体育中心组织反恐防暴大队进行专业技能和多课题战术综合演练。是年 4 月，到常德考察公安工作的公安部常务副部长田期玉观看反恐防暴大队的汇报表演后，给予高度评价。

2010 年 5 月，市局在桃花源机场组织反劫持战术演练。20 名巡特警演练隐蔽接近、爆破突击、舱内控制、抓捕带离等战术内容。

2010 年 7 月，在市商业步行街进行巡特警处置群体滋事械斗事件演练。演练的主要内容有警戒封控、穿插隔离、控制首恶、抓捕带离。

第五节　装备建设

巡警特警支队装备从无到有，从单一到逐步配套。至 2012 年，初步形成应对各种应急处突任务的特警装备体系。

一、车辆装备

〔**多功能指挥车**〕2002 年 10 月，配置 1 辆多功能指挥车，该车配有强光照明灯、高功率音响设备、卫星通信电话、监控摄像仪、资料检索系统，设有可容纳 10 人的小型作战室。

〔搜（排）爆车〕2008 年 8 月，省公安厅为常德配发 1 辆搜（排）爆车。该车配备有车底检查镜、屏蔽仪、生化毒气检测仪、水炮枪等技术装备。可用于安全检查、搜索和排查爆炸物、装载防生化设施，并配有现场发电设备。

〔追捕车〕2002 年 10 月，配置 1 辆猎豹追捕车。2009 年 11 月，配置 1 辆丰田追捕车。

〔运兵车〕支队组建初期，成规模的警力出动主要靠临时租用地方车辆。1996 年，配置 4 辆双排座小型面包车，基本解决警力输送问题（因该型车性能较差，至 2000 年逐步淘汰）。1999 年 8 月，配置 1 辆 17 座伊维科运兵车。2002 年 10 月，配置 2 辆 15 座全顺运兵车。2010 年 9 月，配置 3 辆 19 座金龙运兵车，分别配属 3 个特警大队。至此，支队运兵车初步形成规范，并基本具备一次性整体输送巡特警的能力。

二、武器装备

支队组建初期，武器装备仅有部分 77 式手枪和少量微型冲锋枪。随着形势的发展和需要，武器装备逐步得到更新完善。

2002 年 10 月，配置 79 式轻型冲锋枪、85 式狙击步枪、18.5 毫米防暴枪。

2010 年，为增强巡特警的突击攻坚能力，购置夜视仪、激光测距仪、破拆工具组、作战面具等辅助装备。

2011 年，配置 92 式手枪、38 毫米防暴枪。

2012 年，配置转轮手枪、88 式狙击步枪。

三、警械警具

支队组建初期，警械警具仅有少量警棍、头盔和手铐。2002 年 10 月，支队一次性配置 50 套警棍盾牌、50 顶防暴头盔、50 件防弹背心、两套遥控阻车器。

2008 年 7 月，全警配发单警装备。

2010 年，随着反恐防暴的需要，原有警棍盾牌淘汰更新，重新配置玻璃钢盾牌 60 副、“T” 型警棍 80 支、防暴盔甲服 30 套和防毒衣（靴、手套、面具）、攀登绳组、警绳、手提搜索灯、开门器和枪钢等警械警具。

第五章　森林保卫

森林公安是林业部门和公安机关双重领导下，维护林区社会治安秩序、保护森林野生动植物资源、预防扑救和查处森林火灾的一支重要执法力量。

1988 年，常德地区行政公署公安处设有林业公安科，各区、县（市）设有森林公安机构。临澧县、澧县、常德县设立林业局公安股；是年 5 月，汉寿县公安局设立林业派出所；是年 6 月，桃源县公安局林业派出所改为桃源县林业局公安股，下设桃花源、茶庵铺 2 个林业派出所；1991 年 7 月，设立常德市林业局公安科。是年，常德市林业局公安科和常德市森林防火指挥部办公室合并，确定专项事业编制 9 名。1995 年，津市市、安乡县分别设立公安局林业派出所；1997 年 6 月，设立武陵区公安分局林业派出所，石门县公安局林业股更名为石门县林业公安分局（副科级）。

1998 年 10 月 1 日，《中华人民共和国森林法》颁布实施，国家正式将林业公安统一更名为森林公安，并以法律形式确定森林公安机关的法律地位、任务和职责，至此，森林公安机关进入一个全新的历史发展时期。

2001 年，全市所有林业公安机构统一更名为森林公安机构。撤销常德市林业局公安科，设立常德市公安局森林分局（与森林防火指挥部办公室合署办公）。石门县、桃源县、鼎城区设立森林公安分局；武陵区、临澧县、津市市、澧县、安乡县、汉寿县原公安局林业派出所，更名为森林派出所。

2009 年，常德市公安局森林分局更名为常德市公安局森林支队，与常德市森林防火指挥部办公室合署办公。下设指挥中心、刑侦治安大队、法制大队、消防大队 4 个二层机构。撤销大龙站林业派出所、河洑公园派出所、武陵分局森林派出所，设立市森林公安局直属大队（副科级）。各区、县（市）森林公安机构统一更名为公安局森林大队。至 2012 年，全市森林公安机构共配备在编员额 117 人。

1988—2012 年，全市森林公安机关认真履行职责，不断强化管理打击职能，不断强化林区社会治安综合治理，从而确保全市林区社会治安的持续稳定，全市森林公安机关先进典型不断涌现。市森林公安局 7 次被评为全省先进单位，6 次全省综合考评获一等奖、二等奖。1994 年，桃源县公安局林业股被林业部森林公安局评为“全国廉政爱民先进集体”，石门县森林公安局先后 2 次被国家林业局森林公安局记集体二等功；1999 年，汉寿县公安局林业派出所被林业部森林公安局荣记集体二等功；2003 年 12 月，桃源县森林公安分局局长左立文被国家林业局森林公安局授予“全国森林公安系统优秀人民警察”称号；2005 年 2 月，汉寿县公安局森林派出所所长米庆华被公安部授予“全国优秀人民警察”称号；2006 年，石门县森林公安分局局长周常平被林业部森林公安局荣记个人二等功；2008 年，桃源县森林公安分局副局长孟彪被省公安厅授予 2007 年“全省优秀人民警察”称号。

第一节　惩治森林资源犯罪

保护森林资源，打击破坏森林资源的违法犯罪活动，确保生态安全，是森林公安机关担负的主要工作职责。2002 年前，原市林业局公安科、区、县（市）林业公安分局及林业派出所主要以行政执法为主，刑事侦查均由所在地公安机关行使，林业行政执法则主要以上路执法和监管木材市场为主。2003 年，按照国家相关规定，市公安局森林分局在办理涉林刑事案件时行使县级公安局的刑事侦查权之后，保卫森林资源的力度得以逐年加大。

1988 年至 2012 年，全市森林公安机关侦办涉林刑事案件 1437 起，查处林业行政案件 17798 起，处理违法犯罪人员 19542 人次，其中刑事拘留 478 人，提请逮捕 122 人，实施劳动教养 15 人，行政拘留 721 人，收缴木材约 2.5 万立方米，收缴野生动物 5.7 万头（只），为国家挽回经济损失 2000 余万元。

1993 年 6 月，汉寿县林业派出所查获该县沧港镇刘××滥伐欧美杨树 402 株，蓄积 107.13 立方米，案结移送起诉后，刘××判处有期徒刑 2 年。

1994 年，桃源县林业公安股经过缜密侦查取证，破获以胡×、谌×等人为首流窜常德、益阳、怀化等地伪造国家计划票证、伪造国家机关印章案，查获伪造的国家机关钢印、印章 29 套（枚），伪造国家计划供应票证 15 种，共 4000 余份。

2001 年 11 月，全市森林公安机关按照国家林业局、公安部、国家工商行政管理总局的统一部署，在全市开展代号为“猎鹰行动”的打击破坏野生动物资源违法犯罪集中统一行动。汉寿县公安局森林派出所在行动中，由于战绩显著，被公安部、国家林业局评为全国“猎鹰行动”先进单位。

2003 年 4 月，针对盗猎野生动物资源违法犯罪活动回升的实际，国家森林公安局在全国范围内部署开展代号为“春雷行动”的“严打”集中统一行动。全市森林公安机关积极回应，精心安排，周密部署，集中优势警力投入统一行动，使“严打”斗争取得显著成效。市森林公安分局查处一起非法收购、运输、销售国家重点保护野生动物的重大案件，查获国家二级重点保护动物虎纹蛙 3000 只。桃源县公安局森林分局民警黄建新、左立文因积极投身打击森林资源犯罪且表现突出，分别被国家林业局森林公安局授予“全国林业严打整治先进个人”和“全国森林公安系统优秀人民警察”称号。

2005 年 4 月至 6 月，按照省林业厅、省公安厅统一部署，在全市组织开展打击破坏森林资源专项行动。安乡县森林派出所在安昌乡梅家洲村查获以村民段×、何×为首纠集村民故意砍伐他人承包的 4000 株欧美杨的案件，案件侦结后，段×、何×被依法以涉嫌破坏生产经营罪批准逮捕。是年 6 月，市森林公安分局在怀化开往广州的列车上查获 1 条重达6.4公斤的国家二级保护动物大鲵和一批盗猎的野生动物，涉案犯罪嫌疑人均被依法处理。

2006年11月至12月，依据全省统一安排，全市森林公安机关组织开展打击破坏森林和野生动物资源的“绿盾行动”。共出动民警1695人（次），出动警车1281台（次）。破获各类涉林违法犯罪案件288起，其中，刑事案件25起，刑事拘留27人，提请逮捕12人，移送起诉18人；查处林业行政案件263起，行政处罚268人，收缴木材673.5立方米，收缴野生动物1259头（只），挽回经济损失54.8万元。

2007年3月，在全市范围内开展集中侦破森林重特大火灾案件专项行动。通过为期40天的艰苦奋战，共侦破森林火灾案件55起，其中刑事案件13起，治安案件2起。刑事拘留5人，提请逮捕1人，起诉1人，行政拘留2人。是年4月，在全市范围内组织开展打击非法运输木材和野生动植物专项行动，共查破各类案件68起，打掉违法犯罪团伙3个，抓获各类违法犯罪人员75名。是年5月，根据国家林业局、省林业厅的统一部署，全市开展代号为“绿盾二号”的林业执法和治理整顿专项行动。行动期间，全市森林公安机关共立各类案件296起，处理295起，其中刑事案件28起，刑事拘留23人，提请逮捕19人；查处林业行政案件268起，行政处罚278人，收缴木材532立方米，野生动物1000多公斤，为国家挽回经济损失230多万元。是年6月，市、县两级森林公安机关紧密配合，成功破获鼎城区花岩溪林场西冲分场林木盗伐案。查清该案盗伐林木蓄积3792多立方米，主要犯罪嫌疑人胡×被判处有期徒刑10年，并处罚金5000元，追缴非法所得8.9万元。

2008年4月至6月，在省林业厅、省公安厅、省工商管理局组织开展的全省集中打击破坏野生动物资源“飞鹰专项行动”中，全市森林公安机关出动民警1929人次，车辆491台次，破获破坏野生动物资源刑事案件2起、查处野生动物行政案件34起，清理整顿野生动物驯养繁殖场所、加工经营场所152处，收缴野生动物2172头（只）。石门县森林公安分局破获犯罪嫌疑人张×，在该县白云乡滥伐林木107立方米的重大案件，移送起诉后，张×被判处有期徒刑3年，并处罚金5万元。是年11月至12月，根据国家、省森林公安局的统一部署，在全市开展打击鸟类资源违法犯罪的“候鸟三号行动”。专项行动期间，全市森林公安机关共出动警力425人（次），出动车辆175台次，破获破坏野生动物资源刑事案件12起、查处野生动物行政案件134起，清理整顿野生动物驯养繁殖场所及加工经营场所152处。

2009年1月，市森林公安分局立案查处一起非法加工、销售国家重点保护野生植物案，收缴非法加工的黄樟油10余吨。是年2月，石门县村民张×因非法盗猎、捕杀国家一级保护动物林麝，被石门县森林公安分局抓获。案件侦结移送起诉后，张×被判处有期徒刑1年，并处罚金2000元。是年5月30日至10月31日，全市部署开展代号为“雷霆一号”的打击破坏森林和野生动物资源违法犯罪专项行动，各级森林公安机关共出动警力

4959人（次），出动车辆3934台（次），清查宾馆酒楼307处，清查野生动物市场82个，清查野生动物驯养繁殖企业46家，破获刑事案件48起，查处林业行政案件763起，收缴木材723.4立方米，收缴国家重点保护野生植物5株、野生动物16064头（只），抓获违法犯罪人员639人，刑事拘留20人，提请逮捕9人。整治重点地区和重点部位94处，并协同电视、报刊等新闻媒体开展宣传报道56次。

2010年3月至4月，全市森林公安机关在“火案二号”专项行动中，破获森林火灾刑事案件12起，刑事拘留5人，破获森林火灾行政案件11起。石门县森林公安局查获印×非法采伐国家重点保护植物（香樟）6株，印×被判处有期徒刑3年半，并处罚金1万元，追缴非法所得8200元。

第二节　森林防火

一、防火机构

1988年3月，常德地区成立森林防火指挥部，由地区行政公署时任副专员颜永盛任指挥长，指挥部办公室设在地区林业局。是年9月，省公安厅、省林业厅以湘林公〔88〕16号文件下发《关于改革森林防火办事机构体制的通知》，将全省各级森林防火办事机构与林业公安机构合并，原有森林防火机构的编制、设备、经费等成建制划入林业公安机构。

1990年1月，省机构编制委员会和省林业厅以湘编〔1990〕1号文件，联合下发《关于加强森林防火体系建设的通知》，确定将县级以上各级护林防火指挥部更名为森林防火指挥部，并行使《森林防火条例》所规定的职责。

1991年3月，常德市人民政府办公室以常政办函〔1991〕46号文件，调整常德市森林防火指挥部成员，确定由一名副市长担任指挥长，指挥部办公室设在市林业局。

1993年1月，省机构编制委员会办公室、省公安厅、省林业厅再次联合下发《关于将森林防火编制纳入林业公安编制序列的通知》，核定下达市、县两级森林防火事业编制，将森林防火编制纳入林业公安编制序列，参加评授警衔，并按林业公安机构人民警察管理体制统一进行管理。

2009年，根据常德市编办、市林业局、市公安局、市人事局《关于全市森林公安有关机构编制事项的通知》及常德市编办《关于市森林公安局增设内设机构的批复》精神，确定各级森林公安局和森林防火指挥部办公室合署办公，编制由原专项事业编制整体置换为国家政法专项编制，市森林公安局内设森林消防大队，专门负责森林防火工作。

至2010年，全市共建县级以上森林防火指挥部10个，指挥部成员170人，森林防火专职工作人员25人。全市建立起乡、镇森林防火指挥所179个，村级森林防火组织1607个，护林人员6200人，初步构建起市、县、乡、村四级森林防火体系，从而为全市森林防火工作提供强有力的组织保证。

二、防火设施

1988 年以前，森林防火基础设施建设较为滞后。1988 年以后，随着社会经济发展和森林防火任务的不断加重，全市森林防火基础设施建设逐步得到加强。是年，首期投入 10 万元资金，在桃源县林区建设森林防火瞭望台 7 座，并购置一批森林火灾扑救工具。1995 年，森林公安机关组织专人，在深入调研、认真论证的基础上，制定常德市森林防火中长期基础设施建设规划。从 2000 年开始，市委、市政府作出决定，由市财政将森林防火资金列入本级财政预算。从此改变森林防火经费主要依靠从林业基本建设投资、林业“一金两费”中提取的被动状况。预算安排经费从初期的每年 30 余万元，逐步增加到 2005 年的 80 余万元。

2002 年，石门县被中央纳入湘西北地区重点火险综合治理项目，总投资 220 万元，健全完善森林防火有线通讯系统、瞭望监测系统、指挥扑救系统及基础观测站、点建设，使全县森林防火基础设施大为改善，火灾综合防御和控制补救能力显著提高。

从 2005 年起，在每年 10 月 1 日至下年 4 月 30 日的森林防火时段内，常德市气象局在常德电视台开播森林火险预报，发布全市森林火险天气等级，积极为森林火险气象预警服务。

2009 年，常德市森林重点火险区综合治理工程建设项目可行性研究报告得到国家林业局的批复。项目建设范围为常德市本级和石门、桃源两个县，项目总投资 670 万元，是年 8 月，该项目正式启动实施。至 2011 年，全市共陆续购置森林防火指挥车 32 台、运输车 19 台、摩托车 152 台、便携式高压水泵 40 台、风力风水灭火机 151 台、油锯 165 台、森林扑火水枪 50 把、割灌机 35 台及二号、三号救火工具、灭火弹多批。全市共修建森林防火线和生物防火林带 1240 公里、防火公路 380 公里，修建防火仓库 5 个，仓储面积达 650 平方米，建设瞭望台 31 座、安置望远镜 30 台，修建固定宣传牌（碑）355 块。同时，组建起森林防火短信平台，购置短波电台、手机电话等一批现代化通讯网络工具。

三、火灾处置

从 1988 年开始，为落实安全防火责任，市人民政府与各区、县（市）人民政府，市林业局与各区、县（市）林业局签订森林防火责任书。各区、县（市）和各重点林区乡、镇也普遍以双重责任制的形式逐级签订森林防火责任书，将防火责任制落实到基层村组。1989 年，市政府对市森林防火指挥部各成员单位的具体职责作出明确界定，将森林防火责任落实到各成员单位。2007 年，市政府印发实施《常德市森林火灾应急预案》，进一步明确市指挥部各成员单位的职责。2010 年，市政府将森林防火工作正式纳入对区、县（市）人民政府的年度绩效考核。在强化森林防火责任的同时，全市积极推行林区生产性用火“六不烧”“十禁止”的规定，对林区生产性用火严格执行“申请、检查、审批、监烧”的制度进行规范。对重点部位，森林旅游区、封山育林区进行重点布防，专人、专责值守。对林区及周边地区重点智障人员进行全面清理，对清查出的300余名重点人员，逐一进行登记，明确专人监护，在高森林火险时期，落实专人重点管控。突出重点时段、重点季节森林防火安全管理。针对每年10月至下年4月的风大物燥期，春节、清明节、春耕生产时节、冬种冬造炼山期，抽调护林人员，分段划片包干，在入山路口悬挂森林防火宣传标语，对上山人员逐人登记造册，收缴火种，增强群众的防火意识，努力防止森林火灾的发生。石门县为强化森林防火工作，于2002年3月专门作出《关于严防森林火灾的决议》。该县坚持“预防为主”的方针，全面构筑扎实有效的森林防火预防体系，建立健全物理阻隔、人员监控等六项森林防火工作机制，把森林防火工作落实到全县各个角落，从而完成森林防火由林业部门一家抓向全社会共同抓的转变。2004年，石门县被国家林业局授予“2001—2003年度全国森林防火先进单位”。

1988—2012年，在不断强化防火责任制的同时，注重加强森林防火机制建设。1988年，常德军分区制定《常德市救火救灾预案》；是年，市森林防火指挥部修定《森林火灾扑救预案》。1990年，依照《湖南省森林防火实施办法》，市森林防火指挥部下发专门文件，对违反用火规定的种类及相应处罚措施作出明确规定。1991年，国家森林防火指挥部、总参谋部、林业部下达《关于组织林区民兵参加森林防火的通知》，常德军分区成立以民兵为主体的义务森林消防队231个，成员3918人；成立以民兵应急分队为主体的专业、半专业森林扑火消防队25个，成员750人。1997年，市森林防火指挥部办公室重新制定或修改《火灾处置制度》《值班调度制度》《火灾报告制度》《森林资源分布图》和《火险区划图》等。1988—2012年，全市先后举办280期森林防火负责人、防火专干、扑火安全知识培训班。

为增强森林火灾的扑救能力，根据国家森林防火总指挥部和武警森林指挥部“北兵南用”的部署，武警黑龙江森林总队两个支队的部分官兵到常德驻防。2005年1月25日，武警森林指挥部黑龙江森林总队大兴安岭支队72名官兵进驻市委党校驻防点，4月15日撤回归建；2007年12月10日，武警森林指挥部黑龙江森林总队哈尔滨支队65名官兵进驻市委党校驻防点，4月10日撤回归建。两支部队在常德驻防期间，积极熟悉防区情况，宣传森林防火常识，共参与鼎城区、桃源县、临澧县3次森林火灾扑救行动。

1988年至2012年，全市共发生森林火灾1157起，受害森林面积3638.5公顷，年均森林火灾受害率0.19‰，造成5人死亡、12人重伤、55人轻伤。

1988—2012 年常德市森林火灾统计一览表

表 3—4

年份	火警数（次）	火灾数（起）	损失情况				查处火灾数（起）	处罚（人）
			过火面积（公顷）	受害面积（公顷）	林木受损情况	伤亡情况		
1988	30	41	—	236.60	—	1 人死亡	—	—
1989	—	21	168.200	34.70	—	—	—	—
1990	19	7	88.850	21.72（人工林）	成林蓄积 310.2 立方米，幼林 21.72 万株	—	22	33
1991	16	5	165.400	32.00（原始林 2.3 公顷，人工林 29.70 公顷）	—	—	9	10（刑事处罚 1 人）
1992	7	2	417.550	35.20	—	—	—	—
1993	—	8	189.400	71.60（人工林）	成林蓄积 235.60 立方米，幼林 7.63 万株	—	6	8（刑事处罚 1 人）
1994	2	—	6.830	0.53（人工林）	人工林，幼林 0.2 万株	—	2	2
1995	3	1	—	4.00（人工林）	幼林 0.657 万株，经济损失 1 万元	—	—	—
1996	3	7	105.000	50.00	—	—	—	—
1997	—	2	4.000	2.00（人工林）	人工林，幼林 0.1 万株	—	2	2
1998	—	15	95.180	53.97	—	—	—	—
1999	—	—	—	—	—	—	—	—
2000	—	57	846.600	702.50	—	—	—	—
2001	—	67	296.070	187.59	—	轻伤 7 人，重伤 3 人	—	—
2002	—	113	340.700	233.10	经济损失 110 万元	轻伤 11 人，重伤 1 人	—	—
2003	29	17	—	180.67	成林蓄积 4621.5 立方米，幼林 2.83 万株	轻伤 8 人，重伤 1 人，死亡 1 人	—	—

续表3—4

年份	火警数（次）	火灾数（起）	损失情况				查处火灾数（起）	处罚（人）
			过火面积（公顷）	受害面积（公顷）	林木受损情况	伤亡情况		
2004	—	217	—	358.83（原始林9.32，人工林279.52）	成林蓄积6805.45立方米，幼林14.33万株，经济损失106万元	轻伤15人，重伤3人，死亡2人	129	137（刑事处罚13人）
2005	128	88	609.930	312.51（原始林62.26，人工林209.79）	成林蓄积3679.95立方米，幼林12.59万株，经济损失259.91万元	轻伤12人，重伤4人	132	133（刑事处罚22人）
2006	100	28	516.850	328.55（人工林）	成林蓄积1177立方米，损失幼林23.09万株，经济损失127.18万元	—	83	75（刑事处罚6人）
2007	55	27	221.510	141.29（人工林）	成林蓄积1095.1立方米，幼林5.49万株，经济损失80万元	—	9	8（刑事处罚1人）
2008	91	74	621.120	311.73（原始林2.64，人工林276.82）	成林蓄积4219.89立方米幼林17.81万株，经济损失286.29万元	—	104	101（刑事处罚15人）
2009	—	79	280.098	124.96（原始林0.66，人工林113.4）	成林蓄积3278.61立方米，幼林16.78万株，经济损失155万元	—	54	47（刑事处罚8人）
2010	—	112	445.20	214.59（原始林30.38，人工林187.58）	成林蓄积3 281.85立方米，幼林6720.09万株，经济损失173.2万元	—	93	94（刑事处罚11人）
2011	—	107	389.79	250.06	成林蓄积4839.94立方米，幼林51.4万株，经济损失190.67万元	轻伤2人，亡1人	—	—
2012	—	62	157.99	101.96	成林蓄积1937.7立方米，幼林15.29万株，经济损失66.76万元	—	—	—

1988—2012 年常德市较大森林火灾统计一览表

表 3—5

火灾名称	火灾地点	火灾原因	起火时间	灭火时间	火灾面积（亩）	损失情况	火灾处理
南北镇宋垭村 2000.03.26 杉坪森林火灾	石门县南北镇宋垭村杉坪村	烧荒失火	2000 年 3 月 26 日 10 时	2000 年 3 月 28 日凌晨	11094.37	经济损失 34.6 万元	判处吴×有期徒刑 3 年
二都乡高桥村 2000.03.28 森林火灾	石门县二都乡高桥村	烧荒失火	2000 年 3 月 28 日 10 时	—	1313.20	烧毁树木 62718 株，经济损失 12.3 万元	判处任×有期徒刑 1.5 年，缓刑 2 年
南北镇茶厂村 2000.03.28 森林火灾	石门县南北镇茶厂村	烧荒失火	2000 年 3 月 28 日 12 时	2000 年 3 月 28 日 17 时	3200.60	—	追究廖×刑事责任
东山峰管理区 2001.03.23 森林火灾	石门县东山峰管理南山村	烧荒失火	2001 年 3 月 23 日 12 时	—	665.00	烧毁杉树木 15303 株，经济损失 15.2 万元	罗×被逮捕后起诉
烽火乡分水村 2003.11.01 森林火灾	临澧县峰火乡分水村	吸烟失火	2003 年 11 月 1 日 11 时	—	1532.70	烧毁树木 1319 立方米（蓄积），经济损失 19.5 万元	判处施×有期徒刑 3 年，缓刑 4 年
杉板乡鸡公山 2004.02.10 森林火灾	临澧县杉板乡鸡公山	不明	2004 年 2 月 10 日 12 时	2004 年 2 月 11 日凌晨	952.00	烧毁马尾松 190 立方米（蓄积）	—
白云乡王家堰村 2004.02.13 森林火灾	石门县白云乡王家堰村	烧荒失火	2004 年 2 月 13 日 11 时	2004 年 2 月 14 日 8 时	1920.00	烧毁树木 176850 株，经济损失 10.3 万元	判处刘×有期徒刑 4 年
白云山林场 2006.03.27 森林火灾	石门县白云山林场金环村	吸烟失火	2006 年 3 月 27 日 15 时	2006 年 3 月 27 日 18 时 30 分	292.05	经济损失 4 万元	判处胡×有期徒刑 1 年，缓刑 2 年
白云乡北峪湾村 2007.11.27 森林火灾	石门县白云乡北峪湾村	烧荒失火	2007 年 11 月 27 日 10 时	2007 年 11 月 28 日 7 时	281.90	烧毁森林 241.3 亩	追究蔡×刑事责任
新关镇长岭村界溪 2008.03.24 森林火灾	石门县新关镇长岭村	烧荒失火	2008 年 3 月 24 日 12 时	2008 年 3 月 24 日 18 时	694.00	烧毁杉树木 38818 株，经济损失 5.6 万元	判处胡×有期徒刑 2 年，缓刑 3 年

续表 3－5

火灾名称	火灾地点	火灾原因	起火时间	灭火时间	火灾面积（亩）	损失情况	火灾处理
蒙泉镇夏家巷居委会梭金山 2009.04.08 森林火灾	石门县蒙泉镇夏家巷居委会	上坟失火	2009 年 4 月 8 日 10 时	2009 年 4 月 9 日 9 时	255.00	受害森林 20 亩	对唐×治安拘留，对夏家巷居委会行政罚款
新铺乡青狮岭村 2010.03.19 森林火灾	石门县新铺乡青狮岭村	烧荒失火	2010 年 3 月 19 日 14 时	—	80.00	受害森林 80 亩	曾×服毒自杀

第四篇　公安法治　信访控申

第一章　公安法治

1990年9月，市局设立法制办公室（以下简称法制办）。1993年6月，劳动教养审批工作由法制办承办。2000年5月，常德市人民政府（以下简称市政府）对市劳动教养管理委员会组成人员进行调整，明确市劳教办与市局法制办合署办公。2005年，市局法制办加挂市公安局直属分局牌子。2008年6月，市局法制办更名为法制支队（内设执法监督大队），并由内设综合管理机构调整为执法勤务机构。其主要职能：负责拟定公安法治工作总体规划；负责规范性文件的审核报备；研究执法中的问题和对策，组织开展案件审核、执法检查、考核评议等内部执法监督；组织、指导、办理行政听证、行政复议、行政诉讼、国家赔偿；承办上级交办的案件；负责人大代表建议、政协委员提案办理；负责全市劳动教养审批和所外执行的监督管理；承担市人民政府劳动教养管理委员会办公室的日常工作。

第一节　执法监督

市局法制办的工作以贯彻实施《刑法》《行政诉讼法》《行政复议条例》和《人民警察法》为重点，以执法检查和考评为手段，逐步建立内部执法监督的良性机制。

一、执法规范化建设

1991年，为配合反盗自行车专项斗争，制定《常德市自行车安全管理的若干规定》通告，对自行车寄存、买卖、翻修、租赁、入户、审验等作出明确规定。

1992年，制定《常德市公安局关于使用收容审查措施的规定》，将限制人身自由行政强制措施审核归口法制部门，全市公安机关内部由政工、纪检、监察、法制组成的内部执法监督机制初步形成。

1994年，市局法制办制定《法制内勤工作制度》《法制内勤工作考核记分办法》《法制信息汇报制度》等多项制度，规范全市公安法制部门职责，促进法制部门规范化、正规化建设。

1997年，为加强执法监督，建立执法制度，推行执法责任制，规范执法行为，制定

《常德市公安局关于进一步规范执法管理的意见》。明确案件审核实行归口管理，即经济诈骗案件立案、治安案件处罚归口法制部门审核；刑事案件立案，归口刑侦和经文保部门审核；拘传、取保候审、监视居住、拘留、逮捕五种刑事强制措施使用归口预审部门审核。

1998 年，制定《常德市公安局关于办理取保候审、监视居住暂行规定》，将全市取保候审、监视居住等刑事强制措施的审核把关归口到法制部门。

1999 年，为进一步落实《常德市公安局关于进一步规范执法管理的意见》，制定《常德市公安局推行执法责任制实施方案》《常德市公安局推行执法责任制实施办法》和《常德市公安局行政执法责任制考核办法（试行）》，明确各部门、各警种、各岗位执法民警权限和职责，实行执法责任制。使公安机关在行政执法、刑事执法以及执法监督活动各领域、各环节都能严格依法进行。通过推行执法责任制，做到执法主体明确，目标任务到位，保障措施有力，执法责任增强，执法素质和执法水平不断提高。是年，还先后制定《常德市公安局关于办理刑事案件有关问题的规定》《常德市公安局关于办理治安案件有关程序的规定》《常德市公安局关于正确使用“留置”手段的有关规定》《常德市公安局推行执法责任制实施办法》《常德市公安机关内部执法监督规定》《常德市公安机关人民警察执法过错责任追究》等制度。通过案件审核归口管理，健全办案制度，严格规范执法行为，将各项公安执法活动纳入规范化、制度化轨道。

2001 年，修改《常德市公安机关内部执法监督规定》和《常德市公安局推行执法责任制实施方案》，明确公安法制部门内部执法监督的职权和职责。进一步严格落实“谁主管，谁负责；谁审核，谁负责；谁签字，谁负责”的责任追究制度。是年，市局还下发《常德市公安局关于执行新修订的执法基础台账的通知》，统一全市公安机关《抓（查）获、处理违法犯罪嫌疑人员登记表》《报警案件登记表》《留置人员登记表》《民警执法档案》《接受案件回执单》《追缴、罚没、扣押财物登记簿》《取保候审、监视居住执行档案》《取保候审、监视居住执行回执》《现场查禁赌博登记表》9 种台账格式和使用。

2003 年，下发《常德市公安局关于公安法律文书管理、使用的通知》。明确规定各区、县（市）公安（分）局法制部门应成立“法律文书管理中心”集中统一管理公安法律文书；新印制的公安刑事法律文书从 2003 年 11 月 1 日起开始启用，旧的文书届时一律销毁；公安部《公安机关办理行政案件程序规定》于 2004 年 1 月 1 日起实施，随之亦配套使用新公安行政法律文书。是年，制定《常德市公安机关案件审核规定》《常德市公安机关涉案财物管理规定》和《常德市公安机关法律文书管理规定》。将所有案件办理纳入法制部门审核，所有法律文书归口法制部门管理，所有涉案财物归口装财部门管理，涉案财物处理必须经法制部门审核，实现执法办案全程监管，有效堵塞执法漏洞。

2005 年，县级公安机关法制办与刑侦部门办案指导大队合并，市、县两级公安机关配备相应数量且精通业务的干警充实到法制部门，构建起市、县两级公安大法制格局。是年，全市公安机关配备法制民警 95 名，市局法制办配备法制民警 8 名，车辆 1 台，电脑 5

台。是年10月1日起，全市公安机关以省厅“执法监督信息管理系统”为平台实现执法办案网上监管。

2006年，在全市公安机关推行执法档案制度，将单位和民警执法情况详细记入执法档案，并与单位和民警工作绩效考核挂钩，以强化执法责任。同时制定《常德市公安局开展基层执法质量服务队工作方案》。从法制支队、治安支队、刑侦支队、经侦支队、禁毒支队、交警支队、消防支队等单位各抽调2人以上民警组成“基层执法质量服务队”，分3批下到基层执法单位，每次工作1个月以上。具体工作任务：参与执法实践；开展执法调研；解答执法问题；帮助建立执法制度；发现和培养先进典型；帮助整改执法问题。市局将西洞庭分局作为执法示范单位，每月定期派民警到示范点指导、督促执法工作。是年，市局开办常德公安法制网，该网站集信息发布、资料查询、工作交流、文件传输、疑难解答于一体。

2008年，下发《常德市公安局关于严厉打击雇请黑恶势力从事违法犯罪活动的通知》，统一打击处理标准。制定《常德市公安局关于进一步明确交警、巡警执法权责的意见》，明确交警、巡警对街头路面违法犯罪特别是街面“两抢一盗”（“两抢”指抢夺、抢劫，“一盗”指盗窃）违法犯罪案件先期处置权。制定《常德市公安局羁押场所公示制度》《常德市公安局重大案件回访通报制度》，加强执法监督，规范执法行为，增强公安工作的时效性和透明度。是年，省厅“警务信息综合平台”在常德试点，常德市政府为市局平台试点工作投入资金310余万元。是年10月1日起，全市公安机关所有行政、刑事案件逐步录入“警务信息综合平台”，实现案件办理网上流转，130余种法律文书网上填开。年内，在全国662个城市安全感抽样测评中，常德市排名第二十六位，在地级市城市中排列第十位；在省厅对全省市、州公安法制部门工作绩效考评成绩排名中，市局法制支队位居第一名，被省厅评为2006～2008年度法制工作先进集体。

2009年，以执法制度建设为基础，推进执法公开，深化执法规范化建设，实施《常德市公安局关于加强执法规范化建设方案》。是年3月，市局在全省公安法制工作暨执法规范化建设会议上，作《加强执法制度建设，解决突出执法问题，促进公安执法工作规范化》典型经验发言。7月，为切实提高全市公安机关服务效能和执法形象维护当事人合法权益，减少涉法上访问题，构建和谐警民关系，制定并实施《常德市公安局案件回访通报制度》。

2010年，市局实施法制员制度，将法治监督触角延伸到县级公安机关股、队、所基层执法办案部门。制定《常德市公安机关创建执法示范单位活动实施方案》，明确市、县两级执法示范单位创建标准。通过开展执法示范单位创建活动，常德市公安局武陵区分局城南派出所被公安部授予“全国执法示范单位”，石门县公安局、鼎城区公安局石门桥派出所被省厅授予“省级执法示范单位”。

2011年，下发《关于全市公安机关统一印制法律文书的通知》，从2011年6月1日起，全市公安机关启用市局统一编号、定点印制的法律文书。制定《常德市公安机关办理未成年人违法犯罪案件的规定》，规范未成年人刑事案件办理，保护未成年犯罪嫌疑人的合法权益。

2012 年，下发《全市公安机关执法办案区域管理规定》，对全市执法办案区域的建设、管理、使用、监督考核进行明确规定。

二、执法检查

20 世纪 80 年代末期开始，市局坚持每年在全市公安机关集中组织开展执法检查，检查方式采取自清自查与重点抽查相结合，执行法律法规与纠正行业不正之风相结合。以后，每年还结合公安队伍集中教育整训检查执法情况，及时整改存在的问题。

1989 年 9 月，制定《关于在全市公安系统开展执法大检查的实施方案》，对 1988 年至 1989 年执法情况进行检查，检查的具体内容：各级公安执法人员和领导干部学法、守法及执法情况；本单位、本部门在执行法律、法规、决议过程中存在的问题和原因；对已揭露和群众反映强烈的违法案件查处情况；对不适合做公安工作的民警澄清底数，弄清基本情况；对知法犯法、徇私枉法的民警逐个登记上报；总结严格执法的典型、经验；收集干部群众对完善有关法律、法规提出的建议和要求。

1990 年 6 月至 7 月，全市公安机关就执行《刑法》《刑事诉讼法》《治安管理处罚条例》等法律进行为期 2 个月的自查和抽查 。9 月至 10 月月底，再次在全市公安系统开展执法检查，检查内容：1989 年以来，贯彻实施《看守所条例》《行政诉讼法》和劳教法律、法规等方面的情况。检查后，市局对全市公安机关执法问题进行通报，通报的主要问题：非法侵犯公民人身权利的行为时有发生；表现在非法拘禁、刑讯逼供、打骂他人、乱用枪支警械、超期羁押、超范围收审、超期限收审、超范围收教、超期留置、无法律手续关押、将监视居住的人犯关押在治安拘留所。乱罚乱没，以罚代刑问题在个别地方仍较严重；表现在以乡规民约或镇规民约代替《治安管理处罚条例》、越权罚款、以罚代刑。个别干警不严于律己，责任心不强，甚至要特权，执法违法。执法违反法律程序和规定，法律文书不规范、不完善、不齐备。

1991 年至 1994 年，执法检查的重点：收审超范围、超期限问题；行政诉讼案件败诉问题；滥用监视居住等刑事强制措施的问题；派出所非法设置“小黑屋”，限制他人人身自由的问题；刑讯逼供，造成冤假错案的情况；乱罚、乱没等非法扣押公民、法人合法财产行政处罚裁决执行不力问题以及罚没财物不公开裁决问题。在连续四年的检查中，共抽查 104 个执法办案单位，走访当地党委、人大、政府、法院、检察院领导 115 人（次），召开各类座谈会 64 次，有 740 多人参与座谈。通过检查发现，公安机关存在的执法问题主要表现：收审超范围、超期限；治安拘留执行不力；行政诉讼案件败诉情况时有发生；少数民警刑讯逼供等 4 个方面。检查发现各类执法问题 461 个，各地法制部门及时整改，发纠正违法通知书 112 份、纠正有偏差的案件 97 件。提出整改措施 141 条。

1996 年 10 月至 11 月，配合常德市人大常委会对全市公安系统开展为期 2 个月的执法检查，检查的主要内容是 1995 年以来全市公安机关执行《人民警察法》《刑法》《治安管理处罚条例》《道路交通管理条例》、全国人大常委会《关于严惩严重危害社会治安的犯罪分子的决定》、中政委《三个绝对禁止》、省委《八个不准》的情况。通过检查发现，存在如下问题：治安管理比较薄弱；部分民警素质不高，违法违纪问题时有发生；经济利益驱动，越权办案，“三乱”（乱罚款、乱收费、乱摊派）问题没有有效遏制；执法不严等，针对以上问题全市公安机关进行全面整改。

1997 年至 1999 年，连续三年在全市公安机关开展贯彻执行《警察法》《刑法》《刑事诉讼法》《治安管理处罚条例》情况的执法检查。

2000 年，市局法制办组织 5 次全市性执法检查，共查阅案件材料 6000 多件，发现执法中存在各类问题 226 个，及时提出限期整改意见，下发《催办通知书》87 份、《纠正违法通知书》21 份，向市局纪委提交《追究执法过错责任建议》41 份，查处落实执法违法 38 起 26 人。是年 7 月，在全市公安机关对 1998 年至 2000 年执行《刑事诉讼法》执行情况进行大检查中，重点检查对犯罪嫌疑人、被告人超期羁押和滥用强制措施问题，以及对罪犯暂予监外执行、减刑、假释等执行情况。

三、执法质量考评

2000 年 12 月，根据公安部、省公安厅的统一部署，在执法检查的基础上，实行执法质量考评，以常态执法考评替代年度执法检查，把公安执法质量纳入整个公安工作的全局统揽，以此强化对公安执法活动的全程监督。

从 2001 年开始，逐年对全市公安机关执法质量进行考评。结合考评适时开展专项整治，堵塞执法漏洞，规范执法行为，实现执法办案全程监管，通过抓执法质量考评促进执法水平提高。是年 8 月，制定《常德市公安局关于开展“一法一条例”执法考评的方案》。9 月 5 日至 9 月 20 日，在全市公安机关开展对《人民警察法》和《治安管理处罚条例》执行情况进行考评。11 月，从各区、县（市）公安（分）局抽调法制办民警 18 人，分片对 10 个区、县（市）公安（分）局执法质量交叉考评，该次考评共抽查留置室 30 个，刑事案卷 436 本，治安行政案卷 512 本，发放调查问卷 1000 份，回收 1000 份。考评结果：优秀执法单位 1 个，达标单位 8 个，未达标单位 1 个。考评成绩前三名为临澧县公安局、安乡县公安局、汉寿县公安局。

2002 年，在开展执法质量考评取得好的效果的基础上，制定《2002 年度全市公安机关执法质量考评实施办法》，成立市局执法质量考评领导小组，由局长任组长，加强对公安执法活动的统一领导，改变过去由市局法制部门一家抓，难以形成合力的被动局面。此后，每年根据本年度执法质量考评的情况，找出问题，整改漏洞，完善细则，修改下年度《执法质量考评办法》，长抓不懈。

2003 年，市局法制办对全市 10 个区、县（市）公安（分）局进行执法质量考评中，共查阅台账120册，案卷939本，评出优秀执法单位5个，达标单位5个。执法质量考评平均分为80.61分。是年，考评刑侦、经侦、税侦、治安7个局属执法部门，评出优秀执法部门1个，达标5个，不达标1个，局属执法部门考评平均分为64分。针对考评中发现的问题，市局下发《关于对突出执法问题进行整改的通知》，限期整改。是年，继续细化标准，扩大考评范围，制定《2003年度全市公安基层执法单位执法质量考评办法》《常德市公安局2003年度县级公安机关执法质量考评实施方案》《常德市公安局2003年度市局直属执法部门执法质量考评实施方案》。三个文件把考评延伸到基层，把市局所属各执法单位和交警、巡警纳入执法质量考评范围，扩大考评范围。同年，下发《常德市公安局关于成立执法问题举报中心的通知》，明确从是年6月10日起，市局受理公民、法人或其他组织对全市公安机关及其人民警察执法问题的举报、投诉。受理范围：故意或者过失造成认定事实错误（导致“冤、假、错”）；适用法律错误；违反法定程序办案；不如实立案，应立案不立案，不应该立案故意升格为刑事、行政案件进行处理等行为；其他执法违法问题。

从2004年开始，市局法制办从各区、县（市）公安（分）局挑选12名法制业务骨干，组成专门执法质量考评队伍，实行执法质量考评全市一个标准、一把尺子，形成考评长效机制。是年，市局执法质量考评共抽查刑事、行政案卷318册，查阅执法基础台账103本，接警记录80余册，检查留置室及羁押场所12个。13个区、县（市）公安（分）局执法质量考评结果：优秀6个，达标7个，执法质量考评平均分80.54分。

2006年，市局制定《常德市公安局办案责任和执法档案管理规定》，对案件承办人、审核人、审批人执法办案责任予以明确界定。是年，市局下发《纠正违反通知书》9份，全部纠错到位，通报批评7人，黄牌警告6人，停止执行职务3人。确定并采取平时考评与集中考核相结合、全面检查与专项检查相结合的办法，将市局考评延伸到基层股、所、队；县局考评延伸到每个执法民警。考评采取查台账、阅案卷、回访当事人等方式，重点对执法作为进行考评，对行政、刑事案件进行全面检查，对群众反映强烈的问题进行摸底调查。建立日常考评与分段集中考评相结合的考评机制。实行执法问题实时通报、集中评议，严格执法过错追究。10月，制定《常德市公安机关办案责任和执法档案管理规定》，通过推行主协办民警责任机制，科学分解和落实执法主体责任，确保执法责任明细化，进一步提高执法队伍专业化水平。通过改进执法档案制度，坚持基层执法民警一人一档，全面记录主办和协办案件情况，作为单位和民警评先授奖的主要依据，将执法办案情况与民警切身利益挂钩，进一步强化民警的责任意识。是年12月，制定《常德市公安局关于进一步严格规范法律文书管理的通知》，将所有的法律文书统一到法制办集中管理。

2009年，市局以执法质量考评为抓手，不断深化执法质量考评。在考评内容上，不仅把刑事案件、行政案件、行政许可、监所管理与候问室管理纳入考评，还将主办民警执法责任制、案件回访制度纳入考评。

2010 年，市局对执法考评细则进行部分修订，建立办理执法监督案件反馈制度，严格执法过错责任追究，实行责任倒查，开展错案评析，促进公安机关执法办案质量。是年，制定《常德市公安局关于执法勤务机构实施法制员制度的规定》，要求 10 人以上执法勤务机构必须配备 2 名以上法制员，10 名以下执法勤务机构必须配备 1 名以上法制员。明确法制员具有制定执法制度、执法规范，组织执法培训和指导，审核执法行为，参与疑难案件讨论、研究，管理执法档案、法律文书、执法台账，组织执法质量考评和个案质量考评，参与行政诉讼案件的答辩和应诉，参与行政案件的听证、复议答辩共 8 项职责。

2011 年，印发《2011 年全市公安机关综合考评实施细则（法制支队）》的通知，考评内容确定为刑事执法（3 分）、行政执法（2.5 分）、监所与候问室管理（0.3 分）、内部监督（2 分）、外部监督（0.2 分）。考评方式为平时考评和集中考评相结合。平时考评：市局依托网上执法办案系统，以网上检查与网下监督相结合的方式进行日常执法监督。集中考评：市局集中抽卷考评和检查，主要考评内容是年度内报警案件、在侦和已办结案件，行政许可或非行政许可的审批事项，监所、候问室检查。平时考评占全年考评分值的 30%，集中考评占全年考评分值的 70%。制定《常德市公安局 2011 年度执法办案系统应用考评内容及评分标准》，执法办案系统应用考评实行百分制，考评信息录入质量（70 分）、信息录入率（20 分）、监督管理（10 分）。全年开展集中考评 4 次，开展案件评查 4 次，发现和督促整改执法质量问题 100 余处。

四、执法监督专项治理

2003 年，市局下发《常德市公安局关于印发全市公安机关取保候审、监视居住案件专项治理实施方案的通知》《常德市公安局关于印发取保候审、监视居住专项治理检查内容参考标准分解及其他刑事执法质量问题检查范围的通知》，对取保候审、监视居住案件进行专项治理。

2007 年 2 月，开展为期 3 个月的对违法办理“黑案”（指未经裁决直接收取罚没款的案件）、违规办理“黄赌”案件和治安拘留执行不到位 3 个突出执法问题的整治活动。6 月，印发《关于做好全国劳动教养审批制度改革专项检查准备工作的通知》，对 2005 年 10 月 1 日至 2007 年 5 月 10 日办理的劳教案件进行专项检查治理。

2008 年年初，在全市范围内开展取保候审专项治理活动，规范取保候审申请、审批、决定、撤销以及收取、管理、退还、没收保证金行为，确保公安机关准确适用取保候审强制措施。3 月，在全市范围内开展为期 3 个月的“黑案”专项整治。规定对在“黑案”专项整治期间自清自查揭摆出来并整改到位的免除责任。自清自查后，公安机关办案部门在考评年度内仍被发现有 1 件“黑案”的，在全市通报批评，该办案部门执法质量直接确定为不达标，对直接责任民警给予党纪政纪处分；发现有 2 件以上“黑案”的，对办案部门“一把手”给予党纪政纪处分后一律免职，对所属公安机关分管负责人进行诫勉谈话；县级公安机关在执法考评年度内被发现有 3 件以上“黑案”的，其执法质量直接确定为不达标，公安局长一年内不得提拔、交流。7 月，发现澧县公安局桃花滩派出所存在法律文书管理混乱、法制审批流于形式、涉案财物管理失控、未经裁决的“黑案”较多等执法问题后，市局专门制定《常德市公安局关于对澧县公安局执法问题的整治方案》，由市局法制支队牵头对澧县公安局执法问题进行 3 个月的全面整治，迅速扭转少数基层单位执法混乱的局面。

2010 年，在全市公安机关开展涉案财物专项治理，规范执法办案中涉案财物行为，全面清理涉案财物，发现整改涉案财物问题 9 起。以此为契机，建立规范涉案财物管理的长效机制。

2011 年，在全市开展羁押场所（含看守所、拘留所、强制隔离戒毒所）专项督察和涉案财物管理专项督察。督察过程中发通报 3 期，责令书面检查 3 人，通报批评 5 人（系县局局领导），停止执行职务 3 人，行政处分 1 人。整改台账管理混乱、法律文书管理不严、行政拘留执行不到位、拘留人员请假泛滥共 4 类问题。

2012 年 3 月，下发《全市公安机关执法不作为专项整治活动工作方案》，期间共清查案件或线索 5994 起，整改有案不立案件 3331 起。4 月，法制支队和警务督察支队联合对全市 2011 年 11 月 1 日以来的行政拘留执行工作进行专项检查。5 月 31 日，召开全市公安机关行政拘留执行工作专题会议，对检查发现的违规不执行行政拘留、违规提前出所、违规请假出所、违规收取保证金、违规拒收被拘留人员 5 个突出问题进行通报。下发《关于进一步明确和规范常德市拘留所执行工作的通知》，规范行政拘留的投所执行、请假出所、出所治疗、停止执行、暂缓执行、解除拘留等执行工作。

第二节　案件审核

一、刑事、行政案件审核

市局法制办根据各个时期不同社会热点、焦点问题和公安执法中遇到的难点问题，逐步建立办案审核制度，用制度管理和规范执法。

1993 年，市公安局与市中级人民法院联合下发《关于印发〈关于办理公安行政诉讼案件的有关问题的具体意见〉的通知》，就办理公安行政诉讼案件有关问题归口公安法制部门达成共识。

1998 年，随着公安机关内部“侦审合一”（即刑侦部门与预审部门合并）的改革实施，对办案质量要求不断提高，法制办工作前移，直接对刑事、行政案件进行审核。是年，制定《常德市公安局关于办理取保候审、监视居住暂行规定》，将取保候审、监视居住刑事强制措施审核把关归口到法制部门。有效弥补因侦审合一后，对案件办理全过程监督制约的空白。通过对刑事、行政案件审核，法制部门把监督的关口前移到受理立案环节，实现案件审核三个方面大统一，即①执法办案大统一，通过行使审核权，对执法办案各个环节进行监督制约，最大限度防止出现执法漏洞。②法律文书大统一，通过执法办案文书归口法制部门统一管理，有效防止违法使用法律文书问题出现。③涉案财物管理大统一，实行逐级审查，办案与管理相分离，物随人走，案结物销，及时处理。

1999 年，制定《常德市公安局关于进一步加强刑事拘留强制措施审核把关的通知》，建立法制部门审核把关机制。进一步规范刑事拘留强制措施使用，有效遏制滥用刑事拘留权、违法拘留、超期拘留、以拘代罚等现象发生。

2003 年，制定《常德市公安局关于进一步规范公安行政执法的意见》，对公安行政案件受理和立案、证据收集和质证、涉案财物处理、案件裁决、处罚执行、法律文书制作使用、案卷装订作出明确规定。同年，制定《常德市公安局关于进一步规范案件审核的通知》，明确法制部门案件审核范围。

2005 年，制定《常德市公安局受案立案管理工作规定》，明确刑事案件立案法律文书集中由各区、县（市）公安（分）局法制办开具。制定《常德市公安局关于严格禁毒执法有关问题的规定》《常德市公安局关于严格治安拘留人员出入所管理的规定》《常德市公安局涉案财物管理规定》，使全市民警在强制戒毒、拘留人员出入所、涉案财物管理等执法活动中有更具体的操作细则。制定《常德市公安局机关内部执法审核规定》，明确内部执法审核范围、内部执法审核程序、局领导审批范围。

2006 年，制定《常德市公安局关于规范治安拘留、强制戒毒、劳动教养入所执行的通知》，明确规范吸毒成瘾人员强戒期限、终止和解除强戒的条件和标准，严格限制所外戒毒审批条件，加大对毒品违法犯罪打击和整治力度，并统一归口法制办审核把关。

2007 年，制定《常德市公安局关于重申治安拘留、强制戒毒、劳动教养执行问题的通知》，建立三类人员出所审批把关机制，将治安拘留请假、就医等出所审批权直接收归区、县（市）公安（分）局局长审批，将全市强制戒毒人员限制所外戒毒审批权一律收归市局，由市局法制办审核后报局长审批。有效防止行政监管场所被监管人员虚假执行、随意出所问题发生。

2008 年，市局在全市公安机关推行警务综合平台，实行执法办案网上审核。所有刑事、行政案件从受理、立案、调查、采取强制措施、处罚决定、处罚执行等各个环节全程纳入流程管理。至此，全市公安机关案件审核步入信息化管理阶段。

2009 年，针对赌博、扒窃等行政处罚自由裁量权幅度过宽，容易引发民警执法不公等问题，制定《常德市公安局关于统一赌博类行政案件处罚裁量标准的意见》《常德市公安局关于统一扒窃类行政案件处罚裁量标准的意见》，限制执法民警自由裁量权，规范基层执法行为。是年，为进一步规范强制隔离戒毒案件办理，强化对戒毒人员管理，制定《常德市公安局关于办理强制隔离戒毒案件正确适用法律的意见》。到 2012 年，共审核刑事案件 492 件，审核行政案件 471 件。

二、劳教案件审核

市局法制办除负责公安执法监督外，还负责全市劳教案件的审核工作。随着法制不断健全完善，执法过程中对案件审核内容和程序监督不断增强，依法、公正审核劳教案件尤为重要。为此，市局法制办针对劳教案件审核细化标准、规范程序，确保劳教案件的办案质量。

2000年，制定《常德市公安局关于劳教人员投所执行有关问题的通知》，确保劳教人员投所执行安全、有序进行。

2001年，制定《常德市公安局关于在“打黑除恶”专项斗争中运用劳教手段的通知》，对带有黑社会性质犯罪组织以及在一定区域内称霸一方的流氓恶势力确定适用劳教的情形，确保“打黑除恶”专项斗争取得最好的社会效果。同年，市局制定《常德市公安局关于进一步明确劳动教养审批有关问题的通知》和《常德市公安局关于劳教人员投所执行有关问题的通知》，进一步规范劳教案件办理。此外，还充分运用劳教手段打击处理“法轮功”邪教组织骨干、顽固分子，共劳教邪教“法轮功”人员79人。

2003年，制定《常德市公安局关于进一步规范劳动教养所外执行有关问题的通知》，对所外执行对象范围、审批程序、监督管理等作明确规定。

2004年，市局法制支队针对劳教人员投（送）所执行提出明确要求：对女性劳教人员一律送株洲白马垅劳教所执行；男性邪教“法轮功”劳教人员一律送长沙新开铺劳教所执行；其他劳教人员一律送常德朱湖劳教所执行。已批劳教人员月内投（送）所执行率必须达90%以上。

2006年6月，制定《常德市公安局关于在劳动教养审批工作中全面实行聆询制度的通知》，在劳教审批工作中，贯彻落实劳教制度改革措施，缩短劳教决定期限，扩大所外执行范围，全面推行聆询制度和告知当事人代理权制度。对劳教聆询范围、程序等均作出明确规定，充分保障当事人合法权益。

2007年，市局法制支队不断深化劳教审批制度改革，建立健全劳教案件审批制度。劳教案件审批坚持“谁审核谁把关、谁审批谁负责”的原则，同时坚持多级审核和集体审议，层层审核，层层把关，落实审核责任，确保劳教案件质量。

2008年，制定《关于在奥运安保期间进一步加强劳动教养审批工作的意见》《常德市公安局关于进一步明确地下“六合彩”赌博案件劳动教养呈报标准的通知》。充分运用劳动教养手段打击赌博等违法犯罪，维护社会治安，净化社会风气。

至2012年，全市批准送劳动教养27832人，批准送收容教养104人。

1988—2012 年常德市案件审核统计一览表

表 4—1

年份	批准劳教（人）	批准收容教养（人）	审　核 刑事案件（件）	审　核 行政案件（件）
1988 年	377	14	—	—
1989	1259	40	—	—
1990	1273	11	—	—
1991	858	4	—	—
1992	1195	12	—	—
1993	1230	1	—	—
1994	1669	—	—	—
1995	1589	14	—	—
1996	2650	8	—	—
1997	1551	—	—	—
1998	1490	—	—	—
1999	1669	—	—	—
2000	1735	—	—	—
2001	1733	—	—	—
2002	1256	—	—	—
2003	1057	—	—	—
2004	963	—	—	—
2005	677	—	—	—
2006	799	—	—	—
2007	839	—	65	64
2008	918	—	68	96
2009	270	—	75	98
2010	259	—	105	90
2011	236	—	78	79
2012	280	—	101	44
合计	27832	104	492	471

第三节　法治教育

一、法治培训

1990 年 9 月，市局法制办牵头对全市 180 名法制民警进行为期 3 天的培训，培训后进行考试，考试合格率为 100%。11 月，市局举办为期 40 天的法治民警培训班，为使培训达到预期效果，市局法制办编印《公安行政执法实用法规选编》作为培训教材。共培训各区、县（市）公安（分）局法制办、基层派出所法制民警 54 人。

1992 年，在全局民警中开展“一法一条例”（《行政诉讼法》和《行政复议条例》）学习。是年 7 月至 8 月，市局在市委党校分两批对市局机关 200 余名民警进行为期 7 天的封闭式训练、学习。11 月，市局对全市公安机关 20 余名综合考评不及格民警在武陵区武装部举办为期 1 个月的提高培训。

1993 年 3 月，制定《常德市公安局民警法制学习培训方案》。1993 年 4 月至 1994 年年底，用一年半时间，对全市公安民警进行全面系统的法律知识培训。

2001 年，市局法制办编辑月刊《公安法制动态》，及时反映公安执法活动的情况，并编辑《企业职工普法手册》、汇编《处置群体性突发事件资料汇编》。是年 6 月，全市 137 名民警参加全市公安民警素质教养培训班培训学习。

2005 年，制定《常德市公安机关法制部门大练兵活动实施方案》，明确法治民警必须掌握的法律法规和规章以及开展大练兵活动要求。市局法制办牵头在全市公安机关开展 4 次法制培训。3 月，对新录入民警进行为期 3 个月的公安专业知识培训，系统进行政治理论、法律法规、公安业务基础知识学习，经过培训，全市公安机关 230 名新警全部考核合格。4 月，对全市劳教专干进行培训，就劳教范围作进一步明确，对劳教审批工作中存在的问题进行剖析，对基层公安机关如何办理和审核劳教案件以及呈报劳教所外执行等作出严格要求。7 月，对市、县两级治安、人口与出入境、网监、禁毒等部门和派出所从事行政许可审核审批工作的负责人进行培训，系统学习《行政许可法》《常德市公安局实施行政许可管理规定》，进一步明确行政许可受理、审核程序和期限、实施主体、审批期限等。10 月，对军队转业到公安机关的干部进行一个月的公安专业知识和法律知识培训。

2007 年，市局法制办牵头对《治安管理处罚法》《中华人民共和国物权法》《中华人民共和国行政复议法实施条例》《公安机关办理行政案件程序规定》等多个法律法规组织全警培训。

2008 年，制定《常德市公安局民警学法考法制度》，并印发《全市公安法制民警学习运用警务工作正规化指南实施方案》，要求法治民警开展《警务工作正规化指南》学习，以提升公安民警法律素质和执法办案水平，以考促学、以学促用。7 月，为推动警务平台执法办案系统应用工作，市局法制支队组织全市警务平台执法办案系统小教员培训，各区、县（市）公安（分）局共 35 人参加培训。9 月，为贯彻实施《湖南省行政程序规定》，市局法制支队组织各区、县（市）公安（分）局法制民警 12 人进行《湖南省行政程序规定》培训学习。

2010 年，制定《全市公安机关“执法技能专训”活动方案》。7 月上旬至 10 月中旬，开展以提高执法能力和水平为主要内容的执法技能专训活动。是年，为创新培训机制，市局建立民警轮训轮值、随岗培训制度，全市建立民警随岗培训点 57 个，确定随岗培训教官 188 名。

2011 年，在全市公安机关轮值轮训班增设执法培训课程，每期执法培训不少于 3 天，全年共办执法培训班 9 期，累计 108 课时，参训民警 720 余人。

2012 年，全市新建随岗培训点 54 个，确定随岗培训教官 144 名，全年举办新警培训、涉案财物管理系统操作培训、警务督察业务培训等 56 期，1873 名民警参训。

二、执法资格考试

2009 年，落实公安民警执法责任制。制定《常德市公安局主办民警执法责任制实施办法》《2009 年度全市公安机关主办民警执法资格考试工作实施方案》。实施主办民警责任制，决定主办民警执法资格考试每年举办 1 次。考试主要测试应试人员所应具备的法律专业基础知识和从事公安业务工作基本能力，考试的内容包括公安理论、现行公安法律、法规侦查实务和警察职业道德。5 月，市局组织全市公安机关第 1 次主办民警执法资格考试，1496 名民警参加考试，729 名取得主办民警执法资格，271 名取得协办民警资格。

2010 年 4 月、7 月，市局分别组织全市公安机关第 2 次、第 3 次主办民警执法资格考试，共 1650 名民警参加考试。903 名取得主办民警执法资格，239 名取得协办民警资格。

2011 年，举办第 4 次主办民警执法资格考试，参考民警 3000 余人次，1646 人取得主办民警执法资格。

2012 年，举办第 5 次主办民警执法资格考试，参考民警 367 人次，327 人取得主办民警执法资格。

第四节　提案办理　行政复议应诉

一、办理人大、政协建议提案

随着立法、司法和依法行政工作的不断健全完善，各级人大、政协的建议、提案增多。对此，市局对办理人大、政协建议、提案工作高度重视。2000 年，市局制定《常德市公安局关于办理人大代表建议和政协委员提案工作规定》，明确组织领导、办理范围、办理原则、办理程序、办理制度。此后，每年年初，市局都要根据是年人大、政协建议、提案涉及的内容制定出是年建议、提案办理工作方案，成立由局长任组长的专门班子，集中力量，明确时限，限期办结。市局办理人大、政协建议、提案采取由局长指挥调度；建议、提案内容涉及的二层单位具体承办；法制支队督办、审核、汇总、回复；分管法制局领导审签的办理模式落实。并明确建议、提案办理承办人、承办单位、审核人、审签人职责，把办理人大、政协建议、提案工作情况纳入市局精细化管理目标考核，以促进承办单位、承办人接到建议、提案后，都能立即行动，有针对性地开展工作，严格按要求办理。

2006 年，市政协四届四次会议上，3 名政协委员联名提出《关于要求全市机动车驾驶员身体年检权下放到区县的建议》。市局交警支队对机动车驾驶员身体年检的管理模式：全市机动车驾驶员每年统一到市第一中医院或该院在白鹤山机动车驾驶员考试管理处设立的体检中心体检后，再到市交警支队驾管科窗口录入体检信息，群众很不方便。政协委员提出的建议，引起市局交警支队高度重视，按照方便群众、服务群众的原则，市局交警支队利用三个月时间在全市各区县（市）县级医院选点，在各区、县（市）交警大队建立驾驶人体检信息录入系统，并与公安部交通管理信息系统联网。通过充分调研、反复验证后，从是年 10 月起，市局交警支队将办理机动车驾驶员身体年检，委托给县级医疗机构和各区、县（市）交警大队直接办理。该项举措方便广大机动车驾驶员，社会各界对交警部门立行整改、方便群众的作为给予高度肯定。

2000 年至 2012 年，共收到涉及公安机关的人大、政协建议、提案 707 件，其中主办 452 件，会办 255 件。坚持做到件件有回复、有落实、有结果。在整个办理过程中，态度诚恳，认真听取人大代表、政协委员的意见。建议、提案回复与代表、委员见面率 100%，《办复情况征询意见表》满意、基本满意率 100%，确保建议、提案办理质量。

1988—2012 年常德市人大、政协建议提案办理一览表

表 4—2

年份	人大、政协建议提案数（件）	其中	
		主办（件）	会办（件）
2000	44	26	18
2001	64	35	29
2002	53	37	16
2003	67	56	11
2004	56	31	25
2005	53	29	24
2006	43	27	16
2007	35	24	11

续表

年份	人大、政协建议提案数（件）	其中	
		主办（件）	会办（件）
2008	48	34	14
2009	65	49	16
2010	71	40	31
2011	82	48	34
2012	26	16	10
合计	707	452	255

说明：人大、政协建议提案从2000年开始办理。

二、行政复议与应诉

1990年10月1日《中华人民共和国行政诉讼法》实施，市局将行政案件复议和应诉工作由治安科移交法制办承办。在办理行政复议和诉讼案件中，市局法制办始终坚持有法必依、执法必严、违法必究的原则；坚持集体研究、逐级审核、分工负责、责任到人的原则；坚持及时受理、及时审查、及时决定、及时送达原则。通过复议应诉发挥监督职能，充分维护当事人合法权益。2003年，市局制定行政复议、行政诉讼案件办理程序，统一行政复议受理、决定、送达回执等法律文书。2008年，市局制定《常德市公安局办理行政复议诉讼案件工作制度》，进一步明确本级复议案件办理程序、上级复议案件办理程序、行政诉讼案件办理程序和案卷管理要求。至2012年，共受理行政复议案件432件，维持241件，撤销60件，变更19件，当事人撤回112件。行政诉讼案件150件，维持102件，撤销7件，当事人撤回41件。

1988—2012年常德市行政复议案件办理一览表

表4—3

年份	受理案件（件）	办理结果			
		维持（件）	撤销（件）	变更（件）	当事人撤回（件）
2000	117	60	30	7	20
2001	79	49	7	5	18
2002	30	7	10	1	12
2003	25	7	2	3	13
2004	27	14	—	—	13
2005	30	15	3	1	11
2006	11	11	—	—	—
2007	18	6	1	—	11
2008	21	21	—	—	—
2009	17	13	2	2	—
2010	24	9	2	—	13
2011	18	14	3	—	1
2012	15	15	—	—	—
合计	432	241	60	19	112

说明：行政复议案件从2000年开始办理。

1988—2012 年常德市行政诉讼案件办理一览表

表 4—4

年份	诉讼案件（件）	其中		
		维持（件）	撤销（件）	当事人撤回（件）
2000	29	27	1	1
2001	30	22	2	6
2002	16	12	—	4
2003	12	10	1	1
2004	5	4	1	—
2005	4	2	2	—
2006	15	6	—	9
2007	9	4	—	5
2008	16	5	—	11
2009	5	1	—	4
2010	6	6	—	—
2011	2	2	—	—
2012	1	1	—	—
合计	150	102	7	41

说明：行政诉讼案件从 2000 年开始办理。

第二章　公安信访控申

1988 年，市局信访工作由局办公室负责处理，配备信访专干，设有专门的信访接待室。主要负责人民群众及相关单位来信来访、日常接待；负责交办、转办、检查督办所受理的信访事项按照职责分工转交有关部门、有关警种办理；承办上级交办的信访事项；回复群众的来信来访等工作。2005 年 9 月，市局设立信访科。根据公安部信访工作规定，市局信访科的主要职责：登记信访事项，并受理属于本级公安机关管辖的信访事项；对所受理的信访事项按照职责分工转交有关部门，有关警种办理，或者自行办理；协调办理重要信访事项；承办上级机关交办的信访事项；向下级公安机关转送或者交办信访事项，并对其交办办结报告进行审核；对信访事项的办理情况书面答复或者告之信访人；检查、督促、指导本级公安机关其他部门和下级公安机关的信访工作；对本级信访工作中发现民警有违法违纪行为的，向有关部门转交并提出处理建议；开展调查研究，分析信访情况。

第一节　来信来访受理

1988 年至 1992 年，全市公安机关共受理人民群众及社会各界来信来访 6060 件/次，办结来信来访 5971 件/次，办结率为 98.5%。该时期，信访工作的重点是围绕社会大局稳定，维护安定团结和服务经济建设，认真查处来信来访反映的问题，集中处理一批信访案件，妥善处理一批疑难信访案件。针对民间纠纷、山林、土地、水利、拆迁和刑事、治安案件等引发的群众来信来访，实行分级负责，归口办理，领导亲自接待，内外互动等形式，疏通信访信息渠道，搞好超前防范，避免大规模群体性事件的发生，有力地维护社会治安稳定。

1993 年至 2004 年，公安信访工作重点是围绕改革开放、服务经济建设，维护政治稳定和社会安宁，解决事关全局和公民合法权益的问题开展工作。对群众来信来访不推不拖，详细做好记录，按照政策、法律、法规认真做好调查回复，对不稳定因素提前做好预防工作。1993 年，共受理群众来信来访 814 件，办结 812 件，办结率为 99.7%。该时期，信访形势有所好转，群众投诉减少。2003 年至 2004 年，由于各种利益纠纷、矛盾冲突开始凸显，群众来信来访呈现增多的趋势，分别达到 891 件和 895 件。1993 年至 2004 年，累计受理群众来信来访 8921 件次，办结 8866 件，办结率为 99.3%。

2005 年，市、县两级着力解决群众来信来访遗留问题；5 月，公安部部署公安局长“大接访”活动，市、县两级公安机关由一把手亲自接待群众来信来访，集中解决群众反映的涉及公安机关和民警的各类投诉问题。针对群众反映的情况，市、县两级公安机关在下半年组织开展矛盾纠纷大排查，集中处理一批群众反映的涉法、涉诉突出问题。是年，共受理群众来信来访1359件，办结1344件，办结率为98.9%。市局信访科直接受理群众信访案件51件，办结信访案件50件。通过局长大接访活动，对各类问题进行梳理后，开始逐步推进公安信访工作制度化建设，市、县两级公安机关信访网正式开通投入运行，并与省公安厅信访网对接。

2006年，开展《公安机关结案不息访和非正常上访问题专项治理》。2007年，重点围绕“案结事了，事要解决”强力推进信访长效机制建设。2008年至2012年，重点抓好信访积案清理，源头预防。其间，共受理群众来信来访3431件（次），市、县两级公安机关根据群众不同诉求，分门别类交由相关警种和部门依法依规作出处理，给来信来访群众作出答复。注重做好源头预防工作，逐步完善建立六项制度。①局长接待制：市、县两级公安机关落实公安部、省公安厅关于“一把手”接访要求，确定局长信访接待日，将局长及班子成员接访的时间、地点张榜公布，并在电视台公开。②交办包案制：落实“人人受到局长接待，件件得到依法处理”，明确信访责任。局长在接访时现场受理的信访案件，根据“属地管理、分级负责”和“谁主管、谁负责”的原则，定包案领导、定责任单位、定工作措施、定办案期限，以《大接访局长交办书》的形式交办相关单位“一把手”，责成包案领导严格按照“问题不查清不放过、问题不解决不放过、上访人不停访息诉不放过”的要求，组织专门力量调查处理，一包到底，在规定的期限内将办理结果书面答复上访人。③捆绑接访制：对重复上访案件，市局以电话约访的形式，告知上访群众，同时通知所属区、县（市）公安局局长和相关警种负责人，到市局信访接待室会同市局局长接待上访群众，倾听上访群众的诉求，研究解决问题的措施，对纠错不力或解决问题不到位的，当面责令相关区、县（市）公安局局长向上访群众赔礼道歉；在处理信访问题时，对涉案财物该退还的退还，该赔偿的赔偿，以此解决久拖不决的上访问题。对公安机关执法办案不理解的或认识有偏见的，及时做好说服教育及调解工作，以此解决办结不息访的问题。④专家会诊制：从刑侦、经侦、交警、纪检、法制等业务部门聘请一批业务精通、经验丰富、熟悉法律、法规的业务骨干，组成专门班子解决涉及刑事犯罪、经济案件、交通肇事、执法执纪、行政管理等信访问题的“疑难问题专家组”，每月对各区、县（市）公安局和各单位提交的疑难信访案件进行一次集体会诊，提出权威性意见，指导案件办理。⑤上门回访制：对局长已经接待，案件已办结，但上访人不息访的案件，要求相关区、县（市）公安局局长在半个月内对上访人主动进行一次回访，再次倾听其诉求，再次研究工作措施，耐心细致地做好解释说服工作，以真情赢得人民群众的理解和支持。⑥责任追究制：对滥用职权、执法不公、不作为，导致信访问题的发生；对工作不负责任，解决问题不及时，小事拖大，易事拖难，久拖不决，形成老案、积案；对工作不深入不细致，出现失职、渎职行为，引发群众集体上访、重复访、越级访；对信访问题处理不力，推诿扯皮、敷衍塞责，导致信访增多、越级上访数量居高不下，造成严重后果的，无论是领导干部还是普通民警都要一查到底，严格按照有关规定追究责任。六项制度的建立，不仅解决信访工作中的矛盾和问题，而且使公安信访工作逐步走向制度化和规范化，确保处理人民群众来信来访做到有章可循，有制可依，解决问题，群众满意。

第二节 信访案件化解

1988年至2004年，全市公安机关共受理信访案件1178件，办结1166件，因各种原因，共有13件未办结。2005年，市局成立信访科后，逐步加大信访案件化解力度，特别是重大信访和疑难信访积案的化解工作。对中央、省每年交办的信访案件，根据不同时期的不同要求，区分任务，明确责任，做到在是年进行化解。2005年至2006年，信访案件化解，主要通过市、县两级公安机关的领导和基层所队长接访和各警种配合，对上级交办的95起信访案件逐一分解，上下联动，分级负责，责任到人，化解信访案件92起，化解率为96.8%。对维护社会稳定，促进经济发展，建立和谐社会发挥积极作用。

2008年，重点开展“深入群众，化解信访积案”的专项行动。1月9日，鼎城区黄土店镇梅××等三位老人手拿“市长接待室”的转办函来到市局信访接待室，反映当地“毒枭”、毒贩猖獗长期祸害群众的情况，请求公安机关进行查处。值班局长接访后高度重视，及时交办市局禁毒支队查处。经过公安机关20余天的侦办，获取李××、周××、刘××等犯罪嫌疑人的犯罪证据。2月12日，在常张高速公路张家界入口处将犯罪嫌疑人李××、周××、刘××等抓获，当场缴获海洛因408.5克。12月25日，在公安部的统一部署下，正式启动为期3个月的“公安民警大走访”爱民实践活动。全市各级公安机关广大公安民警深入基层、深入实际、深入群众，进农村、进社区、进企业、进家庭，送温暖、送平安、送法律、送服务，听民声、访民意、察民情、排民忧、解民难，化解矛盾纠纷，整治治安隐患，着力解决群众困难，集中化解矛盾纠纷，全力维护社会稳定。是年，共处理遗留信访案件61件，化解60件。

2009年，全市公安机关开展“三长”（市长、县长、局长）接待日活动，信访部门抓住“三长”接访和继续开展的民警大走访的有利契机，以抓好涉法、涉诉信访问题的处理工作为着力点，突出信访长效机制建设和源头治理工作，认真开展矛盾纠纷的排查化解工作，集中精力，全力以赴办结上级交办、督办的重信重访案件。结合公安民警“大走访”活动，突出信访长效机制建设和信访信息化建设，努力使信访问题控制在当地、解决在基层、化解在萌芽状态，全力化解社会矛盾。市、县两级公安机关带案下访、预约接访、上门回访。共接待处理群众信访问题433件、467人次，其中，市、县两级公安机关的领导（含市局接访48起57人次）共接访193起、221人次，不仅有效化解历史遗留的信访案件，而且解决新发生的信访案件12起。5月21日，市局收到上级机关转来的《署名“百姓”信访事项的函》反映常德市的非法传销给人民群众带来严重危害，请有关职能部门严厅打击处理。市局根据信访反映的情况线索立即部署，开展打击非法传销行动，共出动警力2000余人次，捣毁传销窝点99个，查处传销人员1298人，其中，刑事拘留47人，提请逮捕23人，起诉10人，送劳动教养11人，行政拘留65人，解救受骗群众80余人。是年，化解34件上级交办的重要信访和积案。

2010年，全市各级公安机关高度重视新形势下信访问题的新特点，不断创新工作方法，结合是年开展的“信访积案化解年”“民警大走访”活动，进一步强化公安信访工作，积极化解社会矛盾，密切警民关系，预防和减少信访问题引发的不稳定因素。通过信访问题分析，针对工作中薄弱环节，制定相应的工作措施，不断提高执法办案质量和效率，提高公安民警化解矛盾纠纷的能力，把信访问题解决在基层，解决在萌芽状态。对到省进京非正常上访等问题，区、县（市）局领导主动接访、约访和下访。并严格实行领导包案制度，推动问题在短时间内解决；对已作出处理结论的初访案件及时回访，掌握信访人动态，对信访办结后又反弹的重新核查，及时疏导解决，避免越级重复上访。是年，受理信访案件39起，化解39起。

2011年，全市公安机关围绕“重点信访案件专项治理”及“三访三评”深化大走访工作。积极发挥信访工作职能优势，挖掘信访工作潜能，深入推进积案集中清理化解。年初，省委政法委、省公安厅交办信访未化解的积案56起，均为多年未结的“骨头案”“钉子案”，积案化解转入最为艰难的集中攻坚阶段。为确保积案化解目标的实现，市局采取盯人、盯案、责任包干的措施，一件件突破。是年，化解信访案件54起，取得良好成效。桃源县公安局多措并举，落实三个到位，即合理诉求解决到位，无理诉求解释到位，困难帮扶救助到位。是年，成功化解17起信访案件，他们的成功做法被省公安厅在全省公安机关推广。年内，市公安局还实行网上办信工作，对人民群众网上投诉做到件件有着落，事事有回音，在全市12个区、县（市）开通网上办理信访，使信访工作的透明度和群众的知情权更高。市政府在全市网上办信工作会议上推广市局“大力开展网上办信，促进社会和谐稳定”的主要做法。

2012年，公安信访工作重点以“十八大”安保工作为中心，全力做好“两会”等敏感时期信访维稳工作，有效保障公安信访渠道畅通有序。共受理群众来信来访377件（批），同比下降24.6%；受理部、省转办信访件116件，同比下降15.3%；受理上级共交办信访积案104起，息访103起。其中，中央政法委、公安部交办的7起，全部办结化解。落实帮扶、争取求助51户、116.7万元，共有32名上访的信访老户停访息诉。是年3月，江苏丹阳市经商户黄××反映：1999年7月17日，常德人肖×、刘×等假冒汉寿县农业生产资料总公司城关中心站的名义，与其签订价值55万元农药销售合同，农药销售后仅得到3万元。黄××要求追缴50余万元的损失多年未果，多次上访。对此，市局责成汉寿县公安局认真查处，限期化解。6月和9月，汉寿县公安局2次派人到江苏省丹阳市禾丰植保有限公司与当事人沟通，在依法处理的同时，给其救助2万元，并告之对犯罪人员进行依法打击的情况，使该起信访案件得到彻底化解。是年 12 月，全市信访案件化解工作现场会在市公安局召开，市局在会上作“强化法制意识，创新工作思路，全面推进公安信访积案化解工作”的经验介绍。现场会后，市人大及市委政法委组织各区、县（市）和市直单位负责人对市局信访工作进行现场观摩并向全市推广。至2012 年年末，全市共受理信访案件 1626 起，办结化解 1603 起，有效解决群众诉求。

1988—2012 年常德市公安信访数据一览表

表 4—4

年份	受理来信来访（件）	办结来信来访（件）	办结率（%）	受理信访案件（件）	办结化解信访案件（件）	办结率（%）
1988	905	890	97.0	293	292	99.7
1989	1057	1035	98.0	82	82	100
1990	1692	1666	98.4	181	179	98.9
1991	1387	1369	98.4	49	49	100
1992	1019	1011	99.2	31	31	100
1993	814	812	99.7	35	35	100
1994	693	683	98.6	41	40	97.6
1995	513	502	98.0	38	38	100
1996	715	710	99.3	58	57	98.2
1997	709	705	99.4	52	52	100
1998	677	672	99.2	54	51	94.4
1999	662	660	97.0	49	47	96
2000	632	631	99.8	46	45	97.8
2001	619	613	99.0	43	43	100
2002	601	598	99.5	38	36	94.7
2003	891	887	99.6	48	47	97.9
2004	895	893	99.6	40	40	100
2005	1359	1344	98.9	51	50	98
2006	1221	1198	98.1	44	42	95.5
2007	769	763	99.2	59	58	98.3
2008	785	761	96.9	61	60	98.3
2009	433	424	98.0	36	34	97.1
2010	738	736	99.7	39	39	100
2011	706	702	99.4	54	53	98.1
2012	769	765	99.5	104	103	99

第五篇　公安科技　通信

1988 年，市公安局设立通信科。1996 年，更名为通信计算机管理科；2002 年，更名为信息通信科。1999 年，设立科技科，将科技建设管理、技防、计算机管理监察工作统一归口管理。2007 年，科技科与信息通信科合并为科技信通科；2009 年，更名为科技信息管理办公室。其主要职责：负责研究制定全市公安科技发展规划；负责公安科技建设项目的管理；负责全市公安信息化、科技强警工作；负责公安科技项目申报和专项成果推广应用工作；组织公安科技学术交流活动；负责全市公共安全技术防范管理工作；负责对全市公安有线综合通信网、无线综合通信网的运行管理和维护。负责全市公安信息网络和设备资源的运行维护、管理和服务，保障公安信息网络、信息系统安全，为各类公安业务应用提供优质高效、安全可靠的网络传输及系统运行平台。公安科技建设历经从小到大、由弱到强的发展过程，使公安科技在网络办公、指挥调度、治安防控、刑事侦查、交通管理等方面发挥出巨大效能。

第一章　公安科技

第一节　“金盾工程”建设

常德市“金盾工程”建设按照公安部和省公安厅的统一部署，以实战促建设、以建设促应用、以应用促发展，于 2001 年启动。从科技强警、全面提高公安队伍战斗力的高度，强化认识，周密部署，稳步实施，历时四年的“金盾工程”建设得以全面完成。至 2005 年，市局至省厅的计算机二级网络带宽达 40 兆 ，市局在 NE05 主干路由器上扩容 16 口，区、县（市）公安局共安装华为 3680E 及其他品牌的路由器共 13 台。市局至武陵、鼎城、桃源、汉寿、临澧、澧县、石门、津市、安乡九个区、县（市）公安（分）局网络带宽为 6 兆，市局至德山、柳叶湖、西湖、西洞庭四个分局网络带宽为 4 兆。市局及 13 个区、县（市）公安（分）局都建立起自己的网站，市区县（市）公安机关 323 个应接入网点的单位，全部按标准，分别以光纤、局域网和 ADSL 方式 100% 接入公安网。全市公安网上计算机达到 1373 台，百名民警上网注册率超过 30 台。市局在市政府网站上开通子网站，实现警务公开和网上受理。全市人口、出入境、刑侦、禁毒、车管、驾管、监管、政工等部门数据库资料都进入信息综合查询系统，实现信息关联和比对。先后完成人口基本信息、违法犯罪人员信息、机动车与驾驶员信息、安全重点单位信息、警员基本信息、在逃人员信息、被盗抢汽车信息、出入境人员信息八大资源库的建设。完成人口信息管理系统、违法犯罪人员信息系统、派出所综合信息系统、车驾信息管理系统、消防安全重点单位信息系统、被盗抢汽车信息系统、在逃人员信息系统、非法邪教组织成员信息管理系统、公安综合信息查询系统、民警违法违纪案件查办系统、公安人事信息管理系统、禁毒信息管理系统、出国（境）人员信息管理系统、境外人员来华信息系统、民爆物品管理信息系统的共建共享。为使“金盾工程”更好发挥科技强警效应，由政治部、科技科和警官培训中心组织开展民警计算机应用培训。至2005年，全市共举办计算机培训班68期，参训民警达3000多人次，占全市民警总数的75%。其中，为市局机关民警举办计算机技能培训班6期，300多名公安民警参训并全部顺利通过公安部和人事部门组织的考试。

第二节　科技强警示范城市建设

2006年5月，常德市公安局以公安部科技强警示范城市建设暨全省第一批科技强警示范县市建设座谈会为契机，将常德市成功申报为全国第二批科技强警示范建设城市。随之，科技科组织全市公安科技部门在全市范围内开展为期一周的科技强警示范城市建设宣传活动。通过广泛宣传科技强警示范城市建设的内容及重要意义，剖析常德市科技强警工作现状，迅速在全市范围内营造出各级领导重视、社会各界关心、全局动员、全警参与科技强警示范城市建设的良好氛围。是年8月，市局派员参加公安部、科技部在杭州举行的科技强警示范城市研讨会，并参观南京等4个全国第一批科技强警示范城市，对先进地区的建设思路、模式、步骤、效果进行深入学习考察。9月，制定《常德市科技强警示范城市建设实施方案》并上报；10月，经由公安部、湖南省公安厅组织的专家组评审论证通过。

2007年3月，市公安局按照公安部批复的实施方案，组建以局长汤向荣为组长的工作班子开展工作，同时报请市委、市政府同意，吸纳财政、科技等相关部门参与，于4月成立以市委常委、市政府常务副市长陈文浩为组长，市公安局、财政局、科技局、政府信息办等部门主要负责人为成员的常德市科技强警示范城市建设领导小组，不仅为科技强警示范城市建设提供有力的组织保障，也为建设提供强有力的财政和技术支持。5月，科技科对方案进行分解、细化，将责任分解落实到各警种、各部门，并明确提出各项任务目标的完成时限。为准确掌握科技强警示范城市建设进展情况，推动创建工作的全方位落实，科技科还建立科技联络员制度和工作情况通报制度，每月通报新建科技项目的进度情况，每季汇总建成投入、应用的效果及相应保障机制的落实情况。

通过狠抓宣传发动，强化工作措施，至2008年，科技强警示范城市的六大体系、22个项目的建设，取得显著成效。全面建成网络基础设施，三级网、四级网、局域网等网点100%标准接入，内外网站正常运转，八大资源库和各类应用系统建设全部完成；无线集群覆盖全市，实现省、市、县三级漫游联网，一线执勤民警移动电台配备比例达到100%；三级电视电话会议系统全部开通；信息中心开通办公自动化系统、综合信息查询系统、涉密信息传输系统和身份认证系统，民警数字证书拥有率达到100%，入网计算机拥有率达到125.8%；市县两级全面完成“三台合一”建设，智能接处警系统可同时打进30路电话，实现电话录音、历史查询和三方通话；处警车辆全部安装GPS定位系统，可通过电子地图、无线对讲传达和接收处警指令；投入280多万元经费为基层公安机关刑事技术部门采购装备，对全市政法部门所有支公用枪支建立枪弹痕迹档案，完成指纹自动识别等各类刑事信息系统的升级扩容。在2008年4月全国刑事技术室等级评定中，全市9个技术室全部达标，其中1个达一级、3个达二级。11月，市局刑事科学技术研究所在公安部联合组织的鉴定能力验证考核中，获得全省两个第一。技侦“两化”建设达到公安部二级标准，网监部门建成互联网监控中心、侦控中心和报警处置中心。在进一步巩固、完善武陵、石门、津市智能交通管理系统的基础上，2007年，再度投入2600多万元经费，对鼎城、桃源、汉寿、临澧、澧县、安乡六个区、县智能交通管理系统铺开全面建设，建立电视监控、固定和移动电子警察、通信网络、语音系统及指挥中心等管理平台。2007年，消防部门在装备登高车、高喷车、火场照明车、器材装备车、大功率泡沫消防车的基础上，投入760万元添置一台32米多功能云梯消防车、2台8吨水罐消防车、3156件（套）个人防护装备和抢险救援器材；消防通信指挥，实现系统接处警方式微机化、灾情判断科学化、指挥系统网络化、指令下达自动化、力量调度集群化、辅助功能联动化、各种信息实时化、火灾档案标准化；充分依托全省《消防安全重点单位灭火救援预案管理系统》，科学制定6种类型灭火救援预案、570多个重点单位灭火救援个案，为消防战术研究及灭火救援提供全新的网络平台。

2008年9月，常德市被公安部、科学技术部评为全国科技强警示范城市。2009年2月，市局科技信息管理办公室被公安部、科学技术部评为全国科技强警示范城市建设工作先进集体。2011年1月，市局科技信息管理办公室被省公安厅评为全省公安机关“三基一化”工程建设先进单位。

第三节　指挥中心建设

2009年6月，市政府二十二次常务会议同意常德市公安局指挥中心建设项目立项。是年12月，市政府第80次专题会议确定建设规模。经市电子政务管理办、市财政局评审中心通过对方案评审后，于2010年7月正式启动指挥中心建设项目。

应用指挥场所是为处理应急指挥业务而构建的一套通信顺畅、指挥灵便、功能完备的工作场所，在发生重大公共突发事件时，为领导提供统一指挥协调各种应急资源的高度智能化指挥机构。项目建设涵盖装修工程、电气及照明系统、UPS不间断电源系统、网络系统、信息安全系统、服务器与存储备份系统、动力环境监控系统、综合显示系统、数字会议系统、多媒体集中控制系统、消防系统、机房屏蔽工程、视频监控系统等内容。在应急指挥平台的建设上，坚持高标准、高起点、高质量建成无线通信调度系统（350兆）、视频会议系统、移动指挥GPS系统、移动警务通以及PGIS、大情报、“三台合一”接处警系统及智能视频防控五大应用系统。指挥中心的建成，初步构建起在市委、市政府统一领导下，以市公安局指挥中心为龙头的跨部门、多层次联动的指挥平台，提升常德市公安信息化应用水平，提高了常德市治安防控和应对公共突发事件的调度处置能力。2011年12月9日，指挥中心建设项目经市政府组织专家组验收合格，投入使用。系统上线后，情报中心运用系统平台，半年时间内调度协调有关部门抓获在逃犯罪嫌疑人52人。

第四节 城市治安视频监控系统建设

2007年3月，省厅确定常德市公安局为全省城市报警与监控系统建设试点单位。是月，由市局领导带队，与市电信局的相关人员一道前往建成“天网工程”的成都市考察。根据成都城市治安监控系统建设的经验，结合自身实际，确定采用电信“全球眼”模式，将治安视频监控建设分两期进行。第一期，根据科技强警示范城市建设要求，综合考虑震慑犯罪、掌握线索、固定证据和接处警等方面的因素，确定2007年8月20日前，完成市城区208个摄像头的安装，初步建成城区主干道、重点地区、重点部位与指挥中心联网的图像监控系统。同时设立9个派出所监控中心，分别对所辖区域进行实时监控。第二期，重点建设市公安局、武陵区分局监控中心，实现金融单位、要害部门等与市公安局指挥中心联网。为落实建设任务，市局专门成立试点建设工作领导小组，出台工作方案，对建设任务进行细致分解，明确部门职责和工作要求，并多次召集治安、刑侦、网监等相关单位负责人会议，进行专项工作调度，形成上下一心齐抓共建的工作格局。是年5月21日，市政府召开第十八次常务会议，专题研究城市报警与监控系统建设工作，并决定先期投入380万元启动建设。同时要求市局在完成208个监控点建设的基础上对市交警支队已建的29个视频监控点及金融系统、娱乐场所、宾馆酒店等部门已建的视频监控点进行资源整合，共同构建常德市“平安城市”图像监控系统。7月至9月，在建设工程全面铺开的过程中，为确保工程达到高标准、高质量的要求，市局组织有关职能部门和武陵、柳叶湖分局及相关派出所民警实地踏勘，选点布局，确定在市城区党、政、军要害部门及周边、商业街道、道路卡口、人流密集路段、娱乐场所周边及街面案件多发区，确定208个报警及视频监控点位。并依据《湖南省城市报警与监控系统建设规范》确定的标准，在前端设备、平台设备、网络承载设备、存储设备等方面，明确施工建设的质量技术要求。10月，在全面完成系统建设的基础上，市局着眼于应用、管理。制定出《监控人员岗位培训制度》《监控人员工作制度》《监控人员奖惩制度》《监控人员绩效考核制度》等规章制度，从而为报警、视频监控系统的运行和实效性提供保证。

2008年，全市治安报警视频监控系统全面建成，市局在建成监控指挥中心的基础上，12个区、县（市）建成二级监控指挥中心，19个城区及区、县城关镇派出所建成三级监控平台，共建成前端摄像监控点1206个，比省里下达的728个的考核指标多478个，超额完成计划目标的65%。

第二章　公安通信

第一节　有线通信

1988年，市局设立通信科，主要担负电话话务值班、传真收发和无线值机等项工作任务。

1995年以前，全市公安通信一直处于原始落后状态，通信联络仅靠20门共电总机和磁石电话机接转，为适应社会的发展和公安业务工作的需要，从1996年起，对全市有线通信进行升级改造。是年，争取省厅和市财政支持，淘汰落后陈旧的共电总机，实现公安有线专网程控化，并使专网进入公众网。1997年，完成县级公安机关通信网的换代改造工程，实现全市专网直拨、专市合一。1998年下半年，投入8.5万元，沟通省、市级64KB/S数据线路，将原有的2条模拟线路扩容为4条数据线路，使省、市际通话效能得以明显提高。1999年，随着鼎城、德山两地程控通信系统的开通，全市专网程控改造任务全面完成。

2005年，市局完成公安专线电话交换机电路割接及电话改制，专线电话实现号码升位。各区、县（市）局完成程控交换机数字中继板的配备工作，将E/M中继更换成数字中继，增加通信信道。2006年，引入市场竞争机制，市局完成程控交换机更换及电话改制，实现公安专线电话设备程控化、拨号自动化、传输数字化。2005年，市局至省厅、市局至武陵等九个区、县（市）局通过2兆专线开通视频会议系统。2010年，市局至13个区、县（市）公安（分）局的电视电话会议系统专线由2兆升级为10兆。

第二节 无线通信

1988年，开始使用无线通信；1992年，全市使用150兆无线通信；1993年，全市建成转信台14个，无线基地台114个，车船台84个，配备对讲机960部，全市250个派出所中有131个派出所购置无线通信设备，占总数的52.4%。1994年，全市启用双工信道，新增转信台、基地台、车载台28台，手持机110部，全市262个派出所中，有201个派出所配备无线通信设备，占派出所总数比例上升至76.7%。与此同时，科学调整频段配置在全市组建4个无线通信网，在频率配备，网络设置上均分层次，按照警种恰当配置，既考虑到联网通信，又能够独立成网，既充分利用有限频率资源，又一改过去多警种同网工作，造成信道拥堵的现象，有效避免干扰，提高通信效率。

1999年4月，按照科技强警的总体要求，市局党委把350兆无线通信建设作为一把手工程提到重要议事日程。是年，在市局机关楼顶和太阳山建立两个无线通信基站，将12个信道与全市13个区县（市）、省厅及洞庭湖区其他地市连通。到2005年，市局350兆无线集群增至48个信道，上至省厅、下至各区、县（市）均实现全省范围内的漫游联网。

第六篇　后勤保障

1988 年，市公安局设立装备行政科；2005 年，更名为装备财务科；2009 年，更名为后勤装备部。其主要职能：负责指导全市公安警务保障工作；负责全市公安机关警用装备、被装配备的计划、采购、发放与管理；负责申报公安业务经费和其他专项拨款计划并监督、管理使用情况；负责编制和管理局机关的经费预、决算和国有资产；负责编制和监督局直属单位经费预、决算；负责监督局机关经费使用情况；负责局机关的基建、接待、车管、安全保卫工作；负责局机关的动力设备维护保养、供水供电、房屋修缮、机关大院卫生保洁、环境绿化、美化；负责机关食堂、内部招待所的管理；负责机关干部、职工医疗保健及卫生防疫。

第一章　财务保障与管理

第一节　经费保障

公安经费保障是公安事业发展的重要物质基础，20 世纪 90 年代，市公安局（以下简称市局）的经费保障一直采取的是“本级财政预算 + 少量省拨公安事业费 + 行政性收费和罚没收入 + 各类捐赠”的模式，因为没有确定保障标准、收入不稳定、开支缺口大，所以跑财政要经费是常态。进入 21 世纪，随着我国公共财政基本框架的确立，保证政府提供公共服务的支出需要成为财政支出的重点，公安工作关乎社会政治稳定，属于公共财政应予保障的范畴，由此成为财政支出保障的重点。在这个大背景下，2004 年，市政府出台公安机关基本支出标准，按照市级公安机关年人均 4.5 万元（包括人员经费和公用经费），县级公安机关年人均 3.5 万元（包括人员经费和公用经费）的标准安排经费，公安机关办理大案要案、大型装备购置以及基础设施建设经费，根据工作任务和财务情况由同级财政予以安排。保障标准出台后，公安机关的人员支出和日常公用支出基本得到保障。

2005 年，省公安厅、省财政厅出台县级公安机关公用经费保障标准：省扶贫县（常德市石门县为省扶贫县）年人均公用经费不低于 2 万元，其他区、县（市）年人均公用经费不低于 2.5 万元，并足额列入综合财政预算。为督导落实常德市县级公安机关公用经费保障标准，是年12月21日，市公安局和市财政局联合召开全市县级公安机关经费保障工作现场会议，对各区、县（市）落实公安公用经费保障标准提出具体要求。2006年至2007年，全市公安和财政部门密切配合，形成共识，使公安公用经费保障落实到位。至2007年年底，市、县级公安机关公用经费保障已全部达标，比省公安厅要求的必须在2008年年底完成提前一年。2008年，市局本级财政预算经费也由综合预算年人均4.5万元（包括人员经费和公用经费）调整为年人均公用经费2.8万元。

2009年，实施司法保障体制改革，常德公安专项转移支付资金分配到位，市本级转移支付资金为2073.15万元，比2008年中央、省级补助市本级各类经费总额762.11万元增加172%。司法保障体制改革大幅增加转移支付资金额度，为公安工作提供强有力的保障支持。

2011年，市局财政预算公用经费保障标准由年人均2.8万元调整为3万元。2012年，常德市部门预算改革，将市局公用经费标准调整为年人均5.31万元（其中包括转移支付办案业务经费）。除预算保障和上级转移支付保障外，市财政还根据市局工作的实际需要追加大要案经费、大型装备购置经费和基本建设经费，市局经费总量连年增长，保障情况逐年好转。除保障人员经费和日常运转经费开支外，市局经费主要投入公安业务、公安技术装备建设和基建方面，为公安事业全面发展打下基础。

2006年至2007年，投入市本级科技强警建设资金674.08万元，其中，城区电子眼建设投入214.2万元，办公自动化建设投入170.73万元。2009年至2010年，市局院落搬迁及反恐训练基地项目建设期间，市局从行政经费中结转自筹基建资金1730万元。2011年至2012年，新院落搬迁后，市局加大投入完善办公楼内部设施，购置全新的公安业务技术装备，其中投入2700多万元建成高标准的指挥中心，投入781.13万元购置办公用具，投入449.44万元建设刑科所和网技业务技术用房。2012年3月，公安部部长孟建柱考察常德公安工作，对常德加大科技强警投入，提升防范和打击犯罪整体效能的做法给予充分肯定。是年，市局本级保障经费达9570万元。

第二节　财务管理

从20世纪90年代开始，国家进行财政体制改革，推行“收支两条线”管理制度、部门预算制度、国库集中收付制度和政府采购制度等，形成规范有序的财务体制，给行政单位财务管理带来绩效的同时，也为行政单位财务管理带来规范的外部环境。市局财务管理工作也作出重大调整和严格规范，主要是依托“收支两条线”制度加强非税收入和涉案财物管理；依托部门预算制度对市局二层单位实行经费包干管理；依托国库集中收付制度规范单位资金收付管理，确保资金安全；依托政府采购制度规范单位资金使用管理，尤其是车辆油修定点采购，有效控制交通费支出。同时，市局根据法律法规和上级政策，立足本单位情况，不断修订完善财务管理制度，使单位财务管理进一步规范化、制度化。

一、实行国库集中支付制

2002 年 3 月，按《市会计集中核算管理办法》规定：市局机关及基层单位（含市第一看守所、市第二看守所、市戒毒（收教）所、市警官培训中心、市出租车管理办）的会计核算工作统一纳入市会计核算中心集中核算，单位取消会计和出纳，只设报账员；基层单位财务收支由市局机关财务部门管理，实行“单独核算、统一管理、集中上报”；看守经费、工会经费按照“独立核算、财务把关、内审监督”的原则进行管理（第一看守所、第二看守所账户于 2012 年 4 月被取消）。

2006 年 1 月起，市局纳入常德市财政国库集中支付改革单位，市局依托财政国库集中支付系统办理国库集中支付事务，同时不再进行会计集中核算，单位与会计核算中心办好会计资料交接后自己进行账务处理。市局机关设立零余额账户和专用存款账户。为方便预算外资金的收支管理，市财政局国库科同意有行政事业性收费职能的警官培训中心和戒毒所两个市局二层单位设立零余额账户和专用存款账户。2012 年，上述三个单位的专用存款帐户按要求取消，只保留零余额账户。实行国库集中支付以后，市局的用款计划必须经过财政相关业务科室审批，支付原始票据经过市支付局审核，最后由支付局直接支付和授权本单位支付，有效堵塞收支漏洞。

二、实行政府采购制

1998 年，常德市财政开始实行政府采购制度。市局购买市财政局下发的集中采购目录以内的或者采购限额标准以上的货物、工程和服务，除涉密项目外均需经过政府采购，否则，市会计核算中心（2006 年以后，为市支付局）不予支付。政府采购的目录和标准根据需要每年有所调整。2004 年，根据常政办函〔2004〕58 号文件精神，市直行政事业单位从是年 10 月 1 日起实施公务用车定点维修。市局作为车辆使用大户，从市政府定点十八家维修厂家拟定五家维修厂家，市局后装部派专人负责车辆维修审核，并与修理厂家对接。从 2010 年 4 月起，湖南省所有公务车辆用油实行政府采购。市局所有公务车辆办理加油卡，在中石化公司网点定点加油，财务科不再报销零星加油发票，有效杜绝虚报冒领汽油费的情况。是年，市局后装部制定设备耗材采购表，实行使用单位申报、科信办技术审核、后装部集中办理采购手续并将相关费用计入二层单位支出的制度，进一步规范采购行为。

三、实行预算包干制

市局机关二层单位公用支出实行预算经费包干管理，将财政预算公用经费预留财政统筹和单位公共支出部分后按人均比例包干到各二层单位。根据工作实际，2008 年，人均年包干经费标准从 0.5 万元/人提高到 2 万元/人。后装部根据年初制定的《预算包干管理实施方案》对各二层单位进行成本核算，规定各二层单位全年支出不能超标，接待费支出不能超过总支出的20%，食堂接待支出比例不低于总接待支出的70%，否则予以扣分。加分、扣分结果与市局机关精细化管理挂钩，实行预算包干制，不仅对规范经费管理起到积极作用，而且对各警种、各部门和民警个人在经费使用上，自觉做到科学理财、开源节流，确保经费用途正当、目的明确。

四、强化财务管理制度

坚持财务管理制度建设。市局每年对财务管理相关制度进行修订和完善，先后出台并修订《常德市公安局机关财务管理制度》《机关公务接待用餐管理暂行规定》《机关车辆管理制度》《机关餐厅管理规定》《机关涉案财务管理规定》《节能降耗措施》《水电使用管理制度》等。根据财务管理制度，市局支出管理坚持局党委领导下的“一支笔”审批原则。市局各二层单位必须明确一名主签负责人和具体经办人负责本单位各类经费的收支，并报后装部备案；各单位分管财务的负责人因执行公务发生的财务事宜，本人不得审批，应由其他负责人审批。各单位开支包干经费和专项经费，采取每月集中报账制，完成财务审批手续后统一支付。对5万元以内的重大、特大业务、专项支出项目，须向分管财务的局领导报告；5万至10万元须报局长批准同意后，按程序审批；10万元以上的重大、特大业务支出、专项支出项目，必须由单位预先申报，经局党委和局长办公会集体研究决定后，按审批程序办理。

五、规范非税收入管理

2004年，湖南省财政厅印发《湖南省非税收入票据管理办法》，明确从2004年9月1日起，正式启用《湖南省非税收入一般缴款书》和《湖南省非税收入专用收据》，逐步取代收费（基金）票据和罚没票据。2006年，常德市财政局、中国人民银行常德市中心支行、常德市非税收入征收管理局联合印发《常德市市直单位非税收入汇缴管理暂行办法》，市局自是年1月起，安装非税收入执收系统，除公安内部系统拨付经费使用往来收据外，其他非税执收使用《非税收入一般缴款书》，并采用机打开票。市局后装部财务科设非税管理员，负责购领非税票据、开票、缴销票据、与国库核对非税收入等。2009年至2012年，省公安厅纪委每年对全省公安机关进行涉案资金收付情况进行检查，为落实涉案资金财物管理，市局对涉案资金的收取和处置进行规范。2011年至2012年，市局修订完善《涉案财物管理制度》和《涉案财物管理细则》。

第二章　警务装备

公安警务装备指公安交通装备、武器警械、公安被装及应急装备物资，是保障公安工作，提高公安机关战斗力的重要因素。随着经济社会的发展和综合财力的不断增强，全市公安机关的业务装备配备水平逐年提高，为惩治犯罪、维护全市的社会治安大局稳定发挥重要作用。

第一节　警务车辆装备

市局机关所配备使用的交通装备主要是车辆，分为一般公务用车和执法勤务用车两大类。1988 年，由于受编制人数和当时经济条件的制约，市局机关仅有 9 台机动车，其中民用号牌车 4 台，警用号牌车 5 台，量少质差。是年，全市公安机关的交通装备配备整体水平不高，全市公安机关共有机动车 88 台，其中民用号牌车 18 台，警用号牌车 70 台；此外，还配备有警用摩托车 98 台，自行车 181 辆。

1989 年至 1996 年，市局机关车辆购置更新的速度一直较慢 ，8 年间共新购置机动车 9 台，淘汰报废机动车 2 台。至 1996 年 12 月，市局机关共有各型机动车 17 台，其中民用号牌车 5 台，警用号牌车 12 台。是年，开始配备专用的囚车和刑事技术现场勘查车。

1997 年至 2000 年，市局机关车辆的购置更新速度明显加快，而且车辆质量显著提升，快速反应能力得到加强。截至 2000 年年底，市局机关共有各型机动车 58 台，其中民用号牌车（含专段号牌车）30 台，警用号牌车 28 台。

2001 年至 2012 年，随着全市经济的快速增长和中央、省级转移支付力度的不断加大，在市财政资金和上级转移支付资金的支持下，市局机关共新购置各型车辆 85 台。仅 2010 年一年，市局机关就投入经费近 400 万元，购置 23 台新车。截至 2012 年年底，市局机关已有各型车辆 87 台，其中民用号牌车 45 台，警用号牌车 42 台。是年年底，全市公安机关共有各型汽车 1171 台，其中民用号牌车 193 台，警用号牌车 978 台；此外，还配备有警用摩托车 189 台，自行车 40 辆。全市公安机关不仅车辆的数量和种类大大增加，质量也上了新的台阶，且各项功能完备，除普通的公务用车和执法勤务用车外，市、县两级公安机关还配备有运兵车、刑事技术勘查车、技术侦查车、现场指挥车、囚车等特种车辆。极大地满足侦查办案、抓捕追逃、值勤巡逻、维稳处突、押解等公安业务工作的需要。

在车辆管理上，依据相应法律、法规和公安部、省厅对警车的管理规定及公务用车管理部门的要求，市局机关的车辆严格按照“集中管理、定编使用、相对固定”的原则实行管理。除局领导的指挥用车外，其他车辆都相对固定到各下属单位，由下属单位负责对所属车辆进行日常管理和维护，特殊情况下市、县两级公安机关所有车辆必须无条件服从后装部门的统一调配。车辆所需油料由后装部门根据实际工作需要进行核定和供给，车辆维修需报后装部审核并按规定程序审批后，再送市财政部门指定的维修厂进行维修。

第二节　警用武器　警械

一、警用武器

警用武器主要用于公安民警有效制服正在发生的严重犯罪行为，对反恐、防暴、处突、打击严重暴力犯罪具有极其重要的作用。按照对人体的伤害程度，警用武器可分为制式警用武器和非致命性警用武器两大类。制式武器的种类主要有手枪、步枪、冲锋枪、机枪及使用具有杀伤力霰弹时的防暴枪等；非致命性武器主要有 97 式系列防暴枪、38 毫米防暴长枪、38 毫米防暴短枪和使用橡皮弹时的转轮手枪等。1988 年，市局机关配备的枪支主要有公安式、加拿大式、六子式等杂牌手枪和少量的 54 手枪及 79 式冲锋枪，以军用列装武器为主。1989 年至 1996 年，各种杂牌枪逐渐淘汰，市局机关配备 54 式、64 式、77 式三种手枪，并增加 79 式冲锋枪的配备数量，新配备狙击步枪和 82 式微型冲锋枪，仍以军用列装武器为主。在枪支管理使用上采取平时由后装部门集中保管，需要时按程序审批后领用的原则进行管理使用。1997 年以后，97 式系列防暴枪、38 毫米防暴长枪、38 毫米防暴短枪和 9 毫米转轮手枪等新型枪支陆续正式列装，改变以往警用武器完全采用军用列装武器的局面。在武器弹药的管理上，严格落实枪弹分库保管存放和双人双锁等制度规定；特别是 2010 年市局机关整体搬迁后，硬件设施投入上百万元，建成高标准武器库，按部颁标准购置 30 个存放枪弹的专用保险柜，确保武器库的绝对安全。

二、警械

人民警察在依法履行职责中使用警械主要是起到警示、警告、自卫、防护和抵御非法袭击和制服、制止、约束犯罪嫌疑人的重要作用。警械按其发挥的作用可分为自卫制服性警械、约束性警械、警示性警械等类型。1988 年，市局机关配备的警械只有橡皮警棍、手铐、脚镣等种类，而且配备的数量也比较少。随着社会经济的发展和治安形势的变化，公安机关面临的压力和担负的任务不断加重，对警械种类和数量的需求也不断增加。全市公安机关根据变化的形势和任务，及时对警械进行购置配备和更新，确保满足各项公安业务工作对警械的需要。截至 2012 年年底，配备的自卫制服性警械主要有橡皮警棍和伸缩警棍、强光手电筒、催泪喷射器、抓捕网等；配备的约束性警械主要有手铐、脚镣、约束带、警绳；配备的警示性警械主要有警械带和警车上安装的警灯、警报器。在警械的管理使用上，制定严格的管理制度，采取平时集中统一保管，需要时按程序审批领用的方式进行管理，警械存放由后装部门建立详细的登记台账，专库专人管理，严格防火、防盗、防潮、防损的各项安全措施，保管人员按规定定期对警械进行维护保养和清点核对。

第三节 公安制式服装

人民警察制式服装是人民警察的重要标志，是人民警察执法的重要象征。质地良好、样式美观、穿着舒适的人民警察服装，有利于人民警察执行勤务，对于激发人民警察的斗志、增强人民警察的荣誉感和责任感、增进人民警察的凝聚力和向心力等具有重要意义。

一、公安制服及式样

从新中国成立初期到2012年，全国公安机关人民警察的制式服装经历7次调整或改革，形成8种警服式样，分别是：“五〇”式警服、“五五”式警服、“五八”式警服、“六六”式警服、“七二”式警服、“八三”式警服、“八九”式警服和“九九”式警服。1988年至2012年，公安民警的警服式样经历三次变化，即“八三”式警服、“八九”式警服和“九九”式警服。现全市公安机关统一着装为“九九”式警服。

现列装的“九九”式警服色调为藏蓝色，与世界警服色调接轨。冬、春秋男常服为西服翻领式；高级警官内配白色衬衣和织有警徽的深蓝色领带；普通民警内配铁灰色衬衣和织有警徽的银灰色领带；交警内配浅蓝色衬衣和织有警徽的深蓝色领带。女常服除衬衣、领带搭配与男常服一样外，还采用公主线分割，造型上更符合女性体形特点。常服面料均采用细纹华达呢和加厚哔叽。男、女多功能服为中长风衣样式，采用聚氨酯防水透湿涂层布面料，内衬保暖絮片，结构设计上强调警察执行勤务的功能性，可拆卸的内胆适于春秋、冬季穿用。值勤服为警察执行勤务时穿着。春秋值勤服为西服翻领式，内配衬衣、领带与常服相同；冬季值勤服为立领式。根据不同警种工作需要，值勤服分为普通民警和交警、巡警两种。交警、巡警式值勤服比普通民警值勤服的款式较短，并加有腰带袢，便于扎系外腰带和携带装备。夏装男女均为长短袖制式外穿立领衬衣，衣领上绣有领花，颜色和领带搭配与常服内穿衬衣相同，男民警着夏长裤、女民警着裙子，衬衣下摆必须扎系在裤腰（裙腰）内。帽子的帽墙装饰条为橄榄枝，装饰带为银灰色，春、夏、秋季男民警戴大檐帽，女民警戴卷檐帽，交警帽子为白色，民警着值勤服时可戴棒球帽式警便帽。冬季男女均戴栽绒棉帽。标志服饰：帽徽由内嵌国徽、长城图案的盾牌、橄榄枝及带有汉字、拼音字母警察的飘带组成，为银色镂空设计；领花由内嵌五星的盾牌和倒“人”字橄榄枝组成，为银色镂空设计；胸徽由内嵌飘带的盾牌、直杠、橄榄枝组成，并标明警察所属地区或单位；警号由银色数字组成，标明警察的编号；臂章是由汉字中华人民共和国警察、五星、飘带、长城图案及橄榄枝组成的盾形织物，臂章标明警察的隶属，如公安、司法等。

二、公安制式服装分类

按照“九九”式警服标准的规定，全国公安制式服装主要分为服装、鞋、帽、标志、装具共5类。

1. 服装类

服装主要包括长袖制式衬衣（普通警察长袖制式衬衣、交通警察长袖制式衬衣、高级警官长袖制式衬衣）；短袖制式衬衣（普通警察短袖制式衬衣、交通警察短袖制式衬衣、高级警官短袖制式衬衣）；内穿衬衣（普通警察内穿衬衣、交通警察内穿衬衣、高级警官内穿衬衣）；单裤、裙子；常服（春秋、冬常服）；夹克式警服（普通警察春秋式、冬夹克式警服；交、巡警春秋式、冬夹克式警服）；多功能服（普通警察多功能服，交、巡警多功能服）；作训服（夏、冬作训服）8类。

2. 鞋类

鞋类主要包括单皮鞋；棉皮鞋；毛皮鞋（光面毛皮鞋、光面毛皮靴）；皮凉鞋；雨靴（中筒胶靴、长筒胶靴）；作训鞋（警用胶靴）6类。

3. 帽类

帽类主要包括警察大檐帽、凉帽；交警大檐帽、凉帽；警察女呢、布卷檐帽；交警女呢、布卷檐帽；警便帽、栽绒帽；皮面、布面直毛皮帽6类。

4. 标志类

标志类主要包括行政警衔肩章（硬式、软式、套式软警衔肩章）；专业技术警衔肩章（硬式、软式、套式软警衔肩章）；帽徽（大/小）；领花、胸徽、警号、臂章；领带、领带卡；腰带（外腰带、内腰带）；标志扣（服装扣、帽扣、肩章扣、按扣）7类。

5. 装具类

装具类主要包括雨衣；反光背心；防护头盔（夏季、冬季防护头盔）；工作包；太阳镜；手套（皮手套、绒手套、白色针织手套）6类。

三、公安制式服装管理

全国公安机关人民警察的服装制式和着装范围一直是由公安部负责制定方案，报国务院审批；警服的发放办法，由公安部商财政等部门确定。警服的经费保障机制，随着国家经济体制和财政体制的变革而变化，具体管理办法也随之调整。1988年至2008年，全市公安机关的服装经费一直是由同级财政负担，各单位自行到专用被装生产企业采购，致使部分经济条件较差的区、县（市）公安（分）局民警的被装很难按供应标准配备到位。在被装管理上，2006年，公安部被装管理信息化系统平台建成后，市、县公安机关被装管理部门充分利用这一平台推广应用办公自动化工作，准确掌握所属单位的着装实力，便捷操作人员的调入、调出，及时录入民警的服装尺寸，按要求申报每年的被装计划。通过提高被装管理的信息化水平，使每个民警的身材尺寸都能从网上及时传送到被服生产厂家，生产厂家再按每个民警的身材尺寸制作服装，真正做到量体裁衣，既确保每个民警能穿上合体的警服，又实现被装“零库存”的目标，避免不必要的浪费，节省经费支出。从2009年起，全市公安民警的被装经费全部由中央和省级转移支付资金保障，减轻基层公安机关特别是贫困地区公安机关的经费压力，从根本上解决困扰基层公安的被装经费问题，此后，全市公安民警的被装实行按计划供应标准及时足额发放。到2012年，全市公安机关所有民警的被装全部按照标准配备到位。

第四节　应急装备物资

公安应急装备物资主要用于支援和补助公安机关应对处置社会安全事件、自然灾害、事故灾难、公共卫生事件以及大型活动安全保卫工作。应急装备物资储备管理体系的建立，为公安机关提高快速反应能力、及时应对各类突发事件和自然灾害、事故灾难等奠定了坚实的物质基础。按照公安部的部署和要求，全国公安机关建立了部、省、市、县四级应急装备物资储备管理体系，制定了联动调拨机制。根据公安部制定的市级公安机关应急装备物资储备的品种要求，市局机关应储备的应急装备物资应包括武器、警械；防护、防暴装备；观察、通信及照明器材；生活保障物资和其他装备物资共计五大类。市局机关根据常德市的自然环境特点并结合市局所面临的任务，对公安应急装备物资的购置、储备工作一直比较重视，截至2012年年底，市局机关储备过的应急装备物资品种主要有防暴枪及其配套使用的防暴弹、橡皮警棍、伸缩警棍、手铐、防弹背心、防毒面具、防暴头盔、防暴盾牌、防暴钢盔、防暴盔甲、警绳、警戒带、约束带、勘察箱、路障、警笛、操舟机、橡皮艇、救生衣、防刺背心、防割手套、强光手电、水马围栏、搜索灯、抓捕网、单警装备、手提喊话器等近30个品种，储备的上述应急装备物资在常德市应急处突和救灾、救险中发挥过重要作用。

1998年6月至7月，常德市发生特大洪灾，沅水和澧水两大水系均严重超过警戒水位，最高洪峰时超警戒水位3.5米。灾情就是命令，市局在市委、市政府防汛指挥部的统一指挥调度下，抽调上百名精干警力分赴灾情最严重的市城区上游河洑和澧县、安乡等地，尽最大努力保护人民群众的生命财产安全，维护灾区的社会治安秩序。市局机关后勤装备部门行动迅速，立即启动应急装备物资快速调拨机制，为每位一线参战民警及时发放雨衣、救生衣、手电筒等抗洪救灾装备物资，并启用水上操舟机一部，水上橡皮艇2艘，安全转移受灾群众86人次，及时向灾区运送救灾物资55批次。后勤保障工作做到及时、有力、到位。

2002年10月，武陵区护城乡四组发生一起持刀伤人案，办案民警在对犯罪嫌疑人实施抓捕过程中，犯罪嫌疑人异常凶悍，持刀拒捕，窝藏在一民宅中与执行抓捕任务的民警形成了对峙的局面；市局指挥中心接到报告后，根据案情发展需要，立即启用应急装备，后装部民警携带防暴枪和催泪弹迅速赶赴现场，在找准犯罪嫌疑人的薄弱环节后及时使用催泪弹予以打击，顺利将犯罪嫌疑人抓获，防止更严重后果的发生，确保办案民警的人身安全。在历次大型活动的安全保卫工作中，市局机关利用购置的水马围栏，在活动现场入口、出口及广场中心布置成水马隔离带，为维护大型活动现场秩序、确保大型活动的安全发挥重要作用。

2010年，市局机关整体搬迁后，建成专用的公安应急装备物资储备仓库，明确专门的仓库管理人员，制定应急装备物资入库、出库管理规定和仓库管理员职责等系列制度规定，建立和完善各种登记台账，出台《常德市公安机关应急装备物资储备管理规定》和《常德市公安机关应急装备物资储备调拨预案》，使全市公安应急装备物资的购置、储备、管理、调拨、补充和使用逐步走向标准化、制度化、规范化的轨道。

第三章　基础设施

第一节　机关院落建设

1988年，市局机关坐落在市城区建设西路68号，占地面积22亩，是一个集办公、办案和民警宿舍于一体的综合大院。有2栋二层办公、办案用房，建筑面积约2400平方米；1栋机关食堂，建筑面积约600平方米。1990年，新建1栋二层老干活动中心，建筑面积400平方米。1992年，在原址新建1栋五层的综合大楼，建筑面积3460平方米；1栋车库，建筑面积310平方米。1994年，新建1栋三层接待室，建筑面积490平方米；1栋两层110办公楼，建筑面积870平方米；1栋四层出入境办公楼，建筑面积640平方米。1996年，新建1栋四层指挥调度中心，建筑面积560平方米。1998年，新建1栋四层档案用房，建筑面积400平方米；1栋三层食堂和大会议室，建筑面积1320平方米。

2004年12月9日，市委常委会议研究决定，市局机关院落整体搬迁新建。根据市委常委会精神，市局于2005年3月14日成立机关院落整体搬迁领导小组和基建办公室，抽调专门人员负责基建管理、监督和协调工作。

2006年12月27日，省发改委批准市局机关院落整体搬迁及反恐训练基地项目立项：项目占地80亩，总建设规模21069平方米，总投资7300万元。

2007年11月25日，市局机关院落搬迁及反恐训练基地项目动工建设，到2010年12月26日，市局机关院落搬迁及反恐训练基地项目竣工并交付使用。市局机关院落搬迁及反恐训练基地项目总建设规模27864平方米，总投资1.5亿元，坐落在市城区柳叶大道2998号。其中，1栋12层综合侦技大楼，建筑面积22923平方米；1栋二层信访、出入境大楼，建筑面积1480平方米；1栋四层机关食堂，建筑面积3443平方米。

第二节　监管场所建设

市局第一看守所始建于上世纪20年代，坐落在市城区皇经阁居委会内，占地面积52亩，总建筑面积约5000平方米。

市第二看守所始建于20世纪70年代，坐落在原鼎城区白鹤山乡武陵监狱旁，占地面积45亩，总建筑面积约4000平方米。

市拘留所始建于20世纪80年代，坐落在市城区皇经阁居委会内，占地面积10亩，总建筑面积约1800平方米。

2003年10月23日，市计委批准市第一看守所、第二看守所、市拘留所合并新建，简称“三所合一”工程，批准建设规模18700平方米，总投资2500万元；2007年4月，市发改委批准“三所合一”工程项目。是年11月，“三所合一”工程项目动工建设，新建市看守所（原第一看守所、第二看守所合并为常德市看守所）座落在原第二看守所旧址，占地面积45亩，总建设规模14989平方米，总投资5000万元。其中，1栋四层行政办公楼3860平方米，看守所监区7585平方米；1栋审讯楼1300平方米；1栋生产用房795平方米；1栋三层武警营房1329平方米，门卫120平方米。2012年1月20日，竣工并交付使用。

新建市拘留所坐落在武陵监狱旁，占地面积40亩（其中预留土地20亩），总建设规模4485平方米，总投资2200万元。其中1栋四层行政办公楼1036平方米，拘留所监区2939平方米，警犬基地430平方米，门卫80平方米。

常德市强制隔离戒毒所座落在武陵区护城乡聚宝村五组，占地面积23.69亩，总建筑面积7800平方米，总投资约1000万元。从1995年建设开始，历经多年的建设发展到2012年，形成戒毒、治疗、康复劳动与安全管理配套完整的戒毒场所。

第三节　警官培训中心建设

市局警官培训中心始建于1985年6月，其前身为常德地区公安干部中等专业学校，坐落在市城区青年北路北端，占地面积42.5亩，总建筑面积14900平方米。其中1栋五层行政办公楼，建筑面积2450平方米；1栋五层综合教学楼，建筑面积3150平方米；1栋五层学员宿舍，建筑面积3550平方米；1栋五层学员食堂，建筑面积1700平方米；1栋二层训练馆，建筑面积950平方米；1栋射击馆，建筑面积2500平方米；1楼车库，建筑面积600平方米。

第七篇 道路交通管理

1987 年 4 月，按照国务院《关于改革道路交通管理体制的通知》精神，原常德地区交通监理所整体成建制移交公安机关管辖，更名为常德地区公安处交通警察支队（以下简称交警支队），为公安处直属正科级机构。其所辖常德县、汉寿县、桃源县、临澧县、石门县、澧县、慈利县、安乡县、常德市、津市市 10 个县（市）交通监理所（站）同时成建制移交当地公安机关管辖，设立县（市）交通警察大队，由公安机关统一管理道路交通。

1988 年，常德地改市，原常德地区公安处交警支队更名为常德市公安局交警支队。1989 年 3 月，常德市编委以常编发〔1989〕3 号文件批准常德市公安局交通警察支队由正科级机构升格为副处级机构，其内设机构也随着交通道路的发展不断调整完善。至 2012 年 12 月，交警支队内设机构有办公室、政治处、监察室、财计科、科技科、法制科、行政许可办公室、机动车检验管理科，直属机构有交通秩序管理大队、事故预防与处理大队、车辆管理科（所）、驾驶员管理科（所）、指挥中心、特勤大队、常德市机动车驾驶员教考中心、常德市机动车驾驶员考场管理处和直属一、二、三、四大队；下辖有鼎城、汉寿、桃源、临澧、石门、津市、澧县、安乡、西湖、西洞庭 10 个区、县（市）交警大队。交警支队的主要职能：依据国家道路交通安全、交通秩序的法律、法规和规章，研究制定辖区道路交通管理对策，拟定全市道路交通安全、秩序管理发展战略；负责城区道路交通标志、标线、交通信号装置等安全设施的设置和管理；负责处理各类道路交通违法，指导疏导交通，维护公路、城市道路交通秩序；负责全市道路交通事故的预防和调处工作，查处特大交通事故；负责实施交通警（保）卫工作和公路上的综合执法；依法对全市的机动车进行登记管理；负责全市公安交通管理部门的交通管理科学技术的研究、规划和组织推广、应用，以及通信、计算机应用的规划指导；开展交通安全宣传教育活动；指导全市机动车驾驶员协会工作。

1988—2012 年，交警支队注重创新管理，业务工作和队伍建设不断加强。通过开展“学习济南交警”树形象、推行便民举措创满意、建立标准作业示范岗、培养先进典型扬正气，涌现出一大批忠于职守、爱岗敬业、文明执法的先进典型。交警支队先后 7 次获国家或部级以上荣誉称号；17 次被省委、省政府评为先进单位。全市有 13 名交通民警被评为全国优秀民警，196 人次获评省级先进个人或荣立二等功，还涌现出烈士万海堂、刘正利、彭永光、曾照文和全国爱民模范沈国初等先进人物。

第一章　交通安全管理

1987 年交警支队组建后，通过完善交通安全设施，落实安全隐患排查整改，加强事故规律研判，建立事故防控体系，调动社会组织开展综合治理，历年道路交通事故稳中有降，辖区道路安全态势平稳。为区域经济建设发展、人民群众安居乐业、城市创建进入全国先进行列创造了良好的道路交通安全环境。

第一节　事故预防

一、道路交通安全设施建设

20 世纪 80 年代至 90 年代末期，常德市城区、城镇的交通道路及流量分配主要靠交通标志、标牌、标线等基础硬件设施规划和路面民警现场指挥及动态维护完成。市城区道路交通安全设施的建设施工和维护管理亦由交警支队直属机构直属大队组织完成。其按区域分块管理的办法相对滞后，不适应道路交通发展的需要。1990 年，交通秩序科全面接管市城区道路交通设施建设管理工作，负责施工建设统筹执行；涉及智能科技部分则剥离由科技科专责专管。从 1991 年开始，在市城区施划交通标线，增设交通标志牌、交通隔离护栏及隔离墩、交通岗亭路口安装数字显示信号灯及人行横道灯、安全岛（带）建设。至 2000 年，市政府拨款 500 万元用于更换更新交通设施，市城区施划热熔道路标线 27800 平方米、机动车临时停车泊位 260 个，新增标志标牌 83 块、旅游指路牌 46 块，新设的士车招呼站 120 个、中巴车招呼站 20 个。同时，完善武陵大道交通设施，改建公交车停靠站点 11 个、的士车招呼站 18 个，渠化路口 3 个。在全市主公路沿线和城镇交通复杂地段设置安全警示牌 107 块。

2000 年后，随着城市经济建设发展和国颁标准的执行，随着产品材料、施工技艺改进和科学技术的应用，全市道路、公路交通安全设施和智能交通系统建设得到长足发展。中心城区交通设施和科技网络更趋完善，标识化的道路交通基础设施及电子监控系统遍布区、县（市），为道路交通事故预防和城镇化建设起到基础支撑作用。2001 年，投入 400 多万元，对常德市城区主、次干道标志、标线进行完善，高水准渠化道街路口，全面改造武陵大道路面并调整公交线路和站点，利用临街单位院落开辟停车场 47 个并配建社会停车场，市城区停车泊位达到 3300 个。清除路障 1235 处，拆除杂乱标牌 365 块。2003 年，对市城区高坪头、芷兰、湘北、三闾桥、岩潭路、青阳阁、烈士街等 8 个交叉路口进行拓宽改造和物理渠化；清除旧标线 350000 平方米，施划新标线 770000 平方米，施画主干道临时停车泊位2400多个，增设标牌900块；指导澧县、津市、石门等地完善交通设施基础建设。是年，市城区及澧县、津市市、石门县畅安创建工作得到国家专家组高度评价。2006年，进一步完善市城区道路交通安全设施，施划道路标线95000米，其中，禁停线16000米，道路中心线20000米，道路分道线56000米。完成交通标线施划131000平方米，增设交通标志、标牌4500块、的士车停靠泊位65个、社会车辆临时停车泊位780个。到2012年，全面完成城区道路标线重新施划，共施划普通标线15058.95平方米、热熔标线1191.2平方米，新增交通标志牌69套。完成新建常德大道、桃花源北路等15条道路大型交通标志牌67块、小型交通标志牌50块，施划交通标线69758.4平方米，安装人行横道牌2套，增设停车泊位49个。

二、事故防控机制与体系建设

1990年，实行交通事故死亡人数目标管理。采取把交通事故死亡控制数分解到各区、县（市），预防客运车辆群死群伤特大交通事故发生，确保年内不突破省公安厅规定的控制指标。

1991年，实施路面动态管理。施行支队、大队、中队三级联防和“四结合、四为主”管控机制。即路线上，坚持主干公路、事故多发路段与支线相结合，以主干公路为主；时间上，坚持事故高峰期与平峰期相结合，以高峰期为主；方式上，坚持流动巡查与定点检查相结合，以流动巡查为主；纠违上，坚持教育与处罚相结合，以教育为主。对个体客运车辆实行每车一档、一卡、一份安全合同的户籍式管理，最大化消除客运安全隐患，遏制群死群伤特大交通事故发生。通过严管严控，是年，全市交通事故四项指数呈现“三降一升”。

1992年至1997年，围绕“防事故、保畅通”，抓住重点单位、重点车辆、重点路段三个方面实施管理。在重点单位管理方面，确定鼎城、桃源、临澧等区、县和常德汽车运输公司等单位为重点，对连续发生重特大交通事故的市公共汽车公司、常德轴承厂、常德变压器厂等三个单位挂“道路交通不安全单位”黄牌警告。支队先后15次组织到重点区、县检查督导，派员到重大交通事故呈上升趋势的桃源县交警大队和重点路段加强面对面指导，深入到事故多发重点单位帮助整改，遏制重大交通事故的上升势头，促进后进车辆大户单位转化，交通事故死亡人数大幅度下降。在重点车辆管理方面，针对社会车辆特别是个体客运车辆肇事频繁的突出问题，总结推广桃源县陬市镇组建个体联营车队统一对社会车辆的自治管理和鼎城区交警大队改革社会客运车辆管理的经验，加强对社会客运车辆安全技术状况及违章行为的日常巡逻纠查，使社会客运车辆交通肇事明显减少。在重点路段管理方面，以国道、省道和事故多发路段为重点，对公路沿线木材检查站、畜禽检疫站进行整顿，对贯穿全市的国道、省道进行专项治理。针对重特大道路交通事故多在国、省道发生的问题，适时将防控重点调整为319国道、207国道两条国道和省道1801、省道1804、省道1868、省道1852四条省道及各区、县（市）城镇重点路段，实行定民警、定路段、定责任、定目标、包安全畅通的“四定一包”做法，推行“一实、二严、三化”的工作原则，即安全宣传工作扎实，对驾驶员年审教育严管、对肇事逃逸案件严办，预防事故社会化、查处事故程序化、调处事故法制化，确保交通安全管控到位。在基层交通安全宣传工作上做到两手抓：一手把“联组”作为安宣工作重点抓牢、抓实，市直及9个区、县（市）375个交通安全联组全面实施安全目标管理考核，对交通不安全单位责令限期整改和挂黄牌警告，对不重视交通安全单位给予停办发牌、发证业务的诫勉惩处；一手推行安宣民警下联组、下车队工作制度，每月安宣科（股）民警必须到联组、车队检查指导工作3次以上。

1998年，整顿大型客运单位和交通事故大户。对事故多、管理乱的单位实行挂黄牌警告、责令限期整改和全市通报批评。是年春运开始，采取支队领导与科室包县（市）、包线路、上门督导等方式，遏制交通事故发生。民警深入客运单位和联组开展车辆安全情况调查摸底，全警上路重点查纠客运车辆超载、超速、带病行驶、疲劳驾驶等严重违章行为。整顿客运场站，核发客运车辆“临检合格证”4386个、客运驾驶员“准驾证”6230个，路检、路查车辆1.3万台次，纠正违章5300余起，是年，无群死群伤交通事故发生。

2002年，在桃源县试点，对9座以上客运车辆和驾驶员推行“1151”户籍化管理模式，即按规范标准建立二合一专用档案；每车一本安全行车日志；定期开展驾驶员日检、管车民警月检、大队季检、支队年检、春运临检；每名民警负责联带客运车辆安全和驾驶人安全教育。该做法在全省推广并被《人民公安报》头版头条报道推介。是年，在石门县试点，探索道路交通安全社会化管理模式，建立“党委政府总揽、职能部门主管、单位各司其职、群众广泛参与、基层包保负责、上下整体联动”的道路交通安全社会化管理工作机制，引起公安部、省政府的高度重视。7月，湖南省道路交通安全社会化管理现场经验交流暨百个交通安全示范乡镇创建活动动员会在石门县召开，并将石门县管理模式在全省全面推行。

2005年，将全市道路客运车辆户籍化管理办法整合形成“五三”工作机制，即把客运车辆科学划分为专业型、集约型、松散型，进行三类管理；建立三本台账；严把安检三关；实行责任三包；落实三种制度。建立交警大队与运管部门联合管理的工作制度，强化交警部门督察管理和客运单位（场站）行业管理的责任，形成“政府牵头总揽、综治协调落实、部门各司其职、基层责任包保、群众广泛参与”的社会化管理工作新机制。同时，大力推行重点道路专业化管理事故预防举措，全市共确定重点管控路段16条，由管辖大队所在中队按照“三专”（专责、专考、专评）内容和“三定”（定岗、定责、定人）原则，以及包安全、包畅通、包沿线交通安全文明村（学校）创建、包沿线宣传的“四包”职责，实行专业化管理。通过专业化管理手段的施行，全市重点管理路段交通事故较上年同比下降，特别是临岗公路与国道207绕城线死亡、受伤人数大幅度下降。是年，采取集成整合，建成以道路交通安全管理社会化、客运车辆管理户籍化、重点路段管理专业化、城市城镇交通管理科技化、交通管理信息查控网络化为内容的“五化”防控体系。12月，公安部交通管理局专家组到常德进行交通安全管理暨事故预防工作调研、考察检查，对常德“五化”防控工作给予高度肯定。

2006年至2010年，继续深化“五化”事故防控体系，推进平安畅通县市区创建工作。在社会化管理方面，调整加强社会化领导机构和工作班子，进一步完善管理机制；在户籍化管理方面，进行客运车辆全面摸底建账，严格落实“五三”工作模式；在专业化管理方面，16条重点路段专业化队伍全部建设到位；在科技化和网络化两个方面，智能监控管理系统全面建成投入使用。

2011年，运用科技手段，加强事故预防。通过搭建卫星定位监控平台和交通安全短信服务平台，及时做好营运监管和信息通报，严查不按批准站点停靠和不按规定线路、班次行驶等扰乱道路客运市场秩序行为；严肃查处客运车辆超员、超速、疲劳驾驶等交通违法行为。

2012年，制定常德市《客运安全管理办法》，在全市开展违法大清理、隐患大治理、体制大调整、路面大检查、安全大教育、责任大追究、制度大规范、监管大加强的专项行动。对全市61家客运企业法人代表进行统一约谈；对有违规行为的欣运集团、新国线集团、湖南龙运集团常德运输有限公司、常德湘北汽车运输有限公司、澧县国人物流有限责任公司下发《限期整改通知书》；针对“7·4”严重超员违法事件，派出2个工作组进驻欣运集团和新国线集团督促整改安全隐患；对64家客运企业进行反复排查，清理客运违法行为7613起；对118名存在严重违法行为的客运驾驶人纳入监管“黑名单”。8月，针对摩托车无证、无牌违法上路行驶的问题，全市交警部门联合人保财险、中华保险开展“平安摩托”专项行动。将摩托车整治纳入日常重点工作，并充分调动乡、村两级积极性，出台办牌办证、年检投保奖励措施，强化摩托车交通安全常态化管理。

三、交通安全宣传教育

1988年至1990年，全市道路交通安全教育宣传工作，主要是发挥“通联站”作用办好《重特大交通事故快报》和《常德公安交通简报》，通过快报、简报的方式开展道路交通安全宣传教育工作。

1991年，按照公安部、团中央开展全国道路交通法规宣传教育活动的部署，与团市委、市广播电视台、常德日报社联合，采取宣传“一条街”、出动宣传车、组建少年交通队、民警到学校讲课、发放宣传资料、组织法规考试和挂横幅、贴标语、出墙报以及与广播电台联合开辟交通安全专题节目等多种形式开展交通安全宣传，取得良好的社会效果。道路交通安全宣传做到“五有”，即电视有影、电台有声、报章有文和墙上有专栏、路上有标牌。临澧县交警大队普及交通安全知识、提升群众安全意识，在公路沿线中小学组建64个宣传队和12个安全组，在辖区公路沿线设置80块钢筋水泥安全宣传牌。是年，常德交警系统在全国和省市报纸杂志发表长篇道路交通安全教育稿件57篇，在省市电视、电台播发交管动态信息113条，与市广播电台联合开办“红绿灯”栏目播放宣传稿1174件。12月，市交警支队被公安部交管局评为年度“全国道路交通法规宣传教育红旗单位”。

1993年，为纪念《道路交通管理条例》发布五周年，由市政府向全市发出《关于开展道路交通安全宣传月活动的通知》，并把《道路交通管理条例》宣传纳入依法治市和普法教育的工作内容。8月，出动警力253人，投入宣传经费14万余元，出动宣传车1763台次，播发新闻稿件353篇，放映幻灯片264场次，印发宣传资料850000份，制作宣传盾牌1506块、过街横幅350条、大型标牌11块。并在交通道路复杂、人口密集的区域选择确定5所中小学校为交通安全教育联系点，全年给中小学生上安全课800多场次。同时，强化驾驶人年审教育，坚持对参审人员进行交通法规辅导学习和职业道德考核不走过场，全年审验轮训驾驶人43608名，占应审人数96.11%。

1999年至2000年，完善安全联组、协会组织。成立常德市机动车驾驶人协会及下属60个分会（联组），建设交通安全文明村及交通安全宣传教育夜校72个。2000年，广泛开展交通安全文明村建设，全市国省道沿线交通安全文明村发展至117个。创建活动中，交警到国道、省道沿线村组上交通安全课174场次，发放宣传资料15万余份。到年底，全市城乡基层全部建立健全道路交通安全组织。为把交通安全创建活动引向深入，通过常德《图文信息交通频道》，每天正点播放30分钟交通安全信息，常德交通广播电台每天定时播出《实施“畅通工程”、创建“平安大道”》专题节目。

2001年，结合“交通管理模范城”和“平安大道”创建工作，开展“交通安全进万家”、“创模”宣传一条街、“保险杯”百日交通安全竞赛、“教育安全宣传周”等系列活动。在市、县两级电视、电台黄金时段播放道路交通教育知识37次，在车站、码头、交通要道发放交通安全宣传资料119700份，悬挂宣传横幅210条。7月，针对张家界“4·20”特大交通事故教训，结合年审工作对全市7万余名驾驶人进行事故案例警示教育；对5900余名从业客运驾驶人逐人逐单位进行宣传教育；对7000余名A证驾驶人分批集中集训5天，并对1996年至2000年6月30日考取A证的驾驶人全员复考；对从事长途运输及上年度以来发生一般以上交通事故负有责任的驾驶人进行为期一个月的集中安全教育。

2003年，通过综合治理平台和社会化联防体系，以点带面开展交通安全村组（社区）、学校周边交通安全创建活动。在市城区建立光明巷社区、锦都豪苑小区和护城乡聚宝村等交通安全示范点，推动交通安全村组（社区）创建活动；通过联合教育部门启动学校安全文明创建，先后建立市第四中学、市城区东升小学、鸿升小学、芙蓉路小学和临澧县实验小学等交通安全学校样板，组建4个小交警、小黄帽宣传队；出台交通安全学校考核标准及其奖励办法；印制《中小学生交通安全宣传图册》8万本，购置1000余付小黄帽、指挥旗等宣传饰物和音像制品宣传图版赠送各中小学校。形成每个基层交警中队联带创建一所学校的格局。

2006年，继续加大路段沿线乡、村、校创建工作力度。在路段起止点设置公示牌，以重点路段沿线两旁一公里范围为重点，逐村、逐组、逐户开展宣传，做到一村设立一个宣传窗，一组制作一条固定标语，一户张贴一张宣传单。同时，与常德交通频道合办《阳光专线》《交警直播室》《平安鹭鹭》三档专题节目；在《常德晚报》《常德民生报》分别开设“畅安在线”“关注交通、平安出行”专栏；在常德市政府门户网建立交警支队子网站，全方位、多时段以及视频、图文并进地开展道路交通安全宣传教育。

2008 年，组织开展预防特大交通事故“百日行动”宣传会战。对运输企业业主和驾驶人进行“四个一”集中宣传教育。即集中听一次交通安全课；集中观看一次交通事故警示教育片；集中观看一次交通事故现场模拟展；集中进行一次交通安全基本知识考核。在常德日报、常德晚报、常德政府门户网站开辟“百日行动”交通安全宣传专栏，及时公布工作进度与效果；在常德晚报、常德电视台和常德广播电台设立交通违法曝光台，曝光交通违法行为 350 余起。在服务窗口等宣传阵地悬挂宣传横幅，布置宣传展板，及时更新宣传橱窗，设置安全教育视频播放点 35 处。结合“平安守护行动”，深入 500 多所中小学及幼儿园，通过开主题班会、上交通安全课、播安全警示光碟、发交通安全宣传品。结合城市创建工作，交通民警深入市城区社区、居委会，开展驻社区入户宣传。

2009 年，开展交通安全宣传“亮化工程”。在 207 国道、319 国道及省道设置宣传牌 272 块；在县、乡道路两侧墙体、护坡、跨线桥梁等位置涂刷、制作永久性宣传标语 560 条；在城镇主、次干道设置宣传标志牌、固定宣传牌 340 块；在城镇出入口设置跨线龙门架 25 个；在市城区设立大型电子显示屏 8 个，各区、县（市）主城区设立大型电子显示屏 3 个。同时，还在全市设立 13 个交通安全警示教育基地。

2010 年，围绕实施“常德市文明交通行动计划”工程，市委、市政府从各部门选调宣传骨干 70 人组成专业交通安全宣讲团，入村组、学校、单位开展交通安全宣传教育。讲授交通安全课 480 多堂，发放交通安全宣传卡片 10 万张，《市民文明交通手册》10 万份，发放《平安伴我行》宣传片 200 张。2011 年，结合开展“反酒驾、保平安”主题宣传活动，通过展板展示、播放光碟、悬挂横幅、发放传单、发送短信及流动警务车电子显示屏幕滚动等形式，多角度、全方位扩大宣传，全市共制作宣传展板 140 块，印发反酒驾宣传单 8 万份，分发和播放光碟 100 份（次），张挂标语横幅 900 余条，发送短信 66000 余条。到 2012 年，全市市、县（区）两级组建 400 余人的宣讲队伍，深入客货运企业、驾校等重点场所开展“城乡同治，牵手平安”文明交通宣讲和“进千村千校万站万车”志愿服务活动，开展安全宣讲活动 1538 次。

四、安全隐患排查与整改

1993 年，针对鼎城、汉寿、桃源 3 个区、县上年交通事故频发、3 个区、县交通事故总数占全市半数以上的突出问题，将上述 3 个区、县列为安全防控工作重点地区。由交警支队派员进驻 3 个区、县大队和相关中队，研判分析事故多发原因，帮助制定排查整改措施。是年年末，通过驻点整改，交通事故除汉寿有所上升外，鼎城、桃源均大幅下降。此后，在市安委的统一组织下，交警支队和市交通、公路、安监等部门配合，与所在地政府一道，对交通安全隐患实行长效排查，发现问题及时整改。

2001 年，重点开展隐患排查整改。对全市 15026 台大货车、客车进行安全技术状况临时检验，对其中 2759 台临检不合格车辆下发整改通知书，对未取得临检合格标志的禁止上路和一律查扣。对存在安全隐患的省道 1829 线黄虎岗路段增设安全护路桩，省道 1836 线红蔡路施划交通标线，城区 207 绕城线 3 个主要路口设置灯控信号。以基层中队为片对危险路段及事故多发点段全面排查，并拍摄图片、标明道路状况和相关参数，建立完整档案。全市共排查出危险与事故多发路段 240 处，确定急需整改的安全隐患危险路段 87 处，事故多发点段 35 处，交警支队对排查出的安全隐患制定出综合治理、分期整改的方案报市政府。由市政府召集安委、经贸委、交警、交通、建设、公路、城管等部门和区、县（市）政府对提交的 122 处隐患整改建议报告进行分工，明确各自责任，限期分段落实整改。

从 2002 年起，由市安委牵头，组织交警、交通、公路等部门对全市事故黑点和危险路段整改情况进行全面检查。至 2004 年，在全市 240 处险路、险段中，整治到位 196 处，治理率达到 81.7%。其中，国道段 33 处，治理 32 处，治理率 96.6%；省道 96 处，治理 81 处，治理率 84.38%；县乡道 104 处，治理 76 处，治理率 73.7%；城市道路 7 处，治理 7 处。

2005 年，对国省道及县乡道路中的“三临”（临水、临涯、临谷）危险路段，以及屡次发生重大交通事故的点段进行排查和原因分析，确定整治部位，列出整治时间，明确整治责任单位，将排查出的 174 处“三临”路段报市政府，由市安监局协调责令相关部门予以整改。同时针对临岗公路开通后交通事故频发的问题，组织鼎城区、临澧县交警大队对该路段进行实地调研和原因分析，向市政府提出对临岗公路整治建议。是年，在被市安委列为三年期限重点整治的 88 处交通安全隐患路段中，整治到位 77 处，治理率 87.5%。是年，通过对临岗公路及国道 207 绕城线实行事故“黑点”治理和专业化管理，防控效果非常明显，临岗公路国道 207 绕城线交通事故发生次数和死亡人数与前一年同比大幅度下降。

2006 年，对 67 处交通安全隐患突出的事故“黑点”路段挂牌督办，是年整改到位 64 处，整改率 95.5%。同时，进一步完善基层交通安全设施，规范公路交通标志、标线设置。对建成公路标志、标线等安全设施进行普查，对不健全、不规范的落实整改；加快各地二级以上等级公路、主要旅游公路的限速、让行、指路标志设置。对交通事故多发路口特别是学校周边路段实行综合改造，完善警示标志、标线等安全防护设施。

2007 年 3 月，对全市公路危险路段实行分级督办整改。共排查确定市级督办危险路段 30 处、县级督办危险路段 58 处，并由市安委下达督办通知，限期整改到位。10 月，对全市主干道路及乡村公路进行全面摸底排查，查出交通安全隐患 60 多处，及时向当地政府书面提出整治报告，是年整改到位5处，设置临时警示标志牌10块。

2008年，对全市所有国、省、县道曾经发生或可能发生交通事故的急弯、陡坡、连续下坡、视距不良和“三临”路段开展排查治理。查出市级公路危险路段和事故多发路段28处，报市安委挂牌督办整改21处；县（市）级公路危险路段和事故多发路段96处，均由交当地政府督办落实整改。是年，市、县两级督办整改路段全部整改到位。

2009年，全市排查出省级挂牌督办危险路段2处，市级公路危险路段12处，县级公路危险路段17处，是年全部整改到位。2010年，对新建、扩建、事故多发公路、临水临崖路段、学校周边路段、马路市场、村村通公路进行拉网式排查。对排查出的15处隐患进行挂牌整治，年内全部整改到位。

2012年，结合“生命防护工程”建设，对辖区内的“三临”路段、交通安全设施不完整的平交路口、急弯与陡坡路段、事故多发“黑点”、校园周边路段、主干道马路市场等隐患进行排查清理，共排查出隐患路段312处并督促整改，其中29处严重隐患路段上报市安委进行挂牌治理。

第二节　事故处理

一、规范事故处理程序

交通事故的处理涉及公民的权利、利益和社会公平正义。长期以来，交警部门严格依照道路交通事故处理的法律、法规和程序要求进行事故处理，不断规范、完善事故处理机制。1994年，为防止执法中的随意性和偏差，防止事故处理久拖不决，狠抓事故处理程序。实行事故档案检查评比，对事故处理进度和审批结案及时通报，重点疑难案件由支队、大队两级集体研究处理。1995年，全力推进事故处理工作正规化，将过去一般事故档案由支队安宣科考核改为由大队安宣股考核，通过加强事故处理工作的日常随机考核管理，确保重特大事故处理工作质量和各项事故处理规章制度得到落实。同时，坚持事故案卷审批高标准、严要求，改抽查为普查，对不符合标准的及时纠正。是年，有19个事故档案退办重整。1996年，各区、县（市）交警大队成立道路交通事故责任认定、伤残评定、损失评估、法制监督四个小组，使事故调处工作走向制度化、规范化。1998年，深化事故调处工作改革，推行交通事故处理勘、调分离制度，各区、县（市）交警大队及部分中队设立交通事故调处庭。重点解决交通事故处理中资金到位难、案件久拖不决问题，强力推行机动车第三者责任和驾驶人意外伤害法定保险。为提高办案效率，适当调整交通事故责任认定委员会、伤残评定委员会和事故车损、物损、伤者医疗费评估委员会，逐步将交通事故处理中的权属事项剥离给社会有关部门。1999年，实行交通事故处理“阳光作业”。通过设置宣传公示栏、印发警务公开手册、召开监督员会议、发放“便民卡”、设置咨询电话等形式，公开事故处理有关程序及相关知识等，使事故处理工作进一步走向规范化。同时，实行事故处理督办挂牌制度，防止事故处理违反程序规定和久拖不决问题的发生。2000 年，将交通事故责任重新认定和伤残重新评定纳入年度千分制考核内容，并在安宣部门建立事故处理投诉接待制度。是年，接待群众来信来访 283 人次，受理事故责任重新认定 92 起，维持 74 起，变更 10 起，撤诉 5 起；受理事故伤残重新评定 21 起，维持 17 起，变更 4 起。2006 年，全面推行持证上岗、公开办案、审核把关、事故评议、监督考核制度的落实。到 2012 年，全市《交通事故处理工作规范》出台实施，形成一整套从事故处理、现场安全防护、检验鉴定、事故认定、行政或刑事责任追究到综合应用平台使用、涉案财物管理、事故保证金收取与管理、事故处理印章使用与管理的完整事故处理规范程序。

二、建立事故快处机制

20 世纪 90 年代初，随着车辆的增多，交通事故的发生也增多。及时处结交通事故是事关人民群众切身利益的大事。对此，交警部门从接警处警、现场处置、责任划分、结案理赔这些主要环节入手，建立和完善事故快速处理机制。1996 年，全市开始建立启用“122”交通事故报警电话，并在主要公路、交警机关醒目位置设置报警电话提示灯箱、标牌，方便群众及时报警，加快出警和现场勘查速度，提高事故处理工作效率。1999 年，推广临澧县、津市市交通事故处理“三快、三卡、三公开”工作经验。“三快”即出警快、勘查快、结案快；“三卡”即给当事人“明白卡”、事故处理“回访卡”、医疗费用“对账卡”；“三公开”即公开事故处理程序、公开责任认定与调解、公开各级监督员姓名与电话。同时，交警部门与医院签订《加强交通事故医疗费用管理协议》，建立事故伤员用药“对账卡”制度，解决肇事方对医疗花费质疑问题，维护事故双方合法权益。2009 年，为深化事故处理“三快、三卡、三公开”做法，完善交通事故处理工作公开、公正、公平，支队成立“道路交通事故快处快赔服务中心”。从 2010 年 6 月 1 日起，财产损失 5000 元以下、双方机动车均在本市投保的交通事故适用快处快赔机制；无人员伤亡的轻微交通事故由路面执勤民警快速处置，为交通事故当事人提供更多调解选择。2011 年，支队通过改革勤务机制提升管理效能，在全市全面建立和完善快接警、快处置、快办理的“三快”工作机制，提高事故处理速度，方便事故双方当事人，使人民群众的满意度明显提高。

三、创新事故调解制度

在建立交通事故快速处理机制的同时，从方便群众、减少环节、简化程序入手，创新交通事故调解工作。从 1996 年开始在全市 9 个交警大队和 11 个交警中队建立交通事故调处庭 20 个。是年，调处庭公正、公平、无复议调处事故 850 起。市交警支队与桃源县人民法院联合在桃源交警大队进行调解工作试点，成功调解财产保全事故 2 起，附带民事诉讼事故 21 起。2009 年，公安部、司法部确定常德市为全国交通事故民事损害赔偿“人民调解”试点城市，通过在交通事故处理中推行人民调解委员会调解机制，及时、妥善调解道路交通事故当事人之间的民事损害赔偿争议，保护当事人合法权益。是年7月，各县、区（市）交警大队、城区4个直属大队设置交通事故人民调解室，同时，事故量较大的农村中队亦设置交通事故人民调解室。在事故双方自愿的前提下，受理调解未经交警支队调解或未进入仲裁、诉讼程序的道路交通事故。是年，全市共成功调解道路交通事故1242起，其中一般程序事故485起，简易程序事故757起，涉及金额2502万元。此后，将事故调解工作纳入“三调联动”工作的总体部署，由综治、司法、交警、法院、保险部门形成联动，制定《交通事故人民调解工作指南》，调解工作规则及考核奖惩办法。按照联动工作要求，全市共建立12个交通事故人民调解委员会，在全市各交警大队和事故量比较大的交警中队共设置20个调解室，面向社会选聘具有交通管理经验或具有法律专业知识的调解员52名，通过集中培训后正式开展调解工作。下年，又在事故较多的8个农村中队增设人民调解室，扩大人民调解机制覆盖网络。至2012年，通过人民调解室和调解员制度，全市共调处交通事故2862起，调解涉案金额6376余万元。同时为12位急需救助的事故当事人提供救助资金35万元。

四、加强交通肇事案件侦查

1991年至1995年，全市发生交通肇事逃逸案件318起，侦破283起。1995年，实行交通肇事逃逸案件督办制度，全年发生交通逃逸肇事案件124起，侦破112起。1996年，建立“道路交通安全基金”，为解决逃逸事故受害人补偿资金和对侦破逃逸事故有功人员给予奖励提供有效保障。2000年，针对交通肇事逃逸案件侦破难度大、社会危害大、易诱发群体事件的问题。市、县两级制定侦破交通肇事逃逸案件预案，成立由各区、县（市）委、政府分管领导挂帅的侦破交通肇事逃逸案件领导小组，建立侦破交通肇事逃逸案件监控网络，并将交通肇事逃逸案件侦破纳入当地安全工作目标管理年度考核的重要内容。是年，发生交通肇事逃逸案件59起，侦破55起。2006年，建设信号控制、电视监控、电子警察和电子卡口系统，运用交通安全信息查控网络，市城区实行交通流量和交通事故、交通违法分析；建立交通安全信息员队伍，全市聘请信息员1097名，是年借助举报信息破获交通肇事逃逸案件7起。2011年，开展交通肇事逃逸案件侦破暨“清网行动”，对重点案件实行挂牌督办，全市27起交通肇事上网追逃案件全部破获，实现网上逃犯清零，并协助外省办案抓获交通肇事逃犯8人。

第三节　特大交通事故案例及分析

一、典型案例

【案例一】1989年11月9日7时50分，湘运公司驾驶人李××驾驶牌号为湖南36～08517的东风牌大客车行驶至石门县袁公渡鱼儿村路段时，由于选择路面不当，过于靠公路左边行驶，致使客车翻车，造成死亡13人、伤45人及车辆报废的特大交通事故。

【案例二】1990年7月26日，常运安乡县分公司驾驶人周××驾驶牌号为湖南36～08762的解放牌611型大客车，从安乡县大鲸港汽车站驶往长沙方向，车辆核载40人，实载55人。23时40分，该车行经汉寿县毛家滩乡枫树村319国道1364公里加700米处，与一辆货车会车时，因周××注意力不集中，加之车速较快，坠落于5.2米高的桥下，并仰翻入2.1米深的沧水河中，造成溺死32人、伤17人及车辆严重损坏的特大交通事故。

【案例三】1999年3月4日，桃源县理公港镇楼寺村驾驶人王××，驾驶牌号为湘J40382的东风牌自卸车送客到本县龙潭乡食品站张×女儿家参加生日宴。11时40分，王××驾车载客50余人从龙潭乡返回，途径丁家坊村六合湾组一长下坡连续转弯路段时，王××违规操作脱档滑行至一右转弯处，因车速过快车辆重心向左偏移，侧翻坠入公路左侧6米深的水沟，造成死亡25人、伤29人及车辆基本报废的特大交通事故。

【案例四】2002年2月17日，石门县雁池乡驾驶人徐××驾驶牌号为湘J08280的大客车，从本县苏家铺集镇驶往县城，沿途搭乘乘客68人（核载25人），超载43人。9时20分，当车行至本县磨岗隘镇胡坪一下坡转弯路段时，由于车辆制动失效，大客车翻入公路左侧150米高的山崖下，造成死亡25人、伤43人及车辆报废的特大交通事故。

【案例五】2004年6月19日，石门县维新镇冷风垭村7组村民覃××驾驶牌号为湘JGB032的农用运输车，搭乘38人，从该县磨市镇田家溪村6组出发往维新镇冷风垭村行驶。17时10分，当车行至田家溪村3组花子洞一急转弯路段时，翻入道路左侧15米高的坎下，造成当场死亡11人、伤28人及车辆严重损坏的特大交通事故。

【案例六】2007年10月1日，桃源县观音寺镇姚×驾驶牌号为湘GAB532的农用运输车载亲友18人前往本镇撩弓溪村送亲，当行至板溪村二组一陡坡路段时，因车辆制动失灵，翻入5.4米高的坎下，造成死亡11人、伤8人的特大交通事故。

二、案例分析

综合上述6起特大交通事故案例，其主要成因表现如下：

①安全意识淡薄。以上6起特大交通事故，6名肇事驾驶人的交通安全意识淡薄，几乎每台车都存在超载或严重超载及非法载客的严重违法行为。在【2】至【6】案例中，绝大多数乘客及村民均严重缺乏交通法规和安全防范意识，以致造成群死群伤的特大交通事故。

②违法冒险出行。上述肇事驾驶人虽然懂得交通法规并知道超载出行、违规驾驶的危害性。但他们没有严格遵章守法，而是抱以侥幸心理冒险出行，导致重大伤亡事故发生。

③驾驶操作不当。虽然6名肇事驾驶人的驾驶技术、经历无法考证，但都在事故发生时程度不同地存在驾驶操作不当的问题。其中，案例【1】因驾驶人选择路面不当导致翻车；案例【2】因驾驶人忽略观察道路标志和路况变化及车速较快造成众人落水溺死；案例【3】因在下坡弯路脱档滑行造成车辆严重偏移侧翻深水沟。

④路况车况不良。在6起特大交通事故案例中，【3】至【6】案例均在路况差、隐患大的县乡道路上发生；案例【4】和案例【6】分别存在制动失效或制动性能不良的车辆技术故障，最终导致车毁人亡的悲痛惨剧发生。

⑤山区公路多发。在6起特大交通事故案例中，发生在石门山区道路3起、桃源山区道路2起、汉寿山区道路1起，除案例2发生在319国道公路桥地段，其他5起大都发生在县乡公路的险路险段，也是道路管理的薄弱环节。

每一起特大交通事故的发生，均在当时当地产生强烈社会反响，使地方公安交通管理工作一时或较长时间陷于被动。上述特大交通事故发生后，交警部门高度重视，及时与当地政府进行案件分析研判，找出案发根本原因，迅速制定整改措施，通报全市加强防范，止住案件连发势头。2002年石门“2·17”特大交通事故发生后，交警支队以石门县为试点，探索出道路交通安全社会化管理的有效经验，之后“石门经验”被广泛推广，并纳入全市道路交通安全管理“五化”防控体系，为全省道路交通安全社会化管理改革提供了有益的经验。

1988—2012 年常德市道路交通事故四项指数比照一览表

表 7—1

年份	总起数（上报）	上年同比 ±%	死亡人数（人）	上年同比 ±%	受伤人数（人）	上年同比 ±%	直接经济损失（元）	万车同比 ±%
1988	—	—	—	—	—	—	—	—
1989	—	—	—	—	—	—	—	—
1990	—	—	—	—	—	—	—	—
1991	463	-04.55	264	-15.30	312	-13.70	590718	-39.80
1992	411	-11.23	223	-15.53	305	-02.24	680000	+15.11
1993	665	+59.37	258	+15.70	432	+41.64	2561200	+276.65
1994	2415	+263.16	403	+56.20	1108	+156.48	4469068	+74.49
1995	1067	-55.82	367	-08.93	905	-18.32	6936000	+55.20
1996	854	-19.96	364	-00.82	804	-11.16	5503643	-20.65
1997	937	+09.72	372	+02.20	914	+13.68	5440000	-01.16
1998	849	-09.39	347	-06.72	856	-06.35	4762693	-12.45
1999	2538	+198.94	354	+05.76	1974	+130.61	6119379	+28.49
2000	2430	-04.26	293	-17.23	2169	+9.88	4960822	-18.93
2001	2255	-07.20	343	+17.06	2104	-03.00	5050000	+01.80
2002	1893	-16.05	312	-09.04	1957	-6.99	4670000	-07.52
2003	1819	-03.91	331	+06.09	1872	-17.89	5921078	+03.58
2004	1146	-37.00	321	-03.02	1579	-15.65	3953017	-33.24
2005	1026	-10.47	324	-00.93	1214	-23.02	3493619	-11.59
2006	884	-13.84	274	-13.58	1186	-02.31	3100476	-11.25
2007	766	-13.35	237	-13.50	967	-18.47	2072796	-33.15
2008	626	-18.28	213	-10.13	795	-17.79	1967792	-05.07
2009	581	-07.19	202	-05.16	742	-06.67	2070604	+05.22
2010	676	+16.35	193	-04.46	885	+19.27	1838573	-11.21
2011	733	+08.43	181	-06.22	978	+10.51	233～371	+26.75
2012	732	-00.14	160	-11.60	922	-05.73	2649741	+13.70

第二章　交通秩序管理

常德市有城乡道路7741公里，其中，城市道路136.8公里，国道372.8公里，省道663公里，县乡道6568.4公里，其他道路45公里。长期以来，交警部门坚持多措并举，实施道路交通秩序日常维护管理；开展交通秩序治理和交通违法整治；使群众交通安全意识不断增强，交通违法现象逐步下降。

第一节　交通秩序整治

从1987年交警支队组建开始，全市公安道路交通秩序管理工作以疏堵保畅为重点，以平安创建为目标，不失时机组织开展清路障、拆违建、纠违章和治理公路“三乱”、打击车匪路霸、查处“两无”“两乱”、取缔城市“慢慢游”等集中整治行动，对规范通行秩序、倡导交通文明和促进城市创建起到强大推动作用。是年，根据省政府《关于加强道路交通管理整顿城乡交通秩序》1号布告部署，全面开展城乡交通秩序大整顿，通过重点整顿桃源县陬市、鼎城区谢家铺等五处省道、国道路边木材市场，有效解决国道319、省道1801，长期拥堵不畅的问题。五处路边木材市场梗阻道路平均车速由整顿前5公里/小时提升到40公里/小时。

1989年，根据省政府办〔1989〕31号文件精神，全面清理整顿国省道路检查站，按照“严格控制、尽量少建”的原则，对全市原有312个检查站撤除289个，保留23个。

1992年8月，按照省公安厅、交通厅《关于治理整顿207、319国道的通知》，组织汉寿县、桃源县、临澧县、澧县和鼎城区交警大队及沿线中队实施为期2个月的国道沿线交通秩序集中整治。拆除违章建筑和清除各种路障1237处，纠正违章车辆3744台（次）。同时，按照省政府〔1992〕42号文件精神，拆除公路沿线4个联合检查站和9个部门检查站，并对经省政府批准新建的13个木材检查站和1个畜禽检疫站整改完善，使站卡林立、乱扣乱罚、车辆通行难的“热点”问题得到遏制，交通阻塞现象明显改观。

1993年，全市搬迁马路市场44处，拆除违章建筑2879处，取缔违章摊棚3501个，强制报废车辆432辆，拆除非法警灯、警报器装置129副。

1994年1月至3月，开展市城区取缔正三轮摩托车无牌无照非法营运联合执法行动，收缴正三轮机动车225台。

1996年，开展查“两无”、治“两乱”、禁“两非”、扣“两牌”的统一行动，共纠查各类交通违章177496起，处罚84211人次，吊扣证照1125本，行政拘留33人，查扣无牌无证两轮摩托车16500台，收缴非法安装警灯、警报器105套、非法固定标牌132块。

1998 年，开展取缔“三警一牌”、摩托车非法营运整治，查处各类交通违章 128300 余起，收缴非法安装的警报器 139 套，收缴人力、机动三轮车 129 辆，举办违章人员学习班 87 期。5 月，按照市政府《关于取缔人力“慢慢游”的通告》规定，对市城区 1700 多台参与经营人力三轮车“慢慢游”予以取缔；10 月，对市城区参与经营的 2100 多台正三轮摩托车和“船型”残疾人助力车予以取缔。

2000 年，按照公安部、建设部实施“畅通工程”、创建“平安大道”的总体要求，全市开展交通安全秩序整治。重点对摩托车非法营运，中巴、的士违章停车，无牌无证车辆上路行驶，车辆乱停和非机动车、行人违章行为进行整治。行动中，查处各类交通违章 48170 余起，收缴非法营运二轮摩托车 287 台、三轮机动车 95 台。是年，报经市政府同意将市城区武陵大道确定为“严管街”进行严格、规范管理后，机动车、非机动车、行人各行其道，其遵章率分别达到 98%、90%、92%，公交车、的士、营运中巴车随意停车拉客、违章行驶以及非机动车、行人随意横穿马路违章行为大为减少。

2001 年，按照全省社会治安和安全生产工作会议精神，常德市政府制定《2001—2002 年道路交通安全秩序整治行动方案》，继续强化交通秩序整治，深化“畅通工程”。以 319 国道、207 国道、1801 省道常德段为重点，对无证驾驶，疲劳驾驶，酒后驾驶，车辆超速超载，强行超车，夜间违章使用灯光，违章停车，货车、农用车、拖拉机载人，驾驶无牌无证车辆和报废车辆、摩托车违章载人等 10 类违章行为进行系统整治。

2003 年，围绕创建全国交通管理模范城市，开展交通安全秩序整治。2 月，集中开展摩托车违章专项整治，在全市范围对驾驶无牌无证、假牌假证摩托车，无证驾驶摩托车，驾、乘两轮摩托车不戴安全头盔，超载及轻便摩托载人等违章行为进行重点整治，查扣无牌无证摩托车 980 台，滞留摩托车 2852 台，暂扣证件 1162 本，纠正违章 12300 起，吊扣驾驶证 2340 本，行政拘留 86 人，敦促 1235 台无牌摩托车登记上牌。5 月，针对当时路面通行能力提高、车速提高后驾驶人及其交通参与者交通安全意识不强、交通事故明显上升的现状，集中力量对超速等违章行为进行专项整治。6 月至 9 月，对全市范围内无牌无证、假牌假证机动车，擅自安装警灯、警报器机动车，车辆严重超载等违章行为采取异地用警、交叉检查的办法深化整治行动，共查车 4700 台，纠违 4200 起，扣证 3320 本，扣车 841 台。

2005 年，以全市道路“安全、有序、畅通、文明”为总体目标，开展系列交通秩序专项整治。一是结合打击“两抢”犯罪活动开展无牌无证摩托车专项整治；二是开展警用车辆专项整治；三是开展“双超”车辆重点整治；四是对无牌无证、挪用号牌、假牌假证车辆专项整治；五是开展“两禁”“两无”“两违”百日交通安全综合整治行动。在系列整治行动中，全市设置检查点 55 个，查处违法车辆 2 万多台次，行政拘留 302 人，纠正道路交通安全违法行为 200535 起，其中无证驾车违法行为 12627 起，酒后驾车违法行为 700 起，超速违法行为 16651 起，超车违法行为 3054 起，超载违法行为 8134 起，机动车其他违法行为74310起，规劝行人和非机动车交通违法行为85559起，敦促1597台无牌摩托车上牌上户。

2007年2月，突出校车安全管理，强化“三反”“五反”工作举措，开展校车专项整治行动。对全市范围内中小学幼儿园校车进行摸排，全面掌握校车数量、车辆所有人、驾驶人、运行时间、行驶路线、车辆状况等基本情况，逐一建档施行校车户籍化管理。全市排查国、省、县道沿线中小学、幼儿园812所，接送中小学生、幼儿的车辆1283台，其中经审查符合校车条件的车辆217台，已办校车标识129台，取缔不合格车辆1021台。5月，针对客运、货运、危险化学品运输车辆的安全问题，开展反超速、反超载、反超员、反酒驾、反疲劳驾驶“五反”集中整治。根据重点路段违法超速的特点和规律，科学调整固定测速点、流动测速点，加大对重点时段和重点路段的管控力度，先后依法查处违法超速2730起。在城区，设执勤卡点30个，流动执勤点96个，集中在7：00至10：00、19：00至21：00两个重点时段开展执勤查验。共纠正交通违法86132起（次），其中超速行驶13848起（次），客车超员1216起，非客车载客2651起，无证驾车11087起，无牌车辆上路行驶11195起，行政拘留132人。10月，继续开展中小学、幼儿园校车专项集中整治，排查校车2150台，查处无牌无证校车137起，低速车、三轮车、拖拉机载学生259起，超速55起，超员577起，使用报废车接送学生50起，校车不符合安全标准96起。通过整治，交通事故四项指数全面下降。

2009年6月，按照“先纳入、后管理，先管理、后规范，规范后再完善”的原则，继续开展“三无”摩托车整治。查处违法摩托车4392台，行政拘留17人。建立无牌无证摩托车登记台账，新登记摩托车22076辆；按期检验摩托车169224辆；新发驾驶证25036本。8月，按照交通安全“零容忍”的工作原则，继续开展酒后驾驶违法专项整治。采取异地用警的方式，先后开展多次集中行动，查处饮酒驾驶511起，醉酒驾车44起，行政拘留44人。

2010年4月，根据《湖南省开展交通违法行为大清理大执法专项行动方案》，开展全市交通违法行为大清理大执法专项行动。行动中，查处交通违法92789起，其中，无证驾驶45460起，饮酒驾驶264起，醉酒驾驶33起，超速行驶14349起，客运机动车超过核定乘员533起，货运机动车超过核载质量32150起。暂扣驾驶证403本，暂扣机动车15263台；行政拘留136人。

自2011年开始，实行城区常态化的交通秩序整治。一是逐月开展酒后驾驶交通违法行为集中统一整治行动；二是广泛开展“交通安全校园行”护卫天使活动；三是对公交车、货车、摩托车、电动车、农用车等重点车辆以及闯禁行驶、乱挤乱插、闯灯越线、酒后驾驶、安装伞具、乱停乱放等交通违法行为不间断进行整治；四是集中开展“三超一疲劳”违法行为专项整治。在2011年至2012年常态化的专项治理中，查处饮酒驾驶411起，醉酒驾车65起，行政拘留42人；查获禁行车辆驶入禁区违法8790起，违法停车

14652起；查处摩托车非法加装遮阳伞231起。

第二节 交通管理模范城市建设

2000年后，随着区域经济改革和城镇建设的快速发展，基础设施投入和科技产品应用逐年加大，依法治理交通秩序强力推进，市城区都市化大交通网络也逐步形成，使常德市创建“全国交通管理模范城市”的各项指标和软硬条件日渐成熟。

一、创建全国交通管理模范城

2001年3月，常德市城市交通管理被正式列入文明城市创建的总目标，争创“全国交通管理模范城”作为全市“四个城市一起创”中的一个部分，纳入城市创建整体部署规划。明确提出：要把创建“交通管理模范城”作为政府中心工作之一和全市经济建设、社会发展与城市建设管理的大事来抓。市交警支队全警动员、全力以赴，围绕这一目标强化城区交通秩序，开展道路交通管理。从道路交通法规宣传、道路安全秩序引导、道路基础设施建设等重要方面入手，提升城市道路交通安全管理质量。2002年3月，经公安部、建设部专家组检查考核评定，常德市城区交通管理综合指标列同类城市第八名，被授予“全国交通管理优秀城市”称号。是年，市委、市政府将实施畅通工程和创建全国文明城市、国家卫生城市、中国最佳人居环境城市紧密结合在一起，确定全市实施畅通工程的目标：是年打基础、上档次、保“优秀”，下年创“模范”。作为实施畅通工程的主要责任单位，交警部门积极推进交通道路安全秩序整治，扎实改造交通基础设施，使城区交通管理综合指数迅速攀升。2002年、2003年、2004年，连续三年保持“全国交通管理优秀城市”创建成果。2005年，公安部、建设部畅通工程领导小组专家对常德实施畅通工程进行考评，确定常德市达到B类城市国家畅通工程一等管理水平。常德市成为全省第一个荣获“全国交通管理模范城市”的地级城市。2006年，进一步巩固交通管理模范城创建成果，在完善市城区道路交通设施基础上，同时调整智能交通集成平台，启用交通警保卫VIP线路，实行大型项目建设的交通影响评价。明确市城区大型住宅及公寓、交通枢纽、大型停车场和城市交通设施项目的改建和扩建必须通过公安交警部门的交通影响评价。8月，常德市以免检通过公安部、建设部对“全国交通管理模范城市”复检，成为全国23个获该荣誉的城市之一。

2007年以后，按照市政府提出的“安全、满意、智能、绿色、精细交通”的整体理念，不断创新管理、加大投入、完善设施，继续巩固全国交通管理模范城市成果，在历年的省、部考核复评中连续被评为畅通工程“一等水平”，持续保持“全国交通管理模范城市”称号。

二、实施文明交通行动计划

2010年，常德市实施以“关爱生命、文明出行”为主题的“文明交通行动计划”。明确三个确保的工作目标，即确保文明城市创建有涉文明交通的指标全面达标；确保精神文明建设中有涉交通出行考评的指标全面达标；确保全国交通管理模范城市创建评价指标全面达标。文明交通行动计划的步骤是先在市城区和各区、县（市）城镇实施，采取“三大”（大范围、大规模、大面积）方法运作开展。即通过开展大范围宣传教育活动，明显提高市民交通安全意识和交通文明意识；通过开展大规模交通秩序整治，明显减少交通陋习和机动车危险驾驶行为的发生；通过开展大面积道路安全隐患排查整改，完善道路安全设施和管理设施。主要考核的目标内容为党政机关公务人员交通安全常识普及率达到90%以上；运输企业从业人员交通安全常识普及率达到100%；中小学生交通安全常识普及率达到80%以上；城镇居民交通安全常识普及率达到70%以上；农村居民、进城务工人员交通安全常识普及率达到60%以上。专业运输单位车辆交通违法率控制在20%以下，党政机关车辆交通违法率控制在10%以下，社会单位车辆交通违法率控制在15%以下。1月30日，在市汽车总站举行全市“文明交通行动计划”启动仪式；5月4日，召开各区、县（市）分管领导、市直机关分管领导和市城区社区负责人共800多人参加的推进会，在全市范围内推选出100个单位（机关、乡镇、社区、学校、企业各20家），作为实施文明交通行动计划的排头兵。随后，交警部门启动示范公路创建活动，推出3条秩序好、拥堵少、事故下降、执法规范的公路作为示范典型；组织市摄影家协会对不文明交通行为开展摄影作品征集活动，公开曝光不文明交通行为，引导市民养成良好的出行习惯。2011年至2012年，继续深化文明交通行动计划。一是开展网上评警。合理调整和补充网评员队伍，增加、更换设备，安排专人负责监控网上舆情，及时回复和评论，共回复各类留言、跟帖530条，发布网上正面评论文章700余篇。二是开展百城百台大联播活动。与市广播电台配合，交通频道每周一期直播区、县（市）交警大队长面对面节目，邀请各大队大队长和支队机关相关部门负责人现场连线听众，宣传交通安全知识法规，解决实际问题，共开播大队长面对面节目42期。三是组织开展“反酒驾、保平安”主题宣传月活动。通过展板展示、制作发放宣传单、播放光碟、悬挂横幅，利用流动警务室电子牌进行多角度、全方位的滚动宣传。四是借助市广播电视台《行风热线》《嘉宾访谈》直播栏目，由交警支队主要负责人现场解答群众关心的热点、难点问题，自觉接受社会各界和人民群众的监督。2012年12月2日，全市“全国交通安全日”主题宣传活动在步行街中心广场隆重举行，市政府副市长、市公安局局长胡丘陵率全市交警部门民警、驾驶人代表、客货运代表和志愿者代表共600余人参加，拉开文明交通出行、维护交通秩序、守护交通安全活动的序幕。

第三节　交通警卫和保卫

随着社会经济建设的发展，各种外事、经贸和重大社会性活动不断增多，公安交警担负的交通警卫工作日益突出和重要。交警部门以安全、畅通为目标，对车队警卫和活动保卫提前预案、周密部署、科学调度，确保警卫车队、重要物资畅通，确保警卫对象、会议代表安全。

1991年至1995年，完成中央领导到常德视察、过境常德的交通警卫工作任务41次；完成中央、省、市各种经贸活动、大型会议、重要外宾到常德和过境、新兵运送、重要物资运送的交通保卫工作任务503次。

1996年7月，常德沅水流域遭遇罕见洪涝灾害。全市500多名交通民警全力以赴地投入抗洪抢险救灾行动中，维护交通安全秩序。共调度抗洪车辆5万余台次，运输救灾物资7万余吨，运送抢险人员20余万人次，疏散受灾群众8万多人。

1998年，常德沅水、澧水两水再次遭遇特大洪涝灾害，为确保全市5000多公里抗洪抢险交通线的畅通和安全，600多名交警全力以赴维护交通安全，抢险救灾。调度救灾车辆8850台次，牵引运输车辆2840台次，保护运送抢险人员32000多人次，为抗洪抢险中人力和物资的及时输送提供重要保障。

至2012年12月，共完成中央领导到常德视察、过境等重要交通警卫工作任务143次，完成中央、省、市各种经贸活动、大型体育赛事、大型文化艺术活动、重要外宾到常德参观考察、过境、重要物运送、新兵入伍运送等交通保卫工作任务3356次，确保交通警卫、保卫工作的万无一失。

第三章　车辆和驾驶人管理

1987年前，国家对机动车没有实行统一的技术标准，全市机动车车型品种单一，保有量不大，在机动车与驾驶人的管理上，仍然沿袭20世纪60年代的管理办法。20世纪80年代末期开始，国家对机动车实行统一的技术标准，全市车驾管工作开始按照国颁机动车技术标准管理办法执行。通过实施车辆普查、车辆技术检测、强制报废不符合安全行驶条件车辆等措施提高在用车辆技术状况，减少机损事故发生。此后，对驾驶人也实行新的管理办法，逐步建立安全考核及扣分管理制度，实行驾驶人年审轮训。按照公安部《车辆管理所业务岗位规范》的规定，实施《常德市检测站行业管理办法》，严把审核查验关，堵塞安检工作漏洞；运用计算机科技手段对车、驾、管业务办理实行“一站式”服务，方便群众，提高办事效率；通过规范驾驶人考试管理和提升考场设施建设并采用电子监控、红外线扫描等高科技手段，保证考试质量。2007年、2009年，连续两次评为“全国二等车辆管理所”；2009年至2012年，连续四年被评为全省“人民满意考场”。

第一节　车辆管理

车辆管理工作对象特指在道路上通行的各类机动车辆，管理活动主要限于政策法规、技术标准、工作流程等专业层面。既是公安交通管理工作中规范性极强的专项业务，又是成品车辆上路行驶准入和安全保障的首要关口。车辆管理业务承办内容主要包括：新车入户、转入与转出、转籍、变更、异动、改装与改型、报废与注销、安全性能检测等。其中，新车入户包含车主申请、初次受理与信息参数登录、车证查验及技术状况检测、主管岗位审核、车辆号牌核发（照相、安装）、证件制作与发放、档案整理与存档等。

20世纪80年代末期，车、驾、管微机管理系统尚未建立，车辆管理工作及其业务办理大体承袭旧有模式，以目测、手动和表格填写方法为主。操作中程序相对简单、人为因素较重且缺少规范性，保留的车辆信息及档案资料缺乏完整性。1988年至1991年，全市车辆管理工作重点放在摸清底数，打牢基础上。先后完成在用车辆普查、安全检验和不符合安全行驶条件车辆的强制报废，以及农用运输车辆委托农机监理部门代管等项工作。特别是1991年加强对超期未年检车辆跟踪调查，推广澧县交警大队检修、培训、审验、检测一条龙年检做法，全市年内检测各类汽车12480台、报废老旧汽车801台，取得历史上最好的工作成效。

1992年至1994年，对组改装出厂车辆一律上线检测。严格执行公安部对车辆制造、组改装的政策规定，把好技术监督关。通过实行超前服务，扶持和促进全市汽车、摩托车组改装业的发展。帮助常德车桥厂等5家组改装企业达标取得省级鉴定资质；在技术和操作层面上解决农用小六轮车辆上牌办证问题，及时满足农用运输车辆快速发展的需求；通过精简放权，将小四轮和二轮、三轮摩托车等“五小”车辆上户权限下放到区、县（市）交警大队；通过流动检测车，方便偏远地区群众就近上线检测，缓解检测站年检时期车辆排队拥挤压力。截至1994年12月，全市机动车保有量由1988年的839台增加到14586台，新增入户车辆突破5000台/年、增幅达30%以上。

1995年至1996年，车管工作注重由管理向服务转变。设立业务咨询台，每天由一名民警坐台值班提供咨询服务；支队购置3台流动检测车，常年到区、县（市）巡回检测，并将原有2个流动检测点增加至5个，方便群众办事，提高办理时效。为进一步缓解边远地区年检车辆长途往返问题，成立“流动车管所”，由车管民警将表格、牌照带到农村，就地办理车辆入户手续，既解决群众入户难问题，又有效遏制“两无”车辆上路现象。通过上述一系列措施的实行，至1996年，对15497辆各类无证小车审验合格后核发车牌；是年12月，全市机动车保有量达5万台，新增入户车辆突破1万台/年。

1997年，机动车管理与驾驶员管理正式分离。车管工作重点放在机动车辆检测报废、车辆入户上牌和改装改型三个方面。全年检测汽车21593台，年检率89.41%；对申报批准延期使用的车辆实行每年两次检测制度；强制报废车辆 894 台；上门办理“两无”车辆入户 4950 台。依照公安部《关于加强进口车辆注册登记审批工作的通知》规定，对 1996 年以来进口车辆注册登记情况进行核对、造册、上报；对 1996 年 3 月 16 日以后入户、转籍、过户的进口车辆进行清理。通过清理核对，对 680 台符合条件的车辆进行改型改装。

1999 年至 2001 年，通过强化车管基础工作，澄清车辆底数，严格车辆检测，注销两年以上未检验车辆及其行驶证 4777 台（本）；注销两年以上未审验驾驶员及其驾驶证 30000 人（本）。2001 年 10 月，新《中华人民共和国机动车登记办法》正式实施，通过强化车辆入户审验和检索比对，实行牌证专人、专账管理，做到台账、微机、档案、库存四统一。结合客运车辆整治，对 5000 多台车辆和 7000 多名驾驶员档案彻底清理，对其中 130 台卧铺车、900 份驾驶员档案进行补充，并在机动车年检中将车辆发动机、车架号与档案进行比对，有 4814 台擅自改装改型车辆得到限令整改纠正。

2005 年 1 月，全省机动车检测站管理工作会在常德召开，研究试行《湖南省检测站管理办法》。是年，办理新车入户 10491 台，变更登记 2003 台，转入登记 459 台，补、换证登记 1413 本，档案更正 1954 台次。2006 年，实行服务项目和收费标准公开，不断改善服务质量，推行便民利民措施。通过设立咨询岗和导办台，聘请专业人员坐台办公，为群众提供业务咨询导办服务；通过增设警务公开栏和服务指南，公示业务流程、收费项目和标准，放置业务窗口告示牌，方便群众办事。是年，办理新车入户 45134 台，变更登记 1625 台，档案更正 1089 台，转移登记 2628 台，注销登记 746 台，补、换证登记 975 本，申请年检合格标志 26337 台。

2008 年，支队制定下发《关于加强低速载货汽车、三轮汽车管理工作的意见》，强化低速载货汽车、三轮汽车管理。整合社会力量加快两类车辆检测站和驾驶人考场建设；对达到相关标准的区、县大队委托办理相关业务。在具体施行中，坚持“谁主管、谁签字、谁负责”原则，建立执法质量台账，实行精细化管理和错办业务倒查。做到每日有检查，每周有讲评，每月有兑现，发现问题及时纠正。是年，还投资 200 多万元，新建一条机动车检测线，做到来车即检，使检测效率提高一倍。

2009 年，继续深化便民利民措施。出台三项便民措施：①在市城区的东风本田汽车、华运通汽车、丰田汽车销售店设立服务站，办理国产免检小汽车上户、临时号牌发放等业务；②开通营运车辆年度检验“绿色通道”，的士、公交车、大型企业车队车辆年检通过专设的“绿色通道”直接上线检测，减少营运车辆年检等待时间；③实行驾驶人换、补证业务和车管业务综合受理，实行“一窗式”服务，并开通“一网通”业务，车主可自行在互联网上录入机动车相关数据和预选号牌。

2010 年，延伸车、驾管业务，下放业务权限，拓展服务网点，推行远程代办业务服务。将国产小型汽车注册登记、抵押登记和行驶证换补、驾驶证换补及临时号牌签注等业务下放到符合条件的二等县级车管所；建立以直属大队交警服务站、流动车管所、网上车管所、4S 店小型汽车登记服务站为阵地的“四位一体”服务机制；扩大县级车管所和直属大队服务站事权，将小型汽车登记业务下放至德山交警服务站，摩托车登记业务下放至西湖交警大队、西洞庭交警大队，实现服务窗口前移；在市城区建立流动车管所，将车、驾、管服务窗口前移到一线路面。

2011 年，在市政府门户网站建立车管服务项目。开通服务热线“96588”“7699185”；依托邮政快递办理驾驶证补换证、补领检验合格标志、换领检验合格标志等 16 种业务。就近承办临时号牌签发、驾驶证换补等车驾管业务 800 多件；办理其他各种车、驾、管业务 3200 件。2012 年，除市车管所、各区县（市）车管所办理车管业务外，有 44 个交警中队办理或代办车管业务，基本上涵盖所有边远乡镇和山区。是年，办理机动车业务 93847 件，其中，注册登记 12172 件，车辆检测 49017 件，其他业务 32658 件。至是年 12 月，全市机动车保有量 764919 台。

1988—2012 年常德市机动车保有量比照一览表

表 7—2

年份	汽车（辆）	摩托车（辆）	农用运输车（辆）	拖拉机（辆）	挂车（辆）	合计（辆）	增幅（%）
1988	514	251	49	3	22	839	-
1989	832	323	69	4	23	1242	48.03
1990	1295	453	108	4	29	1889	52.09
1991	2137	623	132	6	31	2929	55.06
1992	3686	922	171	12	36	4827	64.80
1993	6836	1639	199	20	64	8758	81.44
1994	11384	2812	293	23	74	14586	66.54
1995	16711	10085	578	29	78	27481	88.41
1996	20533	14920	664	30	87	36234	31.85
1997	23081	26601	840	54	120	50678	39.86
1998	25651	42071	1320	74	130	69246	26.81
1999	28276	58134	1949	96	157	88612	21.85
2000	30798	73171	2369	99	180	106617	20.32
2001	34372	85381	2675	100	253	122781	15.16

续表

年份	汽车（辆）	摩托车（辆）	农用运输车（辆）	拖拉机（辆）	挂车（辆）	合计（辆）	增幅（%）
2002	39154	102162	2842	101	347	144606	17.78
2003	54352	143548	3084	103	467	192554	33.16
2004	51340	195328	3299	105	715	250787	30.24
2005	55774	237564	3188	106	773	297405	18.59
2006	64226	274315	3358	106	824	342829	15.27
2007	75650	328358	3676	84	908	408676	19.21
2008	87567	388101	4297	11	944	480920	17.68
2009	110390	461904	5138	9	1142	578583	20.31
2010	138098	497505	5221	9	1359	642192	10.99
2011	167818	552397	4656	12	1585	726468	13.12
2012	198477	559989	4716	11	1726	764919	5.29

第二节 驾驶人管理

随着全市道路交通的飞速发展，各类机动车辆的大量增加，为确保道路交通安全，交警部门对驾驶人的培训、考试管理不断适应新要求，多次调整、改进管理办法，使之更趋规范、科学。

1997年前，常德市机动车驾驶人培训、考试、办证管理工作由车管所负责管理。1997年，实行车、驾管理分离，设立驾驶人管理科（同时加挂驾管所牌子），负责培训、考试、办证的管理。2000年5月，全省机动车驾驶人考试管理工作实行考试、培训分离，交警部门正式停办驾驶人培训业务。2009年后，根据公安部“一窗式”服务要求，所有驾驶人换补证、驾驶证转入转出、军转换证、外籍转入换证及查询与档案管理业务全部移交车辆管理科，驾驶人管理科主要受理新增学员报名注册及考试工作。

1991年至1997年，举办驾驶人培训班573期，培训各类驾驶人107433人；驾驶人年度审验117650人。1997年，对全市4个驾驶人培训学校（以下简称驾校）和8个交警大队分校的200名教练员集中培训5天，经考试合格发给教练员证，是年学员考试及格率达96%以上。

1998年，按照公安部《机动车驾驶员考试办法》执行考试标准，全年办学员培训班

17 期。是年，针对“五小”车辆驾驶人考试中存在走过场、管理松散的问题，采取以会带训的形式组织各大队车管民警学习业务，规范考试签卷，并 15 次派员对各大队培训考试情况进行培训考试规范化抽查指导。全面加强驾校管理和教练员的资格准入。通过调查摸底和严格考核，对不符合办学条件的坚决予以取缔，符合条件的验收后重新认定，并对驾校教练员进行认证培训，是年，对 68 名考试合格的教练员核发教练员合格证。

1999 年，车管科、驾管科合并为车管所。9 月，执行公安部《车辆管理所业务岗位规范》，全面澄清车辆驾驶人底数，细化驾驶人管理业务流程。

2000 年，狠抓驾驶人考试发证工作。是年，共注销两年以上未审验驾驶人及其驾驶证 30000 人（本），取消政德和湘运陬市两个驾校大货增驾大客的培训权。是年 7 月，正式启用湖南省机动车驾驶人考试中心常德考场，并实行跨地市异地考试。8 月，按照公安部 2000 年 45 号、46 号部长令和湖南省《机动车驾驶人基准记分实施办法》，全市正式开始实施机动车驾驶员违章记分工作。是年，全市新增各类机动车驾驶人 18448 人。换发驾驶证 14046 本，遗失补证 2809 本，复验驾驶人 1500 人。并完成发行 IC 卡 53600 张，实施违章记分 5100 人次，累计分值 15600 分。

2001 年至 2005 年，对办理驾驶人证件中出现的违规年审、复验等问题实行倒查追究，整顿驾校和教练员队伍，严把驾驶证办理、考试关。调阅档案资料 500 余份，查阅微机资料 600 宗，及时追回违规办理的驾驶证件。5 年共初次受理驾驶员报考 43141 人，增驾 25457 人，办理复验 17827 人次，注（撤、吊）销驾驶证 568 本，对 389 名经培训合格的教练员核发合格证。

2006 年，全面启用新版机动车、驾驶人登记核心软件，严格驾驶申请人资格审查。坚持无申请人身份证不受理、未经体检合格不受理、申请人情况与所提供资料不一致不受理；除偏远农村交警中队外，全面实施驾驶人“科目一”电脑随机选题和无纸化考试；汽车类“科目二”全面实行红外线桩考仪考试，对考场采取有效隔离；实行各科目考试员持证上岗，确保驾驶人考试工作公开、公正、公平和规范。

2009 年，全省实行驾驶人考试体制改革，将考试权限下放到各市（州）管理。市交警支队投资 800 多万启动智能化考试系统及考场建设，把原先由人工执行的倒车入库、侧方位停车、坡道定点停车与起步、曲线行驶、直角转弯项目，全部建成由电脑评判替代。并通过市优化办聘请 50 名监督员，每月随机抽取 3 名至 5 名社会监督员进驻考场全程监督，形成考试员、学员、驾校、教练和监督员五个方面的相互监督机制。

2010 年，实行《常德市机动车驾驶人培训学校等级评定工作方案和标准》，对各驾校开展等级评定，加强驾驶人培训工作监控。科目二配备门禁系统、指纹识别系统和电子显示屏；科目三实际道路考试线路从原有 7 公里增加到 13 公里，减少考试员人为因素影响公正评判。

2012 年，加大科技投入，提升驾考能力，进一步规范驾驶人考试。协调交通运管部门全面推广应用计算机和卫星定位、计时计程培训管理系统；在科目二考场内和考试车内安装摄像头，对考试情况进行视频监控；加快科目三路考仪建设进度等。同时，强化驾校监管，形成竞争机制。每月对驾校进行考评；每季度通报驾校的等级评定情况；在媒体和各驾校以及考场公示栏公布各驾校合格率排名情况。对有违规情况的驾校给予停止受理新学员报名、消减培训人数上限、在等级评定中扣分等处罚。是年7月，开通短信平台，发送短信87379条，收到学员短信回复6581条。是年，全市受理注册学员85894人，制发驾驶证76632本，增加各类驾驶员81696名，其中，A型证减少2854名，B型证增加3621名，C型证增加61583名，摩托车增加19341名，其他减少5名，到当年12月全市驾驶人保有量达到859518人。

第三节　基础设施建设

1994年前，因受历史条件局限，驾驶人培训、考试租借鼎城区人武部场地作为训练场地，工作环境十分简陋。1995年，征用位于省道1804线南侧的鼎城区白鹤山乡420亩山地，建设常德市机动车驾驶人教考中心。1996年6月，常德市机动车驾驶人教考中心落成，建筑面积14390平方米，常德市车辆管理所（车管科）迁移至新址办公。

1997年10月，常德市教考中心机动车驾驶人适性检测中心建成运行。1998年5月，常德市机动车辆安全技术检测站建成，建筑面积2150平方米。

2000年7月，正式启用湖南省机动车驾驶人考试中心常德考场。

2001年12月，由1条主道、4条环道组成的总里程8.3公里的硬化混凝土及沥青路面考场建成并投入使用。2002年10月，考场考务办公候考楼、科目二红外线桩考场及附属设施建设完成，建筑面积1950平方米。

2007年5月，车驾管办证服务大厅建成启用，建筑面积4630平方米。

2010年7月，占地57亩、总投资1800万元的科目二考试考场正式投入使用，场内可同时供80台车训练考试的3万平方米桩训场和7.1公里的考训道路，有3条小车、1条大中型客货车智能化驾驶人考试评判系统。2011年5月，候考楼扩建和改建项目及考试车库建成完工，建筑面积3530平方米。

2012年开始，按公安部2012年第123号、第124号令，改建大型车辆科目二场内考试项目，并通过省级工程设计质量检查验收。至此，常德市机动车驾驶人教考中心车辆管理所建成设施配套、功能齐全的现代化、综合型车驾管基地。

第四章　综合保障和科技管理

第一节　综合保障

一、办公场所

1987 年，全市交警组建之初，支队和 8 个区、县（市）大队及城区直属大队办公场所总面积不足 5000 平方米，各大队办公场所均无完整的独立院落。

1993 年开始，支队机关在市城区先后两次建设办公大楼，两次扩展建设用地。1994 年 5 月，在市城区青年南路建成 9 层综合技术大楼；2004 年 5 月，在市城区武陵大道新建 22 层指挥中心大楼与五层综合服务楼。至此，支队机关办公场所建筑总面积达 30240 平方米。

20 世纪 80 年代末至 90 年代中后期，各区、县（市）交警大队先后改变办公场所老旧或借用办公场所的困难局面。到 2012 年，各区、县（市）和城区直属各大队全部建成单独院落，办公场所建筑总面积达 36745 平方米。

二、信息网络

1994 年 5 月，支队综合技术大楼建成并投入使用。10 月，无线寻呼基地台投入使用，全市交警建成基地台 37 个，实现支队、大队、中队三级无线通信联网；微机管理全面运用于安宣、车管、财计业务。

1997 年，开通支队至大队二级传真网络。

2004 年，完成全国机动车、驾驶人信息管理系统改造及资源库建设。

2009 年，全警计算机配备率达 90%，并四级联网，驾驶人和车辆数据信息全面实行计算机管理及警务通查询。支队到大队网络带宽全部由 2 兆升至 100 兆，大队到中队网络带宽全部达到 2 兆以上。

2010 年，完成“省厅—市局—支队—大队”四级视频会议系统专网建设。

2011 年，车管业务向下延伸，各汽车 4S 店安装公安网终端，配发自编号牌机，新购车在 4S 店直接上户。

2012 年，建设移动警务平台 4 个，通过无线网边界接入公安交通网，城区主要路口的移动警务平台车随时现场受理车、驾管业务。

三、公务用车

1987 年，全市交警系统仅有 50 余台老旧吉普车、三轮摩托车和考试用大货车。随着经济发展和道路交通管理的需要，公务用车不断更新，至 2012 年，发展到拥有执勤警车

290 台、巡逻摩托车 38 台、流动警务车和勘查施救车 30 台。全市交警交通装备标识统一、性能优良，单警装备“八大件”及执法记录仪等规范执法装备全面应用于一线民警，可满足全警一次性集结出发完成各类处警任务。

第二节　智能交通建设

1988 年，各县城关镇未设置智能交通，津市市城区的交通道路由民警站岗指挥；市城区仅在北站、下南门、青阳阁、红旗路、青年路路口设有交通信号灯；车流高峰期实行信号灯与民警现场指挥结合。

1998 年，原有信号灯逐步更新，市城区更新信号机 2 台、信号灯 8 组、数码显示仪 2 组。1999 年 9 月，投资 600 余万元的智能化交通指挥中心暨交通监控系统建成并正式投入使用，对城区各主要路口、路段实行电子技术监控。是年，澧县投入 210 万元在县城开通电子监控系统，随后各区、县（市）陆续实行智能交通管理。

2000 年，市城区武陵大道“严管街”实行全天候 24 小时电视监控。

2002 年 7 月，市城区城市智能交通管理系统建设项目工程启动。该系统由交通控制中心系统、交通控制监控系统、交通调度管理系统、交通信息发布系统、公共交通系统五大部分、18 个子系统组成，建设总工期为两年。是年，完成市城区所有灯控路口倒计时器安装、交通信号灯更新。2003 年 2 月，城市智能交通管理系统初步建成并开始启用；至 12 月，市城区共完成 16 个电子监控路口、15 个信号灯控路口和 5 个卡口系统的新建与配套，形成具备监控、指挥、诱导、数据传输和查询等功能的智能化交通指挥管理系统。

2004 年，城区完成数据迁移、资源库建设、数据传输通道搭建，实现与全国机动车、驾驶人信息管理系统及资源库对接。下年，市城区设立 72 个电子警察、30 个电视监控点、8 个卡口监测点。

2006 年，利用 2000 万元西班牙政府软贷款和 600 万元区、县（市）政府配套资金，在鼎城、桃源、石门、澧县、临澧、汉寿、安乡、津市进行智能交通管理系统升级建设。成为率先在全省市区、县城两级实现交通电子监控道路的地市。

2010 年，在江北城区所有灯控路口设置语音提示系统；对市城区战备桥、武陵大道、海关路口、柳叶大道与常澧路 5 个路口高清监控系统进行升级改造；在市城区 4 个主干道入城口建成高清道路监控系统，对进城车辆实行 24 小时监控。

2011 年至 2012 年，实施市城区智能交通全面升级。对常德大道、桃花源路等城区 7 个高清卡口和其他 6 个路口高清监控升级改造；完成武陵大道与紫菱路交叉口、柳叶大道与龙港路交叉口、龙港路与滨湖路交叉口 3 个路口信号灯控制系统建设；在滨湖路龙港路等 5 个新增路口设置红绿灯；新建汽车总站、柳叶湖车站电视监控设施。建成市城区柳明路、柳溪路、龙港路、洞庭大道、常德大道等路口公路卡口稽查布控系统；建成市城区

BRT智能交通暨公交快速优先专用车道；对原有的22套交通信号控制系统、3套智能卡口系统全面完善升级。至2012年12月，新建红绿灯路口的电子警察设备全部安装到位，城区红绿灯总数增加到80个。

第三节　交管信息系统应用

交通信息管理系统的应用始于21世纪初期。2001年，启用车辆及驾驶人违章记分系统“C/S、B/S版”、事故采集系统网络版；开通车辆、驾驶人及违章信息语音查询系统；实行无纸化考试系统与驾驶人管理系统并实现联网。同时，制定《交通信息管理系统用户管理办法》，明确微机操作人员权限、职责，严格用户权限审批和管理，堵塞利用微机违规办理业务的漏洞。

2002年，对车管所业务系统、路面电视监视系统及电子警察系统进行全面维护和系统升级。并将车驾管系统与电子警察系统、驾驶人违章记分系统进行整合，堵住违章车辆及驾驶人逃避处罚的漏洞。

2003年至2005年，全面启用公安部2003年版“道路交通事故信息系统各项子系统”，为路面纠违、电子警察采集交通违章信息提供灵活方便的接口程序。同时，运用该系统及时获取最新机动车、驾驶人信息，实现车驾管业务的自动跟踪锁定。年内组织对基层大队、中队网络管理员进行新版交通事故信息采集系统和全市道路交通管理信息系统改造技术培训。在沅水一桥、鸿升圆盘等5处设置大型交通诱导显示屏，将交通违法处罚与移动警务平台链接，处理非现场交通违法17241起，并通过卡口系统破获多起交通肇事逃逸案件。

2006年，启用7个卡口超速违法记录功能和过往车辆信息查询功能，安装350兆车载通信设备20台、GPS卫星定位车载系统25台，完善监控系统功能。启用交通警保卫VIP线路，进行智能交通监控系统16路录像扩容方案设计和8路数据传输系统安装。下年，在车驾管大厅设置完成叫号、查询、信息公告、相片合成、预录入、信息扫描、电子监视、电子监控、语音广播、信息自助、服务质量查询10大系统。既方便群众办证办事，又提高民警的工作效率。

2009年，完善各类管理系统的推广应用。重点加强机动车、驾驶人、交通违法、交警队信息平台、剧毒化学品公路运输管理等系统的应用，增强其数据的有效性和准确性，其中机动车、驾驶人管理系统数据误差率在2‰以下，交警队信息平台属地化率在80%以上，为基层民警执勤执法提供更加有力的信息支持。同时，充分利用交通诱导系统，合理组织交通流，通过全市8块交通诱导屏及时发布路况信息和安全提示，提醒驾驶人绕开交通堵点，有效缓解拥堵；充分利用卡口测速、电子警察、流动电子警察等系统，加大非现场执法力度，实现全城监控、全路段监控，促使驾驶人自觉守法，提高通行效率。

2010 年，加强信息系统开发利用，完善智能交通管理系统，一次性采购台式计算机 152 台、笔记本电脑 11 台，全市交通民警计算机、警务通拥有率达到 100%；全市交通事故数据信息全项率和案件文书电子化率达到 96%。2011 年，完成与省公安厅交警总队“交通管理综合应用平台”的建设，整合车管、驾管、违法、事故、秩序、信息平台等交管业务系统，并与警务通启用对接，路面执勤民警通过警务通终端即可进行车辆和驾驶人盘查、违法取证等工作，有效地推动了大情报系统建设，实现本地车辆异地违章能在当地处理，极大地方便人民群众。

第八篇　公安消防

消防部队是公安机关的重要职能部门，也是国家武装力量的重要组织部分，担负着灭火救援、抢险救灾、保护国家和人民生命财产安全的重任。按照“预防为主、防消结合”的消防工作方针，常德市消防支队的主要职责和管理职能：负责各类火灾扑救、危险化学品泄漏和气象灾害的抢险救援；负责突发灾害事故的处置；对各类建设工程进行监督管理；对易燃易爆物品实行监督管理；进行经常性的消防监督检查；对各种消防设施质量实施监督管理；普及安全防火知识，增强消防安全意识。

第一章　消防队伍

第一节　公安消防部队

1988 年，常德撤区建市；同年 10 月，原常德地区消防大队（副团级）被撤销，成立中国人民武装警察部队常德市消防支队（正团级）（以下简称市消防支队）。支队内设秘书科、政治处、警训科、后勤处、防火科 5 个机构，下辖 19 个区、县（市）消防股（科）、中队，各级消防管理机构接受当地公安机关和武警部队双重管理。消防监督、灭火指挥、业务训练、器材装备、消防科研等归口公安机关管理；被装供应标准、思想政治工作、教育训练由武警部队为主管理。

1994 年，支队机关设立司令部、政治处、后勤处、防火监督处 4 个部门（均为副团职）。

1996 年，根据湘公厅〔1995〕79 号文件精神，常德市消防支队原下辖的 19 个消防股（科）、中队合并，设立 10 个县、市（区）消防大队，9 个消防中队。

2001 年 3 月，设立鼎城区公安消防中队。

2010 年 7 月，设立西洞庭、西湖、柳叶湖公安消防大队。

2011 年，设立武陵区公安消防大队城西中队。

至 2012 年，全市共有 13 个区、县（市）基层大队，1 个特勤中队，10 个普通消防中队。

第二节　专职消防组织

专职消防队伍是全市消防队伍的重要组成部分，隶属于组建单位，业务上接受公安消防部门指导，主要担负本单位防火灭火工作，并接受当地公安消防部门统一调度，协同参与外单位火灾扑救等工作。

20 世纪 80 年代，为适应安全防火需求，全市大中型企、事业单位专职消防队一直持续稳定发展。至 1993 年，有常德棉纺织厂、常德纺织机械厂、澧县棉纺厂、桃源纺织印染厂、西洞庭造纸厂、华南光学仪器厂、常德卷烟厂、石门电厂、岩码头石油库 9 个企业专职消防队，配备执勤消防车辆 10 台，消防指挥车 2 台。

1996 至 1999 年，企业专职消防队发展到 13 个，配备消防车 17 台，专职消防人员 151 人。

20 世纪 90 年代以后，随着市场经济体制改革，大多数国有企业进行改制或破产，从而导致专职消防队伍逐年减少。至 2005 年年底，常德市有华南光学仪器厂、常德棉纺厂、常德卷烟厂、石门电厂、桃花源机场 5 个企业专职消防队，共有消防车 13 台，专职消防队员 83 人。

2009 年，常德华南光学仪器厂实行企业改制，专职消防队撤销。

2011 年，常德棉纺厂实行企业改制，专职消防队撤销。

至 2012 年，常德市有常德卷烟厂、石门电厂、桃花源机场 4 个企业专职消防队，消防车 12 台，专职消防队员 71 人。

第三节　义务消防组织

义务消防队伍是自防自救的群众性消防力量。其主要任务是在本单位开展防火宣传、维修保养消防器材、扑救初起火灾等。

1988 年，全市有义务消防队 180 个，队员 4357 人，消防车辆 12 台。

20 世纪 90 年代中期，随着公安消防队伍的发展壮大和火灾扑救工作情况发生变化，义务消防队在扑救火灾中的作用也发生变化，同时，由于国有和集体经营企业转换经营机制或停产、转产等多方面的原因，其管理机制和原有装备不适应经济建设和城市发展后消防工作的需要，大多数义务消防组织被撤销、解散。

20 世纪 90 年代后期，市消防支队根据常德区域经济建设和城市、城镇发展的新形势，在市、县两级政府和当地公安机关的指导下，及时、调整义务消防工作思路，重建义务消防组织。至 2010 年，按照“专门机关与群众相结合”的原则，结合消防管理“五进”工作，在全市 150 个社区、1180 个重点单位和 3753 个行政村全部建立健全起义务消防组织，统一制定消防工作制度，明确消防工作职责，共有群众义务消防队 3903 个，队员 39000 余名。

2012 年，根据新修订的《中华人民共和国消防法》，取消义务消防队，原义务消防队改名为志愿消防队。

第四节　志愿消防组织

志愿消防队伍是一支新生的消防力量，队员平时在各自岗位上工作，遇有灭火救援任务，赶赴现场进行施救。

2004 年，桃源县漆河镇组建常德市第一支志愿消防队，队员由城管队员和居委会工作人员组成。

2005 年，组建澧县大堰当镇、鼎城区蔡家岗镇、临澧县新安镇三支志愿消防队伍。

2007 年，组建津市保河堤、石门壶瓶山镇、太子庙镇、蒋家咀镇、临澧合口镇五支志愿消防队伍。

2012 年，根据新修订的《中华人民共和国消防法》，常德市共组建乡镇政府专职消防队 9 个，有消防车 4 台，机动泵 7 台，队员 75 人，队员由政府聘用的城管队员和居委会工作人员兼任，由当地乡、镇政府财政拨款，接受公安消防机关的专业培训后进行轮流值班，主要担负本乡、镇以及相邻农村地区的执勤与前期灭火工作。

第二章　消防监督

第一节　重点单位和易燃易爆化学品监督管理

一、消防安全重点单位管理

1987 年，市消防支队把现代企业管理技术移植到消防管理上，在消防安全重点单位建立严格的责任制，实行自我控制和全员管理。有效地提高单位和员工的消防安全责任意识，使可能导致火灾的隐患苗头及时排除，形成了常抓不懈、防患于未然的消防安全工作格局。1988 年 5 月，省公安消防总队在常德召开现场会，推广消防安全目标管理经验。

20 世纪 90 年代后，由于企业转换经营机制，消防行政管理弱化，重点单位消防管理削弱。

2002 年，公安部颁布《机关、团体、企业、事业单位消防安全管理规范》，常德市政府及时贯彻实施。由市消防支队牵头，各级公安消防部门指导和帮助重点单位确定消防安全责任人，消防安全管理人及各级各岗位的消防安全负责人，严格规范管理、明确履责问责。是年，举办单位法人代表、专兼职消防专干、重点岗位从业人员消防安全培训班23期，派员上门授课26次，培训消防安全员3156人。

2003年，继续对全市范围内的重点单位消防安全责任人和消防管理人员进行轮训，共办培训班15期，培训人员1390人，派员到单位授课10次，培训员工1100多人。

2004年，成立消防安全培训中心，对全市范围内的重点单位消防安全责任人和消防管理人进行16期消防安全培训，培训2000余人，培训中心应邀派员到各单位授课21次，受教育人员达2300多人。

二、易燃易爆化学物品消防安全监督管理

1988年，省公安厅下发《关于易燃易爆化学物品消防安全许可证管理的通知》，对易燃易爆化学物品的生产、储存、运输实行许可证制度，分地（州，市）、县（区）二级审核，市消防支队开始实施对此项工作的管理审核。

1992年，省公安消防总队发文对审批权限进行调整，实行省、地（州、市）、县（区）三级审核制度，是年，全市消防管理部门按新的规定要求实施审核。

1996年6月，省公安消防总队下发《关于对易燃易爆化学物品开展消防安全检查和审核发证的通知》，再次对审批权限进行调整，将危险化学品由省、地、县三级发证改为地、县（市、区）二级审核发证。全市市、区、县（市）两级消防管理部门及时按省厅通知对审核发证工作进行调整。

2002年5月，公安部下发关于认真贯彻执行国务院《危险化学品安全管理条例》，切实加强危险化学品公共安全管理的通知，明确各级公安机关消防部门要依照消防法律、法规的规定，依法履行对易燃易爆化学物品生产、储存、经营单位新建、改建、扩建工程的消防设计审核和消防验收职能；对易燃易爆化学物品生产、储存、经营等单位落实消防安全责任制、履行消防安全职责的情况依法实施消防监督检查。公安消防部队除承担易燃易爆危险物品火灾扑救任务之外，还要积极参加危险化学品泄漏、遗撒、爆炸等事故的抢险救援工作。按照国务院《危险化学品安全管理条例》的规定，年内全市消防管理部门采取三条措施贯彻落实：（1）加强对易燃易爆化学品生产、储存、经营以及新建、改建、扩建工程的消防设施审核；（2）加强对易燃易爆化学品生产、储存、经营单位有关消防责任制，履行消防安全职责的监督检查；（3）开展参与危险化学品泄漏、遗撒、爆炸等事故抢险救援的专业训练。

2011年12月1日起施行的《危险化学品安全管理条例》）规定，安全生产监督管理部门负责危险化学品安全监督管理综合工作，公安机关负责危险化学品的公共安全管理。根据该规定，全市公安消防管理部门依法强化对危险化学品公共安全的规范管理。

第二节　防火检查

防火检查是公安消防部门开展消防安全的重要手段，也是一项警钟长鸣、经常性的工作。市消防支队坚持每年在元旦、春节、五一、国庆等重大节日和农村秋收季节及冬季开展三种形式的防火大检查。即重大节日之前，由各级党委、政府负责人挂帅，有关部门抽调力量，以块块为主，条块结合进行检查；根据季节变化和单位特点，由公安消防部门组织有关部门按行业系统或某个专题进行检查；单位自查为主，公安消防部门或主管部门派人抽查或对口检查。发现火灾隐患，及时督促整改。

1989 年至 1993 年，市消防支队组织安全检查组 130 多个，抽调 510 人，检查单位 340 个，下整改通知书 126 份，提出整改意见 678 条。

1996 年后，防火安全检查更加经常化、群众化、制度化，检测手段也逐步改善，地方公安消防部门陆续配备安全检查仪器，改变了过去凭眼睛看、手摸、鼻子闻、耳朵听的检查方法。

1999 年 8 月，省消防总队下转发《社区消防工作标准》，市消防支队在贯彻落实该项工作的同时，结合全市冬季消防安全大检查，将消防工作纳入社区治安综合治理检查考评范畴，使消防安全工作在基层社区更加落实。

2002 年，按照《常德市消防工作“十五”规划》的目标和任务。全市整改重大火灾隐患 17 起。

2003 年至 2005 年，市消防支队开展专项治理和火灾隐患排查，共检查单位 9729 家，发现火灾隐患 13437 处，整改 12658 处，依法办理行政案件 932 件，查封单位 112 家，责令“三停”259 家。

2006 年，市消防支队开展消防产品专项检查活动，对 14 家消防产品经销门面和 6 家灭火器材维修企业进行全面检查，查封、扣押不合格产品。是年，对市城区首创大厦、红卫社区、金叶宾馆、人民银行常德市中心支行等 5 个火灾隐患单位进行消防安全整改。

2007 年，市消防支队部署开展学校（幼儿园）及周边环境、建筑消防设施、三合一建筑、消防产品等消防专项治理活动。全市共组织行业、部门各类检查组 976 个，出动检查人员 2529 人次，检查单位 5562 家，排查出各类火灾隐患 2861 处，整改火灾隐患 2538 处，查封单位 85 家。

2008 年，全市各级政府共召开消防工作专题会议 22 次，各区、县（市）防火安全委员会共发文 40 份，各级党委、人大、政府、政协和公安机关主要领导带队开展消防安全检查 59 次。在奥运安保期间，全市共检查单位 7183 家，发现火灾隐患 7432 处，下发各类整改通知书 520 份，责令“三停”、取缔、查封隐患单位 27 家。是年，市消防支队立案查处桃源县甘露茶艺社、津市市（湖南）雪丽造纸厂、汉寿县福星楼宾馆和安乡县深柳宾馆4处重大火灾隐患单位，并报请市政府实施挂牌督办。是年年底，4处政府挂牌督办的重大火灾隐患单位全部整改销案。

2009年至2010年，全市消防部门共检查单位8598家，整改火灾隐患11154处，责令“三停”495家，查封906处。2010年，市消防支队在全省冬季防火攻坚战行动中排名第二，被省政府评为“全省冬季防火攻坚战先进单位”。

2011年，公安部消防局部署开展“清剿火患”战役，市消防支队按照上级要求，落实该项工作，共检查单位20339家次，发现火灾隐患27523处，火灾隐患督促整改25847处，下发责令改正通知书9143份，临时查封1149家，责令“三停”785家。

第三节　建筑消防审核

1988年年底，省公安厅与省建委联合发出《关于加强建筑工程消防设计监督管理的通知》。对省、地（州、市）、县的建筑设计防火审核（下简称建审）范围作具体的规定，消防支队贯彻落实相关规定，开始实行三级建筑防火审核管理。

1990年年，市消防支队贯彻落实总队《火灾自动报警、自动（固定）灭火系统管理规定》《湖南省消防工程设计、安装、维修许可证管理办法》，对消防工程设计、安装、维修实行许可证制度，规范建筑防火管理。

1989年至1993年，全市各级消防监督部门共审核新、扩、改建工程项目3156个，其中高层建筑、地下工程71个，工厂、仓库463个，各类民用建筑2461个。在建筑防火审核过程中，参加工程选址1357次，参加扩初设计和项目会审4128次，进行竣工验收1990次，提出有关消防安全的建议和意见9616条，其中关于防火间距和建筑面积的2169条，耐火等级的257条，防火分隔的802条，消防通信和安全疏散的2939条，电器防火、防爆的2366条，消防供水和灭火设备的1648条。1993年，市消防支队被省公安厅评为“全省建审工作先进单位”。

1998年9月1日，《消防法》颁布实施，公安部颁布配套规章《建设工程消防监督管理规定》（公安部第106号令），对建审工作的内容和程序做出了具体规定。3月和9月，全市组织两批共23名建审干部，参加公安部统一组织的建审岗位资格考试，全部取得了上岗证。是年，针对消防工程施工中质量低劣、转包、挂靠现象严重等突出问题，市消防支队对全市消防工程施工单位进行一次专项检查整顿。

2001年8月，根据《湖南城市规划消防监督管理规定》，市消防支队召开全市建筑消防设施施工单位监督管理工作会议，进一步规范全市建筑消防设施管理工作。

2002年年底，全市各区、县（市）以及42%的建制镇完成消防专业规划工作并实施。

2003年，针对工矿企业和工业园区工程建设的快速发展，全市开展彩钢板建筑及钢结构建筑的消防安全专项整治行动。

2005 年，对存在重大火灾隐患的 3 个大型工农贸市场、1 个城市社区实施整体拆除，重新按消防要求规划建设，并在桥南市场重建中专门规划建设一个消防站。

2006 年，公安部部消防局实行网上“消防监督管理系统”，全市公安消防管理部门自是年开始所有行政许可文书均由网上自动生成，自动编号，网上审批，网上签发，执法规范化实现质的飞跃。

2007 年，针对高层建筑、三合一场所的快速发展，为确保消防安全，全市集中开展建筑消防设施和三合一场所的消防安全专项整治行动。

2010 年，为进一步规范消防行政审批网上审批流程，公安部消防局启用新的网上“消防监督管理系统”，市消防支队按该程序要求，推进构筑“防火墙”工程，制定规范的 9 类消防设施标准化管理标准。

2012 年，市消防支队联合市住建局开展在建工地、彩钢板建筑消防安全专项整治行动，有效消除全市彩钢板建筑消防安全隐患。

第四节　火灾事故查处

20 世纪 80 年代，公安消防部门把调查火灾原因，处理肇事者和有关责任人，作为吸取教训、教育群众、加强消防工作的重要措施来抓。发生火灾，由消防部门按照防火分级管理的范围，通过火灾原因结论，分清责任，视情况进行处理。对于触犯刑律的直接肇事者和责任人，移交司法机关追究刑事责任；对于尚未触犯刑律的责任人，视责任大小，情节轻重，由公安机关按《治安管理处罚条例》处罚，或由有关主管部门和单位给予党纪、政纪处分或经济处罚等。在火灾查处中，实行原因不清不放过、群众未受到教育不放过、防范措施不落实不放过的“三不放过”原则。当时，全市火因调查试行《火灾现场勘查程序》，其内容包括：4 项勘查准备（即观察火势及特征、询问起火范围、组成勘查组、专项勘查），3 项综合整理（即整理笔录、制作照片编辑录像、绘制现场图）和火灾原因鉴定书。简称“431”程序。

1999 年 3 月 15 日，《火灾事故调查规定》（公安部令第 37 号）公布施行，规定火灾事故调查的主要任务是调查、认定火灾原因，核定火灾损失，查明火灾事故责任。全市公安消防部门自是年起依照此规定执行。

《中华人民共和国刑事诉讼法》明确失火罪、消防责任事故罪两种罪名的案件（以下简称“两案”），由消防部门办理。2001 年，省高级法院、省检察院、省公安厅制定“两案”办理的立案和量刑标准，全市消防部门开始进行“两案”办理。

2003 年，市消防支队依法查处火灾事故 60 起，治安拘留 5 人，41 个单位和 63 人受到经济处罚，提请有关部门对 3 人给予行政处分。

2009 年 5 月 1 日，修改后的《火灾事故调查规定》公布实施，规定火灾事故调查的任务是调查火灾原因，统计火灾损失，依法对火灾事故作出处理，总结火灾教训。公安机关消防机构应当根据现场勘验、调查询问和有关检验、鉴定意见等调查情况，及时作出起火原因和灾害成因的认定。将核定火灾损失修改为统计火灾损失，取消火灾事故责任认定。2012 年 7 月，公安部对《火灾事故调查规定》进行再次修订，于是年 11 月 1 日实施《火灾事故调查规定》取消了灾害成因的认定。自此，全市公安消防管理部门按新修改的《火灾事故调查规定》开展火灾事故调查。

第五节 防火宣传

1989 年 11 月，市消防支队开展贯彻落实“预防为主、防消结合”的消防宣传月活动。市、区、县（市）两级政府领导分别发表广播、电视讲话；《常德日报》开辟消防宣传专栏节目；9 个区、县（市）开展全市公交系统消防安全、保险知识抢答赛。全市共悬挂消防宣传横幅 370 条，张贴宣传标语 48000 多条，举办墙报、黑板报 1690 期，放映消防幻灯 7400 场，消防录像 590 场，开办消防业务培训班 21 期，印发消防宣传资料 25000 份。是年，市消防支队被省公安厅评为“全省消防宣传活动优胜单位”。此后每年，市消防支队把防火宣传始终作为全民义务消防安全的一项重要工作持之以恒、常抓不懈。为普及全民防火知识、提高防范意识、减少火灾的发生，发挥重要作用。

1998 年 4 月，《中华人民共和国消防法》颁布，市防火安全委员会召开全市新中国成立以来首次全体成员会议贯彻落实，此后，消防安全作为市政府的一项重要工作纳入全市社会经济发展的议事日程，同部署、同实施、同检查、同考核。是年，根据全市城市社区建设和建制镇规划建设中消防安全管理需要的实际，开展创建“119 安全小组”和义务消防队建设专项工作。年内创建“119 安全小区”和建立义务消防队 300 多个。

2002 年，组建 10 个区、县（市）消防（宣传）站全部对外开放，共接待参观和咨询的社会各界人士 6 万余人，市消防支队被公安部评为“消防站开放工作先进单位”。是年，市消防支队与市电视台图文频道联合开辟消防专栏，在每天黄金强档滚动播出，集中开展消防法规、防火灭火知识、典型火灾案例等消防安全专题宣传。4 月 27 日，省经济电视台《火线追踪》栏目播映常德市宣贯公安部 61 号令试点工作专题。5 月 8 日的《人民日报》刊登常德卷烟厂《强化三种机制，落实主体责任》的宣贯《规定》试点工作经验，将常德的消防工作经验推向全国。

2003 年，在全市各种新闻媒体采取开辟消防专栏、开放消防（宣传）站、发行消防杂志等形式，宣传防火、灭火知识，共办培训班 15 期，培训人员 1390 人。配合湖南经视《火线追踪》专栏，就桥南家电城“2 · 19”重大火灾引发的教训和思考制作一期消防专题，在湖南生活频道、综合频道进行播放。

2005 年，市消防支队开展送消防法律法规、防火常识、消防技能上门的“三上门”

服务活动，稳步推进消防宣传“进社区、进家庭、进学校、进企业”。是年，与常德电视台新闻综合频道联合开办《消防在线》专栏，对消防工作的难点、焦点和热点问题进行全方位的宣传报道；举办全市首届“芙蓉王杯”消防安全知识竞赛活动；在人员集中的公共场所制作大型消防宣传公益广告牌12块；出动消防宣传车辆68台次，印发宣传资料8万余份，全年共刊登各类消防宣传稿件348篇，制发火灾隐患排查整改工作简报58期，对176家存在火灾隐患或严重违法行为的单位和个人进行公开曝光，受理举报和投诉火灾隐患和消防违法行为案件146起。

2006年，采取开放消防（宣传）站、设立咨询台、发表电视讲话、发送手机短信和消防宣传“一条街”等多种形式，在学校、社区、企业、农村继续开展送消防法律法规、防火常识、消防技能上门的“三上门”服务。指导100多家消防安全重点单位制定灭火疏散预案；联合教育系统在58家中小学校开展消防知识教育的活动。是年，临澧县消防大队救援“2·18”车辆事故、武陵区消防大队救援“8·15”天然气槽车泄漏事故和救援“8·29”黄磷自燃事故等抢险救援事迹及成功经验先后被中央电视台、湖南经视台、常德电视台、《常德日报》等新闻媒体宣传报道；《人民公安报》在6月23日、7月18日分别以《多策并举打赢攻坚战》和《励精图治万象新》为题对常德消防支队在火灾隐患排查整治和部队全面建设等重点工作方面的经验作法进行专版报道。

2007年，在全市范围内利用报刊和电台、电视台及互联网等媒体，积极推进消防宣传“五进”工作，刊播防火宣传稿件200余篇、消防信息5万余条。市消防支队制作的消防宣传“五进”《平安是福》专题片，在全国消防宣传工作会议上受到一致好评，市消防支队被公安部消防局评为消防宣传“五进”工作先进单位。桃源县漆河镇黄婆店村农村消防宣传工作的做法受到国家消防工作检查组的充分肯定和高度评价。7月26日的《人民公安报》、8月1日的《常德晚报》和11月9日的湖南《湘声报》分别整版报道常德消防深化消防宣传“五进”工作。年内，市消防支队投资15万元，印制20万份消防宣传警示标志牌，张贴在各公众聚集场所的电梯内、包房内和疏散走道等重要部位，广泛开展消防宣传活动。在是年开展的“铁拳整治”期间，市消防支队与常德电视台《消防面对面》栏目制作“铁拳整治”集中行动专题片，并在常德电视台图文频道对“铁拳行动”每日进行公告。11月8日，支队承办声势浩大、气氛浓厚的全省“迎奥运·保平安”119消防宣传活动暨《消防大本营》VCD图书卡通片首发仪式。

2008年，新修改后的《消防法》实施，市消防支队在常德电视台《消防面对面》专栏节目、常德图文频道滚动播出新消防法相关条文内容；在《常德日报》《常德晚报》常德政府网开辟学习贯彻《消防法》专栏，全文刊登《消防法》条文，分专题对《消防法》的主要精神和内容进行讲解释义。4月9日，隆重举行全市“传递平安，祝福千万”新《消防法》宣贯活动启动仪式；4月23日，在市广电大楼演播大厅举办“春晓杯”新《消防法》知识抢答赛；6月16日，与共青团常德市委、湖南文理学院联合举行常德市青年消防志愿者普法行动暨消防志愿服务总队成立仪式。是年，在市、县两级电视台共播放消防新闻 125 次，电台播出消防新闻稿件 152 次，报纸刊登消防稿件 66 件，网站用稿 188 件。

2010 年，市消防支队组建宣教中心，把防火宣传列入重要议事日程，列入年度全市各级消防部门目标责任制、年终检查评比和干部精细化管理考评的重要内容。同时，由宣教中心牵头，建立起与常德电视台、常德广播电台、常德日报、常德晚报、常德市人民政府网、尚一网、移动公司等媒介的合作，形成覆盖全社会的消防宣传网络，使消防安全宣传工作常态化。是年，市消防支队在全省率先成立“防火墙”工程宣传讲师团，深入企业、乡镇、学校、社区开展普及安全防火知识，增强消防安全意识的宣传教育活动。

2011 年，中宣部、公安部、教育部、民政部、文化部、卫生部、广电总局、安全监管总局联合下发《关于印发〈全民消防安全宣传教育纲要（2011—2015）〉的通知》，全市公安消防部门同步启动《纲要》宣贯工作。

2012 年，市消防支队以宣贯《全民消防安全宣传教育纲要》和《消防安全常识二十条》为重点，开展系列主题宣传活动。对全市党政领导干部、派出所民警、重点人员、社会单位管理人员、学校师生等五类人员进行培训。全年培训乡、镇长、村“两委”负责人等以上领导骨干 5700 人（次），培训消防安全责任人和管理人、消防控制室值班操作人员 3000 人（次）。

第三章　灭火救援

第一节　专业训练

1987 年起，按照省消防总队要求，树立“练为战”的指导思想，全市消防部队在抓基本功训练的同时，开始注重战术训练。指战员平时深入辖区消防重点单位，制定灭火作战计划，并做到熟悉生产储备物资的性能及灭火方法、建筑结构特点道路水源设施、重点要害部位、灭火战斗部署和行动要求。

1988 年，规范支队、大队、中队三级执勤值班制度，每天必须坚持 1 名领导值班；发生火灾后，大队、中队一级领导必须到达火场；在调动两个中队以上警力时，支队一级领导必须到达火场。

1989 年 11 月，公安部颁发《公安消防部门战斗员业务技术标准》，将消防战斗员划分为三个等级。要求各基层消防中队官兵 100% 达到三级战斗员标准，60% 达到二级战斗员标准，10% 达到一级战斗员标准。市消防支队按照上述标准，加强全市消防部队正规化建设和达标训练，单兵作战能力明显提高，整体灭火战斗能力显著增强。

1990 年至 1993 年，市消防支队从实战出发，不断深化战备训练。要求所属 9 个消防中队不仅要搞好原地着战斗服、两盘水带连接、30 米翻阅板障、徒手救人等 10 个项目的地面训练。而且还要按规定修建高度为五层以上的训练塔，加强对攀登挂钩梯、沿楼层垂直铺设水带、佩戴空气呼吸器攀登消防梯、使用安全绳救人、滑绳自救等 8 个项目的高空训练；并将训练速度分为三个等级，基本标准为三级，最高标准为一级，其中考核成绩以秒计算，规定每个中队三级战斗员需达到 100%，二级战斗员需达到 40%。武陵区消防中队经过艰苦训练，二级战斗员达到 60%。1992 年至 1993 年，该中队连续两年获全市消防部队训练考核总分第一名。在 1994 年全省举行的业务训练比赛中，全市消防部队的整体消防业务技能训练跃居全省第三名。

1995 年，强化“支队首长值班、战训值班、机关干部轮流值班”的机关三级值班制度；加强“第一出动”，保证“第一出动”，每天坚持交接班和每周坚持车场日制度，各执勤中队每周不少于两个半天的执勤条例和业务知识学习，确保了值班、备战、训练规范有序。

1999 年至 2001 年，市消防支队加大训练改革力度，先后开展“执勤工作年”和全员执勤岗位练兵活动。连续三年被省消防总队评为执勤训练先进单位。

2003 年，支队把深化执勤岗位练兵活动作为提高部队战斗力的一项重要措施。坚持将岗位练兵从操场训练向火场、责任区训练转变；从表演性、观赏性训练向实战性训练延伸；并有侧重地向智能、技战术指挥训练转移；将执勤勤务逐步扩展到抢险救援、防火监督等方面。同时，根据官兵的不同服役年限和不同岗位，将消防业务训练分成不同层次进行，确保了训练的全员性、针对性和实战性。

2004 年，贯彻落实《湖南省公安消防部队灭火救援行动要则》，全市消防部队强化官兵对辖区情况的“四掌握”“六熟悉”，按照“干什么、练什么，缺什么、补什么”的原则创新练兵方法，深化练兵活动。有效地提高消防官兵的素质和胜任本职工作的能力。是年，圆满完成桃花节、石门柑橘节、中央电视台“同一首歌”等重大活动的消防保卫任务。

2005 年，把夯实执勤基础作为军事业务工作的大事，深化全员岗位大练兵。按照《公安消防部队灭火救援业务训练大纲》，规范训练内容、训练组织程序、训练操作规程和器材装备管理的要求，市消防支队对组训模式、训练管理方法和考核办法进行改革，研发制作常德消防部队《训练管理信息系统》软件，受到省消防总队的肯定并在全省推广。

2008 年 7 月，市消防支队承办湖南省消防部队第二届“战术技能”对抗赛常德赛区的比赛，并在总决赛中取得集体项目车泵操第一名的成绩。同年 8 月，承办全省消防部队信息通信工作现场会，并向全省推广常德消防安全信息通信工作的经验。

2011 年，市消防支队根据公安部消防局《公安消防部队铁军中队建设标准》，下发

《常德市公安消防支队铁军中队试点方案》，全面开展“建设铁军中队”活动，强化部队灭火和应急救援能力。

至2012年，市消防支队共建立1个应急救援支队，10个应急救援大队，11个执勤中队、1个战勤保障大队，1个水上救援队，4个铁军中队，12个灭火救援攻坚组。1个灭火救援专家组，1个化学灾害事故处置专家组，进一步完善消防安全社会联勤保障体系。增强全市消防部队执勤灭火和应急救援能力。

第二节 备战执勤

20世纪80年代后期，全市消防部队按照公安部消防局颁发的《公安消防部队执勤条令》，建立完善各项执勤制度，明确各级各类人员职责，积极改善车辆装备，执勤工作得到大的发展。

1990年，落实《军队基层建设纲要》，全市消防部队执勤秩序进一步走向正规。

1994年，全市消防部队贯彻落实《关于加强执勤工作的决定》《执勤训练奖惩办法》和《正规化执勤规程》，规范执勤工作。

2002年，贯彻省消防总队《关于加强和改进执勤工作的决定》和《湖南省消防部队执勤业务训练考核办法》，全市消防部队建立和健全执勤工作长效机制，部队执勤基础进一步夯实。

2004年，贯彻落实《湖南省公安消防部队灭火救援行动要则》，开展“依法执勤、文明执勤活动”，规范执勤行为、执勤秩序、训练秩序及火场指挥秩序，执勤工作质量进一步提高。

2007年，制定全市消防部队辖区执勤手册，对区域概况、道路、消防水源、消防安全重点单位、易燃易爆危险物品场所、高层建筑、地下建筑、消防执勤实力、通信等方面情况进行分类统计；对各类火灾扑救及抢险救援方案进行分析论述，为消防部队全面准确了解掌握责任区的基本情况，落实执勤工作，灭火救援决策提供可靠的信息资料。与此同时，进一步完善与市局“110”联动机制，明确发生火警时，消防、交警、巡警、派出所责任区民警同时出动，交警疏导交通，保证行车路线畅通，巡警维护火场秩序，派出所民警提供火场情况，消防部队负责灭火战斗，各司其职，确保迅速扑救。

2010年，支队建立健全灭火救援基础数据库，规范三级灭火救援指挥机制，落实第一出动首车摄像制度、重大火灾现场研讨制度和战训业务定期授课制度。

第三节 接警出动

1989年至1993年，全市消防部队接警出动1214次，扑救大小火灾423场。

1994 年至 1997 年，全市消防部队共扑救火灾 450 起，出动消防车 495 台次，出动消防队员 4790 人次。

2002 年至 2004 年，全市消防部队共接警出动 1469 次，出动警力 15151 人次，出动车辆 2591 台次，扑救火灾 186 起，从火场救援被困人员 188 名，参加社会抢险救援 1077 次，解救被困人员 3181 人。

2005 年至 2009 年，全市消防部队共接警出动 2891 次，出动车辆 3749 台次，出动警力 22500 余人次，从火场救援被困人员 262 名，参与社会抢险救援 311 起，处置突发事故 120 起，解救被困人员 83 人。

2010 年，全市共接警出动 1413 次，出动车辆 2248 台次，出动警力 14493 人次，解救被困人员 310 人。

第四节　典型战例

2004 年 12 月 21 日，常德市鼎城区桥南市场因一家电门市部旧电视机短路发生特大火灾事故，过火建筑面积 83276 平方米，直接财产损失 18758.01 万元。公安部消防局副局长李世雄，湖南省委副书记，省长周伯华，副省长许云昭，省政府副秘书长廖克勤，省公安厅常务副厅长励明安，省消防总队总队长高正超，政委黄扬起和常德市委、市政府等主要领导到场指挥灭火，开展火灾事故调查和善后处理工作。市消防支队在该次火灾扑救中共调集消防官兵 370 名，消防车 42 台、环卫洒水车 5 台参战。

2008 年年初，湖南遭遇特大冰冻灾害，在抗击特大冰雪灾害中，按照总队的命令，全市消防部队自 1 月 21 日零时实行二级战备。全体消防官兵始终奋战在破冰除雪，抢险救灾第一线，共疏通道路交通 31 处；疏散群众近万人，解救被困群众 132 人。

2008 年 5 月 12 日，四川汶川县发生 7.8 级强烈地震。5 月 14 日晚，根据省消防总队《关于调派第三批力量赴四川省参加地震灾害救援的命令》，常德支队紧急调集 30 名官兵组建地震救援小分队，前往距绵阳市区 120 公里的平武县南坝镇进行救援，参战官兵发扬不怕牺牲、勇于吃苦的无畏精神，出色完成该次救援任务。

2009 年 3 月 24 日，常德汉寿县罐头嘴镇新联砖厂一烟囱维修工人在烟囱顶部高空作业时不慎跌入烟囱内，并悬挂在距地面十几米的烟囱中空，情况十分危急。接警后，汉寿消防中队迅速赶往出事现场救援，两名战士攀上高 65 米的烟囱顶部展开施救，成功将维修工人解救。

2009 年 8 月 12 日，2 台分别满载 25 吨、17 吨液化石油气的槽车在途经 207 国道临岗公路 43 公里处时，发生连环相撞恶性车辆事故。市消防支队紧急调集 7 台消防车，40 余名消防官兵前往救援，连续奋战 25 个小时，成功处置该事故。

2010 年 8 月 22 日，常德市鼎城区华耀浆纸有限公司石门桥镇伍家嘴芦苇堆场因雷击引发火灾。市消防支队迅速调集9个消防中队、120名官兵、16台消防车全力扑救。该次火灾过火面积3200平方米，烧毁芦苇5垛，由于灭火抢险救援成功，无人员伤亡。

2011年1月17日，位于德山经济开发区的湖南海利农药化工厂内15吨甲胺储罐泄漏。市消防支队调集德山、特勤2个中队和6台消防车前往处置，经4个多小时的封堵、排险，使险情得到有效处置，无人员伤亡。

第四章　后勤保障

第一节　消防装备

公安消防装备分为特勤装备、消防员个人保护装备两大类。特勤装备包括消防车辆、侦查、救生、警戒、破拆、堵漏、输转、洗消、通信、照明排烟等设备器材；消防员个人保护装备包括消防员呼吸保护器具、消防员防护服装、其他技术防护等设备。

1993年，全市消防部队配置有各类消防车辆21台。1994年至2001年，通过逐年更新，增加各类消防车13台。至2001年12月，共拥有各类消防车34台。

2002年，特勤中队配置1台微型水罐车、1台特勤装备车。同年，市消防支队新添置一批价值270万元科技含量高的消防装备列装全市消防部队。

2003年，市消防支队配置1台功能齐全、设备先进的消防通讯照明指挥车和2台中型水罐车；全市消防部队添置个人防护装备1612件、特种抢险救援器材37件。

2004年，市消防支队结合各县市区装备建设的需要，实施《全市2004年消防装备购置计划》。配置5台大功率水罐车、1台大功率泡沫水罐联用车、407件（套）个人防护装备和186件（套）抢险救援器材。建成11个消防通信基站，配置45部车载台、119部消防手持对讲机，实现消防通信三级组网。同时，更新2002款消防指挥服和灭火防护服。

2005年，配置1台32米多功能云梯车、1台16米高喷车、2台12吨大功率水罐车、2台5吨水罐车；52个品种的2312件（套）个人防护装备和抢险救援器材。

2006年，配置2台5吨水罐车、2台12吨水罐车、1台32米多功能云梯车和1台16米高喷车。

2007年至2009年，全市消防部队集中采购消防车、随车器材、训练器材以及特勤装备，使各基层消防中队器材装备得到补充和完善，满足扑救火灾和抢险救援的实际需要；全市大吨位水罐车配备率和消防员个人防护装备配备率均达到100%；在消防通信指挥系统建设上，市政府将其纳入常德市科技强警示范城市建设范畴，优先建设“119”指挥系统，实现“三台合一”。

2010 年，市政府明确提出“买装备就是买平安，买保险”的消防安全思路，召开第 34 次常务会议专题研究消防装备采购工作。会议决定：两年的装备购置计划于 2010 年年底前一次性采购到位。全市各级共投入 4000 余万元器材装备经费，购置各种消防车辆 26 台、个人防护装备 1893 件（套）、抢险救援器材 164 件（套）。

到 2012 年，全市消防部队共有消防车辆 70 台，个人防护装备 13612 件套，其中举高类消防车 13 台，水罐消防车 27 台，压缩空气泡沫车 8 台，泡沫车 5 台，干粉车 1 台，抢险救援车 11 台，其他专勤后援消防车 5 台，抢险救援器材 1713 件套，灭火器材 1800 件套。

第二节　营产管理

营产是部队的基础设施建设，也是部队警营面貌的重要内容，因此加强营产管理是促进部队建设的一项重要工作。

1990 年 2 月，市消防支队机关从市公安局搬迁到位于武陵区校场街 79 号的新院区，占地约 8 亩，建筑面积达 8000 平方米。

从 1993 年开始，全市消防部队落实军委《军队基层建设纲要》，实施“八个一工程”的基础设施建设，基层中队逐步改变基础设施落后的面貌，桃源县消防中队、澧县消防股和市消防支队机关被省消防总队评为“落纲达标”先进单位。

1998 年，市消防支队建立“119”消防指挥中心，实现城区集中受理火警。

2001 年，全市新增消火栓 313 个，基本完成“九五”计划数。

2002 年至 2004 年，澧县、石门、临澧、安乡、德山 5 个县（市）消防大队的营院新建和改扩建工程陆续完成，至 2005 年年初，全部投入使用。

2005 年，在建制镇实施消防规划编制，是年，桃源县漆河镇、临澧县新安镇、澧县大堰塘镇、鼎城区蔡家岗镇志愿消防站相继建成并投入使用。

2006 年，加强基层大队、中队的生活设施和文化设施建设。年内，大队、中队官兵宿舍、学习室全部安装空调。市消防支队基层大队全部配置配发专用电脑和打印复印机。

2007 年 10 月，投资近 8000 万元的常德市消防指挥中心大楼和特勤站全面竣工投入使用。同时消防部队官兵经济适用住房全部竣工分配入住，结束全市消防官兵居无定所的历史。

2011 年，市消防支队战勤保障大队、城西消防中队、鼎城区消防大队的营房建设完成。至 2012 年，全市消防部队从支队、大队到中队，在营院建设提质改造上基本实现“三统一”（即营院标识统一、“三室”建设统一、警营文化统一）的大格局、新面貌。

第九篇　武装警察

1988 年 7 月，常德地改市，原武警常德地区支队改称“中国人民武装警察部队常德市支队”，设司令部、政治处、后勤处，辖 1 个直属大队（含 4 个中队）、3 个直属中队，10 个县（市）中队，以及教导队、卫生队、农场。。

1989 年 11 月，随着行政区划变更，武警常德市支队慈利县中队移交武警大庸市支队。

2005 年 6 月，根据武警总部《关于体制编制调整改革有关问题的通知》精神，体制编制进行调整改革。支队执行二类支队编制，团级，编制员额 1101 人。机关编制员额 50 人，设司令部、政治处（副团级），后勤处（正营级），13 个股（副营级）。组建常德市支队第一大队，辖第一、第二、第三、第四中队；原直属大队改称第二大队，辖第五、第六、第七、第八中队。第一大队第一中队，担负五强溪电站守卫任务。第一大队第三、第四、第二中队，分别担负德山、武陵监狱和石门火电厂的看押、守卫任务；第二大队第五、第六、第七、第八中队，担负津市监狱的看守看押任务；常德市支队武陵区、鼎城区、津市市、安乡县、汉寿县、澧县、临澧县、桃源县、石门县中队分别由 31 人增编至 38 人，番号名称和任务不变。

第一章　军事行政工作

第一节　行政管理

支队立足部队正规化建设，始终把强化行政管理摆在突出位置，坚持不懈抓条令条例贯彻落实，抓纪律作风养成，使全市武警部队成为一支纪律严明、作风严谨，敢打硬仗的过硬队伍。

1990 年至 1991 年，为落实武警总部福州会议和省武警总队《军队基层建设纲要》及条令条例现场会精神。支队精心筹划，集中时间，集中精力，结合部队实际，组织系统学习和讨论。同时开展中队以上军政主官和部分骨干进行封闭集训。通过深入贯彻落实会议精神，使部队规范化管理取得重大突破。1991 年，全市基层中队杜绝行政责任事故，警民纠纷、战士私自离队等违纪违规现象也得到有效控制。

1992 年 5 月，部队换着 83 式警服。支队以此为契机，部署在全市部队开展警容风纪专项整顿，使全体官兵进一步规范警容风纪，规范仪表形象。

1993 年 3 月，为解决部队中存在的思想松懈、纪律松弛、作风松散的“三松”问题，支队在毛泽东主席“向雷锋同志学习”题词发表 30 周年之际，组织全市部队开展以“树新风”为主题的纪律作风整顿，并向基层中队派驻工作组，对整顿工作实施面对面指导。各单位在坚持正面教育的同时，对一些违犯纪律的人和事进行严肃查处。

1996 年，支队坚持按条令条例管理部队，用纪律规定约束官兵，尤其是选准重点，突出难点实施整顿攻坚。年初，支队选择“关系兵”多，管理难度大的警通中队作为条令试点单位，通过深入整顿，使警通中队的面貌发生显著变化。此后，支队将该成功经验向全市推广，有效促进全市武警部队行政管理工作的平衡发展。是年 6 月，支队组织在全市部队开展专题学习条例月活动，拟定 150 道条令函授作业题，印发至基层中队，开展答题学习。此外，各单位还利用墙报、板报、知识竞答等多种形式进行条例宣传，有效拓展学习效果。

1997 年，支队认真贯彻落实总部、总队指示，狠抓各项管理制度和措施的落实，在开展“四个秩序”正规化评比竞赛活动的同时，于 8 月 20 日至 9 月下旬，进行一次由机关到基层的作风纪律大整顿。以学习条令条例为重点，在增强机关干部抓基层部队纪律作风建设的自觉性，转变干部队伍的思想作风的同时，对基层中队战士不假外出、打架斗殴、警民纠纷等问题进行全面整治。

1998 年年初，支队继续深入开展《基层正规化管理规定》和新条例学习活动。5 月，在桃源县中队召开执勤行政管理工作现场会，引导全市部队严格按照《基层正规化管理若干规定》和新条令要求，把部队行政管理抓紧抓实。7 月，经省武警总队组织检查验收，全市落实《基层正规化管理若干规定》及部队行政管理工作跃入全省先进行列。

1999 年 4 月，全市部队继续开展《条令条例学习月》活动，采取以函授作业和知识竞赛方式，对条令学习情况进行检查和考核。8 月，在武陵区中队召开正规化管理现场会，通过现场观摩和交流，使各基层中队学到经验，找到差距，增强信心，进一步明确正规化建设的新目标。

2000 年，支队以落实《基层建设正规化管理规定》为重点，选准基层正规化建设这一突破口。按照总队要求，反复研讨，坚持高标准，高起点，制定出“338”计划，即从 2000 年至 2002 年 3 年内，支队、大队、中队 3 级实现“8 有”，即有一个好班子、一支好队伍、一个好内外关系、一身好武艺、一个好营院、一块好菜地、一个好接待室、一个好卫生室。为促进“338”计划的全面落实，支队先后在石门县中队和八中队，召开现场观摩会，以此带动基层单位正规化建设和规范化管理的全面推进。2001 年 4 月 2 日至 4 月 6 日，支队党委组织机关开展以防止和克服形式主义、官僚主义为重点的端正领导作风的教育整顿。在整顿过程中，机关各部门、各股室干部都紧密联系思想和工作实际，开展批评与自我批评，认真查摆问题。针对基层反映检查多、会议多等问题，制定《常德市支队党委机关克服形式主义、官僚主义，端正领导作风整改措施》，从严格限制文电数量、控制会议次数、最大限度减少工作组、尽量压缩各类活动和严格规范检查评比五个方面进行整改。通过整顿，党委机关自身建设得到加强，机关干部作风明显转变。

2003 年至 2004 年，支队严密组织，开展“纲要暨一条例四规定”的学习活动，在全市掀起“学条令、用条令”的热潮。9 月，在机关直属分队、武陵区中队、临澧县中队进行了正规化管理试点，对基层单位内务、库室、各种标牌进行统一规范，并派出专人逐队抓好落实。同时采取教管结合，刚柔相济等措施，以士官管理为重点，深入开展“依法文明带兵，密切内外关系”的专题教育，使官兵关系进一步融洽，警政警民关系更趋和谐。

2005 年 4 月，支队开展“条令条例学习月”活动。5 月和 10 月，分 2 次开展密切内外关系的教育整顿，对内外关系中存在的问题及苗头进行认真整改，有效杜绝打骂体罚士兵和警民纠纷问题的发生。7 月和 8 月，集中各单位军事主官，分别召开安全形势分析会和管理教育工作座谈会，对管理教育工作中出现的新情况、新问题，集中进行研讨，并制定出切合实际的相关对策。

2009 年，支队狠抓《基层正规化管理规定》的学习和贯彻，大力开展“百日安全竞赛”活动。先后 3 次召开安全形势分析会，3 次开展安全工作大检查，突出抓好关键岗位、要害部位人员管理，切实筑牢部队安全根基。对心理测试指数偏高和表现异常的人员，运用“环形管理”和“责任帮教”工作机制，坚持提前着手、细致准备、扎实预防。全年，支队先后抽调 80 多名骨干，在午夜零点后对基层中队实施检查，发现整改问题，有效促进部队的安全管理。是年，支队被武警总部和武警总队分别评为“安全工作先进单位”和“支队级‘三无’单位”。

2010 年，支队针对行政管理的实际，建立和完善 15 项规章制度，并汇编成册印发基层，使部队形成依法办事、按条令条例管理、按职履责的良好氛围。10 月，在总队举办的网上条令知识竞赛中，支队获得团体第六名的好成绩。

2011 年，支队按照总队各项工作安排和首长年度工作要求，严格落实支队每季度、中队每月、班每周的安全形势分析会和党委成员挂钩帮建等制度。坚决落实总队首长的指示和总队工作组下达的隐患整改通知要求，严密组织“地毯式”安全大排查和隐患大整治。加大重大节日防护期的突击检查力度，共整改安全隐患 11 处。深化重点问题的专项整治，狠抓季节性事故预防，加大对敏感时期、重点部位的管控力度。严格落实《机关、基层正规化管理规定》，先后 5 次召开正规化建设现场经验交流会，统一标准要求，统一管理模式，使部队战备执勤、训练、工作和生活秩序进一步规范化。此外，支队还因情制宜，适时开展“条令月”“治三松、严纪律、保安全”“三查一除”等各类教育整顿活动，使广大官兵形成“人人想安全、时时抓安全、事事保安全”的浓厚氛围，支队连续 5 年被总队评为“三无”先进单位。

第二节　军事训练

1988年以来，支队的军事业务训练始终坚持以毛泽东军事思想为指导，认真贯彻严格要求、严格训练的方针，采取精讲多练、循序渐进、按级任教、因人施教的方法，大力开展群众性练兵活动，使全体官兵的军事素质不断提高。

1989年至1990年，支队狠抓部队军事训练的“四落实”，使训练成绩明显提高，各项训练课目的成绩都在良好以上。1990年7月，支队派员参加全省武警部队军事训练比武，荣获团体总分第一名。

1993年至1995年，支队认真贯彻落实中央军委主席江泽民“政治合格、军事过硬、作风优良、纪律严明、保障有力”的要求和军委“质量建军”的方针，根据总队下发的《警官军事业务训练规定》，坚持从难、从严、从实战出发，狠抓军事业务训练，使全体官兵军事业务素质得到显著提高。此外，支队还有计划有安排，先后举办3期军事业务培训班，有效地造就一批军事业务骨干，为带兵和指导部队训练打下坚实基础。

1996年年初，支队党委按照军事训练条例和训练大纲，针对守护执勤和防暴处突的实际，有针对性地开展战法研究，提出“四个贴近”的训练措施，即“训练内容贴近执勤、处突，执勤部队的训练贴近实际，机动中队训练贴近实战，教导队的教学贴近部队”。同时要求政工部门把思想工作做到训练场，及时宣扬训练中的好人好事，激发官兵训练热情。作训部门从指导思想上强化“练为战”的观念，探究科学有效的训练方法和途径。后勤工作则坚持从保障条件上着眼，训练经费及时到位，训练器材超前配送到基层中队，此外，支队还拿出3000元资金，用于奖励训练中的先进单位和个人。通过坚持“四个贴近”的扎实训练，使部队训练工作取得丰硕成果。9月，支队派出代表队参加省武警总队军事比武，一举获得团体第六名的好成绩。经总队年终考核验收，部队队列及格率达100%，优良率达82%，总评良好；军体及格率达100%，优秀率达93%，总评优秀；擒敌技术及格率达100%，优良率达75%，总评良好；战术及格率达100%，优良率达80%，总评良好。

1997年，按照《训练大纲》要求，继续坚持以“四个贴近”为指导，确保训练“四落实”。支队筹集资金80多万元用于教导队搬迁重建工作，有效地改善训练条件。

1998年，支队司令部突出重点，狠抓机动中队的特色训练，从难从严从实战出发，组织官兵反复模拟演练，提高快速反应和灵活处置能力。5月，支队举办一期有教官、战士骨干参加的教学法集训班，通过培训，提高干部、骨干组训的能力和任教水平。7月，针对看守看押及守护执勤的实际需要，举办一期新擒敌技术集训，下发新擒敌拳教案，统一和规范拳术动作，为基层中队擒敌技术训练培养一批小教员。

1999年，支队为提升巩固军事训练成果，按照武警部队《训练大纲》要求，成立以副支队长诸扬欢、副参谋长庞圣炎为正副组长的新兵训练领导小组。6月，支队在日常工作繁忙的情况下，合理调配时间，用一个星期时间，组织进行队列和射击训练。由于组织严密，施训科学，使全体新兵的队列动作如期达到规范标准，通过总队检查考核，全市新兵训练工作被总队评为先进单位。7月，为贯彻落实总部“科技兴训，科技强警”战略，根据总队《方案》，支队制定并下发《常德市支队开展科技练兵活动实施方案》。按照方案确定的目标，参训分队完成92个训练日，执勤分队完成68个训练日，所有参训单位全面完成队列、擒敌、军体、射击、战术等科目。直属五中队、石门县中队、鼎城区中队，由于训练刻苦，成绩突出，被评为全市先进单位。

2000年，支队着眼提高训练质量和训练效率，继续发力，扎实开展科技练兵活动，先后举办预提班长集训和军事业务尖子集训。此外，还举办军事比武和“四会”教练员竞赛活动。通过训练，有效提高部队的整体军事素质。

2001年5月16日至22日，支队在教导队举办一期军事干部集训。有针对性地对射击、器械、擒敌术、防暴器材使用等科目进行重点培训，提高军事干部的业务素质和组训能力。5月下旬，为迎接总队组织的军事、后勤大比武，支队认真应对积极筹备，制订方案，完善措施。在对参赛人员进行严格选拔的基础上，组建比武队。在9月的全省比武中，支队参赛队经过顽强拼搏，夺得“四会”教练员评比第一名，军事训练尖子比武总评第七名。珠算、财务专业团体、军需专业红案技术分别夺得第一名、第二名和第三名的好成绩。

2002年，首长机关完成21个训练日，平均参训率达91%；机动中队完成116个训练日，平均参训率达86%；执勤中队完成80个训练日，平均参训率达82%。在总队考核评比中，支队新兵训练考核排名第五。参加总队军事训练标兵比武，支队取得第二名。五中队班长魏华、七中队班长田耕被总队评为“2002年度军事训练标兵”。

2003年9月，支队为提高官兵体能，组织一次行程为40公里的野营拉练活动。4月和9月，分两次对机关干部进行体能考核，总评成绩为优秀。是年，支队在教导队举办3期勤训轮换，1期预提指挥士官和新兵尖子集训，参训官兵达900人次。通过集训，官兵执勤业务素质和组训能力明显增强，机关谋划指导能力得到提高。

2005年6月19日至20日，支队经过精心筹划，举办年度军事训练竞赛活动，来自全市19个基层中队的111名官兵参加此次竞赛。竞赛共设手枪步枪精度射击、擒拿格斗、“四会”教学、器械体操、负重五公里越野等科目。经过2天的激烈角逐，第九中队、石门县中队、汉寿县中队分别荣获团体前三甲；第一大队二中队荣获“精神文明代表队”称号；夺得干部组和战士组前三名的谌小明、丁洪君等，受到记功表彰。竞赛还评出8名“训练标兵”，3名优秀“四会”教练员。

2006年，分新兵基础、士官组训、干部指挥和首长机关训练四个层次，扎扎实实开展军事训练。新兵训练成绩考核名列总队前三，军事训练竞赛排名第六，年终军事考核名列总队第三，有2名同志被评为总队训练标兵，支队司令部被总队评为“先进司令部”。

2010年至2012年，支队坚持“抓干部强素质、抓士官固基础”的理念，始终把军事训练摆在重要位置，采取议训、督训、抽训、复训多措并举。各基层单位始终把落实训练十项制度作为狠抓军事训练的切入点，坚持严格执行训练计划，开展训练研究，完善受训登记统计，做到领导骨干带头训，严格制度规范训，改善设施设法训，营造氛围鼓励训，使支队军事业务整体训练水平和质量逐年提升。

第三节　内卫执勤

武警部队内卫执勤的范围主要是看守看押罪犯、警卫守护重要目标，开展城市武装巡逻和协助处理突发事件等。1988—2012年，支队严格贯彻上级指示，认真履行工作职责，充分发挥广大指战员的积极性，圆满完成各项内卫执勤任务，为维护社会稳定，保护国家和人民生命财产安全，保卫经济建设的顺利进行做出积极贡献。

一、看押看守

1988年至1989年，支队担负看守、看押任务的各基层中队，以防逃、制逃为重点，落实各项安全措施，保证监所的正常秩序。全市共制止犯人暴动、行凶、自杀等案件事故12起，制止罪犯逃跑4起。

1990年，全市开展严厉打击刑事犯罪斗争，监房在押罪犯爆满。为确保执勤目标的安全，支队实行执勤责任制，支队与中队，中队与班排，逐级签订责任状，做到一级抓一级，级级任务明确、责任到位；1991年5月，支队在临澧县中队召开正规化执勤经验交流现场会，以点带面，推动全市武警部队的执勤工作。

1997年4月19日，由广州调往省津市监狱1000名人犯，从岳阳火车站起运，押往津市监狱。支队出动兵力64人，押运车辆25台，在全体官兵的共同努力下，圆满完成押解任务。

1998年5月15日，在市政府和市公安局领导的支持下，支队成功地在桃源县看守所召开由各县、市（区）公安局领导、看守所所长、武警中队中队长参加的关于武警部队执勤设施、监控设施现场会，从而有力地推动全市武警部队执勤工作的开展，得到上级肯定，并推广支队经验。

2001年，支队于5月13日至5月15日举办专门勤务集训，认真传达总队勤务集训精神，分析、总结近几年来支队的执勤工作，明确今后一个时期执勤工作的任务。按照《正规化执勤检查验收标准》的要求，进一步规范部队执勤秩序。

2002年，支队紧紧围绕“中心”开展工作，与目标单位及时开展“三共”（共看、共管、共保安全）活动，对重要目标开展“三个一遍”活动，确保看守、看押目标的安全，没有出现任何责任事故。5月，支队投入兵力67人，受命执行“5·20”长途押解任务，从广州押解700名人犯到津市监狱。参战官兵始终保持高昂斗志，不畏艰苦，风餐露宿，克服重重困难，圆满完成长途押解任务，受到武警总队通报表彰。

2003年7月22日，七中队两名战士成功制止一起重刑犯逃跑事件，受到总队和德山监狱的表彰奖励。

2004年3月至10月，支队开展“优秀哨兵”“红旗哨所”评比竞赛活动。4月，针对部队执勤中存在的问题，开展勤务教育专项整顿；5月，组织机关股以上干部参加武警部队执勤工作网上集训；6月，对所有执勤目标进行勤务鉴定，并在八中队组织勤务试点；9月，支队组织对所有执勤目标进行执勤等级评定，有效治理执勤中的“常见病”及“多发病”，执勤“三项纪律”“五条禁令”得到贯彻落实。支队机关被总队评为“正规化执勤一级支队机关”，13个中队被总队评为“正规化执勤一级中队”。全年，确保固定看守目标的绝对安全，严密组织临时勤务，共担负各类临时勤务50余次，派出兵力1000人次，押解服刑人员647名。

2006年4月，支队召开“两看”勤务联席会议，融洽军警关系。规范查勤、组勤、执勤秩序，狠下功夫治理执勤隐患和“常见病”“多发病”，总队挂牌督办的9处执勤隐患，全部按期整改到位。年底，武警总队组织正规化执勤交叉检查，支队名列第五。

2010年，在抓好基础训练的基础上，执勤分队重点突出各类勤务组织、突发情况处置以及精度射击、哨兵反袭击和擒敌术等课目的训练，提高部队“防脱逃、防暴狱、防袭击、防劫持”等能力。全年，支队圆满完成17个执勤目标、22个执勤点、49个目标哨共2万余名人犯的看押、看守任务。

二、处置突发事件

2000年9月1日，在抓捕常德特大持枪抢劫杀人案张×等犯罪嫌疑人的过程中，支队先后出动兵力600余人次，配合公安机关在重点地域展开“拉网式”清查搜捕行动12次，持续战斗135小时，先后盘查车辆151280台次，检查过往行人89800余人，配合搜查宾馆、酒店和娱乐场所216家、清查建筑工地194处以及20000多平方米的山林和水域，获取、查证可疑线索12条。按照专案指挥部的指令，从9月5日凌晨至10月7日21时，支队共紧急出动官兵200余名，配合办案民警，将“9·1”案件的9名主要犯罪嫌疑人抓获。尤其是在抓获主犯张×情妇陈×的战斗中，支队20多名官兵和10余名公安民警快速出击，一举端掉“9·1”案犯潜藏在武陵区××小区的“财务室”和“军火库”。当场缴获军用手枪10支、79式微型冲锋枪2支、来福枪和各种自制枪支16支、子弹1600多发，美制手雷一枚以及大量伪造的证件和40万元现金支票。

2002年5月，在参与处置常德市鼎城区摩托车出租户事件中，支队官兵依法文明执勤，坚持有理、有利、有节，用文明良好的形象感染群众，为平息事件起到重要作用。

2008年9月，湘西土家族苗族自治州非法集资事件持续升温，给当地社会治安带来严重的影响。4日至11日，支队奉命出动100名官兵跨区增援，担负州政府与火车站的封控以及武装巡逻任务，全体参战官兵不辱使命，尽职尽责，为平息该事件做出重大贡献。

2009 年 6 月 17 日，湖北石首市发生群体性事件。17 日至 23 日，支队奉命出动 100 名官兵，跨区增援。参战官兵严守纪律，坚持依法文明执勤、科学化解，为平息事态发挥重要作用，受到上级充分肯定。

三、执行警卫与保卫任务

1988—2012 年，支队圆满完成上级赋予的警卫对象、重要目标、重要会议、重大活动的武装保卫任务。

1988 年 3 月，支队派兵 10 人，担负守护中国人民银行常德分行金库任务，历时数月，圆满完成任务。

1993 年 3 月，常德市举办桃花源桃花节游园盛会，支队奉命出动 200 余名官兵，10 台车辆，配合公安机关圆满完成盛会全程的安全保卫任务。

1996 年，根据总队〔1996〕武司字第 10 号命令，支队组建直属六中队，进驻石门电厂担负守卫任务，部队严格履行职责，坚持以防盗窃、防破坏、防爆炸为重点，狠抓依法、正规、文明、安全执勤，确保目标的安全。是年 8 月，湖南省第八届运动会在常德市举行。支队出动 200 余名官兵，8 台车辆，担负运动会的开幕式、闭幕式、大型焰火晚会、大型灯展和赛场的安全保卫任务。执勤官兵尽忠职守，作风严谨，圆满完成任务，受到市委政府领导的高度赞扬。

1998 年 9 月 3 日，中共中央总书记江泽民到安乡县考察抗洪抢险情况。支队调派 50 名兵力，实施全程护卫和警戒，使驻地警卫和专机守卫等任务做到万无一失。

2002 年 3 月 26 日，投入兵力 227 人次，车辆 8 台次。担负中国（湖南桃源）桃花节的安全保卫工作。6 月，支队挑选 24 名官兵，担任国务院总理朱镕基的专机守护和现场警卫。7 月 26 日至 28 日，支队投入兵力 326 人次，担负全国短道汽车拉力赛安全保卫工作，确保赛事顺利进行。10 月 16 日，支队投入兵力 50 余人次，车辆 3 台次，完成中国（湖南石门）柑橘节安全保卫工作。是年底，在常德市召开两会期间，支队出动兵力 130 人次，历时 7 天，圆满完成会场及两会代表住地的安全保卫任务，得到上级的高度评价。

2003 年 3 月 26 日，中国湖南桃花节开幕式暨大型明星演唱会在湖南省桃源县体育广场举行，支队抽调 150 名官兵，出动车辆 7 台，圆满完成机动待命和主席台、观众方阵、会场通道管控等任务。

2006 年 5 月 14 日，全国人大副委员长何鲁丽、周铁农等一行到常德市考察工作。根据市委、市政府的统一部署，支队共出动兵力 20 余人次，圆满地完成首长驻地警卫勤务。

2008 年 6 月 3 日，举世瞩目的奥运圣火湖南境内传递活动在首发站——岳阳站举行。支队接到增援火炬传递安保指令后，高度重视，深入进行战前动员，派出 335 名兵力，于 6 月 2 日按时到达岳阳指定区域集结。6 月 3 日凌晨 4 点，根据总指挥部统一安排，参战官兵担负起岳阳市巴陵东路与白石岭南路的警戒任务。针对管辖区域路况复杂、观看人员众多等情况，采取“守点控线、重点护卫”等措施，及时控制疏导拥挤人群，高标准完成安全保卫工作任务。

2010年1月16日至23日，支队派出12名官兵，完成常德市政协五届三次会议和市人大五届三次会议安全保卫任务。2月28日，支队出动30名官兵，高质量完成常德诗墙公园大型元宵焰火晚会安全保卫任务。6月10日，国务院副总理回良玉一行到常德考察，支队调派50名兵力，出动车辆10台次，完成首长驻地警卫和专机守卫任务。9月29日，2010湖南经济合作洽谈会暨第四届湘商大会大型演唱会在常德市体育中心举行，支队奉命出动110名兵力，担负现场安全保卫，确保大型演唱会顺利成功举办。10月16日，支队出动100名兵力，成功担负起在常德体育中心举办的中国国际文化旅游节常德分会场开幕式暨“柳叶湖之夜”大型演唱会现场安全保卫任务。

2011年6月3日，中共中央政治局常委、国务院总理温家宝，国务院副总理回良玉到澧县考察，支队出动70名兵力，出动车辆4台次，在总队参谋长陈庆强的具体指导下，圆满完成考察期间的警卫勤务。10月22日，中共中央政治局委员、中央书记处书记、中宣部部长刘云山到常德考察，支队出动15名官兵，圆满完成期间的二级加强警卫勤务。

四、开展城市武装巡逻

支队根据不同时期的社会治安情况和任务需要，适时派出机动中队加强对城市的武装巡逻，特别是在各重点区域、敏感部位、重要目标等进行全方位的震慑性武装巡逻，有效维护城区社会治安秩序。1988年至2012年，支队先后派出巡逻队8138个，出动车辆13450台次，出动兵力10万余人次，开展城市武装巡逻，共抓获抢劫、盗窃等各类犯罪嫌疑人128名，制止群众性斗殴事件162起，处理民事纠纷318起，收缴管制刀具等各类违禁物品5378件。

五、抢险救援

1988年以来，武警支队继承和发扬人民军队拥政爱民的光荣传统，积极参加抢险救援工作，用实际行动建立和发展了“同呼吸、共命运、心连心”的新型警政警民关系，为保护国家财产和人民群众的生命安全做出了突出贡献。

1989年至1994年，常德市连年遭遇不同程度的洪水袭击。支队根据市委、市政府的部署，积极参加社会治安秩序维护、罪犯转移、危险地段护卫和紧急抢险救援等任务。5年间，支队先后共出动兵力4000余人，车辆100余台，转移犯人15000余人，抢救转移受困群众3万余人，抢运群众物资8万余件，抢修防洪堤5000余米，为国家和人民群众挽回经济损失200多万元。

1995年6月，常德西洞庭农场六分场牛屎湖堤段突然决口，洪水奔湧而下，人民生命财产面临严重威胁。支队根据常德市防汛指挥部指令，紧急动员，迅速出动240名官兵赶赴现场，参加堵决口大会战。在封堵决口过程中，支队官兵充分发挥善打硬战的作风，连续奋战52个小时，用土袋和石块堵住一条长50多米、深4米的决口。

1995年7月，汉寿县大南湖南洋嘴地段突然决口，大南湖乡来不及转移的2000多名群众被洪水围困，生命危在旦夕。支队接到救援命令后，支队长肖先谋带领150余名官兵迅即驱车赶赴现场，投入抢险战斗中。先后从洪水中解救受困群众1200人，帮助群众从洪水中抢捞出30多万元财物，受到市委、市政府和人民群众的高度赞扬。

1998年8月，沅澧水流域发生百年未遇的大洪灾。支队130名官兵在支队长周德生的带领下，奔赴澧县参加抗洪抢险战斗。连续奋战26天，修筑子堤2200多米，背运土方1300多立方米，卸运沙石800余吨，巡逻大堤900次，抢救受困群众600多人，为人民挽回经济损失300多万元。参战官兵在抗洪抢险战斗中，英勇顽强、不怕困难、不畏牺牲，有5名战士在“火线”光荣入党，有9名官兵荣立三等功。

2002年大年三十，太阳山发生森林山火，支队投入兵力300余人次，车辆16台次，积极参加扑灭山火战斗。在万家团聚、欢度春节之即，官兵们不畏艰难困苦，斗风雪，战火魔，保证常德人民度过一个欢乐祥和的春节。

2004年7月20日，由于沅水洪峰肆虐，鼎城区武陵镇沅江堤段出现管涌，江堤随时有被洪水冲垮的危险，周边群众的生命财产安全面临严重威胁。支队接到命令后，紧急抽调150名官兵，出动8台车辆，火速奔赴抗洪现场，紧急投入填堵战斗。参战官兵连续奋战5个小时，装填、搬运沙石10000余袋，合计土石方320余立方米，终于抑制管涌，保住大堤，圆满完成抢险任务。

2004年12月21日，鼎城区桥南大市场发生特大火灾。支队出动兵力400余人次，连续奋战近60多个小时，共疏散围观群众12000余人，为银行清点和护送现钞50余万元，帮助经营业主安全转移货物3000余件、液化气80余罐，协助公安机关抓获趁火打劫的犯罪嫌疑人8人，出色地完成疏散群众、转移财产、疏导交通、现场警戒和维护秩序等任务。

2011年6月19日10时，受连续强降雨影响，湖南澧县梦溪镇李家村境内的夹河突然决口，大堤被撕开一道7米左右的裂口，近百亩良田瞬间成为一片汪洋。面对灾情，支队紧急出动官兵60人，在支队长李恒山、副支队长杨锐的带领下，连续奋战14个小时，转运救灾物资500余件，抢挖土方近100立方米，紧急搬运沙袋1000余个，于6月20日零点30分，成功将决口封堵，使附近3个村镇数万群众的生命财产安全免遭洪涝侵害。

第二章　政治工作

第一节　党团建设

1988年以来，支队针对机构体制数次变更和人员的频繁更替，始终坚持中国共产党对军队的绝对领导，不断加强中国共产党的组织建设、思想建设和作风建设，充分发挥共青团组织的助手作用，使部队在任何情况下都经得起考验，并圆满完成中国共产党和人民赋予的各项任务。

一、党组织建设

1988年1月27日，经总队党委批准，常德地区支队正式成立常德地区武警支队委员会。党委书记先后由公安局局长刘诗信、姚世柏、胡欣堂、付少祥兼任，党委副书记先后由单汝良、陈显贵、曹贻庆、刘道知、李道顺、肖先谋、褚扬欢、吴飞鹏、李恒山、殷民立等担任。支队党委自成立以来，党委坚持理思路、聚合力、攻难题、抓落实，始终遵循上级加强党组织建设的相关要求，带领各级党组织采取学习党内有关文件、召开党的会议、集训骨干、举办党员培训班等多种形式，对党员进行思想政治教育，使广大党员政治思想觉悟和理论水平不断提高，各级党组织的核心作用、战斗堡垒作用和共产党员的先锋模范作用得以充分发挥。

1989年至1990年，根据总队安排部署，支队党委对党员干部进行坚持四项基本原则，反对资产阶级自由化的教育，组织学习中共十三届四中全会、五中全会精神，学习邓小平《在接见首都戒严部队军以上干部时的讲话》及江泽民在庆祝中华人民共和国成立40周年大会上的讲话，通过学习讨论，使全体党员增强党性观念，在政治上始终同中共中央保持高度一致。

1991年，支队狠抓基层党支部建设，按照中央军委和总部关于加强基层党支部建设座谈会要求，针对组织不够健全、制度不够落实、领导不够坚强等问题，对基层党支部进行全面整顿。在组织建设上，制定党员发展若干规定，并注意从二年度兵中发展符合条件的战士入党，使党员结构和分布进一步趋于合理，基层中队普遍建立健全3人至5人的支委会。在思想作风建设上，着重抓党支部和骨干培训。通过整顿，基层党支部的战斗堡垒作用和党员的先锋模范作用明显增强。支队所属17个基层党支部，全部跃入一二类党支部行列。

1992年，支队依据总队第一次全省党代会关于加强部队党组织建设的精神，对支队党的思想、组织、作风建设提出更高要求，并集中时间，组织基层党支部学习有关党务工作的规定和文件，使基层党组织走上制度化、规范化发展的轨道。

1994 年，支队根据总队统一安排和布署，对各级党支部组织生活制度落实情况进行一次大检查，主要检查是否落实健全七项组织生活制度，是否通过七项制度落实促进党组织建设。支队党委通过对基层中队党支部全面考查，评出以澧县中队为代表的 3 个优秀党支部，对 2 个较差的党支部班子进行重点整顿和帮助。

1995 年，为贯彻落实中共十四届四中全会和中央军委扩大会议精神，进一步加强部队党的建设，支队组织开展主题党日活动，并积极推进争创先进党支部和争当优秀党员的活动，全市武警部队先后涌现出一批以直属大队一中队为代表的先进党支部和以朱菊初、朱勇军等 11 名同志为代表的优秀党员。

1996 年，支队根据上级安排，对全市部队干部党员进行党的理论知识学习和教育。重点学习《江泽民同志在八届人大四次会议解放军代表团全体会议上的讲话》、武警总部印发的《领导干部一定要讲政治》等文件。通过学习教育，使广大官兵有效解决“为谁当兵，为谁用权”的问题，使大家自觉反对拜金主义、享乐主义和极端个人主义，树立起正确的人生观、价值观和廉洁勤政的良好形象。

1997 年，支队坚持以邓小平理论和中共十五大精神为指导，认真贯彻江泽民“五句话”的总要求，扎扎实实狠抓“龙头工程”“基础工程”建设。

1998 年 5 月，在党委和机关干部中开展“保持昂扬精神状态”教育，教育分动员学习、对照检查、制定措施、总结讲评、深化教育五个阶段进行。运用整风精神解决领导和机关干部在精神状态上存在的分心走神、工作标准不高、作风不实、学习不刻苦等问题。

1999 年，根据总政［1998］11 号文件精神和总部的“三讲”教育安排部署，支队从 5 月 12 日至 8 月 20 日组织党委、机关干部开展“讲学习、讲政治、讲正气”教育。

2004 年，以学习和贯彻“三个代表”为主线，以“争当党和人民的忠诚卫士”为主题，积极推进新军事变革，大力开展“艰苦奋斗，勤廉为兵”主题系列党课教育，增强官兵的思想政治素质。全年有 1 名同志被总队记二等功，2 名同志被总队记三等功，31 名同志被支队记三等功，涌现出二等功臣、首届“武警湖南总队优秀忠诚卫士”吴波等一批先进典型。

2006 年，支队召开第一次党代会，成立常委会和全委会，规范和健全机关党组织，进一步强化党的组织建设。扎实开展“振奋革命精神、提高素质能力、树立良好形象”专题教育活动。认真参加团职干部网上理论学习培训和贯彻民主集中制网上学习研讨，认真贯彻《军队党委工作条例》和民主集中制要求，进一步增强党委班子成员素质能力，促进党委科学民主依法决策水平。

2010 年，支队深入开展“培育当代革命军人核心价值观，永远做党和人民忠诚卫士”的主题教育，紧扣总队开展“军事训练质量年、专题教育深化年、红色文化成果转化年”活动安排，扎实搞好党员创先争优活动，落实“一诺三评”，巩固和深化支队开展的“建设学习型党委机关，争做学习型领导干部”学习教育活动成果，确保各类活动广泛参与、保持经常、落到实处。支队紧贴官兵实际和部队任务实际搞好经常性思想工作，坚持身边人说身边事，先后遴选 12 名优秀基层党员，利用支队电视会议系统这一大讲堂，用加强学习、增强党性的亲身经历，传授科学带兵经验。

二、共青团工作

共产主义青年团是武警部队中先进青年的群众组织，是党的助手和后备军。武警部队中的共产主义青年团委员会，在同级党的委员会、政治机关的领导下，管理和领导所属单位的共产主义青年团工作和青年工作。1988 年，支队建有共产主义青年团工作委员会，支队政治处设 1 名青年干部负责共青团工作，大队的单位设立共产主义青年团总支部，中队设立共产主义青年团部，排（班）设团小组。全支队共有基层团工委 1 个、团总支部 2 个、基层中队团支部 21 个。

1990 年 1 月 5 日至 3 月 5 日，根据总部《关于开展学习雷锋活动，大力培养政治上永远合格的“四有”革命军人的决定》，支队开展“让雷锋精神在警营代代相传”的专题教育活动。支队团工委在学雷锋教育中，率先垂范，配合教育，开展“学雷锋、树新风”和“创先进团支部、争当优秀团员”的活动。

1993 年 5 月，根据总队在岳阳召开的团委书记座谈会精神，支队团委贯彻落实共青团十三大精神，积极开展各项活动，把支队共青团建设推向新阶段。

1994 年 3 月，根据总政治部、共青团中央联合发出的通知精神，支队团委在全区团员青年队伍中，广泛开展向徐洪刚同志学习的活动，各团支部利用团课时间进行“学英雄、见行动、献身警营、无私奉献”的教育。是年 5 月，支队表彰一批先进团支部和优秀共青团员，一中队、汉寿县中队、临澧县中队被评为先进团支部，曾为等 12 名团员被评为优秀团员。

1996 年，根据总队政治部通知，支队政治处给每个基层团支部配发一套《绿色年华》丛书，并在全市武警部队广泛开展“爱祖国、爱人民、爱哨位、奉献在警营”的读书活动。团委适时举办读书征文活动，在全市部队官兵中掀起“多读书、读好书、讲理想、讲奉献”的热潮。

1998 年 7 月，支队团委根据总队政治部要求，组织团员深入学习中共中央总书记江泽民与部分团十四大代表座谈时的重要讲话、胡锦涛的祝词和周强的工作报告。

第二节　政治教育

一、党的路线、方针、政策教育

1989年，为进一步统一思想，支队根据总队安排，开展“坚持四项基本原则，维护安定团结”的教育。

1990年，按照总部和总队党委的统一部署，支队进行坚定社会主义信念教育。各单位除发挥课堂教育这一“主阵地”作用外，还组织官兵走出警营，到工厂、农村、街道参加调查，请工人、农民、理论工作者到队作报告，开展“写家信、问家史、用对比”活动。同时，各单位还普遍运用黑板报、墙报、宣传栏、图画展览、歌咏比赛、知识抢答、演讲比赛等形式配合教育，增强教育效果。

1991年5月至9月，支队结合部队实际，开展坚持中国共产党对武警部队绝对领导的教育。支队政委、大队教导员、中队指导员参加总队举办的为期17天的三级政治主官集训，为部队全面铺开教育培训首批骨干。在教育前，支队组织机关干部下到基层调查摸底，收集思想反映。教育中，机关干部到基层蹲点，具体指导部队抓好教育，为基层官兵解疑释惑，还组织官兵观看中国近代史、党史和军史展览，组织观看革命历史题材影片，支队还开展以“知党、爱党、信党”为专题的歌咏、征文活动，使全市武警部队形成歌颂党、熟悉党、热爱党的浓厚学习气氛。

1992年4月至9月，支队以“学史明理、坚定信念”为主线，分“开天辟地大事变”“夺取新民主主义革命胜利”“确立崭新社会主义制度”“探索有中国特色社会主义道路”“做党和社会主义事业忠诚卫士”五个专题，深入组织部队开展坚定社会主义信念教育。通过教育，使干部战士系统了解党的光辉历史，明确中国共产党在新时期的庄严使命和根本任务、坚定中国共产党对武警部队绝对领导和建设有中国特色社会主义的信念。

1993年，中共十四届三中全会召开，支队及时组织学习《中共中央关于建立社会主义市场经济体制若干问题的决定》。全体官兵通过学习，认清改革和建立社会主义市场经济体制的新形势，增强“立足本职、履行职能，自觉服从于改革和经济建设”的自觉性。

1997年9月，中共十五大在北京召开，支队及时组织全体官兵学习十五大精神，把干部战士的思想统一到十五大精神上来，做到高举邓小平旗帜不动摇。

1998年，由于改革过程中的利益关系调整波及到部分官兵家庭，给官兵带来现实思想问题和实际困难。根据上级指示，支队结合实际，组织进行“拥护改革、服从大局、维护稳定”的教育。通过教育，支队官兵立足大局看改革，跳出个人得失圈子，强化奉献意识，成为改革开放的坚定支持者和拥护者。

2000年，根据总部 、总队2000年教育安排，结合部分官兵的现实思想问题，是年8月，在全市部队开展党的基本路线教育。

二、建军思想教育

1989 年，根据上级统一部署，支队组织全体官兵进行人民军队性质、宗旨教育，坚决抵制资产阶级自由化思想的侵蚀，立场坚定，忠于职守，坚决履行武警部队的神圣使命。

1993 年，根据总队指示精神，支队组织在全市部队广泛开展军队优良传统专题教育。先后落实力量编写出 6 个专题教育资料和 2 万多字的学习辅导材料发至基层，开展学习。除发挥课堂“阵地”作用外，还充分利用湖南革命传统史料丰沛的优势，组织干部战士实地参观学习，使部队官兵理解军队优良传统的深刻内涵，增强保持和发扬军队优良传统的自觉性和主动性。

1995 年，依据总队安排，支队围绕爱国奉献、革命人生、尊干爱兵、艰苦奋斗四个专题开展教育，有效解决官兵人生观、世界观面临的困惑，进一步纯洁思想，振奋精神。

2005 年，支队开展“学唱忠诚卫士组歌，争当忠诚卫士”教育活动，把“强化警魂意识，培育战斗精神”作为主题，使全体官兵坚定“永远做党和人民忠诚卫士”的信念。

2006 年，支队结合纪念红军长征胜利 70 周年，开展形式多样的纪念活动，进一步密切内部关系。

三、形势战备教育

1988—2012 年，支队一直把形势战备教育作为一项经常性的政治教育内容贯穿始终。特别是结合战备执勤任务的特点和国内外形势的发展变化，紧密联系部队实际，组织学习毛泽东军事思想、学习中国共产党和国家领导人有关加强战备的指示，同时开展专题教育、举办形势报告会或时事政策分析会等活动，以此深化教育效果。

1990 年至 1996 年，战备教育被列为一项重要政治教育内容。每年新兵入伍后，支队都要集中时间 对其进行部队性质、宗旨、任务教育，让每一个新战士都坚定不移地树立起自觉捍卫党的领导、捍卫社会主义制度、保卫国家安全、维护社会稳定的自觉性，树立起随时准备上一线、打头阵，圆满完成党和人民赋予的各项任务。教育全体官兵坚守岗位，提高警惕，在思想上、物质上做好准备，及时处置突发事件，用实际行动维护安定团结和社会治安大局稳定。

1997 年 3 月，根据总队政治部的统一安排，紧紧围绕召开全国第十五次党代会、恢复对香港行使主权、纪念建军七十周年等重大事件，密切联系实际，在全市部队深入开展四个教育，增强全体官兵政治上的坚定性和思想道德上的纯洁性，使部队始终保持高昂的战斗士气。

1999 年 7 月，按照总部、总队《关于进一步做好处理“法轮功”问题中思想教育和清查转化工作》的通知要求，支队及时组织官兵认真学习中央有关文件，在制定贯彻落实方案，修订和完善处置突发事件预案的同时，迅速组织专门班子，对支队官兵、随军家属和离退休干部进行全面排查清理。并同步开展揭、批“法轮功”邪教组织的思想教育，引导大家认清形势，明辨是非，增强政治敏感性和政治鉴别力。

四、普法教育

在1984年至1989年第一个五年普法期间，支队建立以党委为中心的三级普法领导班子，培训普法骨干，全员自觉参加普法学习，学完普法规划规定的“十法一条例”。常德县中队、桃源县中队、四中队被评为“一五”普法先进单位。

“二五”普法教育从1990年开始到1995年结束。其间，支队立足长远，常抓不懈，为基层下发普法书籍2000多册，为15个中队购买各类图书5万多册，发放法制宣传录相带、碟等1000多盒（张）。利用总队政治部文艺宣传队编排的一台以法制为主要内容的文艺节目在支队演出2场，有11个中队800多名官兵观看节目。支队派出工作组到基层中队具体指导，开展以墙报、板报、演讲比赛等形式的学习教育活动，取得良好效果。“二五”普法结束后，根据总队政治部《关于做好“二五”普法总结表彰工作的通知》精神，对全市部队“二五”普法工作进行认真总结。在总结中，鼎城区中队被评为“二五”普法工作先进单位，该中队政治指导员别军访被评为“二五”普法先进个人。

1996年7月，根据总队《关于开展第三个五年法制宣传教育的通知》精神，支队普法领导小组周密部署，从1996年起至2000年年底，全市部队持续广泛掀起了“三五”普法教育高潮，使部队官兵遵章守纪、遵纪守法，精神面貌发生深刻变化。

第三节　干部工作

一、干部管理

1990年6月和12月，总队政治部相继印发《处置不称职干部的暂行规定》和《关于当前干部工作需要明确的几个问题的通知》，对照文件精神，支队党委一方面组织干部认真学习，一方面对照相关政策规定，对警官职务升降、工作调动、职务晋升等问题作相应规范处理，从而对加强干部管理起到积极的推动作用。1992年6月，支队落实总部下发的新编制，各部门均成立业务股（室），在组织力量对拟提对象进行严格考察考核的基础上，任命、配备股室干部25名。1994年，为充分发挥各级主官在部队建设中的“领头雁”作用，支队在全市武警部队开展“一个好班子”“一对好主官”“一支好队伍”的评选活动。是年年底，澧县中队、津市中队主官双双被评为“一对好主官”。1996年年初，支队党委把干部的理论学习纳入党委议事日程，政治处下发《干部理论学习计划》和《基层军官读本》，要求干部按计划完成学习任务，并把干部的理论学习情况列为考察干部的内容。1997年5月至6月，支队选派机关干部和基层军政主官共56人，参加总队举办的《军队基层建设纲要》培训班，增强军政主官按纲建队的意识，进一步提高军政业务素质。2000年8月14日至9月14日，支队为迎接总队对基层干部实施普考，在教导队举办两期干部集训，提高基层干部的军事素质和组训能力。

二、招生提干

1990 年，支队根据总部总队通知，选拔 3 名从事专业技术的优秀志愿兵战士，经短期培训后提升为干部。1991 年，根据编制变动和急需补充缺额的实际情况，按照总队安排，支队选拔 2 名德才兼备的优秀班长，经培训后提干，充实到基层司务岗位。1992 年，为进一步补充基层干部缺额，支队选拔 5 名优秀志愿兵送院校培训后提升为干部。1993 年至 1996 年，支队按照总队保留一定数量基层骨干的要求。每年都选拔一定数量的特优班长经过短期培训后提干，补充到基层单位。

三、干部转业

1988 年至 2012 年，支队认真执行中央和省市关于做好军队转业干部安置工作的有关精神，始终把安置好转业干部作为一项重要工作来抓。通过争取地方党委政府重视支持，主动与地方联系，按照专业对口、职务相当的要求，反复与有关单位取得联系，并认真做好转业干部的推荐工作，使 94 名转业干部都得到妥善安置，较好地解决他们的工作、职务和生活待遇问题。

第四节　内部执法执纪

为加强部队内部执法执纪工作，支队成立以副政委为组长的领导小组，并在各分散执勤单位设立监督员，部队上下普遍形成监督预防网络。1988 年，鼎城中队、汉寿县中队、武陵区中队、安乡县中队、澧县中队等基层单位在驻地聘请监督员，请他们监督反映部队在营区外的活动情况，使执法执纪网络更加完善。支队为分发挥干部、党员、思想骨干 3 支队伍的作用，定点、定人、包干做后进战士的思想转化工作。2002 年至 2005 年，狠抓《预防犯罪工作暂行规定》和总部《分类量化考评法》的落实，先后对 900 余名官兵进行心理健康普查，对 25 名军械员和 50 余名执行重大临时勤务的官兵进行政审，帮助官兵处理涉法问题 6 起，帮教重点人员 25 名，转化后进战士 37 人。与此同时，支队还切实加强纪检监察工作，对所发生的违法违纪问题做到零容忍。1987 年至 1990 年，支队共受理以权谋私、贪污挪用、腐化堕落等违纪案件 5 起，有 8 名党员受到处分，其中给予 2 人党内严重警告，6 人党内警告。1991 年至 1996 年，对部队发生的 5 起党员违纪案件，全部立案，进行严肃查处。

第三章　后勤保障工作

第一节　财务经费管理

支队在财务管理上始终坚持党委集体领导，统一管理、分级负责，以实力标准为依据进行经费预决算。其中对兵员生活费实行实报实销，公务费、事业费实行按标准供应、包干管理、超支不补、节余留用。

1988 年，支队按照总队的统一部署，改进探亲路费的领报办法，由过去按发票报销改为按标准发给个人包干使用，并建立探亲路费领报档案；对支队机关会议费由按预算报告数核销，改为按标准下拨包干使用。为提高财务工作效率，支队从 1988 年开始，运用微机进行会计记账、编报预决算、会计报表等业务工作。

1989 年，根据总队《关于加强经费、物资管理规定》，支队结合实际，制定了经费、物资管理规定，明确经费、物资管理和运用经费的审批权限。如支队机关各项经费的开支：500 元内的开支，由部门主管审核签字后，报主管后勤的支队首长审批；1000 元内的开支，经主管后勤的支队首长审核签字后，报支队办公会议或支队党委会审批。1991 年，支队根据总队《关于加强基层财务管理的暂行规定》，对基层中队的伙食费、农副业生产收益、地方经费、公用物资的管理进一步规范，明确经费开支审批权限。

1992 年，以强化管理，提高效益为重点；以保障有力为目标，按照“一统、两保、三压”（经费实行财务统管，保障人员生活、保障装备建设，压缩基本建设投资、压缩公用和事业性经费开支、压缩社会集团购买力）原则，支队要求各基层单位牢固树立过紧日子的思想，下大力紧缩经费支出，全支队共节减经费 11 万元，预算经费节余 15 万元。按照总队《关于接待经费开支规定》，支队严格遵照执行，全年压缩接待费开支 6 万元。

1994 年，支队结合本单位实际，研究制定相应的补充规定和具体措施。支队对预算外经费实行“收支两条线”管理，对客餐费、夜餐费和探亲路费实行包干管理，杜绝多报、重报的现象。1994 年，总队对支队财务规范化管理情况进行检查验收，有 2 个基层中队被评为“三好五无”中队。

2002 年，落实总队“348 计划”，实行全程监督和定期讲评，为进一步落实后勤规范化管理，制定并完善《财务物资管理规定》《机关医疗包干管理规定》。全年筹集资金 300 万元用于部队营房和生活设施建设，相继落实教导队、鼎城区中队、临澧县中队、津市 3 个中队的营房、营区配套设施和武陵中队的营房改建，初步完成五中队征地建设规划。先后投入经费 65 万多元，相继为 4 个中队配备不锈钢给养器材。邀请地方专家，对直属大队饮水状况进行调查，随之采取措施，缓解饮水难的问题。

2004年，坚持以保中心为重点，加强后勤战备建设，完善应急保障方案，强化后勤训练，充实物资储备，确保以执勤、处突为中心的保障任务圆满完成。坚持以保障基层为重心，继续加大对部队基础设施建设投入，共投入资金1000多万元，用于加强基层“四项设施”配套建设。10月，总队在常德召开基层“四项设施”配套建设现场会，全面推广支队的成功经验。

2010年，支队以科技强警部署为契机，按照“硬件赶队、软件过硬”的抓建思路，在“家底”十分薄弱的情况下，克服困难搞建设。支队、中队两级共投入经费438万元（支队68万元，基层中队370万元）用于生活设施配套建设。机关相继完成车辆GPS监控系统安装、保密室和通信值班室改造、办公楼门厅和接待楼及院内排水系统新建改造、直属队营房维修和改造任务。添置机关办公电脑29台、办公室和战士宿舍空调26台，更换机关综合楼床铺和办公桌椅43套。

2011年，支队争取地方预算外经费500多万元，投入机关办公楼门厅改造、大院排水系统改造、直属分队建设和反恐装备建设；投入198万元改善驻津市农场部队的住房条件和津市中队的营房改造；投入10余万元用于改善机关办公条件，增配电脑、空调、饮水机等；投入10万余元进一步规范基层备勤室建设。5月月底，召开常德市武警工作会议，研究确定支队整体搬迁初步规划，取得支队创新发展的突破性进展。截至是年年底，除即将搬迁的汉寿、武陵中队外，其余7个单位建设基本完成。

第二节　军需给养管理

1989年，部队执行的灶别共有3个。①一类区一类灶：在大队（含以下分队）工作的士兵和与士兵一起就餐的警官和在编职工。②一类区二类灶：支队举办的司号员训练班的学员、支队举办的游泳骨干训练班的学员、正式列编的机动分队。③一类区四类灶：从事专职警犬训练的人员、支队卫生队有编制床位并单独起伙的伤病员、因传染病或流行性病经支队后勤部门批准在分队集中治疗的伤病员。同年，对战士（含同餐干部）过节费进行两次调整；1月1日起，调整为每人每节3.8元；8月1日起，每人每节调为4元。

1994年，为贯彻中央军委和总部河南郑州生产生活经验交流会精神，总队制定1995年至1997年《农副业生产发展三年规划》，支队按照要求，采取相应措施，狠抓各项工作落实。至1996年年底，有14个中队在开展农副业生产中，达到人均1分地，有18个中队饲养牲猪人均产肉30公斤以上，有16个中队人均产菜200公斤到250公斤。是年，战士的过节费由每人每节4元调整为8元，10月1日起，上调至每人每节10元。

1996年3月10日，武警总部后勤部印发中国人民武装警察部队《给养标准制定汇编》。根据《汇编》规定，支队各类人员的给养标准：（1）支队机关警官粮食定量为每人每月 19 公斤；（2）义务兵、士官和大队以下中队的警官粮食定量标准每人每月 24 公斤；（3）一类区一类灶伙食标准每人每天 4.40 元，二类灶 4.80 元，三类灶 5.30 元，四类灶 6.40 元；（4）各类灶副食、燃料定量，一类灶基本标准是每人每天植物油 25 克，黄豆 50 克，猪肉 100 克，禽肉 15 克，鸡蛋 20 克，鱼 15 克，白糖 15 克，蔬菜 750 克，煤 750 克。

2000 年，支队上下同心协力，在完成战备执勤任务的同时，大力开展副业生产，取得丰硕成果，全年生产收入达 28 万元，人平创收 310 元，全市武警部队人均伙食费日平达到 8.55 元。

第三节　武器装备管理

1988 年，根据上级指示精神，武器装备开始实行入库集中保管。为加强枪支警械的安全管理，支队采取切实措施，狠抓军械库的“三铁二器”等硬件建设，先后购置枪柜 20 个，报警器 25 台。至 1990 年年底，支队所属中队军械库（室）的设施均实现“三防”（防潮、防尘、防盗），“七有”（有报警器、有铁皮柜、有装具架柜、有油桶、有规章制度及武器分表、有 4 本账、有修理工具），“四统一”（设施统一、摆放统一、标卡统一、制度统一）的要求。

1993 年，总队对全省武警部队武器装备进行调整，在为支队装备 81 式 7.62 毫米班用机枪的基础上，又配发 77 式 7 .62 毫米手枪，81 式 7.62 毫米步枪，79 式 7.62 毫米冲锋枪。同时配发橡皮警棍、头盔、盾牌、防弹衣、防毒面具、防暴枪、催泪弹发射器等警用装具。1998 年，支队还装备狙击步枪。

至 2012 年，全市部队的武器装备经逐步发展更新，基本达到现代化水平。

第四节　通信设施管理

随着社会经济的发展和现实斗争的需要，部队的通信机要等科技建设也随之步入快车道。1989 年 8 月，为保证超短波电台的有效运行，支队修建 15 座通信铁塔，至此，全市武警部队超短波通信区域网基本建成。

1992 年，支队自筹资金着手对老式供电交换机通信系统进行改造。引进深圳桑达电子总公司生产的 HTD—256 型空分制程控交换机，并投资 10 余万元，修建总机室、电台室、值班训练室、通信库房。为更好地发挥超短波通信在城市武装巡逻、抗洪抢险、处置突发事件中的作用，是年，支队争取市委政府支持，在常德太阳山修建短波通信专用发射塔，使支队上下的通信联络迈上新台阶。

1993 年至 1996 年，全市武警部队新租市话单机 20 余部，新租中继线 3 条，新装内部用户单机 50 部。此外，争取总队支持，先后配发 DG110 中转台 1 部、KG107 车载台 6 部、

KG105 基地台 2 部、KH342 手持机 20 部、H×—260 手持台 25 部，从而为部队正常执勤和执行机动作战任务提供了可靠保障。

1997 年 11 月，支队在太阳山租用市电视转播台房间及电力等设施，建成覆盖全市的 350 兆短波转信台。

支队在机要通信管理上，始终坚持一手抓硬件设施建设，一手抓人才和技术骨干的培养。1988 年至 2011 年，支队先后举办无线电报务员、有线技工、有线电话务员培训 14 期，培训各类有无线技术骨干 60 余人。同时选派 10 名技术骨干，参加总队举办的计算机汉字录入、计算机网络等集训班 7 期。与此同时，支队还投资 16 万元建成局域网。为适应部队信息化建设的发展，支队狠抓经常性业务培训和干部学历教育，先后选送 41 名干部参加各级文化学历培训，其中 12 人取得本科学历，23 人取得大专学历，并有 32 人报名参加总队组织的律师专业自考，获得相应专业资格。

2012 年，支队坚持专岗专训、定人定位、内外互通的原则，努力建设与四防一体化、执勤信息化、保障实战化相适应的通信人才队伍。在正确处理工训矛盾的基础上，进一步强化以微机汉字录入和发报训练为主要内容的机要通信在职训练。机要参谋全年累计实训时间达到 295 小时，录入汉字 35 万字，从而使训练效果及业务技能大幅提升。

第五节　营房院落建设

1988 年，支队投资 80 余万元，在常德县白鹤山征地 10 亩，修建起面积达 2000 平方米的轮训队宿舍楼、训练场及相关配套设施。

1989 年，支队实施营具供应与管理办法改革：对集体宿舍实行营具计价供应，收取押金；家属宿舍实行一次性价拨；对办公营具实行计价挂账，管理责任落实到处室。

1992 年，以房改政策为依据，以改善部队住房条件、加速部队住房商品化和住房管理社会化为目标，狠抓住房制度改革工作，对全市部队住房面积、设备、质量和干部职级、工资收入等情况，在进行全面摸底调查的基础上，进行重新统计填表和计租，从而理顺管理关系。

1995 年，为贯彻落实总队《传达贯彻全军和总队房改工作暨房地产开发经营管理整顿会议》的精神，支队完成房改第二步提租。

1996 年，依据有关政策，组织进行集资建房，建成宿舍楼一栋，极大缓解干部住房的紧张状况。

第十篇　区县（市）公安（分）局

第一章　武陵分局公安工作

武陵区位于常德江北主城区，为常德政治、经济、文化交流中心，总面积269.5平方公里，辖6乡1镇5个街道办事处，常住人口42万人。

1988年常德地改市，原地区公安处改为市公安局，原常德市公安机构主体调整改建成武陵区公安局。1990年8月，武陵区公安局成建制划归市公安局直属，更名为武陵公安分局（以下简称分局）。依照国务院颁发的《公安机关组织管理条例》和公安部《关于2004—2008年全国公安队伍正规化建设纲要》，分局对机构设置、职能配置和人员编制进行多次调整。到2012年，设有3个综合管理机构、10个执法勤务机构和16个基层派出所，实编民警506人，建立起一支机构合理，指挥畅通，运转高效的城区公安队伍。先后参与侦破“9·1”暨渝湘鄂系列持枪抢劫杀人案和社会影响极大的“11·11”投毒案等一大批大要案件。先后涌现出全国特优民警王汉桃、侦破能手袁会明、全国妇联巾帼建功标兵张艳、全国优秀公安局带头人陈有万、联合国维和和平勋章获得者罗彬等169名英雄模范人物。先后荣获“全国公安机关集中接待处理群众来信来访先进集体”等70个省优、国优级集体荣誉称号。

第一节　维护稳定

进入20世纪80年代后，随着改革开放地深入推进，利益格局不断调整，社会矛盾凸显，不安定因素增多。为此，分局调整工作思路，将维护社会治安大局稳定作为公安工作的首要任务摆在突出位置。在完善情报信息网络、培训情报骨干、广辟情报渠道、准确研判形势、强化工作措施上下功夫，从而牢牢掌握了维稳工作的主动权。

一、打击非法邪教组织

20世纪80年代末期，非法邪教组织“门徒会”“法轮功”“罗王教”等相继传入城区，他们采取散发传单，非法组织集会等形式，散布政治谣言，串连信徒，设点练功，给城区社会治安造成了严重危害。对此，分局快速调整工作布局，制定了《武陵公安分局宗教领域安全保卫基础调查实施方案》，按照“全面、深入、及时、准确”的总体要求，组织民警对辖区内所有非法邪教组织堂点及相关人员，进行深入摸底调查，并相应完善重点人员四级监控机制，掌握思想动态，了解家庭情况，跟踪活动轨迹，建立台账档案，提高了动态管控能力。1999 年 7 月，按照上级统一部署，依据深入调查掌握的情况，组织 120 名警力，对“法轮功”邪教组织的 11 个活动站点，采取统一取缔行动，共收缴“法轮功”邪教组织反动书刊4463 册、音像制品 483 盒（张）、横幅 14 条、徽章 70 枚。2012 年 11 月，分局组织优势警力，成功侦破省公安厅挂牌的“2011·7·29”邪教专案，摧毁和铲除了城区“法轮功”邪教组织残存势力。

二、管控处置敏感事件

1989 年春夏之交的政治风波波及常德，城区社会治安面临严峻考验。为维护正常的社会秩序，保护人民群众的生命财产安全，分局集中警力，坚持昼夜值班巡逻，应急防暴处突，加强对社会治安的管控，组织内保单位成立巡逻队，强化内保单位的自防、自治能力；政保科与保卫科民警组成信息组，深入重点企业、工厂和学校等重点单位，动员组织维稳骨干，对全区 1060 名刑释解教人员，特别是对其中 48 名有铤而走险迹象的，逐人包干负责，落实帮教管控。同时，组织开展“严打”专项行动，相继惩治犯罪团伙 12 个，破获各类刑事案件 186 起。

三、处置群体性事件

1988 年至 2012 年，随着新旧体制转换，利益格局调整，涉及群众利益诉求的矛盾纠纷增多，特别是企业改制转型、破产、职工下岗引发集体上访；一部分军转干部、复退军人为落实安置待遇秘密串联，企图非正常上访；因城市创建、旧城改造涉及群众利益而阻工闹事。针对上述种种不安定因素，分局始终坚持超前预警、主动出击，把各类群体性事件化解在萌芽状态。根据维稳工作实际，在配齐配强国保专门力量的同时，注重情报信息工作，逐步建立和完善立体化情报信息网络。建立情报支撑点 187 个，物建情报信息员 1899 名。针对敏感群体、重点单位建立起全天候、全方位的情报信息体系。到 2012 年，共搜集预警性、内幕性、深层次情报信息达 28487 条，超前预防和化解各类非法游行集会等群体性事件 1943 起，制止和预防杀人、纵火等事件 457 起。通过情报信息关联，查破各类案件 1254 起。

第二节　惩治犯罪

分局围绕“创建平安武陵、构建和谐社会”的总体目标，坚持打击与管理、防范、控制相结合的方针，先后开展“破冰行动”“蓝剑行动”“打盗抢抓逃犯”“三打一整”等专项行动，加大对杀人、绑架、抢劫、投毒、黑恶势力等严重暴力犯罪的打击力度，成功破获一大批危害大、影响大的恶性案件，有效遏制犯罪，维护了城区社会治安稳定。

一、严厉惩治刑事犯罪

1988 年以来，针对辖区绑架勒索、抢劫杀人等严重暴力犯罪案件居高不下的实际，分局坚持依法从重从快的“严打”方针，加大对杀人、绑架、抢劫、投毒、黑恶势力犯罪等严重暴力犯罪的打击力度。本着命案必破的原则，分局强化命案攻坚。至 2012 年，对发生的 136 起现行命案，破获 130 起，破案率达 95.6%。先后参与侦办“9·1”暨渝湘鄂持枪抢劫杀人案、常德市一中何××与唐××特大投毒案，成功破获“9·4”持枪绑架案、“9·18”绑架中学生案、“7·3”亲子园抢劫杀人案、“7·18”滨湖公园抢劫杀人案、“4·2”护城乡入室抢劫杀人案、“百乐门舞厅血案”等一大批危害重、影响大的恶性案件，多次获得公安部和省公安厅表彰奖励。

针对团伙作案与侵财案件高发的趋势，分局适时组建“反两抢”便衣巡逻组，着力打击街头“两抢”犯罪案件。针对城区汽车被盗案件频发趋势，采取定点蹲守与流动巡逻等措施，破获涉案价值 100 余万元的盗窃汽车系列案件，破获涉及周边地市的盗窃汽车案件 68 起，抓获湘阴籍盗窃汽车团伙成员 59 人。先后捣毁芦狄山乡以覃××为首的 12 人犯罪团伙、打掉紫桥市场欺行霸市团伙、摧毁以熊××涉恶和龚×涉黑涉恶团伙，破获系列案件 125 起。2009 年 5 月，分局组织警力对东郊钢材市场附近持枪盗抢团伙实施抓捕，当场抓获涉案人员 7 名，收缴钢珠枪 1 支、管制刀具 10 把。

针对逃犯久逃难捕的实际，分局从规范网上追逃工作机制入手，狠抓逃犯信息收集及资料积累。刑侦部门着眼提高缉捕实效，采取传统手段和科技手段相结合，多种侦查手段并用，使追逃工作取得显著成效。1999 年 8 月，根据公安部的统一部署，开展网上追逃，抓获在册在逃嫌疑人员 87 名，网上在逃嫌疑人员 101 名。1997 年 6 月万金障农场投毒杀死其夫的犯罪嫌疑人刘××、1998 年 11 月高山街萨克斯酒吧抢劫杀人的犯罪嫌疑人张××等 3 起公安部和省公安厅督办的案犯，均在 1999 年相继落网。2011 年，在公安部部署的“清网行动”中，分局逃犯清网率达 89%，其中，部督特大人体贩毒漏网头目张×等在逃嫌疑人员被成功缉获。

1988 年至 2012 年，分局共破获各类刑事案件 17844 起，抓获犯罪嫌疑人 18718 名，捣毁各类犯罪团伙 1282 个，逮捕团伙犯罪成员 4747 名，为国家、集体和人民群众挽回损失 2340 万元。

二、惩治涉毒犯罪

根据严厉打击涉毒违法犯罪的需要，2001 年 5 月，分局将禁毒、缉毒业务工作从刑警大队分离，专门成立禁毒大队。本着加强情报信息、强化专案经营的工作思路，按照“四禁并举、堵源截流、严格执法、标本兼制、综合治理”的禁毒方针，加大对毒品犯罪的打击力度，先后破获一批大要案件，有效遏制了毒品犯罪蔓延的势头。2007 年 3 月，根据群众举报获悉，西洞庭农场罗×多次从缅甸走私毒品到常德城区贩卖，据此情况，分局迅即立案侦查并于4月17日在西洞庭农场将罗×抓获。2001年6月7日至9日，分局开展“扫毒风暴”，共抓获涉毒和其他违法犯罪嫌疑人168名。2002年3月29日至31日，分局开展代号为“破冰行动”的集中行动，共抓获71名违法犯罪嫌疑人，破获吸贩毒案件5起，带破其他刑事案件12起。2008年，分局经过缜密侦查，成功破获张×特大走私运输贩卖毒品团伙案，先后抓获团伙成员26名，缴获毒品麻古4.5公斤。经审查证实，自2007年7月起，张×先后组织40余人，采取人体藏毒方式，由缅甸走私运输毒品入境，涉案毒品达30公斤。2011年12月13日，在上级公安机关与云南、缅甸警方的密切配合下，将特大毒枭张×抓获归案。1988年至地2012年，共破获涉毒刑事案件1855起，其中重特大案件101起；强制戒毒2162人次，限期戒毒606人次，社区戒毒185人次；逮捕556人；打掉跨国、跨省、跨区域走私、运输、贩卖、持枪抢劫毒品犯罪团伙39个；缴获海洛因、冰毒等各类毒品逾100公斤。

三、严厉惩治经济犯罪

为维护辖区社会经济秩序、保障经济建设顺利发展，分局坚持一手抓经济犯罪案件查处、一手抓经济秩序专项整治，充分发挥了经侦预防与惩治犯罪职能。2003年，侦破了涉及受害群众300余人、涉案金额达3000万元的罗××集资诈骗、非法吸收公众存款案。2005年，侦破了涉及受害群众50人、涉案金额达2000万元的何××集资诈骗、非法吸收公众存款案。2009年侦破了凯通房地产公司胡××诈骗居民房款案。2007年4月至2009年1月，凯通房地产公司胡××，以公司名义，用高息为诱饵，先后向城区居民刘×、彭××等32人借款1519.3万元，之后携款潜逃。受案后，办案民警共收集商品房、期房、预售等合同136套，收集书证等300余份，会计账册、凭证等物件377本，工商资料3册200余页，询问证人54人次，作讯问笔录319页。历时半年，终将犯罪嫌疑人胡××抓获归案。2009年，根据城区传销违法犯罪活动突出的实际，组织开展打击传销专项行动，出动警力890余人次，捣毁传销窝点57处，破获各类案件23起，刑事拘留86人，提请逮捕54人，行政拘留186人，解救被困传销人员123人，劝返一般传销人员4040人。2010年，侦破了张××非法吸收公众存款案。2008年上半年至2009年4月间，张××以与常德移动公司合伙经营为由，先后向他人骗取人民币1561万元后潜逃。办案民警突破重重阻力，终将此案办结。其后，张××被依法判处有期徒刑15年。2012年，开展“破案会战”专项行动，共立经济类案件105起，破获案件33起，移送起诉54人。

分局自成立经侦大队以来，共立经济案件524起，破经济案件397起，抓获犯罪嫌疑人314名，为国家、集体和人民群众挽回直接经济损失1亿元。

第三节 治安管控

一、人口与出入境管理

1. 常住人口管理

1988 年年末，全区常住人口 250040 人。1993 年至 2008 年间，行政区划经历三次重大调整，城市化建设规模不断扩大，到 2012 年末，辖区常住人口增至 418919 人。1990 年至 2012 年间，分局以颁发居民身份证和第三次全国人口普查为契机，组织开展户口整顿工作，纠正人户分离 5609 户 16826 人，更正户口登记差错 13489 项；对 3359 名无户人员及时收集材料，按政策全部入户，将应销未销户人员 3033 人按规定全部予以销户。1994 年，在城区 5 个派出所铺开人口信息微机管理系统建设，先后培训电脑操作员 10 名，并首先在城南和三岔路派出所实行人口信息录入及微机前台办公，后逐步向全区普及，实现了人口信息微机化管理并与市、省直至全国联网。

2. 暂住人口管理

1988 年全区暂住人口 12365 人，按照 1985 年公安部《关于城镇暂住人口管理的暂行规定》，全部办理了暂住证。1995 年公安部先后发布《暂住证申领办法》和《租赁房屋治安管理规定》，分局探索、创新管理机制，加大对暂住人口与出租房屋管理力度，实行“以证管人，以屋管人”。根据全区暂住人口分布情况，向各派出所下达了全面落实暂住证办理的指令性任务。同时，坚持每年集中开展一次暂住人口清理整顿专项行动，以清理出租屋为重点，落实暂住人口管理。至 2006 年底，先后为 6786 名暂住人口补登办证，全区暂住人口登记更新达 45700 人，对 3968 户房屋出租房户，强化和落实了安全管理责任。2007 年，按照省公安厅关于在全省推行流动人口信息管理系统建设的部署，分局采取切实措施，完成流动人口信息录入，成功实现全省流动人口数据联网管理，2009 年 6 月，“暂住证”改为“居住证”。至 2012 年，全区共对 78947 名流动人口、6593 户房屋出租户及流动人口办理的 5942 个“居住证”全面完成了信息采集，并全部录入微机信息系统。通过流动人口与出租房屋管理，查获各类违法犯罪嫌疑人 3278 名，破获各类案件 2657 起，抓获网上在逃人员 12 名，为国家、集体和个人挽回经济损失 56.7 万元。

3. 居民身份证管理

1988 年，依据《中华人民共和国居民身份证条例》和上级公安机关的统一部署，分局全面展开居民身份证颁发工作，当年，对应发证的 178936 人，全部完成第一代居民身份证的制发。1997 年，对第一批持 10 年有效期身份证的居民全部换发了 20 年有效期身份证。此外，对遗失身份证的居民补发身份证，年平均办证量 1600 个左右。在补发正式身份证之前，颁发 3 个月有效期的临时身份证，年平均办理临时身份证 2000 个左右。2003 年，《中华人民共和国居民身份证法》颁布，全区开展了居民身份证法规宣传和公民信息纠错工作，为换发第二代居民身份证做准备，到 2005 年，全区共更新充实常住人口信息 46926 条，人口图像信息采集率达 92%。2005 年 9 月，开始换发第二代居民身份证，当年，全区共换发二代证 13155 人（证），到 2012 年，全区共换发二代证 32.5 万人（证）。

4. 出入境管理

1988 年以前，出入境管理工作一直由政治保卫科负责。1999 年 1 月，根据改革开放后出入境人员迅速增多、出入境管理工作量激增的实际，组建了出入境管理科。2008 年，出入境管理工作并入人口管理系列，成立了人口与出入境管理大队。

1993 年，入境人员 7781 人。其中，外国人 547 人，港澳台胞 7234 人。1999 年，接待国外、境外人员 121 名。2012 年，全区共有涉外学校 10 所、其他涉外单位 3 个，常住外国人 125 人，入住境外人员达 32595 人次，台湾同胞年签证延期达 50 人次。在对境外人员的管理上，分局坚持管理与服务并重，具体强化了三项措施：（1）改善办证条件。2012 年，投资 20 万元新建服务与管理功能齐全的出入境大厅，开设涉外人员入境接待窗口，受理台胞入境初审，为入境人员咨询解难。（2）设立涉外人员管理专干。（3）建立派出所、涉外单位、社区三级管理网络，从而使出入境管理工作落到实处。1989 年至 2012 年间，共查处涉外案（事）件 43 起。2001 年 3 月 13 日，西方某国间谍人员 GDW（音译拼音缩写）以驻华使馆人员身份作掩护，潜入武陵区从事窃取机密情报的犯罪活动，被及时发现制止，并依法予以处置。

1988 年至 2007 年，分局出入境管理科直接受理辖区居民申领出国护照。1988 年直接受理 64 人次，到 1999 年增加到 254 人次。2008 年，武陵区居民申领出国护照，收归市公安局直接承办，至 2012 年 2 月，市局再次授权分局办理。

二、特种行业管理

1991 年，全区列入特种行业管理的旅店业、废旧收购业、印刷、刻字业等共 339 家。到 2012 年，特种行业从业单位增加至 931 家。分局坚持日常严格管理与集中清理整治相结合，强化特种行业管理。（1）日常管理。对旅馆、典当、刻字业设立行政许可，对寄卖、印刷、汽车修理及二手交易市场、废旧收购、娱乐休闲场所、大型工贸市场、车站、码头实行报备制管理。2008 年旅馆业开始与全省旅馆业管理系统并网管理，到 2012 年，全区 379 家旅馆业并入该网，入住人员身份与公安部情报系统平台对接，及时发现打击违法犯罪。4 年间，共抓获网上在逃嫌疑人员 121 名。（2）集中清理整治。每年对特种行业适时开展 1 至 2 次集中清理整顿专项行动，促进特种行业依法经营。通过日常管理和集中清理整治，2008 年至 2012 年间，查获违法犯罪嫌疑人员 1123 名，抓获卖淫嫖娼人员 1442 名，查获赌博案件 321 起，缴获赌资 112.36 万元，收缴违章违法收购的工业器材近 30 吨。

三、危爆物品管理

1988 年，分局成立危爆物品管理领导小组并设立办公室。1995 年，根据市人民政府

《关于禁止在城区燃放烟花炮竹的规定》，分局收回573家烟花炮竹生产、销售许可证。1990年至2012年间，每年进行一次枪支安全大检查，适时开展治爆缉枪专项行动，共破获涉枪案件155起，缴获仿真玩具手枪141支、仿六四式手枪159支、自制钢珠枪113支、火枪28支、子弹5500发，抓获涉枪犯罪嫌疑人119人，逮捕68人。

四、扫黄禁赌

1. 扫黄

1993年4月，分局治安科在复核一起传播观看淫秽书籍案件中，发现其中一名案犯涉嫌传播淫秽书籍《龙虎豹》《藏春阁》，经缜密侦查，于11月5日，查清长沙黄泥街“国晓”书社这一制作淫秽书籍的窝点。在长沙警方配合下先后抓获涉案人员唐××、彭××，并查获淫秽和非法书刊12000余册。此案引起了湖南省委、省政府高度重视，12月27日，省公安厅会同市、区公安（分）局成立“11·5专案组”，并以武陵分局为主抽调11名民警开展专案侦查。经辗转对全国223个城镇的271家涉案个体书店深入侦查攻坚，抓获涉案犯罪嫌疑人70多名，查获淫秽书刊28种32.6万册、非法出版物36种78.5万册，经营金额83万余元。1994年11月4日，中央电视台《焦点访谈》首次披露了武陵分局主办的“11·5专案”，随后人民日报、新华社等多家媒体作了报道。

1988年至2012年间，全区共查处涉嫌卖淫嫖娼案件897起2353人，打掉犯罪团伙86个，解救受害妇女162人。

2. 禁赌

1988年至1999年，针对城区电游室赌博活动突出的实际。分局坚持重拳出击，重点狠抓对电游赌博活动的查禁取缔。其间，持续不断开展清理排查、查处专项行动，共收缴各类赌博机1396台，赌资37万余元，处罚赌博人员811名。2000年以后，根据城区茶馆（楼）、棋牌室及地下“六合彩”赌博活动突出的情况，不间断开展查处打击，有效遏制了赌博回升势头。至2012年，全区共查处赌博案件1258起、查获参赌人员1288名。其中，查处电游赌博案件155起，地下“六合彩”案件118起。

五、基层基础工作

2002年，分局推行派出所警务机制改革，城区五个城区所全面实行“派出所管防控打一体化”警务模式。在警力配置上实行“1446”模式。即：1个居委会配1名社区民警，内务中队、治安中队各配4人，刑侦中队配6人。巡警中队、交警中队警力由市公安局下派。分局制定了《派出所管防控打一体化考核验收细则》，从当年开始，对城区五所进行两次考核，考评不满80分的，分局党委对所长进行警告性谈话。不满60分的，确定为不合格派出所，给予所长黄牌警告。2005年，根据公安部关于《公安派出所等级评定办法》和省公安厅关于《湖南省公安派出所等级评定实施细则》，全区14个派出所参与首次全国公安派出所等级评定。城南派出所被评为二级公安派出所，城西、南坪、护城派出所被评为三级公安派出所，其他10个派出所被评为四级公安派出所。此后，公安派出所等级评定每年进行一次。是年，为全面实施社区警务战略，落实《湖南公安派出所社区民警工作规范》，在全省组织开展的创“十佳社区民警”活动中，城东派出所红卫居委会社区民警魏章利被授予全省“十佳”社区民警称号。此后，评定工作每2年进行一次。2002年至2005年间，分局基层基础工作紧紧围绕派出所等级评定标准和社区警务创新展开推进，效果凸显。武陵分局在全省创新首推的社区民警向社区群众述职经验，被《人民公安报》以《向人民报告》为题，于2003年12月29日在全国公安机关推广。分局《开拓创新 改革社区警务旧模式 与时俱进 构建社区防控新体系》的经验，被编入《新时期公安基层建设与管理实用手册》，在全国公安机关发行推广。

从2006年起，分局按照公安部、省公安厅关于“抓基层、打基础、苦练基本功、推进公安队伍正规化建设”的“三基一化”建设部署，周密安排，认真组织实施。全区公安基层基础工作进一步夯实。2008年机构改革，派出所警力达到分局警力总数的50%以上，从基层提拔副科职干部17名，占提拔总数的68%，解决非领导职务主任科员45名，占总数的91.8%，副主任科员70名，占总数的92.1%，基层所队全部升格为副科级机构。推进社区和农村警务室建设，建立起49个社区和15个农村警务室，配齐社区民警74名、农村责任区民警15名，基本实现社区民警专职化。同时，全面规范社区（农村责任区）警务活动。2007年，分局被评为全省公安机关“三基一化”工程建设先进基层单位。

第四节　教育管理和执法监督

一、队伍教育管理

1988年至2012年，分局以政治建警、制度管警、文化育警、从优待警为主线，狠抓队伍建设不放松。将分局打造成风清气正、纪律严明、执法规范的队伍。

1. 坚持政治建警

分局坚持用党的基本路线、方针政策武装民警头脑，坚持经常性政治教育活动，使全局民警在政治上始终与中共中央保持高度一致。结合队伍实际，每年开展集中教育活动一次以上，时间不少于一个月；各二层单位政治学习原则上每周不少于半天。先后开展了以“讲政治、讲学习、讲正气”为主要内容的“三讲”教育、“三个代表”重要思想教育、保持共产党员先进性和贯彻落实科学发展观为主线的实践教育活动。与此同时，坚持开展群众路线教育。从1993年起，连续五年开展“爱民月”活动，全局民警共为人民群众做好事1755件，捐款捐物15万元。从2009年起，连续三年开展全警“大走访”活动，共走访群众45600户，搜集意见建议17000条，化解矛盾纠纷360起，收集违法犯罪线索1520起，为人民群众办好事实事1800件。

2. 坚持制度管警

（1）建立健全各项考评制度。分局相继完善《党委一岗双责》《目标管理和“双百分”考核办法》《联带包创精细化管理考评办法》等5种主要考评制度。从1997年起，对局属二层单位实行目标管理和“双百分”考核，充分发挥了激励效应。从2002年起，开展“执规带创”活动，对二层单位和民警实行星级评定。2007年，开始对二层单位和民警实行精细化管理考评，全面启动网上考评与日常管理，将考评结果严格与单位评先、民警晋升、晋级挂钩。与此同时，定期开展干部考察，建立公开、透明的干部调整、使用、任免机制。2000年，改革人事管理制度，在全局开展骨干竞争上岗，民警双向选择。（2）完善廉政建设与纪律作风建设体系。先后制定完善《关于公安队伍廉政建设的规定》《警风警纪监督员制度》《督察巡访制度》《值班执勤制度》等十多种制度，坚持以领导班子建设为抓手，充分发挥班子的核心堡垒作用和领导带头示范作用；加强民警警示教育，确保民警队伍的纯洁性和先进性。1989年，分局成立廉政工作领导小组，并开展为期三个月的制度建设和廉政教育活动。1994年建立纪律作风监督制约机制，聘请首批行风监督员5名，至2012年，监督员扩充到10名，设立监督举报箱30个。同时，建立起全局骨干廉政档案。（3）规范日常管理制度。先后出台《局党委议事规则》《会议制度》《机关政务管理规定》《武器警械管理规定》等十种制度，加强日常管理，做到运行有序，管理到位，效能提高。（4）建立《干部培训制度》，适时组织开展业务培训，提升民警业务技能和执法水平。1997年7月，开办全省第一所民警夜校，组织民警集中学习法律。2004年起，开展全警大练兵活动，组织进行业务和技能训练，使全局民警综合素质明显提升。

3. 坚持文化育警

重视文化育警工作，关心支持公安文化建设，重视文化人才培养。通过“走出去、请进来”等形式，提倡和鼓励公安民警积极参加夜大、函授和进修等在职学习教育活动，为公安文化人才培训提供政策资金支持，充分发挥文化骨干的组织引领作用，带动公安文化活动的健康发展，促成了一批民警作家、民警演员和民警运动员的快速成才。共有144篇（件）小说、通讯、论文在常德市级机关、省公安厅、公安部获奖；涌现出了1名国家级作家、1名部省级作家和1名省级书画家，另有60人次在省级以上文艺创作和体育运动中获奖。

4. 落实从优待警

逐步建立完善《从优待警十条规定》，2004年起组织民警两年一次体检，2008年后每年一次体检。坚持每年组织慰问特困民警、退休民警、遗属，定期慰问身患重大疾病民警及家属，建立困难民警救助制度，落实有关抚恤政策规定，帮扶困难民警。重视民警心理健康，2011年起建立分局心理咨询室，设立专干，定期聘请心理专家开展对民警的心理咨询与辅导，对民警进行心理素质普查和心理健康测试。

二、公安执法监督

分局始终坚持“公正执法、执法为民”这一主线，不断推进执法规范化建设。1988

年至2012年，共受理审查刑事拘留案件3574案5677人，提请检察院批准逮捕3224案5055人，检察院批准逮捕2978案4801人，审核报批劳动教养4918案6352人，无行政诉讼败诉、无国家赔偿案件发生。涌现出“全国执法示范单位”城南派出所等先进单位。

1. 夯实机制

建立健全规范化执法监督机制，1990年3月设立法制办公室，并配套建立法制工作制度，2001年建立《执法质量考核评审办法》和《民警执法过错责任追究程序规定》，2003年将执法质量确定为二层单位及主要负责人一票否决项目，明确一把手为第一责任人，签订责任状。2004年健全执法监督管理网络体系，建立起完善的法制监督格局。分局对执法质量考评排名末位的4名所队长进行了诫勉谈话，对负有办案责任和审核责任的28名民警取消了五星级政法干警和评先评优资格。2012年，出台《执法安全管理规定》，同年6月，分局执法办案区域正式建成启用。

2. 依岗定责

针对办理案件的主要环节，建立“谁办案谁负责，谁审核谁负责，谁审批谁负责”的三位一体办案责任制。主办民警负责案件的侦查取证，并就侦查结果提出处理意见，保证案件事实清楚、证据确实充分、程序合法，协办民警在主办民警的指导下开展侦查取证活动，对其从事的具体活动承担责任。通过抓住办案活动的主要环节，确定各执法环节、岗位、人员的执法责任，形成了一套科学合理、环环相扣、责任明确、整体联动的执法办案责任体系。

3. 严把关口

2004年，建立法律文书管理中心，将所有法律文书归口到法制部门统一管理，使法律文书的制作从多头性、杂乱性向规范化、标准化转变；制定执法监督管理细则，对刑事和行政案件的全过程进行严格规范，编印下发，人手一册，使执法从无序性向可操作性转变；建立执法质量公示制度和刑事执法动态公示栏，对单位检查考评结果和案卷评查情况进行公示，全面落实对案件动态流程的监督管理，使执法监督从阶段性向连续性、透明化转变。

4. 强化资质

2006年，推行案件主、协办侦查员制度，主办民警必须取得执法资格证。从2008年开始，组织民警开展执法资格考试。先后举办大型法制培训讲座10次，小型现场法律知识培训班27次，参训民警达1263人次，有388名民警通过执法资格考试，取得主办民警执法资格，通过率达到77%。2010年，开展全国公安机关“三考”基本法律知识培训，组织所长、教导员首任资格考试，通过率达80%。2011年，组织民警参与公安民警基本级执法资格考试，通过率达85%。

第五节　公安科技和综合保障

一、科技强警

20 世纪 80 年代末至 90 年代初，分局科技工作仅处于启动状态。2000 年以后，分局以“科技强警示范城市”建设为契机，主动谋划，打响了向科技要警力、要素质的攻坚战。2005 年，分局专门成立科技强警工作领导小组，加强组织领导，制订工作方案，提出目标要求，组成了由 30 名民警参加的科技强警协管员队伍，当年，向市委市政府争取预算外资金 1300 万元用于科技强警。2006 年，聘请 3 名专家担任科技指导。在实施科技强警过程中，分局还先后与市政府信息产业办、科技局、电信局等单位和部门取得联系，充分利用他们的设备、信息、技术优势，支持公安科技建设，形成了“公安为主、部门配合、多方支持、党政总揽”的科技强警工作格局。

2006 年前，分局人均拥有电脑率仅为 30%。2007 年，分局一次性购买电脑服务器 1 台、交换机 12 台、电脑 152 台，全局人均电脑拥有率上升到 70%，农村警务室、社区民警电脑拥有率达到 100%；统一购买公安内部数字证书 323 个，民警数字证书持有率达到 82%；分局还在全市区县公安机关率先将 512 千比特/秒的 ADSL 联网方式升级为 2 兆比特/秒的光纤联网方式，使网络传输速度提高近 4 倍。此后，分局以指挥中心为依托，新配发 350 兆比特/秒对讲机 37 台，将基地台建设延伸到派出所；城南等派出所还相继配备了抓捕网、搜索灯、防暴枪、防暴盾牌、防弹背心和头盔等一批适用性强、科技含量高的专用装备器材，有效地提高了派出所应急处突和快速反应能力。为适应信息化建设的需要，分局在城区 5 个派出所、近郊 3 个派出所设立 8 个监控平台的基础上，制定了《监控人员岗位责任制》《监控中心值班制度》等一系列规章制度，建立健全了以治安动态监控平台为依托的快速反应处警机制。2008 年以来，分局以公安内网为平台，先后研发出“人事管理系统”“财务管理系统”和“精细化考评系统”。同时，分局还立足实际应用，开发了本级信息传输、指挥调度和文件发送等日常工作网络软件，使办公自动化和警务信息化水平得到明显提升。

二、警务保障

1988 年以来，在医疗、建房、办案经费、刑事装备等项目上，分局精准论证，全力投入，有效地保障了执法勤务、后勤装备建设的正常运转。分局严格财经管理制度，坚持“一支笔”审批。每年初，警务保障部门负责制定行政和业务经费分配方案，报党委审核执行；年中，根据业务工作实际，分局党委适时调整经费方案，提高包干经费基数，确保业务单位办案经费所需；年终，及时进行经费支出核算，通报预算执行情况。2001 年，筹措经费 115 万元，购置警务用车 21 台。2002 年，购置汽车 10 台，三轮摩托车 15 辆。

2005年后，市政府决定每年拨付450万元经费，支持分局基础建设。2010年，更新车辆28辆。2011年，投入60余万元，添置B204LED生物显微镜、FGFY—Ⅳ型法医勘查箱、痕迹勘查箱、静电吸附仪、双光纤冷光源、偏振光摄影仪等32种刑事技术装备，为提升刑事侦查能力提供了有力支撑。

2011年以前，分局机关一直在武陵消防大队毗邻的一处20世纪60年代修建的旧院办公，虽几经整修改造，但条件、设施仍与日益增长的警务需求极不适应。为改变这一现状，从2004年起，分局前后三届党委均提出了重新修建办公楼的目标，在市委、市政府和市公安局的关心支持下，分局机关搬迁工作终于得到圆满解决。2010年6月，位于朗州北路以西地段，占地30亩、建筑总面积为10558平方米，投资6086万元的新址建设工程正式启动。2011年10月，新建办公大楼主体及配套工程全面竣工，12月12日，分局机关正式搬迁到新址办公。

第二章　鼎城区局公安工作

鼎城区（原常德县）紧邻常德市主城区，地域面积2243.5平方公里，辖31个乡镇、4个农、林场，有村（居委会）581个，常住人口76.6万人。

1949年8月设立常德县公安局，1988年8月地改市时常德县更名为鼎城区，县公安局随之更名为鼎城区公安局（以下简称区局）。1988年内设机构13个，有派出所48个，警力编制223人。至2012年内设机构增至16个，派出所调整为34个，警力编制增至491人。

1988年以来，区局在解放思想中统一认识，在改革开放中开拓创新，在维护稳定、打击犯罪、服务民生中履职尽责，经受住工作任务繁重、警力不足、警务保障滞后等严峻考验，成功化解和处置各种社会不稳定因素及事件，及时遏制抢劫、杀人、涉毒等严重刑事犯罪的多发势头，积极参与1995年、1996年抗击特大洪灾，临危处置2004年桥南市场“12·21”特大火灾等突发事件，为推动全区经济社会成功转型和高速发展，充分发挥职能作用，受到区委、区政府和上级公安机关的充分肯定。1995年，区局荣立抗洪抢险集体三等功。2000年，在破获“9·1”大案中荣立集体二等功。2003年以来，区局连续获得全市“文明单位”称号，2008年被授予“全省优秀公安局”称号，并连续五年被评为全省“县级公安局综合考评先进单位”。

第一节 维护稳定

一、掌握社会动态

随着改革开放和经济建设的步伐加快，辖区维稳工作面临严竣挑战。1988 年以来，针对不同时期的维稳工作要求，县局坚持主动出击，广辟渠道，及时获取各类预警性、深层次情报信息。在派出所设立国保专干，以秘密力量为主，国保信息员、联络员为辅，密切联系统战、宗教、民族等管理部门和各种社会力量，把情报信息收集的触角延伸到社会生活的各个领域。2005 年以来，不断完善国保网上业务信息平台，及时录入“法轮功”“门徒会”等邪教人员以及其他重点对象、工作阵地、涉稳群体等信息，及时发现和掌握相关动态，提高对重大情报信息的核查研判、危害等级预警评估的水平。先后对涉稳重点人、涉众型案件当事人以及有现实危害的刑释解教人员开展深入调查。全面准确地掌握了辖区维稳信息。在宗教领域从摸清宗教堂点入手，落实以“堂点引路、进组入户、顺藤摸瓜、信息互通”为内容的十六字工作法，强化对宗教神职人员户口与出入境管理、强化宗教场所治安管理。及时消除不稳定因素，促进了辖区社会治安稳定。2009 年 4 月，区局被公安部确定为宗教安全保卫战略支撑点，其管理模式被公安部和省公安厅推广。

二、处置群体性事件

1988 年以来，区局坚持深入调查、科学研判，始终把企业破产职工下岗、灾区移民返迁以及涉军等群体作为工作重点，围绕重大活动、重大节日特护期，在准确掌握深层次信息的基础上，有针对性地采取侦察、控制及打击处理措施，始终保持对危害稳定的各类违法犯罪案件的打击处理力度，1988 年以来共立涉安、涉邪、涉稳案件 122 起，及时破获 85 起。同时，建立健全一整套社会矛盾化解和涉稳事件处置机制，有效化解各类群体性矛盾纠纷 2007 起，妥善处置各种涉稳事件 81 起。特别是 2004 年 12 月桥南市场特大火灾后，区局全警动员，连续奋战 38 个昼夜，确保无伤亡、无盗抢、无拥堵，妥善化解灾后引发的游行示威、堵桥堵路、试图集体上访等涉稳事件 51 起。是年 12 月 22 日，区局根据超前掌握的情报信息，及时制止四十多名受灾经营商户业主进京非访；此后于 23 日、26 日，通过劝解疏导，成功将一千多名受灾户拟堵塞沅水大桥、二百多名经营户拟堵塞 207 国道的重大涉稳事件消灭在萌芽阶段。同时，紧密配合有关部门对串联、怂恿受灾户闹事的重点对象，做好警示性谈话，全方位落实包保责任；加强火灾拆建现场、临时市场的治安巡逻、出入口看守，增设公安执勤室、报警宣传牌，及时接受报警求助，确保桥南市场灾后的顺利重建和新市场的繁荣恢复。

三、取缔非法邪教组织

1993 年，湖北郧阳彭 × 和陕西安康张 × 、王 × 等人，先后窜入鼎城区秘密串联，发展

“门徒会”邪教组织成员1255人，涉及35个乡镇105个村。对此，区局以打击邪教骨干分子和屡教不改成员为重点，依法打击处理。1994年至2002年先后刑事拘留19人、送劳动教养18人、行政拘留52人，给予其他治安处罚73人，具结悔过120多人，收缴违法宣传品250多份。陆续取缔邪教聚会点87处。1999年，通过深入摸排，查明区内有“法轮功”邪教组织修炼人员344人。通过宣传教育和采取多种分化瓦解措施，有309人彻底与“法轮功”邪教组织决裂。1999年至2004年，对不思改悔“法轮功”邪教组织顽固分子先后刑事拘留41人、送劳动教养16人、行政拘留35人，抓获处理进京滋事的顽固分子3人、网上通缉重大在逃嫌疑人员2人，教育回访635人次，收缴“法轮功”邪教组织宣传资料5672份。2004年9月4日，捣毁一个涉案30人的“法轮功”邪教组织犯罪团伙，破获各类案件21起，逮捕犯罪嫌疑人7名，捣毁“法轮功”宣传制品窝点2个、聚会窝点3个。

第二节　惩治犯罪

一、刑事案件侦查

1. 打击严重暴力犯罪

1988年至2012年，区局始终坚持抓大打恶，对严重暴力犯罪案件快速反应，快侦快破。共立杀人案294起、破获251起、破案率85.4%，通过严厉打击，遏制了严重暴力犯罪的上升势头。从2002年起，年均杀人案由15.4起下降到7.09起，破案率由83.3%上升到91.0%，2000年9月，区局从勘察石公桥镇杨腊溪“四尸案”现场入手，取得市农业银行江北分理处持枪劫杀人案的并案线索，一举抓获犯罪嫌疑人陈×。根据审讯，从其秘密住所缴获该团伙作案的枪枝弹药及抢劫的部分赃款赃物、为成功破获“9·1”大案提供了有力证据。从2003年到2008年，命案破案率连续6年保持100%。2004年在侦查钱家坪“6·30”双尸案中，区局局长带队进山搜查，指挥公安民警、武警官兵围追堵截，在发案后23小时，便将犯罪嫌疑人抓获。是年，武陵镇桥南宾馆发生“7·27”台胞被杀案，通过深入细致的现场勘察及调查访问，专案指挥果断两路布控，于8月1日将潜逃贵州凤岗的犯罪嫌疑人抓获。

2. 打击黑恶势力犯罪

1988年至2012年，区局坚持“打早打小、除恶务尽”的方针，始终保持对黑恶势力犯罪主动进攻的势头，先后开展一系列“严打整治”专项斗争。25年共打掉涉黑涉恶犯罪团伙186个、瓦解团伙成员1029人。1996年捣毁一个多年横行于蒿子港镇的三人犯罪团伙，其中主犯雷×因伤害和敲诈勒索罪被依法判处死刑。特别是在2008年社会治安整治行动中，通过侦办“1·13”专案，一举摧毁以陈×为首的涉黑犯罪团伙，抓获团伙成员54人，逮捕起诉48人，其中，主犯被判处无期徒刑，铲除了长期危害城区社会治安的一大“毒瘤”。

3. 打击多发性侵财犯罪

1988年至2012年，始终保持对“两抢一盗”等多发性侵财犯罪的高压态势。先后共立盗窃案件20265起、破获13004起，立抢劫案件2973起、破获2365起，其他立案12214起、破获11011起，打掉盗抢团伙1740个，抓获团伙成员8388人。刑事拘留8764人、提请检察院批准逮捕9490人。对逮捕入狱的犯罪嫌疑人，经过直诉判决1325人、移送起诉8165人，送劳动教养2688人。

二、惩治涉毒犯罪

20世纪90年代初期开始，受国内外毒品犯罪大气候影响，鼎城区涉毒犯罪案件不断增多。对此，区局采取重点整治、社会联动、情报导侦、快速反应等措施，对涉毒犯罪给予严厉打击。2006年至2012年，共收缴麻古41282粒、冰毒3965克、K粉52.6千克、蓝精灵等其他精神药品258粒、制毒原材料100千克，成功破获一批涉毒大要案件。2012年5月12日破获一起6人武装贩毒团伙案，收缴冰毒600克，缴获左轮手枪一支、子弹4发。到2012年12月破获涉毒犯罪案件1404起，抓获处理涉毒违法犯罪嫌疑人4949名，其中，提请逮捕涉毒犯罪嫌疑人495名，给予强制戒毒2613人次。打掉涉毒违法犯罪团伙51个，收缴海洛因7395克、鸦片80克、罂粟壳12千克，铲除毒品原植物1425株。同时，坚持打防并举，以多种形式开展禁毒宣传教育，加强对社区戒毒、康复人员的帮教监管，有效拓展了禁毒管理的社会效果。

三、惩治经济犯罪

随着改革开放的深入和社会经济的发展，辖区内经济犯罪活动加剧，为遏制经济犯罪回升势头，区局从优化运作模式、优化打击措施，优化经侦队伍上下功夫，使经济案件的侦办打击取得良好成效。1988年以来所立1277起经济案件，破获1070起，破案率达83.8%。特别是破获了一批危害大、影响大的经济犯罪案件，其中，查明区石油公司七年违法违纪金额1300万元、偷漏税近98万元的重大案件，相继破获区信用联社五名工作人员违法放贷530笔、涉案金额1.2亿元的系列案件和黄×等人涉及五省、市22家企业、金额3641万元的虚开增值税发票案件。

第三节　治安管控

一、人口与出入境管理

1. 常住人口管理

20世纪80年代末期，辖区户口管理逐步由分散管理向网络化集中管理过渡。1994年武陵镇派出所率先在全市建成人口计算机管理系统。1997年在区局机关开设户政窗口，

2001 年移入区政务中心。2002 年常住人口信息全部进入微机管理系统。是年，户政窗口因管理服务成效突出，被评为“全国巾帼建功文明示范岗”。1988 至 2012 年，签发准迁证 170555 份、迁移证 188316 份。同时，不断开展常住户口清理整顿。1993 年在全区清理出漏登、错登人口 23938 人，纠正户口项目差错 5900 多项。1996 年对农村户口实行城市化管理，编户号装门牌 21 万块，设置路牌村牌 606 块；2002 年清查出应登未登、应销未销户口 48657 人，变更、更正人口信息 35570 人次共 5.6 万项，补录户口 25468 人。到 2012 年末，登记在册常住人口 242336 户、766383 人。

2. 居民身份证管理

1987 年 7 月开展居民身份证颁发试点，到 1989 年底全区共办证 50 万人。截至 2005 年 9 月，共接待申领、补发一代证 75 万份。2005 年 10 月 1 日启动二代证换发，2006 年起开始三年集中换发，先后在武陵镇、桥南派出所增设办证点，组织流动办证小组深入乡村采集头像信息，办证点从 8 个中心镇扩大到全区 35 个派出所，到 2012 年底共换发、申领、补发二代证 704585 份。

3. 暂住人口管理

1985 年开始清理、登记暂住人口，1997 年在城镇、集镇所在地户口管理单位设立暂住人口申报登记站，1998 年区政府出台“武陵镇暂住人口管理办法 15 条”。2010 年 10 月开始办理居住证，至 2012 年，共清理登记暂住人口 46367 人，办理暂住人口居住证 11109 人证。同时，为强化对重点人口的管理，从 1996 年开始，对重点人口的纸质档案信息，全部录入人口管理信息系统，纳入日常规范化管理，使全区列管的 6104 名重点人口基本做到不脱管、不漏管。

4. 出入境管理

1988 年至 2012 年，全区共审批出境 48500 人、入境 18000 人，1988 年至 2003 年共签发边境通行证 112015 份，同时查处了一批非法出入境和骗领护照的违法案件。2007 年，区局在全省首次开通县级办理护照窗口，2012 年被评为全省公安系统“十佳服务窗口”。

二、特种行业管理

20 世纪 80 年代末期，辖区列管旅店业、旧货收购、寄卖业、印章刻制、印刷业和娱乐场所 135 家。到 2012 年，列管此类行业场所增至 726 家。在特种行业管理中，区局坚持与工商、文化等职能部门配合，严格审查行业场所开业条件和从业人员资质，督促签订治安管理承包合同，完善从业人员安全管理岗位责任制。从 2005 年开始，由公安、工商、文化等职能部门实施行业许可制度管理，批准许可行业 300 家。并将旅店业等 7 项业务登记逐步纳入网上信息系统。以派出所为主督促落实规章制度，协助培训从业人员，做好安全检查和各类安全隐患整改，适时在行业场所开展禁赌禁黄、反盗反扒及预防火灾事故等专项治理。年均查破各类刑事、治安案件 200 起，其中，2000 年查处娱乐场所违法案件 170 起，处罚 275 人，取缔有卖淫行为的发廊 11 家。是年 10 月，通过特种行业管理，及时查破金海寄卖店主赵×为“9·1”杀人抢劫团伙销赃黄金手饰案。

三、危爆物品管理

从1988年开始，在强化危爆物品的安全管理中，坚持每年对涉爆从业人员进行一次培训，逐一督促涉爆单位建立完善安全制度、安全设施及安全措施。1988年至2012年，单独或联合安监等有关部门共开展全区性爆炸物品生产、运输、销售安全检查53次，发现和整改安全隐患380处，收缴雷管9753枚、炸药1.9吨、导火索2611米、手榴弹20枚，没收炸药生产原料1.2吨、烟花鞭炮成品半成品38.4吨，吊销生产经营安全许可证4家，停业整顿54家，取缔非法生产作坊310家、非法销售点126处，取消从业资格27人，行政拘留25人，逮捕20人。

为落实枪支弹药的安全管理，从1988年以来，不间断开展对民用枪支和公务用枪的清理整顿。严格落实用枪审批手续、强化枪支弹药储存保管及使用安全责任。到2012年，先后收缴无证持有枪支164支、子弹119发，收缴非法持有枪支714支，抓获涉枪在逃人员2人（其中公安部督办逃犯1人），打掉涉枪犯罪团伙2个，收缴销毁管制刀具2981把。

四、查处治安案件

1988年至2012年，共查处治安案件76962起，妥善处置各种群体性事件1200起，通过对赌博、卖淫嫖娼等治安案件的查处，先后治安处罚71448人，行政拘留17476人，行政罚款42270人。其中，查处涉赌案件17377起，给予治安罚款6935人、行政拘留2278人、送劳动教养362人。1996年至2003年，先后多次开展以取缔聚赌场所、查禁电游赌博为主的专项行动，共收缴电子赌博机137台，查封取缔电游赌博场所29家。2004至2012年开展的打击地下“六合彩”专项行动，破获一批写单、报单金额10万元以上的“六合彩”赌博案。2008年破获草坪镇一非法经营地下“六合彩”、涉案金额近百万元的特大赌博案。通过严厉打击查处，使全区地下“六合彩”赌博蔓延的势头得到有效遏制。1988年以来，以武陵镇为重点，多次在全区集镇圩场开展统一行动，查处嫖娼卖淫案件3652起，取缔、查封容留妇女卖淫旅社25家，对容留卖淫嫖娼的旅社老板依法予以处理，送劳动教养10人、治安处罚81人。与此同时，加强出租屋和旅店业的规范管理，使卖淫嫖娼活动逐步得到遏制。

五．基层基础建设

1. 派出所建设

1990年至1995年，在全区48个乡镇逐步完成以乡镇建立派出所。1998年推动派出所职能转变，实行以管理、防范、服务为主，按一区一警落实以“巡访辖区群众、巡查行业场所和私房出租户、组织治安巡逻”为主要内容的“三巡”工作机制，全面开展创建人民满意派出所和派出所规范化达标活动。2006年起，以实施社区和农村警务战略为主线，按照《警务工作正规化指南》，确立派出所工作规范，创新驻社区（村）民警的工作模式。到2012年，全区34个乡镇派出所全部实现规范化、标准化建设。

2. 治保会建设

基层治保组织是公安联系群众的纽带，是专门工作和群众路线相结合的重要途径。1990年，按照区委、政府和上级业务部门的要求，在48个乡镇对基层治保会进行“无者建、缺者补、不适应者换”，在627个村居委会健全治保会，配齐治保主任。并由派出所加强和落实对治保会的指导、检查、督促职责。1995年全区村、社区治保主任按副村职落实工资报酬，享受定额补助，以乡镇为单位统筹解决治保会工作经费，并逐年开展对治保主任的业务培训整顿。

3. 巡逻应急处警

随着城镇街面社会治安问题的增多，1991年增设机动队，加强城区应急处警。后更名为巡逻防暴警察大队，按构建漳州“110”接警处警机制，职责从应急处置突发事件扩大到以武陵镇为主的街面巡逻和各种警情处置。1991年至2012年受理报警求助12.8万起，出动警力16.1万人次、车辆8.1万次，其中，受理刑事报警1.1万起、治安报警5.1万起、受理求助咨询4.9万人次。

六、消防管理

1988年至2012年，消防管理部门依法受理消防设计审核和竣工项目验收，办理公众聚集场所营业前消防安全检查合格证。到2012年，共审办上述项目17298个，组织消防检查11480次，发现整改火灾隐患23498处，依法实施消防行政处罚541案，挂牌督办和整改了一批重大火险隐患。同时指导和协助住建等职能部门，建立和完善建设工程、危爆场所、商贸市场、宾馆饭店、娱乐等场所的联合监管机制，协同相关单位落实消防组织，健全救援队伍。1988年以来，相继在周家店等5个中心镇建立起专职消防队，在120家区直消防安全重点单位组建起义务消防队，为灭火救援奠定了坚实基础。1988年至2012年接警出动3800次，其中，扑救火灾2700起，参与应急救援和社会救助1100起，共出动车辆6300台次，出动警力2.1万人次，从各种灾害现场抢救被困群众310人，抢救和保护财产价值近1.6亿元。2004年12月21日7时，桥南工贸市场发生特大火灾，区消防中队迅速出警，常德、益阳、长沙三市消防部门亦出动增援，本局和临近区、县（市）近千名民警赶赴现场参与紧急救援，经过15小时奋战，终于将波及三万多平方米范围的大火扑灭，保住了市场南北两面毗邻的商贸市场，挽回经济损失约2000万元。区局从此特大火灾中吸取惨痛教训，从审批、建设、使用每个环节严格加强消防监督管理。此后，全区保持连续8年无重大以上火灾事故，做到灭火救援零伤亡、零事故、零投诉，灭火救援成功率达100%。

七、交通管理

1. 路面安全管理

1988 年以来，在国省干道鼎城段撤除违章建筑、整顿农贸市场、清除占道经营摊点 1940 处，取缔马路市场 89 处，转移摊点 980 个。在重点路段增设安全标志牌 533 块，增设隔离墩 1169 个，建高护栏 4940 米，增划标志线 58 千米。设置波形防护栏 2000 米、防护墩 482 个，增设红绿灯、爆闪灯、凸视镜、警示牌及卡通警察等各类交通安全设施 110 处。

2. 车辆安全管理

全区管辖发照的机动车辆从 1988 年的 9307 台增至 2012 年的 10.5 万台，机动车保有量增长 10.3 倍。每年路检机动车辆从 4000 台增至 11000 台，纠正违章从 1200 台次增至 1.1 万台次，吊扣驾驶证从 10 本增至 1050 本。全区机动车驾驶员，从 1988 年不足万人增至 2012 年 9.8 万人，针对驾驶员骤增的实际，交管部门在加强对违章处罚及驾驶员教育培训的同时，以乡镇为单位设立管理办公室，对车辆管理实行规范管理，特别是对农村校车实行严格安全管理模式，其成功经验被全省推介。

3. 交通事故处理

1988 年至 2012 年，共受理交通事故 3209 起，死亡 1523 人、伤 2996 人、财产损失 1038.5 万元，通过建立交通事故救助基金、完善车辆事故保险并加强与医疗、消防部门的密切协作，最大限度控制和减少了交通事故的发生。

第四节 教育管理和执法监督

一、队伍管理

1. 改革用人机制

1992 年人民警察首次授衔，全局首次有 93 名民警被授予一、二、三级警督警衔，有 165 名民警被授予一、二、三级警司、警员警衔。2000 年区局首次过渡公务员 394 人，并在当年推行骨干竞争上岗、民警双向选择的用人机制，使民警人尽其才。2001 年以后，民警招录改由全省统一招考，实行公平、公正、平等、择优。

2. 强化内部管理

对局领导和二层骨干从实行队伍建设、业务工作“一岗双责”，到单列财务装备、执法质量、民意测评等变为“二级多责”。2006 年起，对全局工作分五大项目，制定硬指标，并按每月 8.33% 累进考核；每年年初将责任指标分解落实到人，逐步形成个人日记周清、单位月结讲评、全局汇总月报和年终总评排名的考核程序，坚持以实地检查与报表统计相结合；绩效考核与评先评优、工资奖金、晋级任用挂钩。

3. 开展教育培训

按照政治建警的方针，坚持每周集中学习，定期集中整训、开展专题教育、开办业务培训班等形式，不断提高队伍的整体素质。1999 年前，以法制培训和文化教育为重点，组织民警参与函授学习，相继有320人次获得各类成人大中专毕业文凭；2000年后以电脑操作、警体技能、任职资格、警衔晋升、执法资格培训为重点，组织参加省、市、区各种短期培训，开展跟班实习、技能比武等岗位练兵。1995年，为扩大公安工作的宣传效果，先后编印《金盾之歌》诗词集三卷，2001年以来，有1898件由民警创作的诗书画影等文学作品，在国内外40多个期刊和赛事上刊登或获奖。2008年以来，全局在中央、省、市各大主流媒体上稿1560篇。按照从严治警的要求，把廉政建设纳入日常工作考核，相继建立健全一系列配套的监督制约机制。25年中，对142名违纪违法民警给予党纪政纪处分，其中开除、辞退和调离10人。通过政治建警、从严治警，使全局民警政治业务素质得到显著提升。到2012年，全局单位和个人受到区级以上表彰奖励2556次，涌现出全国优秀人民警察刘邓军、刘玉武以及被省政府记一等功的邹建平等一批优秀民警。

二、执法监督

1. 规范执法，坚持严格审查案卷材料，依法把好刑事强制措施、行政处罚审批关

从2005年起，建立刑事侦查副卷，填补了多年刑事案卷无副卷的空白。2009年，制定并完善了如实立案、办理刑事案件、行政处罚案件、行政拘留人员提前解除拘留、请假离所、暂缓执行等一系列规章制度。2012年全面落实了行政处罚自由裁量权基准。

2. 强化执法监督，对全局执法工作始终坚持日常监督与重点治理相结合

2003年以来，先后开展了取保候审、监视居住案件专项治理、整治“黑案”专项行动、“千案评查”活动，以“清积案、清财物、清未处理案件，查找犯罪线索、查找犯罪嫌疑人、查找犯罪流向，访民、访案、访企业”为内容的“三清三查三访”活动以及执法不作为专项整治活动。从2004年起对行政案件和刑事案件实行“合议制”，变分散审核为集中审核。

3. 强化培训

以有关公安法律法规和办案规范为重点，以执法资格考试为载体，抓好全员法制培训。从2003年起，先后编印刑事案件、行政案件《标准卷》，2007年编印《执法规范》，从接受报案到做出处理、执行等各个环节，提供了全方位的执法办案范本。

4. 认真考核

1991年以来把执法质量纳入全局目标管理考核内容，2003年制订《执法质量实施细则》，通过月考季评及时整改发现的执法问题，对执法质量年终考评不达80分的实行一票否决制。从2006年起推行办案责任制，建立民警执法档案，对执法单位和民警实行风险抵押金和责任追究制，形成了“权责一致”的制约机制。2007年以来，全局执法质量考核，连续六年保持全省先进水平。

第五节　公安科技和综合保障

一、刑事技术建设

1984 年，区局始建刑侦技术室，经省厅验收于 2005 年评定为三级，2008 年晋升为二级刑事技术室。技术人员由 3 人增至 10 人，现有痕迹、法医、影像、文检、技管五个专业，具有中级以上专业职称 5 人、初级职称 3 人，全部具备法定认证资格。技术室设有指纹、物证，化验、法医鉴定实验室，远程指纹比对、影像采集处理等装备和提取痕迹物证、特别是微量物证的提取能力达到部颁技术标准。同时，不断加强制度管理，实行刑事案件现场勘验责任制，规范各种原始台账记载、文档资料整理。此外，各派出所建立刑侦技术室，配备 1 ~2 名技术员及常用勘察器材。对接到的各类报案及时出勘，刑事案件现场书面分析率、痕迹物证建档率达 100%。对属于责任范围的痕迹物证、伤情及尸体检验严格按程序规则受理鉴定，确保质量，成为刑侦工作的重要支柱。

二、警务信息管理

1994 年开通网上人口管理信息系统，1998 年以后相继建成各警种部门业务信息系统，建成至基层所队并与全省视频指挥调度系统对接的电视电话会议系统。2004 年开通本局公安信息专网局域网并先后二次升级。2006 年起改造、扩容公安专网传输，运行速率提至三级网 100 兆、四级网 10 兆；建成有四个监控中心的城区治安电子监控系统，覆盖武陵镇、灌溪镇 125 个重点部位和 14 所重点学校，探头从 2008 年始设 106 个发展到 2012 年的 162 个；2012 年全局民警配备警务通实现与公安信息网无线连接。2008 年开通鼎城公安门户网，民警人均电脑拥有率、数字证书配发率达 100%，到 2010 年电脑总数达 560 台。全局先后开展三轮信息知识培训，全员考核电脑操作合格率 100%、优秀率 86%。在区局网络信息平台上，逐步集成了办公、档案、案件、网络监控、工作考核等应用管理系统，并相应完善了电脑注册、软件杀毒、移动存储介质、数据备份等安全保障系统。同时，还适时升级改造网监室、网管室，升级人口与出入境图像信息采集比对、身份证识别等系统，初步实现了警务信息采集、录入、申报、审批、统计、考核等网上操作，完善了警务信息库。从规范统一基础台账着手，在全局建立标准化信息采集室或采集点，立足警务信息综合应用，全面开展警务信息“大采集、大录入、大运用”，使全局基础信息入库总量跃居全市前列。

三、基础设施建设

1. 机关院落建设

1984 年始建办公楼、技术楼及两栋宿舍楼，至 1988 年基本建成配套生活设施，庭院占地 15318 平方米，建筑面积 6100 平方米，绿化覆盖率 41.3%，1991 年被评为全市省级园林式单位。此后，陆续建成服务窗口、老干活动中心、车库和档案室。2008年建成指挥中心和会议室，升级改造院内水电、道路等基础设施，新增建筑面积7100平方米。2011年经省发改委批准，局机关拟西迁武陵镇金霞大道与善德路交汇地段，计划初期建筑面积15939平方米，投资3347万元，其中，中央投资1674万元，已拨付500万元到财政基建专户。2012年，已完成28572平方米土地划拨、征地撤迁、土地平整。

2. 派出所庭院建设

1994年以前，以城区、中心派出所为重点，先后有石门桥、斗姆湖等9个派出所完成新建和改扩建工作，新增庭院面积30.5亩，房屋面积9000平方米。1995年以后，突出乡镇派出所这一重点，争取地方党委、政府的重视支持和多方筹措资金，先后完成长岭岗、尧天坪等28个派出所的新建和改扩建任务，使基层派出所民警的办公、生活条件得到改善。与此同时，狠抓监所设施建设。鼎城区看守所是一座可容纳300人的中型所，2005年以后，投入资金大规模实施维修及重建，尤其是下大力建设网络监控平台，建成在押人员教育管理、视频监控、智能电网等12个技防系统，实现全时段、全方位监控、办公、服务的网络化管理，不断提高监所规范化、现代化管理水平。2008年通过公安部验收，被评定为二级看守所。至2012年，看守所保持连续8年无安全事故。

四、经费与装备保障

一是在经费保障上，从实行总额包干、自筹补充逐渐转变为财政拨款予以保障。全局上下坚持积极开源节流、优化支出结构，确保了各项公安工作的正常运转。从1994年起，严格实行罚没规费收支两条线。至2012年，区财政保障人员经费由2007年人均1.5万元逐步增至4万元，公用经费由2.5万元增至2.8万元。从2009年起，装备建设费由国家财政转移支付，额度由405万元增至432万元。

二是在交通保障上，1989年全局有各种警用车辆11台，至2012年小车增至98辆，并配置摩托车63台，从而使公安民警快速反应能力得到明显提升。

三是在通信保障上，1989年全区有无线基地台4处、对讲机40部，2006年至2010年建成应急通信系统和350兆集群基站，配置对讲机127部，无线通信网络达到全覆盖。有线通信由模拟向程控转变，到2012年，电话装机总数达135部。为适应社会报警求助的需要，1997年开通110报警电话，2008年实现110、119、120三台合一。

四是在警用装备上，确保公务用枪安全、警械警具配套、服装标志齐备，为一线实战单位配置单警装备254套，并储备了一定数量的反恐防暴器材。

第三章　汉寿县局公安工作

汉寿县位于常德市东南部，与鼎城、安乡接壤，总面积2034平方公里，辖1区15镇14乡、546个行政村（居委会）。全县总人口79.6万人，

汉寿县公安局（以下简称县局）始建于1949年8月。1988年，县局机关设二层机构18个，辖43个派出所（含9个企业所），编制警力192人，占总人口的万分之二点六。至2012年，县局设二层机构45个，其中，乡镇派出所29个，编制警力316人，占总人口万分之三点九七。1988年至2012年，县局公安工作始终坚持党委领导下的群众路线，与时俱进、积极探索，建立起与市场经济相适应的新型公安管理体制和警务运行机制，使打击犯罪、保护人民的职能得到充分发挥，为全县社会稳定和经济发展作出了突出贡献。

第一节　维护稳定

1988年以来，县局坚持把严厉打击非法邪教势力的斗争贯穿始终，把及时处置群体性案（事）件工作摆在首位，坚持把推进情报信息、网络监控建设作为支撑，确保了全县社会政治大局持续稳定。

一、打击非法邪教组织

随着改革开放的深入，县内维护社会稳定的工作面临严峻挑战。非法组织“宗教哲学研究社”在县域内死灰复燃；“门徒会”邪教组织骨干潜入城乡非法活动；境外反动组织“呼喊派”在县域串连信徒；邪教组织“法轮功”在县城区网罗信徒、宣扬邪教、设点修炼。对此，县局保持高度敏感，缜密组织，落实了严密管控及严厉打击措施。一是注重基础调查。对“门徒会”骨干成员及其重点对象，开展深入调查，逐人建立档卡1022份。二是适时破案打击。1998年11月10日，一举抓捕“宗教哲学研究社”首要分子肖××等人，将该组织迅速瓦解。在对“呼喊派”案件经营中，把握时机，先后三次开展集中打击处理，依法送劳动教养7人，治安处罚137人。对来自台湾基督教非法传教人员曾××、罗××予以训戒，限期离境。三是管控帮教并举。1999年7月，对130名“法轮功”邪教组织成员集中办班学习；对9名进京“护法”的痴迷者，出动警力，将其全部抓回，依法做出处理；对一般修炼的成员，则采取“六帮一”措施，掌握动态，促其转化。至2012年，共破案205起，其中，“宗教社”“门徒会”复辟案32起，境外非法宗教渗透案13起，“法轮功”案件141起，其他案件19起，依法打击处理844人，其中逮捕39人、送劳动教养73人、治安处罚732人。2002年，县局被省公安厅评为“全省公安机关同‘法轮功’邪教组织斗争先进单位”。

二、处置群体性事件

1988 年以后，随着经济体制转换，利益格局出现重大调整，由此引发的社会矛盾和群体性事件明显增多。为此，县局狠抓涉稳信息的掌控研判，主动出击，成功化解和妥善处置一批不安定问题和群体性闹事事件。1998 年 8 月 6 日，崔家桥镇水产养殖户主黄 × 因拒交特产税被征收人员滞留后自杀，导致该镇数百人集结，先后陈尸“319”国道和冲击镇政府。县局民警全力以赴，配合有关部门现场宣讲政策，下村到户规劝疏导群众，使事态得以及时平息。2003 年 7 月 17 日上午 6 时，一持刀歹徒身背 10 公斤炸药，窜入岩汪湖中学曾 × 家中，将曾 × 夫妇作为人质绑架。局长柴从林接报后，迅即带领民警及武警、消防官兵赶赴现场，疏散人群，设置警戒区域，果断紧急处置。由于目标周围无可供伏击的制高点，处置难度极大。僵持至下午 3 时，为引蛇出洞，应歹徒要求为其备车一辆及现金 2 万元。当歹徒手持打火机和导火索，劫持着人质下楼登车一瞬间，柴从林和 3 名民警飞扑歹徒，推开人质，将歹徒制服，成功避免了一起恶性事件的发生，歹徒陈 × × 被判刑 13 年，省公安厅为柴从林等三名民警各记二等功一次。2010 年前后，受企业改制、人员下岗的影响，一些企业中的军转干部、志愿兵因待遇问题，多次暗中串联策划，企图去省进京集访，均因获取信息及时、帮控责任到位，使串联集访问题均解决在萌芽状态，从而使全县无一人去省进京上访，受到省、市有关部门充分肯定。是年，国保大队被省公安厅评为“全省优秀公安基层单位”。

自 2002 年至 2012 年，成功预控化解和处置涉军涉教、改制下岗、城镇拆迁、交通事故和医患、债务、边界纠纷及抬尸陈尸等群体性事件 219 起。

三、落实网络舆情处置

随着社会进步和信息网络的快速发展，县局把维护公共信息网络安全，打击涉网违法犯罪，处置网络舆情，始终摆在重要位置。2011 年，在破获公安部督办的“12·21”特大贩毒案中，通过对人口基本信息、银行网联信息及旅馆住宿、民航订票等各类情报信息的研判，加强了对案犯资金、流向和毒品运输网络的掌控，使整个毒品犯罪动态轨迹充分显现，为锁定证据和抓捕罪犯起到关键作用。根据维护网络安全的需要，对全县 42 家网站、论坛（ICP）进行了基础数据采集备案。对本地网站交互式栏目实行高密度巡查，发现、封堵、处置各类有害信息 26 条（起）。同时，完成对全县 81 家公共上网服务场所的基础数据采集，对 18 家非营业性网络场所，全面落实安全保护措施。2012 年，网监大队荣立集体三等功。

第二节　惩治犯罪

1988 年以来，随着改革开放的全面推进，各类犯罪案件呈高位运行态势。县局始终把打击整治作为“主业”不动摇，坚持“严打”方针，对各类刑事犯罪保持主动进攻态势，积极组织各项打击整治行动，有效掌控了全县社会治安大局。

一、侦查破案

（一）强化重特大案件侦破

坚持以“命案必破”带动大要案攻坚。一是领导挂帅督阵。2011 年 5 月，在全国部署的“清网行动”中，县局党委成员各带一支队伍负责命案逃犯追捕工作，截至 12 月 5 日，共抓获命案逃犯 9 人、在册网上逃犯 150 名，位列全市第一。二是专案专办，多警协作。凡发生命案，即成立专案组，并在警力、经费及其他条件上予以充分保障。2009 年 1 月 20 日，太子庙镇发生放火杀人案件，犯罪嫌疑人戴××畏罪潜逃，专案组紧急调度 180 名警力开展搜山围堵行动，并调度交警在相关路段设卡检查，于当晚将犯罪嫌疑人抓获。三是案件不破，力量不撤。2008 年 1 月 19 日，正值特大冰灾期，洲口镇一沿江堤坡发现一具被焚烧的尸体，刑侦民警冒着冰雪严寒，走村串户摸底排查，春节期间仍坚守在案发地，历时两个月，于 3 月 17 日将犯罪嫌疑人蔡××、张×抓获。四是培训学习，总结提高。定期举办刑侦知识讲座，适时总结案件经验教训，并注重在实战中运用。在“2004. 10. 23”抢劫杀人案侦破中，依据现场提取的物证，采用凭物索源，很快锁定犯罪嫌疑人朱×。

1988 年至 2012 年，共破获刑事案件 14789 起，其中八类严重暴力案件 2658 起，逮捕犯罪嫌疑人 7853 人，送劳动教养 3512 人。2003 年至 2012 年，发生的 65 起现行命案全部破获。刑警大队被荣记集体三等功，2004 年、2005 年被省公安厅评为“全省优秀公安基层单位”，2007 年被公安部评为“全国优秀公安基层单位”。

（二）惩治经济犯罪

2000 年年初，县局成立税侦大队。2002 年，原保卫股改为经侦大队。2007 年，税侦、经侦合并为经济犯罪案件侦查大队。2000 年至 2012 年，成功破获一批严重经济犯罪大要案。1995 年，破获周文庙乡信用社胡××利用职务之便将 4000 元假币投入市场销售案；1997 年，破获童××等 8 人特大贩卖假币案，缴获假币 272 张，案值 2. 47 万元；2001 年，破获文蔚信用社夏××采取收储不入账侵吞公款 24 万元案；2005 年，侦破公安部督办的“汉寿县锦佳工艺厂”虚开 3897 万元增值税发票案；2009 年，侦破县文兴超市偷逃税款 50 多万元案；2010 年，破获徐×、韩×涉嫌 60 余万元的重大销售伪劣农药案；2012 年，破获江西南昌生物科技有限公司特大网络传销案，抓获犯罪嫌疑人林××等 12 人，一次性扣押、冻结非法资金 5000 余万元。至 2012 年，共破获偷税漏税、贩卖假币、非法传销、合同诈骗等经济犯罪案件 391 起，为国家、集体和人民群众挽回经济损失 7928. 3 万元。2005 年，涉税案件侦查大队被省公安厅记集体二等功。

（三）打击涉毒犯罪

20 世纪 90 年代以来，毒品沉渣泛起，贩毒大案时有发生。1992 年 5 月，县内首次发现吸食毒品人员。1996 年，成功摧毁蒋家嘴镇制造冰毒窝点。1999 年 12 月 6 日，破获一起持枪贩毒案，抓获王××等 6 名毒贩，当场缴获“七七”式和“六四”式手枪各一支、子弹 10 发。2001 年，开展“百日扫毒风暴”打击行动，查获毒品案件 156 起，捣毁贩毒团伙 4 个，抓获涉毒人员 143 名，缴获海洛因 330 克、自制手枪 1 支、子弹 5 发。2007 年 8 月至 10 月，连续破获两起特大贩毒案件，抓获杨××、邓××等 6 名毒枭。2012 年 7 月至 11 月，破获公安部督办的涉及湖南、广东等地贩运 K 粉团伙案，缴获 K 粉 7008 克，刘×等 13 名犯罪嫌疑人全部落网。1994 年至 2012 年，查获涉毒案件（含治安、行政案件）2150 起，其中，特大案件 11 起，捣毁制贩毒团伙 29 个，查获涉毒人员 2583 人次，其中逮捕 129 人、送劳动教养 397 人、强制戒毒 1857 人次，缴获海洛因 3153 克、K 粉 7027 克、冰毒 1068 克和手枪 2 支、子弹 15 发。禁毒大队 2001 年和 2011 年两次荣立公安集体三等功。

二、专项整治

1988 年至 2012 年，按照上级公安机关的部署，结合汉寿社会治安实际，适时组织开展一系列专项整治行动，及时解决不同时期的突出治安问题。

（一）整治流窜犯罪

全县先后 16 次开展集中清查打击流窜犯统一行动。共抓获批捕在逃、送劳动教养在逃和负案在逃人员 534 名，其中批捕在逃 134 名，批教在逃 111 名，重大负案在逃 289 名。1993 年 4 月 27 日，在审理流窜嫌疑人员解××、李××等人时，通过指纹比对，发现解××、李××等人自 1992 年以来，流窜于株洲、长沙等地，盗窃作案数十起，撬盗保险柜 30 个，盗得现金、有价证券及其他物资共计折款 14.58 万元。解××、李××被依法判处死刑。

（二）整治农村社会治安

1993 年 11 月至 1994 年 6 月和 1995 年 11 月至 1996 年 3 月，在全县两次集中开展整顿农村社会治安的专项行动。在整治行动中，坚持整治混乱区域与整顿后进班子相结合，坚持源头预防与排查化解相结合，坚持以打击处理开路与防范教育为本相结合，坚持抓热点问题与抓基层基础建设相结合，取得了强化基层基础工作、整顿社会治安和打击犯罪的良好效果。共破获各类案件 1269 起，其中重特大案件 151 起；共抓获各类犯罪嫌疑人员 1368 名，其中逮捕 335 人、送劳动教养 321 人、行政拘留 627 人；共摧毁各类违法犯罪团伙 74 个，其中江贼水霸团伙 14 个，乡痞村霸团伙 19 个。有 1168 名违法人员参加乡、镇举办的法制学习班。全县 21 个重点整治部位、路段治安状况明显改观，40 个后进村基层政权控制功能显著增强。1996 年，县局被评为“全市农整先进单位”。

（三）整治车匪路霸

1988 年至 2002 年，在全县开展的 26 次专项行动中，有 19 次把打击车匪路霸、维护国省道秩序、确保道路畅通列为重点整治内容。1991 年 6 月，在太子庙镇设立打击车匪路霸指挥中心，并在319国道汉寿段沿线分设8个警务站。1992年4月，省公安厅和交通厅联合发出通报，称319国道汉寿段连续发生4起抢劫长途客车旅客财物的案件。县局接此通报后，迅即组织力量，采取化装侦查，蹲守跟踪等措施，于6月1日将南县以李××、谢××、周××为首纠合的七人抢劫团伙抓获，经审查，该团伙自4月以来，携带尖刀、木棒等工具，在319、107国道长途客车上抢劫作案20多起，打伤杀伤旅客18人，劫得现金及财物折款14150元，李××、谢××、周××被依法判处死刑。该抢劫团伙在汉寿落网后，省人大、省政府领导给予了高度评价，省电视台制作专题片进行了报道。至2002年，共捣毁车匪路霸犯罪团伙29个，其中抢劫团伙17个，抓获作案成员316名，其中逮捕113名、送劳动教养136名。

（四）整治黑恶势力

自2000年开始，县局坚持把打黑除恶作为严打整治的重中之重，按照“露头就打”的原则，先后组织开展13次专项行动，取得“打一伙、保一片、铲一批、稳一方”的良好效果。2001年5月，捣毁以肖×为首在县城车站、国省道沿线敲诈勒索过境车辆、强收保护费的15人恶势力团伙。2002年9月，捣毁市公安局督办的以刘××为首的6人黑恶势力团伙。该团伙在蒋家嘴一带寻衅滋事、故意伤害、敲诈勒索、妨碍公务。刘被判刑8年。2003年4月，捣毁以杨××为首的23人涉恶团伙，以涉嫌伤害、抢劫、强奸、非法持枪等罪名逮捕18人、送劳动教养4人。2004年8月，在“秋风四〇”行动中，捣毁以周文庙乡魏××为首称霸乡里，聚众闹事的家族恶势力，提请逮捕3人。2005年至2006年，在连续组织的“天剑”等5个专项行动中，捣毁黑恶团伙20个，抓获犯罪嫌疑48人，其中提请逮捕31人。在全市总结表彰会上，汉寿荣获“先进单位”奖牌。2007年3月11日上午，5名持自制手枪、来福枪、砍刀的歹徒在城区京天宾馆设伏，对三名男子突然射杀，并持刀砍杀后逃离。经侦查，此案系恶势力团伙相互火拼，经全力侦办，依法逮捕犯罪嫌疑人9名。2008年2月，捣毁以李××为首的12人恶势力团伙，以故意伤害、妨碍公务等罪名提请逮捕4人、送劳动教养3人。2009年，共捣毁涉恶犯罪团伙19个，抓获团伙成员72名。2010年，在“春雷”等3个专项行动中，捣毁恶势力团伙16个，抓获团伙成员61名。2011年，在开展“百日攻坚”行动中，捣毁黑恶团伙9个，抓获涉恶人员76名。2012年，在开展“雷霆”等专项行动中，捣毁恶势力团伙4个，协助武陵区公安分局抓获恶势力团伙骨干成员3人。至2012年，共破获涉黑涉恶犯罪案件2401起，打掉涉黑涉恶团伙149个，抓获团伙成员576人，其中逮捕181人、送劳动教养124人。刑警大队2001年评为“全市严打整治集体三等功”，2003年评为“全省严打整治先进单位”，2010年评为“全市刑侦工作先进单位”。

第三节 治安管控

1988年以来，县局根据不同时期形势发展的需求，在治安行政管理上创新机制，强化预防、发现、处置违法犯罪的能力，有效维护全县社会秩序和公共安全，保障了经济建设的顺利进行。

一、人口与出入境管理

1988 年，全县常住人口 738315 人，184119 户。随着改革开放的深入和社会经济的发展，户口管理工作的难度不断加大。为切实加强管理，依照颁发居民身份证工作的统一部署，从 1988 年至 1992 年，全面完成全县应发证人员的居民身份证颁发工作；从 1990 年起，以全国三次人口普查为契机，对常住户口开展全面清理整顿，清理出人户分离人员 8485 名，纠正错登、漏登及其他项目差错 13450 项；从 2003 年开始，对全县农村的流出人口、城区的流入人口分门别类造册，健全台账，为全县人口信息计算机联网打下了坚实基础；2007 年，顺利完成第二代居民身份证换发工作。同时，全面落实了对暂住人口、重点人口、工作对象及出租房屋的管理，并查处违反户口管理案件 1793 起，处罚 2087 人次。

1988 年，受理因私出境 26 人，接待港澳台及其他境外人员 91 人。之后，逐年成倍剧增，到 2012 年办理出境人数增至 13331 人。25 年中，依法不批准出境的 917 人次，查处违反出入境管理的案、事件 91 起（含弄虚作假骗取出入境证件的），给予警告 28 人，行政拘留 23 人。2012 年，被省公安厅评为“全省公安人口与出入境示范窗口”。

二、特种行业管理

改革开放后全县特种行业急剧增加。到 2012 年，全县有旅馆 367 家，典当行 29 家，刻字社 11 家，印刷行业单位 38 个，废旧物品收购点 130 处。为切实加强管理，治安管理部门始终做到五个坚持：坚持严格审批把关；坚持建立和严格落实规章制度，防范违法犯罪；坚持先培训后上岗，引导合法经营；坚持经常检查监督，整改隐患漏洞；坚持情报信息畅通，及时反馈动态。至 2012 年，先后在旅馆业经营单位建立信息录入点 347 个，采集各类有价值的重点信息 21322 条，利用旅馆业监控系统、报警系统及掌握的重点信息抓获网上逃犯和布控人员 34 名。同时，查处无证无照的旅店 169 家，对违规经营的 117 家旅店进行停业整顿，对有藏污纳垢行为的 73 家旅店依法吊销营业执照，对 6 家违反治安管理的典当行、寄卖行停业整顿，限期整改，其中依法取缔 2 家。

三、危险物品管理

1988 年以来，针对县内涉枪、涉爆案件多发的实际，县局始终把狠抓民用爆炸物品、枪支弹药、管制刀具的管理摆在突出位置。至 2012 年，查处涉枪、涉爆案件 545 起，打击处罚 891 人，其中，提请逮捕 29 人、送劳动教养 18 人、行政拘留 252 人。同时，查处非法生产、销售、运输烟花鞭炮案件 219 起，取缔生产厂（场）14 家、作坊 527 处、经营网点 141 家，收缴烟花 47850 万响、炸药 24395 公斤、氯化钾 8461 公斤，收缴各类枪支 1487 支，收缴匕首、三棱刀、弹簧刀等管制刀具 4313 把。

四、水上治安秩序管理

汉寿县水域广袤，河流纵横交错，湖泊星罗棋布，历史上匪患猖獗。至二十世纪八九十年代，江贼水霸湖痞活动仍时有发生。1989 年至 1991 年先后组织三次大规模水上集中清查打击行动，1992 年 6 月至 8 月，对全县船舶实行户牌发证，共登记机动船 1263 条，非机动船 2739 条，查扣收缴用于违法犯罪的“黑船”128 条，从而有效遏制了水上违法犯罪活动。2002 年 3 月至 6 月，根据省政府指示和省公安厅部署，县局组织水网地带 18 个乡镇开展声势浩大的严打整治行动。通过对湖洲、河汊、苇荡、航道码头及县、乡边沿结合部等 543 处重点部位的清查，共查破水上刑事案件 61 起，摧毁水上犯罪团伙 13 个，抓获违法犯罪人员 75 名，其中逮捕 22 人，送劳动教养 13 人；查处各类治安案件 148 起，行政拘留 33 人，治安处罚 81 人，收缴各类枪支 93 支，炸药 363 公斤。通过整治，使全县水上治安秩序出现明显改观。是年，汉寿县公安局被评为“全省水域严打整治先进单位”。

五、黄赌毒防控

（一）坚持扫黄打非，整治丑恶现象

从 1992 年开始，持续不断地开展以打击卖淫嫖娼、查禁淫秽物品为主要内容的专项行动。1994 年，针对 319 国道沿线路边店服务员以色相拦车揽客及店主敲诈外地客商等突出问题，县局组织开展区域性专项治理，依法逮捕以开旅（饭）店为掩护容留卖淫、敲诈、盗窃顾客钱物的店主曾××等 7 人。县局强化路边店、集贸市场整治的做法，得到省市的肯定和推介。同时，协同文化、工商等部门，先后查处出租、贩卖、传播淫秽物品案件 155 起，处罚 209 人，收缴淫秽录相带、光碟 358 盘，收缴淫秽书刊及其他非法出版物 38000 册。至 2012 年，查处嫖娼卖淫案件 5547 起，依法处罚 1512 人次，其中提请逮捕、送劳动教养 107 人。

（二）严查赌博恶习，净化社会风气

1988 年至 2002 年，共查处赌博案件 7706 起，打击聚众赌博窝主或以赌博为业的赌徒 117 人，其中逮捕 27 人、送劳动教养 51 人。2003 年，地下“六合彩”赌博活动在县内蔓延，因赌资赌债引发的案件不断发生，严重影响社会安定。是年 10 月，县局组织专门力量，持续开展查禁取缔“六合彩”赌博活动。至 2011 年底，查处赌博案件 617 起，查获违法犯罪人员 842 名，其中提请逮捕 13 名、送劳动教养 57 名、行政拘留 531 名、具结悔过 1982 人。至此，县内“六合彩”赌博活动基本绝迹。针对群众反映强烈的老虎机、“地下流动赌场”等赌博问题，自 2010 年以来，先后组织 15 次大规模清查行动，共捣毁老虎机赌博窝点、“流动赌场”26 个，收缴老虎机 297 台、主板 173 块，抓获违法犯罪人员 112 名，依法刑事拘留 10 人。

（三）发动全民禁毒，遏制毒品危害

县局在狠抓涉毒犯罪案件查处打击的同时，积极争取党委政府重视支持和有关部门配

合，持续不断开展全民禁毒宣传。从2003年起，每年以“6·26”国际禁毒日为契机，开展禁毒宣传月活动，与教委、妇联、共青团等部门联手，举办图片展览、张贴悬挂标语横幅、出动宣传车开展宣传，并组织“远离毒品，珍爱生命”万人签名活动，从而在全县范围形成了“禁绝毒品，人人有责”的强大氛围。先后在校园建立禁毒教育基地4个，开设禁毒课程，委派民警授课。同时在街面设立公益广告及禁毒警示牌83块，在电视台开辟禁毒专题节目，在城区、乡村组织创建“无毒社区”“无毒乡村”。对有涉毒行为的人群，落实全方位帮教管控措施。对青少年等“易感人群”则与其家庭配合，加大教管力度，使其远离毒品。1988年以来，全县禁毒工作曾先后三次被评为“全市禁毒工作先进县”。2011年，禁毒大队荣立集体三等功。

六、公共安全

（一）道路交通管理

1988年至2012年，县局交警部门以加强“三管”（驾管、车管、路管）为基础，持续整治“两无”（无牌、无照）、“两超”（超速、超载）、“两乱”（乱停、乱靠）和开展“四反”（反超员、反酒驾、反疲驾、反非客运车载客）工作，使全县交通秩序逐年规范，交通事故得到有效压减，确保实现道路平安畅通的目标。25年共依法查处交通事故6831起，其中，特大事故39起、重大事故678起。依规办理行政处罚案件2500起，行政拘留469人，依法追究刑事责任93人。2004年3月至5月，对316辆载客“慢慢游”采取“统一收购，限令停驶，开通出租车”三步走方法，予以取缔。交警大队1995年荣记公安集体二等功，2012年评为全省交警系统“先进单位”。

（二）消防管理

1988年至2012年，对消防安全重点单位和密集居民住宅区等部位进行防火安全检查12500余次，整改火险隐患15100多处，并督促50个重点单位建立健全防火安全管理制度。对622个建筑工程项目进行消防安全审核，提出整改意见910条。25年，共成功扑救火灾349起，查处火灾案件282起，处理涉案人员17名，其中提请逮捕2人，行政拘留5人。通过对火灾的成功扑救，为国家、集体和人民群众挽回损失达12110余万元。

七、警卫安保

自1998年以来，共实施三级以上警卫任务29次，其中一级警卫5次。1994年10月24日，时任国务院总理李鹏到汉寿蒋家嘴考察；2002年6月7日，时任国务院总理朱镕基到汉寿县围堤湖考察，安保工作均做到万无一失。此外，还圆满完成重大节日和重要会议、重大赛事的安全保卫任务。1990年10月1日，为庆祝汉寿县被批准为革命老区，县城举行有1.2万人参加的集会游行。县局出动120名民警，带领1200名治安积极分子在会场及沿线执勤，保证活动井然有序。1991年6月26日，汉寿县在护城河举办有32条龙舟、12万多群众观看的第三届龙舟赛，县局投入300名警力负责治安保卫，确保了赛场安全。2006年9月，中国湖南旅游节暨第二届西洞庭湖湿地文化旅游节在汉寿举行，历时8天，抽调警力348人次，确保了整个安保任务顺利完成。

八、基层基础建设

1988年至2012年，在“抓基层、打基础、促规范”的总体思路下，每年坚持对全县546个村（居）治保主任、158个厂（企）单位保卫科股长、134个巡逻联防队长以会代训，整顿提高。在此基础上，突出狠抓“三防”：一是落实“人防”。在城区，建立警务社区11个，实现一区一警；鼓励保安服务，县保安服务公司有保安260人，派驻到全县55个党政机关、学校、企业、金融单位；2008年，由政府出资、公安指导，在县城区组建了一支有92人的街面专职巡逻队。在农村，建立警务室46个，开展由民警带队，组织乡村治安联防队员在重点时段、复杂区域、问题边界巡防。构筑起以公安派出所为龙头，以社区警务室为依托，以治保组织为纽带，以巡逻保安力量为基础的社会治安防控体系。二是巩固“物防”。在居民社区，推行楼栋大铁门、单元对讲门、住房防盗门。在重点单位，设立治安室；在重点部位，设立检查点；在重点地段，设立巡查卡。对机动车辆、保险柜（库）和人群聚集的娱乐、休闲等场所，装置预警报警器。有效遏制了盗窃及流氓滋扰案件的发生。三是推进“技防”。1998年4月，“110”报警服务台开通运行。2002年升级为“110、119、122”三台合一的报警服务系统。2006年至2008年，在全县58个重点单位、41个集贸市场、大型商场、公复场所及休闲广场和178家网吧、游戏厅、歌舞厅、宾馆、典当行及居民密集区安装了视频监控，并与县局“110”系统对接联网，形成点线面一体的技防网络，提升了打击预防犯罪的能力。

第四节　教育管理和执法监督

一、教育管理

1988年至2012年，县局坚持政治建警、从严治警、素质强警不动摇，围绕全面提高民警政治业务素质，重点狠抓了三项措施的落实：一是培训教育常态化。每年对不同警种、不同岗位采取多种形式培训。1988年，组织49名民警，参加法律函授班学习，全部取得中专学历，有27名民警通过自考，先后取得法律大专、本科文凭。1998年11月至次年7月，通过自办和参加省市举办的各种岗位培训，完成全局233名民警基本素质考试，并有89名刑侦、缉毒等岗位民警通过任职资格考试。2006年11月，通过“百日大练兵”苦练基本功，在省公安厅组织的公安警务理论、技能、体能考核中，获团体总分第一名。2009年5月，全局217名民警在参加全市民警执法资格统考中全部合格。二是思想教育制度化。坚持政治学习制度，做到时间上充分保证，内容上紧贴形式，方法上联系实际。1989年，通过开展民主评议党员工作，使全局113名党员受到深刻地党性再教育。2000

年，县局班子开展“讲学习、讲政治、讲正气”的三讲教育，同步在民警中开展“宗旨、法制、思想路线”三项教育，使县局班子凝聚力显著增强，全局民警服务意识、执法观念明显提升。2006年至2008年，开展社会主义法治理念教育，提高了全体民警执法为民、服务大局的意识。三是整顿教育经常化。按照从严治警的要求，针对队伍不同时期存在的不同问题，适时开展队伍集中整顿、整训共21次。1988年在开展“四查一反”（即查思想、工作、作风、纪律，反腐蚀）整顿中，有43名民警主动检查工作失职失误、执法不公不严等问题。1994年在开展的职业道德教育整顿中，对发生的7起乱罚没、耍特权、冷硬横等问题，进行严肃查处，受党政纪处分5人，清调4人。1997年，以民警曹XX持枪劫车案为反面教材开展的整训中，立案查处违纪案件8起，给予党政纪处分6人。2009年，针对政令、警令不畅等突出问题，开展为期两个月的整顿，使队伍纪律作风明显好转。

2010年，县局党委牢牢把握队伍建设的主流，在继承中发展，在发展中创新，对加强和改进队伍教育管理提出了“三四五六”新举措，即三个绝对不允许（绝对不允许发生严重影响公安队伍形象的案事件、绝对不允许社会治安形成突出的热点焦点、绝对不允许因职能作用发挥不够影响社会经济发展大局），四个形象塑造（创建敬业、专业、公正、健康的公安队伍形象），五项推进措施和六个奋斗目标（建设求实公安、主业公安、信息公安、民本公安、公信公安、健康公安）。五个推进措施：即在政治建警中，用朴素的道理引导。县局除组织民警系统学习政治理论外，还采取座谈会、恳谈会和开设心理教育辅导课等形式，注意用直白浅显的话语和实际生动的对话，引导民警从职业道德与行业自律的基本要求做起，脚踏实地创造业绩。在表率带警中，用过硬的班子示范。县局党委为班子成员制定《廉警十条》，大家严于律己，自觉树立守规者、务实者、奉献者形象，增强党委班子的感召力。在制度管警中，用严格的规范约束。针对有些制度滞后弱化的情况，将往年“综合考评”修订为“工作绩效与队伍建设评估”，将常态业务考评变成对重点工作专项考核，尤其是针对队伍管理缺乏“绝招”的情况，出台《从严治警十条铁规》，设立高压线，建立问责制，实行一票否决制，取得了制度管束的明显效果。在从优待警中，用适当的待遇激励，政治荣誉上为民警力争。自2010年来，通过努力争取，有10名表现好的年轻民警走上副科级岗位；通过积极推荐，获批县以上表彰的民警达263人次。工作环境上为基层力创；2010年来，新建了看守所，重建了太子庙、鸭子港、沧港、湿地保护区派出所，维修了坡头、西港等20个派出所，并在基层单位配置了现代化办公设备和建起了网上督察、视频监控系统。生活经济上为民警力保；从2011年起，实现民警津补贴、加班工资、下乡补助及“三员”保险金由县局统付，提高民警医疗保险、住房公积金补贴，对家庭困难的民警予以年度补助，对子女高考录取的分类重奖，帮助12名家属实现再就业。在文化育警中，用先进的文化浸染。2011年，更新警营文化长廊，鼓励民警踊跃参与诗词书画创作、知识竞赛及摄影作品展览，展示公安民警的精神追求和风貌。

1988年以来，县局先后6次被县委、县政府评为“双文明单位”和“目标管理先进单位”。1990年，被市委、市政府评为“红旗单位”。2002年被国家林业局、公安部评为“全国猎鹰行动先进集体”。2003年被省委、省政府评为“先进基层党组织”和“先进集体”。2012年被市公安局授予“优秀公安局”称号。全局共有292名民警获得县级以上荣誉称号。1989年，拘留所所长黄耕道被市政府授予“市劳动模范称号”。1995年，岩汪湖派出所所长潘晓明荣获“全国抗洪抗旱模范”称号并被公安部荣记一等功。1997年，新兴派出所招聘民警戚维进荣获全国“见义勇为”模范称号。2001年，城关派出所所长胡运清被省政府授予“人民满意公仆”称号。2005年，副局长杨瑞东、林业派出所所长米庆华被公安部授予“全国优秀人民警察”称号。2006年，副局长陈诚被省政府授予“全省十大杰出青年”称号。2012年，经侦大队民警丁国玮被省公安厅评为“全省公安机关打击经济犯罪先进个人”，周金旺、罗立杰等9人评为“全省优秀人民警察”，邹立斌、陈新康等11人被评为全省破案、办案能手，李宏权、彭立君等17人次分别被省公安厅、市政府记二等功。

二、执法监督

县局围绕公正公平执法，从严抓了四项工作：一是精心组织法制业务培训，提高执法水准。结合岗位职责要求，按照专业分类，促其熟练掌握常用法律法规。二是执行法律操典，统一办案规程。县局自2005年制定《工作操典》后，不断修正补充，于2008年制发《执行（操典）具体操作规程》。2010年后进一步完善，制发《执法办案信息系统应用评分标准》，通过规范实施，减少办案中的随意性，提高了执法办案效率。三是严格错案追究，增强责任意识。县局先后制发《执法质量考评办法》《错案追究制度》《执法办案月通报制度》《案件主办民警责任制》。采取定期和不定期检查等形式，开展经常性执法监督。在各执法勤务机构设立法制员，并出台《建立完善法制员制度的规定》。为强化外部监督，县局还聘请人大代表、政协委员及社会知名人士担任执法监督员，对公安执法实行监督。同时，以“大走访”为契机，对执法情况“大测评”，对收集的问题“大整改”，从而推进了严格执法。

第五节　公安科技和综合保障

1988年以来，县局紧跟形势的发展和公安工作的需求，狠抓了基层所队院落建设、通讯装备建设和公安科技建设，为开创公安工作新局面奠定了坚实基础。

一、基层所队院落建设

1988年至1995年，在县乡党委、政府的大力支持下，对全县29个行政派出所中的21个按省公安厅制定的标准，投入数百万元资金进行了新建，从根本上扭转了派出所寄居乡镇政府办公的落后状况。1995 年 8 月，市公安局在汉寿召开派出所基础建设工作现场会，推介了汉寿的成功经验。之后，于 1999 年、2005 年、2011 年分别新建了面积 1850 平方米的侦技楼、面积 2000 平方米的拘留所、面积 8000 平方米的看守所。基本实现看守所、拘留所、交警和乡镇派出所有独立标准的院落，有配置先进的设施，有条件优越的环境。

二、通信装备建设

在通信设施上，1988 年县局通讯室仅有一台 50 门磁石交换机。1989 年，改成 100 门供电式交换机，仅有手摇电话 34 部。1992 年开通程控电话，装备程控电话机 74 部，同时开通无线通信系统，建立无线基地台 4 部、车载台 12 部，配备对讲机 90 台。2004 年，建成 350 兆无线集群通信系统，实现通信组网。2010 年，装备通信应急处突指挥车。2012 年，全局配发警务通 295 台。1988 年，全局仅有警用汽车 5 辆、摩托车 35 辆。至 2012 年，全局共配备警用车辆 82 辆。

三、公安科技建设

1998 年 4 月，随着科技强警战略的实施，公安科技建设明显加快。自 2000 年以来，在刑事技术建设上，共投入 500 多万元资金，建成指纹自动识别系统、案件现场计算机绘图系统及紫外照相系统。装备图影翻拍仪、多媒体投影仪、长短波紫外灯、多功能勘查灯、活体检验箱、手印熏显柜、立体显微镜、静电吸附器及马蹄镜摄像等多种设备，在社会面技防上，“平安城市”视频监控系统、图像传输系统、金融单位报警系统、旅馆业监控信息及联网系统、城区街面电子监控系统相继建成。同时，建立起警务督察、监所视频、执法办案区域视频系统、公安内网和公安外网。2010 年，启动警务信息综合平台应用，实现执法办案网上流程管理、网上审批、网上监督和网上考评，有效提高了办案效率和执法质量。

第四章　桃源县局公安工作

桃源县地处常德西南部，县域面积 4441 平方公里。辖 39 个乡镇，397 个村，53 个居委会，常住人口 98.1 万。

桃源县公安局（以下简称县局）成立于 1949 年 8 月，1988 年，县局机关设二级机构 13 个，辖 27 个派出所，编制警力 202 人，占总人口的万分之二点三。此后随着工作需要和正规化建设要求，县局二级机构经历多次新建、整合和更名。其间，1993 年 2 月设立桃花源公安分局，为县局独立二级机构，1995 年 10 月全县撤区并乡实行以乡、镇建所，

2011 年桃花源分局从桃源县剥离，成建制划归市公安局直接管理。至 2012 年末共辖 40 个派出所。编制警力 425 人，占总人口的万分之四点三三。

桃源县公安工作始终坚持党委领导下的群众路线，以服务人民为宗旨，忠实履行打击犯罪，保护人民，服务经济建设的神圣职责，确保了一方平安。

第一节　维护稳定

一、打击非法组织、邪教活动

1988 年以后，随着改革开放逐步深入，各种影响社会稳定的问题增多，维护社会政治稳定的任务十分严峻。县局充分运用政治保卫手段，积极开展各类政治案件侦查，有效地打击敌对势力和敌对分子的渗透、破坏活动。

1997 年新《刑法》颁布实施，根据新的对敌斗争需要，相继开展对“实际神”“法轮功”“门徒会”等邪教组织的基础调查。及时调整工作部署，更新侦查手段，对其依法严厉打击。到 2012 年，共破案 211 起，其中，“法轮功”邪教组织案 113 起，“门徒会”案 98 起。惩治 117 人，其中，提请逮捕 37 人，送劳动教养 80 人。立行政案件 53 起，行政拘留 54 人。特别是在 2008 年奥运会举办前夕，破获当年为全省打邪第一案的“3·26”专案。查清桃源“法轮功”邪教组织地下网络，抓获以彭××为首的“法轮功”地下组织网络骨干 31 人，其中提请逮捕 13 人，送劳动教养 6 人。

二、处置群体性事件

20 世纪 80 年代末期，随着经济体制改革的深入，各种利益不断调整，影响社会稳定的矛盾逐步显现。县局采取超前获取情报、超前预警、超前制订预案等举措，预防、化解和处置各类不安定问题和群体性事件苗头。2003 年以来，化解涉军群体、破产企业改制下岗群体、城镇拆迁户群体等多次集访的苗头。特别是及时处置桃源纺织印染厂职工因破产改制引发的闹事事件、观音寺会人溪水电站、热市中材牛力水泥厂阻工事件、九溪围坪烟花鞭炮厂爆炸事件、聚众围堵创元铝业大门事件、沅水大桥抬尸堵桥事件等 97 起突发群体性事件。2008 年，为策应奥运会安全保卫，针对涉军群体、农村涉稳等问题摸排深层次预警性信息 50 余条，预防和制止了 27 起涉稳事件苗头。2012 年 9 月，桃源爆发因钓鱼岛事件引发的“9·18”千人爱国反日大游行，县局积极维护游行秩序，整个游行过程无打、砸、抢、烧事件发生。

三、情报信息处置

25 年来，县局与时俱进，针对涉警负面舆情易在网上炒作形成热点的现状，加大网上斗争力度。2009 年 5 月 27 日，在省、市公安网评队伍与县委宣传部门的指导支持下，成功处置一起在《天涯论坛》上的发帖，谎称民警“用麻袋装人”“锯当事人的脚筋”等涉警负面舆情。同时，大情报信息工作成效明显，县局情报中心与漳江派出所联合侦办的“3・22”王××涉恶团伙案，作为全市情报信息研判十起典型案例之一受到表彰奖励。

第二节　惩治犯罪

一、刑侦、经侦、缉毒

1988年中期，刑事案件居高不下，盗抢案件高位运行，尤其是一些严重危害社会治安和公共安全的重大刑事案件时有发生。县局坚持“严打”方针，紧紧围绕服务“四化”建设这个中心，“打防并举，标本兼治”，1988年至2012年共破获各类刑事案件29103起。

1990年至1999年，县局“抓大打恶”，把主攻重点放到侦破杀人、抢劫、强奸等恶性案件和大要案件上。10年共破刑事案件8570起，其中，大要案件2051起，惩治各类犯罪团伙1063个，涉及成员4323人。1990年2月18日，县武装部武器库被盗五四式手枪6支，子弹990发。案情震惊全国。接到报案后5分钟，县局参战民警赶赴现场，与闻讯赶到的市公安局侦察、防暴部门一起成立专案指挥部并立即分多路开展工作，通过认真勘查现场，广泛发动群众，调查走访，获取重要线索；同时使用隐蔽力量潜水贴靠，掌握深层次情报，成功抓获犯罪嫌疑人陈××、龙××，被盗枪支弹药全部追回。全案侦破仅用21个小时。

2003年至2012年的10年间，县局不断强化刑事侦查工作主业主责意识，坚持“命案必破”“黑恶必除”“盗抢必打”“涉毒必剿”“热点必治”“经济犯罪必查”的原则，全力维护社会治安秩序的稳定。10年间，共破获各类刑事案件14601起。逮捕3226人，直诉1047人，送劳动教养1297人，追捕网上在逃嫌疑人员2002名。2005年，摧毁漆河以李××为首的涉黑犯罪团伙，抓获团伙成员31人。2006年5月19日晚，佘家坪乡简家坝村发生一起特大杀人案，犯罪嫌疑人黄××将被害人黄××家三人杀死后潜逃。案件发生后，县局迅速调集200余名民警设卡围截，形成三道封锁线，组织民警和群众封山搜捕，并火速印发1000份协查通报，悬赏一万元缉拿凶犯，迫使走投无路的犯罪嫌疑人黄××于5月21日下午投案自首。2008年，破获以龚××为首的盘塘涉黑团伙案件。抓获犯罪嫌疑人15人，逮捕14人，破案50起。2009年，利用电子监控设施和其他技防手段，仅用2天时间，侦破在全县影响极大的“4・07”系列飞车抢夺案。2011年，全年破命案11起，实现年内命案全破的目标。同时，在当年的“清网行动”中，追回在逃嫌疑人员383人，其中命案在逃嫌疑人员18人，潜逃10年以上的12人。

2003年到2012年，不断加大对经济犯罪的查处力度，共破获经济犯罪案件293起，抓获犯罪嫌疑人164名，为国家和群众挽回经济损失1151万余元。2005年，侦破县城天品超市女老板黄××非法吸收公众存款1000多万元的特大经济案件，及时为人民群众挽回全部经济损失。

2003 年到 2012 年，县局强化对涉毒犯罪案件的打击力度，共破获涉毒犯罪案件 842 起，抓获涉毒人员 5055 人，缴获毒品海洛因等 10465 克。2006 年，侦破以杨 × × 等为首的 6 人特大跨国团伙走私、运输、贩卖毒品案，缴获毒品海洛因 171.5 克。

二、专项整治

1988 年至 1995 年，按照上级统一部署，县局先后组织开展“反盗窃”、“反扒窃”、“反车匪路霸”和“整顿农村社会治安总体战”等专项行动。共抓获违法犯罪人员 2128 名，捣毁犯罪团伙 340 个，破获刑事案件 1876 起，逮捕 496 人，送劳动教养 341 人。1996 年至 2000 年，相继开展全国性的“严打”斗争和“一稳、两打、三整治”、“寒风行动”等专项行动，共组织战役 17 次，集中搜捕 31 次，收到打则稳、治则安的良好社会效果。

2001 年至 2002 年，根据中央、省、市社会治安工作会议精神，深入开展为期 2 年、以打黑除恶为主要内容的“严打”整治斗争。破获刑事案件 3544 起，追捕在逃人员 475 名，提请逮捕 704 人，移送起诉 685 人，送劳动教养 464 人，共惩治涉黑涉恶团伙 51 个，成功侦破公安部挂牌督办的以林 × 为首的 30 人涉恶犯罪团伙。

2003 年至 2012 年，县局着力提升打击防控效能，瞄准命案、要案，涉黑涉恶犯罪、多发性侵财犯罪以及严重经济犯罪，多次组织专项行动，实施专项治理。10 年间，通过一系列专项行动，破命案 79 起。共捣毁涉黑、涉恶团伙 81 个，惩治团伙成员 319 人。2012 年 5 月，对陬市镇李 × × 黑恶团伙案展开侦查，抓获涉案犯罪嫌疑人员 20 余名，提请逮捕 17 人，送劳动教养 3 人；破“两抢一盗”案件 7183 起，先后侦破盗窃“人情钱”系列案和横跨多个市州的特大盗窃汽车系列案等一大批有影响的案件。是年 7 月，在全国组织开展的“经侦破案会战”中，查破涉案金额高达 1000 万余元的吴 × × 等特大非法生产有毒有害食品案件，查扣“地沟油”等有毒有害食用油 70 余吨。

第三节　治安管控

一、治安行政管理

（一）人口与出入境管理

针对辖区人口上百万、管理难度大的实际，1990 年县局增设户政股，并在乡、镇配齐 68 名户政管理员。1995 年开始对农村户口进行清理整顿，清理出“口袋户口”人员 16219 名。1997 年，投资 100 余万元为农村装订门牌 260463 户，刻制村牌路碑 1811 块，绘制村民住房方位图 1664 幅。2003 年，完成省公安厅以“核准人口基数、采集成年人口照片、纠正人口错误信息”为主要内容的户政基础工程，被省公安厅评为先进单位。2004 年，户政部门超前工作，实行全县人口信息计算机联网，派出所综合信息上线，提前完成人口信息数据整理工作。形成信息关联，资源共享的格局。是年，在编警力以女民警为主的户政股被全国妇联授予“全国巾帼文明岗”称号。2005年启动第二代居民身份证换发，历经3年完成275097人的换证工作任务。2010年，以第六次全国人口普查为契机，开展全县户口整顿，核对常住人口330572户，登记常住人口977453人，对暂住人口、重点人口，工作对象、出租房屋落实了全面管理。在出入境管理上，1988年办理出境20人左右，此后，年办理出境数量成倍递增，到2012年办理出境人数增至13692人。

（二）特种行业管理

从20世纪80年代中期开始，从事特种行业经营活动的网点逐年增多。对此，县局加大管理和服务力度，对全县特种行业先后进行23次全面清理整顿，共取缔非法特业58家，停业整顿166家，下达整改通知书2170份。至2012年年底，共列管特种行业689家。在特业管理中做到“四个到位”，即法制培训到位，硬件软件到位，规章制度制订落实到位，发现问题及时整改到位。其间，从2005年开始，逐步建设和应用旅馆业住宿旅客信息上传登录系统。至2012年年底，全县共有45个信息录入点，仅2011年和2012年就按规定上传住宿旅客信息441007条。利用旅馆业系统报警抓获网上逃犯和布控人员39名。

（三）危爆物品管理

1988年至2002年，县局为切实加强辖区危爆物品管理，消除安全隐患，先后开展12次清理整顿危爆物品的集中统一行动，共取缔非法生产厂家和个体作坊1984家，销售店（点）207处，整改隐患漏洞3055处，查处涉爆刑事和治安案件32起，查处违法犯罪嫌疑人69人。2003年至2012年，县局创新民爆物品管理模式，坚持安全与民生并重。启用计算机信息系统，在全面采集录入相关基础信息的同时，将民爆物品的经营、储存、审批、购买、运输、使用单位组建成封闭的环形网络，使用电子IC卡与实物同时流动，随时掌握民爆物品的实时动态，使安全管理得到质的提升。其间2009年至2012年全县连续4年没有出现涉爆安全案件和事故。

（四）枪支弹药管理

1988年以后，对全县民间枪支开展清理收缴行动。至2012年，共收缴各类枪支6538支，捣毁非法制造枪支窝点5个。特别是2001年至2012年的12年中，紧密配合“严打整治”斗争，每年都在全县范围内开展一次“治爆缉枪”专项行动。先后共收缴各类枪支1648支，破获涉枪涉爆等刑事案件18起，查处治安案件243起。同时，对全县12个公务用枪单位进行专项治理，对配枪人员的资格进行审查，核发持枪证，并对所有枪库进行了加固。

（五）看守管教

1988年至1995年，看守所革新管理教育理念和方式，充分运用“四〇”工程监控设备优势，深入开展达标竞赛活动，工作成效显著。1996年至2000年，是看守工作争先创优、打造“品牌”的阶段。5年中，累计关押各类罪犯6000余名，连续5年无事故。1997年首批通过三级看守所达标验收；1998年晋升为二级看守所；1999年被省公安厅评为规范化管理先进看守所。2001 年至 2012 年，看守所立足规范管理，加强信息化建设，积极开展等级达标创建活动，监所管理步入制度化、规范化、法制化轨道。2001 年底，顺利通过公安部一级看守所达标验收。此后连续 12 年被评定为国家一级所，连续 22 年安全无事故。特别是 2007 年开始，通过各种途径筹措资金 500 余万元进行监所改造，建立完善看守所实时监控指挥系统，推进监区武警门哨建设。与此同时，积极配合各个时期的中心工作和专项斗争，强化宣传攻势，开展狱内侦查，深挖犯罪线索。12 年来共提供各类案件线索 960 条，破案 332 起，逮捕 88 人，追回逃犯 5 人，瓦解犯罪团伙 3 个，查处治安案件 17 起。2005 年被公安部和最高检评为全国看守所系统“双加强、双保障”创建活动示范单位、2008 年被评为“全国公安监管战线苦练基本功活动先进集体”，2011 年被评为“全国看守所管理机制创新示范单位”，2012 年被评为“全国优秀公安基层单位”。

（六）森林资源保护

桃源县森林资源丰富，属林业大县，2002 年，设立森林公安分局，2009 年更名为森林公安局。1988 年至 2012 年，共查处涉林案件 2066 起，逮捕和直诉 212 人，劳动教养 2 人，行政拘留 28 人。其中 1992 年至 1994 年，历经 3 年破获胡××、谌××、邓××等人伪造木材运输许可证、特产税票及育林基金等国家计划供应票证案件，缴获伪造国家机关和政府部门钢印、印章 29 枚，各种票证 4000 余份。与此同时，共投资 900 余万元，购置消防车、船、风力灭火机等森林火灾扑救设施。25 年间，共扑救和查处森林火灾 431 起，逮捕 14 人，行政拘留 22 人。其间还开展打击非法经营、滥捕乱猎野生动物行动 78 次，收缴野生动物活体 5700 余只，蛇类 2230 余斤，依法处理 68 人，其中逮捕 1 人。

二、黄、赌、毒防控

20 世纪 90 年代初期，美容美发、按摩以及茶馆等场所逐渐增多，赌博、卖淫嫖娼等丑恶现象复活。特别是 2002 年以后，地下“六合彩”赌博突出。针对上述问题，县局采取宣传造势禁赌、认识提升拒赌、业主培训防赌、重点整治控赌、严厉打击抓赌、责任追究查赌等措施，先后组织 20 多次专项整治行动。共破获地下“六合彩”赌博案件 2567 起，取缔赌博、卖淫嫖娼等黑窝点 300 多个。1995 年以后，吸、贩毒现象出现并蔓延，桃源成为全市涉毒的重点地区。进入 21 世纪，一度成为全市吸毒贩毒挂牌整治的重点地区。县局认真反思，强化措施，积极应对，提出“党政总揽、专业打击、全民治理”的工作思路，先后开展毒情排查和专项整治行动 10 多次，在强化禁毒宣传教育，提升全民防毒意识的同时，强化堵源截流，提升打击监管效能和强化涉毒帮教，开展无毒社区创建工作。有力地推进了禁毒工作社会化进程，有效地遏制了毒品来源和危害。2009 年顺利摘掉市禁毒委挂牌整治县的帽子，并评为全市禁毒工作先进区县。

三、警卫安保

（一）完成节会保卫

1992年至1998年，为搞活市场，发展经济，桃源县委、县政府连续7年举办“桃花源游园会”。1999年以后，游园会改名为“桃花节”，2009年后改名为“常德·桃花源旅游节”，为确保大型商贸旅游活动的顺利进行，公安机关超前谋划，出动大批警力现场防护，确保了历届活动的绝对安全。到2012年，县局圆满完成“奥运会”“世博会”以及全县重大活动等各类安保任务70余次。

（二）重要警卫

1988年至2012年，为保证党和国家领导人及重要外宾在桃源的绝对安全，共实施三级以上警卫30余次，其中一级警卫6次。1995年3月24日下午，时任中共中央总书记、国家主席江泽民到桃源考察。为确保万无一失，全县共投入保卫力量296名，其中，公安民警208名，圆满完成此次警卫工作任务。

（三）抗洪救灾

1988年至2012年的25年间，桃源县域共发生大的洪涝灾害16次。特别是1995年7月，沅水桃源站洪峰水位达45.86米，超危险水位2.36米，县城区被淹，全县20多个集镇遭受洪涝灾害，11万多城乡居民被洪水围困。全局民警第一时间赶赴救灾现场，全力抢救受灾群众。先后参与抢修险工险段20多处，转移灾民15000多人，救助遇险群众3500人次，送粮送水等11.8吨。因抗洪抢险事迹突出，被省公安厅荣记集体二等功。次年7月，沅水再次暴涨，水位高达46.9米，再超历史最高水位，全县5个堤垸相继溃堤、缺口。10个江心洲全被淹没，全县27个乡镇共43.5万人受灾。全县民警连续战斗8天9晚，共转移灾民3.4万多人，救助遇险灾民2980人，转移灾民生产生活物资20多吨。县局被公安部荣记集体一等功。

四、公共安全

（一）道路交通管理

桃源县水陆交通发达，石常铁路，常张、常吉高速公路，国道319，省道226、227、306贯通全境，2012年末全县公路里程达4406公里。1988年至2012年，县局一直以压减交通事故，保障道路畅通为目标，在加强车辆和驾驶员管理的同时，狠抓交通事故查处。共依法依规查处交通事故9334起，追究刑事责任278人。1999年3月，桃源龙潭镇丁家坊路段发生一起因货车翻车致25人死亡、8人重伤、21人轻伤的特大交通事故。公安机关快速反应、及时处置，使伤者得到及时救治，善后工作有序进行。以后，县局采取多种举措，开展多种形式的宣传教育，严格车管、驾管、路管。到2012年，全县千车事故率从1987年的92.3%下降到8.06%，被省交安委评为“一等平安畅通区县”。

（二）消防管理

桃源县辖区内森林覆盖面积大，重点防火部位多，消防管理难度大。针对这一情况，消防管理部门坚持预防为主，大力减少火险隐患，狠抓扑救演练，减少火灾损失，有力地维护了人民群众的生命财产安全。1988年至2012年，对928个建筑防火项目进行审核，提出整改意见 2199 条，纠正违章建筑 136 起。进行防火安全检查 10100 多次，发现火险隐患 11400 多处，督促整改 10400 多处。查处火灾案件 403 起，涉及 178 人，其中逮捕 1 人，行政拘留 6 人。创建 119 消防安全文明小区 1300 多个。扑救火灾 506 起，出动消防官兵 3797 人次、消防车 952 台次，解救受困群众 721 人，抢救国家、集体和人民群众财产价值达 3700 余万元。

五、基层基础建设

（一）派出所基础建设

20 世纪 80 年代末期实行以乡建所后，大部分派出所无独立办公场所，办公条件极为简陋。1992 年筹资 200 多万元修建 9 个区派出所，建筑面积达 6500 多平方米。2007 年至 2008 年筹资 719 万元，修建 25 个派出所，建筑面积达 9641 平方米。至 2012 年底县局所辖派出所全部完成建设。2012 年末派出所达一级所 3 个，达二级所 13 个，达三级所 21 个，达四级所 3 个。同时，共建立起 66 个社区和农村警务室，配备社区民警 71 人。并大胆探索创新警务室工作方法，先后推出常住人口管理“楼栋纵横登记管理法”、暂住人口管理“关联登记管理法”和社区警务与责任区警务相结合的模式，有效整合警力资源，提高了工作效率。

（二）治安防控

20 世纪 90 年代初期，积极开展街面治安防控调研，探索快速反应和指挥前移的相关运行模式，1997 年元月在全市率先开通 110 接处警平台，实行巡逻与处警相结合，一般处警与特别处警相结合，专职处警与多警种联合处警相结合的 110 处警运作机制。2003 年至 2012 年，立足本县实际，借鉴外地警务改革经验，在城区成立独立的巡逻大队，24 小时进行治安巡逻，借助 110 的快速调度和对讲机的群呼功能，加强街面巡逻防控和对街面现行犯罪的有效打击。并在乡、镇建立 57 支专职巡逻队，在民警带领下，开展镇、乡墟场夜巡，压减可防性案件发生。全县重点内保单位筹资 1800 余万元，在城区街道、要害部位和部分乡、镇墟场安装电子监控探头 3868 个，全部与县局报警服务台联网。向内保单位派驻已取得国家保安员资格证的保安人员 351 人，形成集人防、物防、技防于一体的社会治安防控体系。

第四节　教育管理和执法监督

1988 年至 2012 年，针对日益发展壮大的队伍和公安工作线长面广的实际，采取多种形式，全面提高民警素质，加强队伍管理。

制度管警。县局先后制定《桃源县公安局强化干部管理十条措施》《队伍建设规范管理办法》等 50 多种规章制度，做到民警有章可循，违章必纠。

政治育警。除每年集中整训外还规定每周星期一晚上为学习日，对民警进行理想、道德、宗旨和社会主义法治理念等政治思想教育，增强民警的政治敏锐性。

素质强警。全面进行业务培训和体能训练，向素质要警力。采取办班请老师授课学习、跟班在实践中学习、推荐到院校学习等形式，学办案程序、案件侦查，现场勘查，驾驶技术，电脑操作等知识。同时在全局开展争当十佳破案能手、禁毒能手、办案能手的竞赛活动，提高民警的业务素质和执法能力。

任贤用警。改革用人机制，坚持能者上、庸者下的原则，选拔有开拓精神、工作责任心强的民警担任二层骨干。2000 年在全局实行“机关二层骨干竞争上岗，民警双向选择”的用人机制。通过骨干竞争上岗，民警双向选择，全局有 41 名骨干被淘汰，12 名民警落选待岗。使骨干有责任感，民警有危机感。

典型树警。25 年来先后涌现一大批先进单位和优秀个人。其中，县看守所多次受到公安部表彰，被评定为一级看守所，2004 年户政股被全国妇联授予“全国巾帼文明岗”称号，2010 年县局交警大队车辆管理所被公安部授予“全国优秀县级车辆管理所”称号。2005 年户政股长姜晓堂被公安部授予“全国优秀人民警察”光荣称号。2007 年 7 月 10 日晚，车湖垸派出所所长郭宏建在追捕歹徒中被刺数刀，仍忍着剧痛追赶 60 多米将歹徒制服，其事迹感人至深。是年，郭宏建被常德市人民政府、省公安厅分别记二等功一次，并荣获“首届感动常德十大人物”及第五届“湖南省优秀青年卫士”的光荣称号。到 2012 年，全局集体记一等功 1 次，二等功 12 次，三等功 32 次。个人记一等功 4 人次，二等功 22 人次，三等功 360 人次。被省、市授予各种荣誉称号的单位共 92 个，个人共 286 人次。

从严治警。对干警违纪行为依法依纪进行查处，决不袒护。25 年来先后查处违法违纪干警 136 人，其中，移送司法机关处理 5 人，开除党籍公职 6 人，撤职 6 人，留党察看 3 人，记大过 15 人、记过 42 人，警告 42 人。

从优待警。把关心民警生活、解决具体问题放在重要位置，采取多种途径帮助民警解决子女上学、升学、就业、民警职级待遇和政策性福利。

在加强队伍教育管理的同时，不断加大执法质量考评和监督。针对本县办案任务重、执法难度大、执法监督难的实际，采取三条措施，着力强化执法监督。①加强执法队伍建设，整合执法机构，理顺管理关系。县局建立法制室，各二层单位设立法制员，并由教导员或副所长担任，负责对呈报案件严格审查把关。②规范执法办案行为。制定《刑事案件立案的数量及情节标准》《制作讯问笔录应注意的十方面》《桃源县公安局办案责任追究制度》《桃源县公安局执法质量考评细则》等规章制度。2009 年以后建立办案执法区，对民警审讯涉嫌人员实行语音视频监控，防止刑讯逼供。③强化执法办案质量。坚持每年对全局执法办案质量进行全面考核，并针对存在的问题进行讲评，从而促进全局办案水平和执法质量的提升。1988 年以来，县局信访工作多次被省、市评为先进单位，1990 年在全省公安信访工作会议上介绍经验，1991 年出席公安部在山东烟台市召开的全国 13 省（市）信访工作经验交流会议。2010 年获得全省考核第一名。同时，对涉法上诉案件及时调查处理，并形成一套行之有效的查处机制，使一些老大难信访案件和问题得到及时处理，确保信访息访率达98%以上，进京上访率为零。

第五节　公安科技和综合保障

桃源县公安局根据刑事犯罪团伙作案、流窜作案、高科技手段作案的新特点，着力强化刑事科学技术建设。1988年到2008年投入200万多元修建刑事技术用房15间，面积420平方米，添置刑事技术装备紫外观察照相系统、多波段光源、比对显微镜、502及DFO指纹熏显柜、指纹比对仪、声像资料检验设备、金属探测器、微量物证吸取器、电动开颅锯、数码摄相机、投影仪等。开通指纹远程工作站及公安专网，应用技术器材、装备全部达公安部颁发的标准，2009年10月被公安部评为一级刑事科学技术室。多年来刑事科学技术在侦查破案中发挥出重大作用，利用指纹、足迹和DNA技术破获一大批大要案件。2008年12月20日晚，泥窝潭乡墟场百姓超市被盗走8万多元的香烟等物。技术员在现场勘查中，从一包装盒上提取到两枚可疑指纹，经指纹自动识别系统比对，打掉以兰××、袁××为首的流窜湖南、湖北、江西等地作案的盗窃团伙，共抓获盗窃作案成员11名，破获盗窃案件40多起，涉案金额60多万元。

1988年至2012年，是桃源县公安局科技通信网络从无到有、快速发展的时期。1988年县局只有一台50门磁石交换机和28部手摇电话。20多年来，县局为发展网络科技建设投入近千万元。1988年至1996年全局共装无线基地台16部，车载台14部，对讲机178台，建成250门程控交换机和配套微机管理系统，1996年被省公安厅评为县级通讯先进单位。此后，相继建成110报警系统；110、119、122三台合一报警系统；漳江镇“平安城市”视频监控系统；“警务信息综合应用平台”系统，视频会议系统；警务督察系统；监所管理及执法办案区域视频监控系统；公安内网（www. ty × cdhn）和互联网（www. tygaj. cn）网站。2012年开通移动警务终端系统，全局共有警务通455台，有电脑406台。同时，县局加大信息化管理和应用的力度，成立以局长为主任的公安科技信息化委员会，选录信息化管理人才，组建了情报管理中心，对民警进行全方位培训。实行信息录入实时化、质量标准化、管理常态化、研判专业化、应用合理化“五位一体”的管理模式。制定常态巡查监管、高效规范研判、日常考核、长年奖惩机制。2012年通过信息化管理应用及对信息数据精准分析研判，破获各类案件47起，抓获在逃犯罪嫌疑人56名；通过警务通盘查257348人次，抓获网上在逃犯罪嫌疑人16名，抓获“法轮功”邪教人员1名，吸毒人员2名，盗窃等嫌疑人员10名。

综合保障能力不断增强。1988年局机关办公用房仅1692平方米，1991年筹资110万元新建2569平方米办公大楼，1996年筹资50万元新建1000平方米刑侦技术大楼，1997年筹资56万元新建档案室和会议室。1988年全局只有吉普车7辆，勘察车、囚车5辆、摩托车30辆。其后20多年经多方筹资逐年购置车辆，特别是在2010年一次性购进警用车辆47辆。2012年末，全局共有大小汽车103辆，其中基层派出所52辆。经过20多年的艰苦奋斗，全局办公用房条件显著改善，通信手段明显增强，交通工具全面更新，极大地提高了公安机关的快速反应能力。

第五章 临澧县局公安工作

临澧县位于常德中北部，东界津市，南接鼎城和桃源，西邻石门，北抵澧县。县域面积1209平方公里。辖8镇9乡、1个经济开发区，共有310个行政村、29个社区居委会，常住人口455180人。

临澧县公安局（以下简称县局）成立于1949年8月。1988年，内设12个股、队、室和14个派出所，民警149人（含15名乡镇编制的地方民警）。历经多次调整，到2012年，内设机构增至18个，派出所增至19个，民警294人。1992年9月，全局参加首次评授警衔169人。2012年在岗授衔民警256人。

在改革开放发展经济的进程中，县局坚持警务工作与队伍建设两手抓、两手都要硬的方针不动摇，不断夯实基层基础，推动公安工作的持续发展，为全县社会经济发展营造安全稳定的社会环境。

第一节 维护稳定

1988年至2012年，全县公安机关始终把维护社会大局稳定作为首要职责，大力开展情报信息收集、加强对敌斗争、打击非法邪教组织、处理突发事件、化解矛盾纠纷等工作，确保社会政治大局持续稳定。

一、打击非法邪教活动

随着社会形势的发展，从20世纪90年代中期开始，公安机关对敌斗争形态发生变化，非法邪教组织成为公安机关打击的主要目标。从1995年起，邪教组织“门徒会”“法轮功”在城关、新安、合口、停弦、烽火等乡镇发展传播、他们散布谣言，蛊惑人心，对全县社会治安造成极大危害。县局按照防范、打击邪教工作的总体要求，于2000年6月至2008年10月，先后对“门徒会”邪教组织设在四新岗丰台村、望城乡文塘村、烽火乡薛家坪村、安福镇芭蕉村等处的秘密聚会点、教会点进行取缔。并对“法轮功”邪教组织设立在城关、新安、合口镇的辅导站、点进行查处。到2012年，共破获“法轮功”邪教组织破坏活动案件28起，送劳动教养20人次，捣毁印刷“法轮功”邪教组织书籍、资料窝点6个、储存分发窝点8个，收缴用于制作反动宣传资料的电脑、打印机、刻录机等设备、工具23台（件），收缴卫星接收机2台、音视频播放器和移动硬盘等电子存储设备38件，收缴反动书籍、传单、反动宣传钱币等10万余份（册）。

二、情报信息处置

针对信息网络飞速发展的现实，县局及时调整工作思路，强化民警“情报引领警力”意识，大力加强情报信息工作。利用网上、网下两个平台，统筹网上、网下两个战场，积极稳妥推进以虚拟社会管理为主要标志的社会管理创新，不断强化“信息化条件下的基层基础工作”，取得显著成效。2002年，县局网监部门及时查堵2个境外反动网站和2个“法轮功”邪教组织反动网站。2005年5月，在网上掀起的反日浪潮中，本县1名网民在自办网站设置“反日同盟签名程序”，迅速有5000余名网民呼应，此事涉及我国与日本的关系，引起相关部门高度关注，公安机关立即与其联系，妥善作出处理。2005年11月，临澧县一中“烛光资源网”利用网络传播“法轮功”邪教组织有害信息，县局网监部门及时发现，迅速予以处理。到2012年，利用情报信息平台处置各类网络负面舆情19件，并破获乔×被杀案等26起大要案件。

三、化解矛盾纠纷和处置群体性事件

从1988年起，随着改革开放的不断深入，企业改制、征地拆迁等出现的利益调整不断增多，引发的各类矛盾纠纷呈逐年递增之势。县局根据经济发展和社会治安新变化，以情报搜集、整理、反馈为基础，因情施策，积极引导，高效处置，确保社会治安稳定。2011年9月，县内部分移民策划联动上访，企图采取集体堵塞澧水张公庙大桥交通的方式“维权”，县局超前预警，调度100余名警力劝解疏导，并妥善进行现场处置，使事态得以迅速平息。到2012年，全县共化解处置因农村战退军人、伤残军人、转业志愿兵与外地相关群体联动上访，企业改制下岗职工与少数城镇居民越级上访静坐、民办教师、“的士”及线路车司机集体上访“维权”，以及因交通事故、医疗过失、意外事故、刑事治安案件等非正常死亡引发堵桥堵路或冲击党政机关的重大群体性涉稳事件270起，化解矛盾纠纷和涉稳苗头9800起。

第二节　惩治犯罪

改革开放特别是1988年以后，随着全社会人、财、物的大流动，全县刑事发案居高不下，盗抢案件呈高位运行态势，特别是一些严重危害社会治安和公共安全的重特大刑事案件时有发生。县局以侦破大要案件为龙头，结合本县实际，以打盗抢、打黑恶、打流窜、整治突出治安问题为主要内容，充分发挥职能作用，适时开展严打专项斗争，取得明显成效。

一、破案追逃

1. 坚持突破大要案件

1988 年 8 月 17 日晚，文家乡大观村蒋××盗窃该乡派出所“六四”式手枪和子弹并报复杀害其舅父杨××和村民组长郭×未遂后逃入深山。市、县公安机关紧急出动公安民警和武警 100 余人，组织武装基干民兵 300 余人围追搜捕，于次日下午 3 时许，将其击伤擒获。是年 9 月，蒋×被判处死刑。1994 年 8 月上旬，县印刷厂临时工邹××（女）失踪，9 月 22 日在望城乡文塘村柳林中发现其白骨化尸体。经侦查发现疑犯已潜逃，专案民警辗转湖南、广东追缉，终将强奸杀人犯罪嫌疑人陈××追捕归案。1997 年 1 月 21 日下午，县城实验小学学前班幼儿陈××被人绑架，绑匪向其家人索要赎金 2 万元。获此信息后，刑侦民警迅速重点布控。并于 23 日下午 6 时在佘市镇一公用电话亭将绑匪抓获，并于当晚从澧县火连坡镇边山村成功将人质解救。1999 年 7 月，太浮镇发生一起母女被杀沉井案，案情扑朔迷离，办案民警不畏艰难，历经两年将此案破获。2005 年 8 月 14 日，陈二乡黎家村祝××被人杀害，犯罪嫌疑人为毁灭罪证，将祝××抛入枯井，并用水泥浇铸掩盖，县局调用挖掘机连续挖掘 24 小时后取出尸体获得确凿证据。9 月 7 日在广东博罗县工业园区将犯罪嫌疑人黎×抓获。2009 年，打掉横行乡里、作恶多年的王××涉黑团伙，瓦解团伙成员 28 人。2012 年，先后破获发生在大年正月初一的“1·23”故意杀人案、乔××被害案等 6 起命案。到 2012 年 12 月，全县发生八类恶性案件 878 起，破获 750 起，破案率达 85.4%。

2. 全力打击盗抢案件

1991 年 2 月 1 日夜，县粮食局财基股保险柜被撬，盗走现金 7.6 万元和 850 公斤指标油票。县局组成专案组经 6 天 6 夜侦查追捕，抓获重大案犯任×和陈×，追回赃款 7.1 万元，在深挖犯罪中破获发生在武陵、鼎城、株洲等地撬盗保险柜案件 10 起，涉案金额达数十万元，任×和陈×被判死刑。1993 年，合口派出所查获一个涉案 13 人在澧北作案 40 余起的重大盗窃团伙。是年 12 月 25 日凌晨，犯罪分子在安福镇农丰村某轮胎专店抢劫现金 4500 余元、手机 2 部、大货车轮胎 200 余套，总案值 60 余万元。专案组历经半年的奋战，在广东将黄××等 9 名犯罪嫌疑人抓获归案。经审查深挖，该团伙从 2004 年 6 月起，先后在广东、广西、福建、江西、湖北和本省近 10 个市、县作案 20 余起，抢劫案值 500 余万元。2007 年 4 月 24 日，安福镇居民胡×被抢劫金项链 1 条、手机 1 部和现金 9000 元。刑侦大队和安福派出所民警获悉犯罪嫌疑人畏罪潜逃的线索后穷追不舍，仅 4 天时间便将特大跨省流窜 5 年持枪抢劫、飞车抢夺作案 200 余起的团伙成员廖××、张××、陈××等 11 人抓获。2008 年 7 月，安福派出所一举抓获以汪×、周××为首流窜于湘鄂两省疯狂盗窃机动车的犯罪团伙成员 7 名，破获盗窃机动车案件 10 起，带破非法持有枪支案 2 起，收缴被盗机动车 10 辆、仿制手枪 2 支、单管霰弹猎枪 1 支。

3. 合力攻克经济犯罪案件

1988 年以来，县局经济犯罪侦查工作从无到有，不断在实际工作中锻炼队伍，提升能力，取得实效。2003 年，不法分子以临澧庙山陵园入股集资可获丰厚回报为诱饵，大肆骗取民间资金。给入股、集资人造成重大经济损失。对此，县局集中优势警力，迅速侦破庙山陵园非法经营案，及时为人民群众挽回经济损失 1500 余万元。2007 年，经侦大队侦破肖×合同诈骗案，几经辗转，从缅甸追回犯罪嫌疑人肖×，开创临澧公安从境外追回犯罪嫌疑人的先河，2010 年，经侦大队成功侦破罗×虚报注册资本案，通过办案为国家和集体挽回经济损失 600 余万元。到 2012 年，共破获职务侵占、制假售假、骗取贷款、商业贿赂、非法经营、传销、合同诈骗、偷税、虚开增值税发票等经济犯罪案件 186 起，抓获犯罪嫌疑人 238 人，为国家、集体和群众挽回经济损失 3151 万元。

4. 持续开展追逃行动

2011 年组织开展"清网行动"，对网上在册在逃犯罪嫌疑人员持续追捕，清网率达 89%，其中抓获杀死、杀伤各 1 人后潜逃达 17 年之久的命案在逃犯罪嫌疑人周××、杀死亲侄女后潜逃 14 年的网上在逃犯罪嫌疑人黄××和"2010. 3. 14"故意伤害致人死亡案主犯、省公安厅督办必抓在逃嫌疑人员江×。到 2012 年的 25 年中，通过侦查破案、深挖犯罪和开展追逃专项行动，共抓获各类在逃犯罪嫌疑人员 1625 人。

二、"严打"专项斗争

县局积极回应群众对社会治安的期待，针对本地刑事犯罪出现的新变化、新特点，适时开展严打专项斗争。1989 年 5 月至 7 月，集中开展清查打击流窜犯罪行动。共抓获违法犯罪嫌疑人 682 名，其中外省、市（县）流窜于本地的犯罪嫌疑人 89 名、负案潜逃犯罪嫌疑人 10 名、通缉在案在逃的犯罪嫌疑人员 6 名、非法组织头目和在"六四"政治风波期间参与打砸抢烧杀的犯罪嫌疑人 7 名，破获刑事案件 128 起（其中重特大案 14 起）。1995 年开展打击车匪路霸专项行动，在 207 国道陈二乡大塘村路段设立"临澧县公安局打击车匪路霸指挥中心"，实行"巡、守、查、建、打"工作模式，在国道、省道沿线建立报警点 9 处、情报点 52 处、联络站 28 处，实行专门力量 24 小时沿线巡查和随机上车检查、重点路段跟车保护。是年 3 月至 9 月，一伙外地流窜犯罪分子在 207 国道临澧路段疯狂作案 9 起，砍伤 10 余名乘客，劫走现金及贵重物品折款 5 万余元。县局"打击车匪路霸指挥中心"经半年专案侦办，破获这起系列车匪路霸案件，其中 4 名首恶犯罪嫌疑人后被判处死刑。此次专项行动，共抓获车匪路霸犯罪嫌疑人 133 人。2000 年开展"打击人贩子、解救被拐卖妇女儿童"专项行动。共解救被拐卖妇女儿童 186 人，抓获涉嫌拐卖妇女儿童的犯罪嫌疑人 9 名。2001 年开展"打击黑恶势力"专项斗争。成功打掉以甘××为首的黑恶势力团伙。2008 年开展"迎奥运保平安百日严打专项行动"，打掉各类犯罪团伙 12 个，刑事拘留犯罪嫌疑人 143 人，破获各类刑事案件 215 起。至 2012 年，县局共组织开展严打专项斗争 57 次，破获刑事案件 2100 起，其中，重特大案件 215 起，抓获犯罪嫌疑人 2050 人，打掉各类犯罪团伙 323 个。

第三节　治安管控

1988 年至 2012 年，县局始终坚持“多破案不如少发案”的民生警务理念，在不同历史时期，紧紧抓住影响社会治安的关键因素，广泛整合社会各方面力量，在管理与服务上下功夫，深入开展人防、物防、技防“三位一体”的治安防控工作，牢牢把握社会治安的主动权。

一、人口与出入境管理

1990 年 5 月，县局设立户政股，专司户籍管理职能。2000 年户政股更名为人口管理大队，2008 年，人口管理与出入境管理职能合并，组建人口与出入境管理大队。

1. 常住人口管理

1988 年全县开始居民身份证颁发工作，到 1990 年领证 281955 人。2004 年全县人口信息实现计算机网络化管理，并实现人口信息与市公安局人口信息平台全面联网信息共享。2005 年到 2007 年为 302398 人换发了第二代居民身份证。2010 年，以全国第六次人口普查为契机，全面开展户口清理整顿工作，先后纠错、补录户口 3700 人次。到 2012 年底，全县共有常住人口 455488 人，157463 户。

2. 流动人口管理

从 1987 年开始，对暂住人口实行分级管理制度。20 世纪 90 年代设立“流动人口管理服务中心”管理流动人口。1994 年在暂住人口清理中，为外地抓获 4 名重大抢劫杀人犯罪嫌疑人。1994 年上半年，整治国、省道沿线个体餐、宿合一的路边店 120 余家，取缔违法路边店 5 家，辖区内 115 家路边店分别与辖区派出所签订遵纪守法和安全防范协议。通过加强对流动人口与出租屋治安管理，先后抓获各类违法犯罪嫌疑人 621 人次，破获刑事案件案 513 起。

3. 出入境管理

1988 年入境到临澧的外国人、外籍人、华侨共 115 人次。此后一直稳定在每年入境 200 人左右。到 2008 年，随着改革开放的推进，公民出国（出境）旅游、开展商贸活动、求学、探亲访友和涉外婚姻逐年增多，每年出入境人数达 1000 人以上，县局为适应这一形势的要求，不断加大管理、服务工作力度，使出入境管理工作有效达到为经济建设服务。

二、特种行业、危爆物品及枪支弹药管理

1988 年，全县列管特种行业 67 家，到 2012 年，列管的特种行业增至 453 家。针对特种行业快速发展的实际，县局探索创新管理机制，不断加大对特种行业治安管理力度。在全面推行“谁主管谁负责”工作责任制的基础上，坚持适时开展专项治理整顿，先后下发

整改通知书379份，对治安管理混乱的132家特业单位予以停业整顿，对违法经营的47家特业单位依法予以坚决取缔。2003年，以科技强警示范县建设为契机，全县推广“旅馆业治安管理信息系统”平台应用，使旅店业治安管理水平得到显著提升。2008年6月24日，通过治安管理系统平台，抓获石门县持枪杀人在逃犯罪嫌疑人杨××，当场缴获手枪2支、子弹18发以及自制爆炸装置、毒品等。

针对县内烟花爆竹生产规模大，个体作坊数量多，分布广，管理难度大的情况，治安管理部门探索出对危爆物品信息实施微机管理的成功经验。在全面录入基础信息的同时，将危爆物品经营、储存、审批、运输、使用等环节纳入网络管理，落实实时监控，有效防范和减少危爆物品被盗案件和失控事故的发生。1988年至2012年，先后组织开展烟花炮竹专项清理整顿行动237次，依法打击处理非法生产人员368人次。2008年4月在“奥运”安保专项治理行动中，查破涉爆案件8起，收缴炸药24公斤、雷管38枚、导火索1200米、黑火药烟火剂3200公斤，查处涉案人员63人。从1988年开始，县局对枪支弹药严抓严管，不间断开展清理收缴专项行动。1989年1月31日，县局组织力量经深入摸排，一举收缴县建设银行军转干部陈××私自从部队带回改装的“53式”7.62步骑枪1支、7.62子弹1440发、空包弹1200发。1996年8月至10月，全县开展清理收缴枪支弹药统一行动，在四新岗、太浮两镇捣毁私造民用枪支窝点3处，收缴单、双管猎枪13支，抓获犯罪嫌疑人5人。到2012年共收缴各类非法持有民用枪支331支。

三、警卫和专业性安保

警卫工作。从1993年至1995年，中央政治局常委、国务院副总理朱镕基，中央政治局常委、全国政协主席李瑞环，中央政治局常委、国务院总理李鹏，中共中央总书记江泽民等先后到临澧县太平村视察，县公安局精心组织实施，确保警卫任务圆满完成。还先后完成林伯渠100周年诞辰、林伯渠骨灰移居故乡安葬等重大活动安保任务30余次，确保警卫任务和重大节庆活动的绝对安全。

内部单位安保。1988年至1999年，临澧县公安局在参与张公庙澧水大桥修建、10万民工集中修筑烽火大堤、207国道临张公路改道建设、石长铁路修建、青山水轮泵站改造升级、临岗公路修建等重点工程安保工作中，自觉为重点工程保驾护航，先后投入警力1000余人次，破获盗窃、阻工滋事、破坏等案件200余起，调解纠纷600余起，制止事故苗头94起。2006年开始，调配警力驻守重点学校、重点工程项目和重点企业。2007年查破直接影响学校秩序和企业发展的寻衅滋事、敲诈勒索、盗窃资材、破坏设备及诈骗案件237起，打掉侵校、侵企涉恶团伙15个，依法处理团伙成员40余人。2008年4月至5月，组成专门工作组对全县重点项目、企业周边治安环境进行走访排查，重点解决了“福之源”“汽车东站”“安福花园”等14家（处）企业、社区与周边的矛盾纠纷和治安问题。2009年，对学校、企业、重点单位周边采取“三个全面”（全面对周边不法人员开展警示性谈话，全面落实联系保护措施，全面落实各种打击手段）措施，共办理涉企（校）刑事案件10起，处理19人；办理涉企（校）治安案件17起，治安处罚50余人；调处涉企（校）矛盾纠纷180余件，警示训诫重点人员100余人。2010年，推行促进中小学校、幼儿园安全工作的“护校安园”行动并实施“五员责任制”（每个校园明确一名第一安全责任人、每个班级确定一名老师抓安全、每个校园由一名民警联系保护、每个校园配备1名以上保安员、公安机关针对每个校园物建1名情报信息员），有效地维护了校园周边的社会秩序，保护了青少年儿童的人身安全。2011年，教育部暗访督导组通过实地访查后，给予高度评价。

四、禁赌、禁毒和打击卖淫嫖娼

1. 禁赌

县局对赌博违法犯罪始终保持严打高压态势，不断净化社会风气，使全县赌情始终处于可控范围。1998年4月，县五交化公司职工王×和自来水公司职工吴×开茶馆聚众赌博，县局查处时，王×、吴×二人拒不配合，唆使参赌人员和周边数百名群众起哄闹事，使查处工作严重受阻。县局组织警力排除干扰和阻力，迅速查处此案，王×、吴×各被送劳动教养两年，其他参赌人员分别被处以行政拘留或罚款。2000年8月，县政府发布《禁赌通告》，公安局长发表禁赌电视讲话，并集中三个月时间在全县开展禁赌专项整治行动。对405家公共娱乐场所进行清理整顿，收缴涉赌电游机37台，查封涉赌娱乐场所21家，行政拘留15人，治安罚款64人。在对举报涉赌的35家茶馆清查中，收缴赌具76套、赌资28000元，传唤审查业主和参赌人员162人，行政拘留21人，治安罚款138人。2007年10月11日，县局组织刑侦、网监等部门联合行动，打掉利用互联网视频播放境外赌场实景、组织赌徒押注、与境外勾联聚赌的“百家乐”新型赌博窝点。2011年11月，县局对由安福派出所和刑侦大队等单位分别办理的地下流动赌场案实行并案专办，集中力量展开侦查工作，至2012年6月破案，共抓获开设流动赌场的老板、赌徒赌棍和放高利贷人员50余人，其中提请逮捕12人，送劳动教养10人，行政处罚30人。

2. 禁毒

县局按照“打防并举、标本兼治”的方针开展禁毒工作。从20世纪90年代末期开始，每年除组织开展禁毒主题宣传和其他多种形式的宣传教育外，还强化措施，重点狠抓对各类涉毒违法犯罪的打击处理。2004年7月19日，在太浮镇查获跨3县、10个乡镇的7人吸贩毒团伙，收缴海洛因32克、毒资1.1万元、手机3部、作案机动车1辆。2006年端掉了九里乡一个吸食新型毒品的窝点，依法处理涉案人员13人。2012年4月，禁毒大队根据深入调查获取的精准情报，在临岗公路收费站查获一辆云南牌照运毒车辆，缴获毒品8千克，抓获湖北籍贩卖运输毒品的犯罪嫌疑人3名。到2012年，共抓获并依法打击处理各类涉毒违法犯罪人员1531人次。动员乡镇、村组配合，积极开展“禁种铲毒”专项行动，先后铲除罂粟3万余株。

3. 打击卖淫嫖娼

1989年8月至9月在专项治理整顿行动中，全县共查获卖淫嫖娼人员499人，仅新安镇就查获失足妇女27名、嫖客131名，查封取缔严重违法经营的美容美发及按摩店5家，送劳动教养16人，行政拘留30人，治安罚款54人，受到党纪、政纪处理58人。2000年8月，全县开展禁娼专项整治行动，城关地区查封取缔有卖淫嫖娼活动的美容美发厅（店）60余家，抓获处理卖淫嫖娼人员70余名，打掉组织、容留和强迫妇女卖淫团伙3个。2012年，查处容留妇女卖淫刑事案件3起，刑事拘留3人，突出整治群众反映强烈的涉黄涉色部位和“无剪理发店”、洗浴中心等场所，拆除招牌、床位、封闭包间等60多处，行政处罚40人。1988年至2012年，县局共查处卖淫嫖娼治安案件1000多起，治安处罚2000多人次，送劳动教养50人；破涉黄刑事案件40多起，处理46人。

五、消防、道路交通管理和林业公安

消防救灾。1989年6月，始建“中国人民武装警察部队临澧县消防中队”。1995年12月，组建“中国人民武装警察部队临澧县消防大队”（又称“湖南省临澧县公安消防大队”）。至2012年，共有各类消防车和抢险救援车5辆，指挥车1辆，各类消防器材1000多件（套）。全县二级消防安全重点单位125个，三级消防安全重点单位428个。至2012年，共参与重大抢险救援行动32次，扑救火灾399起。

道路交通管理。1987年7月，成立临澧县公安局交通警察队。1992年1月，交通警察队更名为交通警察大队。1988年至2012年，县交警大队对客运车辆及驾驶员全面实行“1151”户籍化管理模式。至2012年，共排查整改道路交通安全隐患1964处，处理交通事故3312起（死761人、伤2243人，直接经济损失858.04万元），侦办交通肇事案100多起，捕诉肇事犯罪嫌疑人100多人。

林业公安。1988年2月，在县林业局正式挂牌设立林业公安股。1993年3月改为林业派出所。2009年8月，成立临澧县森林公安局。1988年至2012年，共办理涉林刑事案件35起，依法处理52人；查处林业行政案件398起，处理441人，巡查处置森林火险火灾259次。

六、基层基础工作与创新警务模式

县局于1985年在全省率先实现以乡、镇单独设立派出所，1997年1月1日，开通110报警服务；2000年，始建自动化办公系统并与市公安局联网，2005年，实现办公自动化和文档一体化；2006年，实现110、119、122三台合一自动报警；2008年9月20日，启动网上执法办案。全局共建立34个社区（农村）警务室、7个公安执勤室，配备民警79人。探索和实践适合农村地区治安管控的警务工作模式，被公安部、省公安厅、市公安局多次推介。1999年和2000年，临澧县看守所先后两次被公安部评为“一级看守所”。2001年和2006年，城关派出所（现安福派出所）和新安派出所分别被公安部评为“一级派出所”。

加强村级治保会建设。1988 年，在全县推行治保主任“三个一”（一月召开一次村民组长会，收集情况研究防控，一月一次逐户安全检查，一月一次对重点人口教育考察）工作法，把公安基层基础工作落实到依靠群众、群防群治之中。1995 年 7 月 1 日清晨，四新岗斋阳桥墟场群众发觉澧县至长沙客班车经过时情况异常，立即围拢将车拦停，在混乱中，车上 3 名持刀抢劫乘客钱财的歹徒窜下车逃入附近山中，斋阳村治保主任立即打开广播通报情况，动员村民围堵歹徒。近千名群众闻讯出动将山林围住，经 3 个多小时地苦苦搜寻，终将 3 名歹徒抓获。

推行“四四六”工作法。1999 年，推行派出所“四四六”工作法（即实行“警”“队”“员”“联”四个一的组织形式，每月开展四个活动，落实六项工作内容）。是年，《人民公安报》《湖南日报》等 9 家报刊 27 次报道这一工作经验。2000 年 1 月，时任局长赵传进在全省公安局长会议上以《推行“四四六”工作法，打牢夯实基层基础》作专题发言。2001 年年初和 2002 年 9 月，市公安局分别在全市公安工作会议和全市派出所工作会议上全面推行“四四六”工作法。

推进“4462”包片创安警务责任制。2006 年，县局试行“4462”包片创安警务责任制。即用一所多区、一区多村、一村多联、一联多户即“四个多”的组织形式编织防控网络；用一月一次治安主任会、民警每月一半时间下责任区活动、治保会一月一次联户长活动、联户长一月一次入户联系即“四个一”为活动载体联动千家万户治安防范；用责任区民警包敌社情收集传递、包治安动态预警告知、包人口和出租屋管理、包特业和公共场所管理、包刑案和逃犯协查、包纠纷调处和治案查办，参与综合治理、参与无毒村社区创建的“六包二参与”履职到位，年初在九里乡同心村试点，取得良好效果。是年 10 月，各农村派出所按“同心模式”分别联动建起警务责任区，设立警务室；在城区则以居委会为依托，单独设立社区警务室，有效发挥出基层组织与基层警力联动防控、群防群治的社会效果。

第四节　教育管理和执法监督

县局始终坚持狠抓队伍建设不动摇，坚持抓班子、带队伍，落实“一岗双责”，不断推进政治建警、从严治警、素质强警，为公安事业可持续发展奠定坚实基础。

一、教育管理

开展经常性的教育训练。在各个历史时期，县局党委始终把民警的政治思想教育放在先于一切的位置，不断强化民警听党指挥、服务人民的自觉性和主动性。先后开展“三讲”教育、科学发展观教育、社会主义法治理念教育、“忠诚、为民、公正、廉洁”的核心价值观教育等主题教育实践活动。着力从轮训轮值、公安民警执法资格等级考试、体能训练、随岗训练等方面提高民警的政治业务素质。从 1988 年开始，每年组织一次民警素质、能力交流活动。1994 年，对在竞争上岗中落聘的民警，采取待岗学习、跟班学习的办法促进提高。1996 年，借鉴部队教育管理的方法成立教导队，组织民警进行业务技能轮训。1998 年，开办周末素质学校，组织民警学习政治理论、法律知识及公安警用英语；2000 年，组织 50 周岁以下民警进行微机培训和随岗培训。2005 年开始，先后开展全员“大练兵”、执法民警资格等级考试、刑侦民警任职资格考试。至 2012 年，全局有 171 名民警取得执法资格。

坚持从严管理队伍。对“软、懒、散、虚”等不良风气，每年组织开展纪律作风整顿，建立健全内务、车辆装备、财务、协警、执法质量管理等制度，落实警示教育、帮扶教育等举措。1993 年，引入竞争激励机制，在公安机关内部全方位实行聘任制、组合制、定向培养制、部分工资浮动制。1995 年实行“五制”（即目标管理升降制、优化组合制、经济风险保障制、民警违法违纪出队协议制、教育管理规范制）管理，坚持用制度管人，有效地规范民警行为，极大促进了公安业务工作的开展。1997 年 3 月，公安部实地考察县局用制度管人的经验后，确定临澧县公安局为“全国公安思想政治工作联系点”。2001 年 8 月，公安部明确临澧县公安局为全国第一批公安队伍管理长效机制建设试点单位。当年 10 月，时任局长赵传进参加公安部在山东召开的全国公安队伍管理长效机制建设试点工作会议，交流基层公安队伍建设管理的经验。2002 年县局实施动态网管一体化长效机制建设，公安部先后在《全国公安机关作风建设简报》《公安教育》《公安部训练局专刊》《人民公安报》《全国第三批“三项教育”文件资料汇编》及公安内部专网上推介该经验。

加强警营文化建设，深入开展争先创优。县局在抓教育、抓管理的过程中，注重寓教寓乐，组织摄影、围棋、羽毛球、乒乓球、登山等文体活动兴趣小组，陶冶情操，增强团队精神和凝聚力。不断加强内外宣传，重点推介公安工作和队伍建设的先进典型，以点带面，引导、激励民警建功立业。1991 年 7 月，全局民警抗洪抢险救灾成绩突出，县局被公安部荣记“集体一等功”，副局长徐达海被授予“全国公安战线抗洪抢险先进个人”。是年 9 月 18 日，赵传进、徐达海赴京参加“全国公安战线抗洪抢险救灾表彰大会”。县局继 1992 年被评为“全国优秀公安局”后，1995 年，再次被评为“全国优秀公安局”，此后连续 6 年保持“全国优秀公安局”荣誉称号。到 2012 年，县局涌现出 3 名全国优秀人民警察和 5 名全国公安工作先进个人，9 次被评为“全省优秀公安局”、6 次被评为全省公安工作优秀单位或示范单位。1997 年 7 月，省公安厅作出“向临澧县公安局学习”的决定。4 个基层股、所、队 6 次被记集体二等功，17 个股所队 26 次被评为全省公安工作先进集体或示范单位，有 24 人 50 次被省公安厅和市政府记一、二等功或被评为全省优秀人民警察、公安工作先进个人。1999 年 9 月，时任局长赵传进出席全国公安保卫战线英雄模范、立功集体代表大会。2002 年 9 月，临澧县公安局被评为全国公安科技先进集体，时任局长周常彩作为全国唯一县级公安机关代表参加全国公安科技工作先进集体表彰大会。

二、执法监督

在市场经济运行过程中，受利益驱动的诱惑，少数民警办“关系案”“人情案”“油水案”、执法不作为、乱作为等现象时有发生。县局为杜绝和防止该类问题，从20世纪90年代中期设立法制办（2008年，更名为法制室），专司全局刑事案件、行政案件的审核把关，并采取多种措施，加强执法理念的养成和执法水准的提高。采取“每月一讲”的方式，聘请专家教授讲课，邀请法院、检察院和本局的办案行家理手“以案说法，以案析理”。同时，通过开辟内网学习园地、以股、室、所、队为单位开展“为何从警、如何做警、为谁用警”专题讨论、交流学习经验和心得体会，引导民警确立“执法为民”理念，打牢“为民掌权、为民执法、为民服务”的思想根基。建立健全执法监督体系，县局各二层单位明确法制员，建立起由局长—分管副局长—法制室—二层单位“一把手”—法制员五级执法质量责任体系。（1）加强制度建设。根据全局执法办案的需要，先后制定下发《临澧县公安局错案追究办法》《临澧县公安局执法办案区使用管理规定》《临澧县公安局执法质量考评细则》等制度，规范民警执法办案行为。从2008年起，办案单位和民警配置电脑、同步录音录像设备，全局实行执法办案网上流转。2009年以后开始规范执法办案应用区，推行讯问同步录音录像，保障犯罪嫌疑人的诉权。（2）强化案件评查。每年均开展多层次的案件评查工作，先后下发执法监督通报200余期，整改执法瑕疵600多处。从2005年起，县局先后5次被省公安厅、市公安局评为“执法质量先进单位”。

第五节　公安科技和综合保障

一、科技工作

县局的科技工作起步于1987年9月8日成立的（刑事）情报工作领导小组，是年，为城关、合口、新安、七重堰4个派出所各培训并配备1名初级痕检技术员。1988年5月6日，挂牌成立县公安局“法医门诊部”。1990年，建成由省公安厅授权的“三级刑事技术点”。是年7月，在城关、合口、新安3个派出所建起刑事技术室。1995年，建立8个派出所能各带管一片的“五个一”（技术员、比对仪、吸附器、数码相机、勘察箱）刑事技术室。1998年，在刑侦改革中，刑警大队成立刑事技术中队。建立起比较完整的刑事技术体系和犯罪信息采集网络系统，将掌握的300余份刑事大案资料、65辆被盗抢机动车资料、6000余份违法犯罪人员资料、320份被拐卖妇女儿童及人贩子资料等全部输入微机，同时将4000多份指纹资料整理上报市公安局输入指纹自动识别系统。2000年4月，杨板乡太山村两名犯罪嫌疑人对同一弱智女子施行奸淫行为。法医提取受害人所引产胎儿的心血及犯罪嫌疑人血痕，经DNA检验作同一认定，首创县级公安机关运用高科技手段认定犯罪。2001年5月中旬，技术室开通为全市公安刑事技术系统第一个指纹识别工作站。5

月29日，启动指纹自动识别系统，当天出勘提取的现场指纹在指纹库内认定出犯罪嫌疑人，直接破获7起刑事案件；对历年来有条件的现场指纹进行比对，直接破获历年未破疑案16起，案值近200万元。是年12月，被省公安厅刑侦总队评为“刑事技术示范单位”。2002年建立技术人员与办案人员信息共享机制，推出技术直接破获案件有奖新举措。是年1月22日，陈二乡发生一起杀人案，技术人员用多波段光源在犯罪嫌疑人身上寻找血迹，最后通过DNA认定犯罪。2003年10月月底，在市公安局组织的指纹破案会战中，直接破获案件24起，带破盗窃系列案件21起。2011年，全面升级改造刑事技术楼，配置指纹采集与自动比对、DNA信息采集、现场勘验等一批高端仪器，提升技术手段，构成比较完善的刑事技术系统。

1996年开始实行人口管理派出所—县局—市局三级联网，同时城关、合口、新安3个派出所的微机网络系统全部推向前台办公。开通集成于“110”报警服务台的140个金融网点、财务室、重点库房、重点部位电脑监控自动报警系统和部分公共复杂场所录相监控系统。1999年3月，公安部将临澧县公安局定为科技强警试点单位。县公安局成立以局长和政委为正、副组长的科技强警领导小组，设立科技办着手制定临澧县公安局科技强警工作方案。8月月初，省公安厅在临澧县召开第一次科技强警试点工作会议。8月20日，省公安厅以湘公科〔1999〕07号文件批复同意“临澧县公安局科技强警工作方案”。按试点方案，组建完成综合指挥中心及相关工作系统。户政股牵头完成实有人口信息计算机管理系统与省厅联网，17个担负户籍管理任务的派出所全面推行身份证无底卡制证。2000年，县局指挥中心升级改造，将综合业务信息系统、“110”智能报警系统和自动监控系统、有线无线调度系统等集成在新配置的控制台上，综合处理图像、音频、数据等信息。2002年8月，成立网监大队，对全县个体网吧进行清理整顿，全县40家网吧监控软件安装使用率达90%以上。2003年10月21日，市公安局网监部门在临澧召开现场会，推广临澧县公安局加强内部联网单位管理、开展互联网信息安全员和病毒防治的经验。至2012年年底，县局自主拥有城区治安电子防控系统（监控探头97个、公路卡口3个、实时监控平台2个）、110红外报警系统（布点100余个）、350兆无线保障通信系统、车载无线图传现场指挥系统、网上督察系统五大主要网络系统。

二、警务保障

1987年，县局仅配有1辆警用吉普车，16个派出所仅配有三轮摩托车24辆。1989年，配有水上警用摩托艇1艘；是年，全局开始陆续换装警用吉普车；至1992年，全局人均拥有1个车位。1996年，全局有警用吉普车为主的各类机动车65辆，摩托车基本淘汰。1998年后，警用轿车逐渐取代吉普车。2012年，全局标准配置警用轿车58辆。是年，斥资65万元购置一台防暴处突通讯指挥车，实行应急处突现场与指挥中心无线图传。

1989年，四新岗派出所建成全市第一个农村派出所单独院落。至1996年，有15个派出所相继建成单独院落，其余4个派出所都有单独的办公、生活区域。2007年以后，先后投资近1000万元修建6个派出所院落和拘留所院落。1990年，建成5间三层面积534平方米的全省第一个县级综合技术楼。2000年，投资200余万元，新建成210平方米的多功能高标准指挥中心专用楼。到2012年年末，县局机关业务用房占地15亩，建筑面积3500余平方米，基本满足执法办案需要。

第六章　石门县局公安工作

石门县位于常德西北部，总面积3973平方公里，辖22个乡镇（管理区）、336个村（居委会），常住人口67.2万人。

1949年8月，石门县公安局（以下简称县局）成立。至2012年年底，全局内设4个综合管理部门、12个执法勤务机构和22个派出所，有民警、职工405人，其中民警352人，职工53人。

1988年至2012年，县局大力加强维稳保安工作，深入推进“严打”整治斗争，不断创新基层基础工作，强力推进公安基础设施建设，严格落实公安队伍教育管理，全县公安工作取得巨大的发展和进步。

第一节　维护稳定

1988年至2012年，全县公安机关始终把维护社会稳定作为首要职责，科学研判维稳工作面临的新形势和新问题，不断创新警务理念、维稳策略和运行机制，逐步建立和落实一整套具有石门特色、符合石门实际的维稳工作机制，确保全县社会政治大局的持续稳定。

一、健全情报信息工作网络

县局坚持把情报信息工作作为维稳工作的生命线，强力推进国保秘密力量建设，深入推进国保基础工作向派出所延伸。至2012年年底，全县国保秘密力量已达××人，建立健全以国保部门为主体、以国保秘密力量为重点的国保情报信息主干线，以基层派出所和有关警种为支撑的情报信息支线网，以乡镇、企事业单位、社区保卫组织信息员为补充的情报信息辅助网，形成高效灵敏、点面结合、上下联动、覆盖社会各个层面的国保信息网络和大情报格局。

二、打击取缔“门徒会”“法轮功”等邪教组织

1994年3月，“门徒会”邪教组织传入盘石乡和太平乡。1995年年初，该组织设有两

大机构，发展执事以上骨干219人、一般成员8700多人，活动区域扩展到6个区、30个乡镇。该组织大肆散布政治谣言，其非法活动严重破坏农业生产，冲击基层政权，对社会治安构成极大威胁。针对这一严峻形势，从1995年2月起，县局持续开展取缔“门徒会”邪教组织专项斗争。至2012年底，全县依法取缔“门徒会”石门分会1个、工作区1个、分会点21个，教会93个，聚会点637个，依法对131名“门徒会”骨干实施劳动教养，治安处罚非法活动成员693人，责令具结悔过900多人，摧毁“门徒会”邪教组织在石门县的组织机构和骨干体系，基本肃清该组织的现实危害和消极影响。

1997年11月，“法轮功”邪教组织首次传入石门，是年，发展练功学员200人。1999年7月，根据中央及省市统一部署，取缔“法轮功”邪教组织专项行动在全县展开。此后，随着县委防范和处理邪教问题领导小组办公室的成立，依法打击“法轮功”邪教组织活动，成为常态性工作。至2012年年底，全县共破获“法轮功”案件34起，抓获“法轮功”邪教活动违法犯罪人员41人，送劳动教养7人，行政拘留32人，教育训诫125人次，成功侦破省公安厅挂牌督办的“2010. 12. 30”和“2011. 3. 24”“法轮功”邪教组织专案，有效遏制“法轮功”邪教组织的发展蔓延。

三、探索推行“临界警务”模式

2008年，立足维稳工作实际，积极开展警务理念和警务模式的创新。经过4年探索与实践，在全县新建立起“临界警务”模式。在警务部署上，将所有可能引发重大治安、稳定问题的各种社会矛盾、民间纠纷、闹事苗头、安全隐患、治安热点和事件作为警务重点，在准确掌握情报信息的基础上，逐一研判，分类指导，精心制定警务工作方案。在警务策略上，实施警力前出、警务前移、手段前置，注重打好“情报研判、法制宣传、教育疏导”前三板，防止一般性问题激化为热点性问题、经济性问题激化为政治性问题、个体性问题激化为群体性问题、个案性问题激化为区域性问题、民事性问题激化为刑事性问题。在警务措施上，积极开展超前疏导、超前化解、超前处置。在警务目标上，对各类可能引发重大治安、稳定问题的不安定、不安全因素和苗头，实行分化瓦解、各个击破、超前化解，最大限度地化解矛盾，减少对抗，降低执法成本，促进社会和谐稳定。2012年12月，石门县“临界警务”理念下的公安工作，荣获全市公安机关社会管理创新一等奖。

第二节　惩治犯罪

1988年以来，县局持续深化“严打”斗争。2003年，提出将“打击犯罪作为公安机关的第一职能”，大力加强破案打击工作。2005年，提出要牢固树立破案打击的主业理念，抓侦破打击，努力创建职能公安。2010年，在科学研判和准确把握全县治安局势的基础上，针对严重影响人民群众安全感和满意度的涉恶、涉毒、涉盗、涉赌、涉黄等犯罪活动，探索建立“主动进攻、先发制敌”的警务模式。2012年，提出“破案打击大如天”

的理念，探索建立“队所联动、片区联动、主攻城区”的工作机制，至2012年年底，全县共立刑事案件28940起，破获23662起；受理治安（行政）案件36552起，查处33529起；刑事拘留犯罪嫌疑人6245人，收容审查2633人，提请逮捕5168人，移送起诉5426人，送劳动教养2840人，治安（行政）处罚52534人，其中行政拘留12400人。

一、强化大案要案侦破

县局始终坚持“抓大打恶”的方针，大力加强大要案件的侦破工作。1989年5月，破获官渡桥镇西周村杀人焚尸案。1989年10月，破获石门县招待所巨额现金盗窃案（长春铁路机务所工作人员高××携带的34200元现金被盗）。1990年2月，成功破获发生在河口乡太青村的特大杀人、抢劫、纵火焚尸案。1992年，破获湖南特种水泥厂劳动服务公司驻县城镇水泥建材经营部临时工被杀案。1994年6月，破获县城澧水河滩特大抢劫杀人案。1995年3月，破获皂市镇芭茅塌特大抢劫杀人案。1996年8月，破获南北镇路段出租车司机被杀案。1998年10月，破获二都乡林场青湾恶性纵火杀人案。2002年2月，破获非法修练传播有害气功“中华昆仑女神功”案。2003年5月，破获城区小汽车被盗系列案。2007年5月，破获新铺乡青狮岭村杀人焚尸案。2008年11月，破获新铺乡燕子山信用社持枪抢劫杀人案。2009年2月，破获二都地区持续两年的特大系列抢劫、强奸、盗窃案件。2010年2月，破获石门一中学生印××在县城商业步行街被杀案。2012年11月，破获县城周家河小区系列持刀抢劫案。至2012年年底，全县共立八类恶性案件2745起，破获2500起。中央电视台《天网》栏目先后以《谁喊“不许动”》《红白喜事招来贼》《桔园黑影》《天才少年之死》为题，报道县局成功侦破新铺乡燕子山信用社持枪抢劫杀人案、盗窃红白喜事礼金系列案、二都区特大系列抢劫强奸盗窃案和县城商业步行街恶性杀人案的事迹。

二、惩治经济犯罪

1988年至1999年，县局未设惩治经济犯罪的专业机构，其工作职能由刑侦大队承担。2000年，根据形势需要，设立“经济犯罪侦查大队”和“涉税犯罪侦查大队”，使惩治经济犯罪成为常态性工作。2008年，进行公安内设机构改革，将原“经济犯罪侦查大队”和“涉税犯罪侦查大队”合并，成立“经济犯罪侦查大队”，进一步强化惩治经济犯罪的职能。至2012年年底，全县共破获各类经济犯罪案件486起，提请逮捕经济犯罪嫌疑人223人，移送起诉446人，有效维护全县经济秩序。

三、打击涉毒违法犯罪

1988年至1999年，惩治涉毒违法犯罪职能由刑侦大队承担。2000年，随着形势发展的需要，县局正式设立“禁毒大队”，从此，打击涉毒违法犯罪被纳入常态化管理。1999年以前，除发现少量非法种植毒品原植物（罂粟）案件外，全县基本没有发生其他涉毒违法犯罪案件。2000年，石门县被授予全省首批“无毒县”称号。2003年，全县仅有在册吸毒人员49名，占总人口数的0.07‰，被省禁毒委授予首批“全省无毒害县”称号。随着人、财、物的大流动，毒品犯罪逐渐向石门渗透，全县毒情日趋复杂。2009年年初，全县在册吸毒人员发展到212人。至2012年年底，全县共破获涉毒刑事案件223起，查处涉毒案件809起，提请逮捕184人，行政拘留1173人，强制隔离戒毒253人，缴获毒品4900余克。2012年12月，二都派出所破获易家渡镇叶×特大贩毒案，缴获冰毒520克、麻古60颗（重6.8克）。

四、惩治涉赌违法犯罪

1995年5月，全县公安机关组织开展扫除“黄、赌、毒”专项行动，从此，打击涉赌违法犯罪成为经常性工作。2003年，地下“六合彩”渗入石门县。2004年，蔓延至7个乡镇，约3000人参与。为此，县局持续组织开展打击地下“六合彩”赌博的专项行动。至2012年年底，全县共查处赌博违法犯罪案件3320起，提请逮捕22人，送劳动教养43人，治安处罚12530人，行政拘留9987人。其中，查处地下“六合彩”赌博案件203件，处理地下“六合彩”赌博人员679人，其中提请逮捕9人、送劳动教养30人、行政拘留178人，夹山、楚江、皂市、子良、壶瓶山、蒙泉镇等地下“六合彩”活动得到有效遏制。

五、开展“严打”专项整治

1988年以来，县局根据各个时期的社会治安形势，组织开展一系列“严打”专项整治斗争。1988年6月，组织开展打击路贼路霸专项斗争。1989年4月，组织开展打击拐卖妇女、儿童犯罪专项活动。1990年5月，组织开展严厉打击严重刑事犯罪分子的“严打”斗争。1992年4月，组织开展打击黑社会势力和反社会邪恶势力整体战。1993年11月，组织开展整治农村治安的整体行动。1994年8月，组织开展整治城镇治安的“夏季攻势”。1995年11月，组织开展“冬季整治农村社会治安”集中统一行动。1998年6月，组织开展打击破坏企业设施、盗窃物资、危害企业生产经营犯罪活动的专项整治行动。2002年5月，组织开展“黄、赌”专项治理行动。2003年7月，组织开展打击地下“六合彩”专项斗争。2005年7月，组织开展集中清理整治危爆物品专项行动。2006年3月，组织开展“打黑除恶”专项斗争和“四打三建”专项行动。2007年7月，组织开展打击盗抢、毒品、赌博犯罪百日会战。2008年，以奥运安保为重点，组织开展以“大排查、大化解、大破案、大追逃、大清查、大整治、大清缴、大防控”为内容的治安整治大会战。2009年5月，组织开展“百日三打”（打击涉恶犯罪、涉毒犯罪、涉盗犯罪）专项行动。2010年6月，组织开展为期五个月的“严打”整治专项行动。2012年5月，组织开展“三打两清一建”“严打”整治攻坚战。至2012年底，全县共组织开展各类严打整治专项行动101次，及时解决不同时期的突出治安问题，有效地掌控全县社会治安大局。

第三节 治安管控

1988年至2012年，是石门治安行政管理大规范、大发展时期。全县人口管理、旅馆业管理、道路交通安全社会化管理等得到长远发展。

一、人口与出入境管理

1990年，石门县公安局设立户政股，专司户政管理职能。2000年，户政股更名为人口管理大队。2008年，人口管理大队与国内安全保卫大队出入境管理职能整合，成立“人口与出入境管理大队”。为加强人口管理，1988年，全面颁发第一代居民身份证。1995年，组织开展农村户口清理整顿工作，清理“口袋户口”人员12678名。2003年，按期完成户政基础工程建设。2004年，全县人口信息计算机联网，实现人口管理信息化。2005年，启动第二代居民身份证换发，至2007年，初步完成换证任务。2010年，以第六次全国人口普查为契机，全面开展户口整顿工作，落实流动人口、出租房屋管理。至2012年年底，全县有常住人口232490户、672100人。

二、特种行业管理

1988年，全县特种行业仅有92家。至2012年年底，全县列管特种行业增至625家，其中旅馆业270家。25年间，县局加大对特种行业的管理力度，先后组织清理整顿22次，取缔非法特业46家，停业整顿129家（次）。从2008年5月开始，立足石门县实际，从依法实施行政许可入手，大力推进旅馆业治安管理信息系统建设，深入探索和推行小旅馆的规范化、科技化、信息化管理，探索建立以“降低门槛准入、消防刚性达标、分片装机联网、信息集中上传、日常监查辅助”为主要措施的小旅馆规范管理模式。在此基础上，以旅馆业、网吧为重点，对治安管理涉及的所有行业场所，全面推行“实名登记、实时监控、实地检查、实效管理、热情服务”。2008年9月，省公安厅在石门县召开全省小旅馆管理现场经验交流会，总结推广石门县小旅馆规范管理的经验。2008年至2012年，全局通过旅馆业信息系统抓获各类在逃人员60名。

三、网络监管

2003年年初，石门县出现首个网吧。2003年3月，县局网监大队成立，专司网络监管、网络案件侦查、网络技术服务工作。2008年以来，全县通过网吧管理系统抓获各类在逃人员50余名。2009年6月，成功破获涉案金额达1.2亿元的“世界通”特大网络传销案件。至2012年年底，全县共有网吧48家，全部按规定安装管理系统。

四、道路交通管理

石门县是湘鄂边山区，道路崎岖，交通安全事故多发。2002年2月17日，磨市镇九里坡路段发生一起死亡25人的特大交通事故。是年6月，县委、县政府吸取“2·17”特大交通事故的惨痛教训，将交通安全管理由部门工作全面上升为政府行为，确立“党委政府总揽、职能部门主管、单位各司其职、基层包保负责、上下整体联动”的总体思路，各职能部门整体联动，深入开展创建交通安全单位、交通安全乡镇、交通安全村组、交通安全学校活动，逐级建立道路交通安全社会化管理责任制，落实道路交通安全社会化管理，初步实现道路交通安全管理的监管责任社会化、宣教手段社会化、整治措施社会化和技防手段社会化，使全县道路交通形势得到根本性好转。交通事故万车死亡率逐年稳步下降。这一做法受到公安部、省委、省政府、省公安厅的高度肯定。2004 年 7 月，省政府在石门县召开道路交通安全管理现场经验交流会，总结并推介石门县道路交通安全社会化管理模式。之后，有 110 多个市、州、县到石门参观学习。

五、消防管理

1988 年 12 月 22 日凌晨，因人为放火，县城关镇城东居委会发生重大火灾，烧毁房屋 64 户、138 间、9660 平方米，烧死 1 人，烧伤 7 人，直接经济损失 180 万元。事故发生后，县委、县政府从中吸取教训，对消防工作引起高度重视。消防部队建设、防火装备建设得以逐年加强。特别是在消防监督上，2006 年 5 月，全县启动加强和规范公安派出所消防监督管理工作试点，以派出所长和社区民警为主体，全面落实消防监督所长负责制和社区民警防火责任制。至 2012 年年底，县公安消防大队列管二级消防安全重点单位 118 个，派出所列管三级消防安全重点单位 660 个，全部落实消防监督工作责任制，全面建立起消防安全社会化管理体系。

六、民生警务

从 2009 年起，县局在全省公安系统率先提出“民生警务”理念，以公众测评和警务调查为考评杠杆，出台“打击犯罪不忽视小案件、治安管理不忽视小场所、安全监管不忽视小矿山、治安防控不忽视小院落、社会稳控不忽视小纠纷、执法监管不忽视小环节、队伍管理不忽视小过错”的改革措施，建立起“保民平安、为民服务、受民监督、请民评判”的长效机制，并持续推进“大排查、大化解、大破案、大追逃、大追赃、大清查、大整治、大防控”措施，致力于解决事关民生的“小纠纷、小案件、小需求、小场所、小院落、小环节、小过错”等问题，特别是针对盗窃等多发性案件侦破难、追赃难、防范难的特点，坚持“既重大案、又重小案，既重破案、又重追赃”，实现严格执法、依法管理、维护治安与关注民生、改善民生、保障民生的有机统一。2011 年，中央电视台对推行“民生警务”的做法进行专题采访报道。省内多家主流媒体以《民生警务暖山城》为题，对石门公安推行民生警务的经验进行重点宣传和推介。

第四节　基层基础建设

1988 年以来，县局围绕强化基层基础建设，更新思路，拓宽视野，坚持不断探索创新，摸索总结出一整套全新的工作机制，有效推进全县社会治安防控工作的平衡发展。

一、社会治安“四长”责任制

1990年3月，太平派出所积极争取党委政府的重视、支持，在全区以党的领导为核心，以法律法规为内容，以全社会齐抓共管为基础，以公民守法为前提，从选举合格家长入手，通过层层签订社会治安综合治理责任状，建立以乡长、村长（主任）、组长、家长为责任人的农村社会治安“四长”责任制。是年5月，石门县委召开常委会听取太平区“四长”责任制的专题汇报，研究推广实施工作，并两次在太平街区召开社会治安综合治理现场会，把“四长”责任制推向全县。全县16.7万名家长、9473名组长、765名村主任、43名乡（镇）长，级级明确职责，层层签订责任状，评选出合格家长16.4万名，对外出务工人员家庭的留守儿童聘请代理家长2826名。通过全面推行社会治安“四长”责任制，将社会治安综合治理目标分解到每一个管理环节，工作责任落实到每一个社会成员，从而实现社会治安综合治理经常化、制度化、规范化。

二、“1386”警务室工作模式

从2008年起，县局以推行警力下沉为基点，深入推进城乡警务战略，从改造传统警务到建立信息警务，在全县建立起以“一个平台（社区、农村警务室）、三支队伍（社区驻村民警队伍、专职巡防队伍、村级治调队伍）、八大机制（网格防控、联动协作、案件回访、信息导警、警务前置、社情研判、动态勤务、规范管理）、六零目标（零缝隙覆盖、零距离警务、零可控发案、零矛盾激化、零投诉执法、零差错服务）”为架构的“1386”警务工作模式，县、乡两级政府累计投入480多万元，建设起6个社区警务室、4个流动警务室和37个农村警务室，实现对全县城乡的无缝覆盖。经过两年的实践，推行“1386”警务室工作模式，找准社区、农村警务与基层政权建设、社会治安综合治理及民生需要的结合点，激发社区警务、农村警务的工作活力。2009年5月，省公安厅在石门县召开全省推行城乡警务战略现场经验交流会，总结推介《推行城乡警务，有效服务民生》的经验；是年10月，石门县被评为“全省社区和农村警务示范县”。

三、社会矛盾排查化解机制

从2011年年初开始，针对村级治调组织弱化的现实，县局积极探索创新村级治调组织建设，创立“队伍专业化、运行警务化、管理制度化、效能最大化”的村级治调组织管理模式，建立以乡镇党委政府为统领、乡镇综治部门为主导、基层治调组织为主力、农村警务室为平台“四位一体”的社会矛盾纠纷排查化解机制。该机制集普法、调解、法律援助、安置帮教、社区矫正功能于一体，对农村各类隐患、苗头，做到早发现、早控制、早疏导，确保防范工作在前，化解措施在前，掌握农村治安防控的主动权。2011年10月，省公安厅召开全省公安机关加强和创新社会管理经验交流会，总结推介石门县公安局《创新社会矛盾化解，全力维护社会稳定》的经验；是年12月，县局加强和创新社会矛盾纠纷排查化解机制的做法荣获年度全省公安工作创新奖。

第五节 教育管理和执法监督

1988 年至 2012 年，是石门县公安队伍大发展、大规范的重要时期。特别是随着 2006 年全省为期五年的“三基一化”工程建设全面启动，全县公安机关坚持政治建警、业务立警、文化育警、科技强警、法律护警和从优待警，公安队伍正规化建设水平明显提升。

一、队伍正规化建设

1988 年，石门县公安局有民警 174 人。1992 年和 1994 年，县委先后两次为公安机关增加地方事业编 96 个。2008 年，县委研究设立县安保中心，对长期挤占公安编制的自收自支编制进行身份置换。此后，通过公务员招录和政法干警定向招录，新警招录工作进入常态化、规范化。至 2012 年年底，全局有民警 352 人。

针对队伍日益壮大的实际，县局党委坚持把从严治警作为第一方略，采取六项措施全面加强队伍正规化建设。①狠抓班子建设。以党委自身建设为龙头，进一步健全班子建设制度，着力锤炼团结向上的思想作风、率先垂范的工作作风和廉洁自律的纪律作风，始终保持坚强的战斗力和凝聚力。②配强骨干队伍。优先配强股长、所长、队长，采取集中培训、分警种培训和以会代训培养骨干，并进行严格的理论学习和理论考核。先后 5 次采取大集中形式对 110 名中层骨干进行政治理论、业务水平和组织能力的大培训。③强化技能培训。以省厅制定的专业技能训练内容和考试考核标准为依据，全面落实岗位技能练兵，共举办各种培训班 29 期，对刑警、巡警、治安警、户籍警、交警等直接面对群众的警种，进行理论与实践并重的岗位训练、跟班训练和集中培训。④落实制度管人。县局先后制定 50 种规章制度，使党委工作、队伍管理、警务管理、执法管理、后勤管理均有章可循。⑤严格作风整顿。以严格执行公安部“五条禁令”和省厅“四条禁令”为重点，认真开展“立警为公、执法为民”的行风主题教育，大力加强警务督察和日常监管，把每年一次的纪律作风集中教育整顿形成常态。⑥落实从优待警。积极争取党委政府支持，建立优秀骨干和普通民警职级晋升机制，落实执勤津贴、加班补助和住房公积金福利，规范派出所民警下乡补助和高山林区补助，建立民警学历教育奖励和民警子女升学奖励制度，落实民警综合体检、年休假制度，激发广大民警的工作积极性和创造性。

1988 年以来，县局党委先后 8 次被县委评为“五好班子”。1998 年，县局被公安部评为全国抗洪抢险先进集体。2005 年，被省公安厅评为全省公安思想政治工作先进单位。2008 年，被公安部评为全国创建平安畅通县区先进集体和全国县级公安机关公用经费保障标准落实工作先进单位。2009 年，被省公安厅评为 2009 年度全省优秀公安局。2012 年，被公安部授予“全国优秀公安局”称号。与此同时，全局涌现出一批先进模范人物。1990 年，打字员熊双英被评为全国公安系统学雷锋标兵。1991 年，被省公安厅记一等功。1993

年，泥市派出所民警覃正双被民政部授予“革命烈士”称号。1995 年，痕迹技师张松林被省政府授予“湖南省劳动模范”称号。2000 年，南镇派出所所长田建平被公安部授予“全国优秀人民警察”称号，2003 年，被公安部授予“全国特级优秀人民警察”称号。2006 年，110 指挥中心主任舒冬生被评为“全国 110 接处警工作先进个人”。2008 年，国保大队大队长贾珍汉被评为全国公安国保工作先进个人。2012 年，县公安局党委委员、森林公安局局长周常平被授予“全国公安系统爱民模范”称号。

二、执法规范化建设

1992 年以前，石门县公安局没有专职法制监督机构，执法监督工作处于松散管理状态。1993 年，设立“法制办公室”，行使全局执法监督职责。2005 年，省公安厅开始实施执法质量考评，并将考评成绩纳入公安机关综合考评，全县公安执法监督工作摆上重要议事日程，执法规范化水平逐年提升。从 2008 年起，全局坚持把规范执法作为公安工作的生命线，以公正廉洁执法为目标，推进执法规范化建设。在执法主体上，进一步加强业务培训，提升民警的执法素质和业务技能，有效组织民警法制大轮训和基本级、中级执法资格学习迎考工作。在执法管理上，推行网上执法办案系统的应用，全局办理的刑事案件和行政案件，从接警到办结全部实行网上录入、网上流转、网上审核、网上监督和网上考评，有效解决长期困扰公安执法的人情案、关系案、油水案问题。在执法硬件上，全面完成执法办案区域规范化建设，涉案人员自进入公安机关起，全部执法活动都在执法办案区域进行，并实行同步录音录像。在执法制度上，建立健全一整套执法监管制度，重点推行涉法信访周报制、执法台账月检制、执法办案回访制、执法质量一票否决制和执法过错责任追究制，形成网上流转与网下监督相结合、分级审核与集体把关相结合、定期讲评与责任查究相结合的常态化执法监管机制。在执法审批上，建立四级审核审批制度，所有执法争议和疑难问题，一律由县局执法监督委员会集体会审，强化县局执法监督委员会的监督功能。在执法整顿上，深入开展执法不作为专项整治和“百案”评查活动，从规范接处警入手，重点整改有警不接、接警不处、有案不立、立案不查等突出执法问题。在执法考评上，建立和落实“一月一次检查督导、一月一次讲评考评、一月一次排队通报”考评制度。2007 年至 2012 年，县局连续六年被评为全省执法质量优秀公安局。2010 年 10 月，被省公安厅评为“全省公安机关执法示范单位”。2012 年 3 月，被省公安厅评为“全省公安机关执法规范化建设先进集体”。2012 年 10 月，被公安部评为“全国公安机关执法示范单位”。

第六节　公安科技和综合保障

1988 年，全县公安基础设施十分落后。1992 年，石门县公安局制定《全县公安基础建设五年规划和十年发展纲要》，公安基础设施建设走上快车道。至 2012 年年底，全县按期完成局机关院落迁址建设、“金盾工程”建设、“三基一化”工程建设任务。

一、公安院落建设

1988年，石门县公安局机关只有一栋1976年建成的集办公与住宿一体的四层楼房，农村派出所全部在乡镇政府借住办公，没有一个独立院落。1994年，县局机关大院由楚江路迁至澧阳东路，顺利完成机关大院迁址。1996年，全面完成第一轮派出所院落建设。2005年，建成楚江派出所综合楼。2010年，新建石门县看守所，完成看守所、拘留所“两所合一”。至2012年年底，全局共有24个独立院落，县局机关、看守所、拘留所、交警大队和21个派出所全部实现独立院落、设施配套、标识统一和环境优化。

二、公安装备建设

1988年，县局仅有警车2辆。1996年，全面实施第一轮警用车辆配备，装备警车57辆、警用摩托车30台，机关业务部门、派出所全部实现一所（队）一辆警车。2006年，全面完成警车更新换代，派出所新增警车19辆。至2012年年底，全局共有警用车辆81辆。与此同时，狠抓其他装备建设。1988年，县局只有一台50门磁石交换机，16部手摇电话机。1991年，开通程控电话，装备程控电话22部。1992年，开通无线电通信系统，装备无线电基地台4部，车载台12部，对讲机69台。2003年，完成350兆无线集群通信系统建设，建设差转台4个，实现通信组网。2007年至2009年，先后装备公安应急处突指挥车和运兵车，配置部分反恐防暴装备。2011年，购置民警单警装备180套，一线民警全部配齐单警装备。至此，公安常规装备基本满足日常警务需要。

三、公安科技建设

1988年至1996年，石门公安科技设备简陋、单一。至1996年，建成“110”报警服务系统，公安科技建设开始起步。2003年以后，相继实施“金盾工程”“三基一化”工程和警务信息化建设，公安科技建设快速发展。2003年，开通石门公安信息网。2004年，完成局域网整体升级，主干网实行2兆光纤接入，实现无纸化办公和网络化管理。2005年，完成“110、119、122”“三台合一”和“四网合一”工程，形成统一、灵敏、高效的指挥系统。2006年，加强刑事科技建设，建成指纹识别系统。2008年，全面安装旅馆业监控系统，实现旅馆业信息系统联网；建成城市治安电子防控系统，经过五年扩容，共安装监控探头230个。2009年，启动警务信息综合平台应用工作，应用网上执法办案系统，全部刑事、行政案件实现网上录入、网上审批、网上签章和网上流转。2011年，组建情报信息中心，建成一级刑事技术室。2012年，开通移动警务终端系统，装备移动警务通460台。是年，全局共采集各类基础信息164万余条，通过情报研判，直接协破案件58起，抓获违法犯罪嫌疑人69名。

第七章　澧县县局公安工作

澧县位于常德北部，县域面积2075平方公里，辖4个街道办事处和30个乡镇，共423个村、55个居委会，常住人口93.2万人。

1988年，澧县公安局（以下简称县局）内设二级机构8个，辖39个派出所，在编警力220人。随着社会经济发展和公安工作的需要，队伍不断发展壮大。至2012年，县局机关设二级机构16个，辖36个派出所，在编民警423人（含交警107人）。

澧县公安工作始终坚持围绕县委、县政府的工作大局，坚持全心全意为人民服务，忠实履行惩治犯罪、保护人民的神圣职责，确保全县改革开放和经济建设顺利进行，确保一方平安和社会和谐稳定。

第一节　维护稳定

1988年以来，县局把维护社会稳定作为公安工作的首要任务，健全情报信息工作网络，加强国保队伍建设，完善工作机制，制定各种工作预案，打击取缔非法邪教组织，有效化解和处置群体事件，确保全县政治社会大局持续稳定。

一、查处非法邪教组织

1994年至2001年，非法邪教组织“门徒会”和“法轮功”先后在澧县发展组织，非法集会，宣传邪教，蛊惑人心，严重影响社会政治稳定和经济发展。对此，县局采取坚决措施，持续不断开展打击取缔斗争。

邪教组织“门徒会”于1994年冬季开始在澧县发展蔓延，涉及13个乡镇、69个行政村，有成员1593人。从1995年2月开始，在全县范围内开展打击取缔邪教组织“门徒会”专项行动，先后举办法制学习班12期，受教育群众达1300人，收缴非法宣传品100份。对不思悔改的骨干成员，收审6人，治安处罚63人。1996年，办法制学习班10期，接受法制教育的群众达600人，并对仍有违法活动的10名骨干分子予以行政拘留。1998年特大水灾后，“门徒会”邪教组织死灰复燃，在甘溪滩、码头铺等偏远山区频繁活动。县局及时开展查禁“门徒会”邪教组织专项行动，抓获骨干分子23人，捣毁非法聚会点9处，举办法制学习班8期，教育受骗群众300人。

“法轮功”邪教组织于1996年下半年开始在澧县活动。是年7月，中央明令宣布“法轮功”为邪教组织并予以取缔。县局立即开展打击取缔邪教组织“法轮功”的斗争。1999年至2001年，开展3次拉网式摸底排查，查清县内“法轮功”邪教组织成员及其活动情况。对每个“法轮功”邪教组织的成员建立详细的资料档案，对重点对象落实全方位的侦控措施。收缴并销毁“法轮功”邪教组织非法出版物1450件（册）。组织受骗群众集中学习，耐心细致做好思想转化工作，举办8期法制学习班，教育感化受骗群众300人。对少数屡教不改的骨干分子，在查清违法犯罪事实的前提下，依法予以打击处理，刑事拘留33人，送劳动教养13人，治安处罚91人。

2005年至2007年，少数拒不悔改的“法轮功”邪教组织和“门徒会”邪教组织骨干分子仍进行违法活动，县局进一步加大打击取缔力度。3年内共收缴“法轮功”反动宣传品4400份，侦办“法轮功”邪教组织非法活动案件14起，送劳动教养2人，行政拘留21人。侦办邪教“门徒会”非法活动案件17起，提请逮捕2人，送劳动教养6人，行政拘留43人，警告教育273人次。

二、处置群体事件

1. 化解闹事苗头

县局坚持超前预警，着力做好情报信息搜集和深入细致的群众思想工作，及时预防和化解群体性事件。1988年至2012年，全县共掌握群体性闹事苗头632起，预防和化解619起，成功化解率达98%。2009年至2012年，搜集掌握涉稳情报信息961条，排查掌握重点人群17个，重点部位（行业）33处，重点人员568人。调处化解矛盾纠纷664起；成功化解非正常上访64起，劝阻非正常上访人员58批、779人次；妥善化解处理因企业改制、土地产权纠纷、城镇拆迁、医患矛盾、交通事故、治安纠纷和刑事案件中非正常死亡等问题引发的群体性事件79起。

2. 处置群体事件

在处理涉及利益诉求的群体事件中，坚持正确处理两类不同性质的矛盾，对群众以宣传教育为主，把不良社会影响减小到最低限度。2001年9月21日，原七里湖农场发生群体性事件。县局在县委、县政府和上级公安机关的领导下，组织专门力量，搜集情报信息，掌控事态发展动向，并派出50名民警参与宣传教育和矛盾化解工作。同时，维持社会治安秩序，全面搜集该次事件的少数头目和参与打砸抢骨干的违法犯罪证据。11月13日，县局授权发布《关于维护七里湖地区治安秩序的通告》，决定对郑××、金××等操纵者依法刑事拘留。是月15日，出现群体性治安事件。经请示党委、政府和上级公安机关批准，紧急出动200名民警，依法解救“人质”，平息事态。民警进柴山清场，拆除非法搭建物，抓捕掌握确凿证据的极少数违法犯罪嫌疑人，动员参与打砸抢的骨干分子投案自首。事件平息后，指派10名民警驻场做好后续工作，防止事态反弹，发现问题苗头，及时处置。此外，县局组成3个追逃小组，将3名为首的犯罪嫌疑人及时抓获归案。至2012年，处置涉及各种利益诉求引发的严重群体性治安事件13起。

第二节　惩治犯罪

1988年以来，县局深化“严打”斗争，坚持“打黑除恶”，开展专项整治，探索刑侦改革，保持“严打”的长期高压态势。1988年至2012年，刑事案件共立案38233起，侦破26990起。其中大案立案4854起，侦破大案4267起。共提请逮捕犯罪嫌疑人7000人，移送起诉8109人，送劳动教养2663人，抓获在逃犯罪嫌疑人2438人。

一、开展“严打”斗争

1990年，县局全面落实“深入清查、重点审查、统一收捕、依法处理”的工作措施，开展“打抢劫、治流氓、破大案”和“反盗窃、反扒窃、反车匪路霸”的专项行动。年内，刑事案件立案1320起，侦破1123起，其中大案立案206起，侦破199起，摧毁犯罪团伙101个，瓦解团伙成员358人，提请逮捕338人，移送起诉389人，送劳动教养111人。

1996年3月13日，澧阳镇一派出所民警在侦破一起抢劫摩托车案件时抓获犯罪嫌疑人韩××。审查中，发现有重大杀人嫌疑，县局立即成立专案组，历时3个月，先后深入14个省、市的20多个县调查取证，实地勘查30多个发案现场，走访200多名证人，取得证据材料数千份。经查证核实，韩××系河南省南阳市镇平县彭云乡冯营村农民，自1995年在当地犯罪被假释后，流窜河南、湖北、湖南、浙江等14个省市抢劫杀人，作案27起，杀死23人，杀伤8人。7月23日，时任公安部部长陶驷驹签署命令，为县局侦破特大系列抢劫、杀人案专案组记集体一等功。

2009年5月，网监大队和禁毒大队民警发现澧阳镇有人以“网上炒黄金”为名参与传销活动。县局组织网监、禁毒部门开展专案侦查。7月中旬，专案组抓住战机实施收网行动，将骨干分子冉××、肖××抓获。审查发现，该传销网络以“香港皇家金银投资顾问有限公司”的名义，以高额回报为诱饵，发展众多会员，主要案犯藏匿广东逍遥法外，办案难度较大。县局及时将案情向市公安局和省公安厅汇报，取得上级公安机关的支持，将该案列为省公安厅督办案件侦查。9月18日，负责网上技术侦查的民警发现“香港公司”网站上抛出“买三送一”公告，专案组立即赶赴广州，及时攻破该组织网站，为防止嫌犯转账或提取现款潜逃，遂果断依法将其账上500万元资金冻结。于9月30日在广州将主要犯罪嫌疑人唐×、展××、杨××3人抓获，收缴赃款1200多万元。至此，涉及全国1万余人，涉案金额近亿元的特大网络传销大案告破，追回赃款2000万元。是年，省公安厅为该专案组记集体二等功。

2011年，澧县被列为全省“打黑除恶”重点县挂牌督办。县局变压力为动力，把“打黑除恶”作为全局工作的重中之重来抓。一是完善涉黑、涉恶线索排查机制。以社区民警、农村责任区民警为明线，建立“一日一排查采集、一周一甄别录入”的信息收集制度；以刑侦民警为专线，对涉黑、涉恶案件进行跟踪梳理，定期研判；以隐秘力量为暗线，收集掌握深层次、内幕性情报信息，寻找破案突破口。在涉黑、涉恶线索大排查行动中，收集掌握有关信息213条。二是健全涉黑、涉恶信息共享机制。开发利用《打黑除恶信息软件》，设置信息录入、自动识别、分类统计、预警提示等功能，为办案民警查阅、比对、甄别应用信息提供支持平台。建立信息研判联席会议制度，对掌握的情报信息，进行综合分析，统一调度，加快“打黑除恶”的工作节奏。三是强化涉黑、涉恶专案侦查机制。对排查掌握的重大线索、重点对象采取局领导包案督办，专案组主办，队、所捆绑联动快办，加大专案侦查力度。县局召开“打黑除恶”案情信息研判会22次，对大排查统一行动中收集的31条涉黑、涉恶团伙线索进行深入分析，将其中15条重大线索确定为主攻目标，逐条明确责任领导、责任单位和责任民警，逐案制定工作方案、具体措施和工作要求，迅速组织民警开展专案攻坚行动。至2012年3月，捣毁黑恶势力团伙8个，瓦解团伙成员135人，侦破刑事案件198起，收缴仿制手枪3支、管制刀具43把，查封涉毒、涉赌、涉黄场所18处。经省、市检查验收，澧县“打黑除恶”工作进入全市前列。

二、强化专项整治

（一）重灾区专项整治

1991年7月，澧县遭受严重洪涝灾害。县局在梦溪、澧南、澧阳3个重灾乡镇和红湖区，组建8支治安巡逻队，对重灾区的社会治安进行专项治理，破获刑事案件109起，抓获违法犯罪嫌疑人169人。1998年7月，澧县发生特大洪涝灾害，澧南和官垸2个大垸溃决，其他地区发生严重渍涝灾害。全局出动警力5550人次，车辆2120台次，解救和转移被洪水围困的群众43750人，安全转移县看守所在押人员211名。县局先后发布《关于加强灾区社会治安管理的通告》和《关于坚决维护堵口复堤工程顺利进行的通告》。在2个溃垸的重灾区，安排40名民警，租用民船组建4支水陆机动巡逻队进行24小时不间断巡逻，及时制止、打击趁灾打劫和偷盗财物的违法犯罪行为，破获盗抢案件30起，捣毁犯罪团伙3个，抓获犯罪嫌疑人56人。是年，由于维护灾区治安和抢险救灾事迹突出，公安部给予县局记“抗洪救灾集体一等功”的表彰奖励。

（二）重点区域专项整治

从1996年开始，对治安问题突出的重点地区集中力量进行专项治理。第一批对治安管理混乱、工作不力的火连坡镇、洞市乡，派驻工作组帮助解决突出问题。第二批对群众反映强烈、治安管理失控的北民湖渔场周围地区，由县局统一组织警力，开展集中搜捕行动，严惩当地湖霸渔霸，恢复正常治安秩序。第三批对局部地区治安状况较差的澧澹、澧东乡和澧阳镇黄桥地段，县局安排力量与当地派出所联合行动，打击横行乡里的地痞地霸，加强基层治保组织建设，防止治安问题反弹。第四批对207国道、省道1868和1852沿线地区进行重点治理，解决车匪路霸问题。1997年，专项治理地区的治安状况明显好转，其中治安复杂的澧阳镇刑事发案下降15%，207国道未发重大车匪路霸案件，省道

1868 和省道 1852 沿线发案 4 起，比上年同期减少 12 起。

（三）重点问题专项整治

2002 年，集中开展对企业和学校周边治安问题的专项整治行动。对企业和学校周边的盗窃、哄抢、破坏财产设施以及学校周边伤害师生的案件及时侦破，快速处理。对学校周边“三室二厅一吧”进行整治和取缔。破获刑事案件 22 起，提请逮捕犯罪嫌疑人 12 人，行政拘留 5 人，整治电游室、桌球室、网吧、歌舞厅 43 处。同年，对涉毒问题严重的澧澹乡东洲村进行重点整治，捣毁计 × × 家族吸贩毒团伙，抓获吸贩毒人员 16 名，提请逮捕 3 人，实施劳动教养 5 人，对 8 人实行强制戒毒。

三、探索刑侦改革

1998 年，县局积极探索刑侦改革，把侦查破案作为全局工作重点，在领导、警力和装备保障等方面向刑侦倾斜。刑警大队由 1997 年的 33 人，增加到 70 人。内设重案、技术、经侦、内务 4 个中队。在澧阳、雷公塔、小渡口、大堰垱和甘溪滩等区域相对集中、治安复杂的乡镇设立 5 个刑警责任区中队。澧阳责任区刑警中队在基础建设、队伍管理和侦查破案中成绩突出，1999 年至 2000 年，破获各类刑事案件 609 起，提请逮捕 186 人，起诉 216 人，捣毁犯罪团伙 25 个，每年人均破案 20 起。1999 年 5 月，破获“3・4”特大入室抢劫案；8 月，破获“5・26”特大绑架人质案；两次被市公安局荣记集体三等功。责任区中队的建立，为刑侦工作快速反应、集中优势兵力攻坚克难摸索出新路子。2000 年 10 月，常德市公安局作出在全市公安系统开展向澧县公安局刑警大队澧阳责任区中队学习的决定。12 月，省公安厅给澧阳责任区中队记集体二等功，授予“优秀责任区刑警中队”荣誉称号。2001 年 5 月，公安部授予澧阳责任区刑警中队“全国模范刑警中队”荣誉称号，并被记集体一等功。

第三节　治安管控

20 世纪 80 年代末期，改革开放的深入带来人、财、物的大流动，社会治安管理任务日趋繁重，县局顺应时代要求，在严格管理上下功夫，在便民服务上出实招，为县域经济发展，人民安居乐业创造良好的治安环境。

一、人口与出入境管理

1990 年，贯彻国务院〔1989〕80 号文件精神，对全县常住人口、暂住人口进行全面清理整顿。1991 年，公安机关接管农村户口，各乡镇政府设立户政管理办公室，选配户政专干，企事业单位和村民委员会选配户口协管员。是年，县局集中组织户政管理专干、协管员进行户口登记管理的专业化培训后统一上岗。1996 年，实行农村人口城市化管理，登记暂住人口 7577 人，办理暂住证 5864 人，列管重点人口 7268 人。1998 年，开展创人民满意的户政文明窗口活动。建成湘北一流的户政服务中心，开展身份证快证制证业务。履行上门服务、延时服务、双休日服务的承诺，获群众好评。1991年和1998年两次洪涝大灾中，在灾民安置点设立6个流动服务窗口，免费为灾民办理临时身份证3210个、边境证1940个，确保灾区群众正常的生产生活和出行。经过历年的户口清理整顿和1990年、2000年、2010年三次人口普查，至2012年，全县93.2万人常住人口实现规范化管理。20世纪90年代后期，公民出境旅游、从事商贸活动、劳务输出、出国留学、出境探望和涉外婚姻等增多。特别是2008年以后，县域内出入境人数逐年成倍上升，县公安局及时回应人民群众的需求，加大管理与服务。仅2008年至2012年，共为38906人办理出入国（境）手续。

二、特种行业管理

1990年，全县特种行业485家，其中旅店业220家、旧货业172家、印刷业84家。是年，县局对特种行业进行全面清理整顿，培训从业人员211人，换发证照477个，取缔非法经营户3家，查处治安案件78起，收缴违法收购的废旧钢材24吨。

2003年，全县特种行业经营者达3014户，县局进行全面清理排查，对经营户登记造册，培训业主432人，签订治安责任状2982份。年内开展7次安全大检查，发现各类安全隐患漏洞1123处，下发整改通知书663份。至2012年，全县有特种行业1235家，经营业者3133户、7832人。

三、枪支和危爆物品管理

1990年，培训爆破员、火工库保管员257人，开展全面检查2次，纠正和查处违章作业15起，发现和整改安全隐患漏洞24起。1992年，对全县1616家危爆物品管理使用单位，全面落实安全保管、使用责任制，通过年检、年审，整改隐患漏洞157处。1993年，集中开展全县危爆物品清理整顿，培训从业人员4100人，整改隐患漏洞48处，查处治安问题23起。1997年5月，对全县公务用枪和民用枪支弹药进行集中清理整顿。收缴民间非法持有的火枪、火铳417支，子弹40发。对县公安局、检察院、法院、司法局和金融单位内保系统的387支公务用枪，造册登记，复核审批，集中保管。1998年，举办危爆物品工作人员的业务知识培训班4期。开展集中清理整顿，收缴非法炸药1781公斤、雷管1681枚、导火索4000米，依法处理违法人员39人，其中送劳动教养1人，行政拘留9人。对配发公用枪支的单位和配枪人员进行全面查验，管理责任制落实到人，收回9支超范围配发的枪支。2001年至2002年，连续2年开展治爆缉枪专项整治行动，共收缴各类枪支1010支，子弹820发，炸药2850公斤，导火索1463米，雷管24304枚，取缔非法烟花爆竹作坊287处，查处涉爆、涉枪违法人员506人。2006年6月至9月，全县继续开展集中整治爆炸物品、枪支弹药、管制刀具专项行动。培训涉爆、涉枪人员1000人，对全县重点单位、重点人员摸底登记，对民爆器材和枪支使用单位全面检查。发现安全隐患漏洞100起，下发整改通知书93份，纠正违章20起，督促整改42起，吊销许可证18本。收缴炸药3000公斤，雷管13490枚，枪支33支，56式步枪子弹1100发，管制刀具100把。处理违法人员100人，其中提请逮捕1人。

四、黄、赌、毒防控

1989年，社会上“六害”（卖淫嫖娼、制作贩卖传播淫秽物品、拐卖妇女儿童、私种吸食贩卖毒品、聚众赌博、利用封建迷信骗财害人）开始泛滥。县局开展扫“六害”专项行动，查获“六害”违法犯罪嫌疑人员1403人，其中，卖淫180人，嫖客110人，赌徒747人，制作、贩卖、传播淫秽物品137人，拐卖妇女、儿童11人，私种、吸食、贩卖毒品9人，利用封建迷信骗财208人。捣毁“六害”团伙81个，成员592人，查封黑窝点185处，收缴淫秽物品855件、迷信工具347件、赌具658副。处理违法犯罪嫌疑人员691人，其中收容教育131人。1995年6月，集中100名警力，对城关镇湘鄂边贸城的18家咖啡屋、茶座进行清查，现场抓获卖淫嫖娼及容留妇女卖淫的违法人员14名，强行拆除色情暗室和包厢30间。8月，对324家公共文化娱乐场所进行清理整顿，取缔非法经营户48家，停业整顿67家，查处黄、赌、毒案件98起。1998年，对涉黄、涉赌、涉毒的场所和人员进行跟踪管理，发现问题及时处理。撤除封闭式包厢178个，查处“黄、赌、毒”案件853起，打击处理违法犯罪嫌疑人员1797人。是年10月，一举查封地下电子赌博场所6家，收缴电脑主机6台、彩显等赌具100件，并当众销毁收缴的赌具。至2012年，共查处以“黄、赌、毒”为主的各类治安案件71117起，行政拘留各类违法人员16837人。

五、基层基础工作

加强农村基层和城镇社区治保组织、联防队伍和机关单位内保组织建设，落实群防群治和调解各种治安问题的措施，是夯实治安管理的基础。1990年至1991年，加强乡镇公安助理员和户政管理办公室、村治保会、城镇保卫组织的组织建设和队伍管理。增设7个保卫科（股），增加34名内保专干；充实、加强659个村治保会，考察调整村治保主任171人。对全县内保干部和村治保主任分批进行培训，学习相关法律和业务工作知识，明确工作任务和要求，落实基层治保工作责任制。1992年，开展对危害社会治安人员的帮教工作，建立由基层派出所、内部单位保卫组织、乡镇公安助理员和村治保会以及社会各部门参与的帮教工作组织体系。由派出所具体负责，逐村摸清帮教对象的底数，逐人建立档卡资料，明确组织列管、帮教、撤管程序。由村治保会和相关企事业单位内保组织以及相关社会组织负责帮助解决生活困难、扶助发展生产。年内，所列管的1774名帮教对象，有1023人进步明显，占帮教对象的57.7%。是年，省委副书记、省人大常委会主任刘夫生到澧县实地考察帮教工作，对此予以高度肯定并建议在全省推广。中央政法委副书记、最高人民法院院长任建新在常德听取澧县帮教工作情况汇报后给予充分肯定。1996年，开展创建安全文明走廊、安全文明小区活动，在207国道、1868省道和1852省道组建查控堵截网络，在雷公塔镇建立打击车匪路霸指挥中心，下设6个警务站，在公路沿线开展安全文明走廊建设。年内创建安全文明小区158个、安全文明走廊6条，受到省政府表彰。

第四节　教育管理和执法监督

长期以来，县公安局坚持从严治警，注重抓好班子建设，强化教育培训，完善各种管理制度，加强执法监督，大力开展争先创优活动，从队伍管理和执法监督两个方面不断增强业务素质，提升工作水平，推进公安工作的全面发展。

一、队伍教育管理

县局把公安队伍的教育管理作为完成各项公安工作的根本保障来抓。一是从严治警抓教育。除开展经常性的思想政治教育和每年一次的队伍整训外，在不同时期，针对队伍中突出存在的问题，开展专题教育和集中整顿，发现问题及时查处。同时县局还特别注重领导班子建设，任何时候都要求全局各级领导干部做表率，自觉当好排头兵，使队伍从上至下，始终保持政治坚定、纪律严明。二是从严要求抓培训。县局长期坚持采取集中培训、专题培训、函授学习、以会代训和选送调训等多种途径，提高民警的业务素质和技能水平，确保广大民警适应依法办事、秉公执法的严格要求，做到执法公正、作风廉洁。三是严格制度管理。多年来，县局不断健全、完善教育培训、人事管理执法办案、错案追究、服务群众以及财务、内务管理等方面的制度、规章，并汇编成册，发放到每个民警遵照执行。形成照制度办事，用制度管人的良好格局。对少数违法违纪的民警，坚持有案必办，决不护短。1988年至2012年，共处罚违法违纪民警78人次，其中移送司法机关判刑3人，开除党籍3人，开除工作留用4人，留党察看6人，党内警告31人，行政撤职4人，行政记大过11人，行政记过18人。在开展业务工作中，坚持开展争先创优活动，使广大民警的责任感、荣誉感不断增强，先进事迹不断涌现。至2012年，县局获公安部表彰2次，省公安厅表彰8次。二层单位获公安部表彰8次，省公安厅表彰27次。民警个人获公安部表彰8人次；获省公安厅表彰54人次，获市委、市政府和市公安局记三等功以上表彰321人次。

二、执法监督

1991年，设立县公安局法制办公室，公安执法活动被纳入重要议事日程，法制部门开始对公安法制工作进行全面系统管理，对办案单位有严格的执法程序规范、对民警个人有明确的执法责任要求，并经常开展执法监督检查，保证执法过程和结果的公平正义。

1992年，举办5期业务培训班，有针对性地讲授依法办案、依法行政的法律知识和程序规定，重点解决限制人身自由的收审、收教、劳动教养等执法中容易出错的问题。年内认真开展执法检查，办案单位自检、互检22次；抽调28名业务骨干开展全面执法检查督导2次。共检查收审案件138件、186人，送劳动教养案件47件、49人，行政拘留案件102件，治安罚款案件160件。对行政复议案件8件、9人和出庭应诉案件7件、7人全部进行复查。检查中对办案不规范、量罚不当、刑讯逼供、超时限留置与收审不当等问题及时整改，纠正违法23起。

从2002年开始，县局大力加强公安法制建设，严格规范办案程序，严格执行纪律规定，严明执法责任追究，强化执法监督检查。修订《内部执法责任制》，明确和规范执法单位与民警的执法行为，并建立执法联带责任制，层层签订执法工作责任状。制定《严禁跨辖区办案、越权办案的规定》，设立执法工作“高压线”，实行执法质量一票否决制。2003年开始，每季度组织召开法制工作例会。是年，审议重大疑难案件56件，开展执法检查3次，整改执法问题73处，法制办下发纠正违法通知书11份，督促纠正执法问题13处。年内，刑拘转捕率81.2%、批捕率96%、起诉率96%、退查率为0，四项指标全部达到公安部规定的优秀标准。

2004年至2005年，实行并落实“执法四到位”：一是转变观念到位。以学习贯彻《行政许可法》为契机，强化法制观念，提高民警的法制意识。基层派出所都按照要求，制作执法公示栏，提高依法行政、执法为民的自觉性。二是内部监督到位。通过计算机程序和法律文书网络流转对执法质量实施技术性自动监管；对县局内部执法监督成员的结构和职能进行调整和修订，拓展监督的深度和广度；完善《内部执法监督委员会议事规则》，增强监督的时效性和针对性；严格执行审核把关制度，严明职责，对办案单位汇报的每一个案件，都有完整的、符合法律规范的笔录和审核意见。三是全程督导到位。利用局域网设计并推出预告提示系统，对每一个刑拘对象，办案单位都在法制网页上看到办案提示语，督促办案民警在规定时限内完成提捕需要的证据、法律文书等材料；加大对执法活动中出现的苗头或倾向性问题的整改力度，采取定期与不定期检查相结合、随机检查与重点检查相结合的方式，对执法活动的每一个环节、每一个层面进行跟踪督导，对出现问题的苗头及时予以纠正。四是日常考核到位。按照省厅制定的执法质量考核办法，实行日检查、月考评、月公示制度，考核结果在网上通报，每季度进行一次例会讲评，年终兑现奖惩。同时，加大对涉法上访案件的调查处理力度，2004年、2005年两年内调查处理的涉法上访案件38件，调查处理回复35件，调解息诉3件。执法监督工作的推行有力地促进了全局公安执法活动的开展，公安机关的办案质量不断提高，广大民警的办案水平不断提升。在2002年至2006年全省公安执法质量考评中，县局连续5年被评为“全省执法质量考评先进单位”。2006年，被公安部评为“全国县级公安机关执法示范单位”。

第五节　公安科技和综合保障

一、基础设施建设

新中国成立初期，县局机关仅有旧木房7间。1986年，在机关院内新建1栋四层办公楼和2栋宿舍楼，总建筑面积3779平方米。1993至1994年，修建一栋5层办公楼，总建筑面积1860平方米。1996年，新建一栋9层办公楼和2栋（50套）民警集资宿舍楼，完成澧阳镇派出所迁建、2个派出所新建、6个派出所配套改建和县看守所监房扩建工程。是年，购置警车10辆、通信工具50台，完成户政微机四级联网和智能性“110”报警服务台系统安装调试。2003年至2007年，县局刑事技术中队购置多功能现场勘察车；完成指挥中心、技术室的升级改造；实现通信、监控系统和公共信息网络安全监察中心的更新换代；完成人口管理信息系统开通全国联网人口信息查询业务；完成行政拘留所新建和12个派出所单独院落建设。2008年至2011年，新建10个派出所，购置警车129辆、单警装备220套、警务通225部。到2012年，全局共有警用车辆136辆，单警装备260套，基地、车载设施14台（件）

二、信息化建设与应用

2008年至2010年，县局信息化建设与应用取得长足进步。一是加大信息化基础设施建设，高标准建设一个集图像监控、公安信息网络、有线无线通信和“三台合一”接处警系统于一体的信息中心。二是加大公安信息网建设与升级改造力度。筹资500万元，新购电脑235台、数字证书475个，使民警电脑拥有率达133%，数字证书拥有率达100%。新购扫描仪、彩色打印机、数码照相机173台，为每一个二层单位配齐基本的信息采集设备。加大公安四级升级改造力度，37个派出所接入公安信息网宽带均达到10兆，淘汰更换服务器3台、核心网络交换机4台。三是加大技防设施建设。投资550万元，高标准建成县城区治安电子防控系统，建有1个主控中心和3个分控中心，监控点151个，监控点覆盖率8.3个/平方公里。全县140家重点单位安装110有线报警系统，与“三台合一”系统实现联动。四是大力推进警务平台的建设和应用。全局民警会综合信息查询、会录入警务信息、会操作相应业务功能模块的达100%，熟练率达85%。2010年，录入各类警务信息6万条，运用信息破案796起，追逃116人，整改安全隐患75处，提供便民服务929人次。五是推进公安信息应用，将科技成果转化为战斗力。县局民警左光鑫开发的《阿左通信数据分析系统》在全国公安机关有用户4000家，破获案件10300起。2009年9月，县局在侦办“9·30”特大网络传销系列案时，利用该软件成功分析并掌握主要犯罪嫌疑人唐×的活动地点，为及时抓捕唐×提供了准确信息。县局民警杨道生开发出网上追逃软件《网络神鹰》，在实际应用中，为准确、及时发现和掌握犯罪嫌疑人提供可靠的信息数据。时任省公安厅厅长李江对《网络神鹰》警务平台综合应用给予高度肯定，并要求全省各地刑侦部门推广应用。此后，全省公安机关利用该软件追捕各类逃犯560人。

第八章　安乡县局公安工作

安乡县地处常德北部，总面积1086平方公里，辖19个乡镇，常住人口590067人。

安乡县公安局（以下简称县局）于1949年8月成立。1984年，内设8股、22所，有民警131人。随后内设机构历经多次调整，1989年至2007年，先后增设户政股、出入境管理股、法制办公室、督察室、人民警察巡逻机动队、110处警队、涉税案件侦查大队、养殖保安警察大队、禁毒大队、经济案件侦查大队、网络监察大队及珊珀湖派出所、工业园派出所、林业派出所，配置警力369人。2008年，县局内设机构精简优化成3个综合管理机构、8个执法勤务机构和24个派出所。至2012年，实有在岗警力增至450人。1988—2012年，全县公安机关认真履行打击犯罪、保护人民的职责，强化侦破打击，狠抓治安防控，确保全县社会治安大局的稳定。1998年，县局被公安部授予“全国抗洪抢险救灾先进集体”称号，并被公安部荣记“集体一等功”。2011年，被省厅授予“全省优秀公安局”称号。

第一节　维护稳定

一、打击邪教

1998年，政保工作逐步向“维护稳定”转移。从2004年至2011年，共立案“门徒会”“法轮功”等邪教组织案件7起，提请逮捕6人，实施劳动教养9人，收缴反动宣传资料23000多份、光盘500多张及电脑等作案工具38台（件）。2004年，侦破“门徒会”旷野基督邪教组织案，摧毁2个据点，抓获骨干成员8人。其中，送劳动教养2人，行政拘留6人。2011年，侦破龚××、周××、罗××“法轮功反动宣传案”，收缴反动宣传光碟158张、法轮功书刊599册、其他宣传品769份及电脑印刷设备。2012年，侦破3起邪教组织案，刑事拘留2人，训诫27人，收缴反动宣传品13000份，获取涉稳信息208条。

二、强化接访

20世纪90年代后，县局建立《防护期领导接访制度》。1998年7月，安乡遭受特大洪灾。县局在“帐篷派出所”设立信访值勤室。1996年至1999年，受理信访案件474

件，其中重大信访案件158件，做到“件件有结果，事事有回复”。2005年，全局开展“公安大接访”工作。2009年，信访专干任荣被公安部授予“全国公安机关排查化解矛盾纠纷先进个人”称号。

三、巡防处突

1993年至2005年，治安防控向机动巡逻过渡。2007年，县局开通“110”报警服务台，实现静态与动态相结合的巡逻模式，城关地区盗窃、抢劫等大案要案下降38%。深柳派出所始终以“人、地、物”为切入点，实现网络视频全覆盖。针对逐年递增的“三堵”（堵门、堵路、堵工地）、“三闹”（闹丧、闹医、闹访）特点，处警中队打造“四级出警”模式及制定《四级处置预案》。1993年至2012年，共处警31612起，处置涉暴案件38起，化解群体性事件136起，出动警力126608人（次），破获刑事案件405起，抓获违法人员7618人，其中，刑事拘留659人，提请逮捕308人，行政拘留3665人，收缴枪支、管制刀具等1467件，救助群众1471人（次）。2001年7月29日，城关北中巷40多人械斗火拼。巡逻民警仅2分钟赶到现场，抓获涉案人员14名，收缴火药枪、砍刀等凶器22件。2002年6月12日，新加坡人方×在城关怡园宾馆遭劫持。巡警大队迅即赶赴现场，抓获犯罪嫌疑人周×，成功将被控18个小时的人质解救。该案受到公安部、外交部及新加坡驻华使馆的一致好评。

第二节　惩治犯罪

一、刑事侦查

1988—2012年，共受理刑事案件31914起，立案23736起，破案19214起，破案率为81%。通过侦查破案，抓获各类犯罪嫌疑人19649人，其中，刑事拘留5705人，提请逮捕4567人，送劳动教养2517人，挽回损失2269.3万元。

（一）重案侦查

1988年以来，重大特大刑事案件共立案1597起，其中，杀人案130起，强奸案239起，抢劫案1137起，侦破1268起，破案率为79.4%。1991年2月4日，城关油库外河滩发现一具无名女尸。局领导带领民警迅即赶赴现场，经细致勘查，迅速查明被害人系钱××。经三天追踪，终将凶犯罗××抓获归案。2000年9月1日，市武陵区发生持枪抢劫银行大案。专案组配合省市一道迅速查明死者系安乡农行行长胡××夫妇，并从其家中获取时间、作案手段等重要信息，为抓获主要犯罪嫌疑人陈××、许×等6人发挥重大作用，市政府授予县局“侦破‘9·1’暨渝、湘、鄂系列持枪抢劫杀人案先进集体”荣誉称号。

（二）侵财案件侦查

1988年至1998年，发生侵财案件5900起；1989年至2012年，发生7600起，上升

22.4%，占刑案70%。2006年11月2日，深柳镇两人冒充民警多次入室抢劫10万余元，2名群众被砍伤。刑警队通过追踪将凶犯万××抓获，两人均被提请逮捕。2009年4月，县内连发出租车司机被人持刀抢劫案。经民警走访排查，终于7月26日在LV酒吧将案犯聂×、龙×抓获。2011年“清网行动”中追回各类逃犯299人，其中外逃10年以上的20人。抓获公安部督办的吴××、刮××及省厅督办的熊×等重大命案犯罪嫌疑人7人。

（三）专项斗争

进入20世纪90年代，黑恶犯罪再次反弹。1993年，县局组织第二轮“严打”斗争。至2006年，通过“打黑除恶”“严打追逃”等48次专项打击，抓获各类犯罪人员4398人，捣毁重大犯罪团伙253个，抓获批捕重大案犯2018名。1995年10月，开展“打团伙镇邪恶”专项行动，打掉以聂××、熊×为首的两个带黑社会性质的流氓团伙。2007年至2012年，县局又先后组织开展“烈焰行动”“秋季严打”等26次专项行动，打掉有组织犯罪团伙24个，破获涉恶案件146起，抓获涉恶、涉黑团伙成员283人。2009年，全县连续发生妇女被卡脖子抢走金戒子、耳环等恶性案件。刑警队集中警力，严密布防，终将犯罪嫌疑人易××捕获。

二、经济案件侦查

2000年至2012年，共受理经济案件589起，立案337起，破案315起，刑事拘留147人，提请批捕61人，起诉74人，抓获在逃犯罪嫌疑人64人，行政拘留40人，挽回经济损失1959.4万元。2005年，破获刘××违法发放贷款案，案值116万元。2009年，破获陈××、朱××买卖土地偷税266万元案件，陈、朱二人被依法逮捕。2012年3月9日，破获段××、石××骗取贷款案，案值2743万元，段、石被依法判刑。7月30日，破获喻××等组织、领导传销案，案值2500多万元，抓获犯罪嫌疑人22名，起诉18人，收缴赃款240余万元。

三、惩治毒品犯罪

1992年至1996年，组织5次专项斗争，破获毒品案8起，抓获犯罪嫌疑人12人，提请逮捕7人，实施劳动教养3人，缴获海洛因等毒品15公斤，查获吸毒人员181名，强制戒毒81人。2000年5月，与广东等地公安机关联手，破获安乡县至新中国成立以来一起罕见的特大团伙跨境人体藏毒贩毒案件。抓获杨××为首的家族贩毒成员39名，缴获海洛因4000余克。2006年至2011年，通过开展“百日禁毒”“清零行动”，破获涉毒刑案202起，查处治安案件1567起，捣毁团伙80个，捣毁黑窝点106个，缴获海洛因、冰毒、麻古等毒品10178.9克，铲除罂粟原植物10688株。抓获涉毒人员1886人，提请逮捕171人，实施劳动教养165人，强制戒毒1069人，治安处罚919人。2009年，县局印发《举报毒品违法犯罪的奖励办法》。2012年4月2日，连破三起特大跨国人体贩运毒品案，抓获毒犯6人，刑事拘留6人，缴获麻古、冰毒7323克。

第三节　治安管控

一、人口管理

1. 常住人口管理

1988 年，全县实有人口 521770 人。1978 年至 1998 年，共有 58000 人“农转非”“渔转非”。1987 年至 1993 年，办理“自理口粮”户口 19408 人。20 世纪 90 年代后，开始人口信息微机化管理，全县人口信息平台与全国实现联网。2004 年，在城镇、街道、路巷钉装牌证；为城镇、农村居民门户装订号牌。2010 年，县局制定《进一步加强常住人口登记管理办法》。圆满完成 1990 年、2000 年、2010 年 3 次全国人口普查。2012 年，开展清理户口整顿专项行动，清查出重、漏、错户口 2714 户。至 2012 年，全县实有常住人口 590207 人。

2. 流动（暂住）人口管理

1988 年，实行凭乡镇证明或户口薄申报领取《暂住证》，全县有暂住人口 5490 人，1991 年，凭居民身份证办理暂住证。1996 年，凭户口和身份证“双证”办理暂住证。至 2001 年，共进行 9 次暂住人口清理整顿，为 161 个暂住人口补登发证。2009 年 6 月，《暂住证》改为《居住证》；至 2012 年，共为 4506 名暂住人口办理新的《居住证》。同时将 2615 户房屋出租户、6134 个暂住人口信息录入微机。其间，通过落实经常性管理，为暂住人口挽回经济损失 19.3 万元，发现和抓获违法犯罪人员 1527 人，破获刑事案件 481 起，查处治安案件 2163 起，打击处理违法犯罪人员 927 人。

3. 居民身份证管理

1988 年 6 月，颁发居民身份证工作在县城关试点，年底全县铺开。至 1990 年，完成全县地址、服务处所 2960 处的调查编码，实颁证 36.4 万人（证）。1997 年冬，县局始办快证业务，与省厅联网，实现办证网上作业。至 1999 年，共发放快证 1.02 万人（证）。1997 年至 1998 年，开展身份证的纠错查验，纠正重、错证 8528 个。2002 年，始发二代居民身份证，完成 573132 人的人口信息录入，完成头像扫描 400853 人，换发“二代证”25675 人（证）。截至 2012 年，共发放居民身份证 519103 人（证），占总人口 87.95%。1990 年至 1999 年，发临时身份证 2.5 万人（证）。

二、出入境管理

1. 入境管理

2009 年，县局印发《关于境外人员管理规定》。2000 年至 2012 年，接待入境人员 4594 名（其中外国人 218 名，港澳台同胞 4376 名）。2006 年 6 月，发现安丰乡一村民家居住一位无任何证件的女青年。出入境管理部门立即展开调查，查清该女系从越南偷渡入境的阮××，遂依法将其遣送出境。同年7月，在城关查获马来西亚男青年B·ONG（中文名王××）非法入境，将其遣送出境。至2012年，有14名入境人员因未按法定程序申报而受到处理。

2. 出境管理

2003年前，公民出国（境）申办1997年版出国护照。2004年，人口信息系统和出入境管理系统联网，安装法定不准出境人员和特定身份（涉密）人员报备系统，分别录入375人、1275人的相关信息。2005年，查获33起冒领出国护照的案件，当事人饶×、朱××、刘×等被严肃处理。2006年，实现“按需申领护照”。民警在电脑上受理，申请人凭证件到县局见面即可办理。2007年，县局安装人像对比系统，查出7起改变身份、6人骗取护照的案件，对当事人依法作出严肃处理。2008年11月15日，村民余×持安乡户口薄、《结婚证》，申办《往来台湾通行证》时被查获。2009年以后，出国出境人数以年40%的速度递增，出国、出境2330人次。2012年5月，签发普通电子护照。2000年至2012年，共签发出国护照16179本、港澳台通行证18698本。

三、特种行业管理

1990年，县局对特种行业进行全面清理整顿，取缔违规经营的店、站、点11家，停业整顿2家。破获刑事案件22起、治安案件97起，提请逮捕2人、送劳动教养3人、治安处罚113人。1997年9月，民警从一寄卖店销售的手机中发现线索，破获县邮电局手机、BP机等价值12万元特大盗窃案，抓获犯罪嫌疑人4名。2001年，全县有特种行业282家。通过不断加强管理，到2008年，特种行业刑事、治安案件分别下降17.8%和23.3%。2010年，通过开展专项整治，发现犯罪线索48条，查获违法犯罪人员45名，缴获赃款、赃物折款46万余元。2011年，全县完成特种行业微机信息录入，并督促安装治安监控探头413个，物防设施报警器93处。

四、危爆物品管理

1990年，对经营易燃易爆物品的173家厂、店进行全面清理整顿。依法对违规、违法经营的厂、店，撤销经营许可，取缔37家，停业整顿25家。2001年，开展“治爆缉枪”专项行动，收缴各类枪支785支、子弹207发、炸药3404公斤、雷管269枚、氯酸钾3000多公斤，取缔烟花爆竹作坊78家。2003年1月21日，安生乡鞭炮厂上药员杨××因操作不当引爆，杨××被当场炸死，鞭炮厂被勒令停业整顿。2006年6月，益阳县一债权人身绑炸药到安乡县安德乡政府讨债恐吓。局领导带领危爆专干火速赶赴现场，果断采取疏导控制措施，成功避免一起可能出现的重大事件。2008年至2012年，全县开展6次集中清查行动，捣毁非法生产窝点3个，缴获黑火药1952公斤、自制爆炸物原材料265公斤，刑事拘留2人，行政拘留23人。2012年，全县8家烟花爆竹生产厂家、2家经营公司实现连续8年无安全事故。

五、黄、娼、赌查禁

1. 查禁黄色流毒

1989年至1999年，配合有关部门组织5次清查整顿，收缴淫秽物品137件，打击处理11人，治安处罚323人。2009年，开展“09亮剑”行动，摧毁三岔河、出口洲2个传播淫秽信息网站，破案2起，收缴存储658个淫秽文件的硬盘2个及淫秽书刊135册。

2. 查禁卖淫嫖娼

1988年至1989年，抓获卖淫妇女269人，提请逮捕5人、送劳动教养35人、收教57人、其他处理172人。1995年，全县组织开展对卖淫嫖娼活动的专项打击行动，取缔黄山头“遥望山庄”、城关深柳宾馆按摩房、“雪立峰”茶楼等卖淫嫖娼窝点。1990年至1999年，查获卖淫嫖娼案件965起、抓获1352人，取缔容留妇女卖淫窝点58处，逮捕并被法院判刑5人、送劳动教养83人、治安处罚1264人。2000年，铲除“洁来雅”美容美发厅等18个卖淫嫖娼窝点，抓获257人、刑事拘留4人、送劳动教养5人、收教15人、行政拘留164人、收遣119人。2012年12月，开展“打四黑除四害”专项行动。深柳派出所查获一容留妇女卖淫的茶楼，犯罪嫌疑人陈×被依法刑事拘留，另外6人被行政拘留。

3. 查禁赌博

1990年，针对县域内电游赌博问题突出的实际，进行4次突击清查取缔行动。1990年至1999年，捣毁赌博窝点537处，抓获聚赌人员5373人。2003年，针对茶馆赌博猖獗的情况，开展集中整治。取缔聚赌茶馆35家，抓获赌徒296人。2008，年县局印发《关于查禁赌博活动的通知》。是年，捣毁聚赌据点34家，刑事拘留18人、送劳动教养14人、行政拘留448人。对收缴的电游赌博机、麻将机集中焚毁。2011年6月，捣毁群众反映强烈的“红灯笼”赌博窝点，抓获参赌人员20名，向××等四人被依法提请逮捕。2012年3月，破获县内第一起网络赌博案件。抓获犯罪嫌疑人周×等10人，扣缴涉案资金60多万元。随后又破获“6·10”“8·4”网络赌博案，抓获吴××等14名犯罪嫌疑人，扣缴涉案资金70多万元。

六、基层基础建设

2006年年初，开展“三基一化”工程建设，至2010年年底，筹措资金400多万元，为5个派出所新建高标准办公楼，6个基层所队办公用房整修一新，23个派出所建筑外观标识统一，深柳及农村30个警务室全部新建完工，并购置警车58台。同时，整合资源，打造全县“三台合一”报警服务系统。新建、改造看守所、拘留所教育大楼并安装电子监控等设施。购置电脑235台，配置单警装备214套，安装68个治安监控探头的城区治安电子防控系统竣工并启用，公安4级网络建设顺利完成。看守所、刑侦技术室达到二级，拘留所达到三级标准。2007年，被省公安厅授予“全省公安‘三基一化’工程建设先进单位”称号。

第四节　教育管理和执法监督

一、队伍管理

1. 人事管理

（1）警力编制。1984 年年底，以乡建立派出所，全局有民警 131 人。此后，由上级调配和招考录用民警 8 批，共 210 人。至 2012 年，全局有民警 450 名，其中在岗 354 名，离岗 25 名，退休 71 名。

（2）职级晋升。1990 年 5 月，县局政治教导员改为政治委员，二层单位指导员改称政治教导员。1988 年 2 月，配副科级所长 15 名。后陆续“高配”5 批，配备正科级 57 名、副科级 160 名。2008 年，县局内设 4 个二层机构的“一把手”为正科级，其他及乡镇派出所长、教导员为副科级。2012 年年底，全局有处级 6 人（含军转团职），科级 245 人。

（3）警衔管理。1993 年 6 月，全局 192 名民警首次授警衔。授予警督 66 人，警司 105 人。同时实行警衔津贴。此后，警衔每年均有晋升。至 2012 年，共升授 25 批、551 人（次）。2012 年，全局有警督 336 人、警司 85 人、警员 5 人。2011 年，在岗民警警衔津贴调整为一督 235 元至三司 175 元不等。

2. 教育管理

县局始终贯彻“从严治警”的教育方针。1989 年，制定《关于为警清廉的决定》等十一项制度。先后开展“纠风治乱”“三讲”（讲学习、讲政治、讲正气）、“三项教育”“学习实践科学发展观”及落实“六个严禁”“十条禁令”“四涉”等专项教育，民警的党性观念和政治觉悟大为提高。

3. 争先创优。

（1）竞争上岗。2000 年，县局首次实行竞争上岗，4 名民警直接提升到正职岗位，8 名副职提升到正职岗位，12 名淘汰，4 名落岗。2006 年，提拔股、所队长 14 名，落聘待岗 4 名。2012 年元月，实施竞争上岗，9 名民警被提拔，5 名民警被降职或免职。

（2）严格培训。2007 年至 2012 年，派往省以上单位培训的民警有 31 人次，市级培训的有 334 人次，县级 23 人次。2011 年，开展“大炼兵、大比武”活动和四个射击项目比赛，成绩突出的 15 人受到奖励。

（3）加重奖励。2010 年，县局制定《业务任务奖励办法》《公安宣传管理奖励办法》。2010 年至 2012 年，奖励经费多达 40 万元。从 1989 年开始，县局深入开展向市级劳动模范周德富、全国优秀警察黄先伟、社区优秀民警蹇静娟学习的活动。全局先进典型不断涌现。特别是 1998 年夏秋，安乡县遭受历史上罕见“洪涝灾害”，安造垸大堤多处溃决，30 多万群众被洪水围困，面临特大洪灾。全局民警经受住严峻考验，先后出动警力

1.6 万人次、车辆 550 台次、船艇 250 艘次，排除各类险情 1161 处，抢修子堤 120 公里，解救受困群众 20.1 万人次。在同死亡与极限抗争中，全局民警有 58 人负伤，96 人带病不下火线，为保卫县城免遭洪水侵袭，为护卫人民身命财产安全立下卓著战功。是年 10 月，在抗洪抢险救灾表彰中，县局被公安部荣记集体一等功，县公安局、林业派出所被授予“全国公安系统抗洪抢险救灾先进集体”。李建候等 4 人被授予“全国公安系统抗洪抢险救灾先进个人”称号，纪祖荣等 2 人被荣记个人一等功，毛海波等 11 人被省厅荣记个人二等功，周章平等 4 人被授予“全省公安系统抗洪抢险救灾先进个人”称号。1988 年至 2012 年，全局有 5 个单位、14 名个人受到公安部表彰；有 64 个单位、84 人（次）受到省公安厅表彰；有 183 个单位、776 人（次）受到市公安局表彰；有 380 个单位和 532 人（次）受到县委、县政府表彰。

二、公安执法监督

1. 规范执法

1994 年至 1999 年，依据有关法规，县局印发《执法操作规范》《关于追究公安民警执法过错责任的规定》等规范性文件 31 份。2008 年，设立兼职法制员 30 名，并制定《关于执法勤务机构法制员制度的规定》。2011 年 9 月，针对破获的首例“六合彩”赌博案件，制定《关于办理“六合彩”案件的指导意见》和《涉案财物管理规定》。

2. 执法检查

1991 年，在全局执法检查中发现少数民警乱用收审强制措施及赃款赃物管理混乱的问题后，县局及时组织调查，弄清情况，对 3 个单位主要负责人给予行政处分。1993 年，发现收审对象打击率低、行政拘留执行人数少及乱收保证金等问题后，责令相关单位退出罚没款 9000 元。2010 年至 2012 年，先后开展 5 次“执法不作为”专项整治，强力整改问题，提高全局民警依法办事的自觉性。

3. 审核监督

2009 年至 2012 年，县局积极组织民警参加执法资格考试，共有 158 名民警取得主办级执法资格，249 名民警取得基本级执法资格。1991 年至 1995 年，收审 2769 人，审结 2468 人。1991 年至 2012 年，共受理劳动教养案件 1952 件、1952 人，批准送劳动教养 954 人，移送预审 54 人。1998 年至 2012 年，法制办审核取保候审 910 人，监视居住 657 人。从 2009 年开始，经过三年努力，民警办案逐步实现无纸化操作。2012 年，刑嫌人员在执法区域内询问的应用率达到 100%，信息录入率 100%，无行政复议和国家赔偿案件。2011 年，开展“清网”行动，抓获在逃人员 151 人。法制部门提前介入，对抓获的犯罪嫌疑人提起公诉 83 人，判决 45 人，送劳动教养 1 人，治安处罚 4 人，撤案 18 人，处理率达 99.3%。

4. 行政复议、诉讼

1991 年至 2012 年，受理行政复议案件 42 件，办结 40 件，占总数 95%。其中维护裁决23件，占55%。受理行政诉讼51起，其中维持12起，占24%，自动撤诉12起。

第五节 公安科技和综合保障

一、刑事技术建设

1999年年初，县局设技术中队，配民警6名，有技术用房15间。2009年，二级技术点达标。1988年至1998年，用微电脑搜集储存各种情报资料7388套，运用情报资料破获刑案265起，其中大案、要案192起。1989年10月28日，下渔口镇刘××被人杀害。民警通过伤痕与犯罪嫌疑人贺××指甲内提取的微量血痕比对认定，及时破获该案。1994年2月8日，县药材公司曹×家中被盗彩电、金戒指及现金。经现场勘查提取指纹及相关痕迹，确定为贺××所为，经审查贺××供认不讳，并交待了另外3起盗窃案。2004年至2012年，共出勘案件现场4586起，提取痕迹物证3439件，利用痕迹物证查破案件687起；尸体检验672具，活体检验2841人，出具各类鉴定书、报告书和分析意见4200余份。在“大情报”信息建设中，收集情报资料15000余份，采集DNA血样信息8100多份，采集犯罪嫌疑人手机信息3560条。

二、情报研判

从2008年开始，县局建立《安乡公安》网页，办有《安乡警示》栏目。2010年，组织开展信息采集“百日会战”，确定五大工作重点，共69种。2011年，投入800万元建设35个信息采集点，民警全部发放警务通。到2012年，采集犯罪嫌疑人相关信息4982条，为办案单位提供案件线索58条，抓获各类逃犯25人。2012年12月，董家当派出所民警谭建辉、陈立军利用“话单”分析，抓获潜逃14年的贩毒团伙主要成员杨××。

三、网络案件侦查

2010年，县公安局印发《信息设备和网络设备使用管理办法》。联入公安网的计算机全部被省厅授权控制访问系统，基础信息、业务信息及自动报警系统投入运行。

1. 涉网案件侦查

至2012年，共办理网络案件8起，刑事拘留29人，提请逮捕13人，送劳动教养4人；办理行政案件160起，利用网上技术手段抓获犯罪嫌疑人24名。2012年3月5日，网监大队接到“110”指令：有人利用网络赌博。便与刑侦大队联手，迅即派出警力赶赴深圳等地布控，抓获犯罪嫌疑人10名，扣押资金11万元，提请逮捕4人，送劳动教养2人，追缴赃款100余万元。与此同时，县局确定专人值班，掌握本地论坛、BBS、留言版等交互式栏目，编辑上报《互联网信息》和《网监动态》，共妥善处置有害信息536条。

2. 互联网安全监管

安装经营性单位审计系统95家，非经营性单位审计系统10家。通过网络安全审计系统抓获在册逃犯14人。在网吧清查行动中共出动警力158人次，共检查网吧611家，发现问题网吧126家。查出隐患60余处，处罚89家，责令整改20家（次）。利用“一机两用监控系统”，做好月巡查，将每台计算机的IP地址、MAC地址及注册信息登记造册进行核对，及时纠正错误的登记信息。

四、公安基础设施建设、经费与装备保障

1. 公安基础设施建设

1983年，县局新建3层39间面积、1100平方米办公楼。后在机关院内新建户政大楼及侦技大楼。至2012年，县局机关大院办公面积达5800平方米。1988年至2006年，先后新建、改建拘留所、交警大队、看守所、消防大队、武警中队办公楼、监室、教育训练楼。至1998年，全县23个公安行政派出所中新建13个，迁址改建2个，扩建改造1个。2001年至2012年，又有6个派出所新建，2个重建，1个改造，1个产权置换，3个搬迁。到2012年，全县派出所全部实现“一所一院，一所一楼”，并装修统一的外观标识。深柳派出所搬迁到新址，办公大楼的建筑面积为旧址的3倍，且功能设施齐全，堪称“湘北第一所”。其间，总共完成基建882间，建筑面积43929平方米，耗资2652万元。公安局业务技术用房工程前期进展顺利，即将动工兴建。看守所、拘留所的整体搬迁工程已完成施工前的一切准备工作。

2. 经费保障

2009年，中办、国办联文，将公安经费保障由原来的“分级保障、分级管理”调整为“明确责任、分类分担、收支脱钩、全额保障”。县局严格支出范围，做到专款专用，重点倾斜基层一线。至2012年，县级财政按全局民警公用经费年人均2.5万元的标准予以保障，中央和省级转移支付资金已按人均1.6万元的标准拨付到位。

3. 装备保障

20世纪80年代，公安装备的正规化建设开始起步；20世纪90年代后，逐步更新；21世纪后，快速发展。

①特种警用装备及车辆。1993年前，县局及基层所队仅有警用车辆3台。至1998年的5年间，县局加大投入力度共添置各类警用车辆47台。进入21世纪后，特别是实施“三基一化”工程以来，采购分配车辆大提速，车型种类大改变。2009年，购置改装A50指挥车，随后又添置1台可现场传输图像和现场指挥调度的无线通讯指挥车。至2012年，全局各类警用车辆增至109台。

②电子通信装备。1991年前，县局对外联系主要靠磁石电话交换机，对内使用市局专线电话。1992年，开通程控电话，县局设立无线通信基地台，派出所及快艇、车辆安装无线电台，各股、所、队主要负责人配置手持对讲机。1997年至2001年，建立电脑自动报警指挥系统、“人口基本信息微机管理系统”、县微机网络，21个派出所实现前台办公。完成了刑嫌人员和机动车辆、驾驶人员的微机管理；城关交叉路口设置红绿灯、移动电子

警察抓拍系统。建成 QD—110 计算机全数字程控交换接处警系统，安装电子警务系统、数据库服务器、应用服务器及网络信息调查取证系统、取证平台系统。此外，看守所、拘留所及 23 个基层派出所的视频监控、督察系统、10 个中心派出所视频会议系统、20 个派出所执法办案区域和一个中心执法办案区域的建设也顺利建成并投入使用。至 2012 年，全局共添置台式电脑 245 台，打印机 103 台，复印机 5 台，数码摄像机 70 台，数码相机（红外）及相应输出设备 33 台。

③单警设备。至 2012 年，共为基层实战单位添置单警装备 204 套，防爆盾牌 297 块，防毒面具 297 副，勤务头盔 297 顶，活体指纹采集仪 16 台，刻录机 1 台，数字录音笔 36 只。

④警服、警械、警具保障。1990 年 5 月，民警换发“89 式”警服。1992 年，《人民警察警衔条例》实施，民警服装开始配戴警衔，专用手枪按照规定配发。1991 年，机动队民警微型冲锋枪、非杀伤性武器和防护器材陆续配发到位。1997 年 6 月，110 处警中队成立，警械、警具再次更新。2007 年“三台合一”，又添置和更换一批防暴处突设备和单警装备。

第九章　津市市局公安工作

津市市位于常德北部，面积 558 平方公里，辖 5 个镇、2 个乡、1 个区和 4 个街道办事处，常住人口 25.8 万人。

津市市公安局（以下简称市局）成立于 1949 年 8 月。1988 年，设股、室、所、队 35 个，民警 184 人，局内机构历经多次整合。到 2012 年，全局股、室、所、队整合为 28 个，民警增至 217 人。

第一节　维护稳定

1988 年以来，市局始终把维护社会稳定作为首要的政治责任和“第一要务”，准确把握维稳工作形势，不断转变观念，调整维稳工作思路，健全情报信息网络，坚持超前处置，加强矛盾纠纷化解，确保津市政治社会大局稳定。

一、打击非法邪教组织

1995 年，“门徒会”“法轮功”邪教组织先后传入津市，四处秘密串联，网罗信徒，在城区和乡镇设立练功辅导站、传教点，蛊惑煽动群众信教、练功，对辖区社会治安造成严重危害。针对上述情况，市局及时调整部署，在全市范围开展摸底排查，同时多种情报信息手段并用，及时摸清“门徒会”和“法轮功”组织的活动特点及动向。是年9月，市局果断采取行动，端掉“门徒会”在津市的窝点，对窜来津市传教的“门徒会”邪教成员廖××、张××、王×等5人依法分别给予行政拘留和送劳动教养。对本地积极参与“门徒会”活动的10名骨干成员，依法予以行政拘留。1999年7月公安部正式发文，将“法轮功”定性为邪教组织，据此，市局依据调查摸底掌握的准确情况，于7月22日全市联动，开展突击清查取缔行动，成功取缔“法轮功”津市辅导站和6个练功点。查处“法轮功”骨干成员7人，练功成员482人，收缴法轮功书籍464册，录相带、磁带145盒，“法轮功”宣传资料1217份，图片224幅，光碟178盘，徽章470枚，横幅、标语、旗帜13幅（面）及其他物品。经审查甄别，对构成犯罪的3名“法轮功”首要成员依法予以逮捕，同时，给予送劳动教养21人，拘留审查18人，行政拘留54人，训诫教育320人。在抓好突击清查的同时，市局始终坚持对邪教活动做到露头即打。2011年9月，经过缜密侦查，破获公安部督办，代号为“F1104”地下邪教组织专案，抓获“法轮功”团伙成员31人，提请逮捕并移送起诉7人，送劳动教养3人，行政拘留24人。摧毁“法轮功”反动宣传资料印制窝点3个，收缴用于制作反动宣传资料的电脑、复印机、打印机、刻录机等设备42台，U盘、音视频播放器、移动硬盘等电子存储设备65件，书籍、传单等反动宣传资料10万余份（册）。市局国保大队在破获该案中荣立集体二等功，为防止“门徒会”“法轮功”邪教组织活动的反弹，从1999年开始，坚持每年7月至8月集中时间，组织社区开展反邪教宣传警示活动，利用电视广播，建立反邪教宣传橱窗，举办反邪教案例巡展，开办法制培训班等形式，深入广泛开展宣传的同时，对有参与邪教活动倾向的重点人员，落实“四带一”帮教活动，逐一上门训诫谈话，并与其签订“拒绝邪教活动承诺卡”。从而，使非法邪教组织的活动得到有效遏制。

二、化解群体性事件

津市是一个老工业城市，随着改革开放的深入推进，部分企业破产和改制转型、职工下岗，因利益格局调整导致矛盾纠纷不断，严重影响社会治安稳定。1993年，全市涉及改制转型的企业有200多家，置换身份、下岗失业的职工多达6000人。一部分下岗职工为工资、再就业、身份编制、生活出路等利益诉求上访不断。甚至有部分职工因诉求得不到及时回应和满足，采取过激行为，多次串联酝酿拉横幅上街游行、堵桥堵路，甚至企图聚众到省进京上访。面对这一严峻形势，市局从维护社会大局稳定的高度出发，始终保持政治敏感，全力组织警力摸排深层次、预警性信息，制定应急处置预案，配合市委、政府及相关部门开展矛盾纠纷疏导化解工作，多次成功消除、劝阻非正常上访，平息化解和妥善处置各类群体性事件。1993至2000年，先后获取企业职工集体维权信息210条，参与化解、处置115起群体性事件。1999年，航运公司职工因工资被拖欠，酝酿企图将澧水津市段封航；绸厂、丝厂、锣钉厂、胶木电器厂、玻璃厂、湘锈厂等13家特困、破产企业近千名职工因工资、社保等问题酝酿组织拉横幅堵桥拦车，事态一触即发。获该信息后，市局领导带领民警，落实责任，明确分工，深入到上述单位，配合有关单位开展疏导化解工作，及时平息事态，防止群体性事件的发生。2001 年，市局参与化解、处置饮食服务公司、煤建公司、丝绸厂、纺织厂、服装厂等 35 家企业职工因编制问题，下岗再就业及买断金发放等问题引发的非正常上访等事件 33 起，为市委、市政府提供预警性、深层次情报信息 46 条。2003 年后，市局及时掌握情报，成功化解群体性事件 100 余起。

三、情报信息与网络舆情处置

25 年来，市局始终坚持将情报信息置于公安工作的龙头地位。强化情报信息意识，完善情报信息网络，健全情报信息反馈机制，超前预警，全面提升情报信息在公安工作中的作用。特别是敏感期及全国重大节庆，重大会议等特护期维稳任务，对不安定因素进行拉网式排查，准确澄清涉稳隐患底数，超前预警，有效筹谋，为市委、市政府决策提供准确依据。

随着信息网络的飞速发展，涉警及危害社会治安的负面舆情极易成为网络炒作的热点。为加强网络信息安全管理，市局采取切实措施，加大网上负面舆情处置力度。明确专人对互联网信息实行 24 小时高密度巡查。建立网评员队伍，从纵向与横向、网上与网下多层次开展工作，及时发现、封堵各类有害信息。先后成功处置 3 起涉警重大负面舆情。

第二节　惩治犯罪

为有效遏制刑事犯罪高发势头，市局始终把惩治违法犯罪作为公安工作的主业，把加强侦查破案作为掌控治安大局的重要手段，持续加大对破案打击工作的督导考核力度，努力提高全局破案打击的工作实效，至 2012 年年底，共发案 10056 起，破案 8639 起，其中重大、特大案发案 513 起，重大、特大案件破案 443 起，刑事拘留 3126 人，提请逮捕 2625 人，送劳动教养 97 人，强制戒毒 164 人。

一、破案追逃

1. 抓重大案件的查处

1992 年 4 月 16 日上午 10 时，刑侦部门接到报案：阳由乡澧阳村丁家洲河滩发现一具被肢解的女尸。办案民警迅即赶赴现场，经勘验系一起杀人碎尸案。市局立即调集警力开展侦查，仅用 60 个小时破获该案，将犯罪嫌疑人谭××抓获。是年 5 月 19 日，市光华汽修厂职工贺××因工资问题与厂长发生口角，当日上午 8 时许，贺持刀将厂长杀死后潜逃。刑侦大队火速布控，于当日下午 5 时及时将贺××抓获归案。1993 年 2 月 8 日，湖南汽车车轿厂宿舍被盗现金 34000 元，刑侦大队及时出勘现场，通过深入调查走访，并与技侦部门密切配合，仅用 9 个小时将该案破获。1991—1996 年，先后集中优势警力开展以“破大案、攻难案、挖积案”为主要内容的破案打击行动。突出主攻目标，对影响恶劣、危害严重、群众反映强烈的大案、要案紧抓不放，坚持以快制快，专案专办，不破不休。同时针对刑事犯罪活动特点，选准时机，适时开展侦破战役，6 年间，共破获各类刑事案件 1706 件，其中重大、特大案件 416 起，破获特大案件 31 起，破案率 96%。

2. 适时开展专项整治

从 1988 年开始，按照全国“开展社会治安严打整治斗争”的部署，先后组织“打黑除恶”“春雷搜捕”“三反一打”等专项行动 33 次，打掉流氓恶势力团伙 10 个，抓获各类违法犯罪嫌疑人 1419 人，其中，依法提请逮捕 168 人，送劳动教养 103 人，治安处罚 869 人。

3. 开展追逃行动

针对在“严打”斗争威慑下，一批犯罪嫌疑人畏罪潜逃的实际，市局精心部署，采取多措并举，运用阵地布控、秘密力量贴靠、专门力量追捕、动员亲友规劝、落实网上辑查等方法，开展追逃行动，仅 2001 年通过开展“追逃百日竞赛”活动，追回在册在逃人员 74 名，省市挂牌在逃人员 2 名，外地网上通辑在逃人员 9 名，公安部通辑的 B 级在逃人员杨××等 2 人。

二、惩治经济犯罪

20 世纪 90 年代以后，经济犯罪呈上升趋势，为应对形势的发展变化，1998 年 2 月，市局成立税侦大队，专司涉税案件侦查。2000 年 3 月，整合税侦大队职能设立经济犯罪侦察大队，负责经济犯罪案件侦查。是年 7 月，成功侦破津市第一例利用假身份证骗取银行汇款 79 万元的特大诈骗案。至 2012 年，共破获经济犯罪案件 74 起，抓获犯罪嫌疑人 81 人，提请逮捕 69 人，为国家、集体和人民群众挽回经济损失 2200 万元。

三、惩治涉毒犯罪

2001 年 3 月，津市成立“禁毒委员会”，市局设立禁毒中队。10 月，禁毒中队升格为禁毒大队，配备民警 5 人。通过强化职能，扎实工作，取得对涉毒犯罪案件打击查处的良好效果。2008 年 4 月，破获杨×和曾×等人贩卖毒品重大犯罪案件。2009 年 9 月，在城东社区抓获正在吸食毒品的刘×、游×（女），现场缴获麻古 1432 粒，经审查深挖，继而抓获贩毒人员戴×，破获刘×特大贩毒案件。至 2012 年，共查获涉毒案件 1608 起，刑事拘留 14 人，送强制戒毒 424 人，送劳动教养 98 人，治安处罚 550 人，缴获海洛因 646 克，冰毒 206.75 克，鸦片 1500 克，杜冷丁毒品 4000 支，铲除原植物罂粟 5692 株。

第三节　治安管控

一、人口与出入境管理

1988 年，市局成立户政股，并开始探索对人口信息实行电脑化管理。随后，根据人口管理的需要，各派出所逐步建立起标准化户籍室、微机室、档案室、暂住人口管理办公室。至1993年，共办理农转非户口17808人，颁发居民身份证14.4万人（证）。1993年6月，市局创新管理，在全省县级市派出所率先实行户政微机前台办公。1994年，全市存储人口信息24.4万人，人口图像信息7.4万人，暂住人口信息7000人，人口变动信息资料全部进入电脑网络化管理。1998年，申办居民身份证的公民实行数码相机照相，居民身份证实行网络传递、无底卡制证。2001年，全市存储人口信息25.8万人，人像信息19.2万人，流动人口信息36665人。2005年10月，全面完成第二代居民身份证换发。1990年，2000年和2010年，按照全国人口普查的总体部署，高质量完成三次全国人口普查工作。结合普查，对辖区户口进行全面清理整顿，使全市人口达到规范化管理。尤其是经过大胆探索，所创立的《监狱在押罪犯纳入公安机关常住人口管理》的工作模式，被省公安厅确定为湖南公安科研立项项目，并专项拨款支持开展工作。1996年，市局被省厅评为“人口信息系统建设先进单位”。1998年，被列为全省公安系统第二批“为人民服务，树公安新风”活动示范窗口。1999年，人口与出入境管理大队被评为全省公安优秀股所队、被省公安厅荣记二等功，先后有6人次受到公安部、省政府和省公安厅的通报表彰，8人次被记三等功。至2012年，全市户籍民警队伍中，有11人次被评为全国、全省优秀人民警察和优秀户管员。

二、特种行业管理

1988年，全市有旅店、录相放映、寄卖典当、印刷刻字、茶楼酒馆、美容按摩、烟花鞭炮生产经营、废旧收购等特种行业158家。至2012年，特种行业增至315家。针对特种行业快速增加的特点，市局立足于为经济建设保驾护航，本着“优质服务，严格管理”的原则，采取多项措施，落实严格依法管理。从1988年开始，实行对特业单位的从业资质实行年度审查，经审查合格发放“特种行业许可证”；对未取得特业许可、违法经营的单位，坚决依法取缔。对特业单位从业人员，坚持每年定期组织培训；对从业单位坚持签订治安管理责任状；常年采取定期和不定期方法开展检查，发现漏洞，整改隐患，从而使全市特种行业步入规范管理轨道。1990年，通过对274家特种行业的清理整顿，及时发现和整改隐患漏洞54处，收缴违法经营的雷管4148支，炸药477公斤，导火索246米，查封非法经营鞭炮320.5万响。1991—1994年，通过开展对烟花爆竹生产、经营单位的专项清理整顿，共收缴非法生产、运输、储存的烟花爆竹2245.4万响，整改隐患158处。2001年，通过开展专项治理整顿，依法取缔不符合规范要求的美容按摩院11家。

三、危爆物品及枪支弹药管理

从1988年到2012年的25年间，治安管理部门在危爆物品管理上，严格对仓储、运输、采购和使用四个关键环节的监管，采取经常性检查与阶段性重点检查相结合的方式，先后排查出安全隐患1860处，下发整改通知书978份。1999年，根据公安部公务用枪管理规定，对全市13家配枪单位的资格和范围进行重新呈报审批，全面完成新枪证的换发，在严格执行配枪标准的同时，对公务用枪一律实行集中保管，按照公务用枪单位必须达到"三有、三铁、二员"的要求，建立专门的公务用枪登记台账，完善领用、审批、归还手续，至2012年，全市五家配枪单位的所有枪支，未发生任何丢失和被盗问题。特别是从2000年开始，结合"严打整治"斗争，每年在全市范围内开展一次"治爆缉枪"专项行动，至2012年，共收缴各类非法持有的枪支345支，子弹547发。

四、黄、赌、毒防控

20世纪80年代初，卖淫嫖娼恶习复萌。1988年，市局组织开展打击卖淫嫖娼专项斗争，对所查获的卖淫嫖娼人员，分别予以送劳动教养、治安处罚和教育训诫。1989年10月，开展除"六害"（即嫖娼、卖淫、赌博、拐卖妇女儿童、封建迷信、淫秽物品）专项行动。1993年3月至9月，在打击卖淫嫖娼统一行动中，抓获卖淫妇女86人，嫖客173人，介绍容留妇女卖淫人员3人，均分别依法作出处罚。在2009年开展的"打击组织强迫妇女卖淫犯罪活动"专项行动中，查获组织淫秽表演、传播淫秽物品及嫖娼、卖淫案件5起，抓获涉案人员108人，捣毁色情窝点8个，刑事拘留4人，行政拘留45人，治安罚款36人。是年8月24日和11月10日，分别捣毁"飘逸美容院"、双济路"休闲美容中心"涉黄场所，查获嫖娼卖淫人员11人。至2012年，通过持续开展"扫黄打非"禁娼行动，共抓获嫖娼卖淫人员3691人，治安处罚3390人，送劳动教养5人。

针对赌博活动屡禁不止的情况，自1990年起，市局不间断开展禁赌专项行动，共查获参赌人员4021人，缴获赌资78000余元，治安罚款80000余元，提请逮捕1人，行政拘留105人。为促使参赌人员根除赌博恶习，各派出所先后开办禁赌法制学习班35期，3515人参加学习，并具结悔过。至2012年，全市除开展经常性禁赌工作外，还精心部署，开展5次全市规模的禁赌专项治理，查处赌博案113起，收获赌博机70台，治安罚款381人，行政拘留276人。

五、警卫安保

1. 重大节会保卫

1989年12月，津市澧水大桥竣工通车，市政府在津城广场举行通车庆典，100余名中央、省、地市级领导及上万名群众参会。市局调集警力，落实安保措施，确保庆典成功举行。每年，除完成"春节""元宵节"等节庆安全保卫任务外，还圆满完成"奥运会""世博会"等各类保卫任务100余次。特别是2008年奥运会前夕，市局派出50名民警，前往岳阳参加并圆满完成奥运圣火传递保卫任务。

2. 重要警卫

1988年以来，为确保中国共产党和国家领导人及重要外宾在津市市考察的绝对安全，共实施三级以上的警卫28次，其中一级警卫5次。1994年7月，全国政协原主席李瑞环到湖南考察途径津市；1998 年 6 月，中共中央原总书记、原国家主席江泽民到湖南考察洞庭湖水灾；2012 年 6 月，国务院原总理温家宝到湖南考察。为确保国家领导人到津市的绝对安全，先后投入警力 1500 多人（次），实行交通疏导和管制，使安全保卫做到万无一失。

3. 抗洪救灾

自 1988 年以来的 25 年间，津市城区共发生特大洪涝灾害 2 次。特别是 1998 年 7 月 20 日至 24 日，津市遭受百年一遇的特大洪涝灾害，津市河段最高水位达 45. 01 米，超历史最高水位 1 米。全局 250 多民警全力投入抗洪抢险，连续 72 小时奋战在抗洪第一线，奉命 37 次紧急出动，奔赴 19 处危险堤段，救出被洪水围困的灾民 11344 人，抢救和转移物资价值近 2000 万元，同时，在恪尽职守，维护好灾区治安秩序的同时，还主动协助群众搞好抗灾自救。1991 年、1998 年，两次被省公安厅荣记抗洪抢险集体二等功。

六、公共安全

1. 道路交通管理

二广高速、省道 205、省道 306、省道 302 线贯通津市全境，二广高速在津市市境内有高速公路和连接线约 18 公里，省道 205、省道 306、省道 302 线在津市境内 54. 2 公里。2012 年年底全市公路里程（包括县、乡、村道）1230 余公里。交警部门始终以预防和减压交通事故、保障道路畅通为目标，在加强车辆和驾驶人管理、全面整治道路交通秩序的同时，狠抓交通事故的处理。共依法查处交通事故 2 万余起 ，依法追究刑事责任 159 人。

2. 消防管理

1988 年至 2012 年，消防大队始终围绕“打造津市消防铁军，创人民满意消防”的目标，大力实施“全局消防”“全民消防”“全警消防”三大战略，牢牢抓住政治建警、素质强警、文化育警三大重点，切实强化班子队伍、后勤建设、安全稳定三大保障，负重加压、奋力赶超，在新的起点上开创津市消防工作和部队建设的新局面。共接警出动 800 余起，扑救火灾 700 余起，参与应急救援和社会救助 100 余起，出动车辆 2000 余台（次），出动警力 10000 余人（次），从灾害现场抢救和疏散群众 900 余人，抢救和保护财产总价值近 8000 万元。

七、基层基础建设

1. 派出所基础建设

20 世纪 80 年代中期，派出所警力匮乏，办公条件极为简陋，从 90 年代中期开始，取得市委、市政府重视支持，多方筹措资金，展开公安派出所建设。1998 年，在全局开展“创满”工作，率先提出“民安为本，百姓至上”的工作理念。倡导公安派出所，以人口管理网络化、社区警务数字化、内务管理规范化、服务优质化为标准，创造一流工作业绩，全面提升治安防范和打击违法犯罪的综合能力，全市的治安防控能力明显增强，各类案件发案的上升势头得到有效遏制；尤其是在全面推进社区警务建设上，创新改革，率先于全省开展社区民警考核考评工作试点，创立《社区民警考核手册》，建立起一整套科学、合理、公平、公正的社区民警考核考评办法。上述经验分别被《人民公安报》、省公安厅在全国、全省予以推介。常德市公安局还在派出所信息网开辟津市社区警务专栏，予以肯定和推广。汪家桥派出所不断创新和加强基层基础建设，自1983年以来，连续27次受到省公安厅、常德市公安局及津市市委、市政府的表彰和奖励，相继获得“全省优秀股所队”“人民满意政法单位”“廉政执法先进单位”等荣誉称号，荣立集体三等功四次，集体二等功二次；1998年，该所挤身全国百强派出所，被公安部评为“人民满意派出所”；1999年，市局被评为湖南公安系统“创满”工作“十强”单位之一。2008年，通过开展基层基础攻坚战，投入资金130万元，在开发区新建金鱼岭派出所，并按照公安部有关派出所外观标识要求，维修改建8个派出所，建成社区警务室18个，农村警务室7个，并按实有人口比例配备社区民警58名，筹集资金40余万元，为基层派出所和社区民警添置40台电脑。至2012年年底，全局共建成12个派出所，其中一级所2个，二级所4个，三级所5个，四级所1个。先后涌现出以刘宗兰、沈红玖为代表的一批全国优秀社区民警。

2. 城镇治安防控工作

1988年7月，保安服务大队更名为保安服务公司，辖6个中队，负责巡逻防范，维护治安，提供保安服务。1990年，全市有治保会170个，治保科（股）84个，保卫干部136人，护厂队54支，队员295人，巡逻队47支，队员205人。为加强防控工作，从20世纪90年代初开始，在厂矿企事业单位建立企业派出所或治安执勤室。至1994年，共建企业派出所10个（至2000年被全部撤销），治安执勤室15个，在企事业单位建立经济民警队12个。1991—1994年，治安保卫干部及联防队员协助公安机关破获刑事案件71起，协助查处治安案件389起，协助调解民事纠纷188起。1995—1998年，治保人员反映线索并协助民警抓获各类违法犯罪人员874人。1999年，全市治保会开展治安巡逻4270次，调处各类纠纷1250起，为公安机关提供违法犯罪侦查线索830条，协助抓获、扭送违法犯罪嫌疑人320人。

第四节　教育管理和执法监督

1988—2012年，市局始终以队伍建设为主线，以执法监督为重点，按照政治建警、从严治警、素质强警、从优待警、文化育警的方针，不断完善队伍建设的各项举措，着力打造一支“政治合格、纪律严明、业务精通、执法规范、群众满意”的高素质民警队伍。

一、队伍正规化建设

1. 加强班子建设

局党委一班人按照“学习、团结、务实、廉洁、高效”的要求，不断加强班子成员的思想作风、工作作风和纪律作风建设，使党组指挥决策达到规范化、民主化、科学化。使班子成员保持团结向上、严于律己，率先垂范，充分发挥出战斗堡垒作用。

2. 从严治警，抓教育抓管理

1988—2012年，局党委坚持从严治警不动摇，本着“向教育培训要警力、要素质”的思路，把教育培训摆在重要位置。1997年10月，开展“百姓至上，民安为本”的宗旨教育，提出以“四干三到二提高”为主体要求，深入开展创建人民满意派出所活动。1999年4月开展“讲学习、讲政治、讲正气”的三讲教育活动，并结合队伍自身特点，2000年，在公安机关民警中开展“三项教育”。2001年7月，组织学习“三个代表”重要思想，联系实际，广泛开展“访问民情，访查民意，访排民忧”大走访活动。2006年，以执法为民为核心，在全局上下掀起苦练基本功热潮，要求民警做到懂方针政策，懂法律法规，懂业务知识，会擒敌自卫，会执法执勤，会管理会服务，会群众工作，成为本职岗位的行家里手。2008年8月，举办社区（驻村）民警学习班，听经验介绍，看先进事迹录像，论如何为民服务，通过学习培训，使广大民警增强为人民群众热情服务、优质服务的自觉性。每个社区设立留言登记薄，开展代办留办服务，人口和出入境办证大厅、信访接待室、110接报警台及各实战单位值班室自觉规范服务用语，规范办事程序，推行热情服务，微笑服务，受到社会各界一致好评。2012年3月，落实全国公安厅局长会议精神，深入开展政法干警“忠诚、公正、廉洁”核心价值观教育，通过教育培训，使全体民警牢固树立起“依法治国、执法为民、公平正义、服务大局的坚定信念。

3. 加强队伍廉政建设

在队伍教育管理中，坚持把反腐倡廉、纪律作风教育贯穿始终。特别是2006—2012年，坚持每年集中时间，组织学习公安部颁发的《公安机关人民警察纪律条令》《五条禁令》《公安机关人民警察内务条令》、学习中纪委《关于严格禁止利用职务上的便利谋取不正当利益的若干规定》等文件，组织观看外地民警违纪违规典型案例的警示录像，并联系实际深入开展讨论。同时，充分发挥纪检监察、督查、信访的职能作用，把经常性纪律作风检查、督导落到实处。市局不断完善和规范相关廉政制度并建立长效机制，使廉政纪律作风教育管理做到常态化。对业务平庸、作风懒散、执法不公及以权谋私的民警，实行一票否决，严肃查处。7年间，印发督查通报65期，查处违纪违规民警5人。

二、强化执法监督管理

围绕提高全员执法业务水平，提高执法办案质量，市局把法制教育和法治业务培训，作为强化执法监督管理的关键环节来抓。以执法资格考试为载体，经常组织法律法规专题培训，开展岗位练兵，提高民警执法办案水平，增强广大民警严格执法，依法办事的自觉性。为确保严格执法，坚持探索创新，逐步健全完善执法监督管理的多项举措。不断修订完善执法制度；落实执法办案质量考评；狠抓执法环节和执法形象的内外监督；规范执法办案程序，推行“同案同罚”的裁决原则，确保所办案件依法准确裁量，做到“公平、公正”，杜绝“人情案”“关系案”。

第五节　公安科技和综合保障

1988 年前，公安基础设施建设落实，市局机关只有一栋年久失修的简易办公用房，农村派出所没有一个单独院落，全部寄居在乡镇政府借房办公。随着津市社会经济的快速发展，全局基础设施建设也逐渐步入快车道。1998 年，新建的办公大楼落成，市局机关大院整体搬迁至澹津路。是年，同步全面完成第一轮派出所院落建设。2012 年，新建津市看守所、拘留所“两所合一”。至 2012 年，全局 12 个派出所均建成功能配套、设施完善的独立院落，并达到标识统一，环境优化。

在科技及警务装备建设上，以科技强警为契机，脚踏实地抓建设，取得明显成效。1995 年，模拟程控自动交换机通讯系统启用。1997 年，通信系统更新为数字程控系统，无线通信系统投入运行。2010—2012 年，城区建成图像视频监控系统，在重点单位和要害部位安装视频监控探头 126 个。至 2012 年，全局拥有警用汽车 70 台，单警装备 145 套，电脑 300 台，并全部实行电脑信息网络化办公。

第十章　德山分局公安工作

常德经济技术开发区位于常德市东南的德山，辖区面积 156 平方公里，常住人口 12.3 万人，下辖 2 镇、1 个街道办事处、1 个林场，63 个行政村（居委会）。常德市公安局德山分局（以下简称分局）于 1993 年 4 月成立。内设 11 个室、队、所，核定警力编制 100 人，实有 92 人。

分局组建以来，坚持“建一流班子、带一流队伍、创一流业绩、树一流形象”的总体目标，遵循“政治建警、从严治警、科技强警、从优待警”的工作思路，牢牢把握维护稳定、侦破打击、治理整顿、优化经济环境和队伍建设工作重点，全局上下、求真务实，开拓进取，公安工作和队伍建设取得长足发展，确保了德山政治大局稳定和治安形势平稳。1998 年，德山公安分局被德山开发区评为综合治理红旗单位。2001 年，被市政府评为侦破“9·1”大案先进单位。

第一节　维护稳定

一、严厉打击非法邪教组织

20 世纪 80 年代末到 21 世纪初，随着改革开放不断深入和经济飞速发展，辖区不安定因素也随之增多。“法轮功”“门徒会”等非法邪教组织活动猖獗。为此，分局按照上级公安机关的统一部署，将维护社会稳定提高到保卫政权的高度来抓，落实“全面、深入、及时、准确”的总体要求，组织民警对辖区宗教堂点和邪教人员深入摸底调查，建立重点人员花名册，常态化掌握重点人员活动范围，强化教育转化工作，发动社会力量，共同监管“法轮功”等邪教人员，严密防范和打击“法轮功”邪教组织的违法活动，有效遏制“法轮功”及邪教组织的违法犯罪活动。1999 年，德山共有登记在册“法轮功”等邪教组织人员 146 名，通过深入开展教育转化工作，至 2012 年，“法轮功”等邪教组织人员减少至 20 人，与此同时，对抓获的“法轮功”骨干成员依法予以严厉打击。2005 年，王 × × 以危害国家安全罪被立案查处，判处有期徒刑 3 年。1999 至 2012 年，德山共收缴、销毁“法轮功”等邪教组织反动书刊 169 册，反动音像制品 73 盒，反动传单及资料 13900 份。

二、强化群体事件和矛盾化解

德山历史上是常德的工业集中区，由于企业两个“置换”，大批职工下岗失业，形成了庞大的下岗职工群体，加上对企业退休、军转干部、战退军人、农村复员军人等涉军群体的社会保障机制尚不健全，给公安机关维护社会稳定的工作带来巨大压力。1997 年 3 月，分局协同开发区综治办，制定《社会稳定党委例会制度》《社会稳定分析排查制度》《社会稳定热点问题部门负责制》《社会稳定重点地区派工作组帮助制度》，并确定由政保大队负责辖区内重大涉稳事件和各类矛盾纠纷化解处置，同时协调组织驻区各机关、企事业单位保卫科、股组成内部情报信息系统，加强情报信息收集、掌控、研判。1993 至 2007 年，共收集各类维稳信息 1551 条，预防和制止非正常上访 196 起，化解各类矛盾纠纷 2078 起，化解各类群体性事件 233 起。2000 年 12 月，原常德市 × × 总厂发生群体性事件，分局迅速集结警力，积极配合有关部门，果断采取措施，提前疏导，使一起重大群体性事件得以迅速平息。2008 年后，开发区确立“工业新城、城市新区”战略思想定位，招商引资的力度进一步加大，重点工程阻工、生产安全事故、医患纠纷等矛盾日渐突出。为此，分局成立项目推进工作领导小组，制定完善《重大群体性事件处置预案》《公共场所安全事故应急预案》《火灾事故应急预案》等事件处置预案，积极应对各类群体性事件的处置。共收集各类情报信息 1442 条，化解各类矛盾纠纷 1586 起，处置各类群体性事件 165 起，为辖区经济建设提供有力支撑。

三、狠抓网络舆情处置

2012 年前，网吧监管、网络舆情处置主要由分局治安管理大队负责。2012 年 9 月，分局成立网安大队，重点维护公共信息网络安全，惩治涉网违法犯罪，处置网络舆情。是年，通过值机巡查，发现并删除各类有害信息 856 条，封堵邪教法轮功、诈骗、赌博、色情、虚假交易平台等违法网站 3 家，查处涉网行政案件 7 起，破案刑事案件 2 起，充分运用网络侦查技术手段，抓获各类在逃犯罪嫌疑人 3 名，协助相关办案单位办理各类刑事案件6起。

第二节　惩治犯罪

1993至1994年，先后开展整治重点地段、整顿特种行业、禁赌、扫黄、反扒窃等专项斗争，共破获刑事案件158起，其中破获重大刑事案件75起，挽回经济损失72万余元，抓获各类犯罪嫌疑人216名，摧毁各类犯罪团伙26个，批捕47人，实施劳动教养21人。

1995年，按省、市统一部署，先后精心组织“春季严打攻势”“秋风行动”，严厉惩治盗抢机动车以及带黑社会性质的团伙犯罪，开展7次集中搜捕统一行动，抓大打恶、专案专办。全年共破获刑事案件111起，其中破获重大刑事案件73起，侦破“8·26”王××、黄××抢劫杀人案和“10·16”裴××杀人焚尸案，挽回经济损失50余万元，抓获各类犯罪人员151人，摧毁各类犯罪团伙15个，提请逮捕37人，送劳动教养16人。

1997年4月至6月，在辖区开展以“破大案、追逃犯、打团伙、禁毒品”为主要内容的春夏“严打”整治行动，破获各类刑事案件24起，协破外地案件8起，破积案7起，抓获犯罪嫌疑人26人，追回在逃人员3人，摧毁各类犯罪团伙3个，缴获汽车1台，摩托车3台，海洛因7克，赃款赃物折价18万余元，刑事拘留23人，提请逮捕3人，送劳动教养12人，强制戒毒10人，治安处罚20人。8月至10月，组织开展“扫黄、禁赌及打击流窜犯罪”专项整治行动，抓获各类犯罪嫌疑人59人，其中送劳动教养5人，行政拘留21人。是年，共破获刑事案件114起，其中破获重大刑事案件43起，挽回经济损失27万元，抓获作案人员91名，摧毁犯罪团伙8个，提请逮捕24人，移送起诉24人，送劳动教养27人，刑事拘留64人。同时成功侦破“8·17”邬××两兄弟故意杀人案和以陈×为首的5人团伙抢劫过境货车系列案。

2000年，按照侦审合一为主的刑侦工作体制改革要求，将刑侦中队下放到基层派出所，实现警力向基层一线延伸，建立起覆盖社会面、整体联动、信息共享的刑侦破案机制。是年，先后开展“打击拐卖妇女儿童”“打击涉枪、盗抢、绑架、车匪路霸”等统一行动以及“严打百日会战”等专项行动，共破获各类刑事案件104起，其中破重特大刑事案件32起，刑事拘留78人，提请逮捕22人，送劳动教养23人，移送起诉16人，解救妇女6名，挽回经济损失300余万元。在12小时内成功侦破“2·24”喻××、吴××跨区域特大抢劫杀人案，在参与侦破“9·1”湘渝系列特大杀人抢劫案件中，抓获团伙主犯李××。

2004年，开展以“四打一建”为主要内容的百日“严打”专项行动，惩治严重侵犯人民群众生命财产的各类犯罪。全年共破刑事案件76起，抓获各类犯罪嫌疑人61名，刑事拘留35人，提请逮捕34人，移送起诉37人，为企业挽回经济损失263万元。

2006 年，针对群众反映突出的问题，先后开展“打黑除恶”和打击“两抢一盗”等专项行动。破获刑事案件 161 起，抓获犯罪嫌疑人 128 名，刑拘 114 人，逮捕直诉 71 人，移送起诉 63 人，成功打掉分别以陈××、聂×、张××为首的涉恶犯罪团伙 3 个，抓获团伙成员 7 人，缴获自制五连发猎枪 2 支。

2008 年，紧紧围绕奥运会安保，开展侦破会战和“迎奥运保平安百日严打”行动，共破获刑事案件 157 起，抓获犯罪嫌疑人 130 人，逮捕直诉 82 人，移送起诉 70 人，抓获在逃人员 20 人。侦破“4·13”袁××团伙抢劫案，破获邓××贩卖毒品案，抓获邓××等涉毒犯罪嫌疑人 4 人，缴获海洛因 150 克，扣缴毒资 7000 元。

2011 年，全区开展“清网”行动，共追回在逃人员 14 名，一举将分局历年在逃人员清网率提升至 93%，是年，共破刑事案件 94 起，抓获犯罪嫌疑人 83 人，逮捕直诉 55 人，移送起诉 26 人。破获李××诈骗摩托车系列案、桃花山系列入室盗窃案等一批有影响的重大、特大案件。

2012 年，以中共十八大安全保卫为重点，保持对刑事犯罪的高压态势，开展“蓝剑行动”“经济犯罪破案会战”和“缉毒破案雷霆行动”，共破刑事案件 135 起，抓获各类犯罪人员 118 人，逮捕直诉 69 人，移送起诉 106 人，追捕逃犯 42 人。成功破获“2·29”田××杀人案、“10·16”代××杀人案、刘××抢劫的士案和罗××强奸案等一批大案要案。1993 年至 2012 年，分局刑事案件共立案 3301 起，破获 2117 起，逮捕直诉 851 人。

第三节 治安管控

一、特种行业管理

1993 年分局成立后，针对旅店和旧货业刑事发案多的情况，在狠抓查处打击的同时，切实加强对特种行业从业人员的教育管理，从源头上加大管控力度，有效遏制案件上升的势头，是年，刑事案件发案和治安案件受理与上年相比分别下降 31.8% 和 64.6%。1996 年，德山有旅店、废旧收购、印刷打字、寄卖等行业 55 家。到 2012 年，发展到 85 家。对此，分局重点采取三项措施，切实加强对上述行业、单位的管理：①完善对经营许可的审查登记；②强化对从业人员的教育；③建立完善治安信息管理平台。从 1994 至 2012 年，分局与辖区特种行业业主每年签订治安责任状，对特种行业法人代表和从业人员轮流培训，组织学习有关法律法规，传授“四防”（防火、防盗、防爆、防破坏）安全知识和识别发现、控制违法犯罪的方法，共办培训班 38 次，参训人员达 2036 人次。

二、危爆物品枪支管理

1994 年 3 月，对辖区内 6 个生产、使用、贮存、销售易燃易爆化学物品的企业进行清理整顿，对查出的 13 处不安全隐患，逐一责令限期整改。其后，坚持每年对其进行 2 次安全检查。1995 年 5 月，根据常德市人民政府《关于禁止在城区燃放烟花爆竹的规定》，收回辖区 11 家烟花爆竹销售许可证。2002 年，分局加大对危爆物品的管理，查处非法运输、买卖危爆物品的案件 3 起，行政拘留 2 人，收缴违章经营的烟花爆竹 275 件，查出不安全隐患 11 处，下发整改通知书 13 份。通过严格依法管理，从 1993 至 2012 年，德山爆炸物品管理没有发生过重大事故。1993 年，根据《中华人民共和国枪支管理办法》，对公用业务枪支和民用枪支逐一清理登记，发给持枪证，对佩戴枪支人员进行年审，核发新证。1994 年，对 6 个佩枪单位的公用业务枪支进行全面清理，核发新证。1995 年，强调业务用枪实行"三铁""三专"保管，即枪库必须安装防盗铁门、窗户必须安装防盗铁栏、枪支必须存入保险铁柜，专库、专柜、专人保管。1997 年，按照公安部统一部署，分局出动警力 107 人次，对民用枪支进行全面清理整顿，共收缴各种违规持有的民用枪支 195 支，其中气枪 46 支，鸟枪 101 支，其他枪 48 支，子弹 1900 余发。截至 2012 年，共收缴各类非法枪支 236 支，子弹 2300 余发。

三、黄、赌、毒防控

1993 年，辖区仅有影院、录像厅、美容美发厅等公复场所 17 家（处）。至 1997 年，公共场所增加至 54 家（处）。随之，赌博、卖淫嫖娼等丑恶现象日渐增多，对此，分局坚持严格依法管理，落实经常性清理整顿，使上述场所的违法犯罪问题得到有效遏制。1997 年 9 月，分局开展统一清查行动，对辖区内录像厅、美容按摩厅、出租录像店、月牙寨休闲娱乐城、古南都茶座以及一批茶馆、电游室进行全面清查整治，捣毁有赌博性质的茶馆 20 家，抓获参赌人员 52 名，收缴赌资 1 万余元，收缴各类赌具 100 余副。查处月牙寨和古南都两处卖淫窝点，两名业主被依法劳动教养，抓获卖淫嫖娼人员 11 名，行政拘留 11 人，抓获制作淫秽光盘人员 2 人，缴获淫秽光盘 33 张。2008 年，开展"迎奥运保平安"百日"严打"行动，对辖区 63 家公共场所开展 3 次清查整顿，查处"黄赌毒"案件 17 起，抓获违法犯罪人员 53 人，其中提请逮捕 5 人，送劳动教养 7 人，强制戒毒 16 名，行政拘留 25 人。1993 年至 2012 年，分局针对上述场所先后开展 45 次清查行动，共破获刑事案件 26 起，提请逮捕 14 人，送劳动教养 9 人，查处行政案件 194 起，行政拘留 209 人。通过有效整治，净化社会环境，强化治安管理和防范，确保辖区社会治安稳定。

四、内部单位管理

1993 年，辖区内部单位治安保卫工作主要由分局侦查大队管理，1997 年，分局设立内保科。2003 年，列管机关、要害部位和重点企事业单位 54 个，并实行内保科、股和派出所两级管理，内保科列管单位 26 个，其余 28 个单位由各基层派出所直管。随着辖区经济的发展，列管单位逐年增加，至 2012 年列管单位增加到 103 个。为强化管理，除公安机关、单位保卫科股外，还组织广大干部群众参与管理。2003 年，组建治保会 69 个，护卫队 63 个，配备治安员 408 名，至 2012 年，建成治保会 109 个，护卫队 99 个，护卫队员

679 名。2003 年至 2012 年，护卫队在巡逻中共抓获各类违法犯罪人员 89 名，提供线索破刑案 21 起，查破治安案件 82 起，为国家挽回经济损失 41 万余元。为协助做好内部单位管理工作，分局从 2006 年开始组建保安服务公司，接受党政机关、企业、事业单位、住宅小区的聘请，派出保安人员进行保安。与此同时，推进技防设施建设，至 2012 年，在 84 家列管单位安装视频监控系统，共安装监控探头 1032 个，红外线报警器 738 个。2006 年，分局强化内部单位治安管理工作的经验被省公安厅在全省推介。

五、人口与出入境管理

1993 年，德山共有居委会 17 个、村 15 个，户籍警 5 名，按 4～5 个居委会（村）组建警务区，共设 9 个警务区，户口管理纳入警务区统一管理。2005 年，实行社区警务制度改革，将原有 22 个居委会合并为 12 个社区，实行一区一警，每个社区都建立人口管理队伍和人口帮教队伍，使户政管理工作得到加强。

1. 暂住人口管理

1993 年分局成立后，将原来以暂住地为主管理改为以从业地为主、暂住地为辅进行管理，是年，共办理暂住证 958 人。2001 年至 2008 年，随着招商引资力度加大，德山高新技术工业园开园，大批企业进驻落户，务工人员大量涌入，分局所属三个派出所共为暂住人口办理暂住证 10934 人。2009 年至 2012 年，依照《湖南省流动人口服务和管理规定》将暂住证改为居住证的要求，为辖区管辖的暂住人口全部换发居住证。

2. 居民身份证管理

1993 年前，辖区居民身份证办理一直由武陵区公安分局负责。分局成立后，从 1994 年开始办理居民身份证，是年，共办证 4162 人。1997 年，开始对持 10 年有效期居民身份证的人员全部换发 20 年有效期证件。每年对遗失身份证的补发身份证、办证量年均 300 人（证）左右，办理临时身份证年均 400 人（证）左右。到 2000 年，对应发证的 78356 人全部发放居民身份证。

1995 年起，分局对基层派出所开始实行人口信息微机管理。1999 年，实现人口信息数据结构转换。到 2001 年，照片收集、图像扫描达标率为 90.32%，无底卡居民身份证合格率达 99.8%。

2005 年，按照公安部统一部署，对辖区内年满 16 周岁以上居民，开始换发第二代居民身份证。至 2010 年，分局共换发二代居民身份证 64153 人。

3. 边境证管理

1993 年至 2005 年，德山每年前往深圳、珠海务工、出差、从事商贸洽谈及探亲访友、旅游观光人员达 4000 人次，分局坚持热情服务，及时为其办理边境通行证手续。

4. 人口统计

分局成立后，除每年年末对辖区人口进行一次统计外，还以全国三次人口普查为契机，对人口进行全面清理整顿。共纠正人户分离 1306 户、4126 人，更正户口登记差错

2809 处，更正出生、超生、迁入、刑释解教等未上户 298 人，更正迁出、死亡等未销户 236 人。对应销而未销户的 457 人予以登记销户，对 433 名无户人员按政策规定全部入户。

第四节　教育管理和执法监督

一、教育管理

分局按照“从严治警，以纪管警”的原则，注重用规章制度规范队伍管理。1994 年，为加强对民警的政治思想教育工作，完善“三会一课”制度。1997 年年初，制定和完善《一岗双责》《考勤制度》《奖惩处罚规定》等制度。2000 年，对干部人事制度实行改革，推行骨干“竞争上岗”、民警“双向选择”的竞争机制，激发公安民警敬业爱岗、奋发向上的激情。同年 3 ~5 月，开展以“全心全意为人民服务的宗旨教育，实事求是的思想路线教育，严格、公正、文明执法的法制教育”为内容的“三项教育”活动，解决群众反映强烈的对待群众“冷、硬、横”的问题，提高队伍的整体素质。2006 年，开展社会主义法治理念教育。2012 年，开展政法干警核心价值观的学习、教育，同时，集中整治公安民警涉酒涉赌等违法违纪问题专项整治行动，使队伍正规化建设得到进一步加强。

二、执法监督

1993 年 5 月，设立分局预审机构，对案件进行预审把关。1998 年 2 月，设立法制办，对执法办案进行全面监督。1993 年至 2012 年，共受理各类刑事案件 2256 起、3459 人，向检察机关提请批捕 1489 起、916 人，批准逮捕 1340 起、733 人，批捕率为 90% 和 80%。1998 年开始，分局持续不断对全体民警开展法律意识教育，至 2012 年，共举办各类法制培训班 17 期，参训民警 851 人次，组织学习《国家公务员暂行条例》《中华人民共和国国家赔偿法》、修改后的《刑法》和《刑事诉讼法》等一系列法律法规，保证民警对法律的理解和准确执行。2011 年，根据市局部署，在全局开展执法规范化活动，有 79 人通过全国公安系统执法资格基本级考试。2012 年，开展法制常德建设年活动，有 46 人通过执法资格中级考试。分局每年由法制办牵头，组织两次执法检查，借以保证严格执法、规范执法，并纠正执法中的漏洞与偏差。为方便公安民警掌握实用的法律法规，先后编印《新法摘编》《公安办案程序》等法律资料，制作《行政处罚决定书》《责令戒毒通知书》等，用以规范民警的执法办案。

第五节　公安科技和综合保障

一、刑事科技

针对高智商、高科技犯罪凸显的实际，为有效打击犯罪，分局从 2010 年开始共投入近20万元，陆续添置法医勘察箱、指纹勘察箱、平面足迹提取箱、刑事现场勘察箱、活体伤残鉴定箱、痕迹综合勘察箱、指纹信息采集仪、摄像机、照相机、高亮度远射灯、单手电多波段光源、×线胶片观察灯及电脑、彩印机等15种刑事技术勘探装备，为侦查破案提供技术支持。

二、网络科技和信息化管理

网络科技和信息化由分局指挥中心统一维护管理。从2006年开始，分局加大“三基一化”建设投入力度，把网络和信息化建设摆在重要议事日程。2007年，投入资金31万元采购电脑57台，使民警电脑拥有率达103%，有效提高民警办公自动化水平。2008年，投入300万元建成治安电子防控系统。2009年，完成警务信息综合平台、350兆模拟集群和视频会议系统建设，四级网络由原来512千字节的ADSL联网升级为10兆光纤联网方式。2010年，完成大情报系统建设。2011年，构建网上督察系统平台、公安机要保密传输系统和涉密专项网络，并投入10万元资金，建成公安局域网。

三、公安基础设施建设

1995年，投入资金130万元，建成机关办公大楼。1994年，老码头派出所建成并投入使用。同年8月，德山派出所建成并投入使用。1998年，筹资98万元修建民警宿舍2栋，投入40多万元，修建民警食堂。2000年，筹资30万元修建行政拘留所。2005年，桃林路派出所建成并投入使用。2012年，投入资金50余万元，完成局机关和四个基层派出所的执法办案区域建设。同年12月，投入资金3000万元，开始动工建造拥有办公用房面积7630平方米的刑事技术大楼。

四、装备保障

分局成立后，始终把逐步完善装备保障摆在突出位置，通过努力争取多方支持，使警用装备保障适应现实斗争的需要。1993年分局建局时，仅有警车2台，至2012年，分局执法执勤公务用车增加到23台。同时，分局加大投入，对民警所持枪支警械警具更新换代，使一线民警单警装备率达100%。2012年，筹资47万元，为全局民警配备移动警务通终端。

第十一章　柳叶湖分局公安工作

柳叶湖旅游度假区位于常德市武陵区北部新城开发区。总面积175平方公里，辖1个镇、3个街道办事处、36个村（社区），常住人口56582人。

常德市公安局柳叶湖分局（以下简称分局）成立于2002年2月。内设政工监督室、指挥中心、法制大队、刑侦大队、治安大队、七里桥派出所、白鹤山派出所、泉水桥派出所、柳叶湖派出所9个二层机构，民警编制52人。

分局组建后，以确保辖区社会治安稳定和谐为宗旨，更新理念、创新机制、精细管理，走出一条集防控、打击、整治、管理、服务于一体的公安发展之路。

第一节　维护稳定

2002年以来，分局针对辖区所处城郊结合部的特殊地理位置，始终遵循“稳定为首、防范为主”的工作方针，以维护社会稳定为首要职责，依法打击非法邪教组织，及时处置、化解群体性事件，有效维护辖区社会治安大局的稳定。

一、打击非法邪教组织

2002年11月3日，辖区首次发现一起邪教法轮功成员非法张贴反动传单案件，分局立即采取措施，组织警力调查走访，及时查获作案对象。2008年5月，分局治安大队成功查处戴家岗社区一起“东方闪电”邪教组织，抓获吴××、蒯××等三名骨干成员，收缴宣扬邪教的光碟100张，VCD播放器一台、邪教书籍50多册。至2012年年底，分局收集非法邪教组织相关信息217条，查获“法轮功”“门徒会”及“东方闪电”等邪教组织骨干成员37人。对登记在册的重点人员，逐一建立档卡，并报请党政部门层层建立责任制，组织基层治保会组，对其上门开展教育疏导工作，及时了解动态，全方位落实帮教管控措施。

二、化解群体事件

随着柳叶湖旅游度假区开发建设的不断推进，辖区内不稳定因素增多。结合辖区实际，制定《柳叶湖分局处置群体性事件应急预案》，并成立专门工作班子。在处理群体性事件中，坚持超前掌握情报信息，超前预测研判，充分运用法律武器，充分运用正面教育疏导措施。使辖区发生的群体事件得以成功化解。

2002年3月9日，七里桥村发生群体性事件，分局民警赶到现场后，迅速开展说服劝导工作，使该次群体性事件得到成功化解。

2010年至2012年，分局出动警力913人次，调处因阻工引发的矛盾纠纷200余起，化解突发（群体）性事件25起。

第二节　惩治犯罪

针对辖区社会治安实际，分局审时度势，以侦破打击为龙头，切实狠抓打击整治，取得显著成效。

一、严重暴力犯罪案件侦查

2002年以来，分局将“命案必破、快破”作为主攻目标，不断健全命案侦破工作机制，研究出台《常德市公安局柳叶湖分局重案现场处置规定》，强调全局“一盘棋”思想，突出协同作战，快速反应，有效提高命案侦破的攻坚能力。

2004年8月29日，柳叶湖发生一起司法警察被杀沉尸案。分局集中优势警力，经过4天4夜连续奋战，一举侦破该案，2名主要犯罪嫌疑人和5名涉案人员全部落入法网。

2005年9月2日，柳叶湖常慈路发生一起杀人抛尸案，分局仅用2天时间就侦破该案，犯罪嫌疑人王×被依法逮捕。

2009年2月17日，吸毒人员周×、张×在武陵城区一出租屋吸食、注射毒品，张×突然死亡。周与其妻等人商议，将张尸沉塘后逃逸。经过一年多的艰苦侦查，于2010年4月1日将周某抓获归案。

2012年6月7日6时许，柳叶湖清水游道发现一具女尸。经组织民警现场勘验，迅速确定死者身份。后经深入调查取证，证实系犯罪嫌疑人周××因感情纠纷，将女友何××杀害并抛尸。在掌握犯罪嫌疑人全部犯罪证据后，通过严密布控，于6月9日，将犯罪嫌疑人周××被抓获归案。

二、有组织犯罪案件侦查

2002年以来，分局把黑恶势力团伙犯罪作为打击重点。2011年2月，万寿村一带相继发生多起犯罪团伙持刀抢劫摩托车案件。接到报案后，分局迅即抽调8名民警组成专案组，通过深入摸底排查和部署警力设伏蹲守，于3月9日晚，在司马楼附近将三名再次抢劫作案的嫌疑人抓获。经审查，该团伙先后持刀抢劫作案10起，抢劫抢摩托车7辆，劫得手机、现金等，共计折款5万余元。

2011年3月，刑侦大队接到群众报警称：柳叶湖安置房小区建设受到黑恶势力侵害，一伙人以暴力胁迫方式强揽工程。对此，分局迅速立案。通过外围调查，及时掌握以牟××、陈××为首的黑恶势力团伙，持刀、持械强揽工程，非法获利40多万元的犯罪事实。4月15日，专案组将牟××、陈××、武××等四名主要犯罪嫌疑人抓捕归案。

三、侵财犯罪案件侦查

2011年7月18日，分局七里桥派出所接到重庆市居民钟××报案：称其通过网络QQ聊天认识常德籍男子洪××，被其以网恋为名骗走现金40万元。经过30天缜密侦查，于8月18日将犯罪嫌疑人洪××抓获。2011年12月25日凌晨1时许，犯罪嫌疑人刘××伙同何××等人盗走桃花源高尔夫俱乐部练习场球具9套，涉案金额6万余元。分局办案民警经过三个多月奋战，于2012年4月19日，将犯罪嫌疑人抓获，并如数追缴被盗赃物。2009年9月至2012年7月，分局先后侦破侵财案件54起，挽回损失250万元。

四、涉毒犯罪案件侦查

2002 年分局成立后，针对辖区毒品犯罪突出的问题，组织警力对辖区柳叶宾馆等娱乐场所进行突击清理整顿。抓获涉毒人员 1 7 名，破获涉毒刑事案件 7 起、治安案件 7 起，摧毁毒品犯罪团伙 1 个，缴获毒品海洛因 7. 9 克，毒资 4500 元。

2005 年 10 月 25 日，分局接到群众举报：有毒贩在城区佳禾宾馆进行毒品交易。刑警队队长文蛟带领 5 名民警火速出击，抓获毒贩张 × ×，缴获海洛英 103 克。经顺藤摸瓜，是日晚，将其上线郑 × × 抓获，从其家中缴获海洛因 6 克及天秤、压包机等贩毒工具。

2008—2011 年，分局以“遏制毒品来源、遏制毒品危害、遏制吸毒人员滋生”为目标，多管齐下，综合治理。共破获涉毒犯罪案件 18 起，抓获涉毒犯罪嫌疑人 25 人，缴获新型毒品麻古 1406 粒。强制戒毒 8 人，行政拘留 14 人，治安罚款 5 人。

2012 年，破获涉毒案件 36 起，捣毁毒品犯罪窝点 6 个，缴获海洛因 426. 4 克、麻古 316 粒。抓获犯罪嫌疑人 46 人，其中刑事拘留 9 人，强制戒毒 17 人，治安处罚 37 人。是年 6 月 28 日，白鹤山派出所接到群众举报：一小区有人涉嫌贩毒。派出所立即组织民警布控，当场抓获涉毒人员 5 人，缴获海洛因 83. 4 克、冰毒 104. 7 克、麻古 247 粒。对涉毒犯罪嫌疑人依法予以处罚。

五、专项整治、破案追逃

在重拳出击，狠抓侦查破案的同时，结合治安实际，精心组织部署，不间断开展专项整治行动，全面提升综合打击效能。2002 年，先后开展“春雷行动”“天网行动”及治理“两车（汽车、摩托车）”被盗、打击毒品犯罪的“雷霆”专项行动。2003 年，组织实施突击清缴无牌无证摩托车、打击街头飞车抢夺犯罪和盗抢机动车犯罪的专项行动，共查验摩托车 1500 余台，扣缴被盗抢摩托车 8 台，抓获犯罪嫌疑人 2 名。2004 年 5 月，开展“打击盗抢百日会战”专项行动，重点打击街头飞车抢夺犯罪和盗抢机动车犯罪活动，共审查各型摩托车 100 余台，查扣无牌无证摩托车 5 台，抓获犯罪嫌疑入 2 名。2005 年，在全区范围深入开展“两禁、两打”和“天剑”等专项行动，共破刑事案件 13 起，查处治安案件 19 起，刑事拘留 6 人，提请逮捕 8 人，送劳动教养 4 人，行政拘留 18 人。2006 年，分局改革警务管理，将管辖区变为 2 个警区，刑侦大队和治安大队（包七里桥派出所）分别承担各自警区的打击整治任务，调动全局民警工作积极性，在是年侦破打击和专项整治行动中，共破获刑事案 17 起，提请逮捕 24 人，少管 1 人。2011 年 5 月，按照公安部在全国开展网上追逃（即“清网行动”）的部署，分局结合实际，精心安排，坚持“清网”追逃与侦破现行案件并重，逐一明确追逃责任目标，定警力、定措施、定进度，使追逃清网行动取得显著成效。是年，共抓获网上逃犯 18 名，其中本地在册逃犯 11 名，协助外地抓获逃犯 7 名，先于全市各区县完成清网追逃任务。在 2012 年市局组织的“清网行动”总结表彰中，分局被评为“全市‘清网行动’综合考核先进单位”，荣立集体三等功；分局刑侦大队被评为“全市‘清网行动’优秀基层单位”，荣立集体三等功。

第三节　治安管控

一、人口管理

分局成立之初，辖区仅有常住人口 5132 人。2003 年，根椐《湖南省深化户籍管理制度改革方案》有关精神，分局开始户籍管理制度改革，全区逐步取消农业户口、非农业户口以外的其他户口类型，统一登记为“居民户口”。是年 1 月，柳叶湖渔场改建为柳叶湖社区，七里桥村改建为七里桥社区。2005 年 4 月，戴家岗村与渐水村合并改建为戴家岗社区。2008 年 10 月，依据市委、市政府对柳叶湖旅游度假区行政区划调整方案。武陵区的万寿、双桥、泉水桥、岩子堰、东江、花山、驮古堤、靳家湾 8 个村的常住人口管理，划入柳叶湖旅游度假区管理。11 月，鼎城区管辖的白鹤山乡及灌溪镇白石村的户籍，划入柳叶湖旅游度假区管理。截至 2012 年 12 月，全区有常住人口增至 17369 户、56686 人，其中非农业人口 4469 人，农业人口 52217 人，有暂住人口 1302 人。常住人口由市公安局直接管理，所有人口数据按行政区划代码均统计在武陵区内。针对外来务工经商人员与日剧增的实际，分局精心组织，多措并举，认真执行政策规定，切实加强对暂住人口和出租房屋的有序管理，先后清查出租房屋 172 户，对所有出租房屋实行责任目标管理，普遍签订治安责任状。对 1141 名暂住人口，全面录入信息，落实微机化管理。

二、特种行业管理

2002 年，根据柳叶湖区域内特种行业管理的实际，分局着力狠抓五项工作：①组织开展业务培训。依据《治安管理处罚法》《旅馆业治安管理条例》《娱乐场所管理条例》等法规，定期组织旅馆、洗浴、歌舞厅、网吧等行业经营业主和从业人员开展业务培训，落实实名制登记、居民身份证识别、可疑人员和物品识别；②制定完善档卡。先后制定《行业场所治安管理登记备案表》《行业场所治安动态管理档案》《行业场所信息员登记表》《治安户长管理手册》等各类档卡、手册，使行业场所的各类信息及时更新，做到底数清、情况明；③健全岗位目标管理。确定民警对行业场所治安管理的岗位职责，量化管理工作内容及要求；④定期检查督导。及时发现整改问题。2010 年至 2012 年，通过组织对特种行业的定期检查，发现隐患漏洞 328 处，下发整改通知书 218 份，取缔“黑旅店”1 家，行政处罚 3 家；⑤抓好情报信息搜集。仅 2011 年就运用信息破获各类案件 13 起，抓获违法犯罪人员 18 人，行政拘留 14 人。截至 2012 年，分局在特种行业场所共物建隐蔽力量和治安信息员 186 名，及时搜集预警性信息 2358 条。辖区 35 家旅店、宾馆，7 家废旧金属收购店，14 家机动车修理店，10 家歌厅茶楼，均做到文明、依法经营。

三、黄、赌、毒防控

1. 扫黄

建局之初，针对辖区卖淫嫖娼违法犯罪活动一度突出的情况，狠抓对卖淫嫖娼活动的打击查处，集中警力，对足浴、按摩、美发等娱乐休闲场所，实行严治严管。2004 年 6 月，针对柳叶湖部分水上游船容留妇女卖淫的问题，分局组织警力，成立专门班子，对游船经营业进行专项集中整治，对调查掌握的卖淫嫖娼案件，逐一专案侦办，依法进行严肃处理。2012 年，在继续开展查禁卖淫嫖娼专项工作中，查处卖淫嫖娼案件 5 起，抓获卖淫嫖娼人员 5 人，其中刑事拘留 1 人，治安处罚 4 人。

2. 禁赌

2004 年 11 月 21 日，柳叶湖畔发生一起由外地人孔 ×、李 × 组织的聚众斗犬赌博案件。参赌人员在 3 场公开斗犬赌博中，输赢金额 7 万元。分局接到报案后，迅速成立专案组，迅速开展侦办，对李 ×、孔 × 给予行政拘留，没收赌资并处罚款，对其余参与赌博者亦作出相应处罚。2008 年，开展地下“六合彩”和“转转麻将”赌博活动的打击查处工作，查处涉赌案件 21 起，治安处罚 64 人，特别是查处“7·28”赌博案件，缴获赌资 20 多万元，抓获涉赌人员 30 多人，在社会上引起强烈反响，起到赌博违法犯罪的震慑作用。2010 年至 2012 年，共查涉赌案件 50 起，刑事拘留 7 人，提请逮捕 3 人，治安处罚 136 人，缴获赌资 20 多万元，收缴各类赌博机 36 台。2012 年 6 月，破获一起涉嫌利用欧州杯足球赛聚众赌博案，查获涉案金额达 50 余万元，抓获犯罪嫌疑人 2 名。随后，2 名犯罪嫌疑人被刑事拘留。

3. 禁毒

2002 年 2 月，分局通过摸底调查，对掌握在册的 7 名吸毒人员，落实“四包一”管控措施，即由一名管委会领导、村（居委会）领导、一名民警、一名家属管控一名吸毒人员。每季度对吸毒人员进行一次谈话、组织 1 次尿检。通过帮教管控，7 名吸毒人员中，有一人彻底戒掉毒瘾，其他 6 人有了明显转变。2003 年，根据辖区毒情和创建要求，分局以禁毒宣传开路，组织开展三次禁毒专项行动，堵源截流，将毒品拒之“门”外。管理区把禁毒工作列入对各乡镇及相关部门的责任考核目标。健全责任体系，在乡镇、街道社区专门设置禁毒办和禁毒专管员，负责本地禁毒宣传、社区戒毒和社区康复等工作的管理指导，负责涉毒信息摸排等禁毒基础工作，从而使禁毒管理工作落到实处，取得实效。

四、警卫安保

柳叶湖旅游度假区设立以来，随着知名度提高，前去柳叶湖调研、考察的党政领导和参观游览的团体逐年增加，各种体育赛事频繁举办，景区的警卫安保任务日渐增多。对此，分局坚持“警卫工作无小事”的原则，精心安排，周密部署，到 2012 年，分局共执行警卫安保任务 108 次，均做到万无一失，确保安全。

五、基层基础建设

分局围绕稳定辖区治安大局，坚持高起点谋划、高标准决策，狠抓基层队伍、基础业务、基本保障“三大建设”，不断提升基层基础建设水平。

2002 年，组建之初，针对在编警力少，只有 17 名民警的实际，对辖区基础工作进行全面梳理，明确社区民警，推行社区民警“职业化”建设，组织安全防范教育，深入排查化解群众矛盾纠纷，全力促进社会和谐和治安稳定。从 2005 年开始，按照“创建平安景区”的要求，分局在辖区成立一支由 14 名队员组成的专职巡逻队，由民警带领，对沿湖景区、207 国道及七里桥街区，实行全时段巡逻防控，确保对社会面的治安管控。2006 年，分局从体制改革入手，将辖区分为 2 个警区，由刑侦大队和治安大队分别承担各自警区的防范、治理及侦破打击工作，使两个警区的工作出现学比赶超的可喜竞争局面。在处理工作中，实施奖励机制，对办案单位实行一案一奖，极大调动办案单位和办案民警的积极性。2010 年，随着在建重点工程项目全面铺开，警力与治安管理任务的矛盾凸显。分局创新治安管理机制，广泛吸收社会成员单位参与社会防控，积极探索完善岗亭警务、社区警务、农村警务、校园警务、内保警务、物管警务、特业警务共七大警务，乡镇村、街道，均配齐配强治保主任、民调主任，村民组及社区配齐治安信息员、民事调解员，切实织密社会治安防控网，增强基础防范的实效性。2011 年，为应对治安形势变化，以人口、行业场所、公共服务管理为重点，着力推进“民心、创意、效能”三大勤务。合理划分班次，以辖区主干道、重点单位、易发案区域为重点，每天早 8 时至晚 10 时，由社区民警带队组织开展治安巡逻。在坚持动态巡防和重点值守的同时，强化边际设卡、实施重点管控和夜间防控。每晚 19 时至下日上午 8 时，分局安排 2 名警力、1 台警车，在柳叶湖旅游度假区入城口，建起起“平安一盏灯”流动警务岗，通过长明警灯，常年值守，增强人民群众的安全感，受到周边群众一致好评。《湖南日报》《常德日报》、常德电视台等多家媒体相继报道。2012 年，分局“点亮一盏平安灯、拉起千条防控线、编织一张防控网”的“网格化”治安防控体系建设，被拍成纪实片《天道酬勤》，被省市主流媒体推介。此外，“平安一盏灯”流动警务岗还被授予“全市青年文明号”称号。

第四节　教育管理和执法监督

一、教育管理

按照“严格、公正、文明、廉洁”的队伍建设目标要求，分局把从严治警、制度管警贯穿始终。通过抓教育，抓培训，抓管理，使全局民警两个素质显著提高。2002 年，针对青年民警多和旅游度假区的特点，制定《英语、电脑操作达标培训计划》，采取集中辅导、结对帮学、个人苦练的方法，要求青年民警在一年内达到日常英语会话 300 句，电脑操作达国家二级标准。分局立足实际、着眼实用，先后三次组织开展岗位大练兵，使全局民警执法办案能力、信息化应用能力得到普遍提高。2010 年，根据公安部、省公安厅和市公安局《关于学习贯彻〈十条警规〉的通知》精神，把学习贯彻“十条警规”与“五个严禁”

“五条禁令”有机结合，要求全体民警恪守纪律、规范言行，从而杜绝违法违纪问题的发生。在狠抓队伍纪律作风建设的同时，分局以行风评议为契机，组织开展“民警大走访”活动，深入辖区为人民群众办好事、办实事，协助排查化解矛盾纠纷，帮助解决信访老案，既进一步密切警民关系，又增强全局民警爱民、亲民、便民、惠民的自觉性。狠抓队伍教育管理，转化出丰硕成果：涌现出优秀人民警察陈大清；全省“三基一化”先进个人龙艺；2011 年，分局党委书记、局长陈世杰荣立全省公安二等功；2011 年，时任副局长梅建军荣获全省公安机关重点课题调研暨社会管理创新理论研讨活动三等奖；2012 年，白鹤山派出所青年民警周世华荣获全省公安系统散打擂台赛第三名。

二、执法监督

为推进执法规范化建设，提高执法办案质量，2002 年，分局设立法制专干，专司执法检查和执法监督管理。2010 年，根据公安部《关于大力加强公安机关执法规范化建设的指导意见》及《公安机关执法规范化建设阶段目标和成效标准》，先后制定出台《柳叶湖分局执法细则》《柳叶湖分局人民警察盘查规范》《柳叶湖分局涉案财物管理若干规定》《柳叶湖分局案件回访制》《柳叶湖分局执法过错责任追究制》等一系列执法规章制度。同时，加强执法技能培训。一方面注重执法语言的培养，在接处警时做到言语规范、态度平和；另一方面要求民警在接处警时符合程序规范，适用法律得当。实行法制专干每天对各所、队接处警及执法情况进行检查，每周由局领导对各所、队执法情况进行集中检查，对发现的问题，及时点评通报，并制定整改措施，责令限期整改。2011 年，分局围绕规范执法问题，组织开展全局执法“大检查”。对一线办案单位经办的取保候审、监视居住等 15 起久办未结案件进行集中清理，针对执法办案的重点环节、重点问题进行剖析，及时发现问题，落实限期整改。2012 年 9 月，分局法制大队成立。是年，审核各类刑事案件 209 案，审批行政案件 251 案，审核呈报劳动教养案件 3 起。所有审核、审批的案件，没有一起行政复议，审核准确率达 100%。

第五节　公安科技和综合保障

一、网络科技和信息化建设

2006 年 5 月，辖区“金盾工程”一期建设项目如期完成，分局投入资金 98 万元，完成计算机四级网络建设，建成移动图像传输系统、350 兆通信系统和 GPS 卫星定位系统。辖区主干道、出城口、要害部位、金融系统、学校等企事业单位，均安装高标准视频监控探头，统一接入视频监控与报警平台。各基层所队全部配备计算机。并实现分局和各基层所队计算机网络与市局、省厅、公安部联网。2010 年，全局 49 名民警配备 60 台高标准台式电脑，严格实施内、外网分离。各基层所队和一线民警除配备台式电脑外，还配备便于携带的手提电脑，电脑占有率达人均 1.5 台。2011 年，在市局开展的情报信息采集会战中，分局考核成绩位列全市同类公安分局第一名，全市综合排名第三名。

二、基础设施建设

2002 年分局成立后，克服警力不足，资金紧张的困难，多方筹措资金，先后对所租借办公楼进行维护整修，并新建民警食堂及配套设施。2011 年，根据中央对政法单位业务用房建设给予补贴的精神，专门到国家、省市发改委汇报，争取中央及省市地方财政支持，在是年完成分局技术大楼建设项目的立项。2012 年 7 月，国家配套资金到位，正式启动业务技术大楼的设计、报建、招投标工作。

第十二章　西湖分局公安工作

西湖管理区（原西湖农场）位于常德市东北部，总面积 71 平方公里，辖 2 个乡、1 个镇，28 个村（社区），常住人口 5 万余人。

常德市公安局西湖分局的前身是 1989 年 9 月成立的汉寿县公安局西湖分局（属于企业性质）。1999 年 11 月，公安管理体制改革，收编为行政公安。2001 年，更名为常德市公安局西湖分局（以下简称分局），定编 22 人，下设办公室（加挂政工室牌子），刑事警察大队、治安警察大队、国内安全保卫大队、交通警察大队、行政拘留所。2008 年，内设机构调整，设立指挥中心（加挂政工监督室、办公室、法制室、警务保障室牌子）。至 2012 年，民警编制增至 34 人。

第一节　维护稳定

一、打击非法邪教组织

1994 年年初，非法邪教组织“门徒会”传入西湖，给辖区治安造成严重危害。2005 年，分局组织专门力量，开展打击“门徒会”邪教组织专项行动，共查清取缔“分会点”1 个、“教会” 4 个、“传教点” 42 个，查获骨干成员 25 名、信徒 300 余人，依法行政拘留 15 人，警告 3 人。

“法轮功”邪教组织于 1999 年传入西湖。至 2005 年，西湖共有“法轮功”信徒 14 人。其中袁 × 因参与进京非正常上访从事邪教活动被处行政拘留，对其余 13 人，分局则通过举办学习班，开展法制教育，使 12 人思想成功转化。

二、化解群体性事件

西湖是移民聚集区，建区（场）以来，因多种原因引发的矛盾纠纷不断，导致群体性械斗时有发生。分局成立后，坚持抓情报信息，抓苗头预防，抓教育疏导，抓查处打击，有效处置和及时平息各类群体性事件20余起。

第二节　惩治犯罪

分局始终坚持“严打”方针，把严厉打击各类刑事犯罪摆在突出位置，使侦查破案取得明显效果。到2012年，刑事案件共立案557起，破案312起，刑事拘留279人，提请逮捕146人，送劳动教养65人，强制戒毒51人。

一、侦查破案

2003年6月，辖区发生一起拐卖妇女案件，6月5日，分局接到报案后，迅速组织力量，开展摸底调查，在获取案件线索后，派出解救小组赶赴福建，在当地警方的协助下，成功将18岁被拐女青年刘×解救。其家人特意向分局赠送“神速破案，营救爱女”的锦旗致谢。2004年6月29日，西湖区东洲办事处小学三年级学生余×被人杀死在学校附近的水沟，刑侦民警连夜开展侦破工作，于当晚抓获犯罪嫌疑人马×，经突审，马×对犯罪事实供认不讳，马×因未满14周岁，被依法收容教养3年。2004年7月31日，柳林嘴发生一起抢劫杀人案，摩托车司机夏某被杀，摩托车被劫走。案发后，刑侦大队立即展开全方位摸排工作，迅速锁定犯罪嫌疑人张×、粟×，并于11月8日将潜逃至黑龙江的张×抓获。2005年8月4日，西湖原二分场六队王×与表嫂发生争吵，并持锄头将其杀死，刑侦大队闻讯出警，将犯罪嫌疑人王×擒获。2007年5月，破获贺××特大系列盗窃摩托车案，查破作案件11起，查获被盗摩托车12辆，涉案价值达8万元。2010年，在打击“两抢”及多发性侵财犯罪案件的专项行动中，侦破辖区影响极大的“1·9”特大入室抢劫案，抓获犯罪嫌疑人邓×。2011年9月2日晚，西湖镇青年张×为报复他人，邀集7名同伙持自制猎枪埋伏在西洲乡公路旁，将肖×等6人打伤，在当地造成恶劣影响。案件发生后，分局集中警力，历经50天连续奋战，于10月22日在广东龙川县将张×等五名主要犯罪嫌疑人抓获。2012年3—4月，西湖镇区连续发生多起团伙持刀斗殴伤人案，分局在深入调查的基础上，及时采取措施，对以周××和周×为首的两个黑恶势力性质的犯罪团伙进行重点打击，共依法提请逮捕7人，送劳动教养3人。2012年10月月底，在市局刑侦支队及其他有关单位的大力支持、配合下，历时40余天缜密侦查，破获以何×为首的流窜盗羊团伙，抓获犯罪嫌疑人5名，为群众挽回财产损失近9万元。

二、专项整治

2007年，分局在市公安局的统一调度指挥下，从各区县及市局抽调精干警力，成立工作组，开展“百日严打”专项整治行动，其间，共立刑事案件76起，破案70起，抓获各类犯罪成员100余人，捣毁犯罪团伙2个，刑事拘留82人，提请逮捕38人，送劳动教养

21 人，从而有力打击犯罪，稳定辖区社会治安。

第三节　治安管控

一、人口管理

2003 年至 2004 年，分局人口管理部门以西湖管理区农村人员转入社保为契机，按照上级公安部门有关“核准人口基数、采集成年人口照片、纠正人口错误信息”的要求，全面开展户口整顿工作。先后核对人口信息 22500 条，纠正各类人口错误信息 648 项，查漏、补缺 253 人次，采集微机图像信息 26830 人，微机图像输入 2780 人次，并对人口信息全面落实微机信息化管理。2005 年，启动二代身份证换发工作，至 2011 年，共办理二代证 35951 人（证）。2006 年，全面完成原国有农垦企业职工及家属解决城镇户口工作的信息录入和户口簿发放工作。2007 年，为落实暂住人口管理，对辖区 247 户房屋出租户以及新增的 40 名暂住人口全部录入微机，实现信息化、动态化管理，至 2012 年，共完成 1134 名暂住人口的规范管理，对 313 户房屋出租户全面落实安全管理责任制，使暂住人口中的违法犯罪得到有效控制。2000 年和 2010 年，圆满完成辖区全国第五、第六次人口普查工作。

二、特种行业管理

随着社会经济的飞速发展，特种行业不断增加，至 2012 年年底，辖区特种行业达到 46 家。其中，宾馆旅社、酒店 18 家，休闲娱乐业、典当、印刷、废品收购等 28 家，从业人员达 198 人。为切实加强管理，分局采取措施，加大对特种行业的管理力度。从 1990 年开始，先后对各类特种行业进行 8 次全面清理和 13 次重点整顿。停业整顿 22 家，对有违法经营行为的 18 家业主，依法予以处罚。整改各类安全隐患 87 处，签订安全管理责任状 110 份。同时，对特种行业从业人员，组织开展 6 次业务培训，参加培训的人员达 428 人次。

三、危爆物品管理

2003 年以来，对有经营资质的 5 家烟花爆竹销售点进行全面清理，对从业人员进行业务培训，并与经营单位签订治安责任状，要求所有从业单位均按要求配齐相应的消防安全器材。对纸厂、药厂、液化气站、加油站四类安全管理重点单位，落实经常性地严格检查与督导。2006 年，对 5 家烟花爆竹经营业主组织进行专门培训，并要求按规定办理准购证；对辖区内使用剧毒化学物品的 2 家企业，要求相关部门严格按规范标准进行整顿监督。2012 年 4 月至 5 月，分局按照市局统一部署开展治爆缉枪专项行动，共收缴各类枪支 70 余支、管制刀具 50 余把。

四、禁赌禁毒

针对辖区赌博问题突出的实际，2001 年，组织开展专项行动，先后查封假借茶馆之名开设的赌场 11 家。2005 年，针对“转转麻将”和“地下六合彩”赌博活动泛滥的情况，组织开展打击赌博违法犯罪活动的“天剑”行动，共清查赌博窝点 82 处，查处赌博案件 23 起，没收赌桌 120 余张，收缴麻将等赌博工具 140 余副（件）；查处“六合彩”案件 2 起，处理涉案人员 11 人。2006 年，针对赌博活动禁而不绝，严重危害社会治安的实际，分局专门成立整顿领导小组，落实警力，制定方案，扎实深入开展查处打击。从 2006 年至 2011 年的 6 年间，对娱乐场所和地下“六合彩”赌博活动开展 8 次专项整治，共查处各类赌博案件 97 起，其中查处地下“六合彩”赌博案件 66 起，其他赌博案件 31 起，刑事拘留 16 人，行政拘留 95 人，送劳动教养 5 人，收缴赌博机 98 台及其他各类赌博工具 200 余副（件）。

从 2001 年开始，分局采取措施，切实加大对涉毒犯罪的打击和禁毒宣传力度，每年配合区政法委开展“国际禁毒日宣传活动”，先后发放禁毒宣传册 2800 份。多次开展禁毒专项行动，查处涉毒犯罪案件 102 件，提请逮捕涉毒犯罪嫌疑人 8 人，送强制戒毒 51 人，行政拘留 96 人。2005 年 6 月 14 日，在西湖镇东湖社区抓获吸贩毒人员张某，并当场缴获毒品海洛因 24. 1 克。2011 年 3 月 1 日晚，经周密部署，在汉寿县沅水大桥加油站附近抓获毒贩 3 名，买毒人 1 名，收缴冰毒 7 包，麻古数颗，扣留作案小车 1 台。

五、交通管理

2001 年分局交警机构组建后，重点加强对各类“两无”车辆的管理，加强道路交通安全宣传，依法处理交通事故。至 2012 年，共计查获“两无”摩托车 1000 余辆，共发放整治通告和交通安全宣传手册 3000 余份，依法依规查处交通事故 1885 起。2004 年，落实专项资金 6 万余元，完善镇区交通标志、标牌及护栏的设置。

第四节　教育管理和执法监督

分局严格按照“从严治警，从优待警”的原则，一方面加强队伍正规化建设，一方面加强对民警的业务技能和理论培训。队伍正规化建设方面，认真贯彻落实上级关于加强公安队伍建设和反腐倡廉工作会议精神，切实把以人为本、执法为民理念贯穿公安队伍建设始终，以规范执法权力运行为核心，以加强队伍自身建设为保障，全面推进反腐倡廉长效机制建设。并结合自己的实际，坚持从严治警、依法治警，以落实“五条禁令”和开展党的群众路线教育活动为切入点，以开展创满意公安工作为目标，认真开展各项教育管理工作，确保队伍不发生大的问题。一是落实党风廉政建设责任制，严格考核与责任追究。制定《党风廉政建设责任制》和“局班子成员党风廉政建设和廉洁自律责任分解”，明确各部门与班子成员各负其责、齐抓共管的总原则，并围绕责任分解、责任考核、责任追究三个环节，着力抓好党风廉政建设责任制的落实。二是加强队伍的教育，搞好专项治理。开展“五个专项整治”和“四风”突出问题专项治理工作；持续狠抓“五条禁令”“八条铁规”的贯彻执行工作；持续开展“四违”专项整治工作；深入开展政法干警“忠诚、为民、公正、廉洁”核心价值观教育，使公安民警筑牢拒腐防变的思想防线，坚持严格自律，廉洁从政。三是开展警示教育。组织民警观看警示教育片；组织“入党为什么，为党干什么”演讲比赛；制定“西湖分局队伍建设考核管理办法”。四是完善制度，强化管理。为规范权力运行，分局先后完善“财务管理”“公车管理”“公用物资管理”“来客接待”等20余项管理制度。切实做到用制度和规定管人管事，确保各项工作有章可循。为强化理论知识和业务技能培训，从建局起至2012年，分局共举办各类法制学习班10期，参训民警达256人次；2011年，组织全局民警参加全国公安系统执法资格基本级考试且全员通过；2012年，有22名民警参加并通过执法资格中级考试。

第五节　公安科技和综合保障

2001年至2005年，投入近30万元发展公安网络科技。2008年，投入5万元分别开通公安内网和互联网。2009年，投入60余万元，建成西湖镇“平安西湖”视频监控系统，为保证运行每年投入经费10万元；全局现有内网办公电脑53台，外网办公电脑10台。2012年，开通移动警务系统，投入10万元为全局民警配备移动警务通25台。是年，分局加大信息化管理力度，出台《常德市公安局西湖分局关于加强科技信息化建设和完善提升“五化一体”工作的决定》，成立以局长为主任的公安科技信息化委员会，加强信息化工作的研究指导；强化信息化工作的考核管理；强化信息化建设的保障。

分局办公楼始建于20世纪70年代，全局办公用房面积仅300余平方米。2004年以后，随着中央政法转移支付经费的增加，分局综合保障能力不断增强。2006年，分局筹资10万元，对办公楼进行维修翻新；并筹资70万元新建500余平米交警大队办公楼及分局户政室；2011年，筹资12万元将分局原拘留所进行维修扩建，为分局执法办案区域及刑侦大队院落；2012年，协调区委解决治安大队单独办公用房100余平米。经过多年的艰苦奋斗，至2012年，分局办公用房条件得到改善。2001年，分局仅有警用车辆4台，为提高快速反应能力，分局下大力逐步改善和更新车辆，至2012年年末，分局警用车辆增至8台，基本满足执法执勤和公务用车的需要。

第十三章　西洞庭分局公安工作

西洞庭管理区（原西洞庭农场）位于常德市鼎城区民主阳城垸，总面积 110.5 平方公里，常住人口 3.6 万人。

常德市公安局西洞庭分局（以下简称分局）于 2003 年 6 月成立。其内设机构有指挥中心（加挂政工监督室、办公室、法制室、警务保障室牌子）、刑事侦查大队、治安管理大队、交通警察大队。2012 年，警力编制 32 人，实有民警 27 人。

分局组建以来，恪守“维护稳定、打击犯罪、服务经济”的职能，努力实现“发案少、秩序好、群众满意”的工作目标，努力实现“窗口亮、形象高、爱岗敬业”的队伍建设目标，不断创新基层基础工作，为西洞庭管理区治安稳定和经济发展做出积极贡献。2003 年，被评为全市精神文明建设“先进单位”。

第一节　维护稳定

一、打击非法邪教组织

2005 年 6 月 29 日凌晨，邪教“法轮功”信徒刘××在望洲办事处枫树村散发“法轮功”传单时被当场抓获，收缴反动宣传资料 200 多份，刘××被依法送劳动教养 1 年。此后，分局以此作为反面教材，抓宣传、抓发动、抓查处，使辖区内“法轮功”违法活动得到有效控制。

二、处置群体性事件

2003 年以来，分局坚持早谋划、早安排，拓宽信息渠道，强化预警情报信息工作，建立区管委会、办事处（镇）、村（居委会）“三级联动”工作机制，及时、准确掌握可能引发群体性事件的信息和苗头，并整合全区治安力量，积极妥善进行化解。

第二节　惩治犯罪

2003 年以来，分局以“打击”为主业，深入开展“严打”斗争，始终保持对各类违法犯罪的主动进攻态势。到 2012 年，共破获刑事案件 346 起，刑事拘留 172 人，提请逮捕 143 人，移送起诉 166 人，送劳动教养 51 人，捣毁犯罪团伙 8 个，抓获逃犯 78 人。

一、强化大要案件侦破

2003 年 2 月，破获郭××等 4 人抢劫中巴车乘客财物案；2004 年 11 月，破获金凤办事处彭家洲村曾××故意杀人案，通过深挖，还破获曾××于10月在长沙市某旅店杀人致死、抢劫财物的重大案件。2005年5月，破获8起超市系列盗窃案。2006年至2007年，成功侦破4起持刀、持械、蒙面入室抢劫的恶性案件。2008年6月，破获盗窃电力设施案值达60万元的特大系列案。2009年2月，侦破“2·7”系列爆炸案。2010年10月，破获“10·7”特大抢劫案。2011年4月，破获祝丰镇“金剪刀”美容美发店强奸案。

二、打击毒品犯罪

2003年，通过排查发现辖区内吸毒人员多达130名，占常住人口总数的0.3‰，针对这一严峻形势，市禁毒委将西洞庭管理区列为全市挂牌重点整治单位。分局先后组织开展6次大规模专项整治行动。于2005年10月，摧毁以淡××为首的3人贩毒团伙，缴获海洛因200余克。2009年，组织大型禁毒宣传活动8次，印发禁毒宣传资料1000余份。2010年，大力推进“无毒社区”“无毒村组”建设。实施“一二六”工程，将52名有吸毒前科的人员，纳入社区戒毒体系，全方位落实帮控管理。2012年4月，成功摧毁以向×为首的4人贩毒团伙，缴获毒品海洛因30余克。至2012年年底，分局共破获涉毒刑事案件50起，提请逮捕16人，强制隔离戒毒276人，缴获毒品400余克。经过专项整治和严厉查禁打击，使毒情得到明显控制，经市禁毒委组织检查验收，分局被评为“禁毒工作先进单位”

三、开展专项行动

2003年，开展“冬季百日严打”统一行动，破获各类刑事案件7起，抓获逃犯3名。2005年6月至12月，开展惩治“两抢一盗”专项行动，捣毁入室盗窃及盗窃摩托车团伙2个，抓获犯罪嫌疑人9名，挽回经济损失5万元。2006年至2007年，开展惩治侵财犯罪专项行动，捣毁盗抢团伙2个，抓获犯罪嫌疑人7名，为群众挽回经济损失4万多元。2009年，以“5·15”专案为切入点，配合市公安局开展“打黑除恶”专项行动，成功端掉以詹×为首的黑恶势力团伙“赛虎帮”，抓获犯罪嫌疑人19名。2011年，再度重拳出击，摧毁以彭×和印×为首横行乡里的涉黑、涉恶团伙，抓获犯罪嫌疑人9名。是年“秋季严打”行动中，破获盗窃案9起，抓获犯罪嫌疑人6名，追缴被盗摩托车10辆。在同时开展的“清网行动”中，追回逃犯14名。2012年在“打黑除恶”专项斗争中，破获3起寻衅滋事案，打掉以彭×为首的恶势力团伙，依法提请逮捕5人，送劳动教养3人，行政拘留1人。

第三节　治安管控

一、人口管理

1. 常住人口管理

2004 年，分局创新服务举措，向群众发放办理户籍程序、内容要求的“手续明示卡”，为群众办理迁移、出生登记等户口事项提供极大方便。是年，共办理新生儿上户 240 人，迁入 520 人，补办户口 655 人，变动户口信息 974 人，更换户口簿 6000 余本，办理身份证 1800 人（证）。在人口信息化管理中，采集相片 2000 多张，纠正重证号 149 人，纠正其他人口项目差错 810 项。2005 年至 2012 年，共办理户口迁入 2163 人，新生儿上户 599 人，补录户口 171 户，户籍变更 286 人，死亡注销 329 人。换发二代居民身份证 24587 人（证），纠正户口登记项目差错 1739 项，接待群众户籍查档 144 次。

2. 流动人口和重点人口管理

随着社会经济的发展，外来务工人员逐年增多。分局创新流动人口管理服务机制，与相关部门联动搭建信息互动平台，加强流动人口信息录入及日常管理。2003 年至 2004 年，录入暂住人口信息 8061 人，办暂住证 1881 张。收集暂住人口重点信息 483 条，在暂住人口中发现并抓获在逃人员 6 名。2007 年，全区共建成 3 个暂住人口管理服务站，整理暂住人口档案 156 份，录入暂住人口信息 384 人。2010 年至 2012 年，录入暂住人口 25161 人，完善和健全各类档卡 460 份。此外，人口管理部门还帮助企业严把用工入口关，协同用工单位对员工进行身份核查，从源头上减少企业内部违法犯罪问题的发生。在重点人口管理上，会同基层治保会、组，对辖区 142 名重点人口，实行动态化管理，落实全方位帮控管教措施。

二、特种行业管理

分局辖区内共有各类特种行业 56 家。2001 年，整改隐患漏洞 75 处；2007 年，对娱乐休闲场所设施进行整改，张贴警示标牌，在宾馆、网吧安装电子探头，同时将农业银行西洞庭分理处、邮政储蓄所、信用社等重点内部单位纳入管理，安装监控设施，并与 110 报警系统联网；2008 年，对区机关以及金融、通信、水、电、油、气、食品供应单位有关设施、部位实行重点保护，清查重点部门、重点场所 300 处。2012 年，下发限期整改通知书 7 份，检查和督导重点内保单位不断强化人防、物防、技防建设。

三、危爆物品管理

2001 年，收缴火枪 36 支、来福枪 4 支、管制刀具 20 把。2002 年，收缴火枪 15 支、“毒鼠强”10 多公斤、剧毒氰化物 60 公斤。2005 年，投资 1 万元建设枪库，完善枪支“双铁”管理存放制度。2009 年，检查涉爆涉枪单位 7 家。2010 年，收缴“五四”手枪子弹 41 发、步枪燃烧弹 14 发，步枪普通弹 9 发。

四、扫“黄”、禁赌

2003 年，分局先后组织 3 次大规模禁赌宣传和查处行动，查封涉赌茶馆 3 家，处理参赌人员 107 人。取缔按摩院 8 家，责令整顿按摩院 5 家，查处卖淫嫖娼人员 5 人。2001 年，组织 4 次集中整治行动，清查旅店 9 家，美容美发店 10 家，查处赌博案件 11 起，查处涉赌人员44人。捣毁卖淫窝点1处，行政拘留卖淫女2人，治安处罚嫖客27人。2002年至2009年，查赌71起，查处参赌人员349人，捣毁地下六合彩窝点1处，对收单人予以行政拘留。2010年，捣毁赌窝2处，收缴电子赌博机17台。2011年至2012年，查处各类赌博案件8起，行政拘留7人，收缴电子赌博机12台、自动麻将机6台，罚款7.17万元，没收赌资3.63万元。

五、交通安全管理

2003年至2012年，发生道路交通事故1266起，其中重大事故92起，特大交通事故1起，死亡101人，查处交通违法行为2483起，依法强制报废车辆291台。2003年，开展摩托车专项整治，共受理摩托车上牌4991台，受理摩托车驾驶证办理事项3384人（次），其中查扣“两无”（无牌、无证）摩托车103台，查获被盗抢摩托车3台。2004年5月起，开展为期6个月的对“三无”（无牌、无证、无交强险）车辆的清查整治行动，查处和纠正违法行为112起，查扣“三无”摩托车106辆，行政处罚37人。2007年，投入130万元资金，在祝丰镇城区4个主要路口安装红绿灯、电子警察设备。2009年，开展5次大规模全警上路设卡清查摩托车严重交通违法专项行动。2010年，管理区财政投入2.9万元对5所中、小学校周边道路安全隐患进行整改。2012年，投入30万元，全面完成道路交通标志、标牌等设施建设。

六、消防安全管理

2003年，分局两次召开现场会，落实消防安全管理，全面推行单位自查、警署普查的消防安全管理机制，督导20家重点防火单位建立健全防火档案。2004年12月，对天宏纸业、液化气站、金桥市场、广益粮油等重点消防单位开展安全大检查，对发现的26处隐患漏洞，限期进行整改。并在天宏纸业原料场和糖业公司堆码场周围设置4条永久性标语和9处警示牌。2006年，组织三次防火安全大检查，发现并整改隐患94处。2009年1月，征招12名队员，筹建专业消防队并进行防火扑救专业训练。2010年8月9日，西洞庭管理区公安消防大队正式成立。2011年，全区共列管消防安全重点单位32个。区管委先后6次召开专题会议研究部署消防工作。先后9次组织官兵和巡逻队进行灭火演练，接处警33次，出动车辆76台次。出动消防官兵及消防队员198人次，解救被困人员13人，为国家、集体和人民群众挽回财产损失390余万元。在“三小场所”“五大活动”等防火专项整治中，出警1600余人次，全面清查公复场所，油、气站点26处，发现重大隐患986处，当场整改986处。至2012年，共开展各类大型消防宣传活动29次，举办消防安全培训班16期，参训人员达1.5万人（次）。2011年，西洞庭消防大队被消防支队评为“全面建设先进大队”。

七、基层基础建设

1. 落实区域防控机制

2003 年，按照社会治安综合治理的要求，组建区域综治体系，城镇形成以专职巡逻队为主体，城管、交通、居委会参与的街面防控体系。农村由警署牵头，协调治保会组建立村组义务巡逻队，落实区域防控。2008 年，安装城区治安电子监控系统，设立 30 个电子监控探头和一个中心控制室。2009 年，实施刑侦、交警、治安、警署四警联动的网络化布警模式，构成完整治安防控体系。2012 年，创新基层勤务机制，将管理区 9 名专职巡防队员纳入分局统一管理，组建由民警按周轮流带班的专职巡逻处警队，建立起 24 小时接警、监控、调度的指挥体系和 24 小时巡逻处警的工作机制。

2. 落实民警联企、联村工作机制

从 2006 年开始，分局开展以“走村入户、帮困扶贫、征求意见、联手保安”为主线的“大走访”活动，建立起民警联系村（居委会）、直接面对群众、服务群众的工作机制。大力开展“六个一”活动，即民警联系一个村（居委会）、每周到联系点办公一天、每次上门做一件感动老百姓的事、每月开展一次案件大回访、每季度开展一次治安大排查、每年开展一次大走访。2009 年，分局以“爱民、助民、安民、亲民、护民”为宗旨，以提升工作水准、解决群众困难、解决突出问题为切入点，组织全局民警集中开展“爱民实践活动”，既有效推进社会治安管理，又全面提升了公安队伍形象。2011 年，分局以提升群众安全感和满意度为目标，以“四进四探索”为载体，开展警民互动实践活动：进企业，探索内部防范，开展不安定因素大排查，开展隐患漏洞大整改；进学校，探索安全教育机制，加强法制宣传教育，加强校内及周边治理；进机关，探索综治维稳措施，注重征求意见，采纳建议；进社区，探索群防、群治途径。2012 年，分局全面推行警企联防、警地联动、警民联心“三联”模式，使民警联企、联村（居）工作机制得到进一步深化。

第四节　教育管理和执法监督

一、教育管理

分局始终把狠抓队伍正规化建设摆在突出位置，坚持政治建警、制度管警、从优待警，以严格的精细化考核管理队伍，加强各项教育培训，有效提高队伍的整体素质。2003 年，以贯彻落实“五条禁令”“四个坚决”“三十条便民利民措施”为契机，实行制度管警，采取请进来、走出去的办法，请上级业务部门的领导、专家上门讲课 10 次，选送民警进修学习达 12 人（次），参加各类培训班学习达 23 人次，累计投入培训经费达 6 万余元。2005 年，以“联带创星”为载体，以保先教育为契机，组织全体民警深入开展了争先创优活动。2006 年，修订 15 项规章制度，将联带包创、政务管理、业务工作、执法质量纳入目标管理，作为考评项目进行绩效考评。2007 年，落实“按岗定责、按责定量、按量计分、按分计酬”的考核原则，将岗位责任目标细化，出台《精细化管理考评办法》，以精细化管理为手段强化队伍建设，以“思想练兵、法律练兵、群众工作练兵、基本技能练兵、基本体能练兵”为重点，组织全局开展“大练兵”活动。2011年，组织开展公安机关纪律作风集中教育整顿活动，对涉案财物管理和涉案人员非正常死亡等问题，实施专项治理整顿。配合上级纪检部门和检察机构查处原分局主要负责人严重经济犯罪的问题。在强力整治涉案财物管理突出问题的同时，制定专门涉案财物管理制度，建立起涉案财物动态化管理台账和涉案财物管理长效机制。2012年，以整治公安民警涉毒、涉枪、涉车、涉酒、涉赌违法违纪问题为契机，深入查找纪律作风突出问题，逐一严肃查处，认真落实整改。

二、执法监督

2003年，分局所办刑事案件转捕率为66.7%，批捕率100%。所查处的189起治安案件，全部做到证据确凿，程序合法，使用法律法规准确，裁量适度。2005年，在市公安局组织的执法质量考评中，分局考评得分在全市四个直属分局中位居第一。2006年，通过检查、整改，进一步规范所有执法环节的执法程序，建立民警个人执法档案，明确主管领导和主管部门工作责任。2009年，加强执法办案网上流转应用、基础信息网上录入。2010年，制定《主办民警执法责任制实施细则》等一系列内部操作规程与制度，以制度规范行为，加强日常监督。是年，组织分局一线民警参加执法资格考试，全部取得执法资格。2011年，严格落实相关制度，做到执法办案在执法办案区域内进行，涉案财物收、管分离并在涉案财物管理场所保管。2012年，全面推行执法办案网上流转制度，坚持对网上流转实行“三个一制度”，即网办案件“一案一评”、案件录入率“一周一排名”、执法质量“一月一通报”，从而有效促进执法办案质量的进一步提高。

第五节　公安科技和综合保障

一、公安院落建设

2002年，投资230万元整体购买原农行院落并实施改建。是年9月，机关院落改建竣工。2003年，投资3万多元建设档案室及枪库。档案室经市档案局、市公安局等部门联合检验，评定为二级档案室。2009年4月，管理区拨付20万元专款，对分局机关老式建筑物进行亮化。2011年1月，分局执法办案区域建成并投入使用，其中设立询问室1间，信息采集室1间，辨认室1间，候问室3间。建成1个涉案财物管理中心和1个涉案车辆保管室，建成24小时轮岗执勤的监控指挥调度室和值班备勤室。2012年7月，分局投资48.37万改建提质的交通警察大楼和户政大楼竣工。

二、公安装备建设

2003年，投资10万余元添置户政设备，开通居民身份证制证信息系统，实行微机信息化管理。2006年，更新2台警车、1台摄像机、8台电脑。2007年，推行经费包干使用的财务政策，落实年度人均 2.5 万元公用经费保障标准，新购置警车 2 台。2007 年至 2008 年，共添置电脑 9 台、摄像机 1 台、数码相机 1 台、打印机 3 台。增加单警装备 17 套，使基层单位电脑联网率达 100%，注册率 100%，电脑人均拥有率达 100%。2012 年，进一步加大执法办案场所的建设力度，执法办案区域内全部配齐摄像机、数码照相机、录音笔等现场取证设备，新添置 12 台电脑及打印机、扫描仪、数码相机等设备，添置 1 台巡逻处警车。

三、公安科技建设

从 2008 年起，分局坚持“信息主导警务”的策略，大力推行警务平台信息化建设，强化信息采集、录入和维护工作。对实有人口实现信息化、规范化、科学化管理；对旅馆、网吧等特种行业全部实行实名制微机管理系统；对案件受理、办理，均实行网上登记、呈报、审批的流程。初步实现“信息网上传、案件网上办、台账网上建”的平台信息化功能，形成全警采集、全警录入、全警应用、全警共享的格局。2012 年，以情报平台建设为目标，加强信息系统建设，推进信息采集录入工作，进一步规范信息采集要求，加大平台信息共享和综合运用，使情报信息工作达到了为实战服务的目的。

先进人物和集体

一、人物传略

刘正利、彭永光事迹简介

刘正利，男，1957 年 1 月出生，汉族，中共党员，鼎城区人。1976 年 2 月入伍，历任班长、排长、副连长等职。1986 年，转业到鼎城区公安局交通警察大队工作，任一中队负责人。

彭永光，男，1967 年 3 月出生，汉族，共青团员，鼎城区人。1988 年 4 月，被鼎城区公安局交通警察大队招聘为合同民警。

1991 年 9 月 29 日 22 时许，刘正利带领一中队彭永光等四名民警，在国道 319 线鼎城区至德山路段巡逻执勤，此时一辆东风牌卸货车因此前交通违章，证件被扣，为逃避检查而强行冲关狂奔，对沿途群众的生命财产安全造成极大的威胁。刘正利、彭永光不顾个人安危，驾驶摩托车迅速追赶阻拦，被逃逸的东风牌卸货车撞入公路左侧的水塘，刘正利、彭永光当场牺牲。1992 年 9 月，刘正利被民政部批准为革命烈士。同月，彭永光被湖南省人民政府批准为革命烈士。

万海堂事迹简介

万海堂，男，1939 年 12 月出生，汉族，中共党员，常德市公安局交通警察支队直属大队政工室副主任、二级警督警衔。

1993 年 4 月 21 日，常德—自贡“武陵之光”大型艺术灯展期间，万海堂受命参加灯展期间的交通保卫工作。执勤中，一名司机酒后驾车驶入禁区，万海堂立刻上前阻止，该司机非但不听劝阻，反而将车再次发动强行向前行驶。万海堂为确保观灯群众的生命安全，置个人生死于不顾，用身体抵住车头，阻止其通行，酒驾司机仍不听劝阻，猛加油门将其撞倒碾压，万海堂因伤势过重，经抢救无效牺牲。1993 年 12 月，万海堂被湖南省人民政府批准为革命烈士；1994 年 6 月，被省公安厅追记二等功。

覃正双事迹简介

覃正双，男，1967 年 11 月出生，土家族，中共党员，石门县人。1987 年 7 月参加工作，系石门县公安局民警，三级警司警衔。

1993年12月2日晚8时许，覃正双在配合壶瓶山林业派出所查处一起非法收购国家二级保护动（植）物案件时，犯罪嫌疑人抗拒检查、暴力行凶，持刀将覃正双刺成重伤，经抢救无效牺牲。1994年5月，覃正双被湖南省人民政府批准为革命烈士；同年7月，被省公安厅追记一等功。

曾照文事迹简介

曾照文，男，1956年10月出生，汉族，中共党员，鼎城区人，大专学历。1976年12月入伍，历任广州军区41集团军121师工兵营排长、连长、副营长、营长、121师司令部工兵科长（副团职）。1998年11月，转业至鼎城区公安局交警大队，任副大队长，副处级侦查员，一级警督警衔。

2005年2月25日21时许，曾照文带领5名民警在临岗公路勘查一起重大事故现场时，一辆东风牌卸货车失去控制，向现场民警冲来。危急时刻，曾照文挺身而出推开身边的战友，自己却被货车撞倒，身负重伤，经抢救无效，于2005年2月27日牺牲。2006年1月，公安部追授曾照文为全国公安系统二级英模。2006年4月，湖南省人民政府批准追认曾照文为革命烈士。

赵传进事迹简介

赵传进，男，1944年4月出生，汉族，中共党员，临澧县人。1964年9月，应征入伍；1986年2月转业。历任中共临澧县县委办副主任，县委常委、政法委书记，县公安局局长，正处级侦查员，三级警监警衔。

1988年4月至2002年6月，赵传进担任县公安局局长期间，模范带头，爱岗敬业，勇于开拓进取，带领全局民警为临澧县社会经济的发展和治安大局的稳定做出了突出贡献。任职期间创新推出的临澧县公安队伍“五制管理”、“三三”创满模式、派出所“四四六”工作法、“打防控管”一体化警务模式、狠抓政治建警和突出科技强警等工作经验，先后被公安部和省公安厅推介。临澧县公安局被公安部荣记集体一等功一次，先后8次被公安部授予“全国优秀公安局”荣誉称号。县公安局成为全省农村公安工作的一面旗帜。1997年7月，湖南省公安厅作出《关于开展向临澧县公安局学习的决定》。赵传进因成绩突出，先后30多次获得县以上表彰奖励，1998年4月，赵传进被评为全国优秀人民警察。

2013年4月4日，赵传进因病逝世。

二、先进个人名录

1988—2012 年常德市公安系统受记二等功以上表彰先进个人一览表

表 11－1

姓名	性别	所在单位	荣誉名称	批准部门	批准时间(年)
熊双英	女	石门县公安局	全国公安系统学雷锋标兵	公安部	1990
蒋定贵	男	临澧县公安局	全国公安基层优秀股所队长	公安部	1990
陈泽友	男	临澧县公安局	执法廉政优秀工作者	公安部	1990
朱福安	男	桃源县公安局	一等功	公安部	1990
罗安柏	男	临澧县公安局	全国颁发居民身份证工作先进个人	公安部	1991
林明华	男	临澧县公安局	全国公安情报资料工作先进个人	公安部	1991
徐达海	男	临澧县公安局	全国公安系统抗洪抢险先进个人	公安部	1991
侯文德	男	桃源县公安局	全国颁发居民身份证工作先进个人	公安部	1991
胡明清	男	桃源县公安局	全国颁发居民身份证工作先进个人	公安部	1991
张铁猛	男	汉寿县公安局	先进工作者	公安部	1991
余习荣	男	津市市公安局	全国颁发居民身份证工作先进个人	公安部	1991
刘远平	男	常德市公安局	全国颁发居民身份证工作先进个人	公安部	1991
徐德富	男	汉寿县公安局	全国颁发居民身份证工作先进个人	公安部	1991
谢俊豪	男	安乡县公安局	人民警察蓝盾荣誉勋章	公安部	1991
唐恒清	男	安乡县公安局	人民警察蓝盾荣誉勋章	公安部	1991
罗尚云	男	汉寿县公安局	全国颁布发居民身份证工作先进个人	公安部	1992
徐德富	男	汉寿县公安局	全国颁布发居民身份证工作先进个人	公安部	1992
刘正利	男	鼎城区公安局	革命烈士	民政部	1992
张联盟	男	常德市公安局	全国优秀人民警察	公安部	1994
刘邓军	男	鼎城区公安局	全国优秀人民警察	公安部	1994
何常保	男	常德市公安局交警支队	全国优秀人民警察	公安部	1994
谢　理	男	常德市公安局交警支队	全国优秀人民警察	公安部	1994

续表 11—1

姓名	性别	所在单位	荣誉名称	批准部门	批准时间(年)
潘小明	男	汉寿县公安局	全国抗洪抗旱模范	国家防汛抗旱指挥部	1996
王汉桃	男	武陵公安分局	全国优秀人民警察	公安部	1996
王汝国	男	常德市公安局	全国公安技侦系统先进个人	公安部	1996
姚启湘	男	常德市公安局交警支队	全国公安机关学习济南交警先进个人	公安部	1996
黄先伟	男	安乡县公安局	全国优秀人民警察	公安部	1996
蒋定贵	男	临澧县公安局	全国优秀人民警察	公安部	1997
王汉桃	男	武陵公安分局	全国特级优秀人民警察	公安部	1997
陈志勇	男	澧县公安局	二级英模	公安部	1998
邹建平	男	澧县公安局	全国公安系统抗洪抢险先进个人	公安部	1998
李建候	男	安乡县公安局	一等功	公安部	1998
纪祖荣	男	安乡县公安局	一等功	公安部	1998
雷光宇	男	安乡县公安局	全国优秀人民警察	公安部	1998
陈桂英	女	武陵公安分局	全国优秀人民警察	公安部	1998
赵传进	男	临澧县公安局	全国优秀人民警察	公安部	1998
刘少一	男	石门县公安局	第三届“金盾文化工程”金盾新闻奖三等奖	公安部	1998
王渊渊	男	石门县公安局	第三届“金盾文化工程”金盾新闻奖三等奖	公安部	1998
吴林芳	男	常德市公安局	全国公安系统抗洪抢险先进个人	公安部	1998
邹建平	男	澧县公安局	全国公安系统抗洪抢险先进个人	公安部	1998
李卫和	男	安乡县公安局	全国公安系统抗洪抢险先进个人	公安部	1998
李建候	男	安乡县公安局	全国公安系统抗洪抢险先进个人	公安部	1998
纪祖荣	男	安乡县公安局	全国公安系统抗洪抢险先进个人	公安部	1998
铁德利	男	常德市公安局	全国禁毒工作先进个人	国家禁毒委	1999
钟广林	男	澧县公安局	全国优秀人民警察	公安部	1999

续表 11—1

姓名	性别	所在单位	荣誉名称	批准部门	批准时间(年)
刘宗兰	女	津市市公安局	全国优秀户籍民警	公安部	1999
雷光宇	男	安乡县公安局	全国优秀人民警察	公安部	1999
田建平	男	石门县公安局	全国优秀人民警察	公安部	2000
何益文	男	临澧县公安局	全国优秀人民警察	公安部	2000
何雪松	男	澧县公安局	全国优秀人民警察	公安部	2001
刘宗兰	女	津市市公安局	全国优秀人民警察	公安部	2001
彭晓林	男	常德市公安局	全国公安督查系统先进个人	公安部 政治部	2002
刘远平	男	常德市公安局	第五次全国人口普查先进个人	国务院第五次人口普查领导小组	2002
魏章利	男	武陵公安分局	全国“严打”整治先进个人	公安部	2003
项文渊	男	津市市公安局	全国优秀人民警察	公安部	2003
刘玉武	男	鼎城区公安局	全国优秀人民警察	公安部	2003
田建平	男	石门县公安局	全国特级优秀人民警察	人事部、公安部	2003
米庆华	男	汉寿县公安局	全国林业公安先进工作者	人事部、林业部	2003
戴海洲	男	常德市公安局	全国公安机关国内安全保卫先进个人	公安部	2004
何英岚	女	常德市公安局	全国公安装备财务系统先进个人	公安部 政治部	2004
田秀玉	男	澧县公安局	全国关心下一代先进工作者	全国关工委 中央文明办	2005
杨瑞东	男	汉寿县公安局	全国优秀人民警察	公安部	2005
严豫军	男	鼎城区公安局	全国“金盾文化工程”金盾新闻二等奖	公安部	2005
王汉桃	男	常德市公安局	全国先进工作者	国务院	2005
姜晓堂	男	桃源县公安局	全国优秀人民警察	公安部	2005

续表 11—1

姓名	性别	所在单位	荣誉名称	批准部门	批准时间(年)
米庆华	男	汉寿县公安局	全国优秀人民警察	公安部	2005
曾照文	男	鼎城区公安局	二级英模	公安部	2005
高红娟	女	常德市公安局	全国公安科技工作先进个人	公安部	2006
舒冬生	男	石门县公安局	全国“110”接处警系统先进个人	公安部	2006
叶平战	男	桃源县公安局	全国优秀公安监所所长	公安部监所管理局	2007
周常平	男	石门县公安局	二等功	国家森林公安局	2007
沈国初	男	常德市公安局交警支队	全国优秀人民警察	公安部	2007
王汝国	男	常德市公安局	全国优秀人民警察	公安部	2007
秦孝明	男	常德市公安局	全国经侦先进个人	公安部政治部	2008
孙　建	男	武陵公安分局	“五防”专项行动先进个人	公安部	2008
张家茂	男	常德市公安局交警支队	全国公安机关贯彻落实“八条措施”工作先进个人	公安部	2008
贾珍汉	男	石门县公安局	全国公安机关国内安全保卫系统先进个人	公安部	2008
沈红玖	男	津市市公安局	全国优秀社区民警	公安部	2008
铁德利	男	常德市公安局	全国“三电”专项斗争先进个人	国家八部委	2008
龙　涛	男	常德市公安局	全国“输油气管道安全保护工作”先进个人	国家十一部委	2008
尹　俊	男	鼎城区公安局	打击网络色情犯罪专项行动先进个人	公安部政治部	2008
陈绍勇	男	鼎城区公安局	抗震救灾先进个人	公安部	2008
许开辉	男	常德市公安局	全国治爆缉枪先进个人	公安部	2008
沈国初	男	常德市公安局交警支队	第三批全国执法标兵	公安部	2008
张　艳	女	武陵公安分局	全国三基工程建设先进个人	公安部	2008

续表 11—1

姓名	性别	所在单位	荣誉名称	批准部门	批准时间（年）
徐文辉	男	常德市公安局	全国公安机关“打黑除恶”专项斗争先进个人	公安部	2009
沈国初	男	常德市公安局交警支队	全国特级优秀人民警察	人社部、公安部	2009
沈国初	男	常德市公安局交警支队	第三届“我最喜爱的十佳人民警察”评选活动提名奖	公安部、中央电视台	2009
张　艳	女	武陵公安分局	全国巾帼建功标兵	全国妇联	2009
左光鑫	男	澧县公安局	全国公安基层技术革新二等奖	公安部	2009
龙　涛	男	常德市公安局	全国“三电”专项斗争先进个人	国家八部委	2009
沈国初	男	常德市公安局交警支队	全国道德模范提名奖	中央宣传部文明办、总政治部、全国总工会、共青团中央全国妇联	2009
文会云	男	常德市公安局	全国奥运安保先进个人	公安部	2009
汪辉清	男	澧县公安局交警大队	全国公安机关开展严厉整治酒后驾驶违法行为专项行动先进个人	公安部	2010
任　荣	男	安乡县公安局	全国公安机关排查化解矛盾纠纷先进个人	公安部	2010
沈国初	男	常德市公安局交警支队	全国公安机关爱民模范	公安部	2010
李　昊	男	武陵公安分局	全国科技强警先进个人	公安部	2010
沈国初	男	常德市公安局交警支队	全国先进工作者	国务院	2010
沈国初	男	常德市公安局交警支队	全国公安系统二级英雄模范	公安部	2010
刘永忠	男	常德市公安局	全国公安优秀教育训练工作者	公安部	2010
杨道生	男	澧县公安局	第二届全国基层公安科技革新一等奖	公安部	2011
徐　峻	男	安乡县公安局	组织推动执法质量考评工作成绩突出个人	公安部	2011

续表 11—1

姓名	性别	所在单位	荣誉名称	批准部门	批准时间（年）
刘宏模	男	临澧县公安局	全国反邪宣传先进个人	中央防范和处理邪教问题领导小组办公室	2011
沈国初	男	常德市公安局交警支队	全国政法系统优秀共产党员	中央政法委	2011
沈国初	男	常德市公安局交警支队	全国道德模范提名奖	中央宣传部文明办、总政治部、全国总工会、共青团中央全国妇联	2011
杨道生	男	澧县公安局	全国优秀人民警察	公安部	2012
白澄华	男	鼎城区公安局	“清剿火患”战役先进个人	公安部	2012
周常平	男	石门县公安局	全国公安机关爱民模范	公安部	2012
杜卫雄	男	常德市公安局交警支队	全国优秀人民警察	公安部	2012
张　艳	女	武陵公安分局	全国公安机关爱民模范	公安部	2012
罗　彬	男	武陵公安分局	联合国和平勋章	联合国	2012
丁志波	男	鼎城区公安局	全国公安机关“打四黑除四害”先进个人	公安部	2012
车铁成	男	安乡县公安局	十八大消防安保成绩突出个人	公安部	2012
张松林	男	石门县公安局	省劳动模范	省政府	1989
彭永光	男	鼎城区公安局	革命烈士	省政府	1992
刘海清	男	常德市公安局交警支队	全省十大杰出民警	省委、省政府	1992
刘海清	男	常德市公安局交警支队	省劳动模范	省政府	1992
万海棠	男	常德市公安局交警支队	革命烈士	省政府	1993
龙海泉	男	武陵公安分局	全省先进工作者	省委、省政府	1994

续表 11—1

姓名	性别	所在单位	荣誉名称	批准部门	批准时间（年）
何常保	男	常德市公安局交警支队	全省先进工作者	省委、省政府	1995
王汉桃	男	武陵公安分局	全省优秀共产党员	省委	1996
唐天育	男	石门县公安局	全省抗洪抢险先进个人	省委、省政府	1996
刘朝清	男	桃源县公安局	全省优秀共产党员	省委	1996
欧国保	男	常德市公安局交警支队	全省十佳优秀领导干部	省委	1997
金月朗	男	常德市公安局	一等功	省政府	1998
陈志勇	男	澧县公安局	全省抗洪功臣	省政府	1998
彭金安	男	安乡县公安局	全省抗洪抢险先进个人	省政府	1998
李丙一	男	安乡县公安局	全省抗洪抢险先进个人	省政府	1998
金月朗	男	常德市公安局	全省社会治安综合治理先进个人	省政府	1998
金月朗	男	常德市公安局	一等功	省政府	1999
郭星亮	男	汉寿县公安局	湘西北收枪治爆专项治理专项行动先进个人	省政府	2000
王汝国	男	常德市公安局	忠诚卫士	省政府	2000
陈有万	男	常德市公安局	忠诚卫士	省政府	2000
傅少祥	男	常德市公安局	忠诚卫士	省政府	2000
高德明	男	常德市公安局	忠诚卫士	省政府	2000
徐强国	男	常德市公安局	忠诚卫士	省政府	2000
刘向阳	男	常德市公安局	一等功	省政府	2001
胡运清	男	汉寿县公安局	全省人民满意公仆	省政府	2002
王汉桃	男	常德市公安局	二等功	省政府	2002
邹建平	男	鼎城区公安局	一等功	省政府	2002
鄢梅初	男	常德市公安局	一等功	省政府	2002
王汝国	男	常德市公安局	湖南省杰出青年卫士	省政府	2003

续表 11—1

姓名	性别	所在单位	荣誉名称	批准部门	批准时间(年)
刘远平	男	常德市公安局	保护妇女儿童合法权益工作先进个人	省政府	2004
王汉桃	男	常德市公安局	二等功	省政府	2004
戚德成	男	常德市公安局	二等功	省政府	2005
王汉桃	男	常德市公安局	二等功	省政府	2005
吴为民	男	津市市公安局	二等功	省政府	2005
沈国初	男	常德市公安局交警支队	全省先进工作者	省政府	2005
张家茂	男	常德市公安局交警支队	二等功	省政府	2006
柴中军	男	常德市公安局巡特警支队	二等功	省政府	2006
廖建华	男	常德市公安局	二等功	省政府	2007
陈有万	男	津市市公安局	人民卫士	省政府	2007
杜卫雄	男	常德市公安局交警支队	全省优秀公务员,并被记一等功	省政府	2008
赵　熙	男	常德市公安局	二等功	省政府	2009
高永东	男	武陵公安分局	全省集中换发二代证先进个人	省政府	2009
周　璇	女	武陵公安分局	全省集中换发二代证先进个人	省政府	2009
尹　卉	女	武陵公安分局	全省集中换发二代证先进个人	省政府	2009
蒋彬彬	男	鼎城区公安局	全省先进工作者	省政府	2010
戴曙辉	男	武陵公安分局	一等功	省政府	2011
廖华明	男	临澧县公安局	二等功	省公安厅	1988
田家贵	男	临澧县公安局	二等功	省公安厅	1988
曾繁荣	男	常德市公安局	二等功	省公安厅	1990
龚爱华	男	常德市公安局	一等功	省公安厅	1990
肖红彪	男	常德市公安局	二等功	省公安厅	1990
朱福安	男	桃源县公安局	一等功	省公安厅	1990

续表 11—1

姓名	性别	所在单位	荣誉名称	批准部门	批准时间(年)
刘海清	男	常德市公安局交警支队	二等功	省公安厅	1991
辛业涛	男	临澧县公安局	二等功	省公安厅	1991
李林华	男	石门县公安局	一等功	省公安厅	1991
杨伟湘	男	武陵公安分局	二等功	省公安厅	1991
张帮哲	男	桃源县公安局	二等功	省公安厅	1991
熊双英	女	石门县公安局	一等功	省公安厅	1991
张帮哲	男	桃源县公安局	二等功	省公安厅	1991
马文远	男	武陵公安分局	二等功	省公安厅	1992
熊双英	女	石门县公安局	全省优秀人民警察	省公安厅	1992
李爱民	男	临澧县公安局	全省优秀人民警察	省公安厅	1993
覃正双	男	石门县公安局	一等功	省公安厅	1994
王汉桃	男	武陵公安分局	全省青年文明标兵	团省委	1994
刘跃华	女	武陵公安分局	全省优秀人民警察	省公安厅	1994
周　峰	男	武陵公安分局	全省优秀人民警察	省公安厅	1994
李爱明	男	临澧县公安局	一等功	省公安厅	1995
任琪东	男	安乡县公安局	二等功	省公安厅	1995
彭惠文	男	临澧县公安局	全省优秀人民警察	省公安厅	1995
聂志明	男	汉寿县公安局	二等功	省公安厅	1995
刘保清	男	鼎城区公安局	全省优秀人民警察	省公安厅	1995
李爱民	男	临澧县公安局	全省优秀人民警察	省公安厅	1995
吴林芳	男	常德市公安局	二等功	省公安厅	1995
潘小明	男	汉寿县公安局	一等功	省公安厅	1995
陈基波	男	武陵公安分局	二等功	省公安厅	1995
印建中	男	桃源县公安局	二等功	省公安厅	1995

续表 11—1

姓名	性别	所在单位	荣誉名称	批准部门	批准时间(年)
陈文春	男	桃源县公安局	二等功	省公安厅	1995
杨为一	男	桃源县公安局	二等功	省公安厅	1995
邹　晖	男	桃源县公安局	二等功	省公安厅	1995
姚启湘	男	常德市公安局交警支队	全省青年文明标兵	团省委、省公安厅	1995
杨超英	男	常德市公安局	二等功	省公安厅	1996
龚爱平	男	澧县公安局	一等功	省公安厅	1996
汪圣柏	男	澧县公安局	二等功	省公安厅	1996
陈　敏	男	安乡县公安局	二等功	省公安厅	1996
郑洪安	男	安乡县公安局	全省优秀人民警察	省公安厅	1996
任　立	男	常德市公安局	二等功	省公安厅	1996
王汝国	男	常德市公安局	全省青年文明标兵	团省委、省公安厅	1996
谢　理	男	常德市公安局交警支队	全省青年文明标兵	团省委、省公安厅	1996
李宏平	男	桃源县公安局	二等功	省公安厅	1996
王海波	男	常德市公安局	二等功	省公安厅	1996
吴林芳	男	常德市公安局	二等功	省公安厅	1996
赵天玉	男	桃源县公安局	一等功	省公安厅	1996
罗良德	男	武陵公安分局	一等功	省公安厅	1996
卢忠荣	男	桃源县公安局	二等功	省公安厅	1996
梅文明	男	桃源县公安局	一等功(追记)	省公安厅	1996
赵传进	男	临澧县公安局	二等功	省公安厅	1996
唐天育	男	石门县公安局	二等功	省公安厅	1996
阮才富	男	武陵公安分局	二等功	省公安厅	1996
李宏权	男	汉寿县公安局	二等功	省公安厅	1996

续表 11—1

姓名	性别	所在单位	荣誉名称	批准部门	批准时间(年)
朱世平	男	汉寿县公安局	二等功	省公安厅	1996
鄢梅初	男	桃源县公安局	二等功	省公安厅	1996
张联盟	男	常德市公安局	一等功	省防洪抗汛指挥部、省人事厅	1996
刘大章	男	常德市公安局	二等功	省公安厅	1996
童秋杰	男	常德市公安局交警支队	二等功	省公安厅	1997
欧国保	男	常德市公安局交警支队	二等功	省公安厅	1997
刘　诚	男	常德市公安局交警支队	二等功	省公安厅	1997
陈桂英	女	武陵公安分局	全省青年文明标兵	团省委	1997
项文渊	男	津市市公安局	全省优秀人民警察	省公安厅	1997
汤永秀	女	武陵公安分局	全省优秀人民民警	省公安厅	1997
白宏军	男	德山公安分局	全省优秀人民警察	省公安厅	1997
刘立坤	男	桃源县公安局	省劳动模范	省总工会	1997
王汉桃	男	武陵公安分局	全省十大杰出青年	团省委	1997
何卫东	男	常德市公安局交警支队	全省优秀青年卫士	团省委、省公安厅	1997
潘文辉	男	常德市公安局巡特警支队	湖南省十大杰出青年卫士	团省委	1997
于典法	男	石门县公安局	全省优秀人民警察	省公安厅	1998
邹建平	男	澧县公安局	二等功	省公安厅	1998
柴丛林	男	澧县公安局	二等功	省公安厅	1998
彭德淑	男	澧县公安局	二等功	省公安厅	1998
胡佑明	男	澧县公安局	二等功	省公安厅	1998
彭玉屏	男	澧县公安局	二等功	省公安厅	1998
曾文广	男	澧县公安局	二等功	省公安厅	1998

续表 11—1

姓名	性别	所在单位	荣誉名称	批准部门	批准时间(年)
李卫和	男	安乡县公安局	二等功	省公安厅	1998
毛海波	男	安乡县公安局	二等功	省公安厅	1998
雷光宇	男	安乡县公安局	二等功	省公安厅	1998
杨宜志	男	安乡县公安局	二等功	省公安厅	1998
杨　威	男	安乡县公安局	二等功	省公安厅	1998
陈本运	男	安乡县公安局	二等功	省公安厅	1998
蔡　波	男	安乡县公安局	二等功	省公安厅	1998
龚德军	男	安乡县公安局	二等功	省公安厅	1998
李光洪	男	安乡县公安局	二等功	省公安厅	1998
王秋云	男	安乡县公安局	二等功	省公安厅	1998
范青松	男	安乡县公安局	二等功	省公安厅	1998
车铁成	男	安乡县公安局	二等功	省公安厅	1998
胡宏忠	男	桃源县公安局	全省优秀人民警察	省公安厅	1998
尚显波	男	常德市公安局巡特警支队	全省优秀公安局长	省公安厅	1998
白宏军	男	德山公安分局	全省青年文明标兵	团省委、省公安厅	1998
蒋定贵	男	临澧县公安局	全省优秀人民警察	省公安厅	1998
肖万国	男	鼎城区公安局	全省优秀人民警察	省公安厅	1998
胡运清	男	汉寿县公安局	全省优秀人民警察	省公安厅	1998
李卫和	男	常德市公安局	一等功	省公安厅	1998
周章平	男	常德市公安局交警支队	二等功	省公安厅	1998
何烈贵	男	常德市公安局交警支队	抗洪救灾一等功	省人事厅	1998
徐达海	男	石门县公安局	二等功	省公安厅	1998

续表 11—1

姓名	性别	所在单位	荣誉名称	批准部门	批准时间(年)
李望树	男	石门县公安局	二等功	省公安厅	1998
李西平	男	石门县公安局	二等功	省公安厅	1998
曾文广	男	澧县公安局	二等功	省公安厅	1999
钟广林	男	澧县公安局	全省优秀人民警察	省公安厅	1999
杨署模	男	澧县公安局	全省优秀人民警察	省公安厅	1999
李光洪	男	安乡县公安局	全省优秀人民警察	省公安厅	1999
胡安怀	男	安乡县公安局	全省满意政法干警	省委政法委	1999
周新桂	男	常德市公安局	二等功	省公安厅	1999
肖万国	男	鼎城区公安局	全省优秀人民警察	省公安厅	1999
胡定洪	男	津市市公安局	全省优秀人民警察	省公安厅	1999
周　剑	男	临澧县公安局	一等功	省公安厅	1999
杨超英	男	常德市公安局	二等功	省公安厅	2000
鲍虹宇	女	常德市公安局交警支队	全省人民满意警察	省公安厅	2000
李石平	男	安乡县公安局	二等功	省公安厅	2000
李才国	男	安乡县公安局	二等功	省公安厅	2000
胡安怀	男	安乡县公安局	全省满意政法民警	省委政法委	2000
刘建华	男	安乡县公安局	二等功	省公安厅	2000
戴海洲	男	常德市公安局	二等功	省公安厅	2000
廖建华	男	常德市公安局交警支队	一等功	省公安厅	2000
徐一钧	男	常德市公安局巡特警支队	一等功	省公安厅	2000
刘　晶	男	常德市公安局巡特警支队	二等功	省公安厅	2000
周保民	男	武陵公安分局	二等功	省公安厅	2000

续表 11—1

姓名	性别	所在单位	荣誉名称	批准部门	批准时间(年)
米庆华	男	汉寿县公安局	全省优秀人民警察	省公安厅	2000
刘世敦	男	鼎城区公安局	全省优秀人民警察	省公安厅	2000
罗方俊	男	汉寿县公安局	全省优秀人民警察	省公安厅	2000
田建平	男	石门县公安局	全省优秀人民警察	省公安厅	2000
罗启红	男	津市市公安局	全省优秀人民警察	省公安厅	2000
王汝国	男	常德市公安局	二等功	省公安厅	2000
裴泽文	男	德山公安分局	全省人民满意警察	省公安厅	2000
刘世敦	男	鼎城区公安局	全省人民满意民警	省公安厅	2000
许立新	男	石门县公安局	全省人民满意民警	省公安厅	2000
李　力	男	常德市公安局	二等功	省公安厅	2000
陈常德	男	常德市公安局	二等功	省公安厅	2000
杨　峰	男	临澧县公安局	二等功	省公安厅	2000
金月朗	男	常德市公安局	一等功	省人事厅	2000
彭孝富	男	澧县公安局	二等功	省人事厅	2001
杨国斌	男	安乡县公安局	全省优秀人民警察	省公安厅	2001
陈争明	男	安乡县公安局	全省优秀人民警察	省公安厅	2001
肖　何	男	常德市公安局	二等功	省公安厅	2001
梁　滔	男	常德市公安局	一等功	省公安厅	2001
刘体跃	男	常德市公安局	二等功	省公安厅	2001
张晓新	男	常德市公安局	一等功	省公安厅	2001
邓国辉	男	鼎城区公安局	二等功	省公安厅	2001
李文华	男	鼎城区公安局	二等功	省公安厅	2001
刘世敦	男	鼎城区公安局	全省优秀人民警察	省公安厅	2001
余习荣	男	津市市公安局	全省优秀人民警察	省公安厅	2001
周业和	男	德山公安分局	一等功	省公安厅	2001

续表 11—1

姓名	性别	所在单位	荣誉名称	批准部门	批准时间(年)
宋志强	男	德山公安分局	二等功	省公安厅	2001
胡运清	男	汉寿县公安局	全省优秀人民警察	省公安厅	2001
鄢梅初	男	常德市公安局	一等功	省公安厅	2001
李　彬	男	汉寿县公安局	全省人民满意民警	省公安厅	2001
罗启红	男	津市市公安局	二等功	省公安厅	2001
严若鸿	男	临澧县公安局	全省优秀人民警察	省公安厅	2001
彭立君	男	汉寿县公安局	二等功	省公安厅	2001
肖光华	男	武陵公安分局	二等功	省公安厅	2001
何利华	男	武陵公安分局	二等功	省公安厅	2001
向延贵	男	澧县公安局	全省优秀人民警察	省公安厅	2002
李小云	男	澧县公安局	全省优秀人民警察	省公安厅	2002
赵业忠	男	澧县公安局	二等功	省公安厅	2002
胡宗波	男	安乡县公安局	全省优秀人民警察	省公安厅	2002
龚志军	男	桃源县公安局	二等功	省公安厅	2002
胡兴国	男	桃源县公安局	二等功	省公安厅	2002
王汝国	男	常德市公安局	二等功	省公安厅	2002
任德明	男	武陵公安分局	全省优秀人民警察	省公安厅	2002
朱祖锋	男	临澧县公安局	二等功	省公安厅	2002
严豫军	男	鼎城区公安局	二等功	省公安厅	2002
孙家清	男	鼎城区公安局	二等功	省公安厅	2002
赵业忠	男	澧县公安局	一等功	省公安厅	2003
赵业忠	男	澧县公安局	全省十大杰出民警	省公安厅	2003
谭　伟	男	澧县公安局	二等功	省公安厅	2003
叶明华	男	澧县公安局	二等功	省公安厅	2003
易银香	女	石门县公安局	全省优秀人民警察	省公安厅	2003

续表 11—1

姓名	性别	所在单位	荣誉名称	批准部门	批准时间(年)
周三益	男	武陵公安分局	全省优秀人民警察	省公安厅	2003
万东明	男	临澧县公安局	全省优秀人民警察	省公安厅	2003
李文华	男	鼎城区公安局	全省“严打整治”先进个人	省委政法委	2003
王汝国	男	常德市公安局	一等功	省公安厅	2003
姚爱华	男	常德市公安局	二等功	省公安厅	2003
严豫军	男	鼎城区公安局	全省优秀青年卫士	团省委、省公安厅等 14 单位	2003
曾庆强	男	常德市公安局交警支队	全省优秀人民警察	省公安厅	2004
叶明华	男	澧县公安局	二等功	省公安厅	2004
罗立杰	男	汉寿县公安局	全省优秀人民警察	省公安厅	2004
黄永清	男	鼎城区公安局	全省优秀人民警察	省公安厅	2004
余习荣	男	津市市公安局	全省优秀人民警察	省公安厅	2004
杨　威	男	安乡县公安局	全省优秀人民警察	省公安厅	2004
袁继贵	男	德山公安分局	全省优秀人民警察	省公安厅	2004
胡柏军	男	临澧县公安局	全省优秀人民警察	省公安厅	2004
邓亚平	男	桃源县公安局	二等功	省公安厅	2004
文承广	男	桃源县公安局	全省优秀人民警察	省公安厅	2004
王汝国	男	常德市公安局	湖南省杰出青年岗位能手	省青工委	2004
李　波	男	武陵公安分局	全省优秀人民警察	省公安厅	2004
董　敏	男	桃源县公安局	二等功	省公安厅	2004
高德明	男	常德市公安局	二等功	省公安厅	2004
柴从林	男	汉寿县公安局	二等功	省公安厅	2004
蒋新桂	男	常德市公安局	二等功	省公安厅	2004
姜晓堂	男	桃源县公安局	全省优秀人民警察	省公安厅	2004

续表 11—1

姓名	性别	所在单位	荣誉名称	批准部门	批准时间（年）
何培林	男	澧县公安局	全省优秀人民警察	省公安厅	2005
冉黎明	男	澧县公安局	二等功	省公安厅	2005
滕辛权	男	澧县公安局交警大队	一等功	省公安厅	2005
刘林舫	男	常德市公安局	全省优秀人民警察	省公安厅	2005
何　勇	男	安乡县公安局	全省优秀人民警察	省公安厅	2005
胡建全	男	德山公安分局	全省优秀人民警察	省公安厅	2005
庞彩志	男	临澧县公安局	全省优秀人民警察	省公安厅	2005
龚　剑	男	常德市公安局	二等功	省公安厅	2005
刘金华	男	鼎城区公安局	全省优秀人民警察	省公安厅	2005
刘德珍	男	汉寿县公安局	二等功	省公安厅	2005
李　力	男	常德市公安局	二等功	省公安厅	2005
冉黎明	男	常德市公安局	二等功	省公安厅	2005
陈有万	男	津市市公安局	二等功	省公安厅	2005
冯丕波	男	澧县公安局	全省优秀人民警察	省公安厅	2006
李　忠	男	常德市公安局	二等功	省公安厅	2006
严豫军	男	鼎城区公安局	全省优秀人民警察	省公安厅	2006
贾晓君	女	石门县公安局	全省优秀人民警察	省公安厅	2006
熊耀湘	男	常德市公安局交警支队	全省优秀人民警察	省公安厅	2006
戴曙辉	男	武陵公安分局	全省优秀人民警察	省公安厅	2006
李四新	男	安乡县公安局	全省优秀人民警察	省公安厅	2006
向志友	男	桃源县公安局	全省优秀人民警察	省公安厅	2006
周金旺	男	汉寿县公安局	二等功	省公安厅	2006
杜卫雄	男	常德市公安局交警支队	全省优秀人民警察	省公安厅	2007

续表 11—1

姓名	性别	所在单位	荣誉名称	批准部门	批准时间(年)
陈祖云	男	澧县公安局	全省优秀人民警察	省公安厅	2007
何培林	男	澧县公安局	一等功	省公安厅	2007
胡秋平	男	澧县公安局	二等功	省公安厅	2007
严豫军	男	鼎城区公安局	全省优秀人民警察	省公安厅	2007
罗立杰	男	汉寿县公安局	全省优秀人民警察	省公安厅	2007
向太阳	男	石门县公安局	全省优秀人民警察	省公安厅	2007
沈红玖	男	津市市公安局	全省优秀人民警察	省公安厅	2007
张　艳	女	武陵公安分局	全省优秀人民警察	省公安厅	2007
李新民	男	鼎城区公安局	二等功	省人事厅 省文明办	2007
刘向阳	男	常德市公安局	二等功	省人事厅	2007
戴曙辉	男	常德市公安局	全省优秀人民警察	省公安厅	2008
左光鑫	男	澧县公安局	全省优秀人民警察、二等功	省公安厅	2008
李北平	男	澧县公安局 交警大队	二等功	省公安厅	2008
谭　伟	男	澧县公安局 交警大队	二等功	省公安厅	2008
郭宏建	男	桃源县公安局	全省优秀青年卫士	省公安厅	2008
唐纯利	男	石门县公安局	全省优秀人民警察	省公安厅	2008
贾珍汉	男	石门县公安局	全省优秀人民警察	省公安厅	2008
张　艳	女	武陵公安分局	全省优秀人民警察	省公安厅	2008
徐明刚	男	临澧县公安局	全省优秀人民警察	省公安厅	2008
燕良文	男	桃源县公安局	全省优秀人民警察	省公安厅	2008
聂　飞	男	常德市公安局	二等功	省公安厅	2008
姚爱华	男	常德市公安局	二等功	省公安厅	2008
刘绍文	男	武陵公安分局	二等功	省公安厅	2008

续表 11—1

姓名	性别	所在单位	荣誉名称	批准部门	批准时间(年)
郭宏建	男	桃源县公安局	二等功	省公安厅	2008
黄大庆	男	津市市公安局	全省优秀人民警察	省公安厅	2008
崔　峻	男	安乡县公安局	全省优秀人民警察	省公安厅	2009
王红军	男	鼎城区公安局	全省优秀人民警察	省公安厅	2009
魏　霆	男	汉寿县公安局	全省优秀人民警察	省公安厅	2009
罗　海	男	常德市公安局交警支队	全省优秀人民警察	省公安厅	2009
邹　晖	男	桃源县公安局	全省优秀人民警察	省公安厅	2009
王红军	男	德山公安分局	全省优秀人民警察	省公安厅	2009
杨启国	男	常德市公安局巡特警支队	二等功	省公安厅	2009
沈国初	男	常德市公安局交警支队	湖南省最具影响力法制人物	省依法治省办	2009
李长青	男	桃源县公安局	二等功	省公安厅	2009
何源	男	武陵公安分局	一等功	省公安厅	2009
杨启国	男	常德市公安局巡警特警支队	二等功	省公安厅	2009
沈国初	男	常德市公安局交警支队	全省敬业奉献模范	省宣传部、省文明办、省军区政治部、省总工会、团省委、省妇联	2009
沈国初	男	常德市公安局交警支队	全省十杰政法干警	省委政法委、省人社厅	2009
欧兰英	女	武陵公安分局	全省青年岗位能手	省青工委	2009
张　艳	女	武陵公安分局	全省优秀政法干警	省政法委	2009
孙　杰	男	常德市公安局交警支队	全省优秀人民警察	省公安厅	2010

续表 11—1

姓名	性别	所在单位	荣誉名称	批准部门	批准时间(年)
杨道生	男	澧县公安局	全省优秀人民警察	省公安厅	2010
王红军	男	鼎城区公安局	全省优秀人民警察	省公安厅	2010
皮　渊	男	德山公安分局	全省优秀人民警察	省公安厅	2010
张显兵	男	临澧县公安局	全省优秀人民警察	省公安厅	2010
王世平	男	桃源县公安局	全省优秀人民警察	省公安厅	2010
龚　剑	男	常德市公安局	二等功	省公安厅	2010
杨学军	男	津市市公安局	二等功	省公安厅	2010
唐振贵	男	常德市公安局巡警特警支队	二等功	省公安厅	2010
丁敬君	男	鼎城区公安局	二等功	省公安厅	2010
杨道生	男	澧县公安局	一等功	省公安厅	2011
袁　剑	男	澧县公安局	全省优秀人民警察	省公安厅	2011
华　军	男	澧县公安局	二等功	省公安厅	2011
陈世杰	男	柳叶湖公安分局	二等功	省公安厅	2011
黄军华	男	常德市公安局	二等功	省人社厅	2011
周国安	男	汉寿县公安局	全省优秀人民警察	省公安厅	2011
高　杰	男	常德市公安局	二等功	省公安厅	2011
李　忠	男	常德市公安局	二等功	省公安厅	2011
王建军	男	常德市公安局	二等功	省公安厅	2011
梁　滔	男	常德市公安局	一等功	省人社厅	2011
张　艳	女	武陵公安分局	全省十佳公益禁毒妈妈	省禁毒委	2011
沈国初	男	常德市公安局交警支队	全省敬业奉献模范	省文明办	2011
沈国初	男	常德市公安局交警支队	二等功	省公安厅	2011
易长林	男	津市市公安局	二等功	省人社厅	2011
郭　敏	男	澧县公安局	全省优秀人民警察	省公安厅	2012

续表 11—1

姓名	性别	所在单位	荣誉名称	批准部门	批准时间(年)
刘世敦	男	鼎城区公安局	全省优秀人民警察	省公安厅	2012
杨文超	男	鼎城区公安局	二等功	省公安厅	2012
罗立杰	男	汉寿县公安局	二等功	省公安厅	2012
尹昌建	男	津市市公安局	全省优秀人民警察	省公安厅	2012
雷辉元	男	市公安局交警支队	全省优秀人民警察	省公安厅	2012
文国平	男	安乡县公安局	二等功	省公安厅	2012
李　旺	男	安乡县公安局	二等功	省公安厅	2012
龚进三	男	安乡县公安局	全省人民优秀警察	省公安厅	2012
石春富	男	武陵公安分局	二等功	省公安厅	2012
陈　程	男	武陵公安分局	二等功	省公安厅	2012
刘　君	男	常德市公安局	二等功	省公安厅	2012
肖　何	男	常德市公安局	二等功	省公安厅	2012
李小平	男	津市市公安局	二等功	省公安厅	2012
周常彩	男	津市市公安局	二等功	省公安厅	2012
尹　顺	男	津市市公安局	二等功	省公安厅	2012
郑　鉴	男	常德市公安局巡警特警支队	二等功	省公安厅	2012
刘明红	男	常德市公安局巡警特警支队	二等功	省公安厅	2012
伍国权	男	常德市公安局巡警特警支队	一等功	省公安厅	2012
罗　彬	男	武陵公安分局	二等功	省公安厅	2012
文国平	男	安乡县公安局	二等功	省公安厅	2012
周　捷	男	鼎城区公安局	全省优秀人民警察	省公安厅	2012
廖华明	男	临澧县公安局	二等功	市政府	1988
邓建辉	男	武陵公安分局	一等功	市政府	1989

续表 11—1

姓名	性别	所在单位	荣誉名称	批准部门	批准时间(年)
孙建平	男	常德市公安局	二等功	市政府	1991
叶泽鑫	男	武陵公安分局	二等功	市政府	1991
张　建	男	常德市公安局	二等功	市政府	1993
杨成业	男	常德市公安局	二等功	市政府	1994
黄可新	男	武陵公安分局	二等功	市政府	1994
王先福	男	武陵公安分局	二等功	市政府	1994
刘明放	男	武陵公安分局	二等功	市政府	1994
郭金辉	男	常德市公安局	二等功	市政府	1995
廖满成	男	汉寿县公安局	二等功	市政府	1995
李赋初	男	常德市公安局交警支队	二等功	市政府	1995
刘保清	男	鼎城区公安局	二等功	市政府	1995
张建国	男	武陵公安分局	二等功	市政府	1995
李静平	男	武陵公安分局	二等功	市政府	1995
刘跃华	女	武陵公安分局	二等功	市政府	1995
樊启斌	男	武陵公安分局	二等功	市政府	1995
刘菊成	男	鼎城区公安局	二等功	市政府	1996
沈湘巍	男	常德市公安局	二等功	市政府	1996
廖金峰	男	桃源县公安局	二等功	市政府	1996
袁成阳	男	汉寿县公安局	二等功	市政府	1996
张联盟	男	常德市公安局	二等功	市政府	1996
王汉桃	男	武陵公安分局	二等功	市政府	1996
刘保桂	男	鼎城区公安局	二等功	市政府	1997
卞兆平	男	常德市公安局	二等功	市政府	1997
袁成阳	男	汉寿县公安局	二等功	市政府	1997
冯志英	男	桃源县公安局	二等功	市政府	1997

续表 11—1

姓名	性别	所在单位	荣誉名称	批准部门	批准时间(年)
颜爱武	女	武陵公安分局	二等功	市政府	1997
鄢跃华	男	常德市公安局交警支队	二等功	市政府	1997
邹建平	男	澧县公安局	二等功	市政府	1998
任　立	男	常德市公安局	二等功	市政府	1998
易长林	男	津市市公安局	二等功	市政府	1998
胡宏忠	男	桃源县公安局	二等功	市政府	1998
任德明	男	武陵公安分局	二等功	市政府	1998
杨中秋	男	汉寿县公安局	二等功	市政府	1998
梅志昌	男	常德市公安局交警支队	二等功	市政府	1998
万志国	男	武陵公安分局	二等功	市政府	1998
李小云	男	澧县公安局	二等功	市政府	1999
钟广林	男	澧县公安局	二等功	市政府	1999
项文渊	男	津市市公安局	二等功	市政府	1999
陈有万	男	常德市公安局	二等功	市政府	1999
易建国	男	鼎城区公安局	二等功	市政府	1999
任德明	男	武陵公安分局	二等功	市政府	1999
曹　龙	男	澧县公安局	二等功	市政府	2000
夏爱龙	男	安乡县公安局	二等功	市政府	2000
罗寄初	男	安乡县公安局	二等功	市政府	2000
张　强	男	安乡县公安局	二等功	市政府	2000
刘建华	男	安乡县公安局	二等功	市政府	2000
刘邓军	男	鼎城区公安局	全市人民满意公仆	市委、市政府	2000
朱诗明	男	汉寿县公安局	二等功	市政府	2000

续表 11—1

姓名	性别	所在单位	荣誉名称	批准部门	批准时间(年)
周忠宪	男	常德市公安局交警支队	二等功	市政府	2000
马腾飞	女	武陵公安分局	二等功	市政府	2000
卜茂富	男	常德市公安局	二等功	市政府	2001
黄才良	男	常德市公安局	二等功	市政府	2001
卞兆平	男	常德市公安局	二等功	市政府	2001
陈小平	男	德山公安分局	二等功	市政府	2001
廖国贤	男	常德市公安局	二等功	市政府	2001
周　杰	男	鼎城区公安局	二等功	市政府	2001
李志勇	男	鼎城区公安局	二等功	市政府	2001
张　俊	男	津市市公安局	二等功	市政府	2001
周保民	男	武陵公安分局	二等功	市政府	2001
马腾飞	女	武陵公安分局	二等功	市政府	2001
曾召宪	男	常德市公安局交警支队	二等功	市政府	2001
李静平	男	武陵公安分局	二等功	市政府	2001
袁会明	男	武陵公安分局	二等功	市政府	2001
龚　瑜	男	武陵公安分局	二等功	市政府	2001
黄文才	男	武陵公安分局	二等功	市政府	2002
葛贤英	男	鼎城区公安局	二等功	市政府	2002
田建平	男	石门县公安局	全市人民满意公仆	市委、市政府	2002
周三益	男	武陵公安分局	二等功	市政府	2002
项文渊	男	津市市公安局	二等功	市政府	2002
徐万泉	男	常德市公安局	二等功	市政府	2002
蒋中秋	男	武陵公安分局	一等功	市政府	2002
薛　云	男	武陵公安分局	二等功	市政府	2002

续表 11—1

姓名	性别	所在单位	荣誉名称	批准部门	批准时间(年)
樊启斌	男	武陵公安分局	二等功	市政府	2002
李静平	男	武陵公安分局	二等功	市政府	2002
李文华	男	鼎城区公安局	二等功	市政府	2002
高德明	男	常德市公安局	二等功	市政府	2002
王焕杰	男	澧县公安局	二等功	市政府	2003
李俊山	男	澧县公安局交警大队	二等功	市政府	2003
黄永清	男	鼎城区公安局	二等功	市政府	2003
项文渊	男	津市市公安局	二等功	市政府	2003
任德明	男	武陵公安分局	二等功	市政府	2003
周三益	男	武陵公安分局	二等功	市政府	2004
周文渊	男	武陵公安分局	二等功	市政府	2004
李　波	男	武陵公安分局	二等功	市政府	2004
项文渊	男	津市市公安局	二等功	市政府	2004
刘玉武	男	鼎城区公安局	二等功	市委、市政府	2004
袁秀波	男	鼎城区公安局	二等功	市政府	2004
何烈贵	男	常德市公安局交警支队	一等功	市政府	2004
王焕杰	男	澧县公安局	二等功	市政府	2005
易长林	男	津市市公安局	二等功	市政府	2005
陈世杰	男	津市市公安局	二等功	市政府	2005
何英岚	女	常德市公安局	二等功	市政府	2005
周忠宪	男	常德市公安局交警支队	二等功	市政府	2005
梅志昌	男	常德市公安局交警支队	二等功	市政府	2005
周　峰	男	武陵公安分局	二等功	市政府	2005

续表 11—1

姓名	性别	所在单位	荣誉名称	批准部门	批准时间(年)
刘绍文	男	武陵公安分局	二等功	市政府	2005
陈秋明	男	桃源县公安局	二等功	市政府	2005
杜卫雄	男	常德市公安局交警支队	全市十大杰出青年	市政府	2006
彭石柱	男	安乡县公安局	二等功	市政府	2006
皮明安	男	鼎城区公安局	二等功	市政府	2006
向　前	男	石门县公安局	二等功	市政府	2006
陈　峰	男	津市市公安局	二等功	市政府	2006
陈秋明	男	桃源县公安局	二等功	市政府	2006
唐振贵	男	常德市公安局	二等功	市政府	2006
廖建华	男	常德市公安局	二等功	市政府	2006
鲍虹宇	女	常德市公安局交警支队	二等功	市政府	2006
何雪松	男	澧县公安局	二等功	市政府	2007
向延贵	男	澧县公安局	二等功	市政府	2007
黄永清	男	鼎城区公安局	二等功	市委、市政府	2007
陈华胜	男	桃源县公安局	二等功	市政府	2007
项文渊	男	安乡县公安局	二等功	市政府	2007
吴为民	男	津市市公安局	二等功	市政府	2007
张　艳	女	武陵公安分局	二等功	市政府	2007
汤万红	女	常德市公安局交警支队	二等功	市政府	2007
任　立	男	常德市公安局	二等功	市政府	2007
彭　进	男	常德市公安局	二等功	市政府	2007
邓亚平	男	桃源县公安局	二等功	市政府	2007
郭金辉	男	常德市公安局	二等功	市政府	2008
蒋中秋	男	常德市公安局	二等功	市政府	2008

续表 11—1

姓名	性别	所在单位	荣誉名称	批准部门	批准时间(年)
吴为民	男	津市市公安局	二等功	市政府	2008
张　艳	女	武陵公安分局	二等功	市政府	2008
刘仕敦	男	鼎城区公安局	二等功	市政府	2008
罗立杰	男	汉寿县公安局	二等功	市政府	2008
王　禹	男	常德市公安局	二等功	市政府	2008
殷宗德	男	常德市公安局	二等功	市政府	2008
刘次义	男	武陵公安分局	二等功	市政府	2008
郭宏建	男	桃源县公安局	二等功	市政府	2008
戴幼辉	男	汉寿县公安局	二等功	市政府	2008
李益平	男	汉寿县公安局	二等功	市政府	2008
刘习忠	男	汉寿县公安局	二等功	市政府	2008
熊耀湘	男	常德市公安局交警支队	二等功	市政府	2008
刘向阳	男	常德市公安局	全市先进工作者	市政府	2008
陈世杰	男	常德市公安局	二等功	市政府	2008
邬光远	男	常德市公安局	二等功	市政府	2008
黄　淳	男	澧县公安局	二等功	市政府	2009
郭　敏	男	澧县公安局	二等功	市政府	2009
覃长润	男	澧县公安局	二等功	市政府	2009
任　立	男	常德市公安局	二等功	市政府	2009
庹进文	男	津市市公安局	二等功	市政府	2009
孙　健	男	武陵公安分局	二等功	市政府	2009
黄永清	男	鼎城区公安局	二等功	市政府	2009
彭晓林	男	常德市公安局	二等功	市政府	2009
杨洪胜	男	常德市公安局	二等功	市政府	2009

续表 11—1

姓名	性别	所在单位	荣誉名称	批准部门	批准时间(年)
项文渊	男	安乡县公安局	二等功	市政府	2009
朱诗明	男	汉寿县公安局	二等功	市政府	2009
曾召宪	男	常德市公安局交警支队	二等功	市政府	2009
杨瑞东	男	西湖公安分局	一等功	市政府	2009
张宏华	男	常德市公安局	二等功	市政府	2009
黄军华	男	常德市公安局	二等功	市政府	2009
李清云	男	常德市公安局	二等功	市政府	2009
孙　杰	男	常德市公安局交警支队	二等功	市政府	2010
廖建华	男	常德市公安局交警支队	全市人民满意公仆	市委、市政府	2010
何英岚	女	常德市公安局	全市人民满意公仆	市委、市政府	2010
任长春	男	澧县公安局	二等功	市政府	2010
戴林忠	男	柳叶湖公安分局	二等功	市政府	2010
史　峰	男	武陵公安分局	二等功	市政府	2010
彭石柱	男	安乡县公安局	二等功	市政府	2011
李宏权	男	汉寿县公安局	二等功	市政府	2011
彭礼仁	男	武陵公安分局	二等功	市政府	2011
黄显益	男	石门县公安局	二等功	市政府	2011
代金明	男	安乡县公安局	二等功	市政府	2011
华　晏	女	常德市公安局交警支队	二等功	市政府	2011
杜卫雄	男	常德市公安局交警支队	创建全国文明城市工作成绩突出“十大功臣”,被记二等功	市政府	2011
雷辉元	男	常德市公安局交警支队	二等功	市政府	2011
丁　峰	男	澧县公安局	二等功	市政府	2012

续表 11—1

姓名	性别	所在单位	荣誉名称	批准部门	批准时间(年)
李汉清	男	武陵公安分局	二等功	市政府	2012
张献凯	男	安乡县公安局	二等功	市政府	2012
蒋月笙	男	临澧县公安局交警大队	二等功	市政府	2012
戴林忠	男	柳叶湖公安分局	二等功	市政府	2012
吴为民	男	津市市公安局	二等功	市政府	2012
杜卫雄	男	常德市公安局交警支队	二等功	市政府	2012
黄文材	男	常德市公安局	二等功	市政府	2012
项文渊	男	桃源县公安局	二等功	市政府	2012
姚中华	男	桃源县公安局	二等功	市政府	2012
印志勇	男	桃源县公安局	二等功	市政府	2012

三、先进集体名录

1988—2012 年常德市公安系统受记二等功以上表彰先进集体一览表

表 11－2

受奖单位	表彰时间(年)	荣誉称号	颁奖机关
临澧县公安局	1991	集体一等功	公安部
临澧县公安局	1992	全国优秀公安局	公安部
武陵公安分局城南派出所	1993	先进集体	公安部
武陵公安分局城南派出所	1993	全国公安廉政爱民先进集体	公安部
汉寿县公安局林业派出所	1994	全国森林防火先进单位	国家人事部、林业部
武陵公安分局城南派出所	1994	先进单位	公安部
汉寿县公安局岩汪湖派出所	1995	集体一等功	公安部

续表 11－2

受奖单位	表彰时间(年)	荣誉称号	颁奖机关
常德市公安局	1995	“扫黄打非”集中行动办案有功集体	中央宣传部、中央政法委、全国”扫黄”工作小组、公安部、新闻出版总署
武陵公安分局城南派出所	1995	全国公安系统先进集体	公安部、人事部
武陵公安分局	1995	全国“扫黄打非”先进集体	公安部
武陵公安分局“115”专案组	1995	办案有功集体	公安部
临澧县公安局	1995	全国优秀公安局	公安部
临澧县公安局	1996	全国优秀公安局	公安部
澧县公安局特大系列抢劫杀人案专案组	1996	集体一等功	公安部
桃源县公安局	1996	集体一等功(抗洪抢险)	公安部
武陵公安分局城南派出所	1996	全国文明服务窗口示范单位	公安部
临澧县公安局	1997	全国优秀公安局	公安部
津市市公安局汪家桥派出所	1998	全国人民满意派出所并记集体二等功	公安部
武陵公安分局城南派出所	1998	全国公安讲文明树新风优秀单位	公安部
临澧县公安局	1998	全国优秀公安局	公安部
石门县公安局	1998	全国公安系统抗洪抢险救灾先进单位	公安部
安乡县公安局	1998	集体一等功	公安部
安乡县公安局	1998	全国公安系统抗洪抢险救灾先进集体	公安部
安乡县公安局林业派出所	1998	全国公安系统抗洪抢险救灾先进单位	公安部
澧县公安局	1998	集体一等功	公安部
临澧县公安局	1999	全国优秀公安局	公安部
武陵公安分局城南派出所	1999	全国精神文明示范窗口	中央文明委、公安部

续表 11 -2

受奖单位	表彰时间(年)	荣誉称号	颁奖机关
常德市公安局交警支队	1999	全国精神文明建设工作先进单位	中央文明办
常德市公安局交警支队直属大队青阳阁岗亭	1999	全国青年文明号	团中央、公安部
常德市公安局“110”处警大队	2000	全国青年文明号	团中央
常德市公安局	2000	全国公安系统创人民满意先进单位	公安部
临澧县公安局	2000	全国优秀公安局	公安部
澧县公安局刑警大队澧阳中队	2001	全国模范刑警中队	公安部
澧县公安局刑警大队澧阳中队	2001	集体一等功	公安部
临澧县公安局	2001	公安科技先进集体	公安部
鼎城区公安局户政股	2001	全国巾帼建功示范岗	全国妇联
临澧县公安局	2001	全国优秀公安局	公安部
常德市公安局交警支队	2001	全国交通管理优秀城市	公安部、建设部
武陵公安分局城南派出所	2001	全国优秀股所队	公安部
武陵公安分局城南派出所	2001	全国人民满意公安基层单位	公安部
武陵公安分局城南派出所	2001	全国青少年维权示范岗	团中央、公安部
临澧县公安局	2002	全国优秀公安局	公安部
常德市公安局	2002	全国公安机关“三项教育”活动组织工作先进集体	公安部
石门县公安局交警大队白洋湖中队	2002	全国青年文明号	全国青年文明号组委会
武陵公安分局城南派出所	2002	全国优秀青少年维权岗	团中央、公安部
汉寿县公安局	2002	猎鹰行动先进先进集体	国家林业局
汉寿县公安局森林派出所	2002	“猎鹰行动”先进单位	公安部、国家工商局、国家林业局
武陵公安分局城西派出所	2002	全国青年文明号	团中央、公安部
临澧县公安局	2002	全国公安科技先进集体	公安部

续表 11－2

受奖单位	表彰时间(年)	荣誉称号	颁奖机关
武陵公安分局城南派出所	2002	全国优秀公安基层单位	公安部
临澧县公安局	2003	全国优秀公安局	公安部
常德市公安局交警支队	2004	全国预防道路交通事故先进集体	公安部
市交警支队直属一大队团支部	2004	全国“五四”红旗团支部	团中央
武陵公安分局城南派出所	2004	全国青年文明号	团中央
鼎城区公安局户政股	2004	全国巾帼建功示范岗	全国妇联
桃源县公安局人口管理大队	2004	全国巾帼文明岗	全国妇联
津市市公安局交通警察大队	2005	全国青年文明号	团中央、公安部
桃源县看守所	2005	“双加强、双保障”创建活动示范单位	公安部、最高人民检察院
常德市公安局交警支队	2005	实施畅通工程模范管理城市	公安部、建设部
汉寿县公安局森林派出所	2005	全国森林公安系统先进单位	国家森林公安局
澧县公安局	2006	全国县级公安机关执法示范单位	公安部
石门县公安局南北镇派出所	2006	全国青年文明号	团中央、公安部
津市市公安局交通警察大队城北中队	2006	全国青年文明号	团中央、公安部
常德市公安局网监支队	2007	全国打击网上淫秽色情专项行动先进单位	公安部
石门县公安局南北镇派出所	2007	全国青年文明号	团中央、公安部
汉寿县公安局森林派出所	2007	全国森林公安系统优秀基层单位	国家森林公安局
汉寿县公安局刑侦大队	2007	全国优秀公安基层单位	公安部
石门县公安局森林分局	2007	集体二等功	国家森林公安局
常德市公安局国保支队	2007	全国公安机关防范和处理邪教犯罪工作先进单位	公安部
常德市公安局交警支队	2008	实施畅通工程 模范管理城市	公安部、住建部

续表 11－2

受奖单位	表彰时间(年)	荣誉称号	颁奖机关
常德市公安局	2008	科技强警示范城市	公安部、科技部
常德市公安局交警支队办公室	2008	全国公安系统青年文明号	公安部、团中央
石门县公安局南北镇派出所	2008	全国公安系统青年文明号	公安部、团中央
石门县公安局警务保障室	2008	全国县级公安机关公用经费保障标准落实工作先进集体	公安部
常德市公安局科技信息管理办公室	2009	全国科技强警示范城市建设工作先进集体	公安部、科技部
津市市公安局交通警察大队	2009	执法规范化建设示范交警队	公安部
津市市公安局交通警察大队	2009	全国平安畅通县市	公安部、工信部、住建部、交通部、农业部、安监总局
常德市公安局交警支队	2010	实施畅通工程模范管理城市	公安部、住房和城乡建设部
武陵公安分局城南派出所	2010	全国公安机关执法示范单位	公安部
常德市交警支队直属二大队一中队	2010	沈国初文明执法示范中队	公安部
澧县公安局罗颖、孙斌等游戏“私服”侵犯著作权专案组	2011	全国查处侵权盗版案件有功单位	公安部、最高人民检察、最高人民法院、国家版权局、全国扫黄打非办
澧县公安局吴飞等游戏“私服”侵犯著作权专案组	2011	全国查处侵权盗版案件有功单位	公安部、最高人民检察、最高人民法院、国家版权局、全国扫黄打非办
桃源县公安局交警大队车管所	2011	全国优秀县级车辆管理所	公安部
桃源县看守所	2011	全国看守所管理机制创新示范单位	公安部监所管理局
武陵公安分局城东派出所	2011	清剿火患成绩突出派出所	公安部消防局
安乡县公安局深柳派出所	2012	清剿火患战役成绩突出公安派出所	公安部
鼎城区公安局	2012	清剿火患战役先进集体	公安部
鼎城区公安局韩公渡派出所	2012	清剿火患战役先进集体	公安部

续表 11－2

受奖单位	表彰时间(年)	荣誉称号	颁奖机关
桃源县看守所	2012	全国优秀公安基层单位	公安部
石门县公安局	2012	全国优秀公安局	公安部
石门县公安局法制室	2012	全国优秀公安基层单位	公安部
津市市公安局交通警察大队车管所	2012	全国优秀县级车辆管理所	公安部
石门县公安局	2012	全国公安机关执法示范单位	公安部
安乡县公安局深柳派出所	2012	十八大消防安保成绩突出派出所	公安部
武陵公安分局城南派出所	2012	全国公安机关执法示范所队	公安部
武陵公安分局城南派出所	2012	十八大消防安保成绩突出派出所	公安部
常德市公安局交警支队	1994	双文明建设先进单位	省委、省政府
常德市公安局交警支队	1997	双文明建设模范单位	省委、省政府
武陵公安分局城南派出所	1997	全省精神文明建设先进单位	省委、省政府
常德市公安局	1998	省级文明单位	省委、省政府
武陵公安分局城南派出所	1998	省级文明单位	省委、省政府
常德市公安局交警支队	1998	先进基层党组织	省委
常德市公安局	1998	抗洪救灾先进集体	省委、省政府
常德市公安局	1999	省级文明单位	省委、省政府办公厅
津市市公安局巡警大队	1999	雷锋家乡学雷锋先进集体	省委
常德市公安局交警支队直属一大队	2002	省级文明单位	省委、省政府
汉寿县公安局	2003	全省公安机关先进基层党组织	省委
汉寿县公安局党委	2003	防治非典型肺炎工作先进基层党组织	省委
汉寿县公安局	2003	抗击非典先进集体	省政府
常德市公安局交警支队直属二大队	2004	省级文明单位	省委、省政府

续表 11－2

受奖单位	表彰时间(年)	荣誉称号	颁奖机关
津市市公安局交通警察大队	2004	省级文明单位	省政府
津市市公安局交通警察大队	2005	省级文明单位	省委、省政府
常德市公安局国保支队	2006	省防范和处理邪教工作先进集体	省政府、省公安厅
常德市公安局交警支队	2006	省级文明单位	省委、省政府
武陵区公安分局人口管理大队	2006	巾帼文明岗	省政府、省妇联
常德市公安局交警支队直属一大队	2008	省级文明单位	省委、省政府
石门县公安局交警大队	2008	全省人民满意公务员集体	省政府
常德市公安局交警支队	2008	全省抗冰救灾先进集体	省委、省政府
常德市公安局交警支队直属一大队	2008	省级文明单位	省委、省政府
津市市公安局交通警察大队	2011	省级文明单位	省政府
津市市公安局交通警察大队	2012	全省人民满意公务员集体	省委、省政府
临澧县公安局预审股	1988	集体二等功	省公安厅
津市市公安局预审股	1989	集体二等功	省公安厅
桃源县公安局刑警大队	1989	集体二等功	省公安厅
桃源县公安局	1990	集体二等功	省公安厅
石门县公安局	1991	集体二等功	省公安厅
津市市公安局	1991	集体二等功(抗洪抢险)	省公安厅
常德市公安局	1991	全省邮电通信线路安全保卫工作先进集体	省高级人民法院、省人民检察院、省公安厅、省邮电管理局
安乡县公安局	1992	全省电力设施保护先进单位	省公安厅
常德市公安局	1992	全省情报信息先进单位	省公安厅
津市市公安局汪家桥派出所	1992	集体二等功	省公安厅
安乡县公安局	1994	全省社会治安综合治理先进单位	省公安厅

续表 11－2

受奖单位	表彰时间(年)	荣誉称号	颁奖机关
常德市公安局交警支队直属大队二中队	1994	全省青年文明号	团省委、省公安厅
汉寿县公安局	1995	集体二等功	省公安厅
汉寿县公安局交警大队	1995	集体二等功	省公安厅
鼎城区公安局武陵镇派出所	1995	集体二等功(抗洪抢险)	省公安厅
武陵公安分局城东派出所	1995	集体二等功	省公安厅
桃源县公安局	1995	集体二等功(抗洪抢险)	省公安厅
桃源县公安局交警大队	1995	集体二等功(抗洪抢险)	省公安厅
汉寿县看守所	1995	集体二等功	省公安厅
常德市公安局	1995	全省治安联防管理工作优胜单位	省公安厅
常德市公安局交警支队	1996	学济南交警先进单位，记集体二等功	省公安厅
安乡县公安局出口洲派出所	1996	全省优秀派出所	省公安厅
津市市公安局汪家桥派出所	1996	全省优秀公安基层单位	省公安厅
桃源县公安局国保大队	1996	集体二等功	省公安厅
鼎城区公安局刑警大队“3・2”“3・9”专案组	1996	集体二等功	省公安厅
石门县公安局刑警大队	1996	集体二等功	省公安厅
临澧县公安局预审股	1996	集体二等功	省公安厅
桃源县公安局交警大队	1996	集体二等功(抗洪抢险)	省公安厅
汉寿县公安局	1996	集体二等功	省公安厅
石门县公安局维新派出所	1996	集体二等功	省公安厅
汉寿县公安局围堤湖派出所	1996	全省公安系统“严打”斗争先进集体	省公安厅
汉寿县公安局刑警大队	1996	全省公安系统“严打”斗争先进集体并记集体二等功	省公安厅
常德市公安局交警支队直属大队	1997	先进集体并记集体二等功	省公安厅

续表 11－2

受奖单位	表彰时间(年)	荣誉称号	颁奖机关
安乡县公安局刑事警察大队	1997	集体二等功	省公安厅
石门县公安局交通警察大队	1997	全省公安机关学济南交警先进集体	省公安厅
武陵公安分局城南派出所	1997	集体二等功	省公安厅
石门县公安局	1997	集体二等功	省公安厅
津市市公安局看守所	1997	看守所安全无事故先进单位	省公安厅
临澧县看守所	1997	全省公安系统先进单位	省公安厅
常德市公安局交警支队直属大队三闾桥岗亭	1997	全省青年文明号	团省委、省公安厅
安乡县公安局交通警察大队	1998	集体二等功	省公安厅
安乡县公安局黄山头派出所	1998	集体二等功	省公安厅
安乡县公安局黄山岗派出所	1998	全省公安系统抗洪抢险救灾先进集体	省公安厅
安乡县看守所	1998	全省十佳看守所	省公安厅
武陵公安分局城南派出所	1998	全省文明窗口单位	省文明办
武陵公安分局城南派出所	1998	全省公安机关优秀股所队	省公安厅
武陵公安分局城西派出所	1998	全省青年文明号	团省委
澧县公安局“3·28”特大系列杀人案专案组	1998	集体二等功	省公安厅
澧县公安局澧南派出所	1998	集体二等功	省公安厅
津市市公安局	1998	抗洪抢险先进集体	省公安厅
澧县公安局刑警大队澧阳中队	1999	集体二等功	省公安厅
津市市公安局户政股	1999	集体二等功	省公安厅
临澧县公安局城关派出所	1999	全省文明窗口单位	省公安厅
常德市公安局	1999	全省公安机关档案工作规范管理先进单位	省公安厅
鼎城区公安局石公桥派出所	1999	全省人民满意派出所	省公安厅

续表 11－2

受奖单位	表彰时间(年)	荣誉称号	颁奖机关
津市市公安局巡警大队	1999	集体二等功	省公安厅
临澧县公安局城关派出所	1999	全省人民满意派出所	省公安厅
临澧县公安局	1999	全省优秀公安局	省公安厅
津市市公安局户政股	1999	全省优秀公安基层单位	省公安厅
常德市公安局巡特警支队“110”处警大队	1999	全省青年文明号	省青工委
澧县公安局看守所	2000	集体二等功	省公安厅
津市市公安局汪家桥派出所	2000	集体二等功	省公安厅
津市市公安局三洲驿派出所	2000	全省人民满意派出所	省公安厅
临澧县公安局	2000	全省优秀公安局	省公安厅
临澧县公安局望城派出所	2000	全省人民满意派出所	省公安厅
鼎城区公安局交警大队	2000	省级文明单位	省文明委
澧县公安局刑警大队澧阳中队	2001	全省青年文明号	团省委、省公安厅
鼎城区公安局	2001	集体二等功	省公安厅
津市市公安局刑警大队	2001	集体二等功	省公安厅
临澧县公安局看守所	2001	集体二等功	省公安厅
临澧县公安局	2001	全省优秀公安局	省公安厅
武陵公安分局城西派出所	2001	全省青年文明号	团省委
安乡县公安局国保大队	2002	全省优秀公安基层单位	省公安厅
澧县公安局刑警大队澧阳中队	2002	全省优秀公安基层单位	省公安厅
澧县公安局澧阳派出所	2002	全省人民满意派出所、人民满意公安基层单位	省公安厅
安乡县公安局官陵湖派出所	2002	全省人民满意派出所	省公安厅
临澧县公安局	2002	全省优秀公安局	省公安厅
临澧县公安局停弦派出所	2002	全省人民满意派出所	省公安厅
临澧县看守所	2002	人民满意公安基层单位	省公安厅

续表 11－2

受奖单位	表彰时间(年)	荣誉称号	颁奖机关
临澧县公安局国保大队	2002	人民满意公安基层单位	省公安厅
临澧县公安局户政股	2002	人民满意公安基层单位	省公安厅
津市市公安局交通警察大队	2002	人民满意公安基层单位	省公安厅
澧县公安局“6.16”特大抢劫杀人案专案组	2003	集体二等功	省公安厅
桃源县公安局禁毒大队	2003	集体二等功	省公安厅
桃源县看守所	2003	全省优秀公安基层单位	省公安厅
石门县公安局	2003	无毒害县(市区)	省禁毒委员会
临澧县公安局	2003	全省公安科技先进集体	省公安厅
临澧县公安局	2003	全省公安机关执法质量考评优秀单位	省公安厅
临澧县公安局	2003	全省县级公安机关综合考评先进单位	省公安厅
临澧县公安局	2003	全省优秀公安局	省公安厅
桃源县公安局人口管理大队	2003	巾帼文明示范岗	省妇联、省公安厅等八个单位
常德市公安局交警支队	2004	全省优秀公安基层单位	省公安厅
武陵公安分局城南派出所	2004	全省青年文明号十年成就奖	省文明委
汉寿县公安局刑警大队	2004	全省优秀公安基层单位	省公安厅
武陵公安分局城南派出所	2004	全省十大杰出青年文明号	团省委
桃源县公安局人口管理大队	2004	巾帼文明示范岗	省妇联
澧县公安局澧阳派出所	2005	全省优秀公安基层单位	省公安厅
津市市公安局三洲驿派出所	2005	全省优秀公安基层单位	省公安厅
津市市公安局户政股	2005	集体二等功	省公安厅
石门县公安局交警大队	2005	集体二等功	省公安厅
汉寿县公安局	2005	全省公安机关执法质量考评优秀单位	省公安厅
临澧县公安局	2005	全省优秀公安局	省公安厅

续表 11－2

受奖单位	表彰时间(年)	荣誉称号	颁奖机关
临澧县公安局	2005	全省县级公安机关综合考评先进单位	省公安厅
澧县公安局	2006	全省优秀公安局	省公安厅
津市市公安局	2006	全省公安机关执法质量考评优秀单位	省公安厅
津市市公安局法制办	2006	全省优秀公安基层单位	省公安厅
汉寿县公安局涉税案件侦察大队	2006	“4·27”虚开增值税专案组集体二等功	省公安厅
临澧县公安局	2006	全省公安机关执法质量考评优秀单位	省公安厅
桃源县公安局	2006	全省公安机关执法质量考评优秀单位	省公安厅
石门县公安局南北镇派出所	2006	全省优秀公安基层单位	省公安厅
汉寿县公安局刑警大队	2006	全省优秀公安基层单位	省公安厅
常德市公安局	2006	全省禁毒工作先进市州	省禁毒委
石门县公安局夹山派出所	2006	集体二等功	省公安厅
澧县公安局小渡口派出所	2007	全省公安优秀基层单位	省公安厅
常德市公安局技侦支队	2007	集体二等功	省公安厅
常德市交警支队直属四大队事故中队	2007	省级青年文明号	团省委、省公安厅
常德市公安局	2007	全省市州公安局综合考评先进单位	省公安厅
鼎城区公安局出入境管理股	2007	省级文明窗口单位	省公安厅
常德市公安局	2007	全省禁毒工作先进市州	省禁毒委
石门县公安局	2007	全省禁毒工作先进县市区	省禁毒委
常德市公安局巡警特警支队特警大队	2008	全省优秀公安基层单位	省公安厅
常德市公安局	2008	全省公安机关综合考评优秀单位	省公安厅
石门县公安局	2008	全省公安机关“三基一化”工程建设先进基层单位	省公安厅

续表 11－2

受奖单位	表彰时间(年)	荣誉称号	颁奖机关
常德市公安局	2008	全省公安系统抗冰救灾先进集体	省公安厅
鼎城区公安局禁毒大队	2008	全省优秀公安基层单位	省公安厅
武陵公安分局	2008	全省优秀公安局	省公安厅
武陵公安分局	2008	全省县级公安机关综合考评先进单位	省公安厅
武陵公安分局城西派出所	2008	全省优秀公安基层单位	省公安厅
安乡县公安局	2008	全省公安“三基一化”工程建设先进单位	省公安厅
安乡县公安局北河口派出所	2008	全省优秀公安基层单位	省公安厅
安乡县公安局	2008	全省县级公安机关综合考评先进类	省公安厅
常德市公安局行动技术支队	2008	集体二等功	省公安厅
常德市公安局禁毒支队	2008	湖南省三年禁毒人民战争先进集体	省禁毒委
常德市公安局国保支队	2008	集体二等功	省公安厅
安乡县公安局	2009	全省县级公安机关“三基一化”工程建设先进单位	省公安厅
澧县公安局“9·30”专案组	2009	集体二等功	省公安厅
市公安局巡警特警支队特警大队	2009	全省优秀公安基层单位	省公安厅
常德市公安局	2009	全省公安机关“三基一化”工程建设先进公安局	省公安厅
常德市公安局	2009	全省公安机关综合考评优秀单位	省公安厅
常德市公安局	2009	全省公安机关综合考评特别奖	省公安厅
鼎城区公安局	2009	全省县级公安机关综合考评优秀单位	省公安厅
鼎城区公安局	2009	全省优秀公安局	省公安厅
武陵公安分局城南派出所	2009	全省优秀公安基层单位	省公安厅

续表 11－2

受奖单位	表彰时间(年)	荣誉称号	颁奖机关
安乡县公安局黄山头派出所	2009	全省优秀公安基层单位	省公安厅
安乡县公安局	2009	全省公安机关“三基一化”工程建设先进单位	省公安厅
临澧县公安局	2009	全省县级公安机关综合考评优秀单位	省公安厅
临澧县公安局刑侦大队	2009	全省优秀公安基层单位	省公安厅
常德市公安局	2010	全省公安机关“三基一化”工程建设先进公安局	省公安厅
常德市公安局	2010	全省市州公安机关综合考评优秀单位	省公安厅
鼎城区公安局	2010	全省市县公安机关执法质量考评优秀单位	省公安厅
鼎城区公安局	2010	全省公安机关“三基一化”工程建设先进单位	省公安厅
鼎城区公安局	2010	全省县级公安机关综合考评先进单位	省公安厅
汉寿县公安局	2010	全省公安机关侦破命案工作先进单位	省公安厅
汉寿县公安局酉港派出所	2010	全省优秀公安基层单位	省公安厅
武陵公安分局	2010	全省县级公安机关综合考评优秀单位	省公安厅
武陵公安分局城南派出所	2010	全省优秀公安基层单位	省公安厅
安乡县公安局	2010	全省县级公安机关综合考评优秀单位	省公安厅
临澧县公安局安福派出所	2010	全省示范公安派出所	省公安厅
临澧县公安局	2010	全省县级公安机关执法质量考评优秀单位	省公安厅
石门县公安局	2010	全省县级公安机关综合考评优秀单位	省公安厅
石门县公安局宝峰路派出所	2010	全省优秀公安基层单位	省公安厅
石门县公安局	2010	全省优秀公安局	省公安厅

续表 11－2

受奖单位	表彰时间(年)	荣誉称号	颁奖机关
石门县公安局	2010	全省县级公安机关综合考评优秀单位	省公安厅
常德市公安局	2010	全省禁毒工作先进市州	省禁毒委
石门县公安局治安大队	2010	集体二等功	省公安厅
津市市公安局交通警察大队巡逻中队	2010	全省人民满意基层所队	省公安厅
石门县公安局人口与出入境管理大队	2010	巾帼文明岗	省妇女巾帼建功活动领导小组
常德市公安局禁毒支队	2010	2008—2010 年省禁毒人民战争先进集体	省禁毒委
常德市公安局	2010	全省公安机关正规化建设基层示范单位	省公安厅
石门县公安局	2010	全省公安机关执法示范单位	省公安厅
石门县公安局	2010	全省公安机关正规化建设基层示范单位	省公安厅
澧县公安局澧澹派出所	2011	全省优秀公安基层单位	省公安厅
常德市公安局	2011	全省公安机关“三基一化”工程建设先进公安局	省公安厅
常德市公安局	2011	全省公安机关五年为期“三基一化”工程建设先进公安局	省公安厅
常德市公安局	2011	全省公安机关综合考评先进公安局	省公安厅
常德市公安局	2011	全省县级公安机关侦破命案工作先进单位	省公安厅
常德市公安局	2011	全省公安机关综合考评优秀单位	省公安厅
鼎城区公安局	2011	全省县级公安机关综合考评优秀单位	省公安厅
石门县公安局	2011	全省公安机关五年为期“三基一化”工程建设先进单位	省公安厅
常德市公安局	2011	全省公安机关“大走访”开门评警活动先进基层单位	省公安厅

续表 11－2

受奖单位	表彰时间(年)	荣誉称号	颁奖机关
常德市公安局	2012	全省公安机关侦破命案工作先进单位	省公安厅
常德市公安局	2012	全省公安机关综合考评优秀单位	省公安厅
常德市公安局	2012	全省公安机关综合考评优秀单位	省公安厅
安乡县公安局	2012	全省县级公安机关综合考评先进单位	省公安厅
安乡县公安局	2012	集体二等功(清网行动)	省公安厅
安乡县公安局	2012	全省县级公安机关综合考评优秀单位	省公安厅
安乡县公安局	2012	全省优秀公安局	省公安厅
临澧县公安局新安派出所	2012	全省优秀公安基层单位	省公安厅
桃源县看守所	2012	全省优秀公安基层单位	省公安厅
鼎城区公安局	2012	全省县级公安机关综合考评优秀单位	省公安厅
安乡县公安局	2012	全省县级公安机关执法质量考评优秀单位	省公安厅
鼎城区公安局	2012	全省县级公安机关综合考评优秀单位	省公安厅
汉寿县公安局	1991	红旗单位	市委、市政府
常德市公安局	1995	全市安全警卫工作先进单位	市委
常德市公安局	1996	省八运会保卫工作先进单位	市委、市政府
常德市公安局	1996	全市严打斗争先进单位	市委、市政府
常德市公安局	1996	全市第二次农整先进单位	市委、市政府
武陵公安分局	2002	侦破“11·11”投毒案先进集体	市政府
常德市公安局	2009	全市防范和处理邪教问题十年工作先进单位	市委、市政府
常德市公安局	2010	市直目标管理红旗单位	市委、市政府

续表 11－2

受奖单位	表彰时间(年)	荣誉称号	颁奖机关
常德市公安局	2011	全市综合治理和维护社会稳定先进单位	市委
常德市公安局	2011	创建全国文明城市工作红旗单位	市委、市政府
常德市公安局	2012	全市维护稳定工作先进单位	市委、市政府
常德市公安局	2012	全市“610”工作先进单位	市委、市政府

后　记

2010年9月，常德市人民政府地方志办公室启动全市第二轮部门志书的编修。2012年12月，《常德公安志（1988－2012）》的编修工作全面启动，编纂工作者在搜集查阅大量文献资料的基础上，于2015年9月形成初稿。其间，经历了全市公安系统各警种、各单位内部评审，1988年以来市公安局离任领导班子成员和现任领导班子成员审稿三个阶段；2015年11月至2016年1月，组织全市公安系统各警种、各单位进行保密工作审查；2月，呈送常德市国家保密局进行保密审查；4月，形成送审稿。经申报常德市方志办批准，组织召开专家评审会；嗣后，送中国方志出版社审稿；2017年2月，常德市方志办终审验收，并报常德市政府批准出版。

《常德公安志（1988－2012）》的编修工作自始至终得到市公安局领导的重视与关心，常德市方志办对本志的编纂给予精心指导，市公安局警令部、政治部、警保处等部门亦给予了大力支持与通力合作，还有市、县两级公安机关一大批退休的老领导、老同志在资料收集、甄别中提供很多宝贵意见，在此一并表示衷心感谢。

本志体量大、专业性强，不仅涉及市局机关直属各警种27个单位和13个区、县（市）公安（分）局，而且首次把武警常德支队和常德公安消防支队两个现役警种纳入专志序列，在体例上无前例可循，只能在编修中逐步探索。全书内容由于涉及面广、保密性强，部分史实无法例登，加之编者水平有限，疏漏和错讹之处在所难免，敬请不吝指教。

编　者

2017 年 2 月